湘潭年鉴

XIANGTAN NIANJIAN

2022

《湘潭年鉴》编纂委员会　编

方志出版社
Publishing House of Local Records

图书在版编目（CIP）数据

湘潭年鉴. 2022 / 《湘潭年鉴》编纂委员会编. —
北京 : 方志出版社, 2022.11
ISBN 978-7-5144-5429-1

Ⅰ. ①湘… Ⅱ. ①湘… Ⅲ. ①湘潭－2022－年鉴
Ⅳ. ①Z526.43

中国版本图书馆 CIP 数据核字(2022)第 231020 号

责任编辑：徐宏
责任校对：刘玉霞
责任印制：梅中英
出 版 者：方志出版社
地　　址：北京市朝阳区潘家园东里 9 号（国家方志馆 4 层）
邮　　编：100021
网　　址：http://www.zgfzcb.cn
发　　行：方志出版社图书营销中心（010-67110500）
印　　刷：湘潭市沁园春印刷中心
开　　本：889 毫米×1194 毫米　1/16
印　　张：22.75
字　　数：1077 千字
版　　次：2022 年 11 月第 1 版
印　　次：2022 年 11 月第 1 次印刷
定　　价：200.00 元

编辑说明

一、《湘潭年鉴》是湘潭市人民政府主办的综合性年鉴。1992年创刊，每年公开出版一卷。

二、《湘潭年鉴》坚持以马克思列宁主义、毛泽东思想、邓小平理论、“三个代表”重要思想、科学发展观、习近平新时代中国特色社会主义思想为指导，坚持辩证唯物主义和历史唯物主义的立场、观点和方法，按照实事求是的原则，分年度全面系统记载湘潭市国民经济和社会发展的基本情况与重大事件。

三、《湘潭年鉴》采用分类编辑法。主体内容设类目、分目、条目3个结构层次。少数分目增设次分目层次。条目为记述的基本形式。全书条目标题统一用黑体加【】表示。

四、《湘潭年鉴(2022)》为本年鉴总第31卷，主要记载2021年湘潭市经济建设和社会发展基本情况。本卷年鉴基础框架基本保持稳定。全书分特载、大事记、湘潭概貌、中国共产党湘潭市委员会、湘潭市人民代表大会、湘潭市人民政府、中国人民政治协商会议湘潭市委员会、市纪委·市监委、民主党派·工商联、群众团体、军事、法治、经济管理与监督、财政·税务、重点工程建设、农业、工业、商贸服务·对外开放、园区建设、非公有制经济、金融、交通运输、信息产业、城乡建设、生态环境、教育、科学技术、文化·旅游·体育、卫生健康、社会生活、应急管理、县市区概况、人物、文件选辑、统计资料、附录36个部类。

五、为区别湘潭市与境内县级市，本年鉴行文中提到的全市、市指湘潭市；湘乡市、韶山市则用全称。

六、《湘潭年鉴(2022)》所用稿件，均由各部门、各单位提供，并经撰稿单位领导审核。条目署作者名，同一分目的所有条目为同一作者的，在最后条目署名。

七、《湘潭年鉴(2022)》统计数据采用法定计量单位。因统计口径、计算方法不同等原因，个别统计数据可能在不同条目中不尽一致，使用时请注意出处。凡涉及湘潭市国民经济发展情况的数据，均以市统计局提供的统计资料为准。

八、《湘潭年鉴(2022)》配套双重检索系统：书前编有目录，书后配有索引。

《湘潭年鉴(2022)》编纂委员会

《湘潭年鉴（2022）》编辑部

《湘潭年鉴(2022)》主要撰(组)稿人

（以姓氏笔画为序）

丁育成	马　星	王小军	王吉伟	王茹瑶	井　泉	毛永娟
方　阳	尹建铁	尹慧琴	邓水虎	龙和清	龙显扬	成经宇
刘方仁	刘倩黎	刘　琛	刘　蓉	江明瑶	孙清平	李　靓
李新辉	杨　丹	杨　光	杨　志	杨连学	杨　智	肖兆兵
肖　燕	吴　湛	何　以	何　胜	何睿聪	冷兴伟	沈　乐
沈灼非	张玉娴	张迥奕	张骞予	陈旭东	陈志伟	陈蓉晖
陈　静	陈　蔚	陈璟轩	陈　曦	罗庆辉	罗强武	周　龙
周立军	周庆媛	周　宇	周金垚	周震天	庞　凯	赵成材
赵　勇	胡　平	胡立勋	胡圣湘	胡建军	胡　亮	胡　罡
胡　赞	钟福湘	姚　葩	贺利娜	贺艳芳	袁峥嵘	莫建军
贾广温	晏　钦	晏向丰	高　力	高腾飞	郭仲书	唐清钰
黄昕怡	葛亚芬	曾　光	曾凌星	游丽臻	谢佳成	楚　坤
雷理湘	管珍珍	廖　婧	谭科峰	谭皓宇	翟　盼	薛　卉
魏海根						

目　录

图片专辑

特　载

大事记

湘潭概貌

中国共产党湘潭市委员会

湘潭市人民代表大会

湘潭市人民政府

中国人民政治协商会议湘潭市委员会

中国共产党湘潭市纪律检查委员会·湘潭市监察委员会

军　事

法　治

经济管理与监督

财政·税务

重点工程建设

农　业

工　业

商贸服务·对外开放

园区建设

非公有制经济

金　　融

交通运输

信息产业

城乡建设

生态环境

教　育

科学技术

文化·旅游·体育

卫生健康

社会生活

应急管理

县市区概况

人　　物

文件选辑

统计资料

附　录

索　引

政治建设

▲ 2021年9月22日，中国共产党湘潭市第十三次代表大会开幕 （方阳 摄）

▲ 2021年1月18日，湘潭市第十五届人民代表大会第六次会议开幕 （刘琛 摄）

▲ 2021年12月29日上午，政协湘潭市第十三届委员会第一次全体会议开幕 （罗韬 摄）

▲ 2022年1月3日，湘潭市人民政府第十六届第一次全体会议召开 （黎杰 摄）

▲ 2021年9月24日下午，中国共产党湘潭市第十三届纪律检查委员会第一次全体会议举行 （高腾飞 摄）

▲ 2021年8月26日，湘潭市委理论学习中心组2021年第九次集体学习报告会举行 （方阳 摄）

庆祝中国共产党成立100周年

▲ 2021年6月22日，中共湘潭市委新闻发布会在市政府新闻发布厅举行，会上发布湘潭市庆祝中国共产党成立100周年10项活动　　（李新辉　摄）

▲ 2021年5月17日，湘钢一校的学生在操场上高声吟诵七律《长征》，向党旗敬礼　　（罗韬　摄）

▲ 2021年5月28日，湘潭市直机关庆祝中国共产党成立100周年红色故事汇展演活动。图为舞台剧演出场景　　（罗浩　摄）

▲ 2021年6月28日，湘潭市庆祝中国共产党成立100周年文艺晚会　　（方阳　摄）

▲ 2021年5月7日，由共青团湖南省委、湘潭市委主办的“实现中国梦·建设新湖南”新团员入团仪式湖南省集中示范活动在韶山毛泽东广场举行　　（黄小格　摄）

▲ 2021年5月，市档案馆组织中共湘潭地方组织百年成就大型专题档案巡回展览。图为筹备期间从全市中小学校志愿者中选拔出来的讲解员代表正在进行讲解培训　　（葛睿　摄）

▲ 2021年，湘潭党史馆接待团队1029批次，接待参观总人数157438人次。图为市民在湘潭党史馆内听取讲解员讲解党史故事 （方阳 摄）

▲ 2021年6月12日，由湘潭市退役军人事务局主办、湘潭市烈士陵园管理所承办的“学党史 敬英烈”湘潭知名英烈展第二期在市烈士陵园开展 （王小军 摄）

▲ 2021年6月24日，湘潭理工学院举行庆祝中国共产党成立100周年文艺晚会 （戴樱 摄）

▲ 2021年6月3日，湘潭市税务系统“莲城税务心向党 巾帼奋进新时代”朗读比赛在湘潭韶华大剧院举行 （肖倩 摄）

▲ 2021年6月15日，湘潭市直机关举办建党百年“红色故事汇” （方阳 摄）

▲ 2021年6月25日，在湘潭市博物馆举行庆祝建党100周年“百年百课堂·以理服人”理论宣讲赛决赛。图为决赛后为获奖选手颁奖 （凌韧 摄）

▲ 2021年6月28日，市委统战部组织“我心向党·同心同行”统一战线学党史、学条例知识抢答赛　（杨志 摄）

▲ 2021年6月30日，湘盾集团在湘潭广播电视中心演播厅举行庆祝中国共产党成立100周年文艺会演　（刘赟 摄）

▲ 湘潭交发集团开展“五进活动”进车厢，庆祝中国共产党成立100周年　（李德龙 摄）

▲ 2021年5月12日，岳塘区火炬学校红领巾宣讲团朗诵宣讲毛泽东诗词　（罗韬 摄）

▲ 2021年10月18日，财信人寿湘潭中心支公司在故里居大酒店举办客户活动，宣讲革命历史故事　（贺姿烨 摄）

▲ 湘潭市机关工委举办“红色故事汇”展演　（谭科峰 摄）

振兴实体经济

▲ 2021年6月24日，湖南华菱线缆股份有限公司在深圳证券交易所主板挂牌正式上市交易　　（唐梅　供图）

▲ 2021年3月9日，湘潭迅佳科技公司装备车间，工作人员正生产组装医疗器械　　（罗韬　摄）

▲ 2021年5月28日，农行湘潭分行开展“走进百园万企 服务实体经济”攻坚行动。图为部门负责人深入湖南华菱湘潭钢铁有限公司了解企业生产线运转情况　　（罗岳南　摄）

▲ 2021年，湖南韶峰南方水泥集团有限公司韶峰水泥优化升级项目建设基本完成　　（王丽　摄）

▲ 2021年9月23日，湖南华菱湘潭钢铁有限公司五米板厂轧钢区在生产高端产品　　（贺意波　摄）

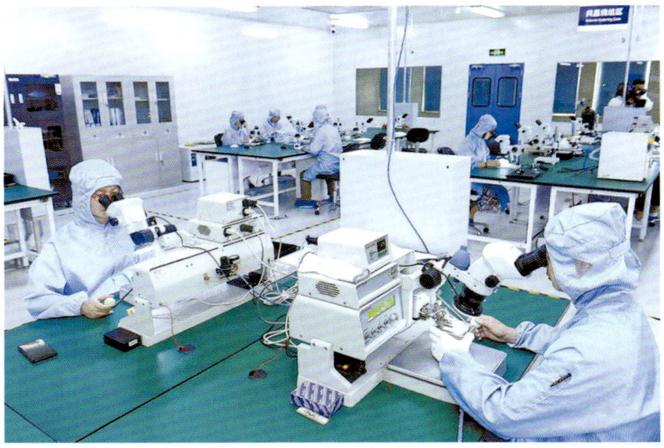

▲ 2021年11月13日，湘潭时变通讯生产基地技术人员正在操作仪器 （李新辉 摄）

▲ 2021年12月23日，聚宝金昊农业高科有限公司“国家粮食公益性行业科研专项”通过国家级验收 （刘家豪 摄）

▲ 湘电股份电机事业部铁芯车间、智慧车间现场 （戴博 摄）

▲ 2021年12月22日，湖南国家应用数学中心合作签约暨湖南韶峰应用数学研究院揭牌仪式在湘潭高新区举行 （彭舒 摄）

▲ 2021年12月10日，江南工业集团与湘潭大学、湖南科技大学共同成立“军工先进制造协同创新中心” （张瑞彤 摄）

▲ 湘潭高新区屹丰汽车智能化生产线 （方阳 摄）

▲ 湘潭市崇德科技超高速电机生产基地 （唐清钰 摄）

▲ 湘潭市吉利汽车新能源技术改造项目 （唐清钰 摄）

▲ 湘潭(高新)工业软件园 （庞新明 摄）

▲ 位于湘潭高新区的湘潭智造谷一角 （庞新明 摄）

创新开放

▲ 2021年4月7日，湖南科技大学领衔研发的国家首台“海牛Ⅱ号”海底大孔深保压取芯钻机系统，在南海超2000米深水成功下钻231米，刷新世界深海海底钻机钻探深度

（晏向丰 供图）

▲ 2021年6月20日，江南工业集团承办有三位院士参加的“水下武器装备系统高端论坛暨水中弹道协同创新中心学术研讨会”

（张瑞彤 摄）

▲ 2021年1月29日，韶山海关参加湘潭跨境电子商务综合试验区直购进口第一单通关仪式

（彭思源 摄）

▲ 2021年4月10日，长株潭一体化发展第三届市委书记联席会议在韶山举行

（邓水虎 摄）

▲ 2021年6月26日，湘潭综合保税区跨境电商综合服务中心揭牌暨湘潭跨境电商线上公共服务平台上线

（彭思源 摄）

▲ 2021年7月30日，湖南—粤港澳大湾区投资贸易洽谈活动湘潭综保区专场招商推介会在深圳市举行

（危湘靖 摄）

▲ 2021年9月10日，湘潭综合保税区举行雨润控股集团华中区域10万吨食品精深加工基地项目签约仪式

（彭思源 摄）

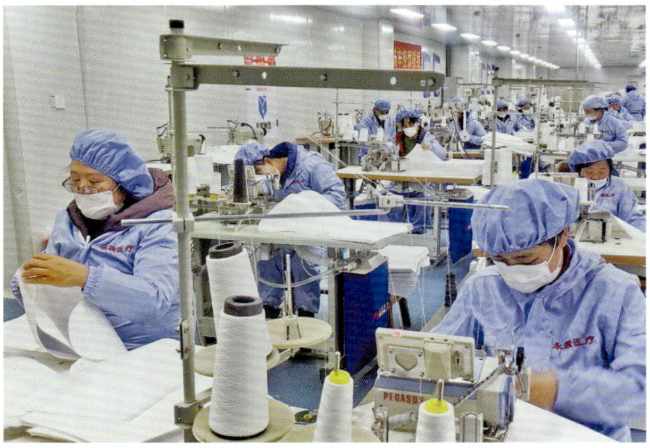

▲ 2021年11月5日，湖南永霏医疗器械有限公司组织工人加班加点满负荷生产，为多国提供各类优质防疫产品

（李新辉 摄）

▲ 2021年8月31日，由湖南省商务厅主办、湘潭市商务局和湘潭综合保税区承办的湖南省海关特殊监管区域工作座谈会在湘潭综合保税区召开 （彭思源 摄）

▲ 2021年9月18日，湘潭市2021年“全国科普日”暨长株潭科普大篷车巡展活动在湘潭市第一中学启动

（刘思 摄）

▲ 2021年11月8日，湘潭市人民政府与长沙海关举行《关于共同推进湘潭市开放型经济发展合作备忘录》签约仪式 （张颖 摄）

▲ 2021 年 11 月 17 日，湘潭综合保税区闪速半导体封测、研发项目签约仪式 （彭思源 摄）

▲ 2021 年 12 月 1 日，湘潭市“专精特新”企业“启航”培育计划发布会 （陈坤 摄）

▲ 湘潭市第一人民医院医疗健康集团影像远程诊疗中心采用分级诊疗医联体制度，让群众看病更便捷 （胡亮 摄）

▲ 湘潭移动助力湘钢“智慧工厂”项目，创造了多项全国乃至全球首例的创新应用 （扎丽娜 摄）

▲ 2021 年 12 月 20 日，湘乡市 2021 年冬季重点项目集中签约、开工、投产仪式在湘乡电力检测所举行 （肖锦花 摄）

◀ 湖南中部电力科技产业园

▼ 电子信息产业园一期

（肖锦花 摄）

乡村振兴与城乡融合发展

▲ 2021年3月9日，韶山市银田镇银田村农民驾驶耕田机在田间穿梭 （方阳 摄）

▲ 2021年6月4日，湘潭市妇联在岳塘区昭山镇七星村开展“我为乡村振兴助帮扶——美丽庭院示范片培训” （庞凯 摄）

▲ 湘潭移动助力“智慧农业”发展，在湖南蘑蘑哒农业发展有限公司工作人员一起见证小蘑菇成长 （扎丽娜 摄）

▲ 2021年1月6日，小蘑菇撑起“致富伞”，借力现代农业示范园的稳定脱贫之路，雨湖区姜畲镇泉塘子村春雨菌业种植基地。图为工作人员正采摘蘑菇 （方阳 摄）

▲ 2021年6月18日，湘潭市首个综合性惠农通普惠金融服务站正式开业。图为农行工作人员为客户宣讲金融知识 （杨双 摄）

▲ 2021年1月，湘乡市虞塘镇洋潭村村民龙友朋展示他发明的植物杀虫素及专利证书 （陈旭东 摄）

▲ 2021年11月27日，湘潭市新型职业农民培训田间实训在金都现代农业基地举行 （戴迎宾 摄）

▲ 湘潭县船山茶场周边村民在茶场采茶增收 （李新辉 摄）

▲ 2021年12月31日，湘潭市爱劳渠黑臭水体治理完成 （游丽臻 摄）

▲ 2021年6月22日，湘潭县中路铺镇脱贫户马文君养鸡大棚 （李新辉 摄）

▲ 2021年3月，湘潭移动网维人员提升农村宽带覆盖 （扎丽娜 摄）

▲ 2021年11月7日，湘潭县石鼓镇村民在制作传统的油纸伞　　（陈旭东　摄）

▲ 2021年11月19日，金都农业基地金秋砂糖橘开园，迎来大批城市居民来园采摘　　（戴迎宾　摄）

▲ 2021年3月，湘潭县易俗河镇梅林桥村草皮种植户在挖草皮发往全国各地市场　　（陈旭东　摄）

▲ 2021年12月7日，岳塘区昭山镇七星村绿加源生态果园。图为果农在采摘砂糖橘供应市场　　（陈旭东　摄）

▲ 2021年11月，“一亩田脱贫”模式创建者邓述东在湘潭县乌石红军小学指导孩子们种植赤松茸　　（陈旭东　摄）

▲ 2021年11月6日，湘潭县青山桥镇新铺村养殖户谭秋明喂养黑山羊增收致富　　（陈旭东　摄）

推进“放管服”改革

▲ 2021年2月20日，韶山海关赴湖南吉利汽车部件有限公司开展通关监管业务帮扶工作（张颖 摄）

▲ 2021年1月19日，湘乡经开区质量发展服务中心为湖南大力电力建设集团有限公司装配建筑分公司发放首张企业营业执照，标志着湘乡经开区质量基础设施“一站式”服务企业登记注册工作正式实施（肖锦花 摄）

▲ 2021年5月27日，湖南省“一带一路”市场开拓及法律风险防范培训班在湘潭举办（危湘靖 摄）

▲ 2021年6月11日，湘潭市湘盾人力资源有限责任公司与湘潭市华顺人力资源有限责任公司举行签约仪式，双方混合所有制改革正式进入实质操作阶段（申昕灵 摄）

▲ 2021年6月28日，中国农业银行湘潭分行推动数字化转型，积极参与智慧教育建设，与韶山市人民政府签订韶山学校“智慧校园”项目合作协议（李娓 摄）

▲ 2021年10月30日，岳塘区星合世家项目“交房即交证”活动现场，让业主吃下“定心丸”（方彤 摄）

▲ 2021年12月22日，由市优化营商环境协调事务中心牵头组建的亲清政企“轻骑兵”走进雨湖区，为企业送政策、送服务（李京 摄）

▲ 市民之家办事大厅（李理 摄）

▲ 2021年11月22日，湘潭市召开湖南省营商环境主观评价工作座谈会（李京 摄）

▲ 市政务服务大厅的市中小微企业续贷中心，助力小微企业发展（陈坤 摄）

▲ 湖南华菱湘潭钢铁有限公司厂区5G信号维护（扎丽娜 摄）

民生实事工程

▲ 2021年2月9日，护潭西路通车　　（游丽臻 摄）

▲ 2021年2月28日，湘潭行政中心工作人员绿色低碳出行　　（李理 摄）

▲ 2021年3月15日，湘潭市市场监管局组织录制“守护安全 畅通消费”“3·15”特别节目现场　　（谭艳娟 摄）

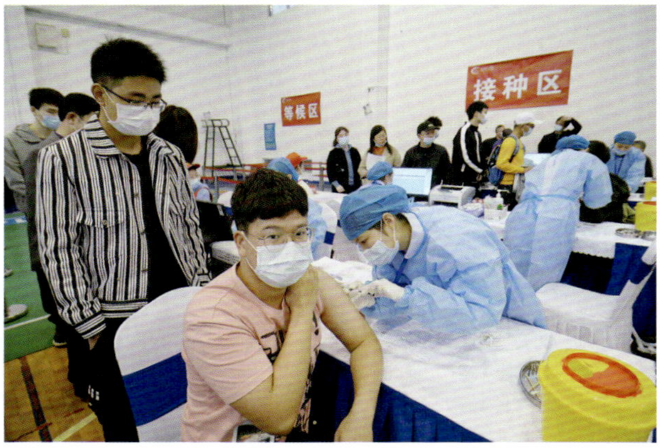

▲ 2021年3月27日，湘潭市首个新冠疫苗“方舱接种点”在湖南科技大学启用　　（陈旭东 摄）

▲ 2021年4月15日，韶山海关组织“4·15”国家安全教育法治宣传　　（张颖 摄）

▲ 2021年9月17日，湘潭市采取线上线下全域联动庆祝农民丰收节 （李新辉 摄）

▲ 2021年9月20日，财信人寿湘潭中心支公司在湘潭市岳塘街道岳塘岭社区开展金融知识社区宣教活动 （贺姿烨 摄）

▲ 2021年11月4日，湘潭市市场监督管理局工作人员在湘潭万利隆餐饮有限公司检查食品安全工作 （曾思敏 摄）

▲ 2021年5月21日，湖南理工职业技术学院开展“科技活动周”开放日活动，湘潭市建元小学、红霞小学100余名师生前来参观 （张琼 摄）

▲ 2021年10月18日，湘潭生活垃圾焚烧发电厂启动运营 （陈曦 摄）

▲ 2021年11月，湘潭市财政局跟进市中心医院昭山分院项目建设进度 （周金垚 摄）

▲ 2021年12月17日，湖南省首次低温雨雪冰冻灾害应急演练在湘潭市泰富重装生产区举行　（陈赞 摄）

▲ 为防范非法集资，2021年5月1日起，湘潭市经济研究和金融工作办公室在岳塘区开展防范非法集资宣传月暨集中宣传日活动　（陈坤 摄）

▲ 2021年6月3日，湘潭水上执法大队参与“莲城应急”防汛实兵演练行动　（陈阵 摄）

▲ 湘潭市汽车东站充电站，拥有15个充电桩、30把充电枪，同时可容纳30台公交车充电，总功率2400千瓦　（周勰 摄）

▲ 中国农业发展银行湘乡支行信贷支持东山湖综合治理项目　（李管球 摄）

▲ 雨湖区姜畲镇华银生态园　（刘玮 摄）

美丽湘潭

▲ 欢度佳节　（方阳 摄）

▲ 美丽乡村春色好　（方阳 摄）

▲ 盛夏时节采莲忙　（陈旭东 摄）

▲ 湘乡洋潭大坝　（马星 摄）

▲ 美丽乡村——韶山市韶山村　（马星 摄）

▲ 居民在社区公园里打太极　　（马星　摄）

▲ 色彩斑斓，魅力无限的窑湾夜景　　（李新辉　摄）

▲ 小朋友在湘江风光带晨跑　　（马星　摄）

▲ 湘江风光带绿化　　（马星　摄）

▲ 湘潭国家天气雷达站　　（黄昕怡　摄）

2022

湘潭年鉴

XIANGTAN NIANJIAN

特 载

中国共产党湘潭市第十三次代表大会

【概况】 湘潭市第十三次党代会是在“两个一百年”历史交汇关键节点召开的一次重要会议。开好此次会议，对于动员全市各级党组织、全体党员和广大干部群众，深入学习贯彻习近平新时代中国特色社会主义思想和习近平总书记考察湖南重要讲话指示精神，承前启后、继往开来、真抓实干、锐意进取，奋斗“十四五”、奋进新征程，更好实施“三高四新”战略、建设社会主义现代化新湘潭，具有重大意义。

【大会筹备阶段】 2021年6月，湘潭开始进行筹备工作。

建立筹备工作机构。2021年6月11日，市委常委会会议决定成立市第十三次党代会筹备工作领导小组。9月上旬成立大会秘书处，作为筹备工作领导小组的工作机构，大会秘书处下设会务组、组织组、宣传组、安保组、纪律监督组、疫情防控组，由6位市级领导任分管领导。领导小组建立换届工作周例会调度制度，坚持每周召开一次会议。9月15日，大会秘书处召集各个工作组组长、副组长召开工作调度会，协调解决筹备工作中遇到的困难和问题。

代表选举工作。市委下发《中共湘潭市委关于做好中国共产党湘潭市第十三次代表大会代表选举工作的通知》，对代表名额分配、结构比例、资格条件、产生办法等事项提出具体要求。组织部门对代表选举工作加强指导，严格把关。全市各级党组织根据《中国共产党地方组织选举工作条例》和《中国共产党基层组织选举工作条例》的规定，发扬党内民主，认真开展酝酿、推荐和选举工作。全市58个选举单位通过召开党代表会议、党员代表大会或党员大会，选举产生出席市第十三次党代会代表390名。其中，各级领导干部代表占63.1%，经济、科教文卫体等专业技术人员代表占20.3%，各条战线的先进模范人物占14.6%，解放军、武警部队代表占2%，妇女代表占32.3%，50岁以下代表占61.3%。各级党组织还进行出席省第十二次党代会代表候选人的酝酿提名工作，省党代表候选人初步人选、推荐人选经考察及“六必核”“六联查”等程序后，9月17日，市委十二届十三次全会票决确定了《湘潭市出席省第十二次党代表大会预备人选名单》，提交市第十三次党代会选举。

确定“两委”候选人名单。市委贯彻干部“四化”方针和德才兼备、以德为先的原则，从工作需要出发，注重工作实绩，坚持群众公认，考虑年龄、专业、性别等因素，对“两委”人选进行周密考虑。就“两委”人选广泛听取了干部群众意见，进行了民主测评和推荐，在充分酝酿的基础上，提出了“两委”人选建议方案，并向省委和上级有关部门汇报。9月17日，市委召开十二届十三次全会，表决通过了市“两委”预备人选候选人名单，并报省委批准，提交市第十三次党代会选举。

起草大会工作报告。市委工作报告和市纪委工作报告是事关全市经济社会发展、党风廉政建设的纲领性文件。文件起草工作小组组织召开党务工作部门、市直经济和综合部门主要负责人、县市区委办公室主任座谈会，对报告初稿进行讨论，邀请省委办公厅、省委政研室多位行家对报告进行“把脉问诊”，书面征求市委委员、候补委员和不是市委委员、候补委员的在职市级领导，以及县市区、园区、市直部门对报告的意见，并通过“喜迎党代会·奋进新征程”网上献计献策活动等方式征求全市各界对党代会报告意见和建议。9月13日，市委常委会召开专题会议，对报告进行了讨论；市委书记张迎春多次主持召开座谈会，听取各民主党派、工商联、无党派和新社会阶层代表人士、驻湘潭高校代表、大中型企业代表，老干部代表、基层代表等各方面的意见和建议。9月17日，先后召开市委常委会会议、市委全会，对报告进行了审议。

广泛动员。市委坚持把纪律和规矩挺在前面，严肃政治纪律和组织纪律，坚持教育在先、警示在先、预防在先，同时强化组织监督、注重巡察监督、加强群众监督，全面压紧压实各级党委抓换届风气的重要责任。换届风气监督工作小组制定出台《关于严明纪律确保市第十三次党代会顺利进行的纪律规定》，向各代表团派驻会风会纪监督小组。宣传部门和各新闻媒体通过开辟党代会专栏、专题等形式，广泛宣传过去5年全市经济社会发展和党的建设取得的成就，宣传各条战线的优秀共产党员和先进党组织。

【大会召开阶段】 大会时间从9月21—24日，包括一次预备会议、四次全体代表大会、六次主席团会议和五次各代表团会议。新一届市委委员、市纪委委员、出席省党代会代表将通过分团差额预选、全体代表大会等额选举的方式产生（市委候补委员由大会直接差额选举产生）。出席市第十三次党代会代表390名。

9月22日，中国共产党湘潭市第十三次代表大会第一次全体代表大会（开幕式）在盘龙山庄大会堂召开。大会主席团常务委员会成员张迎春、胡贺波、刘扬、陈忠红、李激扬、周晓理、吴志雄、杨真平、刘新文、贺建、刘永珍、向敏、董巍、刘俊，省委派驻湘潭市党代会现场督导组组长、省纪委常委刘泽友出席会议，会议应到代表390名，实到380名。会议由胡贺波主持，张迎春代表中国共产党湘潭市第十二届委员会向大会作题为《闯新路 破险阻 奋力建设社会主义现代化新湘潭》报告，李激扬代表湘潭市十二届纪律检查委员会向大会作书面工作报告。

9月23日，中国共产党湘潭市第十三次代表大会第二次全体代表大会在盘龙山庄大会堂召开。大会主席团常务委员会成员张迎春、胡贺波、刘扬、陈忠红、李激扬、周晓理、吴志雄、杨真平、刘新文、贺建、刘永珍、向敏、董巍、刘俊出席会议。会议由刘扬主持。会议通过《选举办法（草案）》、总监票人、副监票人和监票人名单，宣布了总计票人、计票人名单，对人事安排和省党代表选举工作作了说明。

9月24日，中国共产党湘潭市第十三次代表大会第三次全体代表大会在盘龙山庄大会堂召开。大会主席团常务委员会成员张迎春、胡贺波、刘扬、陈忠红、李激扬、周晓理、吴志雄、杨真平、刘新文、贺建、刘永珍、向敏、董巍、刘俊出席会议。大会通过无记名投票方式，成功选举产生51名市委委员、10名市委候补委员、33名市纪委委员，选举产生出席湖南省第十二次党代会的40名党代表。大会由胡贺波主持。

9月24日，中国共产党湘潭市第十三次代表大会第四次全体代表大会（闭幕式）在盘龙山庄大会堂召开。大会主席团常务委员会成员张迎春、胡贺波、刘扬、陈忠红、李激扬、周晓理、吴志雄、杨真平、刘新文、贺建、刘永珍、向敏、董巍、刘俊，省委派驻湘潭市党代会现场督导组组长、省纪委常委刘泽友出席会议。大会应到代表390名，实到381名。会议以举手表决的方式，通过《关于中国共产党湘潭市第十二届委员会工作报告的决议》和《关于中国共产党湘潭市第十二届纪律检查委员会工作报告的决议》。张迎春主持闭幕大会并发表讲话。

9月24日，中共湘潭市第十三届委员会第一次全体会议在市委19楼会议室召开。会议经过认真酝酿和无记名投票选举，产生了新一届市委常委班子。张迎春当选市委书记，胡贺波、刘扬当选市委副书记。新当选的十三届市委常委为：张迎春、胡贺波、刘扬、李激扬、吴志雄、贺建、刘永珍、向敏、董巍、刘俊。全会通过了中国共产党湘潭市纪律检查委员会第一次全体会议选举结果的报告。

9月24日，中共湘潭市第十三届纪律检查委员会第一次全体会议在市委15楼会议室召开。会议选举产生了新一届市纪委常委和书记、副书记。会议通过无记名投票方式，选举李激扬、陈启国、曾洪良、周裕阳、黄革跃、陈实、袁钢赤、刘卫东、陈李理为中国共产党湘潭市第十三届纪律检查委员会常务委员。李激扬当选为市纪委书记，陈启国、曾洪良、周裕阳当选为市纪委副书记。　　（周　龙）

"十三五"时期湘潭国民经济和社会发展取得的成就

【概况】　"十三五"时期是湘潭市经济社会发展面临多重挑战，经受重大考验的五年。面对错综复杂的宏观环境、艰巨繁重的改革发展稳定任务以及突如其来的新冠肺炎疫情，全市上下坚持以习近平新时代中国特色社会主义思想为指导，认真贯彻落实党中央、国务院和省委、省政府的决策部署，在市委、市政府的正确领导下，不忘初心、牢记使命，锐意进取、砥砺奋进，坚决打赢三大攻坚战，全力推进"伟人故里、大美湘潭"建设，经济社会发展取得成就。

【综合实力】　湘潭市地区生产总值从2015年的1633.07亿元增长到2020年的2343.15亿元，年均增长7.1%。财政总收入从2015年的173.9亿元增长到2020年的198.6亿元，年均增长1.6%。社会消费品零售总额从2015年的514.1亿元增长到2020年的750.5亿元，年均增长7.9%。成功获批全国文明城市、国家森林城市、国家卫生城市、全国红色旅游融合发展示范区、首批国家老工业城市产业转型升级示范区、国家综合运输服务示范城市、中国跨境电子商务综合试验区等金字招牌。

【产业结构】　湘潭市三次产业结构由2015年的7.1∶56.4∶36.5调整为2020年的7.2∶50.1∶42.7。现代农业加快发展，累计建设高标准农田91733.33公顷，获批国家现代农业示范区。湘乡市东郊乡、湘潭县花石镇获批国家级农业产业强镇。高新技术产业增加值占地区生产总值比重由2015年的31.5%升至2020年的36.1%。"1+4"工业产业增加值占全市规模工业比重稳定在70%以上，装备制造业产值过千亿元，新材料产业产值达510亿元，汽车及零部件产业产值突破400亿元。智能装备制造产业集群入选首批国家战略性新兴产业集群，军工城建设纳入国家创新示范建设计划，昭山获批国家级文化产业示范园，国家应用数学中心落户湘潭大学，开发了国内首台（套）"海底60米多用途钻机""5兆瓦永磁直驱海上风力发电机"等具有国际先进水平的重大智造成果。产业链建设初显成效，建立"市长+链长+盟长+行长"联动机制。

【三大攻坚战】　坚决打好打赢"防范化解重大风险、精准脱贫、污染防治"三大攻坚战。湘潭县、湘乡市、岳塘区（含岳塘经开区）成功争取国家隐性债务风险化解试点县市区。"一超过两不愁三保障"政策全面落实，贫困户年人均纯收入稳定超过脱贫标准线，农村贫困人口全部脱贫，59个省定贫困村全部"摘帽"，易地扶贫搬迁341户1160人全部搬进新居。义务教育阶段贫困家庭学生资助率和巩固率、建档立卡贫困人口参保率、各类疾病救治率、四类重点对象存量危房改造率、农村贫困人口饮水安全保障率均达到100%。完成"三线一单"环境管控体系编制，建立长株潭区域大气联防联控机制，全面淘汰黄标车，城市空气质量优良率达到86.1%。获批国家低碳城市试点，万元地区生产总值综合能耗五年累计下降19.4%，湘潭低碳城市亚行贷款项目取得突破，正式进入实施阶段，成为全国首个利用气候投融资资金建设低碳城市的示范。全面落实"河长制"，在全省率先完成河湖"四乱"问题整治，获批国家第二批黑臭水体治理示范城市。湘江保护与治理"一号重点工程"取得成效，湘江湘潭段水环境质量持续改善，10个国省考核断面水质累计均值有8个达到Ⅱ类、2个达到Ⅲ类。土壤污染治理与修复扎实推进，竹埠港重金属污染土壤治理、牛头化工一期土壤治理、锰矿地质环境治理等项目全面完工，完成种植结构调整25733.33公顷。生态建设成效明显，长株潭生态绿心地区工业企业全部退出清零，全市森林覆盖率达到46.8%，湿地保护面积稳定在1.28万公顷。

【城乡面貌】　湘潭火车站南广场、沪昆高铁北站、长株潭城际铁路建成投入使用，湘潭全面进入"三铁时代"。益娄高速湘潭段、昭华大桥、韶乌线一期、白云路等重要通道建成通车，"两干一轨"芙蓉大道、潭州大道快速化改造工程竣工通车，长株潭轨道交通西环线建设全面提速。城市"双修"成效显著。老旧小区改造经验在全国推介。实施棚户区改造5万多户，完成黑臭水体基础治理24条，碧泉湖、百亩湖、仰天湖等多个城市公园建成开放，城市建成区绿化覆盖率达41.85%。湘潭县挺进全国县域经济百强且成功进位，入选国家县城新型城镇化建设示范县。韶山市、湘潭县被评为全国文明城市（县级市）。全市763个行政村实现生活垃圾治理全覆盖，115个行政村实现生活污水有效治理，40个村成功创建省级美丽乡村示范村，完成农村改厕8.23万户。

【改革开放】　全面实施告知承诺制、"一件事一次办"、工程项目"三测合一""互联网+政务服务"等改革举措，行政审批持续提速增效。落实减税降费政策，推进"千百扶培"行动，设立中小微企业贷款风险缓释基金，营商环境综合评价位居全省前列，各类市场主体年均增长40%以上。国企、园区、农村、财政金融、社会等重点领域改革稳步推进，多项工作走在全国、全省前列。对接“一带一路”，主动融入长江经济带、粤港澳大湾区、长株潭都市圈等区域发展战略。全市进出口总额从2015年的21.5亿美元增长到2020年的37.9亿美元。引进京东集团、吉利新能源、蓝思科技、中电互联等60多个“三类500强”项目。湘潭综合保税区先后获批全国金关工程二期保税监管区域系统试点、增值税一般纳税人资格试点。

【社会民生】 湘潭市城镇新增就业人数5年累计达28万人。城乡居民人均可支配收入分别达到4.18万元和2.26万元。社会保障水平稳居全省前列，城乡医疗保险覆盖率、城镇失业保险覆盖率均达100%，养老保险覆盖率达到93.1%。义务教育适龄人口入学率达100%。每千人口拥有执业（助理）医师数达到3.1人，人均预期寿命达到79.2岁，有效应对新冠肺炎疫情，全市实现确诊病例零死亡、医护人员零感染、境外疫情零输入。 （唐清钰）

“十四五”湘潭国民经济和社会发展规划

【概况】 今后5年湘潭市经济社会发展要实现以下“六个湘潭”主要目标。“实力湘潭”建设。经济结构更加优化，产业基础高级化、产业链现代化水平大幅提升，先进制造业、现代服务业、数字经济加快发展，“三农”根基不断稳固，国家重要智能制造集聚区建设收获重大成效，力争“十四五”末实现地区生产总值超3500亿元、一般公共预算收入（财政总收入）超260亿元、居民收入超4.8万元的“三超”目标，产业竞争力、区域软实力、城市吸引力显著增强。“创新湘潭”建设。创新人才加快聚集，创新生态和创新平台不断完善，创新能力明显提升，创新成果加速转化；重点领域改革取得突破性进展，高标准市场化体系基本建成，营商环境更加优化，市场主体活力充分激发，开放平台不断拓展，中部科创发展示范区建设迸发澎湃动能，内陆改革开放先行区建设激发强劲活力。“文化湘潭”建设。社会主义核心价值观充分弘扬，以红色文化为底蕴的城乡文化不断丰富发展，市民文化素质、精神素养全面提升，公共文化服务体系和文化产业体系更加健全，社会文化生活更加丰富，文化资源得到有效保护利用，城市气质不断提升，文化湘潭更具特色和影响力，具有国际影响力的红色旅游目的地建设实现重大突破。“幸福湘潭”建设。实现更加充分、更高质量就业，居民收入增长和经济增长基本同步，分配结构明显改善，基本公共服务均等化水平明显提高，全民受教育程度不断提高，多层次社会保障体系更加健全，卫生健康体系更加完善，脱贫攻坚成果巩固拓展，乡村振兴战略全面推进，区域发展协调性显著增强，国家城乡融合发展试验区建设取得重大进展。“美丽湘潭”建设。国土空间开发格局得到优化，生产生活方式绿色低碳，转型成效显著，能源资源利用效率明显提升，落实碳达峰和碳中和要求，污染物排放总量持续减少，环境质量有效改善，生态系统更加稳定，城乡人居环境明显改善，人民群众对优美生态的需要基本得到满足。“平安湘潭”建设。社会主义民主法治更加健全，社会公平正义得到彰显，政府行政效率和公信力显著提升，经济社会发展信用环境明显改善，社会治理特别是基层治理水平明显提高，防范化解重大风险体制机制不断健全，政府性债务风险有效防范化解，突发公共事件应急能力显著增强，自然灾害防御水平明显提升，发展安全保障更加有力。

【明确“四区一地”发展定位】 湘潭市对标国家重要先进制造业高地，围绕产业链发展“1234”目标，着力打造产业特色鲜明、技术水平先进、质量效益突出、配套服务完善的国家重要智能制造集聚区。“1”即打造先进电传动及风电装备（电机电磁驱动）世界级产业集群；“2”即推动两个倍增，高端医疗器械及生物医药产业产值从目前的30亿元倍增至200亿元以上，电子信息及新一代信息技术产业产值从目前的210亿元倍增至500亿元以上；“3”即新增精品钢材及新材料、新能源和汽车制造、军工3个千亿产业；“4”即着力培育云上经济、芯片材料、智能装备、康养文创等新兴产业。中部科创发展示范区。对标具有核心竞争力的科技创新高地，聚焦长株潭自主创新示范区智造谷建设，以争创国家创新型城市为目标，以驻湘潭高校、院士工作站、国省重大科创平台、创新团队为依托，建立创新创业共同体，推动关键核心技术协同攻关，加快科创成果转化产业化，争取国家、湖南省在湘潭布局一批重点实验室和大科学装置，培育创新驱动活力引擎。内陆改革开放先行区。对标内陆地区改革开放高地，积极推进“放管服”、财税金融、国资国企、要素市场等各项改革。着力在园区体制改革上取得突破，通过探索“飞地”“托管”等模式强化与先进园区合作，通过创新开发主体、收益共享、户籍管理等机制推进湘江新区和湘潭经开区融合发展。着力在投融资改革上取得突破，打造上市企业梯队，实施“十四五”上市企业倍增计划。着力在打造开放平台上取得突破，支持湘潭综保区实现产业发展新破局、开放融合新格局、跨境电商新布局。国家城乡融合发展试验区。对标新型城镇化试点和全域国家现代农业示范区建设，坚持农业农村优先发展，以缩小城乡发展差距和居民生活水平差距为目标，以协调推进乡村振兴战略和新型城镇化战略为抓手，突出以工促农、以城带乡，破除制度壁垒，补齐政策短板，形成城乡融合发展湘潭样本。具有国际影响力的红色旅游目的地。对标世界级文化旅游目的地，实施红色基因传承工程，打造红色经典景区、红色经典线路、红色经典作品、红色经典课程。以韶山市为龙头，加快将全市的旅游资源串点连线拓面，推动单点带动向多点支撑的转变、旅游人数向消费人气的转变、单纯观光向深度体验的转变。以昭山国家级文化产业示范园为基地，打造数字视频、广告传媒、体育赛事等文创产业集群。

【实施“一六二”工程】 湘潭实施“一六二”工程包括打造国家重要先进制造业高地的支柱产业延链培强、新兴产业补链做大“双链”工程；打造具有核心竞争力的科技创新高地科技领先、人才优先“双先”工程；打造内陆改革开放高地的招商引资、招才引智“双招”工程；实施科技成果转化的企地校联合攻关，产学研联合营运“双联”工程；推进营商环境改善的优化政务环境、优化信用环境“双优”工程；推进融入新发展格局消费提升、投资提效“双提”工程；推进核心区域建设向北推进、“两翼”跟进“双进”工程；推进现代物流体系的路网顺畅、“云”网通畅“双畅”工程；推进居民收入增长的扩大居民就业渠道、扩大中等收入群体“双扩”工程；推进社会民生改善的扶贫帮困“固底板”、公共服务“补短板”“双板”工程；推进文化繁荣发展的爱国主义基地建设、文化基础设施建设“双基”工程；推进三农工作的新乡村建设、新农民队伍培养“双新”工程；推进环境保护既控总量、又控强度“双控”工程；推进基层治理强机制、强基础“双强”工程；推进平安湘潭促社会稳定、促法治建设“双促”工程；推进担当“四新”使命创优良作风、创优秀业绩“双创”工程。

【构建“一湾一圈三带多节点”格局】 湘潭市构建“一湾一圈三带多节点”的空间发展格局，破解“离心化”“碎片化”等问题，促进强核辐射、资源整合。“一湾”即“湘江大湾区”。以“一环六组团”为空间结构，以湘江新区九华新片区建设为抓手，以产城融合为手段，以湖湘文化为灵魂，以绿色生态为本底，将湘江大湾区打造成为“经济江湾、科创江湾、魅力江湾”。“一环”：以二环线为依托的交通、产业、景观复合环，重点拉通西二环、南二环和杨梅洲大桥，实现交通闭环，串联生态绿楔、产业平台，推动沿线项目布局和片区开发，打造环线经济圈。“六组团”：一个魅力主城组团，以河东、河西主城功能区块为依托拥江聚心，塑造活力宜居城市核心区；三个产业创新组团，即“九华组团”“高新组团”“天易杨河组团”，打造湘潭智造谷、军工城、汽车城等核心载体，并与长沙市、株洲市共建世界级智能制造中心；两个特色经济组团，包括“昭山组团”“鹤岭组团”，以生态绿心与矿山修复为基础，打造文旅、康养、绿色经济示范区。“一圈”即“金湘潭都市融合圈”。提质现有主城区，整合雨湖、九华、昭山长潭接壤地区，规划建设湘潭新城，以“双城驱动”为中心，融合韶山市、湘乡市、湘潭县城乡与产业密集地区，构建从湘潭市中心出发的“1小时”融合圈，形成强核带动的紧密圈层。重点加强都市融合圈范围内城乡、交通、产业、旅游四张网建设，形成中心城市与韶山市区、湘乡市区、湘潭县城区及重点乡镇紧密联系的一体化网络；以韶山为龙头，以乌石、隐山、碧泉潭、大将故里、东山书院、盘龙大观园、“昭山绿心”、窑湾、“十八总”、万楼、“千里湘江第一湾”等为品牌，打造韶山市—湘乡市—湘潭县—湘潭市城区串联成珠的精品旅游线路。“三带”即北进、西拓、南延的三条发展带。北部科创发展带：沿“两干一轨”对接岳麓山国家大学科技城、湘江新区并融入长江经济带，以湘潭大学、湖南科技大学、湖南工程学院、国家实验室、工程研究中心等为主载体，以湘潭经开区、湘潭高新区、岳塘经开区、雨湖高新区为主阵地，发展科创产业与总部经济。西部综合发展带：沿沪昆高速、老320国道、新320国道等多条交通廊道，链接主城区、韶山市城区、湘乡市城区、沿线产业园区、沿线重点镇，向西积极对接成渝地区双城经济圈、广西北部湾经济区、湘黔高铁经济带，构建陆海双向大通道，发展先进装备制造、新一代信息技术、军民融合、商贸服务、文化创意等产业，促进先进制造业和现代服务业融合发展。南部新经济发展带：沿107国道、莲花大道打通县域经济发展轴，向东联动株洲动力谷，向南经衡阳、郴州对接粤港澳大湾区、海南自由贸易区，在巩固海泡石、食品医药特色产业优势基础上，依托风景资源培育新兴经济，发展高端医疗器械及生物医药、新能源、智能装备等产业。“多节点”即多元支撑的中心镇及特色镇。主要包括杨嘉桥、姜畲、河口、鹤岭、昭山等新市镇，棋梓、月山、银田、壶天、泉塘、石潭、花石、中路铺、射埠、楠竹山等重点镇，龙洞、毛田、金石、白石、乌石、青山桥、韶山等特色镇。着力通过交通完善、绿道建设、电商平台等建设，加快特色产业发展布局和建设。

（唐清钰）

获评国家卫生城市

【概况】 2021年1月14日，湘潭市成功获评“国家卫生城市”。近年来，湘潭市围绕“创环境卫生，建整洁之城；创美丽蓝天，建靓丽之城；创更高品质，建文明之城；创高效治理，建有序之城；创心理健康，建和谐之城”目标，将创建国家卫生城市与疫情防控、公共卫生体系建设、城市综合管理等工作结合，城市建设提档加速，基础设施有效完善，城市管理明显优化，市民素质不断提高。

【爱卫组织管理】 湘潭市把爱卫工作和创卫工作纳入各级党委政府议事日程，列入社会经济发展“十三五”规划和每年政府工作报告。出台系列爱国卫生规范性文件，制定施行《湘潭市爱国卫生条例》，修订施行《湘潭市创建各级文明卫生单位（卫生乡镇、卫生村）考核奖励办法》。全市有22个一级爱卫机构，市、区、街、社四级爱卫机构健全、运作高效。2015年以来，每年市级财政预算安排爱卫工作经费100万元，病媒生物防制经费100万元。通过设立市长热线、湘潭创卫微信公众号，开展“城市放大镜”“创卫随手拍”等活动受理群众建议与投诉。三年来受理涉及创卫各类信息13万余件，结案率达99.63%，群众对卫生状况满意率达97.5%。

【健康教育工作】 湘潭市居民健康素养水平为23.9%，健康教育工作得到国家和省的高度认可。出台全国首部地市健康促进与教育规范性文件《湘潭市健康促进与教育管理办法》，探索建立“政府主导、部门协作、专业教育、项目推广、考评提质”健康促进与教育综合管理模式，获省卫健委课题立项，入围第九届全球健康促进大会“优秀案例”。构建起以健康教育专业机构为核心，全面覆盖医疗卫生机构、学校、社区、机关、企事业单位以及商场、酒店、广场和公园等公共场所健康促进与教育工作网络。机关、企事业单位均建立工间操制度，中心城区街道社区体育健身设施实现100%覆盖，80%以上公园、广场、绿地设置有体育健身设施。设立社会体育指导员3969名，经常参加体育锻炼人数比率达44.15%。开展禁烟控烟宣传活动，室内公共场所、工作场所和公共交通工具均设置禁止吸烟警语和标识，城市建成区无烟草广告。创建无烟单位463家。

【市容环境卫生】 湘潭市出台《湘潭市城市市容和环境卫生管理条例》《湘潭市城市绿化条例》等地方性法规，建成区绿化覆盖率41.85%，人均公园绿地面积12.01平方米。建成数字化城管系统，城市道路装灯率达到100%，主次干道明亮率达98%，小街小巷明亮率达96%。建筑工地管理全面达到《建筑施工现场环境与卫生标准》要求。区域环境噪声平均值小于60分贝。推行生活垃圾分类收集处理，城区生活垃圾无害化处理率达100%，生活污水集中处理率达96.20%。主要街道保洁时间达到16小时以上，一般街道保洁时间达到12小时，机械化清扫率达90%。城市主次干道、车站、旅游景点等公共场所的公厕配备达到二类及二类以上标准。集贸市场环卫设施齐全，周边市容环境卫生、交通秩序和群众正常生活秩序得到有效保障，活禽销售区域设立相对独立经营区域，落实定期休市和清洗消毒制度，对废弃物规范处理。辖区范围内建成国家卫生县城（乡镇）2家，省级卫生县城（乡镇）5家。

【环境质量】 近三年，湘潭市城区环境空气质量指数优良天数均达到国家卫生城市创建标准，并呈现逐年增加的趋势；上半年环境空气质量综合指数优良天数（AQI）为167天，累计优良率91.8%。全市秸秆综合利用率100%。水质方面，建立由“河长+河长助手+民间河长+河道警长”组成的河长制体系。2019年全市水环境质量状况总体为优，10个地表水考核断面全部达到Ⅱ类水质标准，2个“水十条”考核断面均达到Ⅱ类的考核目标。医疗废弃物处理方面，严格落实《医疗废物管理条例》，对医疗废物的收集、运送、贮存、处置进行规范化管理，对全市医疗废物进行集中处理。乡镇以上医疗机构均取得排污许可证，医源性废水经过污水处理设施处理后实现达标排放。

【公共场所单位】 湘潭市各类公共场所卫生管理制度健全，从业人员健康证、卫生知识培训合格证、卫生许可证持证率动态保持在99.2%以上，“五病”调离率均达100%。全面完成国家和省下达的专项行动或专项监督抽检工作任务，建成区公共场所单位卫生监督量化分级实施率达100%。3年来未发生突发性公共卫生事件和重大职业病危害事故。

【食品和用水安全】 湘潭市7577家食品生产经营单位持证经营许可率达100%，食品安全监督量化分级管理率达98%。生产食品经营单位基本做到内外环境整洁，地面平整，无污垢、积水，垃圾容器摆放到位。4519家餐饮服务单位、集体食堂量化分级管理率达100%。3年来，市城区定点屠宰场共检疫生猪54万头左右，瘦肉精快速检测抽样8万份，上市动物产品合格率100%，屠宰场的生产条件、生产规模均为全省标杆。80家生活饮用水单位各项卫生指标全部达标，市、县集中式饮用水水源水质达标率100%，二次供水符合国家《二次供水设施卫生规范》标准要求。

【公卫医疗服务】 至2019年年底，湘潭市居民健康档案建档率为83.15%，三年来未发生突发性公共卫生事件、重大职业病危害事故和重大预防接种事故。实验室检验设备装备达标率达94.73%。中心城区17家社区卫生服务中心分区合理、标牌规范、标识清楚、设施齐全。规范家庭医生签约服务，城区组建家庭医生服务团队112个。5个县市区先后通过国家和省慢性病综合防控示范区评估验收。截至2019年年底，全市通过省市两级授牌的健康社区、健康餐厅、健康小屋等各类健康支持性环境达到135家。严重精神障碍患者管理率达98.19%。制订流动人口免疫规划管理办法，居住满3个月以上的适龄儿童建卡、建证率均达到100%。一类疫苗调查接种率均高于98%，近三年全市未发生重大预防接种事故。全市婴儿死亡率、5岁以下儿童死亡率、孕产妇死亡率等妇女儿童主要健康指标提前达到“健康中国2030”目标。连续6届12年获评“全国无偿献血先进城市”，临床用血100%来自无偿献血。

【病媒生物密度】 蟑螂密度控制水平A级达标，鼠、蚊、蝇密度控制水平B级达标。重点行业和单位防蝇设施合格率96.25%，防鼠设施合格率95.83%。成立市预防医学会病媒生物防制专业委员会和专家组，颁布《湘潭市病媒生物防制工作管理办法》，制定《湘潭市区病媒生物防制达标工作方案》。按期对辖区内湖泊、垃圾中转站、公共厕所、建筑工地等地进行摸底调查。定期开展大型室内外清洁卫生活动，清除垃圾杂物，减少病媒生物孳生场所和喜栖场所。在重点区域、重点场所的内外环境设立“四害”监测点，及时做好病媒生物监测结果分析。对在湘潭从事业务的PCO企业进行备案登记，引进市场化专业公司承担城区公共区域除“四害”工作，分区招标引进专业公司承包服务。

（胡　亮）

获批国家公立医院综合改革示范城市

【概况】 2021年，湘潭市被确定为国家第二批公立医院综合改革试点城市，《学习借鉴三明医改经验 因地制宜推动综合医改》经验在全省卫生健康会议上作典型发言推广，湘乡市获评省政府公立医院综合改革真抓实干表扬激励。

【落实政府办医责任】 2021年11月，湘潭出台《湘潭市进一步深化医药卫生体制改革实施方案》，明确25条具体政策举措和重点任务，实行台账管理，推动三明医改经验落实。综合医改市级财政投入9.43亿元，投资1.67亿元建设市公共卫生服务中心，投资1.02亿元开展智慧健康信息化建设。成立市公立医院管理委员会，组建公立医院管理服务中心，统筹市直公立医院发展规划、财政投入和项目建设，负责公立医院绩效考评管理。加大医疗卫生行业综合监管力度，规范公立医院设备采购、专项基金、结余资金使用管理。

【坚持“三医”联动】 湘潭市公立医疗机构参与4批次157个药品的国家集中带量采购，节约资金2.4亿元；开展医用耗材带量采购，仅冠脉支架就节约2794.58万元，冠脉支架手术次均住院费用下降20%。2月3日、9月14日，中央电视台新闻频道《朝闻天下》栏目报道湘潭市一医院（国家组织冠脉支架集采全国落地冠脉支架和后续治疗药物双双降价；国家组织人工关节集中带量采购此次集采涉及人工髋关节和膝关节）。印发《湘潭市医

疗保障局　湘潭市卫生健康委员会　关于进一步明确我市部分医疗服务项目三类价格的通知》，对公立医院医疗服务价格进行动态调整。全市公立医院门诊、住院次均费用分别比上年下降4.75%、7.23%。2019年5月被确定为国家首批DRG付费方式改革试点城市，年内8家医院进入实际付费，CMI值从1.06增加到1.19，平均住院床日减少1.31天，药占比和耗材占比同比下降1.44个百分点和2.96个百分点。

【健全现代医院管理制度】　湘潭市明确公立医院党委书记排名第一，完成市直医疗卫生单位党政主要负责人和班子配备，提拔26人进入市直医疗卫生单位领导班子，其中提任正处级3人，提任副处级12人，提任正科级11人，跨单位交流任职19人。出台《市直公立医院领导班子任期目标责任制实施办法（试行）》，实行任期目标制，提高公立医院领导班子自主决策和治理能力。市五医院被中共中央授予“全国先进基层党组织”。出台《湘潭市公立医院人事编制管理改革实施方案》政策，将编制实名制和备案制管理相结合，备案制管理人员经专项考核合格纳入实名制管理，允许公立医院在限额内自行设置管理及业务机构，自主招人选人用人。按服务人口、床位规模核定医院人员编制总额，核增市直医院编制4192名，增加71.66%，增设专业技术岗位4160个。出台《湘潭市市直公立医院薪酬制度改革实施方案》，市直公立医院党政主要负责人全面实行目标年薪制，由市公立医院管理委员会制定考核细则和信息系统，实施年度绩效考核，依据考核结果由财政核拨。实行公立医院岗位绩效工资制度，按照工分制对院内科室及人员进行绩效考核和分配。

【构建优质高效整合型医疗卫生服务体系】　在由市中心医院、市一医院、市妇幼保健院、市中医医院牵头组建4个城市医疗集团基础上，整合城市区公立医院和基层医疗卫生机构，组建紧密型城市医联体。成立由卫生健康分管领导为理事长、市中心医院为副理事长单位、其他市直公立医院为成员的城市医疗联合体理事会。以县级医院为龙头，全面推进县域紧密型医共体建设，建立医保费用“总额预付、结余留用、超支合理分担”机制，构建城乡联动、县乡一体、以乡带村、上下联动、信息互通医疗卫生服务体系，基本实现大病、常见病在市、县解决。基层诊疗人次由2018年的446.92万人次增至613.72万人次，增幅37.32%。做实家庭医生签约服务，推进慢性病一体化管理，落实城乡居民高血压、糖尿病门诊用药保障，推动医疗服务模式向“治未病”转变。韶山市在全省率先实现家庭医生签约服务全覆盖。出台《关于加快推进全市公共卫生防治体系补短板工作的若干意见》，落实“两个允许”和传染病津补贴、一次性增量绩效、临时性工作补贴政策。市、县疾控机构标准化建设全覆盖，检测检验能力优于省定标准。以市第六人民医院医养结合示范项目为龙头，探索集预防保健、健康管理、疾病诊治、护理、康复、安宁疗护于一体，兼顾日常生活照料综合的医养结合服务模式。打造“六颐苑康养”品牌，多次获民政部、国家卫生健康委推介，入选世界卫生组织和国家卫生健康委联合开展的“医养结合在中国的最佳实践”典型案例，综合实力在全国公办医养结合机构排第三位。

（叶志强）

党史学习教育

【概况】　2021年，湘潭市党史学习教育于3月启动、12月底基本结束。该做法在全省市州和行业系统党史学习教育领导小组负责同志座谈会上作经验发言，央媒报道湘潭经验达310篇，省媒报道158篇，省委学教办《党史学习教育简报》27次刊发湘潭经验做法。

【对标对表，主动作为】　湘潭率先制订《湘潭市党史学习教育全年工作安排》，铺排10方面重点工作共94个具体项目，明确时间表、路线图、任务书、责任人，实行挂图作战、推行台账管理。在全省率先开设读书班，围绕四个专题深入研讨，举办专家报告会9场、组织集体学习15次。市委常委开展宣讲、讲授党课达17场，投身“我为群众办实事”实践活动，分别领办3件以上具体事项。召开领导小组会议2次、推进会议5次、工作例会28次，下发文件、通知、工作提示53份，编发党史学习教育简报68期，组织党史学习教育专题调研5次，召开研讨会、座谈会30余场次。组建8个巡回指导组，实施“六督六看”工作法，督在关键处、导在点子上，全方位指导全市83家单位。10月份，开展“回头看”调研。学教办抽调35名精干力量，组建5个工作组集中办公，成立临时党支部，明确工作规则、管理细则和考核办法。

【立足实际，守正创新】　湘潭坚持分级分类，打造“四大品牌”。开设“村社课堂”，以村社离退休老党员、困难企业党员、社区居民为主要对象。打造“党史故事小舞台”，以游客、流动人口为主要对象，在街区、厂区、景区、社区等地设置红色宣讲站。开展“湘潭红·正青春——星火传承耀百年”活动，以共青团员和少年儿童为主要对象，教育引导青少年牢记红色故事、传承红色基因。全市开展上述三类特色宣讲活动近7000场，受众近120万人，经验做法得到《人民日报》客户端、新华社等央媒推介。推进“四为一帮”实践活动，深入开展“我为群众办实事”活动。举办“我为群众办实事”优秀办结项目系列新闻发布会，制作微电影作品《寻她》，参加央视新闻“你好新时代·我为群众办实事”主题融媒体大赛。坚持特色引领，策划实施“五个双百”。组织开展“百年百课堂·以理服人”“百年百首诗·诗颂党恩”“百年百图展·图说变化”“百年百故事·事过‘情’牵”“百年百歌赛·歌咏流传”等“五个双百”活动。

【同心协力，务求实效】　湘潭市组建党史学习教育市委宣讲团，开展党史学习教育、“七一”重要讲话精神、市党代会精神集中宣讲256场。组织庆祝中国共产党成立100周年理论研讨征文，4篇入选湖南省优秀论文，湘潭入选数量居全省第一。组织“学党史守初心”党史知识竞赛，10人进入线上赛全省前100名，获评“党史学习达人”。组织“重走毛泽东湖南农民运动考察之路网络宣传活动”，广大群众主动参与线上线下互动，微博话题阅读量达1.3亿人次。全市发展的预备党员由往年的7000人左右增加到17000余人。大国工匠、“七一勋章”获得者、全国道德模范艾爱国，全国道德模范提名奖沧南等优秀党员获中央、省市媒体大力推介。设立暖心走访日，聚焦“一老一小”等重点群体，用心用情用力解决群众急难愁盼问题，办结率100%；开设“办不成事”反映窗口，受理、办结重难点反映件55件；实施网格负责制、联点履责制、定期督责制、销号尽责制四项机制，推动党员干部开展志愿服务，解决群众“点单”实事15790件（类）。坚持党史学习教育与推动经济社会发展两手抓、两促进。以落实市党代会精神为主线，精心策划“奋进新征程、建设新湘潭”专题，推出“深入贯彻落实市第十三次党代会精神”“强园区 兴实体”“一把手访谈”等7个子栏目，发稿170余篇，推出新媒体产品56个，总点击量达263万人次。

（井　泉）

为民办实事工作

【概况】　2021年，湘潭市承办省重点民生实事续办10件12项，新办10件16项（省28项实事中，超额完成17项，全面完成11项）。市委市政府提出资助全市贫困人口参加城乡居民基本医疗保险、增加退役军人就业、救治救助严重精神障碍患者等10件20项民生实事（10件20项中有11项超额完成，9项全面完成）。

【亮点成绩】　湘潭市落实鼓励和支持就业创业政策措施和社会保障工作成效明显，获省人民政府办公厅真抓实干表扬激励通报。9月26日，老旧小区改造被住建部发函予以表彰推广，12月6日国家发改委《发展改革情况通报地方“好经验、好做法、好建议”专刊》第39期上发文《湖南湘潭精准发力 老旧小区改出美丽宜居“新生活”》，着重介绍湘潭市新塘社区等老旧小区改造实事项目试点经验。

【取得成效】　湘潭市增加公办幼儿园学位5780个，困难残疾人生活补贴及重度残疾人护理补贴每人每月发放70元，开工建设城镇老旧小区87个，完成农村适龄妇女及城镇低保适龄妇女“两癌”免费检查31064人次，残疾儿童实施康复救助613人。改造特困人员供养服务机构养老服务床位200张，其中护理型床位160张以上。改新建农村户用厕所（两年内实施完成）24626个，10千伏及以下行政村配电网改造投资9105万元，提质改造农村公路（乡乡通三级路、旅游路、资源路、产业路）139.93公里，农村公路安防工程建设454.51公里，孕产妇免费产前筛查16026人次，建成芙蓉学校3所，完成47个行政村通组光纤工程，建成4G基站114个，城市低保标准每人每月565元，城市低保人均救助水平398.5元/月，农村低保标准6090元/年，农村低保人均救助水平299.3元/月，新增城镇就业50425人，开展政府补贴性职业技能培训52069人次，农村转移就业劳动者职业培训26052人次，推进中医药服务基层全覆盖71个，3家市州，县市区疾控中心达国家标准，办理法律援助案件2004件，困难残疾人家庭无障碍改造455户，建设乡村公共部位安防设备3033个，资助全市贫困人口参加城乡居民基本医疗保险78833人，救治救助贫困严重精神障碍患者638人，全市中小学教室灯光照明提质改造1003间，消除市城区小街小巷路灯盲点2179盏，免费为新生儿进行遗传代谢病筛查13987人，打造放心早餐样板店50家，建设乡村旅游厕所30座，对城乡困难老人家庭进行适老化改造300户，市城区健身设施设备配送10处，新建市城区标准为二类及以上公厕5座，新建智能自助洗车便民点20处。

（张　勇）

2021年湘潭市承办省20件28项重点民生实事完成情况表

表1

序号	项目名称	计划任务数	累计完成数	备　注
1	增加公办幼儿园学位	5200个	5780个	超额完成
2	完成孕产妇免费产前筛查	15500人次	16026人次	超额完成
3	农村适龄妇女及城镇低保适龄妇女“两癌”免费检查	3万人次	31064人次	超额完成
4	提质改造农村公路（乡乡通三级路、旅游路、资源路、产业路）	131公里	139.93公里	超额完成
5	开工建设城镇老旧小区	87个	87个	全面完成
6	困难残疾人生活补贴不低于70元/人·月	不低于70元/人·月	已达70元/人·月	全面完成

续表1

序号	项目名称	计划任务数	累计完成数	备　注
7	重度残疾人护理补贴不低于70元/人·月	不低于70元/人·月	已达70元/人·月	全面完成
8	康复救助残疾儿童	470人，每月3760元	613人，每月4903元	超额完成
9	新（改）建农村户用厕所	两年完成33740个	24626个	全面完成
10	改造特困人员供养服务机构养老服务床位	200张以上	200张	全面完成
11	其中护理型床位	160张以上	160张	全面完成
12	完成10千伏及以下行政村配电网改造	投资9000万元	9105万元	超额完成
13	累计建成芙蓉学校	3所	3所	全面完成
14	城市低保标准	不低于550元/月	565元/月	超额完成
15	城市低保标准人均救助水平	不低于385元/月	398.5元/月	超额完成
16	农村低保标准	不低于5880元/年	6090元/年	超额完成
17	农村低保标准人均救助水平	不低于289元/月	299.3元/月	超额完成
18	新增城镇就业	49400人	50425人	超额完成
19	完成政府补贴性职业技能培训	3万人次	52069人次	超额完成
20	其中农村转移就业劳动者职业培训	7000人次	26052人次	超额完成
21	市州、县市区疾控中心达国家标准	3家	3家整体完成100%	全面完成
22	建设农村公路安防设施	450公里	454.51公里	超额完成
23	完成行政村通组光纤工程	47个	47个	全面完成
24	建成4G基站	114个	114个	全面完成
25	建设乡村公共部位安防设备	3000个	3033个	超额完成
26	困难残疾人家庭无障碍改造	450户	455户	超额完成
27	推进中医药服务基层全覆盖	71个	71个	全面完成
28	办理法律援助案件	1700件	2004件	超额完成

2021年湘潭市承办市10件20项重点民生实事完成情况表

表2

序号	项目名称	计划任务数	累计完成数	备　注
1	城镇新增就业	49400人	50425人	超额完成
2	开展政府补贴性职业技能培训	3万人次	44493人次	超额完成
3	新增退役军人就业	2000人	2260人	超额完成
4	孕产妇免费产前筛查全覆盖	15500人次	16026人次	超额完成
5	救治救助贫困严重精神障碍患者	600人	638人	超额完成
6	免费为新生儿进行遗传代谢病筛查	全覆盖	13987人	全面完成
7	提质改造农村公路	131公里	139.93公里	超额完成
8	全市中小学教室灯光照明提质改造	500间	1003间	超额完成
9	市城区健身设施设备配送	10处	10处	全面完成
10	建设乡村旅游厕所	30座	30座	全面完成
11	新（改）建农村户用厕所	33740个	两年完成24626个	全面完成
12	新建市城区标准为二类及以上公厕	5座	5座	全面完成
13	消除市城区小街小巷路灯盲点	1918盏	2179盏	超额完成
14	残疾儿童实施康复救助	470人，3760元/月	613人，4903元/月	超额完成
15	贫困残疾家庭实施无障碍改造	450户	455户	超额完成
16	城乡困难老人家庭进行适老化改造	300户	300户	全面完成
17	资助全市贫困人口参加城乡居民基本医疗保险	约5.8万人	78833人	超额完成
18	打造放心早餐样板店	50家	50家	全面完成
19	10千伏及以下行政村配电网改造投资	9000万元	9105万元	超额完成
20	新建智能自助洗车便民点	20个	20个	全面完成

党政领导班子和领导干部绩效考核

【概况】　2021年，湘潭市绩效考核办公室有序推进省绩效评估指标任务分解落实，开展绩效考核各项工作。

服务中心大局。坚持把推动省考指标落实落地、保障全市在省考中争先进位作为首要职责。聚焦省考指标任务，联合湘潭市委、市人民政府督查室，开展督查6次，下发专项通报4期、督办函65份。加强向省委财经委汇报对接，专题汇报5次、报送加分项15项，撰写分析报告，3次向市委常委会汇报，落实落细市委书记张迎春指示的三项制度——调度制、交办制、对接制，全力推动各项省考指标任务走在同类市州前列。湘潭在2021年度省考指标任务获得全省同类市州优秀等次。

优化考核方式。组织举办绩效考核工作业务培训班、绩效考核数据采集工作培训班，邀请省委财经办、省政府督查室以及市统计局、市发改委相关负责人进行专题授课。完善绩效考核计分办法，创新采用标准化处理计分、标杆计分、区间计分、等次计分等方法，提升差异化考核水平。对标制定《2021年省绩效评估指标任务分解表》，将各项省考指标任务逐项分解到单位、落实到个人。

鲜明实干导向。组织召开全市绩效考核讲评大会，市委、市政府主要领导参会并亲自讲评，正式公布123个市管领导班子、1420名市管领导干部2020年度考核结果，表彰优秀领导班子52个，优秀领导干部333名，诫勉领导干部6名。落实考核规定，由7名分管市领导，对16名绩效考核“合格单位”主要负责人、诫勉人员、提醒谈话人员进行约谈。结合公务员平时考核，严格落实单位内部差异化奖金发放办法。

一、2021年度全市党政领导班子绩效考核结果

2021年，纳入绩效考核的市管党政领导班子共计122个，包括5个县市区、4个一类园区、4个二类园区、71个市直部门、3个市属国有企业、8个垂直管理部门，另有20个市人大、市政协委室分别委托市人大常委会党组、市政协党组考核，7个民主党派机关委托市委统战部考核。各单位按照优秀、良好、合格3个等次分类排名定档。具体为：

1. 县市区领导班子

优秀单位：湘乡市

良好单位：岳塘区、韶山市、雨湖区、湘潭县

2. 一类园区领导班子

良好单位：湘潭综合保税区

合格单位：湘潭高新区、湘潭经开区、岳塘经开区

3. 二类园区领导班子

优秀单位：湘乡经开区

良好单位：雨湖高新区

合格单位：天易经开区、韶山高新区

4. 市属国有企业领导班子

合格单位：产投集团、城发集团、交发集团

5. 市直部门领导班子

79个市直部门（含垂直管理单位）中：优秀单位38家，良好单位34家，合格单位7家。其中：市纪委监委机关、市委办公室、市政府办公室、市委组织部、市委宣传部、市委统战部、市委政法委7家单位参与考核排名定档，不占同类别指标。

①党委工作部门（11个）

优秀单位（5个）：市委统战部、市委政法委、市委政研室、市直机关工委、市委编办

良好单位（5个）：市委办公室（含市委保密办）、市委网信办、市纪委监委机关（含市委巡察办）、市委组织部、市委老干部局

合格单位（1个）：市委宣传部

②经济管理部门（12个）

优秀单位（6个）：市发改委、市政府办、市住建局、市工信局、市水利局、市商务局

良好单位（5个）：市林业局、市财政局、市农业农村局、市国资委、市经金办

合格单位（1个）：市交通运输局

③社会发展部门（14个）

优秀单位（6个）：市科技局、市卫健委、市民政局、市机关事务管理局、市文旅广体局、市统计局

良好单位（6个）：市教育局、市行政审批服务局、市退役军人事务局、市乡村振兴局、市人防办、市信访局

合格单位（2个）：市医保局、市人社局

④执法监督部门（10个）

优秀单位（4个）：市应急管理局、市公安局、市自然资源和规划局、市司法局

良好单位（5个）：市城管执法局、市审计局、市中级人民法院、市市场监管局、市人民检察院

合格单位（1个）：市生态环境局

⑤群团组织部门（10个）

优秀单位（4个）：市总工会、市侨联、市残联、市科协

良好单位（5个）：团市委、市妇联、市工商联、市文联、市社科联

合格单位（1个）：市贸促会

⑥正县级事业单位（14个）

优秀单位（5个）：市优化营商环境协调事务中心、市住房公积金中心、韶山灌区管理局、市优化人居环境事务中心、市公共资源交易中心

良好单位（8个）：市大数据中心、市接待服务中心、市档案馆、市委党史研究室、市供销合作总社、湘潭日报社、市广播电视台、市委党校

合格单位（1个）：市长株潭一体化发展事务中心

⑦垂直管理部门（8个）

优秀单位（8个）：市消防救援支队、市税务局、国家统计局湘潭调查队、人民银行湘潭市中心支行、市气象局、韶山海关、市水文局、市国安局

6. 市人大专门委员会及常委会工作机构（11个，委托市人大常委会党组考核）

优秀委室（3个）：市人大常委会办公室、市人大法制委员会（市人大常委会法制工作委员会）、市人大常委会选举任免联络工作委员会

良好委室（6个）：市人大财政经济委员会（市人大常委会预算工作委员会）、市人大监察和司法委员会、市人大教育科学文化卫生委员会、市人大常委会研究室、市人大社会建设委员会、市人大民族华侨外事委员会

合格委室（2个）：市人大农业与农村委员会、市人大环境与资源保护

委员会

7. 市政协专门委员会及工作机构（9个，委托市政协党组考核）

优秀委室（3个）：市政协办公室、市政协研究室、市政协经济科技和外事委员会

良好委室（5个）：市政协委员学习联络委员会、市政协社会法制和民族宗教委员会、市政协文教卫体和文史委员会、市政协提案委员会、市政协农业和农村委员会

合格委室（1个）：市政协人口资源环境委员会

8. 民主党派机关（7个，委托市委统战部考核）

优秀单位（2个）：民进市委机关、九三学社市委机关

良好单位（4个）：农工党市委机关、民革市委机关、民建市委机关、民盟市委机关

合格单位（1个）：致公党市委机关

二、2021年全市党政领导干部绩效考核结果

2021年纳入绩效考核的市管县处级干部共1427人，其中县市区244人、园区56人、市直部门1081人、市属国有企业46人。其中，纪（工）委书记、派驻纪检组组长委托市纪委监委考核；市人大、市政协市管干部由市委委托市人大常委会党组、市政协党组考核；民主党派市管干部由市委委托市委统战部考核；教育、公安、卫健局（委）班子成员以外的市管干部委托市教育局、市公安局、市卫健委党委考核。具体情况为：

1. 县市区（园区）、市直部门、市属国有企业领导班子成员共567人，建议优秀等次173人。

纳入考核范围的县市区、园区领导班子正职18人，优秀等次4人；县市区领导班子其他成员117人，优秀等次39人；园区领导班子其他成员31人，优秀等次7人。纳入考核范围的市直部门领导班子正职64人，优秀等次20人；市直部门领导班子其他成员301人，优秀等次91人。纳入考核范围的企业领导班子正职6人，优秀等次3人；企业领导班子其他成员共30人，优秀等次8人。［以上含县市区、园区纪（工）委书记，市纪委监委派驻纪检组组长和纳入专项工作考核的领导班子成员］

2. 市人大、市政协委室领导干部共74人，建议优秀等次21人。

纳入考核范围的市人大领导干部44人，优秀等次12人，称职32人；纳入考核范围的市政协领导干部30人，建议优秀等次9人，称职21人。

3. 民主党派机关的市管领导干部共9人，建议优秀等次2人，称职等次7人。

4. 其他市管县处级领导干部共777名，建议优秀等次149人。

除领导班子成员以外，纳入考核范围的县市区（园区）其他市管县处级干部130人，优秀等次22人；市直部门其他市管干部371人，优秀等次65人；市属国有企业其他市管干部10人，优秀等次2人；参与专项工作的其他市管干部52人，优秀等次17人；委托市纪委监委、市公安局、市教育局、市卫健委考核的其他市管干部214人，优秀等次43人。

2022

湘潭年鉴

XIANGTAN NIANJIAN

大事记

大事记

1 月

1 日　湘潭韶山与三一集团，就三一（韶山）产业园项目正式签约。

4 日　湘潭市出台《关于集中交办营造更好发展环境支撑民营企业改革发展重点工作任务的通知》，通知从优化公平竞争的市场环境、完善精准有效的政策环境、健全平等保护的法治环境、鼓励民营企业改革创新、健全民营企业服务体系、加强机制建设和考核评估 6 方面提出 70 条措施。

是日　湘潭高新区与腾讯云计算（长沙）有限责任公司、湖南云畅网络科技有限公司三方共同签订腾讯云启创新中心（湘潭）合作协议。

5 日　《湘潭日报》载，湖南永霏产品［国产多种纤维混纺交织 B 级焊接服、焊接服内衬面料、覆 PI 膜医用防护服（无菌级）、N95 级可水洗重复使用口罩、医用防护服可降解材料研发等］获“2020 年中国纺织工业联合会产品开发贡献奖”。

8 日　昭华大桥“独塔非对称自锚式悬索桥设计施工关键技术研究”获 2020 年度中国公路学会科学技术奖二等奖。

11 日　全市村（社区）“两委”换届工作推进会召开。

12 日　长沙市政府・湘潭市政府合作交流座谈会在长沙召开。

14 日　湘潭获评“国家卫生城市”。

17—19 日　政协湘潭市第十二届委员会第五次会议在华宇大酒店举行。

18—21 日　湘潭市第十五届人民代表大会第六次会议在盘龙山庄举行，表决通过《湘潭市文明行为促进条例》。3 月 31 日，该《条例》获湖南省十三届人大常委会第二十三次会议批准，自 2021 年 6 月 1 日起施行。

22 日　湘潭市对口帮扶永顺县工作汇报会召开。

27 日　湘潭城发集团申报并负责的“适应新兴产业发展需求的产业园区规划设计研究”课题纳入中国管理科学研究院咨询工程技术课题管理委员会最终研究成果，并获评该院重点项目科研成果一等奖。

29 日　《湘潭日报》载，湘潭市中心医院获批“湖南省脑卒中急救临床医疗技术示范基地”。

是日　湘潭跨境电子商务综合试验区直购进口第一单在湘潭综合保税区跨境贸易电子商务监管中心完成通关，方便市民采购全球各种优质商品。

是日　湘潭首家红旗汽车体验中心开业，位于湘潭经开区湘望路。

2 月

1 日　湘潭市和湘潭县养老服务体系发展成效明显，获省政府“2020 年真抓实干成效明显地区”通报表扬。

是日　电影《特别支部》在湘潭签约，影片以中共韶山特别支部为题材，是庆祝中国共产党成立 100 周年的献礼影片。

2 日　《湘潭日报》载，湘沙猪新品种配套系经国家畜禽遗传资源委员会审定通过，成为湖南省第二个通过国家审定并拥有自主知识产权的畜禽新品种配套系。

3 日　省委副书记乌兰到湘潭指导市委常委班子 2020 年度民主生活会。

是日　副省长、省公安厅厅长许显辉到湘乡市督导检查安全生产工作。

4 日　市委副书记、市长张迎春主持召开“两干一轨”项目专题会议。

是日　羊牯立交桥通车，羊牯立交桥属窑湾景区配套基础设施项目，桥体采用菱形设计，连接现有潭邵路，跨西二环线，全长 86.12 米，总宽 34 米。

6 日　芙蓉大道货运东站公交道路拓宽改造工程全面完成通车。

7 日　《湘潭日报》载，中国科协发布第十一次中国公民科学素质抽样调查结果，显示“十三五”末期，湘潭市公民具备基本科学素质比例达到 10.8%，比“十二五”末期提高 6.42 个百分点，高于全国平均水平，排名全省第二。

8 日　湘潭市中心医院建院 120 周年院史展开展。

9 日　护潭西路（建设北路—江南大道）通车，道路全长 1.98 公里，双向六车道。

18 日　省委副书记、省长毛伟明先后到湘潭经开区、湘潭高新区，深入舍弗勒湘潭有限公司、湘电集团、湘潭钢铁集团有限公司等企业调研。

20 日　湘潭市、韶山市成功创建“全国无障碍环境城市”。

是日　市教育局发布通知，全市中小学春季开学报到时间提前至 2 月 28 日。

24 日　湖南省第二生态环境保护督察组对湘潭市开展生态环保督察“回头看”，就城乡环境基础设施建设进行专项督察，形成督察报告，经省委、省人民政府批准向湘潭市委、市人民政府进行反馈。

25 日　《湘潭日报》载，邓述东、赵建成、王跃龙获评“全国脱贫攻坚先进个人”，湘乡市扶贫开发办公室、韶山市韶山乡韶阳村村委会获评“全国脱贫攻坚先进集体”。

26 日　《湘潭日报》载，全市发布主题为“巩固创森成果、建设美丽湘潭”的全市深化国家森林城市建设宣传片。

27日　《湘潭日报》载，昭山示范区与岳塘经开区合并。

3月

1日　湖南省举行重大项目集中开工活动，湘潭分会场活动在湘潭经开区的湖南医疗器械产业园二期项目现场举行，全市共102个重大项目集中开工。

3日　湘江新区领导到湘潭经开区调研，进一步凝共识、聚合力、谋发展，加速推进湘江新区九华片区建设。

是日　全市政法队伍教育整顿动员部署会议召开，省政法队伍教育整顿第四指导组组长詹晓安讲话。

4日　全市党史学习教育动员会在市委党校召开。

是日　《湘潭日报》载，湖南科技大学9个本科专业入选国家级一流本科专业建设点，入选数量居省属高校第三。

5日　市委副书记、市长张迎春率队前往湘潭县、湘乡市，调研韶山至井冈山红色旅游客运专线（简称“两山”铁路）开通有关工作。

8日　浙江省副省长王文序率队到湘潭，就社区与居家养老、医养结合等相关工作开展考察。

是日　长郡湘潭高新实验小学开学，学校位于湘潭高新区护华路3号，总用地3.87公顷。

11日　湖南省生态环境厅调研组到湘潭考察“三线一单”成果应用和产业园区环保工作相关情况。

12日　湘潭市人民政府与中华（澳门）金融资产交易股份有限公司签署合作备忘录。

是日　“e潭就办”App缴费功能上线，该App实现公交查询、公积金查询、图书借阅、缴纳社保费、水电费等便民服务功能。

13日　湘潭二大桥因维修加固工程需要，实施为期3个月的交通管制（至6月16日恢复通行）。管制期间，除施工车辆外，禁止其他一切机动车辆通行，并将根据施工进度和要求对非机动车和行人的通行进行临时管制。

15日　2021年市文明委全会暨创建工作领导小组会议召开。会议强调，努力创建文明典范城市，以精神文明建设凝聚干事创业磅礴力量。

是日　市委党史学习教育领导小组第一次会议召开，对全市党史学习教育各项工作进行研究部署，会议要求把握核心要义，抓实抓细党史学习教育。

是日　全省农机“3·15”消费者权益日活动在九华农机产业园国际会展中心启动，此次活动的主题为“提质增效，减损护农”。

16日　副省长隋忠诚先后来到湘乡市、雨湖区、湘潭县，调研春耕生产工作。

17日　市委理论学习中心组成员到毛泽东广场、毛泽东同志纪念馆、中共韶山特别支部历史陈列馆接受党史教育，并围绕“学史明理”主题开展党史学习教育第一次专题学习。

18日　蓝思科技湘潭产业园区开园仪式在湘潭经开区举行。副省长何报翔宣布开园。

19日　全市政法队伍教育整顿政治轮训举行。

23—24日　中共中央对外联络部部长宋涛到韶山开展党史学习教育专题学习活动。

26日　湘潭市岳塘区下摄司街道九洲社区、雨湖区姜畬镇姜畬社区获评“全国综合减灾示范社区”。

27日　湘潭市“十四五”经济社会发展座谈会和招商引资推介会在北京举行，湘潭籍在京领导和嘉宾、部分市领导以及湘潭商会和湘潭籍企业家参会。

是日　全市首个新冠病毒疫苗“方舱接种点”在湖南科技大学启用，单日最大可完成6000人的接种量。

29日　“建党百年 伟人故里行”文学名家采风活动开幕，活动为期5天，并举办“建党百年 伟人故里行”名刊名家文学创作交流会。30日，“建党百年 伟人故里行”百年路新征程诗歌创作工程座谈会在盘龙山庄举行，中国作协党组成员、副主席、书记处书记李敬泽出席。

31日　西二环道路（二期）工程涟水河大桥建设启动。

是日　省委常委、长沙市委书记吴桂英率队来到湘潭，调研推动长株潭城市群一体化工作。

31日—4月1日　湖南省人民政府驻深圳办事处带领深圳市企业家、行业协会到湘潭考察交流。

4月

1日　《湘潭市实施〈湖南省物业管理条例〉办法》正式施行，全市物业管理工作进入法制化阶段。

是日　“故园到故地，最美湘赣红”媒体集中采访活动在韶山火车站启动。

是日　全市政法队伍教育整顿领导小组第一次会议召开，省政法队伍教育整顿第四指导组组长詹晓安出席并讲话。

2日　湘潭市人民政府与中国葛洲坝集团股份有限公司签订战略合作框架协议。

是日　红色走廊道路暨G240沪昆高铁韶山南至湘乡公路工程项目开工。

6日 《湘潭日报》载，湘潭DRG（部署疾病诊断相关分组）付费改革经验在国家医保局2021年医保支付方式改革试点推进视频会上获推介。

8日 省政协副主席赖明勇到湘潭经开区开展“进一步完善引进和留住人才激励政策，为实施‘三高四新’战略提供人才支撑”重点课题调研。

9日 省委党史学习教育巡回指导组第九组到湘潭指导，并赴韶山毛泽东同志纪念馆、中共韶山特别支部历史陈列馆调研。

10日 长株潭一体化发展第三届市委书记联席会议在湘潭韶山举行，会议签署《长株潭一体化发展2021年行动计划》，认真落实“三高四新”战略，围绕“十同”目标（规划同图、设施同网、三市同城、市场同治、产业同兴、生态同建、创新同为、开放同步、平台同体、服务同享），加大合作力度。三市共同签署由长沙牵头起草的《关于深入实施“三高四新”战略全面推进长株潭重大产业协同发展的意见》，协同扶持十大重点产业，其中包括湘潭牵头先进电传动及风电装备（电机电磁驱动）、食品及农产品加工产业，与长沙共同发展生物医药产业（含高端医疗装备）。

12日 全国爱国主义教育基地党史学习专题培训班在韶山举行，中宣部教育局、省委宣传部、市委宣传部等相关领导出席。

是日 省委常委、宣传部部长张宏森到韶山月壤异地灾备点、韶山航天航空创新体验基地、“最忆韶山冲”项目现场，调研文旅项目。

是日 中国科协副主席、书记处书记孟庆海到湘潭，调研基层科普组织、科普信息化建设及农村、社区科普工作。

12—13日 中宣部教育局一行到湘潭调研爱国主义教育基地建设。

13日 湘潭大学新冠病毒疫苗“方舱接种点”启用，每天可完成6000~7000次接种量。

是日 全市政法队伍教育整顿工作推进会召开。

14日 党史学习教育省委宣讲团到湘潭宣讲，省委宣讲团成员，省直机关工委常务副书记龚凤祥作宣讲报告。

14—15日 永州市人大常委会一行到湘潭考察交流。

15日 2021年市直机关篮球比赛在东八区体育工厂篮球场开幕，全市59家市直机关单位组成41支代表队，近600名运动员参赛。

16日 全市召开中央第六生态环境保护督察组交办重点问题整改推进会。

是日 全国首届思维型教学校际研讨会（小学）——聚焦抽象概括，在九华和平小学举行。

17日 《湘潭日报》载，截至4月15日，中央第六生态环境保护督察组累计交办给湘潭市信访事项64件，其中重点件15件，占总数的23.4%。

18日 中央第六生态环境保护督察组副组长叶民到湘潭，现场督导港口、码头环保问题整改工作开展情况。

19日 《湘潭日报》载，杭州西泠印社考察组一行到湘潭，向市博物馆捐赠作品。

是日 市委副书记、市长张迎春主持召开创建国家创新型城市专题座谈会。

20日 湘潭市旅游饭店协会成立，业务指导单位为市文旅广体局。

是日 市委理论学习中心组成员到韶山灌区陈列馆、湘乡市东郊乡浒洲村等地，开展党史学习教育第二次专题学习暨市委理论学习中心组第五次集体学习。

21日 市委党史学习教育领导小组办公室公布全市“我为群众办实事”暖心热线“12345”（即市长热线），畅通群众反映诉求渠道。

是日 阿里云创峰会暨2021湘潭莲城汇·大数据产业创新峰会举行，围绕“迭新智变，数绘莲城”主题，共同探索数字经济时代湘潭的发展路径。国务院参事姚景源，省市相关领导和阿里云相关负责人参会。会上，湘潭高新区授牌为湖南省大数据产业园（湘潭高新）。

是日 长沙、株洲、湘潭三市图书馆共同签订《长株潭公共图书馆联盟协议》，成立公共图书馆联盟，实现三市公共图书馆业务协同、集群服务，推进区域图书馆资源共享，发挥城市群公共文化发展的示范带动作用。

21—22日 省人大常委会副主任彭国甫率调研组到湘潭，就湘潭市历史文化资源特别是红色资源保护和利用情况开展调研，并就《湖南省红色资源保护和利用条例》立法文本初稿征求意见。

25日 湖南省第三十三个爱卫月集中宣传暨湘潭爱卫群众文艺展演活动在东方红广场举行。

是日 韶山毛泽东同志故居完成50余天修缮工作，恢复对外开放。

26日 湘潭市围棋协会成立。

27日 全市精神文明建设表彰暨深化全国文明城市建设推进大会召开。

28日 全国政协经济委员会专题调研组就“构建现代化基础设施体系”到湘潭开展调研。

是日 湖南华研实验室开业运营，实验室是由湘潭经开区与上海交通大学联合打造的政产学研科研创新平台，致力于研究汽车行业急需技术。

30日 湘潭市被国家禁毒委命名为首批“全国禁毒示范城市”。

是日　副省长陈飞到湘潭现场督导湘潭市港口码头污染问题整改工作。

5月

6日　全市6户家庭获评全省最美家庭，分别是：湘潭县赵正凯家庭、胡婷家庭，韶山市文勇强家庭，湘乡市杨次荣家庭、刘松骨家庭，岳塘区刘素华家庭。

7日　共青团湖南省委、中共湘潭市委在韶山市举行“实现中国梦·建设新湖南”新团员入团仪式省级集中示范活动。

是日　“信息载梦 创享未来——2021年信创产业生态大会”在湘潭市华银国际大酒店举行。

7—8日　省政协副主席张大方到湘潭，就“强化长株潭引领作用，打造国家重要先进制造业高地”重点课题开展调研。

7—10日　迅达科技集团股份有限公司、湘潭弘茂湘莲产业发展有限责任公司、湖南斯珀特家居用品有限公司、湖南莲美食品有限公司4家企业携产品参加在海南省海口市举办首届中国国际消费品博览会。

8日　湘潭市乡村振兴局挂牌成立。

10日　全市政法队伍教育整顿领导小组第二次会议召开。

11日　湖湘学校新冠病毒疫苗“方舱接种点”启用。

是日　市委理论学习中心组开展党史学习教育第三次专题学习。

是日　全国人大常委会机关党组成员、预算工委主任史耀斌到湘潭，就加强和改进新时代预算决算审查监督和国有资产管理监督进行调研。

12日　市委副书记、市长张迎春主持召开海绵城市示范城市申报工作专题会。

14日　湘潭市人民政府与中国工商银行湖南省分行举行服务湘潭“三高四新”战略、乡村振兴战略合作框架协议签约仪式。

15日　“同心‘湘’聚‘绿’创未来”哈电风能有限公司揭牌仪式暨风电产业发展发布会在湘潭高新区的湘潭市哈电风能生产基地举行。副省长陈飞为新公司揭牌。

17日　长株潭区域博物馆联盟成立。

是日　市委理论学习中心组党史学习教育四本“指定书目”读书分享会暨读书班结业式举行。

18日　“红色百年——革命文物专题图片展”在市博物馆特展一厅展出。

18—19日　全国工商联调研组到湘潭就“万企兴万村”开展调研。

19日　国家综合医改专家评估组到湘潭评估综合医改工作。

21日　2021年湘潭科技活动周启动。

22日　长沙市第一中学支持湘潭大学附属实验学校办学签约仪式举行。

24日　全市政法队伍教育整顿领导小组第三次会议召开。

25日　全国水产科技活动周在湘潭启动。

27日　“重走毛泽东湖南农民运动考察之路”网络宣传活动启动。

27—28日　湘潭市党政代表团到江西省吉安市考察，在井冈山党政大楼召开“吉安·湘潭合作发展交流座谈会”。

28日　第十届中南农机机电产品展示交易会在湖南农机产业园湘潭国际会展中心开幕。

29日　湘潭市党政代表团到江西省宜春市考察交流。

30日　启航学校儿童合唱团汇报音乐会在湖南科技大学俱乐部举行。

31日　湘潭市委、市人民政府主办的“湘赣红”文化旅游产业发展城市论坛在韶山举办，此次论坛以“韶山连井冈，湘赣今更红”为主题。

是日　市总工会社会保障部赵大维获全国五一劳动奖章。

6月

1日　湘潭市工商联（总商会）第十七次会员代表大会召开。

2日　全市2021年“安全生产月”活动在省建三公司启动。

是日　省人大常委会副主任、省总工会主席周农到湘潭，调研指导重点建设项目和大型企业开展劳动竞赛和复工复产情况。

5日　2021年“6·5”环境日湖南主场活动在湘潭举行，活动以“人与自然和谐共生——伟人故里·大美湘潭”为主题。活动现场水府庙水库入选全省“美丽河湖优秀案例”。

是日　卫生健康行业主题宣传交流会在华天大酒店举行，活动由健康报社主办，来自全国20多个省、200多位医院管理者、宣传工作者参会。

7—8日　省委常委、省委统战部部长黄兰香带领湖南统一战线到湘潭开展2021年中共党史联合学习暨“看巨变·凝共识·谋发展”学习考察活动。

8—9日　中国计生协调研组到湘潭就“计生协组织参与健康中国建设主题、内容及方式（路径）”重点课题开展调研。

9日 省政协农业和农村委员会工作室在湘潭经开区响水乡的湖南应德恩农业科技股份有限公司揭牌成立。

是日 全省政法英模先进事迹报告团到湘潭开展巡回宣讲。

是日 湘电股份与华中科技大学国家脉冲强磁场科学中心联合研制的国内首台（套）大型永磁电机整体充磁成套设备，在湘电完成2.5兆瓦直驱永磁风力发电机转子的整体充磁，设备研制成功，标志相关技术及装备研制水平位居世界前列。

是日 “三个规定”集中宣讲和公开承诺大会召开，省政法队伍教育整顿第四指导组组长詹晓安作宣讲。

10日 国务院公布第五批国家级非物质文化遗产代表性项目名录，湘潭巫家拳入选传统体育、游艺与杂技项目国家级非遗。

是日 《湘潭日报》载，“壶天石羊”入选农业农村部发布的2021年第一批农产品地理标志登记产品。

15日 湘潭市庆祝中国共产党成立100周年原创献礼剧目——大型现代花鼓戏《战地黄花》在湘潭大学首演。

是日 湘潭二大桥恢复通车。

16日 市委理论学习中心组突出“学史力行”主题，开展党史学习教育第四次专题学习暨市委理论学习中心组第七次集体学习，参加全市“我为群众办实事”评议活动，并召开专题学习研讨会。省委党史学习教育巡回指导组第九组组长宋建民到会指导。

17日 市委第十二届十次全体会议召开，全会审议通过《关于召开中国共产党湘潭市第十三次代表大会决议》。

是日 湘潭籍宇航员汤洪波搭载神舟十二号载人飞船升空进入空间站。

18日 省人大常委会副主任、省总工会主席周农到湘潭调研工会工作，为职工群众办实事。

是日 韶山至井冈山红色专列在韶山市举行首发仪式，省委书记、省人大常委会主任许达哲宣布发车，省委副书记、省长毛伟明致辞。

是日 《湘潭日报》载，湘潭市入选公立医院综合改革第二批国家级示范城市名单。

是日 “学党史 守初心”湘潭市党史知识竞赛暨“党史学习达人”挑战赛在市广播电视台演播厅举行。

21日 2021年湘潭市第二次重大项目集中开工活动暨长株潭城市群（昭山）生命康养融城社区项目启动仪式在岳塘经开区举行。

22日 中共湘潭市委新闻发布会举行，发布全市庆祝中国共产党成立100周年十项活动安排并答记者问。本场发布会是第一次以“中共湘潭市委”名义召开的新闻发布会。

是日 湘潭市庆祝中国共产党成立100周年系列活动——新党员入党宣誓暨老党员重温入党誓词活动在东方红广场举行。

是日 市领导看望慰问老干部、老党员及航天员汤洪波家属。

23日 湖南软件职业技术大学揭牌，学校是全省第一所本科层次职业技术大学。学校位于湘潭经开区，占地60公顷，开设6个本科专业，现有全日制在校大学生9600余人，专职教师554人。

是日 中华全国供销合作总社党组书记、理事会副主任韩立平到湘潭，调研深化供销合作社综合改革工作。

是日 庆祝中国共产党成立100周年“百年百歌赛·歌咏流传”全市大型群众合唱比赛决赛在华银生态园举行，共13支队伍参赛。

24日 湖南华菱线缆股份有限公司在深圳证券交易所主板挂牌上市交易。

是日 省委副书记乌兰到韶山干部学院改扩建工程现场，考察工程进展情况。

是日 省委常委、省委统战部部长黄兰香在湘潭县参加所在的省人大代表湘潭第一小组活动，并调研督导防汛抗旱工作。

25日 “百年大党 光耀莲城”——中共湘潭地方组织百年成就大型专题档案巡回展览在东方红广场开幕。

是日 湘潭市非遗展示中心开馆仪式在平政路北五省会馆（关圣殿）举行。

26日 湘潭综合保税区跨境电商综合服务中心揭牌暨湘潭跨境电商线上公共服务平台上线仪式举行。

是日 2021年增材制造与精准医疗创新发展论坛在湘潭举行。

28日 “永远跟党走”湘潭市庆祝中国共产党成立100周年文艺晚会在湖南工程学院体育馆举行。

是日 湘潭生活垃圾焚烧发电项目烘炉“点火”仪式在河口镇宏兴村

项目现场举行。

29日 湘潭钢铁集团有限公司工人艾爱国荣获“七一勋章”。

30日 中国少年先锋队湘潭市第五次代表大会召开。

是日 《湘潭党史学习教育地图》发布，地图由市自然资源和规划局主编，联合市委党史研究室、湖南地图出版社编制。

7月

1日 全市政法队伍教育整顿总结大会召开。

2日 市领导在市委大楼会见载誉归来的“七一勋章”获得者艾爱国。

5日 《湘潭日报》载，湘潭市和湖南农业大学围绕共同推进乡村振兴校市全面战略合作开展调研与座谈。

是日 谈爱桥封闭，启动为期3个月的全封闭紧急抢修。

5—6日 省关工委调研组到湘潭就推动青少年党史学习教育深入开展进行调研。

6日 《湘潭日报》载，湘潭市第五人民医院党委获“全国先进基层党组织”称号，步步高集团党委书记、总裁陈志强获“全国优秀党务工作者”称号。

是日 湘潭市举行庆祝中国共产党成立100周年座谈会，市委副书记、市长张迎春主持，相关市领导，各界代表参加座谈会。会上，“七一勋章”获得者，农村基层党员代表，“两优一先”表彰代表等发言，表达“感党恩、听党话、跟党走”的心声。

9日 《湘潭日报》载，湘潭市第七次全国人口普查公报公布，数据显示，全市常住人口为2726181人，与第六次全国人口普查比减少25990人，下降0.94%。居住在城市人口为1754969人，占64.37%。与第六次全国人口普查比，城镇人口增加375948人，城镇人口比重提高14.26个百分点。数据显示还存在老龄化程度有所加深、高学历人口增加的特点。

是日 湘潭市启动优质特色农产品“三带三帮三进，助力乡村振兴”活动。

10日 湘潭市委召开全市领导干部大会，宣布省委关于湘潭市主要领导干部调整的决定，张迎春任中共湘潭市委书记。

11日 省政法队伍教育整顿“回头看”工作组进驻湘潭。

12日 省人大常委会副主任、省总工会主席周农到湘潭，调研湘潭湘莲产业发展和基层工会工作。

13日 省总工会一行到湘潭就工会工作开展调研，并为“全国五一巾帼奖状”获得者湘钢动力厂超高压余能发电车间化水班授牌。

是日 国家心理健康和精神卫生防治中心调研组到湘潭调研心理健康和精神卫生工作。

是日 省住建厅专项督导组第六组到湘潭就特种作业人员考培工作开展调研。

14日 中共湘潭市委发布关于追授贺志方“湘潭市优秀共产党员”称号的决定。

是日 全省红色经典品牌知识产权保护研讨会在湘潭举行。

是日 湘潭市中心医院举行《湘潭市中心医院志（2010—2019）》《何志襄传》首发式暨何志襄铜像揭幕仪式。

15日 省人大常委会党组书记、副主任刘莲玉到湘潭调研县乡两级人大换届选举工作情况。

16日 市委书记、市人民政府市长张迎春主持召开湘潭市第十三次党代会筹备工作领导小组第一次会议，会议强调要提高站位、周密组织、科学谋划、严肃纪律，确保党代会顺利圆满召开。

17日 《湘潭日报》载，民革湖南省委到湘潭就加快长株潭绿心生态产品价值实现路径相关工作开展调研。

18日 第七届湘莲文化节暨湘莲产业招商引资系列活动在湘潭县花石镇万亩基地举行。

21日 市委书记、市人民政府市长张迎春主持召开学习贯彻习近平总书记“七一”重要讲话精神专题报告会。

是日 全市组织召开庆祝中国共产党成立100周年理论研讨会。

21—22日 第十一次全国企业民主管理工作调研检查组第四组到湘潭调研检查全市企业民主管理工作。

22日 湖南先进传感研究院项目落户湘潭高新区，中国科学院院士彭练矛、省科技厅、湖南先进传感与信息技术创新研究院和市领导参加项目签约仪式。

23日 省供销合作社一行到湘潭就深化供销合作社综合改革开展调研。

25日 湘潭市委召开全市领导干部大会，宣布省委关于湘潭市有关领导干部调整的决定：胡贺波任中共湘潭市委委员、常委、副书记。

是日 《湘潭日报》载，2020年度湖南省科学技术奖获奖名单公布，湘潭市有38个项目获奖。

27日 2021年“创客中国”中小微企业创新创业大赛湘潭市复赛落幕，企业组8个、创客组4个项目团队分获大赛奖励，并获推荐参加全省决赛。

28日 副省长隋忠诚一行来到湘潭，深入“中国湘莲之乡”湘潭县，调研了解湘莲产业发展情况。

是日 湘沙猪新品种（配套系）发布暨湘潭优质湘猪工程高质量发展推进会议在湘潭召开。

29日 接省新冠肺炎疫情联防联控机制紧急通知，湘潭市集结一支17人疾控流调人员队伍驰援张家界开展疫情防控工作。

是日 由省人民政府主办，省工信厅和长株潭三市人民政府共同承办的“智能制造 智享未来”湖南先进制造业推介会在深圳举行，湘潭签约6个项目，总投资119.28亿元。

30日 湘潭市第十五届人民代表大会常务委员会第三十四次会议召开，决定李江南为湘潭市人民代表大会常务委员会代理主任；决定任命胡贺波为湘潭市人民政府副市长，决定胡贺波副市长为湘潭市人民政府代理市长；任命李激扬为湘潭市监察委员会副主任，决定李激扬为湘潭市监察委员会代理主任。

是日 2021年湖南—粤港澳大湾区投资贸易洽谈活动，湘潭综合保税区专场招商推介会在深圳举行，现场8个重点项目成功签约。

是日 《湘潭市实施〈湖南省韶山风景名胜区条例〉办法》获市十五届人大常委会第三十四次会议表决通过，报省人大常委会批准后施行。

30—31日 湘潭市雨湖区先后报告1例新冠肺炎病毒确诊病例和1例无症状感染者。

31日 市委新冠肺炎疫情防控工作领导小组办公室将杨家湾公安小区调整为中风险地区，雨湖区随即发布调度令，对云塘街道杨家湾公安小区实行封闭管理，对周边相关楼栋实行封控管理。

8月

1日 市委新冠肺炎疫情防控工作领导小组办公室发布关于免费进行新冠肺炎病毒核酸检测的通告，所有在湘潭人员可到全市21个定点医疗机构免费进行新冠肺炎病毒核酸检测。

2日 湘潭市雨湖区新增1例新冠肺炎病毒确诊病例，雨湖区发布调度令对云塘街道雪园社区百姓家园同康园、同沁园实行封闭管理，对同悦园实行封控管理。

6日 在东京奥运会女子摔跤自由式53公斤级决赛中，湘潭韶山籍运动员庞倩玉获银牌。

是日 市联防联控机制召开新闻发布会，就事关疫情防控、核酸检测、疫苗接种等问题答记者问。

13日 经专家组综合评估研判、市委新冠肺炎疫情防控工作领导小组同意，是日零时起，将公安小区风险等级调整为低风险地区。雨湖区云塘街道火车站社区杨家湾公安小区和雪园社区百姓家园及周边封闭封控区域解封，调整后湘潭市全域为低风险地区。

17日 省委副书记、省长毛伟明到湘乡市、湘潭县调研。

19日 湘潭市人民政府、大唐华银电力股份有限公司签订2×500兆瓦热机热电联产项目合作框架协议。

24日 省人大常委会副主任周农到湘潭，开展《湖南省实施〈中华人民共和国慈善法〉若干规定（草案）》立法调研。

是日 省生态环境厅一行到湘潭就铊污染专项整治、长江经济带交办问题整改、环评和资金项目管理等工作开展调研。

27—31日 全市45个乡（镇）陆续依法召开新一届人民代表大会第一次会议，完成乡级人大换届选举工作。

28日 湘潭韶山籍女运动员谭玉娇获东京残奥会女子67公斤级举重比赛金牌。

31日 全省海关特殊监管区域工作座谈会在湘潭召开。

9月

1日 湘潭军分区党委召开第一书记任职大会，省委常委、省军区政委冯毅代表省军区党委宣布，湘潭市委书记张迎春任湘潭军分区党委委员、常委、第一书记。

2—3日 省政协副主席、省工商联主席张健到湘潭，考察调研湘潭市基层商会助力乡村振兴工作。

5—6日 湖南软件职业技术大学首批本科生入学报到，该批学生为全省首届职业本科大学生。

6日 省委副书记乌兰围绕省第十二次党代会报告起草，到湘潭县就“快递进村”等工作开展调研。

是日 湘潭大学附属实验学校落成揭牌，学校占地面积12公顷，提供学位4450个，是一所按照省级一类学校标准建设的小学、初中、高中十二年一贯制全日制公办学校。

8日 省委书记、省人大常委会主任许达哲到湘潭，围绕贯彻落实习近平总书记考察湖南重要讲话精神情况“回头看”、省第十二次党代会报告起草等工作进行调研。

是日 “礼赞百年 讴歌时代”红色话剧《耿飚将军》在湖南科技大学南校俱乐部上演。

9日 湘潭市关心下一代爱心助学协会成立20周年庆典暨2021年度爱心助学大会举行，省关工委主任杨泰波和相关市领导参加。

10日 2021年中国国际食品餐饮博览会在长沙举行，湘潭市19家食品企业携带湘莲、酱油、火焙鱼等特色农产品参会。

是日 雨润华中区域10万吨食品

精深加工基地项目落户湘潭综保区。

是日　湖南科技大学海洋重点实验室主任、博士生导师，“海牛”号项目负责人万步炎教授获评全国“最美讲师”。

13日　市直机关选举产生市第十三次党代会代表91名。

是日　省政务服务检查组到湘潭就政务服务大厅运行管理情况开展检查。

14日　《湘潭日报》载，湖南科技大学学生在“微瑞杯”第二届全国大学生化学实验创新设计竞赛总决赛获一等奖。

15日　市委书记张迎春分别主持召开基层代表座谈会、老干部代表座谈会和驻湘潭高校、大中型企业代表座谈会，就市第十三次党代会工作报告征求各方意见。

是日　住建部住房保障司到湘潭就推广公租房App开展调研。

16日　市委书记张迎春主持召开党代会工作报告征求意见座谈会，听取各民主党派、工商联、无党派人士及新的社会阶层代表人士的意见建议。

是日　红色主题电影《堡垒》(原名《特别支部》)在韶山特别支部历史陈列馆前坪举行开机拍摄仪式。

17日　中国共产党湘潭市第十二届委员会第十三次全体会议在市委19楼会议室召开，市委书记张迎春主持会议。会议报告市第十三次党代会筹备工作情况，审议通过《中国共产党湘潭市第十二届委员会工作报告》和《中国共产党湘潭市第十二届纪律检查委员会工作报告》，酝酿、表决通过《中国共产党湘潭市第十三届委员会委员、候补委员和市纪委委员候选人预备人选建议名单》和《湘潭市出席省第十二次党代表大会代表候选人预备人选建议名单》。

是日　湘潭（高新）工业软件园开园，首期选址于金荣国际工业园。

是日　湖南工程学院—宝德人工智能现代产业学院揭牌，学院是湘潭市首个人工智能学院，由湘潭市人民政府、湖南工程学院、深圳市宝德投资控股公司三方合作共建。

18日　湘潭市输送的运动员伊绪帝与队友（藏哈、刘荡、张全）组成的联合队在十四届全运会赛艇男子四人双桨2000米决赛中夺冠。

21日　中国共产党湘潭市第十三次代表大会举行预备会议。同时，各代表团分别举行会议，大会主席团第一次会议举行，代表资格审查委员会会议举行，审查390名市第十三次党代会代表资格。

22—24日　中国共产党湘潭市第十三次代表大会召开，市委书记张迎春作题为“闯新路 破险阻 奋力建设社会主义现代化新湘潭”的报告。

24日　中国共产党湘潭市第十三届委员会举行第一次全体会议，选举产生中共湘潭市第十三届委员会常务委员会委员和书记、副书记。张迎春当选为中共湘潭市第十三届委员会书记，胡贺波、刘扬当选为副书记。

是日　中共湘潭市第十三届纪律检查委员会举行第一次会议，选举产生纪律检查委员会常务委员会委员9名。

是日　庞倩玉在第十四届全运会摔跤项目女子自由式53公斤级比赛中获冠军。

是日　湖南文化旅游产业博览会在长沙开幕，湘潭以“伟人故里 人文圣地 大美湘潭”为主题展厅参会。

是日　湘潭老旧小区改造经验获住建部视频远程教育专题培训推广。

26日　全市28家企业80多个系列产品亮相第二届中非经贸博览会对非出口产品消费节。

27日　湘潭首届职业技能大赛新闻发布会举行，大会以“匠心筑梦竞技莲城”为主题，比赛设置15个竞赛项目，355名选手参赛。

是日　长株潭文化（群艺）馆联盟成立。

28日　湘潭“市民之家”正式开放，位于湘潭大道以北，东方红广场以东，建筑面积6.89万平方米，开设综合窗口262个。

是日　“江山如此多娇”湘潭市庆祝中国共产党成立100周年“百年百首诗·诗颂党恩”毛泽东诗词吟唱会在韶华大剧院举行。

是日　市十五届人大常委会第三十五次会议表决通过《湘潭市韶山灌区工程管护条例》。

29日　竹埠港新区项目签约暨规划展示馆启动仪式在岳塘经开区竹埠港新区举行。

10月

13日　湘潭市第十三届运动会在市体育中心开幕，运动会设17个大项，531个小项，共有526支队伍，5000余名运动员参加竞技项目。至11月18日，运动会闭幕。

14日　韶山市成功创建国家生态文明建设示范区，成为湘潭首个国家生态文明建设示范区。

是日　中国气象局党组书记、局长庄国泰到韶山调研指导基层气象服务工作。

15日　“青春不负 强国有我”全国青少年红色研学韶山行启动仪式在韶山举行。

是日　省应急管理厅到湘潭就非煤矿山领域安全隐患开展检查。

16日　湖南工程学院举行建校70周年纪念大会。

是日　湘潭市二中举行“百年赓

续 创新发展”建校100周年庆祝大会。

是日 由湘潭大学主办的第四届“信用法治·韶山论坛”举行，并发布全国首部社会信用法教材。

18日 第十三届湘潭市委第一轮巡察动员部署暨试点工作推进会召开。

22日 第十五届“湘台会”长株潭三市产业对接会在湘潭举行。

25日 《湘潭日报》载，《中国海关》杂志发布“2020年中国外贸百强市”名单，湘潭名列第五十五位。

28日 湖南科技大学海洋重点实验室主任、博士生导师，“海牛”号项目负责人万步炎获“全国杰出专业技术人才”称号。

31日 《湘潭日报》载，湘潭入选第二批国家文化和旅游消费试点城市。

是日 湘潭市举行2021年新冠肺炎聚集性疫情处置应急演练。

是日 谈爱桥恢复通车。

11月

2日 市人大常委会对外公布《湘潭市实施〈湖南省韶山风景名胜区条例〉办法》，自2021年12月1日起施行。

5日 第八届全国道德模范名单公布，湘钢焊接顾问艾爱国当选全国敬业奉献模范。

是日 市委书记张迎春主持召开市第一次林长暨全面推行林长制工作推进会。

6日 湘潭电机子弟中学举行建校60周年暨教育教学成果展。

8日 省委常委魏建锋到湘潭市部分重点企业调研。

11日 省商务厅调研组到湘潭就跨境电商综合试验区和对非经贸合作相关情况开展调研。

是日 湘潭先进金属材料精深加工产业园开园暨项目签约仪式在湘潭高新区举行。副省长陈飞出席并宣布产业园开园。

12日 全市“百企联百村”暨“百名青商兴百村”现场会在湘潭县花石镇天马山村举行。

13日 2021年广东省湘潭商会年会暨湘潭招商引资推介会在广州举行。

15日 《湘潭日报》载，第五批湘潭市科普基地名单公布，此次新增6个科普基地：湘江流域水文展示馆和水文化走廊科普基地、湘潭市地质和地质灾害科普基地、湘潭冬泳安全科学技术普及基地、湘大社区科普基地、途居露营地科普基地、湘潭县华清种养专业合作社科普基地。

16日 《湘潭日报》载，湘钢文化园获评湖南省工业旅游示范点。

18日 湘潭市人民政府与长沙海关签署合作备忘录。

是日 湖南西交智造科技有限公司卢秉恒院士湘潭工作站入选2021年湖南省院士专家工作站。

20日 韶山学校举行建校100周年庆典活动。

22—23日 省人大常委会副主任叶红专到湘潭调研民族华侨外事工作和留学回国人员创新创业情况。

25日 《湘潭日报》载，长株潭签订《长株潭一体化发展企业养老保险服务工作方案》，明确今后三市企业职工养老保险服务中待遇领取资格互认等具体业务流程安排。

28日 省政协副主席、省工商联主席张健出席2021中国数字产城领军者高峰论坛暨金侨投资控股集团三十周年&湖南软件职业技术大学20周年庆典活动。

是日 湖南软件职业技术大学成立20周年庆典活动在湘潭举行。

是日 湘潭市对市区42处历史建筑开展挂牌保护工作。

29日—12月3日 省政府第三督查组在湘潭开展为期5天的综合督查。

30日 湘潭高新区湖湘防护科创园项目开工。

是日 湘潭市与湖南财信金控联合举办“专精特新”企业“启航”培育计划发布会。

12月

5日 湘潭市首次民营企业人才职称专场评审在湖南科技大学举行。此次审批主要为民营机械工程中级以下职称工作。

7日 湘潭市召开党的十九届六中全会精神市委宣讲团宣讲动员暨集体备课会议，启动全会精神宣讲工作。

8日 《湘潭日报》载，《湘潭市韶山灌区工程管理条例》获省十三届人大常委会第二十七次会议表决通过。

9日 湘潭市社会科学界联合会第十次代表大会举行。

是日 金杯电工新能源汽车专用电磁线投资建设项目签约暨开工仪式在湘潭高新区举行。

10日 2021年“激扬中国梦·冰雪酿新篇”湖南百万人上冰活动湘潭站启动仪式在湖南科技大学举行。

是日 湘潭市人民政府与农业发展银行湖南省分行签订合作框架协议，双方就粮食安全、乡村振兴发展、农业农村现代化等方面开展深度合作。

13日 湖南科技大学文庙文化

研究中心暨湘潭文庙管理处揭牌仪式在湖南科技大学举行。

14日 湘潭昭山旅游度假区获批省级旅游度假区。

是日 湘潭市博物馆与长沙市博物馆、衡阳市博物馆联合筹办的“十里荷花开世界——晚清民国时期湖南书画艺术特展”在湘潭市博物馆特展厅开展，展出持续到2022年2月22日。

15日 “融城时代 宜居湘潭”2021年湘潭线上房地产交易博览会启动，展会为期16天。

16日 省委书记张庆伟瞻仰参观刘少奇同志纪念馆和彭德怀同志故居，到湘潭宣讲党的十九届六中全会精神和省第十二次党代会精神，调研红色资源、产业发展等工作。

17日 学习贯彻党的十九届六中全会精神省委宣讲团报告会举行，省委常委、市委书记张迎春主持，省委宣讲团成员，湖南科技大学党委书记唐亚阳作宣讲报告。

是日 全省首次低温雨雪冰冻灾害应急演练在湘潭泰富重装生产区举行，共有37支队伍、3500人和90台（套）专业设备参演。

19日 湘潭市文物保护利用中心在市博物馆挂牌。

21日 湘潭市与日本彦根市缔结友好城市30周年，通过视频连线形式，同步举办结好30周年纪念活动，并签署《中国湘潭市与日本彦根市关于进一步发展友好关系的备忘录》。

22日 湖南国家应用数学中心合作签约暨湖南韶峰应用数学研究院揭牌仪式在湘潭高新区举行。

23日 湘潭开放大学揭牌成立，学校前身为湘潭广播电视大学。

24日 第七届湖南艺术节美术书法精品展在齐白石纪念馆开展，展出持续到2022年2月20日。

25日 嫦娥五号备份存储月球样品交接仪式在韶山举行，省委副书记、省长毛伟明，国家航天局局长张克俭出席交接仪式并致辞。

是日 《最忆韶山冲》在韶山“红五星”剧场举行首演，该项目由张艺谋担任总导演。

是日 《湘潭日报》载，湘潭市中心医院获评国家首批“癫痫中心”。

29日 政协湘潭市第十三届委员会第一次会议在盘龙山庄开幕。

30日 湘潭市第十六届人民代表大会第一次会议在盘龙山庄开幕。

是日 湘潭创作排演的大型花鼓戏《战地黄花》在第七届湖南艺术节上展演。

湘潭概貌

自然地理

【位置与面积】 湘潭市位于湖南省中部，与长沙市、株洲市各相距约40千米，呈“品”字状，构成湖南省政治、经济、文化最发达的“金三角”地区。地理坐标为北纬27°20′55″~28°05′40″，东经111°58′~113°05′。东西跨度为108千米，南北跨度为81千米；北连长沙市，南与衡阳市交界，东接株洲市，西与娄底接壤。全市面积5005.8平方千米。境内地质状况良好，无自源性地震，地震级别不超过4级。境内地势为东南、西北与西南较高，向东北部倾斜，中东部相对平坦，分3个地貌区：东部岗地、平原区（含市区），面积2552.17平方千米，沿涟水、涓水两岸河床向外侧依次排列有江河平原、低岗地、高岗地、低丘陵，略呈有层次的带状分布，海拔高度在200米以下；西部丘陵地区，面积1966.26平方千米，区域内地形破碎，地表起伏较大，有700米以上山峰7座，600米以上山峰16座；东南低山丘陵区，面积496.53平方千米，区域内地面呈波状起伏，低山海拔多在300~500米之间，坡度为25~30度之间。市区及其附近，地势相对高程差较小，比较平坦。 （冯 庸）

【气候】 2021年，湘潭市年平均气温18.7℃，比历年偏高1.5℃；年降水总量1221.5毫米，较常年偏少12.1%；年日照时数1517.2小时，较常年偏少1.7%。全年气候呈现出：气温异常偏高，年平均气温、高温日数均创建站以来历史新高；降水正常，但时空分布不均，1月降水异常偏少，为有气象记录以来历史同期第2低位（仅次于1963年）；日照时数总体正常。年内，出现暴雨、暴雪、连阴雨、寒潮、5月低温、干旱等灾害性天气。据统计，全市灾情比上年有所减少，累计受灾人口26136人、安置转移2121人；直接经济损失5210.11万元，其中农业经济损失1856.1万元，受灾面积3358.8公顷，成灾面积297.37公顷，绝收面积137.3公顷；其他经济损失890.94万元。综上所述，全年湘潭地区气候年景一般。

年平均气温异常偏高，为气象站建站以来历史最高。全市年平均气温为18.7℃，比历年偏高1.5℃，与上年相比偏高0.7℃，按照气温异常等级标准，年平均气温评定为异常偏高范畴，为1959年以来的第一高值。全市年平均气温整体表现为上升趋势，尤其自2013年异常偏高后，连续8年维持偏高状态。据统计分析，1981年至2021年，年平均气温共有23年超过历年平均值、5年持平、13年偏低，最低值出现在1984年（16.4℃）、最高值出现在2021年（18.7℃）。

极端最高气温分别为：湘潭39.1℃（8月2日）、湘乡38.5℃（7月16日）、韶山38.3℃（8月2日），分别比上年偏高1.5℃、1.8℃、1.0℃，比历年平均值偏高0.3℃，湘潭位于1981年以来第11位、韶山位于第20位，湘乡位于第21位。分布上有“中部高、南北低”的特征，全市存在2个明显的极端最高气温中心，位于湘乡中部、湘潭县中北部。

极端最低气温分别为：湘潭-5.7℃、湘乡-5.4℃、韶山-5.9℃（全市均出现在2021年1月9日），湘潭位于1981年以来第6位，湘乡、韶山位于第7位。低温区主要位于韶山市、湘乡市北部和湘潭县西南部。

年降水总量正常。全市年平均降水总量为1221.5毫米，比常年偏少165.0毫米（-12.1%），按照降水量异常等级标准，评定为正常范畴。年际降水量总体表现为增长态势，但有明显的波动变化。

湘潭市雨（雪）日（日降水量≥0.1毫米）平均有150天，占全年天数的58.9%，比历年平均偏少4天，比上年偏少15天。1981年至2021年雨日总体呈现出增多的趋势。3个国家站雨（雪）日分别为：湘潭153天、湘乡144天、韶山152天，与历年相比湘潭偏多2天，湘乡偏少9天，韶山偏少4天。4月降水日数最多，3个国家站平均为22天，比历年偏多5天；9月降水日数最少，3个国家站平均为3天，比历年偏少6天。

年日照时数正常。2021年全市平均总日照时数1517.2小时，较历年偏少25.5小时（-1.7%），比上年偏多173.6小时（12.9%），按日照时数异常等级标准，评定年日照时数正常。

（黄昕怡）

【灾害天气】 2021年，湘潭市年平均气温为18.7℃，比历年偏高1.5℃，按照气温异常等级标准，年平均气温评定为异常偏高范畴，为建站（1959年）以来的第一高值。

全市3个国家站高温日数分别为：湘潭79天、湘乡63天、韶山62天，与历年同期相比，湘潭、湘乡和韶山分别偏多55天、37天和39天，为建站以来的第一多值。韶山市的高温日数最少、湘潭市的高温日数最多，全市存在不同高温日数多值中心，空间分布上分别表现为雨湖区“东多西少”、岳塘区“北多南少”、湘潭县“东多西少”、湘乡市“北多、中南部少”、韶山市“北多南少”。7月的高温日数最多，其次是9月。

湘潭站出现7段高温热害期，其中2段中度高温热害期，5段轻度高温热害期；湘乡站出现6段高温热害期，其中1段中度高温热害期，5段轻度高温热害期；韶山站出现4段高温热害期，其中1段中度高温热害期，3段轻度高温热害期。10月1—5日出现史上最热国庆节，打破历史上10月最高气温极值纪录（10月5日湘潭站，37.8℃）。

晚春强对流天气频发。3—5月是湘潭强对流天气高发时期，但2021年强对流天气集中发生在5月份，5月强降雨过程中均伴有强对流天气。3月15—16日受高空低槽和中低层切变线影响，中北部出现大到暴雨、局地大暴雨天气，并伴有雷电和短时强降水。强降水时段为15日夜间至16日凌晨，平均小时雨强为11.5毫米，其中有9站≥20毫米/小时，最大小时雨强为36.3毫米（雨湖区白冲村，15日23时—16日0时）。5月15—16日全市普降大雨、局部暴雨，并伴有雷电、短时强降雨和局地雷雨大风。强降雨时段主要为16日凌晨，平均小时雨强为16.6毫米，其中有31站≥20毫米/小时，最大小时雨强为38.9毫米（湘潭县排头乡，16日3—4时）；湘乡市水府旅游区出现19.7米/秒的雷雨大风（16日2时21分）。5月18—19日全市普降大到暴雨、韶山市局地大暴雨，并伴有雷电和局地短时强降雨，为2021年入汛以来最强降雨过程。强降雨时段主要为19日清晨至上午，平均小时雨强为14.9毫米，其中有6站≥

20毫米/小时，最大小时雨强为23.2毫米（湘乡市云田水库，19日8—9时）。5月29日出现中到大雨、东北部暴雨，并伴有雷电和局地短时强降雨。强降雨时段主要出现在29日上午，平均小时雨强为9.9毫米，其中有4站≥20毫米/小时，最大小时雨强为25.0毫米（岳塘区易家湾镇，29日9—10时）。

春、秋季均出现连阴雨天气。春季平均累积日照时数164.7小时，为1959年以来历史同期最少，湘潭、湘乡、韶山春季日照时数均创历史新低，为143.9小时（湘乡）~184.8小时（湘潭）。春季总雨日55天（湘乡）~61天（韶山），湘潭比常年偏多8天，湘乡偏多4天，韶山偏多9天。其间出现2段连阴雨过程：

4月上中旬韶山、湘乡出现不同程度连阴雨天气。日降水量≥0.1毫米且过程日平均日照时数≤1.0小时的持续时间分别为：湘潭5天（4月3—7日、10—14日）、湘乡10天（4月5—14日）、韶山7天（4月10—16日）。根据《气象灾害术语和等级》（DB43/T234#2004）判定，湘乡达到中度连阴雨标准、韶山达到轻度连阴雨标准。持续阴雨天气造成土壤过湿，不利于油菜、早稻秧苗等作物生长。

5月中下旬，全市出现不同程度连阴雨天气。日降水量≥0.1毫米且过程日平均日照时数≤1.0小时的持续时间分别为：湘潭8天（5月16—23日）、湘乡8天（5月16—23日）、韶山15天（5月16—30日）。根据《气象灾害术语和等级》（DB43/T234#2004）判定，湘潭和湘乡达到轻度连阴雨标准、韶山达到重度连阴雨标准。5月30日雨逐渐停止，此轮连阴雨过程结束。

秋季全市平均累积日照时数471.5小时，其中10月日照总时数仅80.2小时（湘乡）~87.0小时（湘潭），比历年平均值偏少34.0%~36.4%。秋季总雨日30天（湘乡）~31天（湘潭、韶山），韶山偏多3天，其中10月、11月降雨日数较常年偏多2~4天。其间出现2段连阴雨过程。

10月14—22日出现轻度连阴雨。10月中旬以来，受冷空气频繁南下影响，湘潭市出现持续阴雨天气，气温偏低、日照偏少。据全市3个国家气象观测站监测显示，日降水量≥0.1毫米且过程日平均日照时数≤1.0小时的持续时间均为9天（10月14—22日），根据《气象灾害术语和等级》（DB43/T234#2004）判定，达到轻度连阴雨标准。10月23日转为槽后偏北气流控制，降雨停歇，全市为多云到晴天气，连阴雨过程结束。

11月上旬阴雨绵绵，湘潭、湘乡出现轻度连阴雨。10月底至11月上旬，湘潭市出现持续阴雨天气，降雨偏多、日照偏少。据全市3个国家气象观测站监测显示，湘潭和湘乡日降水量≥0.1毫米且过程日平均日照时数≤1.0小时的持续时间为8天（10月31日—11月7日），根据《气象灾害术语和等级》（DB43/T234#2004）判定，达到轻度连阴雨标准。7日夜间开始转为槽后偏北气流控制，为多云到晴天气，连阴雨过程结束。

4月轻度倒春寒。4月上中旬受南支波动气流和地面冷空气共同作用，阴雨日数较多，其中4月1—12日大部县市区气温比常年偏低2℃或以上。4月1—10日湘潭、湘乡、韶山平均气温分别为13.6℃、13.5℃、13.3℃，比常年同期分别偏低2.0℃、2.1℃、1.9℃，较前旬（3月22—31日）平均气温分别偏低3.8℃、3.9℃、3.3℃。根据《气象灾害术语和等级》（DB43/T234#2004）判定，湘潭、湘乡达到轻度倒春寒标准。5月中旬进入降雨相对集中期，平均气温较常年同期偏低，出现“五月低温”。5月17—23日，连续7天日平均气温≤20.0℃，根据《气象灾害术语和等级》（DB43/T234#2004）判定，达到中度五月低温标准。

暴雨出现时间早，强度大。湘潭地区3个国家站出现3天（湘乡）~4天（湘潭、韶山）暴雨。全市暴雨强度为62.9毫米/天（湘潭）~70.3毫米/天（湘乡），两地差值7.4毫米/天，空间分布呈“西南强东北弱”，全市暴雨强度整体差别不大。暴雨集中率在17.9%（湘乡）~21.1%（韶山）之间，空间分布表现为“北高南低”。从暴雨强度和暴雨集中率综合考量，由暴雨洪涝灾害造成的损失主要位于湘潭市西北部。

全年暴雨出现时间早，强度大，2月10日进入雨季，2月25日全市出现暴雨，仅1990年、1994年、2007年在2月出现过暴雨，其中湘乡出现历史记录以来首次2月暴雨；5月中下旬出现雨水集中期，过程频繁、间歇期短、累计雨量异常偏多，19天共出现6次较强降雨过程，间歇期一般在3天左右，全市平均雨量245.7毫米，偏多112.0%，为1959年以来历史同期第二多值。主汛期强降雨过程多，累计出现15次暴雨过程，分别是2月25日，3月16日，5月3日、11日、16日、19日、21日、26日、29日，6月10日，6月27日—7月5日，7月18日，8月9—10日、13—14日、16—17日，区域性暴雨过程主要有以下四次：

2月25日：受中低层切变线和地面冷空气共同影响，2月24日下午湘潭市开始出现一次降温、降水和风力加大天气过程。据全市3个国家气象观测站和110个区域自动气象观测站监测显示，2月24日20时至25日20时共出现49站大雨、51站暴雨、1站大暴雨，平均降水量为49.8毫米，最大降水量为117.9毫米（湘潭市板塘乡）；强降水时段主要在25日凌晨，平均小时雨强为9.9毫米，最大小时雨强为36.3毫米（湘潭市板塘乡，25日4—5时）。强降水过程造成道路湿滑，市区部分路段积水，对交通出行带来一定影响。岳塘区滴水埠村、荷塘村两户村民家因降雨导致房屋损坏。

3月15—16日：受高空低槽和中低层切变线影响，湘潭中北部出现大到暴雨、局地大暴雨天气，并伴有雷电和短时强降水。据全市3个国家气象观测站和110个区域自动气象观测站监测显示，3月15日20时至16日20时共出现23站大雨、47站暴雨、3站大暴雨，平均降水量为44.0毫米，最大降水量为133.1毫米（雨湖区白冲村）；强降水时段为15日夜间至16日凌晨，平均小时雨强为11.5毫米，其中有9站≥20毫米/小时，最大小时雨强为36.3毫米（雨湖区白冲村，15日23时至16日0时）。此次降雨过程主要影响中北部，3月16日湘乡、韶山部分地区因强降雨出现灾情。其中湘乡市龙洞镇多名农户家中不同程度进水，油菜地、秧苗地被淹，发生山体滑坡等地质灾害3处，直接经济损失22万元；韶山村出现山体滑坡、房屋倒塌现象，造成经济损失。

5月18—19日：全市普降大到暴

雨、韶山市局地大暴雨，并伴有雷电和局地短时强降雨，为2021年入汛以来最强降雨过程。据全市3个国家气象观测站和110个区域自动气象观测站监测显示，5月18日20时至19日20时共出现19站大雨、90站暴雨、1站大暴雨，平均降水量为62.1毫米，最大降水量为104.3毫米（韶山市韶峰）；强降雨时段主要为19日清晨至上午，平均小时雨强为14.9毫米，其中有6站≥20毫米/小时，最大小时雨强为23.2毫米（湘乡市云田水库，19日8—9时）。此次天气过程降雨强度大、影响范围广，因前期降雨叠加影响，全市不同程度受灾。

6月27日—7月5日：受高空波动和中低层切变线共同影响，全市出现一段降雨相对集中期。据全市3个国家气象观测站和110个区域自动气象观测站监测显示，6月27日8时至7月5日8时全市平均降水量109.8毫米，有61站≥100毫米，11站≥200毫米，最大降水量255.4毫米（韶山市杨林乡白翎村），强降雨主要集中在中北部（湘潭市区、韶山市、湘乡市北部、湘潭县北部），并伴有雷暴和局地短时强降雨。最强降雨时段主要出现在28日上午，据统计27日20时至28日20时，全市共出现22站中雨、20站大雨、18站暴雨，3站大暴雨，最大降水量为113.1毫米（韶山市杨林乡白翎村），其中有30站≥20毫米/小时，5站≥50毫米/小时，最大小时雨强为69.8毫米（韶山市杨林乡白翎村，28日8—9时）。此次天气过程降雨强度大、持续时间长、影响范围广，韶山市、湘乡市不同程度受灾。从湘乡市应急管理局了解到，6月28日4时至7月2日8时，湘乡市收到7个乡镇的受灾数据（主要集中在中北部），湘乡受灾人口为661人，紧急避险16人，紧急转移51人，需过渡期救助人口12人，农作物受灾面积29.1公顷，倒塌房屋4间1户，严重受损房屋12间4户，一般损坏房屋27间18户，造成直接经济损失164万元。韶山市共计受灾人口204人，房屋受损19户28间，经济损失50.8万元。

1月1日至12月31日全市平均降水量为1221.5毫米，比历年同期偏少12.1%，出现不同程度的气象干旱，以轻旱和中旱居多，重旱次之，未出现特旱。按照气象干旱综合指数（MCI）等级标准，全市3个国家气象观测站2—5月和11月无旱，其余各月均有阶段性干旱出现。据统计，湘潭出现轻度气象干旱69天、中度气象干旱52天、重度气象干旱13天；湘乡出现轻度气象干旱56天、中度气象干旱58天、重度气象干旱10天；韶山出现轻度气象干旱48天、中度气象干旱42天、重度气象干旱4天。年内最强干旱过程出现在湘乡站，6月18日—7月30日湘乡持续气象干旱43天，干旱过程强度为-50.06，达重旱标准。

1月16—17日：受地面冷空气影响，1月16日开始出现一次降温和风力加大天气过程，18日清晨出现霜冻。据3个国家观测站监测显示，16日湘潭、湘乡、韶山48小时内降温幅度分别为9.1℃、9.4℃、10.8℃，最低气温分别为-2.3℃、-1.8℃、-3.6℃，极大风速分别为14.5米/秒、15.2米/秒、14.5米/秒。按照《冷空气过程监测指标》（QX/T 393#2017）判定，湘潭和湘乡达到强冷空气标准，韶山达到寒潮标准。

12月24日，受地面强冷空气影响，全市出现降温、降雨（雪）和风力加大天气过程。其中25日晚出现雨雪相态转换，26日3时开始出现纯雪，最强降雪时段为26日白天，全市普降暴雪。本次过程湘潭、湘乡、韶山最大积雪深度分别为12.0厘米、13.0厘米、12.0厘米，累计降雪量分别为16.2毫米、17.1毫米、19.7毫米。

据3个国家气象观测站监测显示，24日湘潭、湘乡和韶山48小时内降温幅度分别为9.6℃、9.7℃、9.8℃，最低气温分别为-2.4℃、-2.6℃、-2.8℃，极大风速分别为11.9米/秒、9.9米/秒、11.5米/秒。按照《冷空气过程监测指标》（QX/T 393#2017）判定，全市3个国家气象观测站均达到强冷空气标准。此次雪灾造成全市2577人受灾，农作物受灾面积189.7公顷，一般损坏房屋98间，严重损坏10间，直接经济损失1095.19万元，其中湘乡市经开区巨强科技公司1万平方米钢结构厂房被大雪压垮。

（黄昕怡　戴　劲）

人　口

【概况】 2021年年末，湘潭市常住户籍964427户，户籍人口2824533人。城镇人口1300490人，占总人口的46.04%；乡村人口1524043人，占总人口的53.96%。男性人口1439402人，女性人口1385131人，男女性别比例为103。根据年龄段划分：0~17岁513941人；18~59岁1696924人；60岁以上613668人。

【人口分布】 2021年年末，湘潭市辖区842160人，其中，雨湖区492046人（九华经开区91852人），岳塘区350114人（高新区40910人）；湘潭县954261人；湘乡市909664人；韶山市118448人。

【人口变动】 2021年年末，湘潭市总人口比上年2873636人减少49103人，比上年减少1.71%。2021年度，出生登记16917人（男性8979人，女性7938人），同比减少23.58%，出生登记率5.94‰；死亡注销53144人，同比增加117.52%，死亡注销率18.65‰。全市人口自然增长率为-12.72‰。

【城镇人口】 2021年年末，湘潭市辖区城镇人口683909人，其中雨湖区366281人（湘潭经开区81652人），岳塘区317628人（湘潭高新区36536人）；湘潭县城镇人口309713人，湘乡市城镇人口271853人，韶山市城镇人口35015人。（王小娟）

历史沿革

【概况】 湘潭历史悠久，境内已知的最早居民村落遗址，为公元前4400年至公元前3300年间的大溪文化时期遗址，位于湘潭县老虎坑和堆子山。湘乡市岱子坪遗址亦属公元前2800年至公元前2300年间的龙山文化时期村落遗址。商周时期，市境为荆楚之地，越文化的影响较大。从出土的文物看，这里是中原文化和南方文化交汇融合地区。战国后期，楚从黔中郡划出长沙郡，湘潭市全境属长沙郡。秦统一中国，郡属仍旧。西汉，刘邦封吴芮为长沙王，景帝时刘发为长沙王，湘潭全境属长沙国。东汉初，建湘乡县，划入零陵郡，境内余地属长沙郡。建安二十年（215年），蜀、吴划势力范围，零陵郡属蜀，长沙郡属吴；建安二十四年（219年），吴袭荆州，市境遂均属吴衡阳郡，郡治在今湘潭县古城乡。晋，市境属衡阳郡，郡治仍在今湘潭县古城乡。东晋从荆州析出湘州，境属湘州。南北朝时期，市境属南朝管辖，属湘州衡阳郡。隋，市境属潭州长沙郡。唐天宝八年（749年），从隋代的湘潭和衡山两县北部调整出新的湘潭县，并将县治移至洛口（今易俗河镇）。五代十国时期，市境为南方马氏所建楚国属地，隶潭州长沙府。宋朝，市境属荆湖南路潭州，境内开始采金矿。南宋，湘潭县城迁至今湘潭市城正街，境内经济、文化有所发展。绍兴年间（1131—1162年），中书舍人胡安国从荆州迁居湘潭碧泉潭，筑碧泉书屋，著书讲学，开一代学风，后人称湖湘学派。湖湘学派对湖南的文化发展影响甚大。元代，元贞元年（1295年），湘乡、湘潭县均升为州，均属湖广行省湖南道天临路。明，市境属潭州，湘潭、湘乡复为县。明万历、天启年间，湘潭城区街市从宋家桥延至石嘴垴一带，长约7千米，形成沿湘江的带状城市。街市鳞次栉比，江中帆樯云集，沿江建码头十余处，云、贵、川货物通过水、陆路云集于此，南洋货物亦过南岭至此集散。万历四年（1576年），湘潭县筑城。其城内外商业繁荣，湘潭城区时有“小南京”之称。清代，市境属长沙府，顺治五年（1648年），堵胤锡、李过、高一功部收复湘潭，督学大学士何腾蛟率军进驻湘潭组织抗清，后清兵陷城，何被俘七日后被杀，清兵从正月二十一至二十九日屠城，全城死难数万人。清咸丰、同治年间，湘潭城区沿江码头近40座，河、正、后三街并行，店铺5400余家，人称“城厢内外，肩相摩，毂相击，行者不遑趾，居者不暇餐，熙熙攘攘，各乐其业”。此时，湘潭成为江南米市之一。药材业年购销额达800多万两白银，成为全国著名药都之一。时有“金湘潭”之称。湘潭县所缴赋税倍于省内他县，又有“天下第一壮县”之称。清光绪二十八年至三十年（1902—1904年），境内创办学堂6所，官费自费留学日本者达几批。西方文化的传入，促进新思想的产生。光绪年间，猪鬃、玻璃等业出现，特别是钱庄、票号、典当大量出现，在湖南少见，对促进湘潭商业发展有重要作用。1904年，长沙开埠后，湘潭遂成为“寄港地”。民国三年（1914年）境属湘江道，民国十一年（1922年）撤道，属省直管。民国元年（1912年）兴办唯一膏矿公司，河东一带成为当时全国两大石膏产地之一；民国三年（1914年），创办裕甡矿业公司，露天开采锰矿。不久，湘潭即以“中国锰都”而著称。随后，小型电力、采煤、玻璃、机械、造船等工业兴起。同时，开通汉口至湘潭定期班轮，修筑长潭军路，架设长潭电话，进一步加大对外联系。民国二十五年（1936年），国民政府资源委员会确定湘潭下摄司为新工业基地，并兴办中央电工厂、中央钢铁厂、中央机器厂、湘江电厂，为湘潭大工业发展奠定一定基础。1949年8月9日、10日，湘潭、湘乡和平解放，8月22日湘潭县人民政府成立，9月1日湘乡县人民政府成立。1950年7月，湘潭县城关区改为县级湘潭市，隶属从岳阳迁至湘潭的长沙专署。1950年10月，长沙专署改称湘潭专署，成立湘潭市人民政府。1950—1952年，湘潭开展一系列社会革命和改革运动。“一五”时期，湘潭市被列为中南地区重点建设城市之一。国家安排在湖南的13个全国重点建设项目，湘潭占5个，投入湘潭的资金达8883.9万元，占全省工业投资总额的18.6%，新建电线厂、江南机器厂、纺纱厂等，扩建湘潭锰矿、湘潭电机厂、湘潭电厂，新的工业建设开始起步。1953年4月，湘潭市被定为省辖市，1958年9月升格为地级市。1958—1960年，国家对湘潭工业投资达4.497亿元，为“一五”计划期间投资的5倍。湘潭钢铁公司、江麓机械厂、湖南铁合金厂、湘乡铝厂、湘乡水泥厂等重点国营企业均开工兴建，湘潭实现由“商业重镇”向“工业重镇”的跨越式发展。1965年7月，属邵阳地区管辖的湘乡县改由湘潭地区管辖。1980年7月，湘潭市由地区代管改为省直管。1983年6月，湘潭地、市机构合并，醴陵、攸县、茶陵、酃县4县划归株洲市管辖；浏阳县划归长沙市管辖；湘潭市辖湘潭、湘乡2县和雨湖、湘江、岳塘、板塘、郊区5个区。1984年12月，韶山重新划归湘潭市管辖。1986年9月，湘乡县改市。1990年12月，韶山撤区建市。1992年6月，湘潭市将4个城区和郊区调整为雨湖、岳塘2个区。至此，湘潭市辖湘潭县、湘乡市、韶山市和雨湖区、岳塘区。2007年12月14日，长（沙）株（洲）（湘）潭城市群与武汉城市圈同时被国家发展和改革委员会批准为全国资源节约型和环境友好型社会（“两型社会”）建设综合配套改革试验区，是国家继广东深圳、上海浦东、天津滨海、重庆市和四川成都之后，设立的第6个综合配套改革试验区。

【行政区划】 截至2021年12月31日，湘潭市辖湘潭县、湘乡市、韶山市、雨湖区、岳塘区。湘潭县辖3个乡、14个镇，湘乡市辖3个乡、15个镇、4个街道，韶山市辖2个乡、2个镇，雨湖区辖2个乡、3个镇、10个街道，岳塘区辖1个镇、11个街道。

（冯　庸）

经济社会发展

【概况】 2021年，湘潭市GDP同比增长7.8%，规模工业增加值增长9.6%，固定资产投资增长9.1%，地方一般公共预算收入增长9.1%，社会消费品零售总额增长15.9%，进出口总额增长33.7%，城乡居民人均可支配收入增长8.2%。

【产业发展】 湘潭市48个省重点项目投资任务提前完成。38项成果获省科学技术奖励，创历史新高。48个重大技术难题攻关实现对接。大型永磁电机整体充磁技术取得突破。创新强基项目突破关键技术35项，科大海牛Ⅱ号深海下钻231米刷新世界纪录，华菱线缆超高温电缆助力神舟十二号顺利升空。湖南先进传感研究院落户湘潭高新区。智能制造取得新成效。规模工业增加值同比增长9.6%，智能装备、汽车及零部件、新材料、新一代信息技术等主导产业产值累计突破3000亿元。屹丰汽车焊接平台、三一风能等项目加速推进，华研实验室、华菱线缆特种线、永达海工航空航天装备等重大产业项目竣工投产。湘潭市老工业基地调整改造、高新区“双创”工作获国务院真抓实干表彰激励，获评全国产业转型升级示范区建设优秀城市。韶山市获批国家生态文明建设示范区。湘潭高新区风能产业跻身国家级创新型产业集群试点，国家级低碳示范园区。“两业”融合取得新进展。金龙新材料、中南高科智能制造等项目正式投产，宏达湘君电子、湘乡电子信息产业园一期、金荣智能制造产业园一期等项目竣工，吉利新能源SUV、金杯电工、山河智能、伟光汇通、雨润食品等项目签约落地，湘潭大数据中心、竹埠港新区等项目加速推进。引进亿元以上产业项目133个，其中“三类500强”26个。湘潭综保区跨境电商综合服务中心、“1210”保税仓和监管平台建成运营。湘潭经开区获批省“两业”融合区域试点，国家级绿色园区。吉利汽车、五洲通等8家企业获批国家级绿色工厂和绿色设计产品。湖南众翔、宏大真空获批企业试点。实施数字化赋能，成立全省首个地市级大数据产业促进会，建成京东智能城市与大数据研究院，宝德人工智能现代产业学院顺利揭牌。十八总商业街、中国湘菜文化博览园、步步高新天地等重大服务业项目加快建设。风电装备产业入选国家级创新产业集群。湘电风能重组为哈电风能。华菱线缆成功上市，裕能新能源、崇德科技进入上市审核阶段。步步高上榜中国民营企业500强。新增规上服务业企业65家，第三产业增加值增速7.0%。

【市场扩容】 湘潭市开展“迈好第一步 项目论英雄”竞赛活动，年列入省重点项目48个、铺排市重点项目497个，年度投资目标任务全面超额完成。蓝思科技、金龙铜业、中南高科一期、湘君电子、裕能磷酸铁锂等重大产业项目竣工投产，铁姆肯超大内孔轴承生产线、湘潭县年产5000吨轨道交通配件生产线等项目快速推进。全市固定资产投资增长9.1%，产业投资增长15.5%。民间投资占固定投资的67%。多措并举拓展融资渠道。全年争取地方政府专项债券、中央和省预内投资、各行业部门专项等各类资金230亿元以上。华菱线缆成功上市，是湘潭市13年来首家新增上市企业。在全省首创设立湘潭市中小微企业首贷和续贷中心，贷款到期接续融资可得性指标排名全省第一。“信易贷”平台推广良好，注册企业数3967家，授信金额48.76亿元。建立金融重点支持“白名单”，为80家优质企业解决融资需求35亿元。千方百计促进消费流通。出台进一步激发居民消费潜力实施方案，组织开展“乐享消费 湘当韵味”系列活动，积极培育消费品牌，着力畅通农村物流渠道，有效拉动全市实体行业消费，全年社会消费品零售总额增长15.9%。获评国家文化和旅游消费试点城市，红色走廊精品旅游线路建设稳步推进。

【园区建设】 湘潭高新区、湘潭经开区紧扣“两主一特”主导产业，加快补链延链，主特产业实现较快增长。天易经开区加强规划管控，有序退出停产企业和低效企业，获得节约集约用地表彰，奖励200亩周转用地指标。积极打造科技创新、金融服务、人才服务、现代物流四大平台。综保区打造“飞地”平台取得明显成效。全市园区重点产业项目建设呈现良好发展态势，东信棉业、金杯二三期、湘乡电子产业园等172个项目顺利完成年度投资计划。湘潭经开区积极探索“AMC+兴隆湖片区市场化开发”合作模式。岳塘经开区实现社会管理和公共服务职能基本剥离。湘乡经开区整合经建投公司、红园公司、农科园公司等市管企业资源组建产业集团，园区营运实力进一步增强。支持湘乡经开区、天易经开区获评2020年、2021年省“五好”园区创建工作先进园区。支持湘潭高新区评为年度营商环境先进园区。湘潭高新区“容缺审批+拿地即开工”经验被《湖南日报》推介。湘潭经开区制定“百企扶培、四员五联、三个专员”联点企业制度，培育支持6家企业获评国、省级绿色制造示范企业。韶山高新区积极推行帮代办制度，一般性手续实现即受即办即结。雨湖高新区被评为全省首批8家环保诚信园区之一。

【改革开放】 湘潭市出台完善要素市场化配置重点任务清单，进一步落实国企改革三年行动，印发市属国企改革行动实施方案。17家企业获批国家级“小巨人”企业，其中4家获批“专精特新”重点企业。企业设立登记通过全程网办实现无纸化“零见面”。“一件事一次办”改革事项320项落地，申请材料精简46%，办事环节压缩75%，审批时限压缩32%，企业开办时间压缩至0.5个工作日，免费刻制首套印章实现全覆盖。“市民之家”建成运行，“一窗式”综合服务模式正式对外开放，开设综合受理窗口261个，进驻政务服务事项1852项，设立“办不成事”反映窗口。12345政务服务便民热线归并优化。在全省率先设立中小微企业首贷中心、续贷中心和银行“微税厅”。向园区赋权市级经济社会管理权限197项，工业项目在园区基本实现审批“闭环”。平台公司“四清四核”全面完成。岳塘经开区和昭山示范区整合管理、改革体制。组建城市综合运营发展基金，首批项目顺利实施。

开展诚信缺失突出问题专项治理，清理信用服务机构18家。开放型经济加快发展。湘潭跨境电商综合服务中心揭牌运营，入驻企业19家，实现进出口贸易额1亿美元。举办“港洽周”“湘台会”等招商引资活动，累计引进“三类500强”企业27个，总投资305.96亿元；累计引进亿元以上签约项目156个，总投资964.32亿元。进出口总额增长33.7%。

【城乡融合】 长株潭一体化发展第三届市委书记联席会议在韶山成功召开，共同签署“1+3+10”合作协议，中央电视台《新闻联播》节目进行宣传推介。湘潭承担的长株潭一体化各项重点任务按照年度目标进度要求全面完成，长株潭轨道交通西环线等11个一体化标志工程超额完成年度投资计划；成功争取省政府批复湘潭经开区（九华）16平方千米纳入湘江新区核心区范围；全国首条红色旅游专线“两山”铁路开通运营；长株潭首个“飞地园区”韶山（长沙雨花经开区）智能制造产业园有6家企业签约入驻；长株潭政务服务、医疗结算、人社服务等事项逐步实现跨域通办。新型城镇化步伐加快。积极推进特色小镇和片区开发建设。全市特色小镇完成投资17.63亿元。碧泉湖、高铁新城、竹埠港等片区开发建设有序推进。城运基金运行取得阶段性成效。湘大附属学校片区开发创造可复制可推广投资新模式。15个美好社区和206个老旧小区提质改造工程基础类建设全部完工，棚户区改造工作获国务院真抓实干表彰激励，老旧小区改造资金保障工作获国家发改委推介。打造11条重点样本小巷，背街小巷整治经验向全国推介。开工黑臭水体治理项目55个，新建污水管道33.1公里。新建5G基站1800个、新能源充电场（站）22个。湘潭二大桥、谈爱桥完成修缮，荷塘综合客运枢纽主体完工。启动厨余垃圾资源化利用等项目，改造垃圾分类收集点200个。燃气管道改造、照明盲点消除等任务超额完成。雨湖区获批国家级农村综合性改革试点试验区。中路铺镇柳桥村、鹤岭镇龙安村入选全国第二批乡村治理示范村。乡村振兴战略深入实施。推进脱贫攻坚同乡村振兴有效衔接，健全防返贫监测和帮扶机制，完成23个重点移民村建设和310个产业扶持等移民后扶项目。美丽河湖建设初见成效，美丽屋场、美丽庭院建设稳步推进，争创省市县三级美丽乡村示范村75个。启动乡镇污水处理设施建设13处，农村危房改造全部竣工，持续推进厕所革命，完成率100%，城区垃圾分类工作持续推进，乡村生活垃圾处理付费制等经验向全国推广。农村综合性改革稳步推进，雨湖区获批国家农村综合性改革试点。

【民生福祉】 全面落实国家和省稳岗就业各项政策举措，实施人才招引和市场主体培育激活“新政”，出台强化企业招工服务二十条措施。开展“三送三稳”、零就业家庭“三步四级”“一对一”等系列就业援助活动。城镇新增就业5万人，失业人员再就业2.2万人，城镇新增就业率、失业人员和就业困难人员再就业率分别达到101%、110%、110%。全体居民人均可支配收入37170元，比上年增长8.2%。退役军人服务保障工作进一步加强，为2.5万余名优抚对象发放抚恤补贴2.4亿元。长株潭城市群成功入选国家产教融合试点。全年新增公办园学位5780个，公办园在园幼儿占比达51.48%，普惠率达89.46%。湘大附属实验学校、石潭芙蓉学校、湖南师大附属九华步步高小学等5所学校建成使用。普通高中大班额全面清零，职普分流达到省定标准。“双减”政策落地见效，中小学课后服务实现全覆盖，校外培训机构专项治理取得阶段性成果。全面完成省市重点民生实事。获批国家公立医院综合改革示范城市。湘潭医卫职院产教融合实训基地交付使用。市二医院等项目稳步推进，市疾控中心、湘潭县和岳塘区疾控中心标准化建设不断加强。异地就医备案自助服务功能不断完善，获批长期护理保险制度第二批国家试点城市。农村养老服务体系建设初见成效，市精神康复福利中心、湘潭县殡仪馆等建成运行。慎始如终抓好常态化疫情防控工作，全力应对新一轮疫情，实现疫情“零外溢”，符合接种条件人群实现全覆盖。化债工作守住刚兑不爆雷、不发生区域性系统性风险底线。“十三五”能源消费总量和强度“双控”考核被省政府通报表扬。启动碳达峰、碳中和规划方案编制。深入开展污染防治“夏季攻势”行动，积极推进长江经济带生态环境突出问题整改，生态绿心保护不断加强，城市空气优良率达84.4%，县级以上饮用水水源地水质达标率达100%。38个黑臭水体项目完成管道建设42.7公里，清淤6.7万立方米。坚持党政同责，全面落实粮食安全省长责任制。持续做好粮油、蔬菜、猪肉等生活物资保供稳价工作。扎实推进安全生产专项整治三年行动，安全生产形势明显好转，未发生较大及以上生产经营性安全和交通事故。深入开展反诈人民战争，成功创建“全国禁毒示范城市”，八类严重刑事案件“九连降”。 （陆 俊）

精神文明建设

【概况】 2021年3月25日，在全省精神文明建设表彰大会上，湘潭市作为蝉联的全国文明城市代表作典型经验交流。全市除1个县市外，全部创建成为全国文明城市，全域文明覆盖面在全国地级市中名列前茅，县级以上文明村、镇占比分别达55%、60%。

全市实际完成学前教育公办学位18572个，公办幼儿园在园幼儿占比全面提升，“入园难”“入园贵”问题得到破解。新建湘潭大学附属实验学校、湖湘学校、滴水湖学校、九华雅礼中学、九华科大和平小学等学校。“医养结合”实现一站式康复、养护、护理服务，让老年人“老有所养、老有所医”。建设城市公共停车场200多个，新增停车泊位3万多个。坚持实用、美观、便民标准，建设二类及以上标准公厕230座。

城市建设和管理。全市道路路面硬化率达90%以上；36个集贸市场通过改造升级，基本做到规范化管理；80家生活饮用水单位各项卫生指标全部达标，市、县集中式饮用水水源水质达标率为100%。高度重视道德模范推荐评选工作，持续擦亮“道德模范湘潭现象”名片。优秀导游文花枝、“孝子”杨怀保、“板凳妈妈”许月华获全国道德模范，“爱心爷爷”赵在和、“向日葵女孩”何平、“数控花木兰”杨芳和初心不改的老教授沧南等4人获得全国道德模范提名奖。“英雄母亲”杨应君等数十位省市道德模范、“全国脱贫攻坚先进个人”邓述东等30位中国好人、100余位“湖南好人”。组织承办全国道德模范故事汇基层巡演、组织道德模范学习交流、“道德模范上春晚”、学习道德模范座谈会、打造道德模范宣传示范街等系列学习宣传和推广活动。开展“为好人圆梦”、情暖道德模范志愿服务行动、共圆道德模范健康梦等关爱活动。通过开通志愿服务热线，建设“爱心银行”志愿服务线上平台等举措，打造“我是志愿者我来帮”品牌。探索“区块链+志愿服务”模式，打造具有线上招募、发布、认领、跟踪、记录、存取、兑换等功能的全域线上志愿服务“爱心银行”，实现志愿服务一键注册、指纹登陆、扫脸认证、智能匹配、指尖礼遇等“全云端”服务。推进新时代文明实践中心建设，推行“群众点单、中心供单、所（站）派单、队伍接单、群众评单”的“五单机制”及项目化运作，服务群众达260余万人次。截至2021年年末，有1264个志愿服务组织、8万多名志愿者。

【召开精神文明建设表彰暨深化全国文明城市建设推进大会】 2021年4月27日，湘潭市召开精神文明建设表彰暨深化全国文明城市建设推进大会。会议强调，要立足保位晋级抓深化，让深化全国文明城市、国家卫生城市建设的荣誉更闪耀。要坚守保牌底线，锚定进位目标，深化为民创建，争取进入文明典范城市创建试点，尽快启动健康城市创建，打造更具影响力、辐射力、引领力的全国文明城市、国家卫生城市。立足软件提升抓深化，让深化全国文明城市、国家卫生城市建设的内涵更丰富。要强化思想的感召力，强化价值的引领力，强化道德的塑造力，坚持基础设施等“硬件”和思想道德等“软件”两手抓、两手硬，既注重塑形，更注重塑魂。要增强文明素养，抓好习惯养成，注重法治宣传，将教育引导、实践养成、制度保障融入人民群众日常生活，让莲城大地既有“颜值”、更具“气质”。立足统筹协调抓深化，让深化全国文明城市、国家卫生城市建设的合力更强大。要压实“责任链”，实现“大统筹”，用好“指挥棒”，不断开创湘潭市精神文明建设新局面，为落实“三高四新”战略、建设“六个湘潭”提供强大精神力量，以优异成绩庆祝中国共产党成立100周年。要突破难点抓创建，按照高标准建设“八大环境”、持续推进“七大行动”、大力开展“四大品牌活动”、搭建“文明直通车”平台等目标任务。

【开展公共数字文化进乡村活动】 2021年4月26日，由市文旅广体局主办，市图书馆、市少儿图书馆承办的“湘潭市公共数字文化进乡村”项目在韶山乡平里村启动。在文字演变科普体验环节，可通过三维场景了解汉字演变过程；在VR成语论剑体验环节，可以通过沉浸式娱乐形式，学习和积累文化知识；在微信打印机上，可以对照片进行编辑、打印；点击进入歌德电子书借阅机，3000本正版书籍任你阅读；还有线上党史资源音视频平台，使用手机即可随时随地重温党史。截至年底，“公共数字文化进乡村”项目，派出17支志愿小队，104名志愿者，在韶山市平里村等10个村（社区）完成65场数字文化体验活动，服务群众24892人次。作为全省唯一试点城市，在2021年全省公共服务高质量发展研修班上，湘潭作典型发言，并获评湘潭市年度全面深化改革优秀创新案例。 （陆 俊）

生态文明建设

【概况】 2021年，湘潭市打好污染防治攻坚战，国家和省生态环保督察反馈问题整改到位。与2016年年末相比，空气质量优良率提高3.9个百分点，$PM_{2.5}$浓度下降13.3%，万元GDP能耗下降18.5%。地表水、饮用水水质总体优良，湘江干流水质稳定提升到Ⅱ类，水府庙生态综合治理经验全国推介，“河长制”工作获水利部表彰，获评全国黑臭水体治理示范城市。竹埠港化工企业关停搬迁全面完成，湘锰、谭家山等重大生态修复工程完工，煤矿、石膏矿等地下采矿全面退出。耕地保护全面加强，完成“大棚房”整治、受污染耕地安全利用、湘江流域禁捕退捕等工作。建立四级“林长制”工作体系，森林覆盖率稳定在46.8%以上。

【农村危房改造】 2021年，湘潭市完成农村危房改造1.24万户、改厕8.4万户，建成乡镇垃圾中转站58座，建成农村饮水安全工程76处，农村自来水普及率达89.75%。创建美丽乡村示范村135个。湘潭县和湘乡市垃圾焚烧发电项目投入运营。累计完成主要支流治理99.45公里、中小河流治理182.7公里，除险加固中小型病险水库61座。

【黑臭水体治理】 2021年，湘潭市开工黑臭水体治理项目55个，新建污水管道33.1公里。启动厨余垃圾资源化利用等项目，改造垃圾分类收集点200个。启动乡镇污水处理设施建设13处，农村危房改造全部竣工，“厕所革命”稳步推进，乡村生活垃圾处理付费制等经验获全国推广。

【长江经济带警示片披露问题整改】 2021年，湘潭市推进长江经济带警示片披露问题整改，港口码头环保问题率先完成整改销号。完成41个废弃露天矿山治理，关闭注销57个“僵尸矿山”。完成第三次国土调查、农村宅基地房地一体土地确权登记和集体产权制度改革。 （陆 俊）

政治文明建设

【概况】 2021年，湘潭锲而不舍纠“四风”树新风，深入整治群众身边腐败和不正之风，不断加固中央八项规定的堤坝，用铁的纪律护航民生民利。立案956件，处分905人，移送司法机关37人，挽回经济损失2.04亿余元。落实省纪委“一领域一专题”和“一县一清单”要求，启动巩固脱贫攻坚成果同乡村振兴有效衔接过渡期专项监督。围绕乡村振兴总体部署和工作进度，纪检监察机关因时因势调整监督重点、创新监督方式，清除“拦路虎”、亮剑“微腐败”。查处问题41个，处理40人，追缴资金305万余元。

【开展“四风”问题专项整治】 2021年8月，开展以违规吃喝为重点的“四风”问题专项整治行动，制定整治违规吃喝隐形变异“十严禁”五条措施，聚焦公款吃喝、公车私用等8个方面突出问题，铁腕整治“吃喝风”。专项整治以来，立案7起，处理10人，通报典型案件9起11人。深化形式主义官僚主义问题专项整治，处理44人。紧盯私车公养、“不吃公款吃老板”、收送电子红包等问题，查处违反中央八项规定精神问题110起，处理152人，处分125人。

【开展“清廉医保”专项监督检查】 2021年，湘潭市在全省率先打响医保领域反腐“第一枪”，部署开展“清廉医保”专项监督检查。启动打击欺诈骗保套保挪用贪占医保基金集中整治，围绕6大类25项突出问题，严肃打击以“假病人、假病历、假票据”欺诈骗保、为参保人员转卖药品、伪造医疗凭证医药发票骗保、医保经办机构“内外勾结”贪占医保基金等各类违纪违法行为。行动开展以来，留置8人，对14人采取刑事强制措施，39名公职人员主动交代问题，追回违规使用医保基金5769.55万余元。 （陆 俊）

2022
湘潭年鉴
XIANGTAN NIANJIAN

中国共产党湘潭市委员会

综　述

【概况】　2021年，湘潭市委落实"三高四新"战略定位和使命任务，召开中国共产党湘潭市第十三次代表大会，获评首批全国禁毒示范城市，成功创建国家文化和旅游消费试点城市，河长制、农村改厕、老旧小区改造等经验做法在全国、湖南省推介，获评全省安全生产和消防工作优秀市州，市本级2项工作经验、县市区4项典型做法在省政府重点工作综合大督查中得到通报表扬。

【党的建设】　2021年，湘潭市委坚持把旗帜鲜明讲政治放在首位，深入学习贯彻习近平新时代中国特色社会主义思想和党的十九届六中全会精神，进一步增强"四个意识"、坚定"四个自信"，坚定捍卫"两个确立"，坚决做到"两个维护"。始终把学思想与抓落实相结合，在学思践悟中把握历史规律、核心要义、实践要求，及时将习近平新时代中国特色社会主义思想转化为推动湘潭发展的实际行动，在理论与实践的结合中提升政治判断力、政治领悟力、政治执行力。坚持"融合系统学、现场体验学、延伸拓展学、典型示范学、指导实践学"，广泛开展学习传达、宣传宣讲，组织市委理论学习中心组集中学习14次，打造理论学习中心组模范班等做法在《湖南日报》头版推介。组织庆祝中国共产党成立100周年系列活动，召开庆祝中国共产党成立100周年座谈会、理论研讨会，开展"两优一先"评选表彰，举办"永远跟党走"群众性主题宣传教育系列活动，挖掘100个红色经典故事，精心创作《战地黄花》《特别支部》等红色文艺精品。开展党史学习教育，紧扣学史明理、学史增信、学史崇德、学史力行要求，把湘潭丰富的红色资源作为宝贵教材，创新开展"五个双百"活动，开展专题报告会386场次、专题宣讲1100余场次。实施习近平新时代中国特色社会主义思想教育培训计划，举办各类主体班16期，调训各级各类干部970人；举办"莲城大课堂"6期，将理论学习与专业能力培训有机结合；举办各类专题培训28期，培训干部4000余名。完成市县乡换届选举，严格执行"十个严禁""八不准""六不得"等换届纪律，依法依规依程序推进换届工作，换届风气风清气正，实现组织意图。市第十三次党代会选举产生新一届市委。选优配强各级领导班子和干部队伍，换届后乡镇党政正职35岁以下干部占比21.1%，县市区党政领导班子40岁左右干部占比30.6%。出台《关于进一步激励干部提振精神苦干实干的十条措施》，表彰20名"首届莲城最美公务员"，树立"重忠诚、重担当、重实绩、重干净、重基层"鲜明用人导向。实施基层党建全面提升工程，开展新一届村（社区）"两委"干部集中轮训。提升抓党建促乡村振兴实效，加快发展村级集体经济，消除经济薄弱村200个，集体经济5万元以上的村占83.97%，100万元以上的村有20个，1000万元以上的村有1个。坚持党管人才，出台"1+22"人才新政，引进省"五个一百"科技创新高层次人才12名、高层次创新团队17个、各类产业人才8000人。研究出台"一主题、九制度"（"精诚团结、苦干实干"主题，"三重一大"决策监督机制和"第一议题"、批示领办、督办台账、常委联一线、重点工作统筹、重大改革点题、重点工作调度讲评考核、自身建设回头看9项制度）。推动全面从严治党向纵深发展，开展"洞庭清波"专项行动，严肃查处港口码头环境污染、科大空气监测站点受到干扰等问题；开展涉粮领域等专项巡察，推进十三届市委第一轮巡察，严厉查处园区、融资、社保、医保、平台公司等领域腐败问题。一体推进实施不敢腐、不能腐、不想腐措施，率先打响全省医保领域反腐"第一枪"，开展"清廉医保"专项监督检查，查清医保领域系统性群体性违纪违法问题，拍摄制作警示教育片《叛途》《迷失》。扎实推动清廉湘潭建设，全线推进清廉单元建设，全力打造清廉监督预警平台，用数据赋能监督。纵深推进政法队伍教育整顿，推进政治教育、忠诚教育、英模教育。扎实推进巡察上下联动试点工作，35项试点任务全面完成，26项制度机制成果得到中央巡视办认可和推介，在试点的7个城市中排名第一，实现"试点在湘潭、工作在全省、影响在全国"的工作目标。

【经济社会发展】　2021年，湘潭市委明确"闯新路、破险阻，奋力建设社会主义现代化新湘潭"宏伟蓝图和目标任务。坚持把发展经济作为最大实事，集中力量抓强园区兴实体、项目建设、产业发展、市场主体培育、盘活闲置用地等工作，全年地区生产总值、规模工业增加值、固定资产投资、社会消费品零售总额、地方一般公共预算收入、进出口总额、全体居民人均可支配收入分别增长7.8%、9.6%、9.1%、15.9%、9.1%、33.7%、8.2%，制造业增加值占GDP比重位居全省第一。贯彻落实新发展理念和中央经济工作会议精神，突出强园区兴实体，制定创建"五好"园区振兴实体经济系列政策，湘潭高新区、湘潭经开区综合实力居全省前列，岳塘经开区与昭山示范区优化整合，全市园区实现技工贸总收入5849亿元，上缴税金113.6亿元，分别增长6.9%、32.4%。开展"千百扶培"联点，推进企业"入规、登高、上市、智造"，获批国家级"小巨人"企业17家、省级"小巨人"企业32家，华菱线缆成功上市。突出产业振兴，开展"迈好第一步、项目论英雄"竞赛，引进"三类500强"项目27个，签约亿元以上项目157个。实施市场主体培育等"八大计划"，"四主四特"现代产业体系和"两新三电"特色产业不断壮大，13条产业链调整优化、培强做大，汽车及零部件、新一代信息技术、新材料、食品医药产业产值分别突破350亿元、350亿元、720亿元、800亿元。突出县域发展，湘潭县县域经济与县域综合发展名列全国第69位，韶山市挺进全省县域经济高质量发展五强，岳塘区跻身高质量发展全国百强区。坚持改革点题、创新赋能、开放带动，挖潜力、增动力、激活力。加快重点领域改革，171项改革任务全部完成，市民之家建成开放，工业项目审批园区实现闭环，率先设立"办不成事"反映窗口，多图联审速度全省第一，国资国企、行政复议等改革经验获国家和省的肯定。加快创新型城市建设，实施"揭榜挂帅"行动，研发投入强度达2.8%以上，新增高新技术企业130家左右，高新技术产业增加值占GDP的36%以上，居全省第一。推进国家应用数学中心等平台建设，48个重大技术难题攻关实现对接，38项成果获省科学技术奖励，风电装备产业入选国家级创新产业集群。加快更高水平开放步伐，湘潭综保区跨境电商综合服务中心、“1210”保税仓和监管平台建成运营，连续6年被评为“中国外贸百强城市”。以长株潭都市圈建设为总揽，打造国家城乡融合发展试验区。全力推进一体化发展，举办长株潭第三届市委书记联席会议，“十同”任务和“三十大标志工程”加速推进，长株潭首个“飞地园区”一期企业入驻、二期全面开工，湘江新区九华新片区开发不断加快，轨道交通西环线全线铺轨。全力推进城市更新，包装4大类14个片区开发项目，背街小巷整治、老旧小区改造模式在全国推介。全力推进乡村振兴，坚持巩固拓展脱贫攻坚成果与乡村振兴有效衔接，完成23个重点移民村建设和310个产业扶贫等移民后扶项目，“厕所革命”稳步推进，粮食面积产量、生猪存栏任务超额完成，十大现代农业示范园完成投资18亿元。构建高质量民生保障体系，推动共同富裕取得更加明显的实质性进展。省、市重点民生实事全面完成，新增城镇就业50425人、农村劳动力转移就业9088人。“四为一帮”活动发动志愿者5万余名，“我为群众办实事”15790件，办结率、满意率100%。“双减”政策落地见效，中小学课后服务全覆盖。开展红色教育培训发展专题调研，挖掘红色资源点339处，开发34个现场教学点，策划打造“求学励志”等8条红色教育培训教学课程线路。举办“湘赣红”文化旅游产业发展城市论坛和第十三届市运会，“两山”红色旅游铁路开通运营，“最忆韶山冲”红色演艺综合体即将运营。切实兜牢民生保障底板，城乡低保全面提标，DRG付费改革国家试点加快推进，湘潭县综合救助制度等改革纳入全省改革示范先行区建设内容。坚守疫情防控底线，坚持常态化疫情防控不松懈，对7月疫情迅速反应，充分运用大数据技术开展分析排查，推行“六抓六精准”战法，第一时间阻断传播链，实现“零二代感染”“零外溢”。有序推进疫苗接种，“方舱接种”经验获央视报道推介。坚守生态环境底线，全面落实河长制、林长制工作，扎实推进长江经济带警示片披露问题整改，港口码头环保问题率先完成整改销号，“夏季攻势”任务全面完成。坚守安全生产底线，强化“安全是最大效益”理念，狠抓安全生产和消防工作，落实主体责任，加强行业监管，强化科技兴安，确保责任到位、培训到位、投入到位、管理到位。全年生产安全事故率下降7.7%。坚守社会稳定底线，深化法治湘潭建设、法治政府示范市创建，抓好网络安全、信访维稳、扫黑除恶常态化等工作。韶山市被评为2017—2020年度平安中国建设示范县，蝉联全国社会治安综合治理工作最高奖“长安杯”。加强党对人大工作的领导，支持人大及其常委会依法履职，制定《湘潭市文明行为促进条例》等3部条例、办法，修改《湘潭市城市市容和环境卫生管理条例》等3部法规，立法工作得到省人大常委会肯定。发挥人民政协专门协商机构作用，坚持和完善中国共产党领导的多党合作和政治协商制度，支持政协在优化营商环境、推动工业新兴优势产业链发展、助推医保放疗覆盖面等方面展现担当。全面落实《中国共产党统一战线工作条例》，民主党派市级组织和市工商联完成换届。突出党建带群建，统筹推进群团工作，完成贸促会、社科联换届。实现全国双拥模范城“四连冠”，连续两届获评全国人防先进城市。

（赵成材　冷兴伟）

市委重要会议

【市委经济工作会议】 2020年12月31日，召开市委经济工作会议，总结2020年经济工作，分析经济形势，部署2021年经济工作，明确总体要求和目标任务。

会议认为，2020年是极不平凡、极为不易的一年，也是各项工作稳中有进的一年。面对国内外形势的复杂深刻变化，特别是新冠肺炎疫情影响，市委认真贯彻中央、省委决策部署，统筹疫情防控和经济社会发展，扎实做好“六稳”工作，全面落实“六保”任务，经济运行稳中向好，攻坚战役成效明显，市场主体平稳发展，产业项目来势良好，发展活力不断迸发，营商环境持续改善，民生保障有力有效。2020年是“十三五”收官之年，回顾5年的接续奋斗，湘潭市经济社会发展取得历史性成就，“十三五”规划主要目标基本完成，经济实力和综合实力跃上新台阶，全面建成小康社会胜利在望，为开启全面建设社会主义现代化新征程奠定了坚实基础。

会议指出，在发展的实践中，重点把握了以下几个方面：坚持以新思想为引领不动摇，坚持高质量发展主题不动摇，坚持改革创新不动摇，坚持抓重点带全局不动摇，坚持产业项目建设不动摇，坚持团结奋进不动摇，坚持党的全面领导不动摇。

会议强调，2021年是全面开启现代化建设新征程的第一年，是“十四五”开局之年，也是庆祝中国共产党成立100周年，做好2021年经济工作意义重大。要以习近平新时代中国特色社会主义思想为指导，全面贯彻党的十九大和十九届二中、三中、四中、五中全会精神，坚决落实习近平总书记关于湖南工作系列重要讲话指示精神和中央、省委经济工作会议精神，坚持稳中求进工作总基调，立足新发展阶段，贯彻新发展理念，构建新发展格局，以推动高质量发展为主题，以深化供给侧结构性改革为主线，以改革创新为根本动力，以满足人民日益增长的美好生活需要为根本目的，深入落实“三高四新”战略，大力推进“六个湘潭”建设，着力打造“四区一地”，全面实施“一六二”工程，坚持创新引领开放崛起，坚持扩大内需战略基点，坚持系统观念和底线思维，坚持精准施策，更好统筹发展和安全，扎实做好“六稳”工作、全面落实“六保”任务，巩固拓展疫情防控和经济社会发展成果，推动经济平稳健康运行、社会和谐稳定，确保“十四五”开好局、起好步，以优异成绩庆祝中国共产党成立100周年。

会议强调，做好2021年经济工作，要围绕省委“三高四新”战略、市委“一六二”工程来展开，坚持战略思维，强化系统观念，着重把握好坚持严对标和促转化相统一、抓当前和谋长远相统一、抓重点和重点抓相统一、锻长板和补短板相统一、争牌子和务实功相统一、抓项目和优环境相统一的要求。

会议指出，要抢抓重大历史机遇，进一步找准高质量发展的主攻点和突破口。长株潭区域一体化高位推动、同向发力，有利于在全方位融“核”发展上育先机、开新局；制造业加速向中高端、智能化阶段迈进，有利于在推动新旧动能转换上育先机、开新局；鲜明的城市底蕴特质释放巨大潜能、广阔空间，有利于在特色化、差异化发展上育先机、开新局；诸多重大国家级平台集成效应显现，有利于在吸纳要素转化、承接产业转移上育先机、开新局；发展态势、发展预期持续稳定向好，有利于在有效应对各种机遇挑战上育先机、开新局。

会议确定，2021年要抓好以下重点工作。要聚焦“三个高地”，推动高质量发展在新发展阶段开好局、起好步。深入实施“三高四新”战略，落实省委全会提出的“八大工程”“七大计划”和市委全会确定的“一六二”工程；打造国家重要先进制造业高地要聚焦支柱产业延链培强，狠抓新兴产业补链做大；打造具有核心竞争力的科技创新高地要坚持科技领先，突出人才优先；打造内陆地区改革开放高地要强化招商引资、招才引智；要实施规模企业量质“两增”行动、领军企业上市“激励”行动等多项行动，增强各类市场主体发展活力、竞争实力。要聚焦供给侧结构性改革，推动构建新发展格局在新发展阶段开好局、起好步。支持各行各业加快形成技术、产品、业态、管理、服务等环节全面创新体系，推动创新赋能；实行精细化生产、标准化管控、品牌化运营，提高科技含量和品牌附加值；依托平台展会，推动潭品、潭企、潭资“抱团出海”，发展多元化贸易；促进传统消费提质扩容，培育多层级消费市场，大力发展智能消费、绿色消费。要聚焦有效投资，推动项目建设在新发展阶段开好局、起好步。围绕“两新一重”、生态环保、城市建设、乡村振兴、公共安全与应急能力建设等重点领域，在项目准备上下实功，积极引导撬动金融资金、民间资本参与投入；勤学习、勤钻研、勤争取，在政策对接上抢先机；深化“四长”联动、承诺制、交办制、督办制、问责制等工作机制，把争资争项实绩纳入绩效考核，奖优罚劣。要聚焦农业农村现代化，推动全面乡村振兴在新发展阶段开好局、起好步。落实最严格的耕地保护制度，加强高标准农田建设，稳定粮食种植面积；持续深化“双十”行动，大力发展农业精深加工业，做大优质农副产品影响力，培养新型职业农民队伍；深化农村土地制度、宅基地制度等改革，激发农村资源要素活力；健全防止返贫动态监测和帮扶机制、产业扶贫“三带三帮”机制，促进脱贫群众加快致富；完善农村基础设施，接续推进农村人居环境整治，以美丽乡村建设助力乡村振兴。要聚焦生态文明建设，推动绿色低碳发展在新发展阶段开好局、起好步。推动低投入、低能耗、低排放和高效率的现代产业发展，推进低碳交通、低碳建筑、低碳社区等建设；持续加强黑臭水体综合整治，纵深开展大气污染防治行动，严控农业面源污染、重金属污染、白色污染；落实河湖长制、林长制和治污治岸治渔，落实水、大气、土壤联防联治联控，加快湘潭市土壤污染综合防治先行区建设，统筹推进山水林田湖草系统治理。要聚焦长株潭一体化，推动城市功能完善与融合在新发展阶段开好局、起好步。全面增强一体全局观念，梳理和明确重点工作、重大工程、重点项目，切实抓好落实；扎实推进湘潭核心区域向北推进，“两翼”区域向北跟进，主动对接长沙；梯度承接区域产业转移，更深层次融入长株潭产业分工合作体系；不断提升城市规划建设管理水平，形成湘潭城市特色。要聚焦改善民生福祉，推动人民生活品质提升在新发展阶段开好局、起好步。统筹抓好教育、医疗、卫生、社保等各项民生事业，实施一批重点民生实事工程，加强困难群体和特殊群体兜底服务，使改革发展的成果更多更公平惠及人民群众；支持企业稳岗扩岗，抓好重点群体就业工作；加大市民住房保障力度，加强公租房运营管理。要聚焦统筹发展与安全，推动平安湘潭建设在新发展阶段开好局、起好步。加强组织领导，落实“党政同责、一岗双责、齐抓共管”；推动基层党建与平安湘潭建设互促互进，推进“网格化+信息化”“网格化+警务”“网格化+应急”等治理创新；抓实防控重点，有效防范债务风险，深化扫黑除恶，严格落实安全生产责任制，牢牢把握意识形态工作主动权。

会议强调，要加强党对经济工作的全面领导，不断提高适应新发展阶段、贯彻新发展理念、融入新发展格局的能力和水平。各级领导干部要增强政治意识，强化系统思维，锤炼过硬本领，狠抓执行落实。

会议强调，要明确闯出新路的目标和载体，制定高质量发展指标体系，完善高质量发展考核体系，拿出高质量发展项目体系。要创新闯出新路的路径和抓手，从供给端发力，抓实科技创新、产业链建设、企业帮扶、产业服务，闯出供给侧结构性改革的新路子；从需求端发力，不断提升开放水平，努力促进消费，全力保障和改善民生，闯出实施扩大内需战略的新路子；从有效投资端发力，提升政府投资效率，提升资本投资效率，提高土地投资效率，提高城镇化建设投资效率，闯出发挥投资关键作用的新路子；从双循环新格局两端发力，强化区域协同补短板，做大开放平台补短板，实施乡村振兴补短板，推动园区提质增效补短板，闯出补短板、强弱项的新路子。要突破闯出新路的堵点和重点，在创新化债方式、培育城市价值、生态环境治理、统筹安全与发展上取得突破。要增强闯出新路的冲劲和担当，敢于闯新路，善于开新局，勇于破险阻，甘于打基础。

会议强调，要做好庆祝中国共产党成立100周年相关工作，从党的百年光辉历史中汲取不忘初心、砥砺奋进的精神力量。要做好集中换届工作，确保换届平稳有序、风清气正。持续做好疫情防控工作，确保不出现规模性输入和反弹。要把元旦、春节“两节”市场保供稳价及保障基本民生工作做好、做实、做到位。

【市委农村工作会议】 2021年2月8日，市委农村工作会议以电视电话会议形式召开。市委副书记、市长张迎春主持会议并讲话。

会议认为，2020年，湘潭市积极克服新冠肺炎疫情影响，统筹推进脱贫攻坚与乡村振兴，决战脱贫攻坚取得全面胜利，稳产保供增收保持良好态势，乡村产业发展开创喜人局面，农村人居环境焕发崭新气象，农村综合改革激发要素活力，农村民生保障迈上更高台阶，农业生态管护得到全面加强，乡村治理能力实现明显提升，农业农村发展迈上新台阶、开创新局面。

会议指出，“四级书记”特别是县（市、区）委书记如何抓“三农”，就是做到八个“集中精力”，当好乡村振兴八大“一线指挥”。集中精力加强领导，县（市、区）委书记要亲自抓好党委农村工作领导小组和工作机构建设，市县两级要设立由党委政府负责同志领导的“五个振兴”专项小组，强化党委农村工作领导小组办公室职能职责，抓牢“三农”工作各级班子建设。集中精力安排部署，坚持深入研判、认真研究，确保“三农”工作在具体实践中做到任务铺排有力、工作节奏有序、措施精准有效。集中精力解决重大问题，坚持定期深入一线调查研究，全面掌握农业产业面临的难点问题，农民群众关心的热点问题，建立完善“三农”工作重大问题会商机制，在解决一个个具体问题中，推动“三农”工作高质量开展。集中精力有效投入，更加注重建立财政投入稳定增长机制，发挥财政政策和金融政策的协同效应，积极引导城市资本下乡和社会资本进入，形成多元化的投融资格局。集中精力协调调度，对“三农”工作的重点任务、重大问题、重大项目，抓好协调推进，带头攻坚克难。集中精力提升效益，积极引导农村劳动力就地就近就业，实现工资性收入长期稳定增长；大力支持农民多样化投资，增加农民财产性收入；严格落实民生保障政策，稳定转移性收入；加快提高农业生产效益，提高经营性收入。集中精力强化支撑，改善好农村水电路气网等基础条件，加快仓储、物流、网络等基础设施的改造升级，构建完善的农业农村要素流通体系。集中精力优化治理，聚焦实现耕地粮食安全“零隐患”、一般问题“零上访”、集体经济“零空白”、返贫致贫“零增量”、民情民意“零障碍”、安全生产较大以上事故“零发生”、“蝇贪蚁腐”“零反弹”，全力提升乡村治理效能。

会议强调，当好八大“一线指挥”。一线指挥规划设计，要加快启动实施农业农村现代化规划，注重与“十四五”发展规划、国土空间规划等有机对接，结合乡情、村情、民情科学编制，确保规划可落地。一线指挥城乡统筹，大力促进城乡产业发展、基础设施、生态环境、社会管理一体化设计和建设，让城乡规划同步、发展同步、建设同步、治理同步。一线指挥高质量发展，持续做大做强湘莲、沙子岭猪、九华红菜薹等地标品牌和“一县一特”品牌，推进地标产品产业化，培育一批国省龙头企业；推动乡村一、二、三产业融合，带动由种养业向产加销一体化拓展，发展乡村旅游等新产业新业态。一线指挥改革创新，深入推进农村土地征收、集体经营性建设用地入市、宅基地管理制度等农村“三块地”改革，探索完善农村基本经营制度，深化农村集体产权制度改革。一线指挥安全稳定，坚持底线思维，落实最严格的耕地保护制度，坚决整治违规占用耕地等突出问题。压实粮食生产安全党政同责，严格抓好惠农政策落实，加大抛荒治理强度力度。加强农村疫情常态化防控，扎实做好农村信访维稳、矛盾化解等工作，维护农村和谐稳定。一线指挥夯实基础，充分发挥农村基层党组织的领导作用，实施农村带头人队伍整体素质优化提升工程，选优配强农村党支部书记，增强党支部的凝聚力、吸引力、战斗力。一线指挥有效衔接，政策衔接要稳定过渡，机制衔接要稳妥实施，指标衔接要稳步推进，队伍衔接要稳力提效。一线指挥建强队伍，实施好乡村人才培育行动，加快培育一批爱农业、懂技术、会经营的新型职业农民。加快培育新型农业经营主体，健全农业专业化社会化服务体系。建立健全乡村人才工作机制，树立“从基层一线选拔重用干部”的鲜明导向，选派一批优秀干部充实乡村振兴一线。

会议强调，要提升站位抓落实，把推进乡村全面振兴作为国之大者放在心上、抓在手上、扛在肩上。要突破难点抓落实，着重抓好“一县一品”建设，解决规模化不够的问题；抢抓政策机遇，积极向上争取，将内部挖潜与深化改革相结合，解决用地不足的问题；构建各级政府补、社会资本投，金融助、乡友帮、集体盘、村民筹等多元投入机制，解决投入不足的问题，并在投入过程中建立与村集体、村民的利益联结机制，促进农民增收。要担当责任抓落实，明责任，将会议精神落实到绩效考核的顶层设计和具体方案；带责任，通过书记抓乡村振兴示范片，带动班子成员抓乡村振兴示范点，建立市级领导抓农业的重点产业链，同时区县长要集中精力抓好“一县一品”建设；考责任，继续将乡村振兴纳入县（市）区、乡镇及有关部门的绩效考核，建立和完善市委“三农”工作有关文件的调度督导落实机制。

会上，湘潭县、湘乡市、雨湖区农业农村局、岳塘区荷塘街道、韶山市杨林乡石屏村作典型发言。会议表彰了2020年度实施乡村振兴先进单位，全市粮食生产、生猪生产先进单位。

【全市政法队伍教育整顿动员部署会议】 2021年3月3日，全市政法队伍教育整顿动员部署会议召开。

会议指出，开展政法队伍教育整顿，是习近平总书记和党中央从党和国家事业发展全局的高度作出的重大决策部署，是做到“两个维护”、检验政治“三力”的必然要求，是落实“三高四新”战略的有力保证，是践行以人民为中心发展思想、满足群众更高期待的重大举措，是推进自我革命、解决突出问题的现实需要。要坚决扛起政治责任，切实抓好政法队伍教育整顿这一项重大政治任务。

会议强调，要准确把握目标任务，扎实推进政法队伍教育整顿。要突出学习教育，坚持政治引领，抓好专题学习，加强反面警示，在筑牢政治忠诚上抓引领、重经常；要突出正本清源，做到全面彻查、深挖严查、及时清查，在清除害群之马上出重拳、下狠手；要突出严纠实改，坚持查改结合、标本兼治、治建并举，在整治顽瘴痼疾上大起底、深查纠；要突出本色传承，加强正面宣传，传播榜样力量，总结表彰先进，在弘扬英模精神上树典型、强担当。要全面加强党的领导，有力确保政法队伍教育整顿落到实处、取得实效。要强化责任落实。市政法队伍教育整顿领导小组及办公室，要做好全市教育整顿工作的研究部署、重要环节的组织协调、重要案件的审核把关、重大问题的研究解决；县（市）区委要切实担负起教育整顿主体责任；各级党委政法委和政法单位党组（党委）要承担直接责任；各级有关部门要形成抓好教育整顿的强大合力。要健全工作机制。有针对性地制定工作规程，加强推进保障机制建设，建立通报、督办制度，把教育整顿情况纳入领导班子和领导干部的绩效考核内容，建立健全与省驻点指导组的汇报沟通、对接服务机制，确保教育整顿各项工作落到实处。要营造良好氛围。牢牢把握正确的政治方向和舆论导向，为教育整顿顺利推进营造良好舆论环境，同时通过广泛的英模宣传，有效激发政法队伍的创造力、凝聚力、战斗力。要坚持统筹兼顾。把政法队伍教育整顿同即将开始的党史学习教育紧密结合起来，同庆祝中国共产党成立100周年安全稳定结合起来，同正在做的工作结合起来，同落实“三高四新”战略结合起来，既保证教育整顿持续有效开展，也从严从实从细防风险、保安全、护稳定、促发展。

省政法队伍教育整顿第四指导组组长詹晓安出席会议强调，要提高政治站位，切实把思想和行动统一到习近平总书记重要指示以及中央部署和省委要求上来，以强烈的责任意识、政治担当和高度自觉，扎实开展教育整顿，着力打造一支党和人民信得过、靠得住、能放心的政法铁军，为大力实施“三高四新”战略、奋力建设现代化新湖南贡献力量。教育整顿的主体责任在地方党委，省指导组将紧紧依靠市（州）委开展工作，主要围绕“三个环节”，通过下沉指导、走访调查、个别谈话、明察暗访、调卷审查、会商研判等方法来开展，重在督促学习贯彻习近平总书记重要指示、中央部署和省委要求，督促落实地方党委的主体责任和党委书记第一责任人的责任、党委政法委和政法各单位的直接责任、有关部门的协同责任，共同确保教育整顿各项部署落地见效。指导组将严格执行中央八项规定及其实施细则精神和省委有关要求，严格遵守疫情防控要求，依规依纪依法开展工作，自觉维护良好形象，合力打赢这场刀刃向内、正风肃纪的攻坚战，努力推进新时代政法工作高质量发展。

【全市党史学习教育动员会】 2021年3月4日，全市党史学习教育动员会在市委党校召开。

会议指出，要提高站位、深化认识，切实增强开展好党史学习教育的思想自觉、政治自觉、行动自觉。要深刻认识到，开展党史学习教育，是牢记初心使命、推进中华民族伟大复兴的必然要求，是坚定信仰信念、在新时代坚持和发展中国特色社会主义的关键抓手，是推进党的自我革命、永葆党的生机活力的有效途径，是弘扬革命精神、传承红色基因的重大举措，是落实“三高四新”战略、建设“六个湘潭”的现实需要。

会议强调，要突出重点、把准要求，高质量高标准开展好党史学习教育，引导全市党员干部真正做到学党史、悟思想、办实事、开新局。要通过学习教育，让理论武装更深入，让前行步伐更稳健，让思想认识更统一，让信仰信念更坚定，让思想行动更对标，让党性修养更内化，让宗旨情怀更深植，让民生实事更暖心，让人民群众更满意，让发展活力更充溢，让发展韧劲更激发，让发展质效更优良，让红色基因更强大，让优良传统更弘扬，让精神风貌更激发，让为官从政更清廉，让为人处世更清白，让交际交往更清爽，让家风门风更清正。

会议要求，强化领导、守正创新，确保党史学习教育取得扎实成效。开展党史学习教育，既是当前的一项重大政治任务，也是各级党委（党组）的重大政治责任。要提高政治站位和思想站位，严格按照中央、省委和市委要求，加强组织领导，精心部署安排，压实工作责任，用活红色资源，坚持知行合一，营造浓厚氛围，高质量推动党史学习教育走深走实、取得实效。

会议指出，2021年是实施“十四五”规划、开启全面建设社会主义现代化国家新征程的第一年，使命更光荣、任务更艰巨、挑战更严峻、工作更伟大。要继承百年大党的历史经验，立足实际、守正创新，高标准高质量完成学习教育各项任务，以党史激发奋进之力，全面实施“一六二”工程，全力建设“六个湘潭”。

会议强调，要提高政治站位抓落实，深刻认识在全党开展党史学习教育的重大意义，作为毛主席家乡人更要以传承红色基因、发扬优良传统的自豪感、使命感、责任感，更高标准、更严要求抓好全市党史学习教育。要压实工作责任抓落实，各级党委（党组）要履行主体责任，各级党委（党组）主要负责人要切实履行第一责任人责任，带头学习研讨，带头讲党课，带头参加组织生活会，带头开展调查研究，带头为民办实事，带动广大党员干部全身心投入学习教育活动。要强化宣传引导抓落实，把握正确导向，营造舆论氛围，结合庆祝中国共产党成立100周年宣传教育，深入挖掘湘潭丰富的党史资源，推出一批具有湘潭特色的党史题材精品力作，谋划建设好一批故居遗迹，努力在党史学习教育活动中创造湘潭特色、打造湘潭品牌。要注重结合实践抓落实，推动党史学习教育同推动工作结合起来，同解决实际问题结合起来，同贯彻落实上级各项决策部署结合起来，防止出现学用“两张皮”，积极开展“我为群众办实事”实践活动，帮助解决群众“急难愁盼”问题，增强学习教育的针对性和实效性。

【全市党务工作会议】 2021年3月11日，全市党务工作会议召开。

会议强调，要强化政治导向，在加强政治建设、锻造政治能力上走在前、作表率。带头深化理论学习，对国之大局、国之大要、国之大事、国之大计了然于胸，同时注重坚持系统学、防止零散学，坚持持续学、防止突击学，坚持及时学、防止断档学，坚持原本学、防止满足学，坚持务实学、防止教条学。带头做到“两个维护”，把总书记和党中央的要求与地方实际结合起来落实，确保政令畅通。带头严守政治纪律政治规矩，盯紧不讲纪律的事，严查不守规矩的人，让纪律规矩成为人人敬畏的底线红线。要强化发展导向，在服务中心大局、推动目标实现上走在前、作表率。持续深入学习宣传贯彻习近平新时代中国特色社会主义思想，深入宣传湘潭发展新成就、好形势，引进和培养各方面人才到湘潭发展，争取海内外民营企业家、新阶层人士更大支持，打好意识形态“主动仗”，在更高层次上凝聚人心力量。选优配强各级领导班子，加大年轻干部培养选拔力度，持之以恒落实“1+5”文件精神，加强干部监督，在更高标准上建强干部队伍。围绕市委重大决策部署深入开展调查研究，围绕中心大局强化综合协调，充分发挥督查考核“指挥棒”作用，扎实推进“三表率一模范”机关建设，在更高质量上做好参谋服务。依法妥善处置风险，推进扫黑除恶常态化，深化综治中心等“三位一体”建设，在更高水平上维护安全稳定。一体推进“三不”机制建设，持之以恒纠治“四风”，坚持对腐败“零容忍”，在更高要求上强化执纪监督。

会议强调，要强化民生导向，在树牢宗旨意识、强化为民服务上走在前、作表率。要牢记“安民之道在于察其疾苦”，全心全意走进群众。建立健全“三走访”活动等更多联系服务群众的长效机制，使联系服务群众成为党员干部的习惯和常态。牢记“利民之事丝发必兴”，全心全意服务群众。各级党务部门要发挥自身优势、协同发力，把利民之事办实、办好、办到位。要加大督查督办力度，对于贯彻落实民生政策走样、不力等行为坚决曝光、从严惩治。牢记“去民之患如除腹心之疾”，全心全意惠及群众。能马上解决的“急难愁盼”问题就立马解决，不能短期见效的，要拿出长期方案逐步实施，同时全力化解信访积案。要强化责任导向，在加强组织领导、凸显能力担当上走在前、作表率。各级党委（党组）要履行好全面从严治党主体责任，主要领导要亲自抓、负总责，分管领导要具体抓、抓具体，党务部门要强化主体意识，各相关单位要密切配合。围绕提高“八大本领”“七大能力”，熟练掌握党务理论和技能，使专业素养和工作能力跟上时代节拍。大力弘扬“三牛”精神，以率先垂范抓落实的实际行动，为干部群众作好表率、树好形象。

【市委十二届十二次全体（扩大）会议】 2021年8月13日，中共湘潭市第十二届委员会第十二次全体（扩大）会议召开。全会听取和讨论了张迎春受市委常委会委托作的工作报告，审议通过了《中共湘潭市委关于深入学习贯彻习近平总书记在庆祝中国共产党成立100周年大会上的重要讲话精神 深入落实“三高四新”战略奋力建设现代化新湘潭的决定》（以下简称《决定》）、《中共湘潭市委湘潭市人民政府贯彻落实〈中共湖南省委湖南省人民政府关于贯彻落实《中共中央国务院关于新时代推动中部地区高质量发展的意见》的实施意见〉责任分工方案》（以下简称《责任分工》）、《中共湘潭市委关于创建“五好”园区振兴实体经济的意见》（以下简称《意见》）、《中国共产党湘潭市第十二届委员会第十二次全体会议公报》（以下简称《全会公报》）。

全会由市委常委会主持。市委副书记、代市长胡贺波，市委常委、常务副市长杨广分别就《决定（审议稿）》《责任分工（审议稿）》《意见（审议稿）》向全会作了说明。

张迎春从持续深入学习贯彻习近平新时代中国特色社会主义思想、全力打造“四区一地”、着力推动脱贫攻坚与乡村振兴有效衔接、以更大力度推进生态文明建设、积极发展社会主义民主政治、全面加强和改进宣传思想文化工作、切实保障改善民生和维护社会稳定、不断推动全面从严治党向纵深发展8个方面报告了市委常委会的工作情况。

全会充分肯定市委常委会的工作。认为，市委常委会坚持以习近平新时代中国特色社会主义思想为指导，深入学习贯彻习近平总书记考察湖南重要讲话精神，全面落实党中央、国务院和省委、省政府决策部署，坚持稳中求进工作总基调，坚持统筹发展与安全两件大事，立足新发展阶段、贯彻新发展理念、融入新发展格局，深入落实“三高四新”战略，奋力建设“六个湘潭”。

全会指出，习近平总书记“七一”重要讲话，是一篇马克思主义纲领性文献，是新时代中国共产党人不忘初心、牢记使命的政治宣言，是党团结带领人民以史为鉴、开创未来的行动指南，具有重大的政治意义、理论意义和实践意义。要准确把握习近平总书记“七一”重要讲话的丰富内涵和精神实质，坚决做到学思践悟、知行合一。

全会强调，要学思践悟习近平总书记“七一”重要讲话精神，强化奋进现代化建设新征程的使命担当。全会审议通过的《决定》，对深入学习贯彻习近平总书记“七一”重要讲话精神作出全面部署。全市要把思想和行动统一到习近平总书记“七一”重要讲话精神上来，在落实“三高四新”战略中走在前列，奋力书写湘潭高质量发展的新篇章。要坚定不移推动高质量发展，纵深推进长株潭区域一体化，全面落实以人民为中心的发展思想，加强社会主义民主法治建设，持续抓好生态文明建设，加快文化湘潭建设，统筹抓好发展和安全两件大事。坚持党对一切工作的领导，健全坚持和加强党的全面领导的体制机制，始终坚持党的政治建设统领地位，建设德才兼备的高素质干部队伍，完善上下贯通、执行有力的组织体系，推进全面从严治党向纵深发展。积极响应党中央伟大号召，坚定理想信念，涵养为民情怀，强化斗争精神，永葆赶考清醒，把党带领人民百年奋斗开创的伟大事业不断推向前进。

全会指出，为贯彻落实习近平总书记对湖南工作和中部地区高质量发展的系列重要讲话指示精神，推动《中共湖南省委湖南省人民政府关于贯彻落实〈中共中央国务院关于新时代推动中部地区高质量发展的意见〉的实施意见》在湘潭落地落实，进一步明确有关工作责任分工，制定了分工方案。各责任单位要根据职责分工，明确具体举措和完成时限，制定工作方案和任务清单，完善推进机制，加强工作协同，不折不扣落实好党中央、国务院和省委、省政府的决策部署。

全会强调，实体经济是立市之本、富市之源、强市之基。园区强则经济强，园区兴则实体兴。全会审议通过的《意见》，围绕创建规划定位好、创新平台好、产业项目好、体制机制好、发展形象好的“五好”园区进行了统一部署，大力推动产业园区担当振兴实体经济的重要使命，干在前头、走在前列，提质升级、争先进位。要突出科学理念先行，做到思想对标、理念对照、目标对准；突出规划龙头引领，厘清产业定位，优化功能布局，提升发展价值；突出产业成链成群，始终把产业作为根本支撑，强链条、强集群、强企业；突出创新驱动发展，以创建国家创新型城市为核心抓手，对照“五好”园区等评价体系中的关键性指标，全力锻长板、补短板、强弱项；突出专业引资引项，推行“专业+专班”的招商模式，建立“专业+专门”的评估机制，开展“专业+专项”的竞赛活动；突出改革破题赋能，坚持问题导向、系统思维、集成推进，改革管理体制，改革开发模式，改革人才机制，改革考评机制；突出优化营商生态，优化政务、法治、生态、安全环境，全力创建“五好”园区、振兴实体经济，争当高质量发展排头兵。

全会强调，要全面加强党的建设，首位抓实政治建设，选优建强干部队伍，着力夯实基层基础，全面强化执行落实，从严涵养清廉生态，筑牢走稳走好新的“赶考路”的坚实保障。

（赵成材　冷兴伟）

市委重要决策

【市委重要决策、通知、意见等】 2021年1月27日，市委印发《关于制定湘潭市国民经济和社会发展第十四个五年规划和二〇三五年远景目标的建议》。

3月3日，市委印发《关于开展全市政法队伍教育整顿的实施方案》。

3月9日，市委、市政府印发《湘潭市庆祝中国共产党成立100周年活动实施方案》。

3月17日，市委印发《关于开展党史学习教育的工作方案》。

3月30日，市委、市政府印发《关于全面推进乡村振兴“双新”工程加快农业农村现代化的实施意见》。

4月30日，市委印发《关于认真做好县乡领导班子换届工作的通知》。

8月20日，市委印发《关于创建“五好”园区振兴实体经济的意见》。

8月23日，市委印发《关于深入学习贯彻习近平总书记在庆祝中国共产党成立100周年大会上的重要讲话精神 深入落实“三高四新”战略奋力建设现代化新湘潭的决定》。

8月30日，市委、市政府印发《贯彻落实〈中共湖南省委湖南省人民政府关于贯彻落实《中共中央国务院关于新时代推动中部地区高质量发展的意见》的实施意见〉责任分工方案》。

9月8日，市委、市政府印发《关于促进中医药传承创新发展的实施方案》。

10月13日，市委、市政府印发《莲城人才行动计划》。

10月18日，市委印发《关于进一步激励干部提振精神苦干实干的十条措施》。

10月19日，市委印发《加强市委常委会自身建设“九项制度”》。

11月16日，市委、市政府印发《湘潭市进一步深化医药卫生体制改革实施方案》。

11月18日，市委印发《关于加强对“一把手”和领导班子监督的22条措施》。

11月26日，市委、市政府印发《关于实现巩固拓展脱贫攻坚成果同乡村振兴有效衔接的实施意见》。

12月23日，市委印发《关于推进清廉湘潭建设的实施意见》。

12月29日，市委印发《关于全面加强新时代少先队工作的若干措施》。

（赵成材　冷兴伟）

书记重要调研活动

【概况】　2021年1月6日，湘潭市委书记、市人大常委会主任到湘乡市毛田、棋梓、潭市、山枣、栗山等乡镇，就村（社区）“两委”换届、乡村全面振兴、安全生产、信访维稳等重点工作进行调研，要求把力量下沉到村到户，把责任落实到联点干部、村“两委”、第一书记、片长、组长，加强政策宣传，掌握社情民意，精心组织，精准施策，切实把政治过硬、本领过硬、作风过硬的优秀人才选进村（社区）“两委”班子。要严明纪律、加强监督，严格执行“八个严禁”要求，以风清气正的换届效果为“十四五”创造良好开局。要统筹抓好当前各项工作，抓紧谋划巩固拓展脱贫攻坚成果同乡村振兴有效衔接，聚焦产业发展、集体经济、乡村建设等做好规划、谋实思路；要坚决守住耕地保护红线和粮食安全底线，抓好生猪稳产保供工作；要守土有责、守土负责，对非煤矿山、企业生产、交通运输、烟花爆竹等重点行业领域要严防风险、严查问题、严治隐患；要抓信访维稳工作，实行领导包案，加强整体联动，优化矛盾纠纷调处机制，着力解决历史遗留问题，确保小事不出村、大事不出镇、矛盾不上交、化解在萌芽。

3月9日，市委书记、市人大常委会主任到湘乡市、韶山市，调研督导春耕备耕工作，要求全面落实中央一号文件精神，按照中央农村工作会议和省委、市委农村工作会议部署，抢抓农时不误生产，科学高效开展春耕，持续促进农业增效、农民增收，为经济社会高质量发展提供坚强的粮食安全保障。要抢抓农时，抓好农田水利基础设施建设，有效解决田地干旱缺水、排灌不畅、地力下降、机耕不便等制约农业生产及发展的基础设施问题。县（市）区委书记要当好“一线总指挥”，把主要精力和工作重心放在“三农”工作上，充分组织群众、宣传群众、凝聚群众、服务群众，将各项农业帮扶政策落实到位，引导农民抢抓农时，科学高效开展春耕，积极调整农业产业结构，全面掀起春耕备耕、农业生产热潮，坚决遏制耕地“非农化”、防止“非粮化”，确保粮食播种面积和产量稳定，保障粮食安全。

7月9日，湘潭市委书记、市人大常委会主任到黄公略故居、李卓然故居、谭政故居、罗亦农故居，调研党史学习教育和红色旅游项目建设情况，要求充分挖掘利用湘潭市红色文化资源“富矿”，与党史学习教育有机结合，传承红色基因，用好红色资源，壮大文旅产业，开发文创产品，带动周边群众致富，真正把红色资源变成发展资源。要挖掘湘潭红色资源“富矿”的精神内涵，创新方式讲好湘潭故事，教育引导全市各级党组织和广大党员，把老一辈革命家的崇高风范和优良传统发扬下去，从“红色家谱”、奋斗历史中汲取经验智慧和前进力量，以实干实绩告慰先辈先烈。在湘潭这块得天独厚的红色沃土上，处处铺陈着丰厚的红色遗址，流淌着鲜活的红色历史，传颂着激昂的红色故事，积淀着厚重的红色文化，孕育着伟大的红色血脉。要在深入开展党史学习教育中，深挖细掘这些红色资源的时代价值、深刻内涵，让红色基因代代相传。要大力发展壮大“红色旅游+”，依托“红色走廊”，打造更多精品旅游路线，打造红色文旅品牌，把红色旅游路变成文化路、资源路，红色基因的传承路。

7月19日，湘潭市委书记、市人民政府市长张迎春先后前往湘潭大学、湖南科技大学、湖南工程学院调研，分别与各高校领导班子座谈交流，详细了解高校在学科建设、人才培养、产学研合作、校地合作等方面所做的工作和取得的成果，以及学校当前办学工作中存在的困难与问题。张迎春表示，高校与地方是共建共享、共生共荣的关系，希望双方进一步加强沟通交流，深化校地合作，不断拓展合作空间和领域，促进共同发展。希望湘潭大学与地方在应用数学、平台应用、红色教育培训等方面加大合作；湖南科技大学与地方在校地融合、产教联动上拓展合作空间；湖南工程学院与地方在科技创新、高层次人才和团队引进，产业链建链、强链、延链、补链等方面深化合作，努力在产业化、应用场景打造、产业链进一步做优做强上取得更大突破、更好实效。同时，明确专人专班，列出“合作清单”，推动深化合作取得更多实质成果。张迎春希望高校着眼全市发展大局，聚焦科技成果转化、校地合作、产教融合、人才培养、高校毕业生留湘潭就业创业等方面，为湘潭市第十三次党代会报告起草多提宝贵意见建议，真正绘出一张好蓝图。地方将做好属地工作，全力为高校发展做好服务，助力学校办得更好更有特色。张迎春还就学校当前办学中存在的问题与困难一一进行了回应，要求各相关部门加大对高校工作的支持力度，列出问题清单，加强问题研究，明确时间表、任务书、路线图、责任人，加快推进问题解决。

7月19日，湘潭市委书记、市人

民政府市长张迎春走访市委办公室（市委改革办、市委保密办）、市委政研室，询问大家工作学习情况，察实情，送温暖，提要求，给鼓励，并主持召开座谈会。张迎春强调，要旗帜鲜明讲政治。湘潭市委办、政研室、改革办、保密办都是政治机关，最根本的属性就是政治属性，必须带头讲政治，恪守对党绝对忠诚的政治品质，赓续老一辈革命家基因血脉，在政治立场、政治方向、政治原则、政治道路上，始终同党中央保持高度一致，做到言行一致、表里如一、言而有信；要持续加强党的创新理论武装，做理论武装上的明白人、坚定者、信仰者，真正用当代中国马克思主义武装头脑、指导实践、推动工作；要切实把牢各项工作的政治关口，协助市委把好政治关、政策关、导向关，站好“两个维护”的第一方阵。要服务大局讲学习。服务发展、服务决策、服务落实，首先要讲学习。要胸怀大局加强学习，把深入学习贯彻习近平新时代中国特色社会主义思想作为根本政治任务，作为工作要求、职责要求、服务大局的要求，不断增强工作本领，提高解决实际问题的水平；要把握大局加强学习，立足新发展阶段、贯彻新发展理念、构建新发展格局，深入落实“三高四新”战略，通过加强学习解决本领恐慌、能力危机；要服务大局加强学习，时刻关注中央、省委、市委的新部署新要求，加强前瞻性思考、战略性谋划、整体性推进，在学思践悟新思想新理念中找准解决问题、推动工作的方法办法。要奋发有为讲担当。湘潭市委办、政研室、改革办、保密办是服务市委科学决策的“第一站”、保障市委政令畅通的“第一关”和落实市委决策部署的“第一棒”，必须要有敢于担当的勇气，敢于直面问题、靠前扛责；要有极端负责的作风，知责于心、担责于身、履责于行，将对上负责与对下负责有机结合起来，大力倡导“马上就办”的工作作风；要有狠抓落实的韧劲，凡是市委确定了的事，就要盯住不放、督促跟踪、久久为功、抓好落实。要履职尽责讲奉献。要把工作做“细”，牢固树立“党办无小事”“细节定成败”的意识，调查研究、信息报送、以文辅政、办文办会、机要保密等各项工作都要高标准、严要求；要把服务做“优”，把追求卓越作为目标，在“三服务”事业中奋勇争先、建功立业，在全市当标杆、作示范；要把格局做“大”，有大格局大抱负大胸怀，正确处理好苦与乐、得与失、进步快与慢的关系，不比职位比奉献，不比待遇比作为。要严于自律讲规矩。要心有所畏，保持对组织的敬畏心、对人民的敬畏心、对法纪的敬畏心，以更高的政治觉悟、更严的组织观念、更强的自律意识为官理政、为人处事；要言有所戒，自觉做到不符合政策的话不说、违背原则的话不说、有碍大局的话不说、不利团结的话不说、不负责任的话不说；要行有所止，时刻绷紧廉洁自律这根弦，严守纪律规矩，做政治上的明白人、老百姓的贴心人、干事创业的带头人。

7 月 26 日，湘潭市委书记、市人民政府市长张迎春前往市纪委监委走访。张迎春强调，要不断增强全面从严治党的政治自觉。要把政治建设摆在首位，坚持将学习贯彻习近平总书记“七一”重要讲话精神作为重大政治任务，同学习贯彻习近平新时代中国特色社会主义思想、习近平总书记关于全面从严治党重要论述和贯彻落实习近平总书记考察湖南重要讲话精神结合起来，切实增强“两个维护”的政治自觉、思想自觉和行动自觉；要把政治监督挺在前面，建立落实习近平总书记重要指示批示和考察湖南重要讲话精神专门督查机制，对“三高四新”战略落实等系列重点任务，以严肃问责督促履职尽责；要把政治责任扛在肩上，推动主体责任、监督责任、第一责任人责任、“一岗双责”协同发力、贯通到底，从严从实加强换届风气监督，确保风清气正。要充分彰显服务发展的担当作为。聚焦发展大局抓监督，围绕贯彻新发展理念、融入新发展格局、推动高质量发展等的落实情况，省委全会要求、市委各项部署及重点难点任务，加强监督检查，推动工作落实；聚焦营商环境抓监督，深化工程建设等方面专项整治，严肃查处“提篮子”等腐败行为，督促深化“放管服”改革等，为产业发展、项目建设等保驾护航；聚焦安全稳定抓监督，强化全领域安全排查，全流程风险管控，实现政治效果、纪法效果、社会效果有机统一。要推动形成协同有力的治理体系。突出惩治与预防一体抓，发现苗头性、倾向性问题，及时批评教育、抓早抓小、防微杜渐，坚持以案为鉴、以案示警、以案明纪；突出约束与激励一体抓，落实好“三个区分开来”，坚决避免问责追责泛化，抓好加强“一把手”监督“十必严”措施的落实；突出治标与治本一体抓，坚持无禁区、全覆盖、零容忍，坚持重遏制、强高压、长震慑，坚持受贿行贿一起查，健全“室组”联动监督、“室组地”联合办案机制，从源头上铲除腐败问题滋生蔓延的土壤。要切实当好守护初心的忠诚卫士。坚决刹住隐形变异“邪歪风”，深化形式主义、官僚主义整治，对享乐主义、奢靡之风露头就打，对顶风违纪、屡教不改、性质恶劣的依规依纪依法从重处理，严格执行“十严禁”；坚决整治群众身边“微腐败”，完善民生领域损害群众利益问题治理机制，持续整治教育医疗等领域腐败和作风问题，加强对各项惠民富民、促进共同富裕政策措施落实的监督检查；坚决打掉黑恶势力“保护伞”，积极协同开展政法队伍教育整顿，抓好线索限期“清零”、挂牌案件办理、案件评查整改，促进惩腐打伞常态化、长效化、法治化。要全力锻造全面过硬的纪监铁军。要锤炼过硬本领，不断提高把握新发展阶段、贯彻新发展理念、构建新发展格局的政治能力、战略眼光、专业水平，切实提高日常监督、执纪审查等本领；要强化斗争精神，做到有贪必肃、有案必查，讲究方法、策略和艺术，切实加大办案力度，使违纪违法行为无处遁形；要加强自我监督，自觉净化社交圈、生活圈、朋友圈，严守纪检监察权力边界，对执纪违纪、执法违法者“零容忍”。

7 月 30 日，湘潭市委书记张迎春到市委组织部、市委编办、市委老干部局走访调研。张迎春强调，要高站位抓实政治建设。市委组织部、市委编办、市委老干部局都是党的政治机关，第一属性就是政治属性，第一要求就是政治要求，要在坚持“学思践悟”、做到“两个维护”、提升“政治三力”上带好头、作示范。要高标准建好干部队伍。端正导向要从严，坚持崇尚实干的用人导向，全方位、多角度考察干部的能力、作风、状态；培训培养要从严，按照“干什么学什么、缺什么补什么”的原则，加强新任职干部的培训培养，采取“理论+实操”模式，开展形式多样的培训，确保培训更深入、全面、系统；管理任用要从严，要在一线选拔任用、培养锻炼、考核评价干部，采取断然措施解决干部“不在状态”、人岗不相适等问题；考核奖惩要从严，加强平时考核，坚持奖优罚劣鲜明，做到公平公正，真正考出站位、考出能力、考出业绩、考出发展的成效。要高水平提升基层党建。抓好省委“1+5”文件落实，以深入实施“基层党建全面提质工程”为总揽，切实加强支部“五化”、党群服务中心、村级班子建设，通过盘活闲置土地、光伏发电、组建村投公司等发展村集体经济，同时推动机关、重点行业基层党建工作取得新突破，切实推进党建工作向纵深发展，带动全市各项工作齐头并进。高起点谋划引才引智。围绕“聚人才”的要求，建立分类别、动态化的“人才库”，立足湘潭实际，突出重点，精准发力，寻求人才引进“最大公约数”，紧盯人才需求，完善配套政策，提升服务质量，确保人才“底数清”“引得进”“留得住”。高要求加强自身建设。按照锻造“政治强有定力、原则强有担当、业务强有本领、作风强有底气”的组工队伍要求，切实做到政治过硬、操守过硬、能力过硬、作风过硬。下决心破解顽瘴痼疾。聚焦解决超职数配备干部消化与干部队伍老化问题；围绕“五好园区”建设要求，加强园区领导班子和干部队伍建设；统筹、规范调剂各类编制，解决高层次人才、急需紧缺人才、大学生引进问题；加强重点行业系统党建工作等方面，深入调研、摸清底数，拿出方案、精心组织，精准施策、精细实施，达到既积极又稳定、既突破又有建树的总体目标。

8月3日，湘潭市委书记张迎春到市委宣传部走访调研，召开宣传思想文化系统调研座谈会。张迎春强调，举旗定向是宣传思想文化工作的“根”与“魂”。要把举旗定向作为首要任务，认真贯彻《中国共产党宣传工作条例》，当好理论学习的“排头兵”，坚持把党的创新理论学习作为首要政治任务，拓展党史学习教育的深度、广度、效度；当好理论宣讲的“堂前燕”，加强对象化、分众化、互动化宣讲，推动党的创新理论“飞入寻常百姓家”；当好理论阐释的“讲解员”，更好地廓清思想迷雾、澄清理论是非，牢牢掌握理论研究阐释的话语权、解释权。要把守牢阵地作为底线要求，守牢意识形态主阵地，始终坚持党管宣传、党管意识形态不动摇，全面落实意识形态工作责任制；守牢主流舆论主阵地，把政治家办报、办刊、办台、办网、办新媒体落到实处，充分发挥“喉舌”作用，在壮大主流舆论上精准发声、主动发声、为民发声；守牢网络安全主阵地，严格落实省委“四个第一时间”要求，不断提升管网、治网、用网水平；守牢精神引领主阵地，大力推进社会主义核心价值观进社区、进学校、进村庄、进企业、进园区，强化思想的感召力、价值的引领力、道德的塑造力。要把服务发展作为基本职责，在建设文化湘潭上求突破，坚持高起点谋划、高标准推进、高质量建设，争取在“六个湘潭”建设中率先破题、在“十四五”发展中率先见效；在打造“四区一地”上求突破，特别是要发挥“一地”先天优势，以韶山为龙头，以“两山铁路”及“红色走廊”为纽带，重点做好“一线一廊、两山两水”沿线项目策划和要素配置，不断推动文旅品牌IP打造，创建“昭山绿心谷”旅游度假区，申报国家文旅消费试点城市；在文旅产业上求突破，以文促旅、以旅彰文，坚持小切口、市场化、真产业、可落地的原则，将项目为王的理念贯彻到文旅产业上来，实现单点带动向多点支撑转变、旅游人数向消费人气转变、单纯观光向深度体验转变。要把文化惠民作为工作导向，深化文明城市创建，朝着努力争创“全国文明城市典范城市”这一更高目标，推进市县同创、城乡同促、点面同抓，率先在全省实现全国文明城市全域化；强化文化产品供给，推出更多与新时代同步匹配的文化精品，深化“越秀越开心”等群众性文化活动，持续推进“送戏曲进万村”等品牌活动；做实“我为群众办实事”活动，聚焦老百姓“急难愁盼”问题，推动解决学位、床位、车位、厕位问题。要把改革破题作为关键抓手，深化文化领域改革，从加强国有文艺剧团改革等小切口破题，加快推进事业单位团体朝着市场化方向发展；抓好红色教育培训和红色文化发展，整合红色教育培训资源，统筹红色文化发展；推动自收自支事业单位经营创收，坚持新老媒体“两条腿”走路，大胆改革探索；调动干部队伍积极性，强化内部挖潜，打通“进口”，畅通“出口”。要把自身建设作为强基之本，加强政治建设，铸就绝对忠诚的政治本色；加强能力建设，锻造一支政治过硬、本领高强、求实创新、能打胜仗的宣传思想工作队伍；加强作风建设，让宣传思想文化工作更接地气、更沾露水、更具实效。当前，全市宣传思想文化战线要做好习近平总书记“七一”重要讲话精神的宣传贯彻与党史学习教育结合、落实意识形态责任制、推动文旅体项目取得实质性进展和突破、开展红色教育培训和红色文化发展改革调研、全力服务疫情防控等工作。

8月5日，湘潭市委书记张迎春到市委统战部走访调研，并召开统一战线工作汇报会。张迎春指出，要树立高质量的工作理念。政治上必须坚持党的领导，把政治建设摆在首位，强化思想政治引领，使党的意志和主张体现在统一战线各领域、全过程，更好地发挥统一战线的法宝作用以及统一战线在协商民主中的重要作用；资源上必须凝聚团结力量，发挥统一战线人才荟萃、智力密集的独特优势，努力团结一切可以团结的力量、调动一切可以调动的资源；思想上必须破除陈旧观念，秉持大视野、大格局、大情怀，构建大统战格局，积极主动，大胆干事，真正把工作谋得更深、抓得更实，确保成效更好，全力服务全市高质量发展。要构建高质量的供给体系。在助力招商引资上提供高质量供给，充分发挥商协会在招商引资中的作用，以更加务实的举措推动招商引资取得更大实质性突破；在助力民营经济上提供高质量供给，对准中小企业发展的“难点”“痛点”，交办相关部门解决问题，围绕民营经济高质量发展主题，提升建言献策的选题精度、调研深度和建言力度，为党委、政府决策提供依据和参考；在助力乡村振兴上提供高质量供给，巩固“百企联百村”“千企联万户”等活动成果，发挥乡贤优势作用，深化“同心惠民”服务平台，推进同心美丽乡村建设提质升级；在助力改善民生上提供高质量供给，深入开展就业帮扶活动，推进就业技能培训，引导相关企业创造更多就业岗位，发挥统一战线成员自身专业特长和影响力，为优化民生事业献计献策；在助力社会和谐上提供高质量供给，继续加强各民族交往交流，做好到湘潭少数民族群众就学就业等服务管理工作，依法加强宗教场所和宗教事务管理等。要确保高质量的综合效益。提升参政议政的效益，认真落实会议协商、书面协商等制度，定期组织民主党派人士、无党派人士、宗教人士召开情况通报会、座谈会，同党外人士真诚协商、听取意见，充分调动党外人士参政议政的积极性、主动性；提升组织凝聚的效益，完善党外知识分子联谊会、海外高层次人才联谊会等交流平台，把各领域统战成员、统战对象的人员组织起来、思想统一起来、力量凝聚起来；提升服务发展的效益，围绕全市经济发展的主战场，全方位做好项目和人才招引的牵线搭桥、跟踪服务和落地保障，确保项目落得了、企业进得来、人才招得进，推动重大项目“谈一个、签一个、落一个、见效一个”；提升建言献策的效益，充分发挥民主党派咨政调研优势，利用“党外人士建言直通车”、参加政协会议等各种途径，凝聚各方智慧力量，完善“市委出题、党派调研、政府采纳、部门落实”的调研机制，积极为全市发展建言献策。要加强高质量的自身建设。锤炼过硬本领，提高“政治三力”，坚持吃透“上情”和掌握“下情”相统一，加强各方面知识的钻研，实现与党外人士牵得上线、对得上话、做得进工作；打造过硬队伍，加强对民主党派干部队伍的学习培训，着力提升各民主党派新任领导班子组织领导、参政议政等能力素质；锻造过硬作风，严格自律，广交朋友，慎交朋友，加强监督，真正把统战部门打造成团结、民主、温暖、守纪的“党外人士之家”，使统战干部成为政治上坚定、精神上振奋、业务上精通、作风上过硬的“党外人士之友”。

8月6日上午，湘潭市委书记张迎春赴湘乡市督查新冠肺炎疫情防控工作，并调研乡村振兴工作。在泉塘镇泉塘村，张迎春走进田间地头，实地察看湘乡市泉丰农业发展有限公司特色蔬菜基地，并与企业负责人深入交谈，详细了解蜜柚种植、销售等情况，并询问企业发展需求和遇到的问题，要求相关部门全力支持企业发展壮大，同时希望企业高标准做好设施用地布局规划，推动现代农业和旅游观光农业融合发展，着力打造特色品牌，吸引更多游客，进一步带动周边经济发展。在湘乡市福利中心医学观察点，了解疫情防控隔离点管理情况，并对一线疫情防控人员的辛勤付出表示充分肯定和感谢，希望大家严格按照要求履职尽责，同时做好自身防护；集中隔离医学观察点要严格规范管理，把握关键环节，做好安全保护措施，阻隔病毒到位，也要坚持人性化管理，做好隔离工作。在东山街道起凤路社区督查社区防疫工作时强调，要统筹调配好各方力量，抓实抓细疫情防控工作；各街道、社区要广泛宣传、深入发动，让广大市民积极主动接种疫苗；要为疫苗接种群众和工作人员提供凉茶等贴心服务，让接种更舒心。

8月6日，湘潭市委书记张迎春到市委政法委走访调研。张迎春强调，政法部门作为党领导下的一支纪律部队，要铁心向党铸忠诚。要忠诚于党，坚决执行《中国共产党政法工作条例》，健全完善党领导政法工作体系，确保“刀把子”牢牢掌握在党和人民手中，特别是要全面加强政法系统理想信念教育、革命传统教育，不断夯实高举旗帜、听党指挥、忠于使命的思想根基；要忠诚于人民，把体现人民利益、反映人民愿望、维护人民权益、增进人民福祉落实到政法工作各领域全过程；要忠诚于法治，深入学习习近平法治思想，构建更完备的执法制度体系、更规范的执法办案体系、更系统的执法管理体系、更有效的执法培训体系、更有力的执法保障体系。要铁拳治理保稳定。统筹发展与安全两件大事，高质量推进平安湘潭建设，在“六个湘潭”建设中要率先破题，在全省甚至全国做出“样板”、走在前列，以平安湘潭统揽全面工作；要务实推进社会治理创新，推进平安乡村、平安社区、平安学校、平安企业等创建活动，立足现有治理基础和优势，形成具有湘潭特色、在全省有影响力的治理品牌；要全面强化风险防范化解，严格落实“五个坚决防止”要求，重点抓好房地产建设、教育卫生等领域风险动态排查、防范化解，开展好打击非法集资、涉税犯罪等专项行动，严防经济风险向社会领域、政治领域传导。要铁肩担当促发展。全力优环境，创造一流的法治营商环境，着力解决产权不平等、交易不公平、监管不统一以及融资难、负担重、维权难等问题，深入开展“减证便民”行动；要着力强服务，加快完善公共法律服务体系，扎实推进一站式多元解纷和诉讼体系建设，最大程度减少当事人诉累，着力解决群众反映强烈的突出问题，不断提升服务经济高质量发展的能力；要有力护民生，从小切口入手，扎实推进“我为群众办实事”实践活动，对在此次疫情中受影响较大的中小微企业，开展“一企一策”“点对点”式的帮扶，切实帮助企业解决实际问题。要铁面无私守正义。提升改革的协同度，重点深化执法司法制约监督体系改革，加强社会监督和智能化管理监督，健全公安、检察、审判、司法行政机关等分工负责、相互制约的体制机制；提升司法的公信度，完善陪审员制度和人民监督员制度，保障人民群众有序参与司法调解、司法听证等，切实解决机械执行、司法不公等问题，坚决杜绝“人情案”“关系案”等，强力推动执行难问题解决；提升宣传的广泛度，深化法治宣传教育“八进”活动，深入落实“谁普法谁负责”普法责任制，大力推广巡回法庭，加强传统法治文化阵地和“互联网+”等新型文化阵地建设，以常态化扫黑除恶实现常治长效。要铁腕治警提能力。严格按照习近平总书记提出的“五个过硬”和“四化建设”要求，狠抓工作落实，切实提升站位、增强本领、改进作风，打造全面过硬的政法队伍。当前，要做好市域社会治理现代化调研、抓好扫黑除恶工作常态化、全力服务疫情防控、强力突破重大疑难复杂案件等工作。

8月23日，湘潭市委书记张迎春走访调研市直机关工委，看望慰问机关干部，召开市直机关党建工作座谈会。张迎春强调，要围绕提升党建业务融合质量、提高机关党建质量主题，打造“四个模范机关”，不断提升机关党的建设成效和成色。要打造政治坚定的模范机关。要对标对表，深学笃用习近平新时代中国特色社会主义思想，深入学习贯彻习近平总书记“七一”重要讲话精神，扎实推进“三表率一模范”机关创建工作，把创建工作同解决机关党建“灯下黑”和贯彻落实中央及省委、市委决策部署中存在的“落差、温差、偏差”等问题结合起来。要从严从实，落实好《关于新形势下党内政治生活的若干准则》，着力解决机关党内政治生活质量不高、流于形式、“辣味”不够等问题。要创先创优，在市直机关持续开展“两优一先”推选等形式多样的创先争优活动，引导机关基层党组织和党员干部在疫情防控、乡村振兴、项目建设等工作中奋勇争先。要打造业务精湛的模范机关。要建强高标准基层支部，实现高质量党员监督管理，培养高素质党员队伍，推动机关党建高质量发展，加快实现从组织建设为主，向全要素、全方位建设转变，从原来的打造亮点为主，向全领域建强、全区域提升转变。要打造服务发展的模范机关。当前，困局与新局同在，机遇与压力并存。特别需要将党建与业务工作深度融合，抢抓机遇，崇尚实干，提振高质量发展的精气神。要找准工作的结合点，在党建和业务融合的过程中，坚持以问题为导向，发现问题要准、分析问题要透、整改问题要实，奔着问题去、盯着问题改。要找到思想上的共振点，加强思想引导，落实党建工作责任制，推动党建和业务工作同谋划、同部署、同推进、同考核。要找到问题的突破点，对党建和业务融合存在的问题进行台账式管理和销号，做到解决问题不松劲，解决不彻底不放手，久久为功、持续推进。要找到责任的落脚点，牢固树立“抓好党建是本职、不抓党建是失职、抓不好党建是不称职”的理念，坚持书记抓、抓书记，依托高质量的党建来服务高质量发展。特别要围绕崇尚实干，发挥党员带头作用，从理念、意识、文化、机制、举措、作风、保障方面，形成引领性条目式的制度措施，凝聚共识、鼓舞士气，激励引导广大党员干在实处、马上就干、干就干好。要打造自身过硬的模范机关。要在政治建设上走在前、作表率，结合党史学习教育，在落实中、在成效中检验政治判断力、政治领悟力、政治执行力。要在能力建设上走在前、作表率，培养勤于学习、善于思考、狠抓落实的能力。要在作风建设上走在前、作表率，加强党风廉政建设，持之以恒纠“四风”，规范考核评比检查，避免过度留痕和层层加码，拿出实招硬招破解“灯下黑”“两张皮”等顽瘴痼疾，实干争先、锐意进取，不断开创机关党建工作新局面，以高质量的机关党建，助推湘潭经济社会高质量发展。

8月23日，湘潭市委书记张迎春调研全市教育和2021年秋季开学工作。张迎春强调，要旗帜鲜明加强党对教育工作的领导，以习近平新时代中国特色社会主义思想为根本遵循，深入贯彻习近平总书记关于教育工作的重要论述，深刻认识教育体制改革带来的机遇和挑战，立足湘潭实际，把党对教育工作的全面领导贯彻好、落实好，不断提高办学水平，满足人民群众日益增长的教育需求，办党和人民满意的教育。要坚定不移地推动教育强市建设。在推动教育强市上，市委态度鲜明，从未动摇，就是要把湘潭市教育事业进一步做大做强、做出影响、做出品牌。要在提升教育质量上下功夫，坚持走教育内涵式发展路子，更加注重因材施教、主动发展、全面发展、个性发挥；在维护社会公平上下功夫，更加强调幼儿教育公益普惠性、义务教育高位优质均衡性、特殊教育精准性；在服务改革发展上下功夫，通过发展教育，培养和储备更多的技术技能人才、应用型人才、创新创业人才，为发展提供强大的人才支撑；在满足人民期待上下功夫，满足人民群众对教育的多元化需求，让不同人群、不同年龄阶段的人的求学梦、成功梦得以更大程度的实现。要一以贯之地深化重点改革。重点抓好教育教学的改革，加快研学旅行实验区建设，加大职业教育改革创新力度，强化学校教育的主阵地作用；重点抓好办学体制改革，把民办义务教育规范发展、普职招生比、普通高中招生管理工作纳入年度政府履行教育职责督导评估重要内容；重点抓好学校管理制度改革，加强教师队伍建设与管理，健全师德师风建设长效机制，加强教师各级各类培训等；重点抓好教育投融资体制改革，在保证基本教育财政投入的基础上，鼓励和吸引社会资金进入教育领域，加快教育基础建设；重点抓好产教融合、校企合作、校地联动的创新与改革。要全力以赴抓好秋季开学。抓好疫情防控，按照“一地一策”“一校一案”“错时错峰”返校原则，制定和细化本地本校开学工作方案，建立常态化校园疫情防控督查机制；抓好校园安全，重点围绕防溺水、防欺凌、校车、消防、食品等学生重点安全工作，建设平安校园；抓好责任落实，严格落实各方责任，形成一级抓一级、一级对一级负责的领导责任体系和落实机制，切实加强各方面保障，形成做好教育强市和秋季开学工作的强大合力。

10月8日，湘潭市委书记张迎春赴市公安局警官培训中心调研，听取中心情况介绍，了解教学、住宿、餐饮、室内训练等情况。张迎春指出，警官培训中心以打造全省最佳警察训练体验为目标，为湘潭公安队伍战斗力可持续提升不断实践创新，实践成果值得肯定。要发挥现有基础优势，在打造一流的硬件条件的基础上，打造一流的软环境和软实力。

10月25日，湘潭市委书记张迎春采取“四不两直”方式，前往湘乡市龙洞镇、韶山市银田镇、湘潭县云湖桥镇，调研基层党建和乡村振兴工作。张迎春指出，规划是前提，谋定而后动，要注重村庄规划的科学性和落地性，要依山就势谋划山水林田总体布局，围绕村内资源和特点深入规划，立足特色资源，关注市场需求，发展优势产业，既要跳起来摘桃子，又要注重有多大能力办多大事，探索可复制可推广的经验。要加强要素保障，摸清底数、深入分析，研究探索闲置土地盘活、吸引致富能人返乡等有用管用的政策。要凝聚抓党建促乡村振兴共识，运用好脱贫攻坚经验，保持连续作战的韧劲，深入实施铸魂领航、人才培养、兴业富民等工程，切实把组织优势转化为高质量推进乡村振兴的工作效能。要注重乡村振兴与脱贫攻坚的有效衔接，在筑牢“两不愁三保障”的底板底线工作的基础上，努力实现农业高质高效、乡村宜居宜业、农民富裕富足。要严格落实“摘帽不摘责任、摘帽不摘政策、摘帽不摘帮扶、摘帽不摘监管”的要求，巩固脱贫攻坚成果。产业振兴是乡村振兴的重中之重，要把发展农村集体经济作为实现脱贫攻坚和乡村振兴有效衔接的重要抓手，强化农村基础设施建设，盘活土地和闲置资产，加强科技力量注入，发展高效农业，走高质量发展路子。

10月27日，湘潭市委书记张迎春前往湘潭经开区，调研新能源和汽车制造产业链工作情况，并主持召开调研座谈会。张迎春强调，要重招商，突出龙头企业招商，带动关联项目，抓好汽车行业“新四化”（电动化、智能化、网联化和共享化）适配性招商，推动产业发展实现新的更大突破。要重盘活，立足现有产能，加大盘活力度，通过并购重组等方式，盘活低效、闲置产能，形成可复制可推广的经验。要重平台，抢抓机遇，在研发平台、技术平台、产学研金合作平台、“新四化”平台建设等方面积极争取国家和省政策支持，为推动传统车企、配套企业转型发展奠定坚实基础，创造良好条件。要重配套，打开视野，扩充格局，立足长株潭一体化抓好产销对接工作，积极为企业搭建平台。要重服务，通过强力举措为企业提供优质高效服务，围绕企业运行过程中存在的困难和问题，列出时间表、任务书、路线图，推动问题精准有效解决。湘潭将全力服务支持企业发展，助推实体经济振兴。希望企业克服经济下行压力带来的挑战，抢抓国家、省、市支持实体经济发展的机遇，苦练内功，提高竞争力，让企业发展得更快、发展得更好。

10月28日，湘潭市委书记张迎春前往湘潭高新区，实地考察企业，并召开座谈会，调研先进电传动及风电装备产业链。张迎春强调，要围绕战略抓机遇，先进电传动及风电装备产业链的创新能力强、产业发展基础和来势好、风口强劲，要把握战略机遇期，抢抓清洁能源、储能、风电产业发展的风口期，利用好中央关于双碳、科技、人才等利好政策，抱团取暖、共建共推，谋划“十四五”更好更快发展。要围绕龙头抓带动，做大做强哈电风能、湘电集团等龙头企业，推动龙头企业做大规模、做强能级，同时发挥龙头企业带动作用，提升龙头企业在产值、技术、平台以及政产学研经深度融合上的带动效应。要围绕链条抓招商，完善“四长”联动机制，强化链办、落地办职能职责，拓展客商库、项目库资源，精准对接信息，开展专业招商、以商招商，提升本地配套率，提高产业链招商成效，增强招商的专业性和落地性。要围绕核心抓升级，强化关键核心技术攻关，促进集成技术、“卡脖子”工程突破，围绕核心技术抓产业链，提升产业链竞争力。要围绕集群抓服务，强化要素保障服务、订单对接服务、争资争项争平台服务以及人才和用工瓶颈服务。针对企业提出的问题，相关部门要迅速列出时间表、任务书、路线图，加强会商协调，形成工作合力，提升服务水平。

11月1日，湘潭市委书记张迎春先后深入企业、学校、机关、医院，调研行业系统党建工作。张迎春强调，要创新方法，狠抓落实，着力提高基层党建工作水平，推动党建工作与业务工作深度融合、相互促进，以高质量党建引领高质量发展。要坚持把党的建设与生产经营深度融合，充分发挥企业基层党组织的战斗堡垒作用和党员的先锋模范作用，进一步提升新时代党建工作水平，让党建工作更好地引领和服务企业发展。要把党的领导融入业务工作全过程，坚持党建工作和业务工作目标同向、部署同步、工作同力、考核同行，推动党建工作与业务工作有机结合、相互促进。要不断创新工作思路，探索有效方法，持之以恒抓实抓好基层党建工作，全面提高基层党组织的“四力”（政治领导力、思想引领力、群众组织力、社会号召力），统筹推进各领域基层党建全面进步、全面过硬，夯实基层党建“最后一公里”，为奋力建设社会主义现代化新湘潭提供坚强组织保障。

11月5日，湘潭市委书记张迎春赴韶山市开展工作调研及党史学习教育联系点走访调研，并主持召开座谈会，听取韶山市工作情况汇报。张迎春强调，要围绕特色优势明定位。紧扣“红色”做文章，充分保护好、挖掘好、利用好红色资源，将资源优势转化为发展胜势；紧扣“总部”做文章，深入发掘利用各类人脉资源优势，建立资源库、信息库，完善政策体系和服务体系，加强感情连接和供需对接，推动更多总部经济落户韶山；紧扣“高新”做文章，以“入规、登高、上市、智造、盘活”为抓手，突出抓好高科技、新业态项目引进落地，提升产业集聚效应和亩均效益。要围绕科学规划强引领。完善规划体系，抓紧国土空间规划的编制，加快调整优化各方面专项规划，形成科学完善的规划体系；研究规划原则，在基础设施、艺术形态、规模布局上细致研究，确保与核心景区相协调；优化对接机制，加强与韶山管理局的沟通对接，在景区景点规划管理、基础设施建设、周边环境维护等方面，建立全方位、常态化、深层次的对接衔接机制。要围绕红色文旅立标杆，打造具有国际影响力的红色旅游目的地。让红色教培“火”起来，借鉴井冈山、延安成功经验，创新开发一批精品课程，加强阵地建设，打造红色教育培训平台矩阵，做优做强“党性教育、研学旅行、商业培训”三大教育培训板块；让旅游流量“留”下来，打响“最忆韶山冲”等演艺品牌，把住宿餐饮、文化创意、娱乐休闲等配套产业做起来，使“过路客”变成“过夜客”“流量”变成“留量”；让各种业态“融”进来，加强一、二、三产业融合，推进城乡融合，做好“旅游+”和“+旅游”“研学+”和“+研学”的文章，促进形成各行业主动深度融入红色文旅发展的全新格局。要围绕乡村振兴树样板。抓好顶层设计，在“1+5+N”的总体规划框架下，结合实际抓好落地，推动规划项目化、具体化；抓好有效衔接，重点在产业衔接、政策衔接、队伍衔接上下功夫；抓好产业振兴，做大韶山的小水果、富硒菌、茶叶、水产等产业的规模，大力发展农产品产地初加工和精深加工，加快推动乡村旅游、民宿文化和研学旅行等农旅产业发展，加快走出一条产业融合发展的新路子；抓好改革破题，重点在农村土地改革、集体经营制度改革、集体产权制度改革上求突破，积极探索农村集体土地、国有建设用地、宅基地、土地流转等改革领域的新路子；抓好乡村治理，以全国乡村治理体系建设试点示范县为抓手，加快构建党组织领导下的自治、法治、德治、智治相结合的乡村治理体系。要围绕党的建设创品牌。发挥毛主席家乡优势，实施好“红色传承 党建铸魂”工程，坚持以党的政治建设为统领，全面推进党的各方面建设，在传承红色基因、打造战斗堡垒、锤炼坚强队伍、清廉建设上走在前列。

11月19日，湘潭市委书记张迎春率队前往湘潭县调研。张迎春强调，湘潭县要全面加强党的建设，树立正确的政绩观，切实压实主体责任、履职尽责担当，众志成城、攻坚克难；要优化队伍强功能，抓好班子建设，强化整体功能，注重实践锻炼、实干导向、实效检验，树立求实、务实、扎实的工作作风，形成在一线、急难险重任务中考察、识别、评价干部的鲜明导向；要把牢基础强堡垒，强化村、社区班子建设，加强新任干部培训，提升干部履职能力，全面打通基层党建“最后一公里”；要严明纪律强作风，切实严明纪检监察纪律、财经纪律等要求，以刀刃向内的勇气抓整改促落实。要全力推进提质提效，做大城区的规模、人口基数、土地价值；要做强园区，通过并购重组等方式盘活低效落后产能，以市场化手段注实国企资本金，推动国企做强做大，提升招商专业化水平，提高招商引资效率，深化园区体制机制、人事薪酬等方面改革，向改革要效率；要做实片区，以市场化融资的方式促进产业片区开发，加快推动项目落地投产；要做优村、社区，优化班子配备，提升基层治理能力，努力形成可复制可推广的工作经验做法。要全力破解难点焦点，牢牢守住红线和底线，严实措施，压实责任，将债务风险防范等工作落到实处。要全力抓好安全生产、信访稳定等各项工作，确保完成全年各项目标任务，同时精心谋划好明年工作，推动全县经济高质量发展。

12月8日，省委常委、湘潭市委书记张迎春宣讲党的十九届六中全会和省第十二次党代会精神，并调研全市房地产业发展情况。张迎春强调，学习贯彻党的十九届六中全会和省第十二次党代会精神，是当前和今后一个时期的重大政治任务。全市上下要迅速掀起学思践悟的热潮，切实把学习成果转化为全市上下闯新路、破险阻的强烈担当，转化为服务企业、振兴实体的务实举措，转化为企业谋求转型、提升品质的内在自觉，全力办好发展经济这个最大的实事，在落实“三高四新”战略定位和使命任务中干在实处、走在前列。希望包括房地产企业在内的全市各类市场主体从党的十九届六中全会和省第十二次党代会精神中汲取攻坚克难的信心斗志，识大局、明大势、担大任，争当推动湘潭经济高质量发展的主力军。当前，国家和省的层面释放积极信号，长株潭都市圈发展带来机遇，“强园区、兴实体”持续发力，湘潭房地产市场总体平稳且有很大提升空间。要坚定不移贯彻落实党中央决策部署和国务院政策要求，坚持“房住不炒”定位不动摇，提振信心，细化实化各项举措，促进房地产业健康发展和良性循环。要着力稳地价、稳房价、稳预期，坚持“因城施策”“分区域施策”，合理有序供地，多措并举激发消费潜力，注重引导消费预期，落实好财税、金融等相关政策措施，促进供需动态平衡；要着力保刚需、保品质、保稳定，切实保障好刚需群体住房需求，企业要加强内部挖潜，提升产品质量，不断提高企业竞争力；要着力严自律、严打击、严管控，倡导企业诚信经营，行业协会要为党委政府决策提供参考依据，持续加强行业监管力度，促进房地产业规范有序发展。要抓好当前全市房地产领域各项重点工作，坚持优质高效服务，依法依规帮助企业解决实际问题，不断增强企业获得感，为激发各企业发展活力创造优良环境。

12月20日，省委常委、湘潭市委书记张迎春调研全市市场主体工作，前往湘潭经开区医疗器械产业园，详细了解湘潭经开区市场主体培育情况，现场考察了金柏威年产医疗器械1000万件项目、江苏科创医疗用品有限公司一次性可视内窥镜项目。张迎春指出，市场主体是经济社会发展的重要力量，可以反映一个地方的经济活跃程度、营商环境和市场意识。要进一步提高思想认识，强化责任意识，将加快培育和发展市场主体作为一项重大而紧迫的任务抓紧抓实。张迎春强调，要明确目标，切实加强调研，确保市场主体发展目标任务与湘潭经济总量、经济排名、“十四五”规划目标相适应。要突出重点，着力抓好制造业主体、科学研究和技术服务业主体、外资企业等“三个高地”市场主体的培育和发展，把壮大市场主体与全面推进乡村振兴有机结合起来。要精准施策，加快制定出台湘潭市促进市场主体培育和高质量发展的相关措施，注重发挥制造业龙头企业的引领带动作用，积极发挥园中园、一体化平台等平台优势带动作用，加强产业链招引和培育，推动产业链更快裂变发展。要政策鼓励，加强研究论证，出台支持“个转企”、集群注册、“小升规”等相关扶持政策，促进市场主体做大做强。要优化环境，在鼓励创新、降低门槛、优化服务等方面下功夫、出实招，进一步激发市场主体的创新活力和发展动力，为湘潭高质量发展持续积蓄动能。 （赵成材　冷兴伟）

市委办公室工作

【概况】 2021年，湘潭市委办公室连续18年获评全市绩效考核优秀单位，成功蝉联全国文明单位称号、继续保持全省“人民满意的公务员集体”称号，获全省“十三五”时期保密工作成绩突出单位称号，直属机关党委荣获全市先进基层党组织称号。

【政治引领】 2021年，湘潭市委办公室协助市委组织召开全市性会议，传达学习习近平总书记在庆祝中国共产党成立100周年大会上的重要讲话和党的十九届六中全会精神，协助市委制定出台《关于深入学习贯彻习近平总书记在庆祝中国共产党成立100周年大会上的重要讲话精神 深入落实“三高四新”战略 奋力建设现代化新湘潭的决定》《党的十九届六中全会精神宣传工作方案》等文件。牵头开展贯彻落实习近平总书记考察湖南重要讲话精神一周年“回头看”工作。协助市委制定开展党史学习教育落实实施方案，组建专班高质量做好集中学习研讨、会务保障、统筹协调、文稿服务等相关工作。协助市委组织开展好庆祝中国共产党成立100周年系列活动。举办“百年大党 光耀莲城”——中共湘潭地方组织百年成就大型专题档案巡回展览。坚持走在前、作表率，切实推进全办党史学习教育高质量、全覆盖，以“三会一课”、主题党日活动、现场教学等多种形式深入开展学习教育，组织赴东山书院、彭德怀纪念馆等地开展红色基因专题实践活动。开展“我为群众办实事”实践活动，办理实事项目59件，办结率和群众满意率均为100%。统筹服务党委、人大、政府、政协换届。围绕“精诚团结、苦干实干”主题，协助新一届市委班子建立加强市委常委会自身建设八项制度，修订完善“三重一大”事项集体决策制度。健全市委对重大工作领导的体制机制，协助市委统筹抓好“定战略、明任务、干实事、抓项目，闯新路、谱新图、聚人才、破险阻”各项任务的谋划落实。第一时间协助市委召开会议传达学习省第十二次党代会精神。落实党内请示报告制度，建立健全会商研判机制、督查通报机制，定期梳理需向省委报告工作情况事项，协助市委向省委报送请示报告92件；收办全市各级党组织向市委请示报告件291件。

【主责主业】 2021年，湘潭市委办公室协助市委统筹推进疫情防控和经济社会发展，建立常态化防控和应急处置无缝切换机制，落实“六抓六精准”防控战法，实现新一轮疫情“零二代感染”“零外溢”。推进在湘潭的外籍人员及港澳台同胞疫苗接种工作。聚焦国资国企、要素市场化配置、医药卫生体系、园区体制机制等重大课题，协助市委科学铺排41类171项改革任务。产业集团、交发集团实现去平台市场化转型，岳塘经开区与昭山示范区优化整合争创全省“五好”园区典型，网上政务服务能力、“双随机、一公开”监管覆盖面、项目建设多图联审速度等排名全省第一，市域社会治理、巡察机构上下联动、公立医院综合改革、文旅消费等入选国家试点。牵头研究制定《湘潭市进一步优化营商环境坚持和完善市级领导联系产业链重点企业机制》等5个机制，服务保障市委常委联一线工作，协调解决产业链、乡村振兴、安全生产、信访维稳等重点难点问题。申报并成功获批“海峡两岸产业合作区湘潭产业园”，承办第十五届湘台经贸文化交流合作会长株潭三市产业对接会，举办“外事服务进园区”“湘潭市与日本彦根市结好30周年”“忆百年征程 传华夏风骨”“两岸一家亲 共促乡村游”“白石文化故里之旅”等系列涉外、涉港澳台活动。抓好政务环境组各项工作，围绕争创全国文明典范城市的目标，指导督办118个实地考察点全面开展对标达标升级竞赛活动加快推进姜畲镇石龙村全面脱贫与乡村振兴有效衔接，组织“送医疗、送健康”“结对帮扶、消费助农”活动。制定出台《中央和省委领导指示批示事项领办督办落实制度》《市委重大决策部署贯彻落实情况督办台账制度》，进一步突出政治督查导向，优化督查工作流程。全年督办落实习近平总书记关于疫情防控、防汛抗灾、预防学生溺水等重要批示指示件9件次，强化从传达学习、任务落实、督促检查到结果报告的全流程工作闭环。围绕产业发展、项目建设、疫情防控、“三大攻坚战”、安全生产等开展督查，印发督查通报13期；办理市委书记批示件417件，办结367件，办结率88%，交办市委常委会会议议定事项91项。深入整治“两个主义”，坚持和完善“五张正面清单”“三张负面清单”，前三季度全市性会议、文件数量同比分别减少18.75%、27.69%，以市委、市政府名义开展的督检考事项精简为27项，“一票否决”和“责任状”仅保留了安全生产事项，清理各类评选评比表彰创建示范活动55个，合并4个。全年撰写各类文稿140余篇、100余万字，整理、编印《市委通报》《湘潭内参》共11期。精心起草了市第十三次党代会决议、市委十二届十二次全会工作报告、市委常委会2021年工作要点等重要文稿。撰写《在实施“三高四新”战略中彰显湘潭担当》文稿被新华社《高管信息》和省级刊物采用。发挥党委信息主渠道作用，紧扣党委中心大局和社情民意，收集信息5700余条，编发《要情汇报》251期、《信息专报》7期。上报信息采用质量系数在全省10个市州中办直报点中排名第一，党委信息工作全国先进的地位进一步巩固。《湖南韶山市牢记习近平总书记殷殷嘱托 努力把毛主席家乡建设得更加美好》成为全国首篇被中共中央办公厅采用的学习贯彻党的十九届六中全会精神信息专报。坚持和完善市“四大家”秘书长联席会议机制。全年组织全市性和市委领导重要公务活动350余次，接待国家级重宾11批次，省部级领导50余批次。组织各类会议150余次，优质高效做好市第十三次党代会、市“两会”等重大会议统筹协调服务工作。审核、把关、印发各类文件490个，收发文件1210余件、电报2000余件，转发领导批示上千件。加强党内法规制度建设，坚持有件必备、有备必审、有错必纠，做好党内规范性文件备案工作，向省委报备规范性文件35件，审查下一级党委（党组）向市委报备的规范性文件92件，对发现的40余处问题全部纠正到位，及时率、准确率均达到100%。建成全市保密监管平台，覆盖340家机关单位。开展九大类共计101家机关单位保密检查，依法查处一批违法案（事）件并全市通报。创新开展保密“两识”教育巡回宣讲活动，原创歌曲《忠诚儿女》获评保密作品评选全国二等奖、全省特等奖，短视频《永不熄灭的马灯》获评全省特等奖，宣教工作经验在《保密工作》上向全国推介。贯彻落实新《中华人民共和国档案法》，开展行政执法检查，确保档案安全。优化市委机关后勤保障，组织完成市委大楼防水修缮、节水改造等工程项目，创成首批全国节约型机关。深化平安建设、筑牢安全防线，依法依规协调处置群众信访近200批次1600人次。

【重要决定、通知】 2021年1月23日，市委办印发《关于加强新时代民营经济统战工作的实施办法》。

2月7日，市委办、市政府办印发《进一步优化营商环境坚持和完善市级领导联系产业链重点企业机制》等五项机制。

3月3日，市委办、市政府办印发《关于强化知识产权保护的实施意见》。

6月25日，市委办、市政府办印发《关于全市工业新兴优势产业链建设的若干意见（试行）》。

8月3日，市委办、市政府办印发《关于加快推动县域经济高质量发展的若干措施（试行）》。

8月24日，市委办、市政府办印发《中央和省生态环境保护督察反馈黑臭水体治理问题整改方案（2021—2025年）》。

8月31日，市委办印发《湘潭市委巡察机构在上下联动中更好发挥作用的试点工作实施方案》。

10月20日，市委办印发《关于贯彻实施公务员法建设高素质专业化公务员队伍的实施办法》。

10月26日，市委办、市政府办印发《湘潭市全面推行林长制的实施方案》。

11月1日，市委办印发《湘潭市委巡察整改监督实施办法》。

11月8日，市委办、市政府办印发《湘潭市强化企业招工服务二十条措施》。

11月11日，市委办、市政府办印发《关于深化新时代教育督导体制机制改革的实施办法》。

11月18日，市委办、市政府办印发《关于改革完善社会救助制度的若干意见》。

12月3日，市委办、市政府办印发《关于进一步加快发展壮大村级集体经济五年行动计划》。

12月3日，市委办、市政府办印发《湘潭市减轻义务教育阶段学生作业负担和校外培训负担工作实施方案》。

12月13日，市委办、市政府办印发《湘潭市建立自然保护地体系的实施方案》。

12月31日，市委办、市政府办印发《湘潭市革命文物保护利用工程（2021—2023年）实施方案》。

（赵成材　冷兴伟）

组织工作

【概况】 2021年，湘潭党的基层组织9523个，比上年净增151个；全市共有党员214103名，比上年净增9780名。

全市9523个党的基层组织中，乡镇党委45个，占党组织总数的0.5%。社区（居委会）党组织1098个，占党组织总数的11.5%；行政村党组织2264个，占党组织总数的23.8%。国有经济控制企业党组织1072个，占党组织总数的11.3%；集体经济控制企业党组织21个，占党组织总数的0.2%；非公有经济企业党组织745个，占党组织总数的7.8%。事业单位党组织2030个，占党组织总数的21.3%。机关党组织1646个，占党组织总数的17.3%。社会组织党组织554个，占党组织总数的5.8%。

全市214103名党员中，女性党员66672名，占党员总数的31.14%；35岁以下党员52315名，占党员总数的24.43%；大专及以上学历党员104591名，占党员总数的48.85%。全年发展新党员16984名，其中女性党员9324名，占发展党员总数的54.9%；35岁及以下的14920名，占87.8%；高中以上学历的5465名，占32.2%；农牧渔民1842名，占发展党员总数的10.8%；学生11620名，占68.4%；生产、工作第一线的4203名，占24.7%。

【理论武装】 2021年，湘潭市委组织部实施“习近平新时代中国特色社会主义思想教育培训计划”。举办主体班16期、专题培训班28期，调训各级各类干部5000余人，组织1.3万余名干部参加网络教育培训。举办6期“莲城大课堂”，培训干部3000余名。组织省委组织部在湘潭开展的新提任领导干部党的理论、基本知识测试试点工作，组织468名新提任、新晋升职级的干部参加测试。开展党的理论政策基层宣讲，新开发课程9门，选派160名宣讲员到全市各乡镇（街道）、村（社区）开展宣讲，完成宣讲3200余场次，惠及基层党员群众15万余人次。

【干部工作】 2021年，湘潭市干部工作取得成效。完成县乡两级换届工作。换届后，县市区党政班子成员平均年龄46.6岁，40岁及以下年轻干部26人，比上届换届增加17%；全日制本科以上学历32人，比上届增加18.51%；具有乡镇党政正职经历的干部38人，占44.71%。全市497名乡镇领导班子成员平均年龄38.3岁，比上届下降2.5岁，35岁以下干部159人，30岁以下干部50人；全日制本科及以上学历166人，占33.4%。

制定出台《中共湘潭市委关于进一步激励干部提振精神苦干实干的十条措施》。从基层一线、重大斗争一线中配备使用15批次共600余名实绩突出、群众公认的干部，从45个乡镇比选产生49名“五方面人员”担任乡镇领导班子成员。做好上年全市绩效考核工作，表彰优秀领导班子52个，优秀领导干部333名，诫勉领导干部6名，通过部门内部奖金差异化实现奖优罚劣。从严管理监督干部，对23名干部给予诫勉处理。结合换届，进一步优化年轻干部队伍结构，其中乡镇党政正职中35岁以下19人，占21.1%，“90后”5人；县市区班子中“80后”干部24人。遴选4名市直机关和乡镇正科级干部上下交流任职；选派1名有县市区党政班子任职经历的“80后”干部任领队开展援疆工作，选派4批次12名新提拔担任副县职领导干部和机关年轻干部到信访部门锻炼，选派3名年轻干部到群团组织挂职锻炼。打造全市干部管理大数据综合应用平台，采集省市管领导干部1483人、正科职干部2353人、“两代表一委员”1119人、专家人才2090人、选调生369人、年轻干部465人的相关信息，实现干部“进、管、出”各环节信息化。制定下发《关于贯彻实施公务员法建设高素质专业化公务员队伍的实施办法》《湘潭市新录用公务员五年培优计划》。开展首届“莲城最美公务员”评选活动，选树20名最美公务员。招录公务员260名，选调生43名，在全省范围内遴选市直机关公务员25名。

【党建工作】 2021年，湘潭市委组织部组织党员干部服务群众10万余人次，为基层、企业、群众解决困难7200余个。组织全市党员开展集中宣誓，向2万余名党龄50年以上的老党员颁发“光荣在党50年”纪念章，走访慰问困难党员6800余人次。开展表彰宣传工作，湘潭钢铁集团有限公司艾爱国荣获“七一勋章”，为全省唯一受此表彰者；湘潭市第五人民医院党委荣获全国先进基层党组织、步步高集团的陈志强荣获全国优秀党务工作者，推荐31个对象荣获全省“两优一先”表彰，评选出200个市级“两优一先”表彰对象。完成951个村（社区）“两委”换届工作，选举产生村（社区）“两委”成员5587名，平均年龄40.3岁，同比下降2岁；35岁以下1561人，同比提高19.12%；大专及以上学历3170人，同比提高36.04%；村（社区）“一肩挑”比例达到99.37%。严格按照对象、内容、方式、效果“四精准”原则，分9批次全面完成5587名新一届村（社区）“两委”班子成员集中轮训。出台《全市村（社区）党群服务中心监督管理使用办法》，将老年人优待证、生育服务证等与百姓生活密切相关的高频政务服务事项办结权限下放到村（社区）。出台《2021年全市基层党建工作调研指导方案》，组织8个调研组110支工作队235名干部，开展全市村（社区）大走访，针对发现的问题分类指导、建章立制。推进省委加强基层建设“1+5”文件落实落地，进一步健全村（社区）运转经费财政投入稳步增长保障制度和村（社区）党组织书记业绩考核奖励制度，村级运转经费按每个党员200元的标准，村“两委”成员基本报酬每人每月增加200元。

组织开展“党建引领、助力千企”“三联三送三引进”和助力乡村振兴“百企联百村”等活动，开展送政策、送服务、送培训活动27场次。选派党建指导员727人，协调解决困难问题218个。创建省、市、县三级标杆引领“两新”党组织102个，选树具有湘潭特色的红色“两新”党建工作品牌200个。结合庆祝中国共产党成立100周年系列活动，推荐“两新”系统全国、全省和湘潭市委“两优一先”表彰对象112人次。制定《贯彻落实〈关于抓党建促乡村振兴重点任务的实施方案〉任务清单责任清单分解表》，细化52条工作举措，推动抓党建促乡村振兴重点任务落实落地。全年消除集体经济薄弱村200个，实现集体经济5万元以上的村达到83.97%。韶山市、岳塘区、湘潭高新区、湘潭经开区全部消除薄弱村，全市村级集体经济收入达到50万~100万元的村28个，100万元以上的村20个，1000万元以上的村1个。

【人才工作】 2021年，湘潭市实施“莲城人才全面升级工程”，修改完善《莲城人才行动计划》，对原有“1+27”政策体系进行调整优化，形成新的“1+22”人才政策体系。引进湖南省“五个一百”科技创新高层次人才12名、彭练矛院士等高层次创新创业人才团队17个、各类产业人才8000人，拿出199个岗位引进事业单位急需的专业人才。引导企业培育13个市级科技创新创业团队，培训企业家320余人次。评选8名杰出“莲城工匠”，补贴职业技能培训21648人次，技能人才培养案例获评全国优秀案例。市、县、乡三级培训新农民24000余人次。打造全省首家乡村振兴学院。启动高新区、经开区人才公寓建设工作。组织开展第八批优秀专家和专业技术骨干人才评选，评选优秀专家40人、专业技术骨干人才121人。 （何 胜）

宣传工作

【概况】 2021年，湘潭市宣传思想文化工作取得新成效。牵头负责党史学习教育工作贯穿全年，工作做法在全省作典型发言、“我为群众办实事”成效在《新闻联播》总结综述中重点推介。打造市委理论学习中心组“示范班”经验做法在《湖南日报》头版头条推介。推出“大国工匠”艾爱国和“全国最美教师”万步炎等先进典型。成功创建国家文化和旅游消费试点城市。

【理论武装】 2021年，湘潭市委宣传部注重“融合系统学、现场体验学、延伸拓展学、典型示范学、指导实践学”，全年组织市委理论学习中心组学习13次，打造理论学习中心组模范班等做法在《湖南日报》头版推介。打响“学习强国 莲悦分享”活动品牌，全市10人获评“湖南省党史学习达人”。聚焦党史学习教育、“七一”讲话、十九届六中全会精神、省市党代会精神，采用党史故事、花鼓戏、快板书、微视频、情景剧等形式，组织理论宣讲大赛，在“云课堂”展播优秀课程，组建宣讲团集中宣讲256场，举办各类微宣讲1000余场次。4篇论文入选湖南省庆祝中国共产党成立100周年理论研讨征文优秀论文，数量全省第一。在全省社科界庆祝中国共产党成立100周年学术年会征文中获奖24篇，数量居全省第一。《中国国家人文地理·湘潭卷》出版发行。《湖南文化名人连环画》获评省优秀社科普及读物。

【主题宣传】 2021年，中央媒体刊发湘潭正面报道810篇。其中《人民日报》头版头条2篇、整版报道1个，《光明日报》头版头条1篇，中央电视台《新闻联播》12条、《焦点访谈》1期，新华社点击量超100万的稿件19篇。创新实施“一周一主题一策划”管理模式，围绕庆祝中国共产党成立100周年、党史学习教育、六中全会、省市党代会等重大主题加强策划，组织“百年风华看今朝”等主题采访活动20多场，推出重磅稿、主题稿、系列稿400余篇。组织参加省委“迎接党代会，谱写新篇章”建言献策活动，收集社会各界建议近万条。围绕重点题材，创作出《湘谈“四史”》《湘潭党史人物故事》有声连环画、“100年”MV等产品。航天员汤洪波飞天系列短视频播放量超1000万。“重走毛泽东湖南农民运动考察之路”网宣活动微博话题阅读量超1.2亿人次。围绕市委市政府重点工作，组织系列新闻发布会35场，创新“发布+”模式经验做法被中宣部推介。“当红不让新青年”湘潭城市推介抖音短视频大赛成为网上热搜。做好突发事件舆论引导，创新实施网络促政十条措施，推动线上问题线下解决，风险隐患源头处理。

【意识形态】 2021年，湘潭市意识形态领域总体形势向上向好，未发生任何意识形态负面事件，在全省意识形态绩效考核中获评A类。将意识形态工作纳入市县巡察“三个聚焦”清单。全面加强社科类论坛、讲坛、报告会、学术年会以及民族宗教等阵地管理。细化阵地管理、分析研判、巡察联动协作等制度。出台《全市新媒体日常管理量化考核办法》，对全市3473家网站、587家政务新媒体、837个自媒体账号建立动态监管台账。高规格召开意识形态工作联席会暨风险研判会，每季开展意识形态调研，会同相关部门集中研判20余次，及时掌握情况、发现问题、化解风险。“扫黄打非”基层站点覆盖率达100%，挂牌督办案件数量创历史新高、居全省前列。

【文明创建】 2021年，湘潭全国文明城市数量在全省排名第一。全省精神文明建设表彰会上，湘潭市作经验介绍，湘潭市、湘潭县、韶山市分别获得省委省政府奖励。《湘潭市文明行为促进条例》的出台实施。湘潭文明创建经验做法成功入选2021年中央文明办《全国文明城市创建实地点位治理案例汇编》。全市统筹490万元建成5个中心、65个所、905个站、14个基地，实现全市新时代文明实践中心全覆盖。集线上招募、发布、认领、跟踪、记录、存取、兑换等功能于一体的全域线上志愿服务平台“爱心银行”正式上线。中宣部部长黄坤明考察时，对文明实践给予“线上运行模式好、志愿者无私奉献精神好、特色志愿项目开展得好”的肯定。韶山冲社区被评为“全国最美志愿服务社区”。成功推介1人荣获第八届全国道德模范称号，3人荣获省道德模范称号，湘潭有8人获得全国道德模范（含提名奖）称号；成功推介3人获得“中国好人”称号、9人获得“湖南好人”称号，全市有109人获得“中国好人”“湖南好人”称号。发挥红色资源优势，成功承办全国爱教基地党史学习专题培训班，黄公略故居和韶山特别支部陈列馆晋升省级基地。

【文化发展】 2021年，“红色引领 创新驱动 打造全域旅游韶山模式”入选全国红色旅游发展典型案例。挖掘红色资源点339处，开发34个现场教学点，分类设置党性教育、履职能力提升、研学旅行、思政课堂等红培专属课堂。制定《湘潭市红色教育培训高质量发展三年行动方案》。持续打造“月秀越开心”文化活动品牌，吸引现场观众10万余人，网上点播量累计1200万人次。开展优秀影片展映活动1000余场，观众近40万人。巫家拳入选全国非遗名录。公共文化服务入围全国第九届“双服务”名单。公共文化服务高质量发展获省2021年文化和旅游真抓实干督查激励表扬。出台精品扶持计划，评书《彭大将军》入围中国曲艺牡丹奖，歌曲《向英雄致敬》入围全国庆祝中国共产党成立100周年主题新创歌曲，花鼓戏《战地黄花》成功上演，广播剧《别梦依稀·1959》被中央广播电视总台推介。“白石故里山花开”湘潭市优秀美术作品晋京展获得成功。17件作品在全省欢乐潇湘书法美术评选中获奖。黄子恺、谢枚琼分别出席全国第十一次文代会、第十次作代会。成功创建国家文旅消费试点城市。出色举办“湘赣红”文旅产业论坛。韶山乡入选首批全国乡村旅游重点乡。昭山入选省级旅游度假区。湘钢文化园成功创建省级工业旅游示范点。湘乡市获评湖南省全域旅游示范区。“韶山—井冈山”红色旅游专列实现通车，红色走廊旅游公路开工建设。韶山创新成果专题展示馆加快推进。“最忆韶山冲”演出成为旅游新名片。

【理论学习中心组模范班】 2021年，湘潭市委理论学习中心组坚持以学促用、学用结合，打造“理论学习中心组模范班”，获《湖南日报》头版头条推介。率先在全省举办党史学习教育读书班，先后安排个人自学、专家辅导学、深入一线学、专题研讨学、读书分享学、观看微纪录片学等。先后赴韶山、韶山灌区等地开展现场体验沉浸式学习，通过观、忆、悟、感、谈等方式，达到对照先进先辈、反观自身差距，进而达到触及灵魂、淬炼党性、检阅忠诚的目的。以身作则，带头做到“六个一”：撰写1篇心得体会、提交1篇理论文章、开展1次实地调研、宣讲1场专题党课、参加1次民主生活会和组织生活会、解决1批群众实事。市委理论学习中心组成员积极参与“村社课堂”“党史故事小舞台”“湘潭红·正青春——星火传承耀百年”等活动。把学习课堂搬到田间地头、企业厂矿，深入基层一线、发展前沿开展走访调研，聚焦群众“急难愁盼”、倾听企业发展诉求，开展为群众办事活动。

【“四为一帮”活动】 2021年，湘潭市结合实际开展“我为企业解难题”“我为群众排忧愁”“我为基层优服务”“我为乡村振兴助帮扶”“我是志愿者我来帮”的“四为一帮”办实事活动。建立五项工作机制，实践活动开展有力度。实行网格负责制、实行联点走访制、实行定期调度制、实行清单销号制、实行群众评议制，有效杜绝表面落实、虚假落实、敷衍落实、形式落实等问题发生。设立“我为群众办实事”暖心热线、开展“四为一帮”暖心大走访、建立“四为一帮”暖心清单、落实“四为一帮”暖心项目，受理群众诉求1.42万件，其中在线办结1.03万件，按时办结率94.82%。借助媒体让“四为一帮”项目落实情况接受群众评议，推进项目清单的落实，提升办实事实效。增加公办幼儿园学位4805个，开工建设城镇老旧小区33个，新建农村户用厕所6593个，解决群众困难2960余个。 （井　泉）

统一战线工作

【概况】 2021年，湘潭市统战工作把握庆祝中国共产党成立100周年、党史学习教育、党的十九届六中全会、学习贯彻《中国共产党统一战线工作条例》等重要节点和重大任务，完成7个民主党派市级组织和市、县两级工商联换届工作。在湖南省各市州中率先出台《关于在“不忘合作初心 继续携手前进”主题教育中开展中共党史学习教育的实施方案》。制订出台《关于加强湘潭市民主党派地方组织建设和代表人士队伍建设的重点任务分工方案》。

【“我心向党·同心同行”活动】 2021年，湘潭市委统战部组织召开“百年风华”统战工作专场新闻发布会，人民网等10余家媒体集中宣传报道。开展民营经济人士“我心向党·忠诚为国”理想信念教育活动，宣传推介“百名社会主义优秀建设者”“百杰潭商”先进典型。组织党外知识分子联谊会（简称“知联会”）理事开展《歌唱祖国》快闪活动。知联会组织“画说窑湾 蝶变精彩”主题书画展，集中展示湘潭书画界20多名画家100幅描绘窑湾风土人情的书画作品。组织新的社会阶层人士举办“百年芳华正青春”主题庆祝活动，评选4个先进会员活动组、40名湘潭市优秀新阶层人士。市新的社会阶层人士联谊会（简称“新联会”）组织会员200余人拍摄《唱支山歌给党听》，在省委统战部举办的“我身边的优秀共产党员”演讲比赛中获第一名。参加省民宗委庆祝中国共产党成立100周年“建设伟大祖国，建设美丽家乡”主题演讲比赛获一等奖。

【参政议政工作】 2021年，湘潭市委统战部建立“市委出题、党派调研、政府采纳、部门落实”的参政议政调研机制，高质量完成26项参政议政重点调研课题。开展参政议政“金点子”工程，引导党外人士提出建议220余条。开展湘江（湘潭段）生态环境保护专项民主监督工作，主动配合九三学社省委到湘潭开展民主监督工作。组织7个民主党派分别对口5个县市区和2个园区开展湘江流域民主监督。

【民营经济统战工作】 2021年，湘潭市36名市级领导和51家市直单位与100家民营企业主要负责人建立起联谊交友关系，21名市领导负责对接联系24家商协会。牵头组织召开湘潭市民营经济统战工作会议暨民营经济高质量发展大会。制订《湘潭市促进民营经济发展“六个一”工作总体方案》，开展“一榜一奖一中心一册一机制一平台”系列工作，湘潭市7家民营企业入围“三湘民营企业百强榜”，6家获评第一届新湖南贡献奖先进集体，6位民营企业家获评第一届新湖南贡献奖先进个人。制定《湘潭市百名青商培养工程的实施方案》，123名优秀青年企业家入围。创新潭商大会和异地商会平台，组织参加北京、广东两地湘潭商会年会暨湘潭招商引资推介会、泛京津冀潭商代表座谈会等活动。聘请74人为“百名专家进民企”首批专家、116家单位为营商环境监督测评点、118人为测评员。

【民族工作】 2021年，湘潭市委统战部首次在市级层面将岳塘区五里堆街道江滨社区等5个单位评为“市级民族团结进步示范单位”。加强与西藏山南扎囊县统战部（民宗局）对口联系，落实三年对口援助工作。在少数民族较多的社区探索建立铸牢中华民族共同体意识“一单两员四制”工作机制。《凝聚民族力量，共建伟人故里》被评为省委统战部实践创新成果奖。

【宗教工作】 2021年，湘潭市委统战部促进大唐兴寺续建、东岳庙还建、基督教土地归还、天主教堂提质改造等历史遗留问题的解决取得进展。制订出台市委统战工作领导小组民族宗教工作专题会议成员单位职责清单，落实宗教工作三级网络两级责任制。建立完善宗教工作联动机制等“四项机制”，经验被省民宗委在湖南省推介。

【知联会建设】 2021年，湘潭市委统战部在湖南省范围率先制定《知联会规范化建设实施方案》并推动落实。邀请省知联会会长等党外专家到湘潭开展知识力量下乡活动。创建2家党外知识分子实践锻炼基地，成立市知联会教育系统分会。

【新的社会阶层人士统战工作】 2021年，湘潭市成功创建1家省级、4家市级新的社会阶层人士实践创新基地。开展评选活动，4人获评湖南省最美新阶层人士，在湘潭市范围内评选出了优秀新的社会阶层人士40名。新阶联会员获“全国平安卫士”“湖南省政协扶贫行动先进个人”“湖湘好网民公共新风奖”等荣誉。在韶山市举办无党派代表人士和新的社会阶层人士专题培训班，培训90余人次。

【同心美丽乡村建设】 2021年，湘潭市开展“百企兴百村”暨“百名青商兴百村”助力乡村振兴活动，组织280名民营企业家以2~3人为一组，对接108个村实现共建共赢。实施“深化同心美丽乡村建设助力乡村振兴战略”五年行动，印发《湘潭市统一战线深化同心美丽乡村建设 助力乡村振兴战略实施行动方案（2021—2025年）》，累计打造10个省级、12个市级“同心美丽乡村”示范点。

【基层统战工作】 2021年，湘潭市委统战部加强和创新基层统战工作，全市70个乡镇（街道）均配备统战委员和统战干事。探索成立4个乡镇级、27个同心乡贤组织，动员乡贤力量助力乡村振兴建设。探索推进楼宇统战、商圈统战、商城统战工作，推动统战工作向非公经济人士、新阶层人士聚集的阵地延伸。在落实基层党委统战工作主体责任、基层商会、乡贤统战、特色统战等方面加大力度，推动基层统战创新发展。深入开展统战历史文物普查工作，确定16处统战元素突出的统战历史文物。 （杨　志）

政策研究

【概况】 2021年，湘潭市委政研室（市委财经办）在调查研究、文稿服务、财经工作、信息咨询等方面取得成效。

深入开展调查研究。围绕市第十三次党代会和全市重点工作，开展各类调研43次，提出的构建高质量发展“八大体系”、推进“四破四立”、开展“解放思想大讨论”、实施市场主体增量行动等建议转化为市委决策，《湘潭市市场主体专题调研报告》得到市委主要领导肯定性批示，调研总结的《绿色发展引领老工业基地转型升级》在《湖南工作交流》上推介，综合提炼的乡村振兴“三三路径”、巡察改革“六个贯通融合”等经验做法被中央、省委内刊推介。

聚焦主责主业。全面落实“短实新”文风，突出开短会、讲短话，将一般性的工作部署讲话控制在10页以内。坚持精益求精，全年完成市委各类文稿350余篇，《传承弘扬坚持原则、敢于斗争的重要品格》《闯新路、破险阻，为全省高质量发展贡献湘潭力量》等18篇文稿被国家级、省级刊物采用刊发。

【统筹推进财经工作】 2021年，湘潭市委政研室（市委财经办）着力推动财经办日常运转高效有序，牵头承担“一六二”工程的日常调度、督查考核，实行常态化、制度化、项目化推进，确保各项任务完成；全年编印《财经专报》4期。

【刊物编辑】 2021年，湘潭市委政研室（市委财经办）编发《今日湘潭》6期、《领导参阅》6期、专题资料汇编2期，在《今日湘潭》精心推出“让党的十九届六中全会指引前行道路”“百年党史看湘潭”等专栏。

（龚　杰）

市直机关党建工作

【概况】 2021年，湘潭市直机关工委组织举办“莲城大课堂”，深入开展“我为群众办实事活动”，主动与长沙、株洲市直机关工委联合，以高质量机关党建服务长株潭一体化发展，经验做法被《人民日报》客户端报道，机关党史学习教育理论研究成果被中央和国家机关工委《机关党建研究》采用。

【机关“三表率一模范”创建工作】 2021年，湘潭市直机关工委出台《市直“三表率一模范”机关创建先进单位考评办法（试行）》。组织开展“党旗在基层一线高高飘扬——以实际行动庆祝建党100周年”活动，市直机关697个基层党支部、8000多名党员同步举行新党员入党宣誓仪式和老党员重温入党誓词、过集体政治生日活动。坚持常态督导传压力，建立健全“年初定责、年中督责、年底述责”机制和机关工委班子成员分组联系督导机制，全年面对面反馈问题150余项，现场督促整改问题37个，指导完善相关工作53项。坚持述职评议找差距，全面落实市直单位党组（党委）书记述职评议和机关基层党组织书记“双述双评”。坚持直面问题抓整改，下达整改交办函，交办问题61个，推进各单位将问题整改定期报告、挂牌销号。广泛开展党内表彰活动，成功推荐4个省级、24个市级“两优一先”代表；召开市直机关庆祝中国共产党成立100周年暨“创先争优”表彰大会，表彰240个市直机关“两优一先”对象。充分发挥群团推先推优功能，多个集体和个人获省工人先锋号、市三八红旗手（集体）称号、市最美家庭称号。

【党建理论宣传】 2021年，湘潭市直机关工委督促指导机关基层党组织深入学习领会习近平总书记系列重要讲话精神、党的十九大暨十九届历次全会精神等的深刻内涵和核心要义，举办各类专题学习和宣讲报告会逾1000场次，指导市直机关近10000人次按时收看《榜样5》《党课开讲啦》（三期）电视节目，机关各级党组织开展学习交流260多次，多篇理论文章在省级以上媒体刊发。举办“忆党史、念党恩、跟党走”红色故事汇，市直机关各单位参与活动的党员干部逾1000人，线下观众逾1万人，线上点击量逾150万人次。开展市直机关“党代表谈学史力行”征文活动，收集参赛作品56篇。举行市直机关党史学习知识达人选拔赛，湘潭市党史知识

"学习强国"学习达人挑战赛（线上）前100名中有78名是市直机关党员干部。加强机关党建网建设，审核稿件600余篇，聚焦党的方针政策、机关党建工作等方面展开正面宣传。开展"崇尚实干、担当作为"系列报道，选树担当实干优秀典型，弘扬正能量。

【机关党支部建设】 2021年，湘潭市直机关工委全面开展党支部"五化"建设，严格任职条件标准，全年对25名新任党务干部考察把关，选优配强党务工作者队伍。大力推进阵地建设提质提标，按照"七有"标准，指导市烟草局等7个基层组织加强党建阵地建设、拓展服务功能，高标准打造市民政局等示范点。坚持抓两头带中间，持续开展星级党支部创建，保持五星级支部275个，五星支部创建率达40%，远远高于全市20%的平均水平。出台《关于进一步加强市直机关在职党员积分制管理考核的意见》，要求支部对党员五个方面的表现进行定期考核评价，党员日常管理更加科学、精细、规范。严格党员教育培训，举办各类培训班六期，培训近1000人；指导督促市直机关党组织开展培训60多场，培训党员4800多人。深入开展"党课下基层"活动，全年送党课下基层70余次，提供机关党建业务咨询指导1500多人次，为基层党组织订阅杂志千余册。落实党内激励关怀帮扶措施，关心关爱基层一线党员、困难党员，春节、七一期间走访慰问348人，送去慰问金34.8万元；指导基层党组织层层召开隆重的"光荣在党50年"纪念章颁发仪式，发放纪念章1500余枚，集体致敬和礼赞老党员。

【机关纪检监察工作】 2021年，湘潭市直机关工委建立机关纪委工作制度，制定《湘潭市直机关纪委工作制度（试行）》。细化形成《审查审理案件质量检查评分细则》，开展各类案件审理业务指导300次以上，要求移送单位补充完善20余次，退回审查12件次。全面落实机关纪委书记向市直机关纪检监察工委述职评议制度，52名市直单位纪委书记全面现场述职。深入开展"弘扬廉政文化 建设模范机关"党风廉政建设宣传月活动，用"身边事教育身边人"，全面落实廉政集体谈话制度、党员谈心谈话制度。开展案件质量评查、党政纪处分执行等专题培训5次，通过集中授课、分组讨论、业务考核、实训实战等方式，促进市直机关配备的196名专兼职纪检干部，熟练政策策略、纪法规定、专业知识。

【机关党建和业务融合与群团工作】 2021年，湘潭市直机关工委探索制定《关于进一步推动机关党建和业务深度融合发展的实施意见》。组织举办"莲城大课堂"6个专题讲座，聘请两院院士和国家、湖南省专家到湘潭开讲；主动与长沙、株洲市直机关工委合作，围绕共享红色教育资源、共办主题党日活动、共研机关党建课题、共创党建工作品牌，以高质量机关党建服务长株潭一体化发展；为省第十二次党代会建言献策，市直机关提交建言献策信息660余条；认真落实市第十三次党代会精神，出台《市直机关实施"红色传承 党建铸魂"工程工作方案》。开展"我为群众办实事活动"，全年市直机关累计收集办理实事项目8300余件，办结率达100%，人民群众满意率达100%。认真开展"我为基层优服务"活动，深入市直机关各单位二级机构加强业务指导。选派200余名党员干部到社区值守；号召机关广大党员干部积极投身乡村振兴，全市3万余名党员干部每季度走访慰问结对帮扶的3万余名困难群众。全年组织举办市直机关篮球、气排球和拔河三场赛事，累计吸引117支代表队、1700多名机关干部职工参与其中；组织"军民鱼水情 共建文明城"市直机关青年与武警湘潭支队官兵共建联谊活动，近200名机关青年参加活动；组织召开市直机关妇女庆祝"三八"国际劳动妇女节座谈会，听取市直机关各行各业优秀妇女代表有关工作开展意见、建议；开展市直机关"点赞她担当"最美瞬间随手拍摄影比赛，点赞"美在平凡、美在岗位、美在坚守、美在奉献"最美风尚。 （谭科峰）

机构编制工作

【概况】 2021年，湘潭市委编办贯彻落实《中国共产党机构编制工作条例》。将该《条例》纳入市委常委会学习和党校主体班学习内容，严控严管机构编制总量，确保机构数量、人员编制"两个不突破"，严格执行机构编制动议、论证、审议决定、组织实施有关程序规定，举办全市机构编制工作培训。

机构编制资源。为招聘802名教育、卫生专业技术人员提供用编保障；支持培养30名公卫专技人员，为推进乡村振兴做好人才储备。对市直公立医院人事编制管理有关事项进行调整，对公立医院人事编制备案制改革所涉633人及2021年明确招聘计划人员，通过专项考核由备案制纳入实名制管理。在落实省级中小学教职工编制标准基础上，重新分配公办中小学教职工编制，调剂市直300名其他事业编制用于解决市直学校结构性缺员、新课改等相关问题，同时对100人以下的村小和教学点加大编制保障力度。设立市人才发展服务中心，统筹编制资源，将人才周转编制从200名增加到2000名，专门用于莲城人才行动计划所需引进的高层次人才、急需人才，人才引进计划199名。

规范机构编制办理流程。机关赋码发证和事业单位登记管理采用"线上审+线下邮"模式，推行"不见面"办理，实现"一次都不用跑"，简化工作流程，提升办事效率。在全省率先开展"湖南省机构编制综合管理平台"数据核查工作，全面规范400多家单位信息70万条。网上名称管理工作被中央编办在全国性专项工作会议上予以表彰。

【园区体制机制改革】 2021年，湘潭市委编办大幅精简园区内设机构和领导职数，实现扁平化管理，剥离园区社会事务，优化整合昭山示范区与岳塘经开区，解决原昭山示范区人事编制历史遗留问题14个，债权债务等问题15个。改革后，全市撤并整合各类园区管理机构3个；园区管委会领导职数和内设机构设置全部予以规范，各园区下属事业单位总量精简30%以上，事业编制精简比例达10%以上；所有省级园区明确不再承担社会事务。园区行政体制改革经验作为湘潭市唯一一个入选"中国改革2021年度地方全面深化改革典型案例"。

【基层治理体系建设】 2021年10月，湘潭市委编办印发《关于深入推进湘潭市城市管理和综合执法体制改革的实施方案》，进一步理顺城市管理和综合执法职责，厘清市城管执法局、市住建局、市公安交警等部门行政管理职责，明确城市管理、公安交警、生态环境、水利、市场监督管理部门所承担的行政处罚权，重新修订市城管执法部门“三定”规定，解决局机关行政编制与事业编制长期混用问题。开展应急管理（安全生产监管）力量专题调研，全面了解党政机构改革、乡镇机构改革前后全市各级应急管理（安全生产监管）机构设置、人员编制、实配人员情况。贯彻落实习近平总书记关于网络强国的重要思想，为加强县、市、区党委管互联网，健全全市网信工作体系提供体制机制保障。

【编外人员调查统计】 2021年，湘潭市委编办开展编外人员调查数据统计分析。将专项调查延伸至市管国有企业、园区，精确剖析企业、园区人员、人才、收支、债务等各方面结构，形成3篇专题调研报告提交编委会。按照一类一策、一园一策、一企一策模式，充分分析时点、成本、人才、发展等方面风险，制订进一步清理规范市直机关事业单位编外劳动用工实施方案，协调配合相关部门制订园区管理机构、市属国有企业“双控”办法。对编外人员实施冻结管理，只出不进，开展清理整治以来，共清退违规编外聘用人员1972人。（阳　帆）

档案工作

【概况】 2021年，湘潭市档案工作取得成效。

档案查询利用。结合党史学习教育活动和“我为群众办实事”要求，设立政务公开专区和政府信息公开申请受理点，通过现场查档、电话咨询、延时服务时长等形式，为人民群众提供优质档案查询利用服务。全年接待查阅1353人次、调卷6726卷、取证635份、复印4072页，拍照39793页、远程电话查档19人次，做到零纠纷、零投诉、零差评。规范库房管理和安全检查机制，全年进行库房档案安全检查和库房设施设备检查28次，馆藏档案消毒96940卷，对所有馆藏档案重新清点定位，对204家改制企业的近16万卷档案重新整理上架。

档案移交归集。开展“第六个十年”第二年档案移交工作，主动与移交单位衔接，做好进馆档案预检、质量评估、技术指导等工作，全年收到31家全宗单位移交文书档案6132盒97200件、人事档案1073盒、会计档案612册，26家全宗单位移交电子档案336GB。组织开展“疫情防控”和“精准扶贫”两个专题档案目录数据归集工作，督促指导各县市区档案馆和责任单位健全档案归集工作机制，组织开展档案数据自查软件安装和使用培训。有34家市直单位、5个县市区、3个园区移交脱贫攻坚档案目录数据55702条、疫情防控档案目录数据13285条。组织对相关数据进行三轮初核，通过省档案馆审核，所有数据全部导入省两类档案数据库。

特色档案征集。征集到毛主席回韶山原照片1张、其他领导到韶山参观原照片2张，贺国强等领导到湘潭影集9册，《伟大历程　辉煌成就》3册，彭德怀等领导老照片7张，抗疫书画作品61副、《文艺战疫》书刊5本、《决战脱贫攻坚》5本、《礼赞新中国　讴歌新时代》3本、《湘潭市教育系统脱贫攻坚抗击疫情摄影作品汇编》5本、《城市人民公社资料选编》8卷、《延安精神研究》等书刊5本、《省身指掌》等古书32本。

档案开放鉴定和修复。对原第一档案馆1976年以来，未进行开放鉴定的档案资料逐一进行鉴定，全年完成50个全宗2094卷档案的开放鉴定工作，其中开放1215卷，不开放879卷，档案开放比例为58%。针对电子档案目录不齐全、破损严重等情况，对照案卷补录档案案卷目录941条，对特色库房中7卷579页古籍档案进行修复、装裱，并将2019—2020年度《人民日报》《光明日报》《湖南日报》《中国档案报》《国务院政报》《湖南省政府政报》《湘潭政报》等报刊资料分类整理排序，并装订成册共98本。

【专题档案整理研究编印】 2021年，湘潭市档案馆组建9人工作专班，重点抓好市委常委公务活动实录编辑整理工作。收集各类电子档案数据数千份、约8.55GB，其中大事记1188条、新闻报道1923条、照片229幅，整理编印成书9本、约280余万字。收录上年全市荣誉项目125项，其中政治篇25项、经济篇13项、文化篇13项、科技篇6项、人物篇68项，整理编印形成《湘潭荣誉2021年卷》。

【中共湘潭地方组织百年成就大型专题档案巡回展览】 2021年6月25日，湘潭市档案馆在东方红广场举行中共湘潭地方组织百年成就大型专题档案巡回展览。展览共分“为有牺牲多壮志”“敢教日月换新天”“东方风来满眼春”“砥砺奋进新时代”4个部分、16个单元200块展板，集中展示中共湘潭地方组织团结带领湘潭人民在革命、建设、改革、跨越各个历史阶段中取得的645项成就，1300余份档案资料，其中有68份为首次公开展出。各板块以中国共产党各历史时期工作重心为主档案，同步选配同时期中共湘潭地方组织各重大决策、重大事件、重要活动的档案资料为辅档案，通过照、画、图、表、文等表现形式，图文并茂地展现中国共产党领导下湘潭地区的百年沧桑巨变和伟大成就。展览在白石广场、湘潭县白石广场、湘乡蒋琬广场、九华德文化公园、韶山人民广场等地巡展，前后历时3个多月，有500多个团体、3万多人观展。（葛　睿）

保密工作

【概况】 2021年，湘潭市委保密办（市国家保密局）坚持党管保密、依法治密、科技强密，被省委保密办（省国家保密局）授予“十三五”时期保密工作“成绩突出单位”和庆祝中国共产党成立100周年全国保密宣传教育作品征集活动“优秀组织奖”。由市国家保密局选送的原创歌曲《忠诚儿女》获湖南省庆祝中国共产党成立100周年保密作品评选特等奖，获全国庆祝中国共产党成立100周年保密作品评选歌曲类二等奖；由市国家保密局和市税务局联合创作的短视频《永不熄灭的马灯》获湖南省庆祝中国共产党成立100周年保密作品评选特等奖。

【保密宣传教育】 2021年，湘潭市委保密办（市国家保密局）开展“五个一”系列保密宣传教育活动；开展以“党旗飘扬，保密护航”为主题的中国共产党成立100周年保密宣传教育作品征集活动，征集到纪实作品类、书法摄影类、歌曲类、公益宣传类作品 50 多个，部分作品及宣传教育工作在国家保密局主办的《保密工作》第 6 期、第 7 期均进行推介。开展点对点送教上门达 60 余次。创新开展全市保密“两识”教育巡回宣讲活动。12 月，以《中华人民共和国保守国家秘密法》修订施行 11 周年为契机，在全省创新开展保密“两识”教育巡回宣讲活动 10 场。通过各类业务培训班、送教上门、保密巡回宣讲等宣教活动受训达 5000 余人次。

【保密技术服务和保障】 2021 年，湘潭市委保密办（市国家保密局）做好各类大型考试和废旧涉密载体送销的保密服务工作，对市教育考试院组考的 8 场国家考试和国家司法考试进行现场保密监督和指导，确保教育、司法等考试不发生失泄密事件。废旧涉密载体收集销毁安全有序，送销废旧涉密载体突破 60 吨。 （邓亚磊）

老干部工作

【概况】 2021 年，湘潭市委老干部局召开工委全会，举办两期离退休干部党组织书记培训班、一期老干部工作者培训班，组织离退休干部参加全省“学习贯彻习近平总书记‘七一’讲话精神”知识竞赛，获优秀组织奖。组织离退休干部参加省理论研讨征文活动，有 4 名老干部获奖，其中一等奖一名，二等奖一名，三等奖两名，获奖数量与质量位居全省各市州首位。推进离退休干部党支部“五化”建设和“五好”示范创建工作，成功创建省示范 8 家、市示范 22 家。开展“美在金秋”老党员之家建设，累计建成 96 家，市、县、社区三级建设经验在全省推介。在陈赓故居、东山书院、华银现代农业示范园等地建立离退休党员学习教育基地，推进离退休干部党建与社区基层党建融合发展。湘潭连续 3 年在全省离退休干部工委书记述职中被评为一类地区中的“优”。

发挥离退休干部作用。建立涉老组织负责人联席会议制度，开展“为主席家乡争光，为党旗党徽添彩”主题活动。沧南、刘群增被评为湖南省优秀共产党员，汤守信、姜建强、钟正光助力脱贫攻坚先进事迹编入省局《踏遍青山人未老》文集。市老年保健协会举办培训班、健康教育讲座、义诊咨询 100 余次，在省老年保健工作会上作典型发言。在全市青少年中广泛开展“回溯百年·薪火‘湘’传”青少年党史学习教育，中国关工委主任顾秀莲到湘潭调研时给予肯定。打造“红色文化教育馆”，建设经验得到湖南卫视等媒体宣传推介。举办市关心下一代爱心助学协会 20 周年庆典，市本级全年扶助贫困学生 484 名，扶助资金 225.25 万元。

做好离退休干部服务管理。全面落实离退休干部各项政治、生活待遇，抓好离休费、医药费保障和财政支持“三个机制”。开展离休干部“一人一策”精准服务，引入社会资源开展“居家扶老一卡通”服务。指导各单位做好离休干部、新中国成立初期参加革命工作的退休干部及无固定收入的遗孀（配偶）待遇标准提高工作。与市委组织部联合印发《关于加强全市离退休干部新冠病毒肺炎疫苗接种工作的通知》。制定《湘潭市离退休干部建议和意见办理制度》，建立离退休干部来信来访台账，健全老干部信访工作制度，做好历史遗留问题化解。

【市关心下一代爱心助学协会成立 20 周年】 2021 年 9 月 9 日，湘潭市关心下一代爱心助学协会成立 20 周年庆典暨 2021 年度爱心助学大会举行。市关心下一代爱心助学协会遵循“急党政所急，想青少年所需，尽关工委所能”工作方针。20 年来，全市各级关工委、关心下一代爱心助学协会（基金会）累计扶助贫困家庭学生 61222 人，扶助资金 5127.66 万元。

（胡旭丹）

党校工作

【教育培训】 2021 年，湘潭市委党校坚持把学习贯彻习近平新时代中国特色社会主义思想作为首要任务，以马克思主义理论和党性教育为主业主课，占总课时比例达 76%，按照“一个中心、四个方面”进行教学布局，围绕“三高四新”战略，“六个湘潭”目标更新和开发教学专题课程，规范班次设置和教学计划，举办“落实三高四新战略打造专题研讨班”和“创建‘五好园区’推动高质量发展专题培训班”。推行“六位一体”教学方式，主体班教学效果平均分达 96.7 分，优良率达 100%。参加全省党校行政学院系统第十四次教学比赛暨精品课评选获三等奖，一堂专题课入选“百年百课堂，以理服人”宣讲精品课，两名教员入选湖南省干部教育培训“三百工程优秀教师”。马列教研部开发的案例教学课程“从四易其址到成功落地——破解垃圾焚烧发电项目‘邻避效应’的湘潭经验”。与 19 个单位合作建设现场教学点并签约授牌，逐步完善理论与实践、课堂与现场、讲授与互动相结合的新时代干部教育培训机制。开展红色教育培训，为打造“具有国际影响力的红色旅游目的地”奠定基础。

【教研咨一体化】 2021 年，湘潭市委党校立项各类课题 21 项，其中省委党校课题 10 项，省社会主义学院课题 3 项，市社科规划课题 8 项（其中重大课题 1 项，重点课题 2 项）；结项 25 项省市级课题，其中省委党校课题 8 项，省社会主义学院课题 6 项，市社科规划课题 8 项（其中重大课题 1 项，重点课题 2 项），市政府和市直部门委托课题 3 项。完成上报省委党校组织的“三高四新战略在湖南的实施”协作课题子课题“三高四新战略在湘潭的实施”。在省级以上公开出版物发表论文 56 篇，专著《中国特色社会主义文化建设机制研究》，由经济日报出版社 8 月出版。主持完成《湘潭市“十四五”科技创新规划》和《湘潭市“十四五”新型城镇化规划》2 个规划课题，由市人民政府印发；完成评估课题《湘潭市 2020 年度新型城镇化发展评估报告》；在结项的省市课题中有 10 项均为决策咨询成果。在年度全省党校（行政学院）系统理论研讨会中，学校获一等奖 2 项，二等奖 3 项，三等奖 5 项。在湖南省委主办的庆祝中国共产党成立 100 周年理论研讨会中，论文《从陈赓的四次南昌之行看共产党人的政治品格》成功入选（全省入选论文 100 篇，湘潭 4 篇）。

（楚志云）

党史工作

【服务中心】 2021 年，湘潭市委党

史研究室编写《致敬百年——湘潭市党史学习教育读本》，作为各级党组织和党员开展党史学习教育教材，印刷1万册，发放到全市基层党组织。为各级党组织、部门、媒体报道提供党史学习教育业务咨询及所需各类史志书籍1.1万册。为媒体、部门举办党史知识活动提供题目，制作党史影频声频，开办百年成就展、红色故事专栏、百年文艺会演、理论研讨（宣讲）会，对党史人物、党史事件的宣传内容进行审读，把好政治关、史实关。指导县市区分别与各级电视台、融媒体中心合作，推出系列党史纪录片、微视频、抖音等。联合湘潭电视台、湘潭日报社等部门推出《致敬百年》《百年百故事——事过“情”牵》《百年百故事 党史上的湘潭》《伟人故里 百年风华——湘潭党史故事》、红色故事宣讲100场、“初心与使命”100个湘潭党史故事等“六个一百”活动。湘潭党史馆接待团队1029批次，约15.75万人次。提供馆内平台，支持参观者进行红色故事宣讲拍摄、学习视频分享约6000批次。以党史馆成员为骨干成立红色故事宣讲团，开展“八进”活动，通过展览、讲微党课等形式，讲红色经典故事。被市委宣传部评为“精品党课”1个、“优秀党课”1个。参加省红色故事宣讲比赛、市直机关工委“红色故事汇”比赛、市民兵学习宣讲比赛。湘潭史志网设置“党史天天读”党史学习教育专栏。抓好革命遗址遗迹竖标立识，完成雨湖区彭德怀避难处、岳塘区滴水埠膏盐矿竖标立识，截至年底，全市完成20多处竖标立识。挖掘整理韶山至井冈山的红色旅游资源，参与编写《“两山”铁路湖南沿线红色资源导读》，撰写39处革命遗址介绍和30篇红色人物故事，共6万余字。配合韶山银河党性教育基地调查研究“出发”主题馆布展相关内容。参与省党史研究院编制《湖南党史学习教育地图》《湖南红色旅游地图》，联合市自然资源和规划局编制《湘潭党史学习教育地图》。

【党史编研】 湘潭市委党史研究室对党史基本著作编写和资料征集形成48万字送审稿。指导湘潭县、韶山市开展第三卷本编写出版工作。完成《湖南省党委工作纪事》组稿，1.2万余字。出版《回忆与研究（第17辑）》。收录文稿51篇，23万余字。指导完成“七一勋章”获得者艾爱国人物综述、年谱的撰写、审稿修改及上报工作。组织开展疫情防控、“精准扶贫”专题史料收集编研工作。参与指导湘乡市开展“敬礼·老兵”课题研究，年内结题出书。完成新中国成立前13名湘潭籍留苏共产党人书稿，撰写1万字；落实《湖南脱贫攻坚口述史》《社会主义革命和建设时期湖南重点建设项目口述史》等专题研究工作。（蒋子君）

接待工作

【概况】 2021年，湘潭市接待服务中心完成各类接待任务563批、27303人次，其中：三级以上警（保）卫任务9批，850余人次；省部级领导109批，4721人次；党政代表团4批，300人次；各类客商83批，2525人次；大型会议活动24批，11119人次。

【重大会议活动保障】 2021年，湘潭市接待服务中心参与长株潭一体化发展第三届市委书记联席会议、“湘赣红”文化旅游产业发展城市论坛、第十五届“湘台会”长株潭三市产业对接会、韶山至井冈山红色旅游铁路开通运营仪式、韶山科技创新小镇项目启动仪式等大型会议活动，实现方案制定“零疏漏”、接待安排“零失误”、服务细节“零缺陷”。

【服务中心工作】 2021年，湘潭市接待服务中心先后参与蓝思科技、鱼跃集团、IDG资本、宝德集团、未磁科技等重要客商到湘潭的接待任务，保障蓝思科技湘潭园区开园投产仪式、2021年北京湘潭企业商会第一届三次全会暨湘潭市北京招商引资推介会、桑顿新能源战略发布会、新兴优势产业链招商引资推介会等重要招商引资活动开展。承担中组部换届风气督查组、全国文明城市检查测评组、国务院保障农民工工资支付实地核查工作组、党史学习教育省委巡回指导第九组、市县两级政法队伍教育整顿驻潭指导组、全省新冠肺炎疫情防控督导工作组等众多中心工作接待服务。实现“无差错，零失误，满意率100%”目标。

【规范接待行为】 2021年，湘潭市接待服务中心严守中央八项规定精神，认真贯彻执行《湘潭市党政机关国内公务接待管理实施细则》，坚持将管控贯穿接待工作始终。建立统一接待标准、统一指挥调度、统一接待流程、统一物料配送、统一经费管理“五统一”制度，完善物资进出库制度、任务讲评制度、日工作复盘制度、财务审批制度等。健全多层次、更全面预案体系。改良制作工艺、升级用料选材、精细摆盘设计，务求“土菜洋品”“老菜精做”，配合研发主席回乡宴、沁园春宴、红军餐等红色菜谱，收集“莲韵星级名店·特色名宴”宴席菜单25份。建立县市区公务接待酒店信息库、全域范围特色餐饮信息库、全域特色产品信息库，在接待中积极推荐乡土名优农副产品、地方代表性特色食材、县市区特色餐饮企业。

【加强内外合作交流】 2021年，湘潭市接待服务中心选派干部参加省党办接待系统重宾接待骨干队伍培训班、全国接待系统助力地方经济高质量发展培训研讨会，抽调骨干参与2021年北京湘潭企业商会第一届三次全会暨湘潭市北京招商引资推介会、2021湖南—粤港澳大湾区投资贸易洽谈周等工作。开展“订单式培训”，应邀为基层单位开设“需求”课程60余课时，培训2000余人次。在全国《接待与交际》杂志发稿6篇，在红网、《湘潭日报》、湘潭在线等媒体发表信息36篇。（陈 静）

网络安全管理

【概况】 2021年，湘潭市网信系统推进“两个覆盖”，对互联网企业和党员情况开展调研摸底，新成立湘潭市大数据产业发展协会党支部。加强互联网企业基层组织建设，先锋鹏博互联网产业园党支部获评“全省互联网行业优秀党支部”。网络人士联谊会、网络作家协会等网络社会组织有序发展，开展“网络文明我倡议”“网络爱心助学”等网络公益活动，推介“有画说艺”易星获评2021年湖湘好网民行业新风奖。组建由38名省、市专家组成的网信智库。韶山国家数字乡村建设试点通过省初评。统筹推进IPv6

部署应用，推进重点新闻网站和互联网应用全面支持IPv6。配合做好北斗规模应用国际峰会工作，推动北斗工程在湘潭应用探索。开展“信息化助农”行动，搭建市县乡村四级信息化助农工作网络，开设“咱村有好货”等网络专题专栏12个，帮助销售滞销农产品过千万元。策划组织“网约潭城 策游莲城”活动，组织网络媒体、域内域外知名网友赴水府庙实地“打卡”，推介湘潭网红景点，推动文旅产业发展。湘乡市打造“湘乡智惠”工会服务网络平台，被中央网信办和全国总工会评为“全国互联网+工会普惠服务区县十佳平台”。

【网络内容建设】 2021年，湘潭市委网信办组织网络媒体开设“学习论潭”“十九届六中全会大家谈”等专题专栏18个，转载推送相关稿件6950余篇，总浏览量超695万人次。指导市、县网络媒体转载推送相关报道60余篇，总点击量超20万人次。推进“网上学习”理论传播工程，打造“百年百讲堂以理服人”“党报声音”“莲城论道”等理论传播阵地品牌。围绕党史学习教育、庆祝中国共产党成立100周年、高质量发展等重大主题策划专题专栏，组织开展“故园到故地 最美湘赣红”“百年沧桑 大道辉煌——重走毛泽东湖南农民运动考察之路”“在这里读懂湖南人·湘潭专访”“网约潭游·助力乡村振兴”等网络宣传活动。其中，“百年沧桑大道辉煌——重走毛泽东湖南农民运动考察之路”网上综合阅读量达2.6亿人次；“听爷爷讲党史故事”系列短视频列入中小学校思政课教学内容，获湖南省网络原创专题节目三等奖。参与省里重大主题网宣活动，获湖南省“潇湘巾帼心向党”大型主题活动优秀组织奖、首届北斗规模应用国际峰会市州新媒体产品创作优秀组织奖。聚焦湘潭高质量发展主题的《从荒地到花海 伟人故里湘潭打造绿色名片》系列报道获中央网信办全网推送。《伟人故里 百年风华——湘潭党史人物故事有声连环画》新媒体作品，获评全国城市网盟中国共产党成立100周年主题宣传特等奖、湖南省社科联优秀科普作品。《打卡湘潭红色地标》等7件网宣作品分获全省网络视听节目大赛奖项或入选湖南省创新创优节目扶持项目。《韶山为什么这样红》获省第六届网络原创视听节目大赛短视频一等奖。《荫梓屋场传薪火》《霞城书院群英会》等微视频在央视频、学习强国平台发布。

【风险防范】 2021年，湘潭市委网信办受理网民留言2850余条，办结率100%，网民满意率98%，协调解决群众“急难愁盼”问题400余个。打造本地网络促政综合便民服务平台“民情在线”，受理网民留言375条，发布辟谣信息近500条。湘潭县、湘乡市被评为红网网络留言办理先进单位。完善网络舆情监测报送体系，基层信息监测“盲区”“死角”难题得到初步解决。全年制定各类网络舆情应急预案17个，召开部门会商研判会议和网络安全风险研判会议57次，编印《网信热点》250期、《涉潭舆情》30期，编发《提示函》《阅办函》124期。召开网络安全联席会议2次，加强重要信息系统单位协调联动和网络安全综合防护。建立信息安全工程和使用财政性资金建设信息工程项目前置审批管理制度，审核项目2个。与湘潭大学、北京华顺信安公司签订战略合作协议，开展网络空间治理试点，形成网络安全地图。开展两轮网络安全专项检查，检查市直、驻潭部门单位50家次，发放《网络安全风险提示函》85份。组织13家重点单位参加省“湖湘杯”网络安全应急演练，举办首届“网安湘潭”网络安全应急演练。举办首届“莲城杯”网安技能大赛、国家网络安全宣传周湘潭专场、“护航·网络安全进企业”等活动。

【协调联动】 2021年，湘潭市委网信办联合长沙、株洲两市签订网络综合治理协同机制协议，共建“6+4”协作体系。建成湘潭市网络安全应急指挥中心。对网络平台进行登记备案，分类实施量化管理考核。突出守好新闻、政务“两大新媒体阵地”，两家市级新闻网站成功进入全国互联网新闻信息稿源单位，5个县市区融媒体全部获得互联网新闻信息服务许可，成为全省首批实现县级融媒体互联网新闻信息服务许可全覆盖市州。加强对政务类网络平台开办准入、备案登记、时政新闻采编等方面规范管理。开展违法线索和涉网违法案件双向移交。开展“清朗”、网上“扫黄打非”、网络直播行业整顿等专项整治行动20余次，约谈自媒体从业人员10余名，停播处罚自媒体直播账号4个，关闭传播淫秽色情信息网站2家，永久封禁传播政治有害信息账号3个，举报涉政治类和黄赌毒有害信息4475条、涉历史虚无主义链接283条。（何 以）

湘潭市人民代表大会

综　述

【概况】　2021年，湘潭市人民代表大会召开常委会会议11次，主任会议13次，开展计划和预算监督7项，听取和审议专项工作报告14项，组织开展执法检查3次、专题调查视察10项，贯彻落实决定决议和审议意见3项，制定地方性法规3部。至2021年年底全市共有市级人大代表346名、县级人大代表1266名、乡级人大代表3456名。

【坚持党的领导】　2021年，湘潭市人民代表大会始终坚持树牢“四个意识”，坚定“四个自信”，坚决捍卫“两个确立”，坚决做到“两个维护”，自觉与以习近平同志为核心的党中央保持高度一致，坚决执行中央、省委、市委的各项决策部署。坚持把学习贯彻习近平新时代中国特色社会主义思想，特别是习近平法治思想、习近平总书记关于坚持和完善人民代表大会制度重要思想、对地方人大及其常委会工作的重要指示精神、考察湖南重要讲话精神、在中央人大工作会议上的重要讲话精神作为首要政治责任，自觉用党的创新理论武装头脑。自觉维护市委统筹全局、协调各方的核心领导地位，及时向市委请示报告人大的重大工作、重要事项、重要情况，把坚持党的领导贯穿于人大工作的各方面、全过程。将年度工作要点、常委会工作报告等报市委审定，将立法、监督等重点工作，及时提请市委研究决定。在工作安排上，做到“市委有号召，人大必行动”，保证人大工作与市委思想同心、目标同向、行动同步。坚持将党的领导、充分发扬民主、严格依法办事相结合，指导县乡两级人大换届工作，严把代表政治关、素质关和结构关，完成了换届选举任务。坚持党管干部和人大依法任免干部相统一的原则，认真做好人事任免工作，共任免干部66人次。

【指导县乡人大工作】　2021年，湘潭市人民代表大会贯彻落实《中共中央转发〈中共全国人大常委会党组关于加强县乡人大工作的若干意见〉》《关于新时代坚持和完善人民代表大会制度，加强和改进人大工作的意见》《中共湖南省委关于加强县乡人大工作和建设的实施意见》《中共湖南省委关于加强改进新时代人大工作的意见》等文件精神，密切同各县市区人大常委会联系沟通，开展乡镇人大工作和建设情况专题调研，组织召开全市乡镇人大工作和建设推进会，对各县市区贯彻落实《中共湖南省委关于加强和改进新时代人大工作的意见》情况开展专项调研，推动县乡人大工作和建设。

【服务长株潭一体化】　2021年，湘潭市人民代表大会会同长沙市、株洲市人民代表大会共同研究，于2021年4月分别作出《关于推动和保障长株潭一体化高质量发展的决定》，为推动长株潭一体化高质量发展提供了有力的法制保障。5月，共同组织三市人大代表视察长株潭交通一体化项目，分别听取三市人民政府关于加快推进长株潭交通一体化重点项目建设情况的报告，在长株潭一体化高质量发展中贡献人大力量。

【人大常委会建设】　2021年，湘潭市人民代表大会坚持提升能力、增强定力、凝聚合力，全面加强人大常委会自身建设，通过强能力、优作风、搭平台，不断加强自身建设，努力适应新形势新要求。坚持和完善学习制度，依托两级党组理论中心组学习、机关集中学习、各党支部主题党日活动等，扎实推进党史学习教育等走深走实。切实履行党建工作、意识形态、党风廉政建设主体责任，不断加强党组织建设，坚持把政治纪律和政治规矩挺在前面，认真执行中央“八项规定”和廉洁自律规定，支持市纪委监委派驻纪检组发挥作用，以“弘扬廉政文化 建设模范机关”为主题，开展“党风廉政宣传教育月”活动，持之以恒正风肃纪，营造良好政治生态。统筹推进湘潭人大门户网站、湘潭人大微信公众号、人大代表履职服务平台、预算联网平台和机关办公平台“智慧人大”建设，不断提高信息化工作水平。

（刘　琛）

立法工作

【概况】　2021年，湘潭市人民代表大会坚持科学立法、民主立法、依法立法，努力提高地方性法规的针对性和可操作性，全力构建“党委领导、人大主导、政府依托、各方参与”的立法工作格局。

【地方立法】　2021年，制定《湘潭市文明行为促进条例》，创设文明行为和文明积分记录制度、统一曝光平台与机制、社会公益服务从轻、减轻或者不予罚款处罚制度，分别对交通、城市公共场所、社区、农村重点不文明行为治理进行规范。制定《湘潭市实施〈湖南省韶山风景名胜区条例〉办法》，解决韶山风景名胜区管理体制不顺，以及喊客拉客、车辆非法营运、旅游综合执法不力问题，规定湘潭市人民政府组织韶山革命纪念地管理单位、韶山市人民政府协商建立韶山风景名胜区保护和管理协调机制，细化《湖南省韶山风景名胜区条例》部分条款，是湖南省首部以省级地方性法规为依据制定的实施办法。制定《湘潭市韶山灌区工程管护条例》，条例对韶灌精神的弘扬、管委会职能的明确、综合功能的发挥、区域协同的鼓励发挥作用，体现韶山灌区自身的政治价值、民主管理、功能强大、跨行政区域的特点。结合《民法典》颁布和机构改革情况，对《湘潭市城市市容和环境卫生管理条例》《湘潭市历史建筑和历史文化街区保护条例》《湘潭市城市绿化条例》与国家法律、行政法规、省级地方性法规相抵触法规进行修改。组织开展槟榔产业管理、城市生活垃圾分类管理、电梯安全管理、养老服务、城镇燃气安全管理立法调研。

（刘　琛）

人大监督

【概况】　2021年，湘潭市人民代表大会坚持正确监督、有效监督、依法监督，聚焦关系全市改革发展稳定大局的重大问题和人民群众反映强烈、社会普遍关注的热点难点问题，不断拓宽监督渠道，加大监督力度，全力助推经济发展民生改善。

【依法监督】　2021年，湘潭市人民代表大会组织开展《刑法第二编第三章“破坏社会主义市场经济秩序罪”》《安全生产法》《房地产管理法》执法检查。围绕计划和预算开展监督，听取和审议了市人民政府关于重点工程项目、政府性投资项目、预算执行情况、市本级财政决算情况、市行政事业单位国有资产管理情况等的报告。聚焦人民群众关心的热点问题，听取和审议了市人民政府关于环境保护、教育高质量发展、红色旅游建设、中医中药传承创新发展、巩固拓展脱贫攻坚成果同乡村振兴有效衔接工作等方面的情况报告。听取了《湘潭市爱国卫生条例》实施情况、规范性文件备案审查工作情况，“司法公正湘潭行”活动开展情况的报告。首次专题听取了市监察委员会扫黑除恶“打伞破网”专项工作报告。围绕湘潭市湘江流域重点水域禁捕退捕工作、《人民陪审员法》实施、河长制工作、侨资企业发展、债务、民族团结进步、社会保险、检察机关法律监督、防空法实施情况等开展专题调研视察。

（刘　琛）

代表履职

【概况】　2021年，湘潭市人民代表大会坚持服务代表、服务群众、服务基层，充分发挥人大代表主体作用，坚持密切联系代表、创新代表活动方式，把激发代表活力、凝聚代表合力摆在突出位置。

【依法履职】　2021年，湘潭市人民代表大会将党史学习教育与深入开展双联“五个一”活动、每月15日“人大代表接待人民群众日”活动相结合，落实习近平总书记在湖南考察时的重要讲话精神中强调的“人大代表要更加密切联系群众”要求。党史学习教育开展以来，全市参与人大代表联系群众接待日活动的各级人大代表达1088人次，接待群众858人次，收集各类问题和意见456条，推动解决了一批事关人民群众切身利益的水电路、就医就学等问题。进一步完善五位一体的代表建议“大督办”机制，就市十五届人大六次会议以来收到的469件建议，开展了审核、分类、处理情况报告以及督办工作，所有建议均已答复办结。全市45个乡镇严格按照《关于湘潭市乡镇民生实事项目人大代表票决制工作的指导意见（试行）》的要求，全面启动票决制工作，已有20个乡镇票决出61个民生实事项目。在韶山试点开展县级人大民生事项代表票决制工作，进展良好。

（刘　琛）

重要会议

【市十五届人大六次会议】　市十五届人大六次会议于2021年1月18—21日召开。会议听取和审查市人民政府市长张迎春所作的湘潭市人民政府工作报告；听取和审查市发改委《关于湘潭市国民经济和社会发展第十四个五年规划和二〇三五年远景目标纲要（草案）》、关于湘潭市2020年国民经济和社会发展计划执行情况的报告与2021年国民经济和社会发展计划；听取和审查了市财政局关于湘潭市2020年财政预算执行情况及2021年市本级财政预算报告；听取和审查了《湘潭市文明行为促进条例（草案）》说明；听取和审查了市人大常委会党组书记、常务副主任李江南所作的湘潭市人大常委会工作报告；听取和审查了市中级人民法院院长廖迪文所作的湘潭市中级人民法院工作报告；听取和审查了市人民检察院检察长刘建军所作的湘潭市人民检察院工作报告。大会批准了关于政府工作报告的决议、《关于湘潭市国民经济和社会发展第十四个五年规划和二〇三五年远景目标纲要》的决议、关于计划报告的决议、关于财政报告的决议、关于市人大常委会工作报告的决议、关于市中级人民法院工作报告的决议、关于市人民检察院工作报告的决议等7项决议，并表决通过了《湘潭市文明行为促进条例》。依法补选了湘潭市第十五届人民代表大会常务委员会委员4名，表决通过了湘潭市第十五届人民代表大会监察和司法委员会、环境与资源保护委员会主任委员名单。　（王　永）

【市十五届人大常委会议】　2021年，市人大常委会召开11次会议。

市十五届人大常委会第二十九次会议于1月8日召开。会议听取和审议了市人民政府、市中级人民法院、市人民检察院《关于进一步优化营商环境的议案》办理情况报告，以及市人大财经委督办情况报告，审议通过了《关于优化营商环境专项工作评议审议交办意见》，并对“一府两院”进行现场交办。会议听取和审议了市发改委《关于湘潭国民经济和社会发展第十四个五年规划和二〇三五年远景目标纲要》（草案）编制情况的报告、市财政局关于2020年财政预算执行及2021年财政预算（草案）安排情况的报告。会议根据市中级人民法院院长廖迪文的提请，任免了刘涌等人相关职务。会上，市人大常委会党组书记、常务副主任李江南为新任职的人员颁发任命书。会议听取了市人大常委会代表资格审查委员会代表资格审查情况报告。会议听取了市人大常委会选任联工委代表异动情况报告。会议讨论了市十五届人大六次会议的议程草案和日程草案，决定将草案提交市十五届人大六次会议预备会议、主席团第一次会议通过。会议听取了市人大常委会研究室关于市人大常委会工作报告稿的起草说明，经过讨论，原则通过了报告，并推选李江南代表市人大常委会向十五届人大六次会议作工作报告。会议讨论了市十五届人大六次会议主席团成员和秘书长名单、主席团常务主席名单、执行主席分组名单、副秘书长名单、应邀在主席台就座的人员名单、补选办法、议案的提出和处理办法、质询案的提出和办理程序等草案，原则同意将名单草案和文件草案提交市十五届人大六次会议预备会议或第一次主席团会议决定或通过。会议决定了市十五届人大六次会议列席人员名单。会议审议通过了《关于提请〈湘潭市文明行为促进条例（草案）〉的议案》，同意提交市十五届人大六次会议表决。会议听取了市人大常委会秘书长韩晓所作的关于市十五届人大六次会议筹备工作情况的汇报。

市十五届人大常委会第三十次会议1月17日召开。会议经过表决，决定接受廖桂生辞去湖南省第十三届人民代表大会代表职务。

市十五届人大常委会第三十一次会议3月26日召开。会议传达学习了十三届全国人大四次会议精神和省十三届人大四次会议精神。会议听取了市人民政府关于全市重点工程项目、政府性投资项目2020年执行情况和2021年计划安排的报告。会议听取和审议了市人民政府关于市直专项资金2020年预算执行情况及2021年预算细化安排情况的报告，以及市人大财经委关于市直专项资金2020年预算执行及2021年预算细化安排情况的审查结果报告。会议审议了市人大法制委关于《湘潭市实施〈湖南省韶山风景名胜区条例〉办法（草案）》修改情况的报告以及条例文本，要求继续围绕该法规草案进行修改完善。会议补选了湖南省第十三届人民代表大会代表1名。会议根据市人民政府市长张迎春的提请，任免了唐正武等人的相关职务；根据市人民检察院检察长刘建军的提请，任免了周卫兵等人的相关职务。会上，市人大常委会党组书记、常务副主任李江南为新任人员颁发了《任命书》，举行了向宪法宣誓仪式。

市十五届人大常委会第三十二次会议于4月27日召开。会议审议通过了《湘潭市人民代表大会常务委员会关于推动和保障长株潭一体化高质量发展的决定》。会议听取和审议了市人民政府《关于提请审议湘潭市2021年劳动模范和先进工作者的议案》，以及市总工会关于2021年湘潭市劳动模范和先进工作者评选工作的情况报告。会议经过审议，决定授予24人为湘潭市2021年劳动模范，授予6人为湘潭市2021年先进工作者。

市十五届人大常委会第三十三次会议于5月25—26日召开。会议听取了市人民政府关于加快推进长株潭交通一体化重点项目建设情况的报告。会议听取和审议了市人民政府、市中级人民法院、市人民检察院、市发改委、市自然资源和规划局、市生态环境局、市经金办、市行政审批局所作的关于优化营商环境专项工作评议审议交办意见办理落实情况的报告，听取了市工信局、市公安局、市司法局、市财政局、市人社局、市住建局、市商务局、市市场监管局的办理落实报告，听取和审议了市人大财经委的调查报告。会议对15个单位办理落实情况进行满意度测评。会议听取和审议了市人民政府关于2020年全市环境质量状况和环保目标完成情况及2021年环保目标计划安排情况的报告、关于土壤污染防治执法检查审议交办意见办理落实情况的报告，以及市人大环资委两个调查视察报告。会议进行了满意度测评，测评结果为满意。会议听取和审议了市人民政府关于传染病防治执法检查审议交办意见办理落实情况的报告，以及市人大教科文卫委调查视察报告。会议听取和审议了市人民政府关于市基础教育高质量发展情况的报告，以及市人大教科文卫委员会调研视察报告。会议听取了代表资格审查委员会关于个别人大代表资格终止情况的报告。会议根据市人大常委会主任会议提请，决定接受了丁一凡、唐亦政辞去市人大常委会委员职务，免去孙星林市人大民侨外委副主任委员职务；根据市中级人民法院院长廖迪文提请，任免了易己达等人员相关法律职务。会上，为新任命人员颁发《任命书》。会议听取了市人大常委会任命的市人民政府工作部门负责人报告履职情况。

市十五届人大常委会第三十四次会议于7月29—30日召开。会议听取和审议了市人民政府关于贯彻实施《中华人民共和国安全生产法》《湖南省安全生产条例》情况的报告，以及市人大常委会执法检查组关于检查一法一条例实施情况的报告。会议听取和审议了市人大法制委关于《韶山灌区工程管护条例（草案）》修改情况的报告，并审议了《韶山灌区工程管护条例（草案·二次审议稿）》，要求继续围绕该法规草案进行修改完善。会议听取和审议了市人大法制委关于《湘潭市实施〈湖南省韶山风景名胜区条例〉办法（草案）》审议结果的报告，审议了《湘潭市实施〈湖南省韶山风景名胜区条例〉办法（草案·三次审议稿）》。会议表决通过了《湘潭市实施〈湖南省韶山风景名胜区条例〉办法（草案）》，批准报请省人大常委会批准。会议听取和审议了市人民政府关于2021年上半年国民经济和社会发展计划执行情况的报告，以及市人大财经委的调查报告。会议听取了审议了市人民政府关于2020年度湘潭市本级预算执行和其他财政收支情况的审计工作报告、关于湘潭市本级2020年度财政决算（草案）的报告，以及市人大财经委相关情况的审查结果报告。会议经过审议，要求市人民政府11月份向市人大常委会报告整改情况并接受满意度测评。会议表决通过了《市人大常委会关于批准2019年市本级财政决算的决议》。会议听取了代表资格审查委员会关于市十五届人大代表资格审查情况的报告。会议审议了五项人事事项：根据市人大常委会主任会议《关于推选李江南副主任为湘潭市人民代表大会常务委员会代理主任的决定（草案）》，表决通过了该决定，推选李江南为湘潭市人民代表大会常务委员会代理主任；根据市人民政府市长张迎春《关于提请决定任命伍石元职务的议案》《关于提请决定免去赵新文职务的议案》《关于提请决定免去柳军辉职务的议案》，表决通过了议案，任免伍石元等人员的职务；根据市人大常委会主任会议《关于接受张迎春辞去湘潭市人民政府市长职务的决定（草案）》《关于接受胡卫兵辞去湘潭市监察委员会主任职务的决定（草案）》，表决通过了以上决定，接受张迎春辞去湘潭市人民政府市长职务，接受胡卫兵辞去湘潭市监察委员会主任职务；根据市人大常委会主任会议《关于提请决定任命胡贺波为湘潭市人民政府副市长的议案》《关于提请任命李激扬为湘潭市监察委员会副主任的议案》，表决通过了以上议案，任命胡贺波为湘潭市人民政府副市长，任命李激扬为湘潭市监察委员会副主任；根据市人大常委会主任会议《关于提请决定胡贺波副市长为湘潭市人民政府代理市长的议案》《关于提请决定李激扬副主任为湘潭市监察委员会代理主任的议案》，表决通过了以上议案，决定胡贺波副市长为湘潭市人民政府代理市长，李激扬副主任为湘潭市监察委员会代理主任。会议听取了在湘潭的湖南省十三届人大代表报告履职情况，并对4名湖南省人大代表履职情况进行了满意度测评。会议听取和审议了市人民政府关于红色旅游资源保护利用情况的报告，以及市人大教科文卫委员会的调研报告。

市十五届人大常委会第三十五次会议于9月27—28日召开。会议听取和审议了市人民政府关于《中华人民共和国城市房地产管理法》实施情况的报告，以及市人大常委会执法检查组关于检查实施情况的报告。听取和审议了市人民政府关于对巩固拓展脱贫攻坚成果同乡村振兴有效衔接工作情况的报告，以及市人大农业与农村委员会的调研报告。会议听取和审议了市人民政府关于提请修改《湘潭市城市市容和环境卫生管理条例》《湘潭市历史建筑和历史文化街区保护条例》《湘潭市城市绿化条例》修正草案的议案及说明，以及市人大法制委员会审议结果的报告，表决通过了条例。听取和审议市人大法制委关于《湘潭市韶山灌区工程管护条例（草案）》审议结果的报告以及《湘潭市韶山灌区工程管护条例（草案·三次审议稿）》，表决通过条例（草案），批准报请省人大常委会批准。会议听取和审议了市人民政府关于2020年度全市行政事业性国有资产管理情况专项报告和2020年度全市国有资产管理情况的综合报告，市人大财经委的调研报告。会议听取和审议了市人民政府关于2021年全市1—8月预算执行情况及市本级预算调整（草案）的报告，市人大财经委的审查报告，表决批准了市本级2021年财政预算调整方案的决定。会议听取市人民政府关于《湘潭市爱国卫生条例》实施情况的报告。会议听取和审议市公安局、市中级人民法院、市人民检察院关于贯彻执行《刑法》第二编第三章“破坏社会主义市场经济秩序罪”情况的报告，市人大常委会执法检查组的执法检查情况报告。听取和审议了市监察委员会关于扫黑除恶“打伞破网”专项情况的报告，市人大监察和司法委的调研报告。会议听取和审议了市人民政府《关于开展第八个五年法治宣传教育的决议（草案）》的说明，表决通过了《关于在全市开展第八个五年法治宣传教育决议》。会议听取和审议了市人大常委会代表资格审查委员会《关于个别市人大代表资格审查情况的报告》，会议确认胡贺波、李激扬等2人的湘潭市第十五届人民代表大会代表当选合法有效。会议审议了五项人事事项：根据市人大常委会代理主任李江南的提请，免去了彭术龙的湘潭市人大常委会副秘书长、办公室副主任职务；根据市人民政府代理市长胡贺波的提请，任免了周晖、杨广、黄建平等人的相关职务；根据市监委代理主任李激扬的提请，免去王迎旭的湘潭市监察委员会委员职务；根据市中级人民法院院长廖迪文的提请，免去了贺一农、彭国毅的相关法律职务，撤销了谭伟的相关法律职务；根据市人民检察院检察长刘建军的提请，任免了陈宇、刘湘辉的相关法律职务，撤销了陈石坚的相关法律职务。

市十五届人大常委会第三十六次会议于11月19日召开。会议审议和通过了湘潭市人民代表大会常务委员会关于召开湘潭市第十六届人民代表大会第一次会议的决定。会议听取和审议了市人民政府《关于2020年度市本级预算执行和其他财政收支情况审计发现问题整改落实情况的报告》，市财政局、市自然资源和规划局、市生态环境局、市市场监管局、湘潭高新区管委会、市中心血站等20家单位报告本单位审计发现问题整改落实情况，市人大财经委的调查意见。会议对市财政局等20个单位整改情况进行了满意度测评。会议听取和审议了市人民政府所作的《关于我市中医药传承创新发展情况的报告》，市人大教科文卫委员会的调研报告。会议听取和审议“一府两院”关于市十五届人大六次会议以来代表建议办理和督查情况的报告，以及人大常委会选任联工委相关报告。听取市人大常委会法工委关于2021年开展规范性文件备案审查工作的情况报告。会议听取市人大常委会代表资格审查委员会关于市十六届人大代表资格审查情况的报告，会议确认王小玲等346人的湘潭市第十六届人民代表大会代表当选合法有效。会议审议了有关人事事项：根据市人民政府代理市长胡贺波的提请，任免了吴劲松、周复明等人的职务；根据市监察委员会代理主任李激扬的提请，任免了曾洪良等人的职务；根据市人民检察院检察长刘建军的提请，批准免去蒋九久等人职务。会上，市人大常委会党组书记、常务副主任李江南为新任人员颁发了《任命书》，举行了向宪法宣誓仪式。

市十五届人大常委会第三十七次会议于12月16日召开。会议听取了市人民政府关于2021年财政预算执行及2022年财政预算（草案）安排情况的报告。会议听取和表决通过了市十六届人大一次会议大会筹备处秘书组关于市十六届人大一次会议的议程草案、日程草案；大会筹备处组织组关于市十六届人大一次会议主席团成员和秘书长名单草案、主席团常务主席名单草案、执行主席分组名单草案、副秘书长名单草案、应邀在主席台就座的人员名单草案、《选举办法（草案）》、列席人员名单草案；大会筹备处议案建议组关于市十六届人大一次会议代表提出建议、批评和意见注意事项、议案的提出和处理办法草案，质询案的提出和办理程序草案。会议听取和讨论了市人大常委会工作报告，表决通过了上述报告，并根据常委会主任会议研究，推选李江南代理主任为报告人。会议听取了大会筹备处关于市十六届人大一次会议筹备工作情况的报告。会议审议了有关人事事项：根据市人大常委会代理主任李江南的提请，任免了成秋兴等人的职务；根据市中级人民法院院长廖迪文的提请，任免余清华等人的相关法律职务。市人大常委会党组书记、常务副主任李江南为新任人员颁发了《任命书》，举行了向宪法宣誓仪式。

市十五届人大常委会第三十八次会议于12月24日召开。会议听取了市十六届人大一次会议大会筹备处组织组关于《市十六届人大一次会议选举办法（草案）》及修改情况说明，经表决，同意提交大会主席团第一次会议通过后，交由大会第一次全体会议审定。会议审议了有关人事事项：根据市人大常委会主任会议的提请，接受黄兰香、吴志雄辞去湖南省第十三届人民代表大会代表职务，补选胡贺波、周晓理、刘俊为湖南省第十三届人民代表大会代表。

市十五届人大常委会第三十九次会议于12月29日召开。会议根据市人大常委会主任会议提请，接受胡伯俊辞去湖南省第十三届人民代表大会代表职务。

（李　炎）

湘潭市人民政府

综 述

【概况】 2021年，湘潭市地区生产总值同比增长7.8%，规模工业增加值增长9.6%，固定资产投资增长9.1%，地方一般公共预算收入增长9.1%，社会消费品零售总额增长15.9%，进出口总额增长33.7%，城乡居民人均可支配收入增长8.2%。

突出优势产业链振兴实体经济。狠抓“迈好第一步，项目论英雄”竞赛活动，48个省重点项目投资任务提前完成，497个市重点项目、11个“三高四新”重大产业项目投资完成率分别为125.9%和129.6%。金龙新材料、中南高科智能制造等项目正式投产，宏达湘君电子、湘乡电子信息产业园一期、金荣智能制造产业园一期等项目竣工，吉利新能源SUV、金杯电工电磁线有限公司、湖南山河智能机械股份有限公司、伟光汇通文化旅游投资集团、中国雨润食品集团有限公司等项目签约落地，湘潭大数据中心、竹埠港新区等项目加速推进。风电装备产业入选国家级创新产业集群。湘电风能重组为哈电风能。华菱线缆集团成功上市，裕能新能源公司、崇德科技公司进入上市审核阶段。步步高集团上榜中国民营企业500强。制定实施关于创建“五好”园区振兴实体经济政策。

围绕培育新动能扩大创新开放。38项成果获省科学技术奖励。实施科技创新“揭榜挂帅”行动，48个重大技术难题攻关实现对接。大型永磁电机整体充磁技术取得突破。湘潭经开区获批国家级绿色园区，吉利汽车公司、五洲通公司等8家企业获批国家级绿色工厂和绿色设计产品。湘潭高新区获批国家级低碳示范园区，韶山市获批国家生态文明建设示范区，入选国家文化和旅游消费试点城市。引进亿元以上产业项目133个，其中“三类500强”26个。湘潭综保区跨境电商综合服务中心、“1210”保税仓和监管平台建成运营。

聚焦长株潭都市圈建设，推进城乡融合发展。举办长株潭第三届市委书记联席会议，发布“1+3+10”合作协议，“十同”任务和“三十大标志工程”加速推进。打造11条重点样本小巷，背街小巷整治经验全国推介。开工黑臭水体治理项目55个，新建污水管道33.1公里。新建5G基站1800个、新能源充电场（站）22个。湘潭二大桥、谈爱桥完成修缮，荷塘综合客运枢纽主体完工。启动厨余垃圾资源化利用等项目，改造垃圾分类收集点200个。燃气管道改造、照明盲点消除等任务超额完成。推进脱贫攻坚同乡村振兴有效衔接，健全防返贫监测和帮扶机制，完成23个重点移民村建设和310个产业扶持等移民后扶项目。启动乡镇污水处理设施建设13处，农村危房改造全部竣工，“厕所革命”稳步推进，乡村生活垃圾处理付费制等经验获全国推广。雨湖区获批国家级农村综合性改革试点试验区。中路铺镇柳桥村、鹤岭镇龙安村入选全国第二批乡村治理示范村。

“放管服”改革向纵深推进。落地“一件事一次办”改革事项320项，申请材料精简46%，办事环节压缩75%，审批时限压缩32%，企业开办时间压缩至0.5个工作日，免费刻制首套印章实现全覆盖。“市民之家”建成运行，进驻政务服务事项1852项，设立“办不成事”反映窗口。12345政务服务便民热线归并优化。在全省率先设立中小微企业首贷中心、续贷中心和银行“微税厅”。向园区赋权市级经济社会管理权限197项。推进国企改革三年行动，平台公司“四清四核”全面完成。岳塘经开区和昭山示范区整合管理、改革体制。在省属国企支持下，组建城市综合运营发展基金，首批项目实施。

紧盯安全底线防范化解各类风险。扎实推进长江经济带警示片披露问题等各类问题整改，港口码头环保问题率先完成整改销号。完成41个废弃露天矿山治理，关闭注销57个“僵尸矿山”。更换241台新能源纯电动出租车。化解政府性债务工作克难攻坚、成效突出，稳妥处理到期债务，持续推动债务结构改善。创新“六抓六精准”举措，严密推进疫情常态化防控。开展安全生产专项整治三年行动集中攻坚，没有发生较大以上生产安全事故。举办全省首次低温冰冻雨雪灾害应急演练。

办好民生实事。湘大附属实验学校、九华雅礼中学、湘潭县芙蓉学校、韶山学校高新校区等投入使用。普通高中大班额全面清零，职普分流达到省定标准。“双减”政策落地见效，中小学课后服务实现全覆盖，校外培训机构专项治理取得阶段性成果。举办“湘赣红”文化旅游产业发展城市论坛。高水平办好第十三届市运会。巫家拳入选国家级非遗名录，龙牌酱油酿造技艺等7个项目入选省级非遗名录。

【经济工作总体要求】 2021年，湘潭市经济工作总体要求是：以习近平新时代中国特色社会主义思想为指导，全面贯彻党的十九大和十九届二中、三中、四中、五中全会精神，坚决落实习近平总书记关于湖南工作系列重要讲话指示精神和中央、省委、市委经济工作会议精神，坚持稳中求进工作总基调，立足新发展阶段，贯彻新发展理念，构建新发展格局，以推动高质量发展为主题，以深化供给侧结构性改革为主线，以改革创新为根本动力，以满足人民日益增长的美好生活需要为根本目的，落实“三高四新”战略，推进“六个湘潭”建设，着力打造“四区一地”，全面实施“一六二”工程，坚持创新引领开放崛起，坚持扩大内需战略基点，坚持系统观念和底线思维，坚持精准施策，更好统筹发展和安全，做好“六稳”工作、落实“六保”任务，巩固拓展疫情防控和经济社会发展成果，推动经济平稳健康运行、社会和谐稳定。

【经济和社会发展主要目标】 2021年，湘潭市经济和社会发展主要预期目标是：地区生产总值增长7.5%以上，规模工业增加值增长8%，固定资产投资增长9%，社会消费品零售总额增长9%，地方一般公共预算收入增长5%，城乡居民人均可支配收入增长与经济增长同步。

【经济和社会工作重点】 2021年，湘潭市重点抓好以下经济和社会工作：

构建现代产业新体系。努力攻克产业链核心技术，对接国家和湖南省重大工程部署，从供给和需求两端着手编制关键核心技术攻关清单，鼓励企业参与“揭榜挂帅”，支持信创、新材料、电子信息等领域企业和科研机构参与“四基”攻关，重点在锂离子动力电池、电机驱动与电力总成、电动汽车智能网联等领域突破一批产业链共性技术。提升产业链、供应链水平，支持龙头企业带动关联配套企业到湘潭落地，支持岳塘综合物流园、一力物流园等重点枢纽园区建设和AAAAA级物流企业跨界融合。推动制造业数字化智能化改造，支持华为工业云、中电互联等本地智能制造服务商发展壮大，加快大数据产业园、腾讯云启创新中心、湘潭大数据及运营中心、宝德信创产业园等重点项目建设，推动企业“上云上平台”，推广“5G+工业互联网”应用。完善工作机制，优化整合11条工业新兴优势产业链和4条服务业产业链，进一步做实“四长联动”，推动“一链一策”。培育产业人才，加大急需紧缺型产业人才引进力度，支持在湘潭的高校围绕重点产业培养数字经济、人工智能、研发设计、法律金融等领域高素质人才；支持在湘潭的职业院校与产业链骨干企业通过“现代学徒制”“订单式培养”等新模式。提升金融服务能力，完善政银企对接机制，发挥政府性资金引导作用，发展供应链金融，建好小微企业金融服务试验区、中小企业融资服务窗口等平台。抓实企业培育，深化“千百扶培”行动，实行领导干部联系规上企业机制；力争新增规模工业企业140家以上、高新技术企业80家以上，推动国家、省级小巨人企业再上新台阶；确保华菱线缆年内成功上市，力争地通工业公司、崇德科技公司递交首发上市申请材料。抓实产销对接，逐月分产业组织产销对接和银企对接活动；完善长株潭工业品相互采购清单，加大政府投资重大项目以及国有企业对本土工业产品的采购力度；做强中南农机机电产品展示交易会等本地展销平台。抓实项目服务，紧盯吉利新车型和新能源车“双推动”，服务湘潭钢铁集团有限公司迈上1600万吨精品钢产能新台阶，推动湘电风能集团与哈电集团合作项目、江麓集团与山河智能集团合作项目落地；推动皇爷食品公司、胖哥公司等骨干企业扩产增效；全力确保蓝思科技产业园、金龙铜业产业园、中联重科配套产业园、三一韶山重能产业园、屹丰汽车焊装总成、汇弘食品等项目投产达产；依托工业数据云建设产业监测平台，加强对各主导产业发展趋势分析。争创全国质量强市示范城市，评选第三届市长质量奖，加强农业地方标准制修订，支持各行业协会等机构开展团体标准试点。强化品牌培育，鼓励企业提升产品包装营销水平，努力在特种电缆、电机电控、机械制造、食品药品、文化旅游、特色农产品等领域创建一批知名品牌。强化知识产权保护，推动成立湘潭市知识产权保护中心。

塑造改革创新新优势。推进研发“增投”、企业“登高”、成果“破茧”，力争全年研发投入强度达到2.8%，技术合同成交额达到115亿元以上。围绕创建创新型城市总目标，实施双“50”创新项目：主攻碳纳米管芯片等10大关键核心技术，实施高性能精品特钢研发与应用等10大领先科技创新深化项目，建设汽车等10大创新人才团队，建设运营好湖南应用数学中心等10大重点科创平台，打造大功率风力发电机性能试验技术等10大产学研合作示范工程；集中转化磁悬浮高速电机等50项重点创新成果。强化企业创新主体地位，促进各类创新要素向企业聚集，支持企业牵头组建创新联合体。深化政产学研用融合，建立产业链协同创新体系。组织企业申报国家、省的单项冠军。支持湖南华菱湘潭钢铁有限公司、吉利汽车集团有限公司、湘电集团有限公司、江南工业集团有限公司等领军企业建设一流研发机构，支持宏大真空技术股份有限公司、湖南时变通讯科技有限公司、湖南振添光学玻璃科技有限公司等科技型骨干企业参与国家和湖南省重大科研项目，支持中小微企业开展技术创新等各类创新活动。支持院所、高校、企业科研资源共享，推动重点领域项目、人才、资金等一体化配置。健全多元化投入保障机制，完善科技金融支撑体系，落实企业研发费用加计扣除、新增研发投入奖补、仪器设备折旧等政策。完善股权激励机制，推进科研人员职务科研成果所有权和长期使用权、科研经费使用“包干制”等试点。做强“智造莲城”路演品牌，依托潇湘科技要素大市场，促进创新要素加速流动。深化智慧湘潭建设，理顺体制机制，破除“数据烟囱”，建设全市数据共享交换平台，做好传统产业数字赋能与新兴产业招引，推进产业数字化、数字产业化。深入推进平台转型后的国企改革，通过开展“清资产核资源、清企业核效益、清债务核往来、清人员核岗位”，建立现代企业制度，注入优质资产赋能，推动管理提质增效，打造具有较强运营能力与核心竞争力的市场主体。优化国有资源资产布局，稳妥推进混合所有制改革。全面完成国有企业退休人员社会化管理。深化机关事业单位国资改革，推动机关事务集中统一管理。加大税源财源建设力度，有序推进相关领域财政事权与支出责任划分改革，推动预算绩效管理全覆盖，全面实行零基础预算。深化教育、医疗等社会领域改革，要素市场、投融资机制等经济领域改革，商事制度、“放管服”等政府自身改革。

融入国际国内新格局。加快长株潭轨道交通西环线建设，启动建设湘潭伏林大道至长沙黄桥大道、长沙新韶山路至湘潭昭山大道等城际干道，加快醴娄高速过境通道建设，争取启动渝长厦高铁联络线建设。办好长株潭城市群一体化发展第三届联席会议。推动公共服务一体化，在持续畅通半小时交通圈基础上，打造半小时产业圈、经济圈、生活圈。全域推进“湘潭向北，西拓南延”，全力支持湘潭县百强进位、湘乡市迈向百强，增强市域经济聚合力和县域经济支撑力。加快建设湘江新区九华新片区，理顺机制、明确路径，推动湘潭经开区与湘江新区融合发展迈出实质性步伐。支持湘潭高新区提质增效，跨区发展，提升单位土地产出效益。支持湘潭综保区围绕大玩具、医疗器械、电子信息等重点产业，承接沿海地区外贸加工产业转移，加速跨境电商查验监管中心、保税仓等软硬件建设。推进岳塘经开区、昭山示范区优化整合，探索审批服务等园区改革新模式。加快天易经开区创建国家级经开区进程。支持湘乡经开区建设两型工业基地和电工电气新城。支持韶山高新区打造科技成果转化示范基地。支持雨湖高新区建设长株潭智造新城。高水平建设跨境电商综合试验区，力争引进2家以上跨境电商平台头部企业到湘潭设立区域总部或集货中心、结算中心，实现跨境电商进出口额2.2亿美元以上。实施外贸企业“破零倍增”计划，支持金属材料、机电装备、电子信息、医疗器械、防疫物资、特色农产品等行业发展出口贸易。做好促进外贸工作，支持湘潭企业抱团出海。开展小分队招商、产业链招商、乡友招商、以商招商，完善领导挂帅机制、快速决策机制、跟踪服务机制、考核奖励机制，确保新引进“三类500强”企业10家以上、亿元以上投资项目100个以上。扭住供给侧，注重需求侧，打通堵点，补齐短板，形成需求牵引供给、供给创造需求的更高水平动态平衡。重振传统商圈，支持建设北路、基建营等传统商圈向综合型消费场所转型，加快步步高新天地、中骏世界城、月星环球港、京东电器旗舰店等项目建设。培育新型消费，发展家政、养老、托幼等新型服务，支持京东、58平台发展线上消费新业态。壮大大宗消费，保持房地产健康发展，培育九华汽车商圈。适度扩大公共消费，提高教育、医疗、社保等领域公共支出效率。有效提升消费基础设施，完善社区便民消费和城乡物流配送体系。优化消费秩序，加大市场监督执法力度，评选一批特色街区。升级农村消费，推进汽车下乡、电商进村、家电升级。

实现农业农村新发展。落实粮食安全责任制、菜篮子市长负责制，稳定粮食生产面积和生猪出栏数量，加强种质资源保护利用，巩固提升种植结构调整成效，完成13.4万亩高标准农田建设任务。做强“两主两特”农业产业，因地制宜发展茶叶、蔬菜、油茶、花卉苗木等生态种养业和林业产业，深化“双十”行动，抓好粮食科技产业园、湘莲产业园、广州酒家利口福等项目建设，推动槟榔产业转型升级，支持沙子岭猪、龙牌酱油等特色产品发展，培育湘莲等5个国家地理标志保护产品市域公用品牌。引进和培育农业深加工龙头企业，支持农业企业利用多层次资本市场挂牌融资。推进“莲渔、稻渔”等综合种养和植物工厂、智慧大棚建设。支持乡村旅游、休闲农业发展。加强农产品仓储冷链物流体系建设，建好智慧供销惠农服务平台。实行最严格耕地保护制度，开展农村乱占耕地建房问题专项整治。加强乡村风貌管控，推进空心房整治、农村改厕、生活垃圾处理、污水治理和农业面源污染治理。深化“十百千万”创建，加强乡村建设规划设计，新创建县级以上美丽乡村示范村40个、美丽屋场200个、三星级美丽庭院3万户。完善乡村水电路网等基础设施，持续推进农村公路提质升级和“四好”公路建设，畅通旅游路、资源路、产业路。深化农村饮水安全工程。推进数字乡村建设。加快培养新型职业农民，新创建市级以上示范合作社和家庭农场80家以上。做好村（社区）“两委”换届工作。有序推进承包地“三权分置”改革、农村宅基地制度改革，落实第二轮土地承包到期后再延长30年政策。探索农村集体经营性用地入市制度。培育壮大村级集体经济，用好集体产权制度改革成果，构建农村产权交易平台，加快推动资源变资产、资金变股金、农民变股民。发展涉农金融，推广农业保险，提高农业抗风险能力。统筹推进供销合作社、农业领域综合执法、集体林权制度等各项改革。实现巩固拓展脱贫攻坚成果同乡村振兴有效衔接，保持减贫政策和工作体系稳定，持续推动“两不愁三保障”等突出问题动态清零，建立产业扶贫、消费扶贫、就业扶贫等稳定脱贫长效机制和防止返贫致贫监测帮扶机制。做好永顺县和吐鲁番市高昌区对口帮扶工作。

推进新型城镇化。科学编制国土空间总体规划，争取城市发展用地规模增加60平方千米以上。构建“一湾一圈三带多点”发展格局：“一湾”即按照“一环六组团”布局打造“湘江大湾区”；“一圈”即提质现有主城区，整合雨湖、九华、昭山长潭接壤地区，规划建设湘潭新城，形成以“双城驱动”为中心，融合湘潭县、湘乡、韶山的“金湘潭都市融合圈”；“三带”即北进的北部科创发展带、西拓的西部综合发展带、南延的南部新经济发展带；“多点”即形成鹤岭、乌石、银田、月山等中心镇及特色镇的多节点支撑。以片区开发为切口，创新能对应资产、财务可持续、带动发展的投融资模式，努力扩大有效投资，探索精明增长有效路径。按照长短结合、创新融资、破解难题、有序推进的原则，规划和推进以交通基础设施为牵引的东坪、西二环、下摄司、西大门、羊牯塘片区，以产业为牵引的竹埠港、晓塘、军工小镇、通用航空小镇片区，以配套建设为牵引的九华医疗健康城片区，以产城融合为牵引的兴隆湖、高新滨江片区，以盘活存量土地为牵引的碧泉湖万楼、十八总有机改造片区和以融城为牵引的“两干”两厢融城社区等片区开发项目。用好城市综合运营基金，加快“批而未征”土地征拆扫尾，确保年度计划供应经营性用地中存量用地占比不低于60%。抢抓交通强国机遇，有效发挥综合交通枢纽体系总体效率。加快G320绕城线三期、G240韶山至湘乡、G354韶水线、杨梅洲大桥、下摄司大桥、滨江路等项目续建，努力完成控制性工程的关键建设任务。推进西二环线三期建设，启动韶乌线二期湘乡至乌石、伏林大道二期、G240湘乡五里桥至梅桥等项目前期工作，确保S219姜道线建成通车。完成荷塘综合客运枢纽、河西汽车总站建设。建设5G基站和新能源汽车充电桩各1800个以上。抓好5G应用场景建设。加快500千伏湘潭西变电站等电网项目建设。完成中小河流、主要支流治理等水利基础设施建设。启动韶山灌区现代化改造、应急备用水源地、唐兴桥泵站等项目。建设城区环卫一体化、步行和自行车交通系统二期、餐厨垃圾无害化处理、双马垃圾场整改等项目。稳步推进“莲城绿道”建设。持续推进老旧小区改造三年行动计划，建设美好社区15个，提质改造老旧小区206个、2.6万户。深化户籍制度改革，加快农业转移人口市民化。开展黑臭水体深化治理，消除入渠排污口，完善市政排水管网，推进雨污分流改造。实现乡镇污水处理设施建设全覆盖。加强城市风貌管控和文物保护，修缮白石文化街、窑湾古街等老街区。有序推进市城区老旧公园改造，提质改造部分天然气管道，启动湘潭大道、北二环等路灯线路改造。建立“两级政府、三级管理、四级网络”城市管理长效模式，强化城市综合管理服务平台建设和数据互联共享。

加快发展方式新转变。实施长株潭大气污染联防联控联治，推进钢铁超低排和氮氧化物、挥发性有机物“双减双控”，持续推进建筑工地、道路等扬尘污染以及餐饮油烟、柴油货车等污染防治。严格落实河长制、湖长制要求，确保“一江两水”水质考核断面稳定达标。完成湘江保护和治理第三个“三年行动计划”任务，抓好长江干支流入河排污口、城市黑臭水体、饮用水源地环境问题整治。加快实施竹埠港易家坪片区、湖铁等重点土壤污染治理项目和谭家山矿区综合治理等重点矿山治理工程。落实党政领导干部自然资源资产离任审计和生态环境损害终身追究制度。严格实施“三线一单”生态环境分区管控。建立市县两级环境污染事故应急预警系统。保持对环保违法行为的高压态势。支持韶山市争创国家生态文明建设示范市（县）。深化国家森林城市建设，全面推行林长制。以建设绿色低碳城市为抓手，全面推行工业企业清洁生产和超低排放改造，推动矿业转型绿色发展，加快工业园区和产业集群升级。构建“两网融合”废旧回收物循环再利用体系，通过社会化、市场化、资源化运转推进垃圾分类。推动湘潭生活垃圾焚烧发电项目投产。

推动民生福祉新改善。推动韶山资源整合，支持开展景区综合执法改革，建成最忆韶山冲项目，加快航天科技小镇等建设进度，依托韶山干部学院等教育培训基地做强红色教育培训品牌，做好韶山至井冈山红色旅游铁路专线前期工作。推进碧泉书院、江韵潭州、名人故居等湖湘文化载体招商和建设，推进“千里湘江第一湾”创建国家级旅游度假区，加快韶山灌区、古龙湖航天小镇、乌石军旅小镇等文旅项目建设，畅通全域旅游线路，推动全域旅游发展。办好第六届齐白石国际文化艺术节、湘莲文化节、“月秀越开心”、市运会等文化体育活动。推进市工人文化宫建设。推进基础教育高质量发展，全面启动教育评价和新高考改革，巩固公办园入园幼儿占比达 50% 成果；推进湘潭大学附属实验学校、岳塘滴水湖学校二期、韶山学校新校区、湘乡东台中学、云龙教育集团中学部等学校建成并投入使用，加大乡镇寄宿制学校建设力度；支持驻湘潭高校“双一流”和高职院校“双高校”建设，引导高校独立院校就地转设；深化职业教育改革，推进全市中职（中技）学校资源整合，启动湘潭技师学院“双挂牌”工作；规范支持民办教育发展，强化教师待遇保障，切实减轻中小学课业负担。推进公共卫生补短板，实施健康湘潭 15 个重点专项行动；深化公立医院综合改革，提升县级医院能力，发展中医药事业，推进行政村卫生室标准化建设；加快中心医院九华分院建设和市中医院整体迁建，支持湘潭医卫职院附属医院发展，推动市五医院、六医院建成三级专科医院；抓好湖南医疗器械产业园、湖南健康产业园核心区和湖南健康医疗大数据中心建设；深化国家卫生城市建设，深入开展新时代爱国卫生运动。坚持就业优先，深化“三送三稳”保就业工作经验，努力实现更高质量更加充分的就业。大力实施全民参保行动，健全基本养老、医疗保险筹资和待遇调整机制。健全分层分类社会救助体系，完善帮扶老年人、残疾人、孤儿等社会福利制度。确保城镇新增就业 5 万人，开展政府补贴性职业技能培训 3.7 万人。孕产妇免费产前筛查、新生儿遗传代谢病免费筛查全覆盖，救治救助贫困严重精神障碍患者 600 名。完成省定新（改）建农村公路任务。中小学教室灯光照明提质改造 500 间。城区健身设施设备配送 10 处。完成省定新（改）建农村户用厕所任务，建设乡村旅游厕所 30 座，新建城区二类及以上标准公厕 5 座。资助贫困人口参加城乡居民基本医疗保险。完成省定残疾儿童康复救助和贫困残疾家庭无障碍改造任务。对城乡 300 户困难老人家庭进行适老化改造。完成 10 千伏及以下行政村配电网改造投资 9000 万元。打造放心早餐样板店 50 家。消除城区小街小巷路灯盲点 1918 盏。新建智能自助洗车便民点 20 个。

提升营商环境。对标先进地区，完善四级政务体系权责清单和公共事务清单，开展新一轮对国家级、省级园区赋权工作，完善“园区事园区办”全生命周期审批服务机制。深化“马上办、网上办、就近办、一次办”改革。推进“互联网+政务服务”，完善“e 潭就办”App、市长热线等一体化平台。高水平运营管理市民之家，推进市本级依申请类政务服务事项全面进驻。巩固企业开办设立登记、“三即”承诺制等改革成果。加强网上中介超市运行管理。破除隐性壁垒，推行负面清单管理，全面开放法律法规未明确禁止民间投资进入的行业和领域，持续整治要素供给领域利用垄断地位妨碍市场公平竞争等问题。开展公共工程建设项目、公共资源交易、政府采购等领域突出问题整治，坚决遏制招投标不正之风。落实减税降费政策，完成清理拖欠民营企业账款任务，全力兑现招商引资奖补政策。打好政策工具组合拳，对近年来出台政策进行梳理评估和完善整合，建设全市统一涉企政策信息发布平台，靶向精准，做好政策宣传培训，提高政策覆盖面和知晓度。建立领导联点、优秀企业家评选、企业“首办容缺”“首错免责”、公职人员服务履职差评、党委领导各方协同督办落实等各项工作机制。加强法治政府建设，争创法治政府建设示范市。严格落实行政执法责任制，规范行政执法行为。支持司法机关破解诉讼难、执行难等群众反映强烈问题。推进企业破产处置府院联动机制。依法保护企业家合法权益，坚决惩处破坏正常市场经营秩序的不法行为。做好“八五”普法工作，认真宣传实施《民法典》等法律法规。

构建安全发展新局面。全面落实“过紧日子”要求，全力保障资金链条安全，防止刚性兑付爆雷。继续盘活资源、变现资产，努力实质性偿还一批到期债务，减少债务总额。持续优化债务结构，降低刚性兑付比例和融资成本。持续降低全市和市本级综合债务率，牢牢守住隐性债务不新增、“三保”资金不断链、风险事件不发生三条红线。创建国家安全发展示范城市，深入开展安全生产专项整治三年行动，坚决杜绝重特大事故、遏制较大事故。加快完善应急预案体系，深入推进综合减灾示范社区创建。推进治理车辆超限超载联合执法常态化制度化，实施高速公路、普通干线公路、农村公路和城市道路“四路同治”。做实路长制，打造路长制湘潭样本。开展交通问题顽瘴痼疾和马路市场整治，落实铁路沿线安全环境综合整治“双段长”责任制。加强食品安全监管。推动扫黑除恶工作常态化，严厉打击涉矿涉砂、非法集资等违法犯罪活动。强力推进突出毒品问题整治三年行动，争创“全国禁毒示范城市”。创建全国社会治安防控体系建设示范城市。开展集中治理重复信访、化解信访积案专项工作，深化信访“三无”创建。推进社区矫正工作，扩大“智慧矫正”试点范围。出台《湘潭市行政调解办法》，加强人民调解员队伍建设。

（刘　科　胡　平）

市人民政府全体会议

【概况】　2021 年 1 月 6 日，市人民政府第十五届第九次全体会议召开，讨论《政府工作报告》（讨论稿）、《湘潭市国民经济和社会发展第十四个五年规划和二〇三五年远景目标纲要（草案）》（讨论稿）。市领导张迎春、杨广、陈小山、傅军、罗伟、刘永珍、向敏、董巍、颜晓媚参加会议。

1 月 21 日，市人民政府第十五届第十次全体会议召开，对 2021 年《政府工作报告》重点任务分工进行安排部署。市领导张迎春、杨广、陈小山、傅军、罗伟、刘永珍、向敏、董巍、颜晓媚参加会议。

12月17日，市人民政府第十五届第十一次全体会议召开，讨论《政府工作报告》（讨论稿）。市领导吴志雄、周晖、刘永珍、向敏、董巍、傅军、丁诚、吴劲松、陈爱民、颜晓媚参加会议。（刘科 胡平）

市政府重要决策

【市人民政府发布的规范性文件】 2021年2月8日，湘潭市人民政府关于依法整治涉河（渠）非法排污等行为的通告（潭政通〔2021〕1号）。

5月27日，湘潭市人民政府 关于实施行政复议体制改革有关事项的通告（潭政通〔2021〕2号）。

7月1日，湘潭市人民政府 关于发布《湘潭市本级依申请类行政权力事项清单（2021年版）》《湘潭市本级公共服务事项清单（2021年版）》的通知（潭政发〔2021〕6号）。

7月30日，长沙市人民政府 株洲市人民政府 湘潭市人民政府 关于长株潭三市保护生态环境共建生态文明的实施意见（潭政发〔2021〕7号）。

8月2日，长沙市人民政府 株洲市人民政府 湘潭市人民政府 关于深入实施"三高四新"战略全面推进长株潭重大产业协同发展的意见（潭政发〔2021〕8号）。

9月10日，湘潭市人民政府 关于公布湘潭市园区赋权清单和指导目录的通知（潭政发〔2021〕9号）。

9月30日，湘潭市人民政府 关于印发《湘潭市"十四五"科技创新规划（2021—2025年）》的通知（潭政发〔2021〕11号）。

12月31日，湘潭市人民政府关于重新划定高污染燃料禁燃区的通告（潭政通〔2021〕3号）。

市长重要调研活动

【概况】 2021年1月2日，市委副书记、市人民政府市长张迎春赴雨湖区调研。

1月11日，市委副书记、市人民政府市长张迎春陪同城市规划和建设专家组一行在湘潭调研，市领导向敏参加。

1月20日，市委副书记、市人民政府市长张迎春赴韶山市调研温泉、航天小镇规划。

2月1日，市委副书记、市人民政府市长张迎春陪同全国人大财经委副主任委员杜家亳在湘潭调研。

2月8日，市委副书记、市人民政府市长张迎春开展春节前走访慰问，市领导杨广、贺建参加。

2月9日，市委副书记、市人民政府市长张迎春开展春节前安全生产、疫情防控、市场保供工作检查，市领导傅军、董巍参加。同日，张迎春一行赴湘乡市走访慰问帮扶对象。

2月18日，市委副书记、市人民政府市长张迎春新春走访民主党派、工商联机关。陪同省委副书记、省人民政府省长毛伟明在湘潭调研。

3月1日，市委副书记、市人民政府市长张迎春陪同副省长陈文浩在湘潭开展湘江流域全面贯彻实施《长江保护法》调研，市领导陈小山参加。

3月2日，市委副书记、市人民政府市长张迎春赴湘潭经开区、湘潭高新区调研全市产业链暨重点工业项目，市领导陈小山、颜晓媚参加。

3月3日，市委副书记、市人民政府市长张迎春陪同长沙市委常委、湖南湘江新区管委会主任钟钢一行在湘潭经开区考察调研，市领导陈小山、傅军、向敏、董巍参加。

3月5日，市委副书记、市人民政府市长张迎春赴湘潭县、湘乡市调研两山铁路开通有关工作，市领导陈小山参加。

3月8日，市委副书记、市人民政府市长张迎春陪同浙江省政府副省长王文序、湖南省政府副省长朱忠明一行在湘潭调研，市领导刘永珍参加。

3月9日，市委副书记、市人民政府市长张迎春陪同市州优秀年轻干部专题调研组赴湘潭综保区、湘大片区现场考察，市领导董巍参加。

3月11日，市委副书记、市人民政府市长张迎春调研先进电传动及风电装备产业链，市领导周放良、刘良廷参加。

3月16日，市委副书记、市人民政府市长张迎春陪同国家长江办调研组在湘潭调研2020年长江经济带警示片披露问题整改工作（双马垃圾场、涓水一桥），市领导向敏参加。

3月18日，市委副书记、市人民政府市长张迎春调研新能源和汽车制造产业链，市领导陈小山、熊兆伟参加。

3月21日，市委副书记、市人民政府市长张迎春陪同中央政治局委员、中央书记处书记、中宣部部长、中央党史学习教育领导小组组长黄坤明一行在韶山调研。

3月24日，市委副书记、市人民政府市长张迎春开展营商环境暗访督查，市领导杨广、向敏参加。

3月25日，市委副书记、市人民政府市长张迎春率队夜访突查征拆工作。

3月31日，市委副书记、市人民政府市长张迎春陪同省委常委、长沙市委书记吴桂英一行在湘潭调研。陪同省人民政府副省长陈飞一行到蓝思科技公司调研，市领导傅军参加。

4月3日，市委副书记、市人民政府市长张迎春陪同最高人民法院院长、党组书记周强在市中级人民法院调研。

4月6日，市委副书记、市人民政府市长张迎春专项督导重点生态环境问题整改工作，市领导陈小山、向敏参加。

4月7日，市委副书记、市人民政府市长张迎春调研全市春耕生产（石潭镇紫涟村村企联动水稻专业种植项目、鑫牛农业、雨湖区蘑蘑哒、改厕情况），市领导刘永珍参加。

4月12日，市委副书记、市人民政府市长张迎春现场督导检查中央第六生态环境保护督察组交办问题整改情况，市领导向敏参加。

4月13日，市委副书记、市人民政府市长张迎春赴湘潭高新区调研，市领导杨广、向敏参加。

4月17日，市委副书记、市人民政府市长张迎春督导中央环保督察发现问题整改工作。

4月18日，市委副书记、市人民政府市长张迎春督导中央环保督察发现问题整改工作（湘潭经开区华源港口、湘乡市）。陪同省委副书记、省人民政府省长毛伟明在昭山调研绿心保护工作，市领导向敏参加。陪同中央生态环境保护督察组第六组副组长、生态环境部副部长叶民一行在湘潭下沉督察湘潭市突出生态环境问题整改工作。

4月21日，市委副书记、市人民政府市长张迎春赴湘潭县调研化债工作，市领导向敏、董巍参加。

4月29日，市委副书记、市人民政府市长张迎春陪同全国政协经济委员会“构建现代化基础设施体系”专题调研组在湘潭钢铁集团有限公司调研，市领导周放良、胡振湘参加。

5月3日，市委副书记、市人民政府市长张迎春赴湘潭经开区湖南巨发科技有限公司、雨湖区鹤岭镇金源采石场现场督导中央环保督察交办信访问题整改工作。赴岳塘区湖南金航港务有限责任公司和湘潭钢铁集团有限公司开展现场督导中央环保督察交办信访问题整改工作。

5月5日，市委副书记、市人民政府市长张迎春赴晴溪、江韵潭州项目考察。

5月22日，市委副书记、市人民政府市长张迎春赴窑湾督查防汛工作。

5月26日，市委副书记、市人民政府市长张迎春督查安全生产和防汛工作并开展上半年巡河，市领导刘永珍参加。

6月7日，市委副书记、市人民政府市长张迎春陪同省委统战部中共党史联合学习暨“看巨变凝共识谋发展”学习调研组在湘潭调研，市领导杨真平参加。

6月13日，市委副书记、市人民政府市长张迎春赴湘潭县排头乡鸢尾花基地考察。

6月15日，市委副书记、市人民政府市长张迎春赴湘潭经开区拓普项目考察。

6月16日，市委副书记、市人民政府市长张迎春赴湘潭经开区调研园区高质量发展，市领导杨广、陈小山参加。

6月23日，市委副书记、市人民政府市长张迎春陪同国家长江办长江经济带生态环境突出问题整改年中调研评估组一行在湘潭调研，市领导向敏参加。

6月24日，市委副书记、市人民政府市长张迎春陪同省委常委、统战部部长黄兰香一行在湘潭走访慰问，市领导李江南、杨真平、刘永珍参加。

6月25日，市委副书记、市人民政府市长张迎春现场勘察并专题研究长株潭都市圈轨道交通规划湘潭线型，市领导陈小山、向敏参加。

6月28日，市委副书记、市人民政府市长张迎春走访慰问老干部、先进党员、航天员家属，市领导刘永珍参加。

7月9日，市委副书记、市人民政府市长张迎春赴雨湖区考察湘潭市应急水源选址工作，市领导刘永珍参加。

7月31日，市委副书记、市人民政府代市长胡贺波开展“八一”走访慰问，市领导李江南、贺建、罗伟、周佩珞参加。赴湘潭县进行“四不两直”新冠肺炎防控工作督导。

8月2日，市委副书记、市人民政府代市长胡贺波赴湘潭经开区调研，市领导杨广参加。

8月3日，市委副书记、市人民政府代市长胡贺波调研全市黑臭水体及河西污水处理厂环保问题，市领导向敏参加。

8月4日，市委副书记、市人民政府代市长胡贺波赴湘潭高新区调研，市领导陈小山参加。

8月5日，市委副书记、市人民政府代市长胡贺波赴岳塘区（岳塘经开区）调研，市领导罗伟参加。

8月6日，市委副书记、市人民政府代市长胡贺波赴湘潭县进行新冠肺炎疫情防控工作督导，市领导杨广参加。

8月11日，市委副书记、市人民政府代市长胡贺波赴湘乡市调研，市领导杨广参加。调研全市突出生态环境问题整改工作（含港口码头突出生态环境问题和长江经济带生态环境警示片披露问题），市领导陈小山参加。

8月16日，市委副书记、市人民政府代市长胡贺波调研全市重点项目，市领导陈小山参加。

8月17日，市委副书记、市人民政府代市长胡贺波会同市委书记张迎春陪同省委副书记、省长毛伟明在湘潭调研。

8月18日，市委副书记、市人民政府代市长胡贺波赴湘潭经开区威胜电气公司调研，市领导陈小山参加。

8月23日，市委副书记、市人民政府代市长胡贺波走访市政府办公室、市经济金融办公室。

10月1日，市委副书记、市人民政府代市长胡贺波赴市规划馆、昭山七星村调研。

10月2日，市委副书记、市人民政府代市长胡贺波赴湘潭经开区调研地块开发工作。

10月4日，市委副书记、市人民政府代市长胡贺波调研港口码头工作。

（刘　科　胡　平）

市人民政府办公室工作

【概况】 2021年，湘潭市人民政府办公室深入学习贯彻党的十九大、十九届二中、三中、四中、五中、六中全会精神和省委十二次党代会、市委十三次党代会精神，开展党史学习主题教育，大力推进主题教育与业务工作深度融合。

政务服务效能。认真贯彻落实上级整治形式主义、官僚主义精神，深化“大文电”办理模式，按照“狠抓2个建设（团队建设+制度建设），构建1+2工作机制（公文大讲坛机制+“双通报”机制），坚守4条底线（办文时限、精简文件、确保质量、保守秘密）”工作思路，完成工作任务。市人民政府发文守住只减不增的底线。编印《湘潭政报》12期，编写市政府大事记12期。精简文件创新设立的“一区一县一部门两乡镇”公文监测点、以下看上监测文件数量和质量的做法获省委办公厅简报专题推荐。牵头修改《湘潭市人民政府常务会议组织工作规则》《湘潭市人民政府专题会议工作规范》，加强对常务会议汇报材料篇幅、格式体例、列席单位、上会前置性条件等硬性指标的严格控制和把关。采取控制总量、严明标准、强化统筹、改进方式、分类整合等综合举措继续精简会议，做实“减”字文章。围绕中心大局编报有情况、有数据、有分析、有建议信息，全年编报《上报省办信息》600期。《金融助力生猪大户稳产保供成效明显》《湘潭市“四个强化”推动〈保障农民工工资支付条例〉落地落实》《湘潭市聚焦“用心、用情、用力”保障困难大学生安心上学》等多篇信息被国务院办公厅采用并获领导批示。《湘潭加快发展农村寄递物流 赋能助推乡村振兴》《湘潭积极推进农业面源污染治理工作见成效》《湘潭稳步推进老旧城区改造》等信息被国务院办公厅采用。《湘潭市以“三坚持三联动”打造棚改新引擎》等信息被湖南省《政务要情与交流》刊发。

推进工作落实见效。全年除疫情防控督查外，开展实地督查15次，编发《湘潭政务督查》通报19期、《督查专报》50期，下发督办函41份、督查通知25份。市本级和县市区共有35项工作获省政府真抓实干督查激励。围绕全市优化营商环境电视电话会议指出的12个营商环境方面突出问题进行整治，聚焦企业和群众关注的“痛点”“堵点”“难点”问题，全力推进优化营商环境攻坚行动落实落地。行政效能提升方面，市委办、市政府办出台《关于印发〈进一步优化营商环境坚持和完善市级领导联系产业链重点企业机制〉等五项机制的通知》，印发《2021年全市优化营商环境攻坚行动方案》，对标国省营商环境评价体系，细化18个一级指标，提出159项具体优化举措；协助市纪委监委出台《关于推进营商环境“双优”工程的实施方案》《湘潭市优化营商环境“八个不准”》，推动长株潭三市优化部门签署《长株潭一体化发展优化营商环境合作协议》，发布《营商环境指标“湘潭标准”（2.1版）》并向社会公开承诺。工作成效和效能建设第三方评估方面，9月下旬开始对县市区、园区落实市攻坚行动方案成效和机关效能建设开展第三方评估，其中效能建设重点评估78个市直部门（71个）和垂直管理部门（7个），涵盖“政务公开、依规办事、服务态度、工作效率、清正廉洁”方面内容，营商环境综合排名全省第三。5月，经市政府常务会议审议通过，设立市重大产业项目协调落地办公室，办公室设在市政府办，承担全市重大产业项目落地统筹调度、督查协调落实重要职责。先后将湘潭钢铁集团有限公司先进金属材料精深加工产业园、湖南裕能新能源电池材料股份有限公司新建5万吨磷酸铁锂生产基地、湘潭金锣文瑞食品有限公司肉食品深加工、金杯电工第二、三期扩产等12个全市重大产业项目纳入湘潭市重大招商引资项目落地工作领导小组办公室协调调度范畴。11月，湘潭钢铁集团有限公司先进金属材料精深加工产业园实现成功开园，金杯电工新能源汽车专用电磁线投资建设项目于12月9日签约并开工。

服务发展大局。守住“隐性债务不新增，‘三保’资金不断链，风险事件不发生”红线。制定下发《湘潭市2021年防范化解政府性债务风险实施方案》，召开化债工作会。争取省委、省政府多次召开湘潭化债专题会，从财政、金融、国资等方面出台支持湘潭化债系列政策。4月25日，省人民政府为湘潭市专题召开替接他盘金融机构座谈会，动员相关省直部门、金融监管机构、13家银行支持湘潭化债。全年承办市人大代表建议、市政协提案671件（其中建议446件，提案225件），市政协建议案2件，省建议提案15件（其中建议9件、提案6件），交由56个单位承办，实现办复率100%、沟通率100%、满意率99.5%。开展“我为企业解难题”“我为群众排忧愁”“我为基层优服务”“我为乡村振兴助帮扶”“我是志愿者我来帮”实践活动。

【市人民政府办公室发布的规范性文件】 2021年，湘潭市人民政府办公室发布规范性文件33件。

1月22日，湘潭市人民政府办公室 关于印发《湘潭市加快推进湖南省医疗器械产业园高质量发展行动方案》《湘潭市支持医疗器械产业高质量发展十条政策措施》的通知（潭政办发〔2021〕3号）。

3月17日，湘潭市人民政府办公室 关于印发《湘潭市推进养老服务高质量发展三年行动计划（2021—2023年）》的通知（潭政办发〔2021〕7号）。

4月9日，湘潭市人民政府办公室 关于印发《湘潭市政府信息公开实施办法》的通知（潭政办发〔2021〕9号）。

4月30日，湘潭市人民政府办公室 关于贯彻落实《湖南省政务信息资源共享管理办法》的通知（潭政办发〔2021〕10号）。

4月30日，湘潭市人民政府办公室 关于印发《湘潭市城市声环境功能区划分方案（2021版）》的通知（潭政办发〔2021〕11号）。

5月6日，湘潭市人民政府办公室 关于提升工业核心竞争力促进工业高质量发展的实施意见（潭政办发〔2021〕12号）。

5月19日，湘潭市人民政府办公室 关于印发《湘潭市海绵城市建设管理暂行办法》的通知（潭政办发〔2021〕13号）。

6月2日，湘潭市人民政府办公室 关于印发《湘潭市创建国家创新型城市重点指标提升方案（2021—2023年）》《湘潭市科技创新“揭榜挂帅”项目管理办法》《湘潭市高新技术企业培育三年行动计划（2021—2023年）》的通知（潭政办发〔2021〕14号）。

6月24日，湘潭市人民政府办公室 关于印发《湘潭市深化消防执法改革实施方案》的通知（潭政办发〔2021〕15号）。

7月1日，湘潭市人民政府办公室 关于印发《湘潭市城市地下管线管理办法》的通知（潭政办发〔2021〕17号）。

7月23日，湘潭市人民政府办公室 关于印发《湘潭市改进用电报装工作及降低使用费用实施方案》《湘潭市新建住宅供电设施建设维护管理办法》《湘潭市电力接入手续办理操作规程》的通知（潭政办发〔2021〕22号）。

8月27日，湘潭市人民政府办公室 关于印发《湘潭市生产安全事故应急预案（试行）》的通知（潭政办发〔2021〕26号）。

9月7日，湘潭市人民政府办公室 关于印发《湘潭市生态绿心地区保护补偿暂行办法》的通知（潭政办发〔2021〕27号）。

9月10日，湘潭市人民政府办公室 关于印发《湘潭市12345政务服务便民热线工作管理规定》的通知（潭政办发〔2021〕28号）。

9月17日，湘潭市人民政府办公室 关于印发《湘潭市行政复议体制改革实施方案》的通知（潭政办发〔2021〕29号）。

10月11日，湘潭市人民政府办公室 关于建立“两级政府、三级管理、四级网络”城市管理长效模式的实施意见（潭政办发〔2021〕30号）。

10月11日，湘潭市人民政府办公室 关于全面推进城市更新工作的实施意见（潭政办发〔2021〕31号）。

10月14日，湘潭市人民政府办公室 关于印发《湘潭市城市生活垃圾分类管理办法》《湘潭市城市建筑垃圾管理办法》《湘潭市城市厨余垃圾管理办法》的通知（潭政办发〔2021〕32号）。

10月15日，湘潭市人民政府办公室 关于印发《湘潭市行政调解办法》的通知（潭政办发〔2021〕33号）。

11月10日，湘潭市人民政府办公室 印发《关于加强水库除险加固和运行管护的实施方案》的通知（潭政办发〔2021〕35号）。

11月11日，湘潭市人民政府办公室 关于印发《湘潭市加快推进新建商品房“交房即交证”改革实施方案》的通知（潭政办发〔2021〕36号）。

11月22日，湘潭市人民政府办公室 关于印发《湘潭市生态环境损害赔偿制度改革实施细则》的通知（潭政办发〔2021〕37号）。

11月24日，湘潭市人民政府办公室 关于印发《湘潭市农村住房建设管理实施细则》的通知（潭政办发〔2021〕38号）。

12月8日，湘潭市人民政府办公室 关于印发《湘潭市城市绿线管理办法》的通知（潭政办发〔2021〕42号）。

12月17日，湘潭市人民政府办公室 关于印发《湘潭市深入推进集体林权制度改革实施方案》的通知（潭政办发〔2021〕43号）。

12月17日，湘潭市人民政府办公室 关于印发《湘潭市“十四五”战略性新兴产业发展规划》的通知（潭政办发〔2021〕45号）。

12月17日，湘潭市人民政府办公室 关于印发《湘潭市“十四五”服务业发展规划》的通知（潭政办发〔2021〕46号）。

12月17日，湘潭市人民政府办公室 关于印发《湘潭市“十四五”生态环境保护规划》的通知（潭政办发〔2021〕47号）。

12月29日，湘潭市人民政府办公室 关于印发《湘潭市促进市场主体培育和高质量发展十条措施》的通知（潭政办发〔2021〕48号）。

12月30日，湘潭市人民政府办公室 关于印发《湘潭市全民科学素质行动规划纲要实施方案（2021—2025年）》的通知（潭政办发〔2021〕49号）。

12月31日，湘潭市人民政府办公室 关于印发《湘潭市“十四五”应急管理规划》的通知（潭政办发〔2021〕50号）。

12月31日，湘潭市人民政府办公室 关于印发《湘潭市医疗救助实施细则》的通知（潭政办发〔2021〕51号）。

12月31日，湘潭市人民政府办公室 关于印发《湘潭市国有土地使用权出让收入划转税务部门征收工作方案》的通知（潭政办发〔2021〕52号）。

（刘科　胡平）

政府经济研究工作

【概况】　2021年，湘潭市人民政府经济研究和金融工作办公室完成《政府工作报告》、市委经济工作会议、市政府全会、市委农业农村工作会、全市财税工作会、政银企大会等全市性会议的讲话以及市长文稿360余篇260余万字。牵头完成全国文明城市、卫生城市、禁毒示范城市、法治政府建设示范城市创建，中央和省政务大督查，以及市委市政府主要领导赴京、赴省等各类汇报材料100余篇，开展“十四五”规划、长株潭都市圈建设、“五好”园区建设、政府性债务风险防范等重大课题调研。整理提炼中央和省政策动向、重大活动精神要义等稿件信息100余篇。负责人民网地方领导留言板（湘潭）网友留言回复工作，答疑释惑率和群众满意率皆超过95%。编辑《今日湘潭》（双月经济版）6期、《政情通报》12期、《政策动态》14期。

【智库建设】　2021年，湘潭市聘请湘江智库作为市政府经济发展顾问单位，制定完善《市政府顾问聘任方案》。从40多名引荐专家名单中筛选20名作为拟聘人选报市政府。在第十五届湘台经贸交流合作会长株潭三市产业对接会期间，邀请到全国台企联荣誉会长丁鲲华到湘潭经开区调研考察企业。

（吴东平）

信访工作

【概况】　2021年，湘潭市信访局被评为全省庆祝中国共产党成立100周年工作成绩突出集体，获评全省信访工作先进集体。

攻坚克难。信访积案去存量，减增量，组织开展治理重复信访、化解信访积案专项工作，作为党史学习教育“我为群众办实事”重要实践载体，实行领办包案、跟踪督办、对账销号，化解率排名全省前列。专项行动成批化解，在全市开展为期2年的房地产办证难信访突出问题集中化解专项行动，为6万多户购房户解决办证难问题。重点领域治本清源，坚持对重点领域的突出信访问题开展攻坚化解，实行“双牵头、双责任、双考核”工作机制。

完善机制。提高源头预防，致力探索“枫桥经验”本地化，连续三年把信访工作“三无”乡村创建纳入市政府真抓实干督查激励措施，成功推荐湘潭经开区获评省级“三无”县市区（园区）。对重点问题采取联合督与专项督、日常督与重点督、明查督与暗访督等形式，压紧压实化解责任。提高群众满意，健全完善“全程跟踪、公开评价、核实督办”机制，推行“两沟通两核实”工作制度，坚持落实初信初访周报表、月讲评、季通报和实地督查督导，对群众诉求合理但评价不满意信访事项一督到底。

综合施策。通过分设信访事项和涉法涉诉接待窗口，及时就地依法分流处置。坚持每周一律师坐班接访制度，共为131名信访群众免费提供专业法律咨询。以法治宣传为抓手，参加法治湘潭建设电视访谈节目，总结推介法治信访建设典型经验和特色做法。组织市县乡开展法治信访集中宣传月、12月“宪法宣传周”活动。以法治手段为底线，按照《关于依法打击处理信访活动中违法犯罪行为的通告》，依法打击处理信访活动中违法犯罪行为。

【获评省信访工作先进集体】　2021年，湘潭市信访系统坚持和发展新时代“枫桥经验”，扎实推进“三无”县市区（园区）和乡镇（街道）创建，治理重复信访、化解信访积案专项工作，信访事项等第三方回访核实等重点工作获得长足进步，有效解决群众急难愁盼问题，湘潭市信访局获评五年一次评选的全省信访工作先进集体。

（李旻航）

行政审批服务

【概况】　2021年，湘潭市行政审批服务局获基层政务公开标准化规范化和政务新媒体管理湖南省典型示范，政务公开全流程制度体系建设获中国政府网、省政府门户网推介。热线信箱工作跃居湖南省第一方阵。政务服务中心获评第20届全国青年文明号，政务环境指标在湖南省优化营商环境评价体系中获全省第二名。创新开展“全流程在线办”“我要办理教师资格证”，实现“掌上办”经验做法全省专题推介。“互联网+政务服务”“互联网+监管”工作走在全省前列。“推行并联‘加减法’促服务提效”等8项经验在全省推广，投资建设项目并联审批服务综合标准化通过社会管理和公共服务综合标准化国家级试点。新政务大厅入驻“市民之家”，在全省首创设立“办不成事”反映窗口，集中受理解决企业、群众反映的“办不成事”问题。在湖南省营商环境评价体系中，市政务服务指标排名第二。

【行政审批制度改革】 2021年，湘潭市行政审批服务局统筹调度各级各部门完成深化“放管服”改革107项重点工作任务。严格落实政府权责清单制度，发布市本级依申请类行政权力事项904项、公共服务事项598项，指导发布县乡村政务服务事项10万余项，政务服务“三化”攻坚发布业务办理项5.96万项、四级权责清单2.79万条，覆盖率、发布率基本实现100%。向国家级和省级园区“全链条”赋权，赋权市级权限197项，指导赋权县级权限152项，产业项目园区审批形成“闭环”。开展国、省赋权“回头看”，跟踪评估各级赋权278项。“三即”承诺制改革“领照即开业”实现一站式免费办结，“拿地即开工”在全省率先形成制度性成果，“交房即交证”累计为3000多名业主提供“钥证双全”服务，改革经验在全省推介。第一批34个涉企经营许可告知承诺改革做法拟在全省推广。

【“一件事一次办”改革】 2021年，湘潭市共三批320项“一件事一次办”改革事项均落地运行，申请材料精简率56.80%，办事环节压减率70.50%，审批时限压缩率15.52%，企业和群众跑动次数减少率73.84%。全年，“一件事一次办”总计办件约280万件，办结率和满意率均为100%。建立“一事一导”标准模板，实现同一事项全市无差别受理、同标准办理。推进“一件事一次办”总入口和小程序应用，小程序推广应用全省第一。

【政务大厅管理】 2021年9月28日，“市民之家”新政务大厅正式启用，共进驻政府工作部门和驻湘潭企事业单位58家、政务服务事项1852项、工作人员562人，是湖南省进驻单位最多、进驻事项最全市级大厅。在全国首创提供公安事项办理“一站式”服务，在全省最早设立金融服务专区，261个综合窗口全部采取“一窗式”受理模式，开展审批服务事项标准化管理，服务质效稳步提升。结合改革新要求，服务大厅设置“一件事一次办”、跨省通办、“六稳”“六保”政策兑现、投诉处理、帮办代办、自助服务等特色服务区，为广大企业和群众提供新办企业免费刻章、免费邮政寄递、免费打印复印等配套优质服务，政务大厅志愿服务获评湘潭市优秀志愿者服务项目。

【网上政务服务】 2021年，湘潭市政务服务事项“跨省通办”步伐加快，线下“跨省通办”窗口和市一体化平台“跨省通办”服务专区优化，与广东阳江、江西宜春、广西桂林等地开展跨省通办合作，联合长沙、株洲与长江经济带7省9市开展政务服务。建立健全政务信息资源管理机制，推进政务数据共享互认，数据共享交换平台共汇聚90家单位16.8亿条数据，梳理编制政务信息资源“三张清单”1583项，向有关市直部门共享信息2100余万条次。政务数据与省级政务门户目录级联和数据级联走在全省前列，“推动政务服务通办和数据的互联互通”做法在中央党史学习教育简报上推介。“互联网+政务服务”一体化平台实现市、县、乡、村四级全覆盖，创新建立“数据跑腿”“多级联动”审批模式，群众在家门口就能办好证、办成事。一体化平台和“e潭就办”App的电子证照、电子印章、实名认证等功能不断完善，水电气报装、智慧党建、扫码乘车、信易贷等应用加速接入，全市依申请类事项网上可办率达100%。在全省创新再造“教师资格认定”等业务办理流程，申请材料由省平均8~10份减至1~2份，精简率高达85%。推进“e潭就办”App和政务服务旗舰店老龄版建设，打造7×24小时不打烊政务服务。

【政务公开】 2021年，湘潭市行政审批服务局出台《湘潭市政府信息公开实施办法》《湘潭市人民政府依申请公开政府信息工作规程》《行政机关公文类信息公开工作实施办法》等文件，“构建全方位全流程政务公开体系”做法被中国政府网推介。完成2020年度全市政府信息公开工作年度报告编制发布。基层政务公开标准化规范化平台完成升级，全面延伸至乡镇（街道），“设立功能完备的政务公开窗口实现‘四有’‘三会’”“线上线下政务公开窗口信息融合提升政务公开含金量”两项做法在全省典型推介。

【政府网站和政务新媒体管理】 2021年，政府网站和政务新媒体管理持续加强，四个季度省检合格率均为100%，年度考核排名全省第一。在全省率先完成市政府门户网站适老化改造，推动集约化平台与融媒体平台互联互通获全省通报表扬，《聚焦中心特色引领，打造群众爱用的政务新媒体》被省政务局刊载推介。

【中介管理服务】 2021年1月，湘潭市委编办批复市行政审批服务局成立中介服务管理科，负责指导、推进、协调、组织、监督全市行政审批中介服务标准化建设，承担中介服务超市的管理职能。全年，梳理在湘潭执业中介机构189家，动态调整中介服务事项89项，组织督促中介服务行业监管部门开展中介机构监督自查整改、中介机构脱钩“回头看”，开展查处中介服务乱收费、变相涨价、费用转嫁等违规行为。推进网上中介超市上线运行，推动中介服务提质增效。

（郭　慧）

地方志工作

【概况】 2021年，湘潭市地方志工作围绕巩固“两全目标”成果，在志鉴编修和方志资源开发利用上取得成效。

特色志编修。湖南省拟定10部特色志之一的《韶山灌区志》，综合评审会专家等多方面意见对志稿进行修改：调整篇目结构；补充资料内容，增加灌区全域如水府庙水库内容，消除单位志、部门志痕迹；充实工程修建工效、“灌区精神”、灌区风景名胜内容，插入图片60多幅；修改中精简篇幅近10万字，增加内容4万多字，修改后的验收稿47万字。

瞄准“精品”目标。组织专家到岳阳市学习、举行年鉴评审会、参加湖南省年鉴质量建设专题培训班和中指组第六期全国年鉴主编培训班线上培训；线上下载全国8个市州精品年鉴编纂方案。全书设幸福湘潭、疫情防控、产业建设、创新开放、城乡统筹、三大攻坚战、加速改革、乡村振兴等9个专题图片专辑，其中增设突出地方非物质文化遗产专题；调整政治部类设置，将市委、市政府、市纪委监委等设为一级部类；优化条目，比上年卷增加条目635条，增加56%。由湘潭大学出版社公开出版，全书共20个彩页，35个部类，1133个条目，111万字。系统学习省地方志编纂院下发的《年鉴工作政策法规选编》等业务书籍，5个县（市、区）年鉴年内均公开出版。

方志资源开发利用。发挥地方志成果在传承传统文化、红色文化、乡土历史文化中的作用。利用图书室、党史馆、史志网、市内图书馆作为宣传、查阅市志、乡镇简志、年鉴等方志成果平台；完成《历史上湘潭人口发展》《记录小康工程大事记》《湘潭决胜全面脱贫攻坚战》《湘潭决胜全面建成小康社会》等专题或专题综述编写；开展方志“进乡村、进社区、进家庭、进学校、进机关、进企业”活动。为留住“乡愁”，湘乡市地方志编纂室吸收《湖南乡镇简志·湘潭市卷》成果，编纂出版《湘乡市乡镇简志》112万字；雨湖区地方志编纂室编纂出版《雨湖人物》，该书收录87位雨湖历史名人生平及84则名人与雨湖故事。

【光绪刊《湘潭县志》新点校本出版】 2021年12月，光绪刊《湘潭县志》新点校本印刷出版。该志是晚清经史大师王闿运总纂的一部名志，被梁启超誉为天下志中“表表者”，是湘潭市至今保存最完整的一部古代志书。历时两年，在1986年油印点校本的基础上再次对该志进行校对、查核和整理，转换成适合现代阅读和电脑排版的电子版。对志中所有内容重新排版，对其中地图重新临摹标注，参考其他地情古籍，对志中讹误予以纠正；聘请湘潭大学古文字专家对照岳麓书社影印本进行审校。新点校本60余万字，另有地图40多幅，印数500册。 （张跃安）

公共资源交易工作

【概况】 2021年，湘潭市公共资源交易受理项目4723次，进场交易2622宗，成交2259宗；交易金额313.62亿元，比上年下降33.61%；节约金额5.39亿元；溢价增收0.72亿元；收取交易服务费5289万元，比上年增长15.22%。

【公开招标全流程电子化全类别覆盖】 2021年，湘潭市住建、交通、水利和工业四大领域全部实现全流程电子化，完成全流程电子化项目120宗，电子化使用率比上年（98宗）提升22.45%；政府采购、公开招标项目全流程电子化系统于11月全面上线，完成全流程电子化项目21宗，交易金额1.15亿元。

【投标保证金电子保函缴纳实现“两个全覆盖”】 2021年，湘潭市公共资源中心投标保证金电子保函缴纳在全省率先实现“两个全覆盖”。新增银行保函和担保保函两个品类，成为全省唯一一个实现电子保函项目类型（保险保函、银行保函和担保保函）和使用范围（工程建设交易、政府采购交易、社会项目交易）全覆盖市州。全年，有719宗项目、2112家投标单位使用电子保函方式缴纳投标保证金，为企业减少资金占用1.85亿元。省优化营商环境年度考核中，市工程建设项目非现金缴纳方式占比达97.24%，投标主体成本负担考核位居湖南省前列。 （胡　赞）

机关事务管理

【概况】 2021年，湘潭市机关事务管理局国有资产体制改革实现“五个第一”新突破。最早建成市级实体“公物仓”；最早实施市级国有资产实物管理信息平台建设。通过启用智能取餐及结算等智能化设备、开设订餐小程序等措施，优化食堂网络信号，创造“智慧食堂”新体系。在全省党政机关食堂率先打造第三代智慧食堂。在全省年度公共机构节约能源资源工作会上作典型发言，并获国家机关事务管理局官网推荐。

【国有资产体制改革】 2021年，湘潭市机关事务管理局设立湘潭市行政事业单位国有资产事务中心，为正科级公益一类事业单位，承担市直行政事业单位国有资产事务性工作。出台6个与《市直行政事业单位国有资产管理体制改革实施方案》配套的办法，指导湘潭县制定全省首个县市区工作方案。健全国有资产全生命周期管理机制，启动国有资产管理平台建设，全市65%的单位纳入管理。完成首批20本权属统一登记。

【创新公车改革】 2021年，湘潭市机关事务管理局对590台车辆全部安装北斗车载终端，实行线上申请、审批、派车流程信息化调度，实现“系统、标准、数据”三统一的“全市一张网”管理。公务用车平台为党政机关提供24小时公务用车保障及租赁服务，用车满意度100%。强化公务用车日常监管，全年无违规使用情况。探索新能源公务用车改革，提倡绿色、高效、低成本公务出行模式。

【建设节约型机关】 2021年，湘潭市创建国家级、省级节约型示范单位6家，获省级奖补资金55万元，268家县级以上党政机关创建节约型机关，占比81.7%。韶山市税务局等2家单位获评省节约型机关建设先进集体，4人被授予省节约型机关建设先进个人。节约型机关创建工作纳入市考核，并增加厉行节约等具体指标。制定《湘潭市公共机构生活垃圾分类工作评价标准》，公共机构生活垃圾分类设施设备投放实现全覆盖。全市公共机构2020年度总能耗、人均能耗、单位建筑面积能耗、人均用水量分别下降8.85%、6.98%、18.25%、2.54%，湘潭县节能宣传经验获国家机关事务管理局推荐。

【保障党政机关运行】 2021年，湘潭市机关事务管理局为化债工作建言献策，呈报《市直单位闲置资产盘活处置利用工作实施方案》，组织国有资产拍卖6次，收入1700万元，溢价率25%，实现资产保值增值。有序推进党政机关集中办公，为15个涉及改革单位和临时机构安排办公用房。提升资产使用效率，累计完成287次资产调剂、划转、处置。在全省率先启用国有资产“公物仓”，归集市本级闲置资产2611宗，无偿调剂通用资产1664宗，基本实现临时机构通用资产零购置。后勤保障精细节俭。机关食堂推出的“营养套餐”“养生粥”“夏季凉茶”等获得好评，建设市民之家“智慧食堂”，在全省党政机关率先实现智慧管理，精准测算、科学备餐，且创新人脸识别、微信二维码等支付方式。健全物业标准，严格考核计分，督促物业服务企业扎实做好疫情防控、会务保洁、节能降耗等服务保障工作，各物业项目测评满意度均超95%。

【市民之家项目交付使用】　2021年9月28日，湘潭市市民之家对外开放，项目主体建筑5层，地上3层，地下2层，由北栋政务服务中心和南栋公共资源交易中心组成。总建筑面积68581.23平方米，其中地上建筑面积30587.11平方米、地下建筑面积37994.12平方米。项目总投资概算54666万元。市机关事务管理局作为建设单位，按照“布局最科学、功能最完善、质量最可靠、装饰最精致、群众最满意”要求，高质高效完成项目建设，制定《湘潭市民之家运行管理实施方案（试行）》，从日常运转、安全、交通、成本与维护等方面明确标准和要求，保障58家单位、1852个窗口服务。（李　理）

退役军人事务工作

【概况】　2021年，湘潭市退役军人事务局（以下简称市退役军人事务局）以“让军人成为全社会尊崇的职业”为目标，聚焦“五好”目标（精准服务好、正确引导好、科学组织好、作用发挥好、大局维护好），依托“五化”抓手，实现“五有”效果（公共媒体有声音、活动开展有特色、中央和省两级有地位、服务对象有点赞、退役军人有尊荣）。韶山乡退役军人服务站获评全国百家红色退役军人服务站，乌石镇、中路铺镇、中沙镇、龙洞镇、东山镇、银田镇等6家退役军人服务站获评全省百家红色退役军人服务站，杨威获评全国退役军人服务中心（站）百名优秀站长。

【服务体系建设】　2021年，湘潭市建成1个市级、7个县级退役军人服务中心，70个乡级、949个村级服务站。坚持四级书记齐抓共管，推动服务体系建设朝着全域覆盖、上下贯通、协调联通的方向提质升级，实现从“有”到“优”转变。健全常态化信息采集机制，探索构建“互联网+退役军人服务”平台，精准掌握基本情况和具体需求，做到建档立卡、靶向施策、个性服务。统筹推进全市中心（站）示范性建设，谋划设计VIS视觉识别系统，市县两级中心、乡镇（街道）站和300名退役军人以上的村（社区）站示范型创建全部达标。

【优待褒扬】　2021年，市退役军人事务局为优抚对象发放抚恤补助，为退役军人和其他优抚对象评定残疾等级。遴选1—6级伤残军人、8名军烈父母、2名抗美援朝老兵赴省荣军医院短期疗养。组织市优抚医院深入10多个乡镇，为重点优抚对象进行优抚医疗巡诊。做好军队退役人员公益岗位新进人员认定及待遇提示工作，待遇标准提高至2030元/月。制定《湘潭市祭扫活动方案》，部署开展“守护·2021清明祭英烈”活动、“学党史·敬英烈”知名英烈展活动。组织“铭记英烈·关爱烈属”行动，走访慰问92名烈属。编纂《湘潭市烈士英名册》，收录1980名湘潭籍和安葬在湘潭的异地烈士。开展县级以下英雄烈士纪念设施整修工作，核对烈士纪念设施361处，迁移和就地保护零散烈士墓149座。在全省率先打通部分退役士兵社保接续审核补缴全流程，为退役士兵办理社保补缴接续。对军转干部和符合政府安排工作条件的退役士兵进行量化评分并公示。

【就业创业】　2021年，市退役军人事务局将新增退役军人就业纳入重点民生实事项目，出台《促进新时代退役军人就业创业工作责任分工》，把具体工作分解到12个政府职能部门，出台《湘潭市深化退役军人就业创业一体化服务方案（2021—2023年）》《湘潭市促进退役军人到开发区就业创业工作方案》，开展送培训促技能提升、送岗位促就业拓展、送孵化促创业创新“三送三促”活动，在全省率先探索促进退役军人到园区就业创业工作模式。组织自主就业士兵、三级以上士官和军转干部参加适应性培训，组织他们参加技能培训。举办线上线下专场招聘会32次，提供就业岗位10000个。落实交通补助，岗位补贴、一次性创业补贴，评选创业标兵，认定贴息企业7家，发放资金71万元。组织开展第二届退役军人创业创新大赛，推选4个项目参加全省退役军人创业创新大赛，1个项目获二等奖，3个项目获优胜奖，市退役军人事务局获得优秀组织奖。“培训+就业”“岗位+就业”“孵化+就业”一体化退役军人就业创业工作经验获《退役军人工作信息参考》推介。

【双拥创建】　2021年，市退役军人事务局坚持以“一意见一办法一体系”统领双拥工作，印发双拥工作要点、双拥宣传工作要点，表彰全市双拥模范单位和个人。依托党的理论政策基层宣讲平台，开发“夯实双拥工作，发挥我党我军的政治优势”课程进行宣讲。组织对驻湘潭部队官兵、“湘潭舰”官兵走访慰问，为38名军人子女、450余名立功受奖军人提供优待。开展“你负责岁月静好，我为你排忧解难”活动，做好数据、困难“双清零”。常态走访慰问英雄航天员汤洪波父母和其他功臣模范。在世界反法西斯战争胜利纪念日、抗美援朝纪念日开展“接过老兵钢枪”仪式和将党课搬进影院、邀请抗美援朝老兵一同观看《长津湖》活动。

【权益维护】　2021年，市退役军人事务局开展“老兵永远跟党走”“老兵讲党课·忆峥嵘岁月”系列活动。建立退役军人先进典型资源库，退役军人志愿者投身助力乡村振兴、疫情防控等任务。制定常态化联系退役军人工作方案，市县两级退役军人事务部门分片联系31个退役军人服务站，与退役军人“结对子”。印发“莲城退役军人·双拥工作”宣传活动方案，在《湘潭日报》专栏报道30余期90余篇、湘潭电视台推出视频报道8期17篇。开展“莲城退役军人双拥工作”系列报道书籍编撰，首期收录33人。严格落实“谁执法谁普法”责任，2次邀请专家到湘潭宣讲《退役军人保障法》，2次开展集中户外宣传。率先在湖南省成立退役军人法律援助工作站，为退役军人及优抚对象提供法律咨询200余人次，提供法律援助6人次。在市退役军人事务局

门户网站、微信公众号公开信息150余条，梳理依申请类行政权力2项、主动服务类2项。（王小军）

【军转军休】 2021年，市退役军人事务局制定《湘潭市军休人员三级常态化联系制度》，建立局班子重点慰问、军转军休科迎新慰问、军休所普遍慰问的三级常态联系制度。组织部分军休功臣参加省疗养、开展红色考察交流，落实政治待遇和生活待遇。62名党员获“光荣在党五十年”纪念章，其中2名老同志向党组织缴纳10000元特殊党费。落实好企业军转干部医疗救助、遗属一次性救助、“春节”和“八一”慰问等政策制度，审核相关资料470余份。组织市直企业军转干部体检，发放医疗门诊费。

（王小军　谢　添）

【韶山乡退役军人服务站获评全国百家红色退役军人服务中心（站）】 2021年，韶山乡退役军人服务站依托地理位置，挖掘毛主席六位亲人、杨门七雄、韶山五杰等英烈事迹，按照“五有”标准建设，首创老兵“四自”工作法，构建“乡退役军人服务站+村退役军人服务站+1名退役军人”退役军人网格化管理机制，用心用情做好新时代退役军人服务工作，将红色文化和精神深入贯彻到为退役军人精准服务中去。在全国县、乡两级退役军人服务中心（站）验收中，韶山乡退役军人服务站获“全国百家红色退役军人服务站”“全省百强退役军人志愿服务队”“韶山市双拥模范单位”。

【6家服务站获评全省百家红色退役军人服务站】 2021年，湘潭市退役军人服务中心研究百年党史，精心梳理党在各个时期发生的百件大事，遴选推荐百家省级红色服务站点，并根据事件内容内涵，划分“伟人足迹”“革命先驱”“长征之路”“开国将帅”“红色印记”“时代精神”六大系列，乌石镇、中沙镇、龙洞镇、银田镇、东山镇、中路铺镇等6家服务站建成并获评省级红色退役军人服务站。

（宋珍妮）

两型社会建设

【概况】 2021年12月29日，湘潭市委编委印发《湘潭市长株潭一体化发展事务中心职能配置、内设机构和人员编制规定》，为市发改委所属正处级公益一类事业单位，主要职责是：承担湘潭市长株潭一体化发展领导小组办公室的日常事务性工作、湘潭市长株潭城市群生态绿心地区保护工作和推进长株潭一体化发展、长株潭都市圈与城市群发展、协调联动市内外区域合作等事务性工作。

【两型经验推广】 2021年，湘潭市长株潭一体化发展事务中心编制《湘潭市两型社会建设改革综合评估报告（2007—2020）》，相关经验成效在全国综合配套改革试验区工作情况电视电话会议上得到肯定。编印《湘潭市两型社会建设综合配套改革典型经验集》，推广、复制湘潭两型综合配套改革创新经验。按程序评审认定年度市级两型产品，将18个产品列入年度湘潭市政府采购两型产品目录。组织对2013—2020年发布《湘潭市政府采购两型产品目录》中160个生产企业运转、信用及生产等情况进行核查，剔除已停产或生产企业列入失信惩戒对象的产品28个、无法联系生产企业的产品31个，印发《湘潭市政府采购两型产品目录（2013—2020年）》，维护两型产品的时效性、合规性。

【生态绿心保护】 2021年，湘潭市长株潭一体化发展事务中心在全省率先出台《湘潭市生态绿心地区保护补偿暂行办法》，将生态绿心保护、生态绿心补偿以及评估考核三个方面内容融为一体，以绿心生态补偿促进生态保护工作，以评估考核形成保护合力，共同打造生态文明建设“金名片”，《办法》得到国家发改委肯定。加强宣传引领，举办二期绿心地区村（社区）干部专题培训班，开展中小学生“书画绿水青山，绘就两型湘潭”主题书画大赛优秀作品展览会，在中央、省、市数家媒体、网站发表绿心保护文章20余篇。争取省、市生态补偿专项资金2718万元，对绿心地区项目进行专项资金奖补。探索绿心价值转换新途径，加强对生态绿心地区项目建设指导，指导产业实现价值转换。如湘潭盘龙生态农业示范园，自开园以来，累计接待游客650万人次，实现营业收入3亿多元，解决1000多位村民就业问题。在绿心地区安装305个智能化界碑界桩，嵌入智能监测预警终端和二维码，与“天眼”系统无缝对接，实现界碑界桩数字化、智能化、规范化管理。完成中央环保督察关于湘潭市生态绿心地区违法违规行为的整改和工业企业退出整改“回头看”工作。

【长株潭一体化】 2021年，湘潭市作为轮值城市，办好长株潭一体化发展第三届市委书记联席会议，会上签署“1+3+10”14份协议。推动三市联合印发《长株潭一体化发展2021年行动计划》《关于长株潭三市保护生态环境共建生态文明的实施意见》《关于深入实施“三高四新”战略全面推进长株潭重大产业协同发展的意见》等文件。加强统筹调度协调，推动“1+3+10”系列文件和协议落实落地。纳入长株潭30个标志工程的11个项目，累计完成投资57.47亿元，投资完成率达140.86%。竹埠港新区建设、九华新片区一期投资完成率均在100%以上。储备一体化项目，梳理储备基础设施、科技创新及平台建设、产业发展配套、生态环保、社会民生等领域153个项目。完成长株潭轨道交通西环线一期工程全线8座车站，韶山至井冈山红色旅游铁路正式开通。芙蓉大道全线在改造成为快速路的基础上，完成智能化升级，潭州大道快速路、北二环至黄家湾站全线取消红绿灯。湘潭“港口码头”整合、白云路东延线等项目正在加快规划建设。共同推进工程机械、航空动力、风能装备、先进储能材料等11个重点产业率先协同发展；在湘江新区支持下，雨润华中区域10万吨食品精深加工基地项目落户湘潭综保区；长沙支持湘潭高新区引进华宇智能机械配套产业园；湘潭经开区引进中联重科配套产业园；天易柏屹自主创新产业园承接株洲动力谷配套产业；韶山高新区与长沙雨花经开区携手打造全省首个“飞地园区”。建设长株潭“跨域通办”专区，优化77个跨域通办事项，完成64个事项统一上线；实现城镇职工医保实际缴费年限和视同缴费年限互认，持续扩大直接联网结算定点医药机构；新生儿上户和身份证异地受理挂失申报、丢失招领等实现一体化通办；湘大附属学校、湖师大附属九华步步高实验小学正式投入使用。

【长株潭一体化三市书记联席会议】 2021年4月10日，长株潭一体化发展第三届市委书记联席会议在韶山建国酒店举行。湘潭市作为联席会议轮值城市，组织举办此次会议。会议联合签署相关合作协议，就下一步长株潭一体化发展重点领域、重点任务和推进机制达成共识。（邓水虎）

乡村振兴

【概况】 2021年，湘潭市建档立卡脱贫人口37310户100607人。有监测对象3319户6804人，其中风险未消除监测对象1108户1944人（含脱贫不稳定户533户878人，边缘易致贫户58户110人，突发严重困难户517户956人）。无返贫和新致贫人口，农村贫困发生率为0，年度防止规模性返贫任务全面完成。巩固脱贫攻坚成果和防返贫监测数据质量评估总体情况全省排名第一。危房改造整体进度居全省第一。湘潭分层分类驻村和改革社会救助制度等经验做法在全国和省推广。

【顶层设计】 2021年，湘潭市出台《湘潭市关于实现巩固拓展脱贫攻坚成果同乡村振兴有效衔接的实施意见》，编制《湘潭市“十四五”巩固拓展脱贫攻坚成果同乡村振兴有效衔接规划》。韶山市获批省级乡村振兴示范创建县。确定45个省级乡村振兴重点帮扶村。

【监测帮扶】 2021年，湘潭市出台《湘潭市关于健全防止返贫动态监测和帮扶机制的实施办法》，防返贫动态监测管理平台上线运行，每月定期开展数据比对和风险预警，构建起全覆盖、零遗漏的监测网络，切实做好“三类人员”（脱贫不稳定户、边缘易致贫户、突发严重困难户）返贫致贫风险类型核实校正工作。新识别、标注监测对象1174户2098人。

【成立湘潭市乡村振兴局】 2021年5月8日，湘潭市乡村振兴局成立。市乡村振兴局为湘潭市政府工作部门，规格为正处级，由市农业农村局统一领导和管理，不再保留湘潭市扶贫开发办公室。局领导职数一正两副，内设综合科、政策法规科、开发指导科、贫困监测科，在编在岗21人。设立市乡村振兴局，是巩固拓展脱贫攻坚成果同乡村振兴有效衔接举措，将为统筹推进乡村振兴战略提供体制机制保障。

【“3+1”保障工作】 2021年，湘潭市乡村振兴局完成“义务教育、基本医疗、住房安全+饮水安全”工作。资助各学段贫困学生115500人次，发放资助资金9333.16万元，其中资助全市义务教育贫困生43805人次，发放义务教育困难学生生活补助2020.72万元。“雨露计划”发放补助861万元，惠及职业教育阶段困难学生5740人次。农村危房改造565户。22719名脱贫人口四类慢性病患者实现家庭医生签约全覆盖。农村供水工程维修养护128处。

【项目资产监管】 2021年，湘潭市乡村振兴局下达各级财政衔接推进乡村振兴补助资金总计25746.11万元，拨付率100%。其中市级专项资金3180万元，为上年投入规模的107%。全市登记总规模7.44亿元的扶贫项目资产。储备巩固拓展脱贫攻坚成果和乡村振兴项目7041个（新增项目1252个，具体实施项目1063个，开工率100%），涉及总投资19.65亿元。（章 婷 江明瑶）

市属监管企业

【湘潭产业投资发展集团有限公司】 2021年，湘潭产业投资发展集团有限公司营业收入8.49亿元（含五菱地块收益1.17亿元），实现利润总额1.72亿元（含五菱地块收益1.17亿元），上缴税金3830万元。集团资产负债率51.88%，国有资产保值增值率为103.40%。获评“湖南省最美公益普法集体”。

金融服务。担保公司担保业务发生额41.31亿元，比上年同期上升8.5%；争取政策红利，获奖补资金2432.8万元；坚持支小支农支新，中微小担保放大倍数突破6倍。旗下基金投资的湖南华菱线缆股份有限公司、湖南长远锂科股份有限公司、北京同益中新材料科技股份有限公司、可孚医疗科技股份有限公司先后完成上市。完成中青恒辉基金、长沙泽戎基金、中启洞信基金、产融医械基金、瑞世鼎盛3号、高新产业基金等基金出资及设立。新组建基金总规模53.52亿元，实缴出资6.58亿元，其中公司出资2750万元，资金撬动杠杆达1∶22.9。实现项目退出6起，收回投资本金及收益1.22亿元。对接湖南财信金融控股集团有限公司、深圳中欧基金有限公司、凯辉私募股权投资基金、中电信息产业集团等国内优秀基金管理机构推动新兴产业落户湘潭。基金公司与浙大微小卫星核心团队共同组建浙江天问空间技术公司，引进沈荣骏院士及相关团队组建院士工作站及空间技术研究中心。

资产运营。公司对资产实施精准化管理，成功将五菱技校、板塘肉食购销站、吉安路8号糖酒仓库、广云路甲乙库等资产招商盘活，将化工轻工、民主路沿街商铺等优质资产出租。推进资产注实工作，注实到位两证齐全、权属清晰土地26宗，不动产证80多本，并将市政府划入的196处行政事业资产大部分接收到位，评估价值2.6亿元，将市场服务中心改制后资产1.05亿元接收到位，市自来水公司改制遗留资产接收到位，预计评估价值3000万元，为集团筹措国企改革基金9.6亿元，提供融资抵押3亿多元。

产业培育。与国药药材股份有限公司在商贸、投资与并购等多个领域达成战略合作关系，签署战略合作协议。联合财信金控组建湘潭高新产业投资引导基金。与省国资集团、湖南湘投高科技创业投资有限公司共同成立省内首家国有资产盘活基金管理公司——国瓴基金公司，注册资本5000万元，股权公司参股15%。湖南聚宝金昊农业高科有限公司30万吨/年稻谷全利用清洁加工一期项目和2万吨/年应急保障鲜米粉车间智能化改扩建及配套仓储保鲜冷链物流设施建设工程项目达产达效。打造兴邦红色教育培训基地，采取培训基地+现场教学点+红色民宿模式，完成培训班90个，培训学员近7600人。

项目建设。全年，重点推进项目12个，计划投资3.6亿元，完成投资3.857亿元，投资完成率107%。重点项目：盘龙生态小镇（杜鹃花博物馆）项目，完成投资1.2亿元，实施土地流转、杜鹃花种植基地、林相改造及相关配套基础设施建设，完成项目一期2.87公顷土地报批和征收流程及土地摘牌工作。湘瀚母猪规模化养殖场建设项目（一期）。完成桂塘猪场项目立项等前期工作，主体工程完成80%。与正大集团签订框架合作协议，完成另外3座猪场全部土地流转工作。完成投资约7022万元。其他产业项目：湘潭市城区集中供能特许经营项目，9月10日中标特许经营权，与中国节能环保集团有限公司签订股权交易合同。启动万楼片区集中供能项目建设，与北京嘉洁能科技股份有限公司签订合作协议，海泡石产业园开展碳纤维电供暖试点。湘潭海泡石新材料科技产业园建设项目，全部完成项目一区建设，完成投资4700万元，通过农民工工资保障省检。原南天农药厂土壤修复项目，完成东厂区危险废物处置验收，启动西厂区合同外工程施工，完成投资6000万元。湘潭市生态绿心森林步道建设项目一期，完成投资450万元。韶山市银田农业示范园区服务中心项目，完成投资800万元，全面完成土建工程及红培基地装饰装修。新湘农沙子岭猪项目。完成射埠镇猪场建设并投产，完成投资8000万元。启动韶山干部培训基地、聚宝30万吨二期、汽车拆解、土壤污染处置特许经营、医疗危险废物特许经营等项目前期论证及调研工作。（刘家豪）

【湘潭城乡建设发展集团有限公司】 2021年，湘潭城乡建设发展集团有限公司实现经营收入39.36亿元，利润3.06亿元，上缴税费3.17亿元。国有资产1217.93亿元，资产保值增值率为101%。

风险防控。维持集团AA+信用，完成还本付息任务。与28家银行、金融机构沟通协商，通过替接他盘、直降合同成本等方式降低贷款成本，成功节约利息约5.0513亿元，以低利率贷款置换高利率贷款，以长期贷款置换短期贷款，银行占比增至81.86%，非标占比由降至5.74%，债券债务下降至6.36%。

项目建设。实施市重点项目31个，调减调缓9个，计划完成投资20.52亿元，实际完成22.09亿元。争取政策性资金59.794亿元。其中，专项债券资金53.265亿元、融资专项资金5亿元、预内资金1.529亿元。完成护潭西路、羊牯立交桥等9个重点项目建设。杨梅洲大桥工程稳步推进，湘大附属学校如期交付。

人员优化。优化精简308人，精简率17.5%，节约人力成本2500万元。

产业发展。潭州壹号院、中央公园等项目形成品牌效应，潭州壹号院项目9—11月签约金额位列全市第二。7个特许经营项目，有5个产生经济效益，完成7处停车场改造及运营，第一批7处户外广告对外运营，全市首条餐厨垃圾处理线试运行，“环卫一体化”项目正式移交运营。晴溪文化园等项目成功运营，创新混凝土项目连续2年收入过亿元。

资产管理。完成资产注入21.74亿元，超额完成资产注入和资产处置，占全市完成额的38%。完成资产处置8.13亿元，为目标任务的213%，占全市完成额的64%。盘活可经营性资产，总面积约195.36万平方米，出租面积约159.53万平方米，出租率为82%。实收租金约4323.85万元，同比增长22%。长期闲置的芙蓉电影院、大同世界综合楼等大型商业综合体得到“盘活”。（游丽臻）

【湖南湘盾投资控股集团有限公司】 2021年，湖南湘盾投资控股集团有限公司实现营业收入2.57元，比上年增加2878.34万元，同比增长12.6%；实现利润总额849.26万元，剔除上年新冠肺炎疫情政策性社保减免896.18万元，比上年实际增加244.55万元，实际同比增长40.44%；上缴税金615万元，比上年增长58.24%；国有资本保值增值率达到104.21%，净资产收益率达到3.9%。

武装守押业务在湘潭地区首次实现100%市场占有率；新增营业收入463万元；湘盾公共自行车公司初步完成“公共自行车”单一主业向“公共自行车+共享助力车”双主业转型；湘潭市城区中小学及幼儿园、银行、中石油、中石化等单位的110视频联网报警系统安装、维护业务提升。截至年底，建设共享助力车站点967个、停车桩19906个，投放车辆12500台，共享助力车全年骑行量超过535.4万次；7月，与湘潭华顺人力资源公司合作，投资注册湖南华盾人力资源公司，湘盾人力资源公司在新公司中占股25%。注册成立湘盾末端配送服务公司，投资建设“湘潭市城乡末端配送服务平台”。12月20日，平台正式上线试运行，200余台三轮电动配送车辆入驻平台。全年未发生安全生产事故。12月，湘盾东湖驾校宝塔摩托车驾驶人培训基地通过验收，正式招收学员。（龙珊苡）

【湘潭电化集团有限公司】 2021年，湘潭电化集团有限公司鹤岭、靖西生产基地正常有序运行，电解二氧化锰生产量与销售量均超10万吨。河西、九华、鹤岭三大污水处理厂及鹤岭污泥处置中心平稳运行，三厂累计处理污水8942万吨，处置污泥5.17万吨，出水水质达到《国家城镇污水处理厂污染物排放标准》一级A标准。公司被评为湘潭市安全生产优秀管理单位。

攻坚重大项目。新成立靖西立劲新材料有限公司，实现利润800万元；靖西高性能锰酸锂型电解二氧化锰项目、鹤岭高纯硫酸镍项目、河西污水处理厂三期扩建及提标工程均如期竣工投产；联合多家优势企业组建混合所有制公司——湖南潭州新能源有限公司，实施光储资源一体化开发利用。

创新引领发展。公司进行电解二氧化锰性能提升试验，并在新生产线的建设过程中提高自动化控制程度；创建、改进检测项目49项，牵头起草电解二氧化锰行业标准中的36个检测方法，公司的电解二氧化锰标准样本成为行业产业链检测标样；湘潭电化科技股份有限公司获第三届“湘潭市市长质量奖”，靖西湘潭电化科技有限公司获得四届“百色市市长质量奖”提名奖以及第一批广西工业龙头企业。

推进制度改革。推行“1688”大企业采购平台，通过网上询价及招标采购，降低采购成本，“1688网采智慧电化”项目获阿里云“数字化转型创新奖”，并被省工信厅评为湖南省制造业数字化转型“三化”重点项目。靖西湘潭电化科技有限公司通过中央第五生态环境保护督察组进驻广西期间环保督查，湘潭电化科技股份有限公司以信访件为零答卷，通过中央第六生态环境保护督察组进驻湖南期间环保督查。（刘倩）

【湘潭交通发展集团有限公司】 2021年，湘潭交通发展集团有限公司实现营业收入14.83亿元，同比增长33%；实现利润1.63亿元，同比增长21%；完成工程项目投资8.15亿元，国有资产保值增值率103%，资产负债率49%。全年，无责任上报事故，无生产安全事故，交通运输领域事故率同比下降27.1%。获评深化全国文明城市先进单位、创建全国卫生城市先进单位、全市交通运输工作先进单位、建议提案办理先进单位，开展“最美直达车”、党史学习教育宣传“五进”活动被多家央视报道和转发转播，公交式移动核酸采样“方舱车”入选湘潭市第一批“我为群众办实事”优秀办结实事项目。

主营业务。全年道路客运、城市公交发送旅客约7000万人次，同比下降3.8%。完成公交资源优化整合工作，优化调整线路19条，新增市区线路3条，新增公交站点42个，线网覆盖率增长5.1%，基本覆盖、连通全市旅游景点及各大高校、商圈。调整延伸长潭1号线、县公交602路，长株潭半小时运输圈日趋完善。启用新韶山汽车站，推行“校园公交”，实现韶山城乡和校园全覆盖。优服务保安全，深入开展“我为群众办实事”活动，为学校、高校、居民区、企业等开通定制公交服务，延伸市内公交线路，解决“为民服务最后一公里”；做实客运站和交通运输工具疫情防控工作，组织爱心送考、核酸检测“移动方舱”等行动。湘潭5个客运站在湖南省“群众满意客运站”评比中获通报表扬。在36条公交线路，728台车辆悬挂党史学习教育挂饰近5500个，在400台公交车载视频、80多个公交候车亭、400个LED显示屏和5个客运站场电子显示屏宣传栏播放宣传知识。“五进”活动在市党史学习教育简报作为创新典型推介，被湘潭在线、红网时刻、《湖南日报》、学习强国、《人民日报》等媒体报道。

项目建设。完成工程项目投资8.15亿元，S219湘潭桐子坪至姜畲公路改建项目建成通车；省2021年十大基础设施的荷塘综合客运枢纽站完成主体工程验收；莲花线一期（含下摄司大桥）完成征地拆迁和模式转换，开始进行主桥钢结构制作；湘潭河西公共客运总站长途汽车站房及公交服务楼主体结构封顶；伏林大道（北二环至伏林路）工程完成用地预审及选址意见办理及初步设计文件修编；新建成充电站6处、充电桩35台、总功率4280千瓦，升级改造充电站4处，更新充电桩22台，总功率2140千瓦。

片区开发。下摄司片区城市更新项目启动社会投资人招标，与湖南省第三工程有限公司签订战略合作意向协议，与湖南欣洋置业合伙企业签订下摄司片区A1地块合作开发意向协议；西大门羊牯塘片区开发项目完成项目包装、用地情况调研、投资分析和实施方案编制，与中信建发、中铁八局签订战略合作框架协议；湘潭大学培训交流中心项目前期工作推进，引进社会资本金1亿元。

风险防控。完成还本付息18亿元，完成融资争资30.08亿元，集团AA评级稳定。发行交发集团首笔、湘潭年内唯一公司债券5亿元，票面利率6.5%。

产业发展。竞争类企业实现营收1亿元，同比上涨64%。交旅集团参与韶山至井冈山红色旅游铁路专线运营，累计发车15趟，乘坐人数达6395人次；举办16期红色培训班，开展研学旅游业务，打造以“东方欲晓”为品牌的红色文创产品。资产公司成功取得湘潭市充电基础设施建设运营特许经营权，缴纳资源占用费6152万元，成立湘潭交发电动汽车充电服务有限公司，与南方电网电动汽车服务有限公司、中翰联投（深圳）技术有限公司签订“互联网+充电桩新模式+新能源智能汽车”产业链新能源合作意向协议；物流公司中标中车时代电动公司常德至沈阳974台成品车物流服务，与湘潭市邮政公司、湘乡邮政局、“三通一达”快递公司达成合作意向；贸易公司与湖南吉光工程公司、省国盈公路物资公司等合作开展沥青、水泥、碎石、设备、装饰等业务，完成销售额3223万元。科技公司打造湘潭首个“出行+生活”便民惠民智慧服务体系“湘潭出行”App，实现城区及三个县市区实时公交查询、扫码优惠乘公交、交通卡充值年审、客运购票、旅游出行、交发代驾、吃喝玩乐等掌上便民服务功能，注册用户突破30万人，覆盖率居全省第一。（黄　毅）

【湘潭城市综合运营有限公司】 2020年12月31日，湘潭城市综合运营有限公司注册成立，定位为市场化运作的市属竞争类国有企业，为市国资委监管一级公司。注册资本20.4亿元，其中，湘潭市城市综合运营发展基金出资20亿元，湘潭莲城建设发展有限公司出资0.35亿元，湖南建工集团有限公司出资0.05亿元。下设综合管理部、纪检监察部（风控审计部）、财务管理部、土地利用部、工程管理部、资本运营部等6个部门。员额总数暂定31人（含省建工集团推荐的财务负责人）。

主营业务。启动土地项目23个，盘活存量经营性用地128.27公顷，6个项目挂牌上市，总面积51.05公顷，总成交金额24.57亿元；5个项目具备上市条件，总面积44.75公顷，预计总成交金额19.6亿元。第一批基础设施合作项目11个，分为5个EPC项目包，总投资3.52亿元，其中4个EPC项目包于11月10日开工建设。

提升资金效率。成立项目投资决策领导小组，精准铺排项目，对项目实施和资金铺排及使用实行全过程管理，确保资金高效使用；抓好项目储备和资金回笼，及时办理投资资金结算及回款；优化结算方式，与各平台公司签订《湘潭市城市综合开发项目开发建设管理补充协议》，明确单宗土地上市与年终结算回款相结合。全年，完成投资21.45亿元，实现资金回笼再投资38450万元，盘活存量资金24.57亿元，实现全年无趴账，实现利润213.98万元。

确保资金安全。与各平台公司、优居中心共设立19个双控共管账户，对基金使用实行穿透监管，保证资金封闭运作，专款专用；制定《项目投资资金暂行管理办法》《项目投资资金回款及再投资暂行管理办法》。及时兑付基金固定回报7000万元。

拓宽融资渠道。对接金融机构，探索融资模式，以股本金流动性为主要资源，与多家银行进行融资对接，获批授信5.05亿元，其中2.69亿元完成下账。

资产注实。完成原上和酒店和原市水利局老办公楼2宗资产的无偿注入，资产价值达3000万元。

（薛　卉）

2022
湘潭年鉴
XIANGTAN NIANJIAN

中国人民政治协商会议
湘潭市委员会

综　述

【概况】　截至2021年年底，第十二届湘潭市政协委员有333名，来自30个界别。按界别分，中共28人，民革13人，民盟13人，民建13人，民进12人，农工党12人，致公党12人，九三学社12人，无党派9人，共青团3人，工会5人，妇联7人，青联4人，工商联12人，科协7人，台联3人，侨联7人，文艺8人，科技16人，社科7人，经济28人，农业16人，教育18人，体育3人，新闻出版3人，医卫10人，社会福利和社会保障4人，少数民族4人，宗教5人，特邀39人。

【坚持党的全面领导】　2021年，政协湘潭市委把坚持党的领导作为根本政治原则，深入学习习近平新时代中国特色社会主义思想和党的十九大、十九届历次全会精神，学习习近平总书记关于加强和改进人民政协工作的重要思想，扎实推进党史学习教育落到实处、取得实效。忠诚拥护“两个确立”，坚决做到“两个维护”。始终坚持在市委领导下开展各项工作。坚持请示报告制度，按要求向市委报告工作。市政协党组发挥在政协工作中的重要作用，做到一切重要履职活动在党组领导下展开、围绕党政中心工作进行。全力筹备市政协十三届一次会议。进一步完善市政协党组、机关党组、机关党委、机关党支部四个层次抓党建的工作机制。召开全市政协系统党建工作会议。在重大会议、重要活动期间，专门成立临时党委、临时党支部。高度重视党风廉政建设和反腐败工作，坚持党风廉政建设与日常工作同部署、同落实、同检查。有效运用监督执纪“四种形态”，坚决反对形式主义、官僚主义。抓好政协系统的意识形态工作，严格落实意识形态工作责任制。

【服务中心工作】　2021年，政协湘潭市委围绕省委“三高四新”战略部署、市委“四区一地”决策定位，开展一系列调研协商。其中，“坚持创新引领，着力打造中部科创发展示范区”“以红色传承为内核，将湘潭打造成具有国际影响力的红色旅游目的地”两个议政性常委会议专题协商建议案等多项成果被采纳。深入推进营商环境“双优”工程，助推全市工业新兴优势产业链的发展。围绕打造“国家城乡融合发展试验区”，选择“发挥供销社体系作用、巩固脱贫攻坚成果”等议题开展协商调研，助力农业社会化服务体系建设。围绕推动人居环境改善开展调研视察，在城市公园绿地建设管理、老城区文化艺术品位提升、老旧小区改造、社区微治理等方面提出建议。

【政协文史宣传】　2021年，政协湘潭市委抓好《湘潭文史》第27辑《湘潭革命文化资源》的编辑工作，完成100余万字的《湘潭历史人物》丛书编辑定稿工作。将《湘潭政协》杂志办好办出特色。在主流媒体上刊发政协工作宣传报道300余篇，全面展示政协委员为国履职、为民尽责的时代风采。（晏　钦）

重要会议

【政协全体会议】　政协湘潭市第十二届委员会第五次会议于2021年1月17日至19日举行。会议听取并审议通过了周放良主席所作的《政协湘潭市第十二届委员会常务委员会工作报告》、副主席所作的《政协湘潭市第十二届委员会常务委员会关于十二届四次会议以来提案工作情况的报告》。列席了市人大十五届六次会议；听取并协商讨论了市政府工作报告、计划报告、财政报告和市中级人民法院、市人民检察院工作报告；举行了大会发言；进行了分组和联组讨论；报告了政协湘潭市第十二届委员会第五次会议提案审查情况；审议通过了大会决议等。会议补选王琴华、吴新琼、宋小玲、秦曙光、龚政军为政协湘潭市第十二届委员会常务委员。

政协湘潭市第十三届委员会第一次会议于2021年12月29日至2022年1月2日举行。会议审议并通过周放良代表政协湘潭市第十二届委员会常务委员会所作的工作报告，审议并通过政协湘潭市第十二届委员会常务委员会所作的提案工作情况报告。会议听取、讨论并赞同胡贺波所作的政府工作报告，赞同湘潭市2021年国民经济和社会发展计划执行情况与2022年国民经济和社会发展计划草案的报告、湘潭市2021年财政预算执行情况和2022年市本级财政预算草案的报告，赞同湘潭市中级人民法院工作报告、湘潭市人民检察院工作报告；举行了大会发言；进行了分组和联组讨论；报告了政协湘潭市第十三届委员会第一次会议提案审查情况；审议通过了大会决议等；会议选举杨真平为政协湘潭市第十三届委员会主席，选举黄韧、刘良廷、周长林、韩晓、肖冬梅、唐杰、杨锋、黄铁华为政协湘潭市第十三届委员会副主席，选举李劲帆为政协湘潭市第十三届委员会秘书长，选举马金辉等56人为政协湘潭市第十三届委员会常务委员。

【政协常委会议】　2021年，市政协十二届常委会第二十一次至二十六次会议召开。

第二十一次常委会会议，1月16日在华宇酒店举行。会议审议通过了政协湘潭市第十二届委员会常务委员会第二十一次会议议程；审议通过湘潭市政协2021年度协商与监督工作计划；协商决定辞免政协湘潭市第十二届委员会委员和增补政协湘潭市第十二届委员会委员人选名单；协商政协湘潭市第十二届委员会第五次会议补选常务委员的《补选办法》（草案）；听取市委组织部负责人作关于辞免政协湘潭市第十二届委员会常务委员和补选政协湘潭市第十二届委员会常务委员候选人提名人选情况的说明；协商辞免政协湘潭市第十二届委员会常务委员和补选政协湘潭市第十二届委员会常务委员候选人提名人选名单（草案）；协商政协湘潭市第十二届委员会第五次会议补选工作总监票人、监票人名单。

第二十二次常委会会议，1月19日在华宇酒店举行。会议审议通过了政协湘潭市第十二届委员会常务委员会第二十二次会议议程；听取了关于各组讨论情况的综合汇报；听取了关于补选政协湘潭市第十二届委员会常务委员候选人提名人选名单酝酿情况的汇报，审议通过了补选政协湘潭市第十二届委员会常务委员候选人提名人选名单；听取了关于政协湘潭市第十二届委员会第五次会议补选常务委员的《补选办法》（草案）讨论情况的汇报，审议通过《补选办法》（草案）；听取了关于政协湘潭市第十二届委员会第五次会议补选工作总监票人、监票人酝酿情况的汇报，审议通过总监票人、监票人名单（草案）；听取了总计票人、计票人名单的汇报；听取了政协湘潭市第十二届委员会第五次会议提案审查情况的报告；审议了政协湘潭市第十二届委员会第五次会议大会决议（草案）。

第二十三次常委会会议，4月26日在市政协常委会议室举行。会议审议通过政协湘潭市第十二届委员会常务委员会第二十三次会议议程（草案）；传达学习全国政协十三届四次会议精神；协商决定有关人事事项；开展了党史学习教育专题讲座，市政协委员、市委党校副校长王立成作题为“百年党史中的红色湘潭”的党史学习教育专题讲座。

第二十四次常委会会议，8月25日在市政协常委会议室举行。会议审议通过了政协湘潭市第十二届委员会常务委员会第二十四次会议议程；学习了习近平总书记在庆祝中国共产党成立100周年大会上的重要讲话精神；市人民政府副市长向敏代表市人民政府通报了上半年全市经济社会发展情况及下半年工作安排意见；会议围绕“以红色传承为内核，将湘潭打造成具有国际影响力的红色旅游目的地”和“坚持创新引领，着力打造中部科创发展示范区”两个课题进行专题协商，并审议通过了相关建议案；协商决定了有关人事事项。

第二十五次常委会会议，12月2日在市政协常委会议室举行。会议审议通过了政协湘潭市第十二届委员会常务委员会第二十五次会议议程；传达学习了中国共产党第十九届中央委员会第六次全体会议精神；传达学习了中国共产党湖南省第十二次代表大会精神；市委常委、市政府党组副书记吴志雄代表市政府通报了政协湘潭市第十二届委员会第五次会议以来提案、建议案办理情况；会议民主评议了提案办理工作；协商决定了有关人事事项；审议通过了撤销张大力政协湘潭市第十二届委员会常务委员、委员资格的决定。

第二十六次常委会会议，12月16日在市政协机关常委会议室举行。会议审议通过了政协湘潭市第十二届委员会常务委员会第二十六次会议议程；协商决定了政协湘潭市第十三届委员会委员提名人选名单；审议通过了政协湘潭市委员会关于召开政协湘潭市第十三届委员会第一次会议的决定；审议通过了政协湘潭市第十三届委员会第一次会议议程、日程（草案）；审议通过了政协湘潭市第十二届委员会常务委员会工作报告（草案）；审议通过了政协湘潭市第十二届委员会常务委员会提案工作情况报告（草案）。

（晏　钦）

政协协商

【概况】　2021年，政协湘潭市委围绕市委市政府中心大局，组织开展2个议政性常委会议专题协商、2个对口协商、3个界别协商、5个主席会议重点督办提案，以及数个民主监督课题。

【专题协商】　2021年，政协湘潭市委员会就“以红色传承为内核，将湘潭打造成具有国际影响力的红色旅游目的地”和“坚持创新引领，着力打造中部科创发展示范区”开展专题调研。成立了由周放良主席任组长，部分副主席、常委、委员、专家学者、从事旅游行业的常委和委员，以及相关职能部门负责人组成的课题调研组，制定了调研工作方案。分组赴各县市区开展实地调研。在调研过程中，调研组坚持以问题为导向，实地考察，听取一线人员意见，与市县有关部门座谈交流，整理各方面信息，较为深入系统地掌握了我市有关情况发展情况和问题不足。在调研报告撰写过程中，组织开展多次研讨，对调研报告的框架、初稿进行反复调整修改，并经过了驻会领导成员办公会和第29次主席会议审议，形成调研报告和建议案。

8月25日，市政协主席、党组书记周放良主持召开政协湘潭市第十二届委员会常务委员会第二十四次会议。副市长向敏应邀出席。会议围绕“以红色传承为内核，将湘潭打造成具有国际影响力的红色旅游目的地”和“坚持创新引领，着力打造中部科创发展示范区”两个课题进行专题协商，并审议通过了相关建议案。

【对口协商】　2021年，政协湘潭市委将“加强城市公园绿地规划建设及管理”“关于发挥供销合作社为农服务体系作用，打通农产品流通‘最初一公里’”确定为对口协商课题。先后赴各县市区和相关职能部门调研、座谈，并赴外地市州进行交流、学习，广泛听取意见建议，经过研究提出了具体建议，并召开了对口协商会议，市政府分管领导出席会议。会上，部分职能部门负责人结合自己的职责，就如何做好工作提出了建议，对调研报告中指出的问题和提出的意见建议作了回应和表态。

（晏　钦）

民主监督

【专项视察】　2021年，政协湘潭市委就“城市老旧小区改造”“城区交通治理”等民生领域重点议题组织政协委员开展视察和监督性调研，提升民主监督组织化水平，向被委派部门通报相关工作情况，提出工作建议。

【民主评议提案办理】　2021年，政协湘潭市委加强提案办理效果的评估，开展民主评议提案办理工作，在市直相关部门中选取市生态环境局、市水利局进行民主评议，将被评议单位的评议结果报送市委、市政府，并印发评议通报给有关部门，推动提案办理质量提高和提案办理工作机制完善。

（晏　钦）

提案工作

【概况】　2021年，政协湘潭市委收到提案272件，审查立案247件，立案率为90.8%。所有提案已全部办复完毕。从办理情况来看，所提意见和建议被有关单位采纳、问题已经解决或基本解决的219件，占88.6%；正在解决或列入计划解决的23件，占9.3%；因条件所限暂时不能解决的5件，占2.1%。提案采纳落实率明显提高，委员满意率也有很大提升。编辑印发《政协湘潭市第十二届委员会优秀提案及办理情况选编》一书。

【重点提案办理】 2021年，政协湘潭市委坚持主席会议成员带头督办重点提案，选择《关于打造永不落幕的齐白石艺术节的建议》《培育电机电磁驱动世界级产业集群，努力打造国家重要智能制造集聚区》《关于推进我市中小型水库水环境综合治理的建议》等具有代表性的提案作为主席会议督办的重点提案。召开了提案办理协商会。协商会后继续跟踪了解相关工作开展情况，努力推动提案办理真正办好、办实、办到位。 （晏 钦）

联系服务界别群众

【概况】 2021年，政协湘潭市委出台《政协湘潭市委员会委员联系服务界别群众试行办法》等制度，健全委员管理服务机制，对市政协委员联系服务界别群众工作进行明确要求和规范，融入市政协长期以来形成的行之有效的做法，并纳入委员评价考核，倡导利用线上线下多种途径做好界别群众工作。共收到政协委员围绕我市经济社会发展反映的社情民意信息320余条，编发《社情民意摘报》51期。将年初全会期间审查立案的241件提案、委员协商讨论的7个方面41条具体建议呈报市委市政府，交由相关部门单位办理。

【开展联系服务界别群众活动】 2021年，政协湘潭市委组织部分住湘潭省政协委员赴湘西州永顺县开展义务植树行动。积极参加“我为群众办实事”实践活动。赴韶山市杨林乡团田村走访慰问脱贫群众，巩固脱贫攻坚成果，助力乡村振兴。广泛动员委员参与全市“三创”工作。组织机关干部职工定期到联点共建社区开展文明城市创建活动。 （晏 钦）

2022

湘潭年鉴

XIANGTAN NIANJIAN

中国共产党湘潭市纪律检查委员会·湘潭市监察委员会

综 述

【概况】 2021年，湘潭市纪委监委围绕“三新一高”战略部署、“三高四新”战略定位和使命任务，逐一拉条挂账、专班推进，着力发现和纠正贯彻落实不彻底、不到位等问题。拓展“洞庭清波”专项行动，严肃查处港口码头环境污染、科大空气监测站点受干扰等问题，问责处理52人。开展粮食购销领域腐败问题专项整治和涉粮问题专项巡察，发现问题189个，立案3起，组织处理3人。深入开展违建别墅、农村乱占耕地建房问题专项监督。助力防范化解重大风险，常态化开展疫情防控监督，对18名疫情防控不力人员给予处理。严肃查办湘潭县违法违规举债融资问题，追责问责12人。坚持纪律教育、全程监督、廉政把关、执纪问责“四个从严”，出具党风廉政意见8925人次，对75人次提出否决、暂缓意见，严肃处理违反“十个严禁”问题，严查“九类隐形变异行为”，处理29人，通报8起16人。

【反腐败斗争】 2021年，湘潭市各级纪检监察机关共立案956件，处分905人，移送司法机关37人，挽回经济损失2.04亿元。张大力等26名领导干部主动投案。在全省打响医保领域反腐“第一枪”，对陈跃俊、肖心平、伍群杰等8名公职人员采取留置措施，39名公职人员主动交代问题，追回违规资金5769万元。协同开展政法队伍教育整顿，留置陈石坚、彭建高、谭伟等5人，立案查处违纪违法政法干警103人，处理处分302人，847人主动投案或向组织说明问题。常态化开展扫黑除恶“打伞破网”，查处涉黑涉恶腐败和“保护伞”问题40个，处理处分35人。深入整治工程建设领域顽疾，核查超概算项目8个，处置问题线索75条，处理公职人员9人。开展“一人多证”专项清理，立案8人，组织处理32人。配合中央纪委、国家监委、省纪委、省监委相关室组联动，办理国企、金融等领域指定管辖案件。坚持受贿行贿一起查，建立健全行贿人“黑名单”信息库，查处行贿人员21人，留置12人，移送司法机关7人。协助市委出台推进清廉湘潭建设实施意见，推动清廉元素向各领域各行业延伸。以医保、政法、金融等领域违纪违法案为镜鉴，运用类案剖析报告、警示教育片、纪检监察建议书等载体，抓实以案促改，不敢腐、不能腐、不想腐一体推进取得成效。

【作风建设】 2021年，湘潭市纪委监委及时研判“四风”新表现、新问题，节假日前后常态化开展明察暗访、专项监督检查，通报典型案例，对顶风违纪从严处理。出台贯彻落实整治违规吃喝隐形变异“十严禁”五条措施，坚决查处违规收送红包礼金、报销费用、发放津补贴、接受管理服务对象宴请和公车私用、私车公养等突出问题。深入整治形式主义、官僚主义，督促解决会议文件多、统计报表多、工作微信群多等突出问题。全年，查处“四风”问题110起，处理152人，处分125人。开展损害营商环境突出问题专项治理，出台公职人员服务履职差评机制，发布优化营商环境“八个不准”，处置问题线索83件，处理处分125人。整治恶意举报诬告陷害行为，激励党员干部担当作为。

【整治基层“微腐败”】 2021年，湘潭市纪委监委抓实巩固脱贫攻坚成果同乡村振兴有效衔接过渡期专项监督，开展惠民惠农财政补贴资金“一卡通”专项整治，查处问题41个，处理40人，追缴资金305万元。扎实推进社保基金管理防风险堵漏洞、“清廉医保”专项监督，督促市人社局、市医保局、市卫健委等职能部门建章立制、堵塞漏洞。同步部署学生“双减”政策和中小学教师减负专项检查，督促减少考核事项50.9%，补发教师绩效奖金1090万元。开展“学位床位车位厕位”突出问题专项整治，处置问题线索46条，处理14人。开展养老领域突出问题专项整治，严肃查处韶山金色年华养老公寓公职人员失职渎职问题。出台纪检监察信访举报工作“九到位”要求和责任追究办法，越级举报、检举控告、重复举报连续两年实现“三下降”。全年，查处群众身边腐败和作风问题196个，处理处分339人。

【深化体制改革】 2021年，湘潭市纪委监委创新纪检监察系统一体化“四联”机制，推动“室组”联动监督、“室组地”联合办案，促进纪律监督、监察监督、派驻监督、巡察监督贯通融合，系统内监督与系统外监督协同发力。协助市委出台加强对“一把手”和领导班子监督22条措施，落实上级党组织书记、纪委书记与下级党组织书记开展党风廉政建设专题谈话、专项督促谈话等举措，全力压实“一把手”管党治党政治责任。运用信息手段赋能监督执纪，升级检举举报平台，优化“互联网+监督”平台，推广建设小微权力“监督一点通”，充分利用湘潭纪检监察大数据平台查询264次2915人。加强日常监督，全市各级纪检监察机关参加被监督单位的民主生活会和专题组织生活会401次，谈话提醒被监督对象1400余人次，运用“四种形态”批评教育帮助和处理2792人次，其中第一、二种形态占91%。

【加强自身建设】 2021年，湘潭市纪委监委赴韶山、市党史馆、岳麓书院开展专题学习。深化全员培训，通过举办“廉洁湘潭大讲堂”、参加业务培训、参与大案要案查办等方式，提升监督执纪执法能力。严格自我监督管理，健全问题线索处置、涉案财物管理、谈话函询、失实检举控告澄清等制度。严明办案纪律，严格办案程序，精准监督执纪问责，案件质量、办案效率明显提高，审查调查安全工作“零事故”。首次向市人大常委会报告专项工作。刚性执行纪检监察干部约束和监督“负面清单”，严肃查处9名“害群之马”，坚决防治“灯下黑”。

【新一届中共湘潭市纪委领导班子产生】 2021年9月24日，中国共产党湘潭市第十三届纪律检查委员会第一次全体会议举行。会议选举产生新一届市纪委领导班子，李激扬当选为市纪委书记。会议以无记名投票差额选举的方式，选举产生中国共产党湘潭市第十三届纪律检查委员会常务委员会委员9名，分别是李激扬、陈启国、曾洪良、周裕阳、黄革跃、陈实、袁钢赤、刘卫东、陈李理。经过大会选举，李激扬当选为市第十三届纪律检查委员会书记，陈启国、曾洪良、周裕阳当选为市第十三届纪律检查委员会副书记。 （高腾飞）

市委巡察工作

【概况】 2021年，湘潭市委和市委巡察工作领导小组精准有效地开展政治监督，为建设社会主义现代化新湘潭提供坚强政治保障。

开展政治巡察。9月，启动十三届市委第一轮巡察，派出6个巡察组，市县两级组建4个巡察组采取上下联动、交叉巡察方式，统筹开展全市涉粮领域专项巡察工作；以“1+4”的方式由市委巡察组带领湘潭县、韶山市、岳塘区、雨湖区等4个县级巡察组联动交叉对全市教育领域开展系统巡察；对体量大、信访反映较多的湘潭县易俗河镇等2个基层单位开展提级巡察；首次对国家级高新区开展常规巡察，切实落实市党代会要求，紧盯高新区高质量发展、“五好”园区建设、隐性债务等突出问题。

统筹巡察整改和成果运用。十二届市委第十二轮巡察期间，巡察组共下发交办函6份，涉及具体问题9个。梳理出医院系统存在过度医疗、滥用检查、科室外包等行业性问题。首次以专项巡察方式对县市区巡视整改情况进行监督检查。对5个县市区270多个具体问题整改情况逐一核实。市委组建3个巡察组，采取上下联动、相互交叉方式，对市直部门、湘乡市和岳塘区共18个被巡察党组织开展巡察整改“回头看”专项巡察，发现各类问题113个，在中央试点工作简报第37期和中纪委国家监委办公厅《纪检监察信息》第137期进行刊发。

强化指导督导。7月6日，省委第一巡察指导督导组进驻湘潭，开展为期15天巡察指导督导工作。指导督导期间，市县巡察机构总结各类巡察经验25个，如聚焦国之大者开展专项巡察、精准处置问题线索、探索巡察战法、破解“熟人社会”监督难题、高质量推进村级巡察等，形成《湘潭市委巡察工作经验材料汇编》。出台《市委巡察机构派员列席县市区党委研究巡察工作会议实施办法》后，派员列席县市区委常委会或区委书记专题会，压实县市区党委巡察主体责任。11月11—25日，对雨湖区委巡察工作开展指导督导，围绕深入政治巡察、落实主体责任、提升巡察质量、规范制度建设等工作重点，指导雨湖区委制定村巡察工作操作指引并开展村专项巡察。

【开展上下联动试点】 2021年7月23日，中央巡视办下发《关于开展市级巡察机构在上下联动中更好发挥作用试点工作的通知》，确定在全国范围内选取7个城市开展试点工作，湘潭被确立为试点市之一。中央巡视办、省委、省委巡视办给予试点工作精心指导，中央巡视办副主任罗礼平9月5日到湘潭调研，就试点工作提出“5个强化”要求；11月15日至16日，省委书记张庆伟三次就试点工作作出指示批示，要求“大胆先行先试，探索更多制度成果和经验特色，力求‘试点在湘潭、工作在全省、影响在全国’”；9月17日，省纪委书记王双全就试点工作到湘潭开展调研，要求“完善目标体系、工作体系、政策体系、评价体系，瞄准重点任务一项一项抓落实”。省委常委、副省长、市委书记张迎春9次专题调度试点工作，《做到“六个贯通融合”，扛起巡察工作第一责任人责任》在中央巡视办网站刊登。试点工作坚持每日云端碰头，细化为8个方面35项课题，按照“小切口、可操作、强实用”原则，出台31个机制制度，推动形成上下联动“大格局”，接通上下联动“毛细血管”。湘潭试点工作情况及经验制度成果共在中央巡视办《试点工作简报》刊发11期，其中有6期为专刊刊发，11月12日第31期简报中，刊发各试点市制度机制成果61项，其中湘潭各类制度机制成果26项，占比达42.6%。

【十二届湘潭市委巡察收官】 2021年3月29日，十二届市委启动第十二轮巡察，对省委巡视的5个县市区和市委第十一轮巡察11家单位整改情况开展专项巡察，对市妇幼保健院、市中医院、市二医院、市三医院4家党组织开展常规巡察，对韶山市人民检察院提级巡察，发现问题295个，问题线索4条。

【十三届湘潭市委开展第一轮巡察】 2021年10月18日，十三届湘潭市委启动第一轮巡察，分别对湘潭高新区、湘潭市教育局、湘潭县易俗河镇、湘潭市生态环境局湘乡分局开展常规巡察。同时采取上下联动、交叉巡察方式，统筹开展全市涉粮领域专项巡察工作，向各县市区和相关部门反馈涉粮领域相关问题103个，向纪检监察机关移送问题线索10条。

【湘潭开展巡察整改监督责任专项巡察】 2021年，湘潭市委巡察办针对巡察整改监督弱化、缺位等问题，湘潭市以开展市级巡察机构在上下联动中更好发挥作用试点为契机，首次对市县纪检监察机关、组织部门履行巡察整改监督责任，开展专项巡察，并通过以下看上方式对18家被巡察党组织整改情况跟踪了解、侧面印证，发现思想认识偏差、机制建设短板、监督执行落差等3类54个具体问题。

（成经宇）

民主党派·工商联

中国国民党革命委员会湘潭市委员会

【概况】 2021年，中国国民党革命委员会湘潭市委员会（简称民革湘潭市委会）下辖25个支部、湘潭县总支和民革湘乡市委（县级市）。截至年底，全市共有民革党员902人（含湘乡）。全市民革党员中，共有各级人大代表、政协委员112人，其中，省人大代表2人，省政协委员2人；市人大代表7人，市政协委员23人；区（县）人大代表18人，政协委员60人。党员周崇政获评“第一届湖南民革十大榜样人物”；专职副主委兼秘书长龚铁钢被评为“民革全国机关建设工作先进个人”。全年，向市县区推荐12名优秀党员，得到各级党委部门重视。在各类媒体上稿200余篇，部分稿件被民革中央、《湘潭日报》、红网等主流媒体采用。《湘潭日报》刊登专版《民革湘潭市第十五届委员会工作回眸》，作为庆贺中国共产党成立100周年《奋斗百年路启航新征程特刊》的重要文章。

【思想建设】 2021年，民革湘潭市委会坚决捍卫“两个确立”，切实增强“四个意识”，坚定“四个自信”，做到“两个维护”，不断筑牢民革党员的共同思想政治基础。继续打造民革湘潭市委会特色“湘江大讲堂”学习同心文化品牌，健全市委会中心学习组、支部主委会等“每会必学”的学习体系。利用换届大会契机，组织全市民革党员代表观看学习党史教育纪录片。主委章光明带头领学习近平总书记“七一”重要讲话精神、万鄂湘代表民主党派、工商联的贺词以及市委书记在市委统战部调研座谈会上的讲话、中共十九届六中全会精神、湖南省第十二次党代会精神等。湘乡市委会、县总支、经促会支部、湘大支部等带领民革党员深入感悟中国共产党的初心使命和优良革命传统，不断夯实与中国共产党团结奋斗的共同思想政治基础。以庆祝中国共产党成立100周年为契机，不断丰富中共党史学习教育形式。7月1日，组织全市民革党员观看大会盛况，学习领会习近平总书记的重要讲话与民革中央主席万鄂湘所致的贺词。组织党员参加民革湖南省委会组织的庆祝中国共产党成立100周年演讲比赛；邀请民革党员参与民革中央组织的征文比赛，选送的4篇征文中，获一等奖1篇，并被民革中央采用，二等奖1篇，优秀奖2篇；邀请120余名党员骨干观赏电影《长津湖》。辛亥革命纪念日，组织60%的党员观看纪念大会，认真学习习近平总书记在大会上的讲话。继续开展“观故居，走多党合作之路”活动。组织党员前往郴州汝城开展现场党史学习及廉政教育，学习“湘南起义汝城会议”革命历史，体验濂溪书院独特的“廉”文化氛围，感悟“半条被子”发生地的军民鱼水深情。组织经委会和民革湘潭市企业家联谊会的党员企业家赴双峰县青树坪战役烈士纪念园、蔡和森同志纪念馆，开展“学党史、悟思想、办实事、开新局”主题学习教育活动。机关支部、中心医院支部、经开区支部、雨直支部、岳一支部、岳二支部、岳三支部、岳四支部、工程学院支部等组织党员赴黄兴、秋瑾、杨开慧、彭德怀、王震等故居地开展现场教学活动。

【组织建设】 2021年，民革湘潭市委会聚焦抓好班子，带好队伍，实现政治交接，指导民革湘乡市委会完成换届工作。5月13日，民革湘乡市第八次代表大会召开，选举产生民革湘乡市第八届委员会，田彬当选为主任委员，丁锟、沈轶、郭雨良当选为副主任委员。7月3日，民革湘潭市第十六次代表大会召开，章光明当选为新一届民革湘潭市委会主委，龚铁钢当选为专职副主委，欧阳凤鸣、欧阳庆、徐圣当选为副主委。本次换届选举产生17名委员，委员的年龄结构层次及女同志所占比例符合换届文件要求。年内，章光明参加省委统战部组织的民主党派市级组织领导班子成员培训班；新任市委委员参加民革湖南省委组织的新任市委委员培训班。全年，发展新党员31名，全部具有大学以上学历，其中高级职称2人、中级职称5人。对党员进行规范化管理，做好党员关系转移工作，完善电子档案，实行动态信息变更。年内，岳一、岳三、岳四支部联合建立“党员之家”。民革湘潭县天易支部获评“民革中央第二批示范支部”，民革湘潭市中心医院支部党员之家获评“民革中央第二批优秀党员之家”。

【参政议政】 2021年，民革湘潭市委会大兴调查研究之风，提升参政履职能力水平。完成“关于加强我省应急管理软实力建设”1个省级重点中标调研课题。完成“聚焦农业机械化，赋能乡村振兴”“破解重大安全隐患难题，筑牢重点行业安全防线”“‘盘活’知识产权，让‘知本’变‘资本’”“打造湖南职教高地，服务‘三高四新’”“推进法律援助，为弱势群体撑起保护伞”“大力发展我市临港经济，重现‘舟楫云集’黄金水道盛况”“建立湘潭应对突发急性传染病来袭的医疗救治体系”“关于湘潭县固废资源化利用项目的调研报告”“完善我市公共体育服务体系，助力乡村振兴”9个市级重点课题调研。全年，民革各级人大代表、政协委员共提交个人建议提案100余件，提交《加快工业数字化升级改造，打造先进制造业高地》等集体提案6件。

【社情民意】 2021年，民革湘潭市委会提交各类社情民意建议107篇，其中，市政协采用11篇，民革省委会采用14篇，民革中央采用1篇。《疫情常态化形势下，应解决好老年群体就医便利问题》等建议获市领导批示。重点调研课题“我省农业产业集群发展的困境与对策”获民革湖南省委参政议政调研成果二等奖，“大力发展湘潭开放型经济，着力打造内陆开放高地”被市政协评为优秀调研报告，“关于进一步加强我市‘品牌强农’建设的提案”被市政协评为优秀集体提案。

【民主监督】 2021年，在各民主党派开展湘江（湘潭段）生态环境保护专项民主监督工作中，民革湘潭市委会成立涟水流域生态环境保护工作民主监督领导协调机构，主委章光明率队就湘乡市工业园区污染对涟水流域生态环境保护工作的影响进行专项民主监督。民革湘潭市委会广泛征询全市各基层党员反映的社会现象问题。6月，民革湘潭市委会组织市政协民革界别委员就有关燃气企业收取“气瓶检测费”的收费行为开展民主监督活动。该监督活动受到市场监督管理部门的重点关注，立刻约谈相关企业及时整改。市委会还多次组织市、区政协委员赴岳塘经开区就竹埠港地区重金属污染治理开展提案办理及民主监督活动。

【政治协商】 2021年，民革湘潭市委会根据市委出题、党派调研的原则，针对湘潭市发现的145起重大安全隐患，以及全市5个县市区14个乡镇19个行政村4400公顷农作物耕种收综合农业机械化率的情况，进行广泛深入调研，调研成果在全市政党协商工作会议和参政议政成果汇报会上，得到市领导的肯定和点评。另外，对全市党风廉政建设和反腐败工作、党代会、“两会”的市委和政府工作报告开展政党协商。

【关爱抗战老兵】 2021年，民革湘潭市委会继续关爱抗战老兵，深化基层组织“结对”帮扶抗战老兵工作，为抗战老兵提供物质援助和精神慰藉并重的关怀服务，做到生日必到、有节必访、有事必帮。9月3日，开展第七届抗战老兵慰问活动。全年，为老兵发放生活补助资金近10万元。

【社会服务】 2021年，民革湘潭市委会持续推进“博爱·莲城”社会服务品牌建设，汇聚各方资源和力量，深入开展社会服务。接力推进乡村振兴。组织各基层组织前往韶山市银田镇银田村社会服务基地和创作写生基地考察学习，开展红色诗歌朗诵活动，帮扶银田村扶贫产业基地，购买灵芝、香菇等系列农产品2万多元。4月，组织开展“学党史筑同心”暨同心美丽乡村“万户帮扶”活动，民革成员50多人在湘潭县易俗河镇双梅村义务种植扶贫果木100余棵，为贫困户抛秧种田2公顷。9月，主委章光明带队到联点湘潭县中路铺镇柳桥村开展走访调研。全年，为联点村下拨创建经费5万元。民革湘潭市委会被评为“民革中央脱贫攻坚先进集体”，党员罗正良被评为“民革中央脱贫攻坚先进个人”。

全年民革各级组织、党员个人开展社会服务活动20余次，惠及群众1000余人次，捐助资金、物资达100多万元。8月，全市10多个支部开展疫情防控捐赠慰问，给医院、村（社区）送去现金6万元、物资36万元。党员唐峥的企业湖南康宁达医疗科技股份有限公司获评“全国工商联抗疫先进民企”称号；党员符利辉被评为“全国城乡妇女岗位建功先进个人”；党员尹艺霖的企业湖南臻和亦康医疗用品有限公司获“湖南省抗疫先进集体”“湖南省抗疫爱心企业”荣誉称号。

全年，组织开展党员企业服务活动27次。副主委龚铁钢带队，组织民革企业家赴平江、双峰等地开展学习活动；主委章光明带队到永州开展调研走访活动。推荐刘武力等2名党员担任湘潭市营商环境监督员；党员李建美、李林辉获评湘潭市工业新兴优势产业链领军人才；湖南飞山奇建筑科技有限公司和湖南康宁达医疗科技股份有限公司2家民革党员企业入选为最新的湖南省上市后备企业资源库名单。

打造特色工作。开展送法进社区活动，在禾花塘社区宣讲《民法典》，发放普法资料手册200份。组织5名民革党员参加民革湖南省委会在永州市双牌县开展的“锦绣潇湘·民革双牌行”书画写生活动。民革党员廖红江等两人作品入选庆祝中国共产党成立100周年暨第二届“风雨同舟”民革全国书画作品展。组织参加为民革湖南省委会为庆祝中国共产党成立100周年由“三山一水三画院”联合举办的首届“红五星”书画作品展，民革党员陈小奇等6人作品入选。

（陈　蔚）

中国民主同盟湘潭市委员会

【概况】 2021年，中国民主同盟湘潭市委员会（以下简称民盟湘潭市委会）有基层委员会3个，支部26个，盟员818人。盟员中，县处级以上领导职务18人；各级人大代表9人，其中市人大代表5人（常委1人），区县人大代表4人；各级政协委员44人，其中省政协委员1人，市政协委员22人（常委5人），区县政协委员21人（常委6人）。年内，民盟湘潭市委会被民盟湖南省委会评为参政议政工作先进单位、社情民意信息工作先进单位、组织发展工作先进单位、机关建设先进集体。

【思想建设】 2021年，民盟湘潭市委会以思想政治建设为核心，专题学习贯彻习近平总书记在庆祝中国共产党成立100周年大会、党史学习教育动员大会上的重要讲话精神和中共十九届六中全会精神，开展集中学习研讨，交流学习成果，分享心得体会。组织赴湖南省党史陈列馆、杨开慧纪念馆参观学习，切实开展“学党史 温盟史 担使命”系列主题教育，出版纪念画刊，举办“盟心永向党”线上书画展等活动，参加湘潭市委统战部举办的“我心向党·同心同行”——全市统一战线学党史、学条例知识抢答赛，征集盟员艺术家作品参加“同心铸辉煌”湖南统一战线书画展和民盟湖南省委会书画展。

开展统战理论研究，完成统战理论课题2个。“中共创建百年来党盟合作代表人物黄炎培专题研究”中标民盟湖南省委会统战理论课题并获三等奖；“建立健全民主党派专项民主监督机制的思考”获评湘潭市统战理论政策研究创新成果二等奖。提交民盟中央教育论坛征文1篇——《浅谈功能论视角下的我国基础教育公平性》。《探索基层组织建设标准化夯实新时代民主党派基层组织力量》获评湘潭市统战工作实践创新优秀成果。

出台《民盟湘潭市委会信息工作经费管理办法》，拓展宣传新阵地，湘潭民盟微信公众号上线，加大对参政履职工作亮点、代表人士和优秀盟员的宣传力度，全年，被湖南民盟网站、同心湘潭等平台采用稿件80余篇；推出关于方志雄、王耀宏等盟员典型事迹的报道，大力宣传榜样人物的光辉事迹。民盟湘潭市委会获评2021年湘潭市统战信息工作先进单位。

【组织建设】 2021年，民盟湘潭市委会新发展盟员27人，均具有本科以上学历，其中博士5人、硕士9人，正高职称1人，副高职称6人，平均年龄38岁，重点界别占比70.4%，盟员的人才结构、知识结构和年龄结构优化。出台《主委班子及市委委员联系基层工作制度》，新成立易俗河支部“盟员之家”。民盟湘潭市文艺支部与民革长沙市艺体支部缔结友好支部。推荐盟员参加第23期民主党派骨干进修班、2021年民盟湖南省委会新盟员培训班；举办2021年新盟员和骨干培训班1期。盟员朱海泉获评民盟中央脱贫攻坚先进个人；柳铁红、钟晋获评全市政协扶贫行动先进个人。

【参政议政】 2021年，民盟湘潭市委会落实政党协商计划，积极参加政党协商会、情况通报会、专题座谈会，就换届人事、环境保护、乡村振兴等问题提出意见和建议。对口高新区开展湘江流域湘潭段生态环境保护专项民主监督，组织实地调研和上门座谈，形成专题监督报告。出台《民盟湘潭市委参政议政调研课题管理实施办法》。开展党盟同心、乡村振兴暨百村千户等调研，完成校地融合、乡村文化振兴、诉源治理、设施农业发展等5个专题调研课题。其中，《关于深化校地融合 互促高质量发展的调研报告》作为参政议政调研成果汇报；“发挥文化力量在乡村振兴中的作用”为民盟省委会中标课题；《湘潭市设施农业发展情况调研报告》获评政协优秀调研报告。协助民盟中央开展关于城市更新和城市品质研究调研、民盟湖南省委会开展关于居家养老服务中心建设的调研。民盟湘潭市委会副主委尹华容参加民盟中央“教育改革”专题座谈会。组织参加株洲民盟主办的以长株潭一体化为主题的首届参政议政论坛，多位盟员就教育改革、职业教育、基层治理等作专题发言。与市住房城乡建设局、市自然资源和规划局开展对口联系及相关调研活动。市“两会”期间，民盟湘潭市委会提交集体提案7件，代表、委员提交建议、提案36件；作《加强“诉源治理” 推动矛盾纠纷源头化解》大会发言。30余篇信息被民盟省委会、省市政协、省委统战部等采用，其中1篇建言信息获省委统战部内刊采用，并得到省领导批示。

【社会服务】 2021年，民盟湘潭市委会发挥民盟界别特色和人才优势，发动支部和盟员助力“四同创建”和乡村振兴。参与抗洪、抗疫、执勤、献血等活动，累计捐赠款物近80万元。开展联点共建活动，定期慰问所联系的困难企业、社区与群众；关心盟员，走访慰问老盟员和代表人士100余人次，为盟员排忧解难；助力乡村振兴，多次组织前往玉屏村等进行实地考察调研，走访慰问困难群众；践行“为群众办实事”活动，联系对接银田村，助力“同心圆梦”基金，开展“同心悦读，书香常伴”同心书屋图书捐赠活动，共向银田村捐赠图书1800余册，价值4万余元。鼓励盟员立足本职创佳绩，结合自身专业优势，开展送教、送医、助学、援疆等社会服务活动。

【民盟湘潭市委会召开换届选举大会】 2021年5月29日，民盟湘潭市第十六次代表大会召开。会议对未来五年工作进行谋划部署，选举产生新一届领导班子，傅军任主委，蒋瑛任专职副主委，尹华容、陈慧青、邓继勇任兼职副主委；表决产生尹华容等6位民盟湘潭市第十六届委员会监督委员会委员。

（王茹瑶）

中国民主建国会湘潭市委员会

【概况】 2021年，中国民主建国会湘潭市委员会（简称民建湘潭市委）有17个基层组织（其中3个总支，14个支部），共有会员689名。其中，经济界人士536人，大专及以上学历的606人，女性247人，担任省、市及县（市、区）三级人大代表和政协委员职务的会员共81人。年内，民建湘潭市委会获民建湖南省委先进单位一等奖。其中，“组织管理信息系统建设”获民建省委会特等奖，“新闻宣传工作”“参政议政”“社会服务”和“理论宣传”工作获一等奖。周祉邑等获民建省委会社会服务、参政议政先进个人。《关于新时代民建企业家联谊会运行模式的几点建议》获民建中央2021年度社会服务工作征文活动二等奖。

【思想建设】 2021年，民建湘潭市委深入学习贯彻习近平新时代中国特色社会主义思想，引领全市广大会员不断增强“四个意识”，坚定“四个自信”，做到“两个维护”，着力推进民建湘潭市委会的思想政治建设。会内全面铺开学习贯彻中共中央新修订的《中国共产党统一战线工作条例》，领会“条例”精神，履行党派职责。开展中共党史学习教育，市委会成立中共党史学习教育领导小组，市委会及各基层组织多渠道参与主题党课学习，组织会员赴长沙、永顺县毛坝乡、塔卧镇、花垣县十八洞村等开展现场教学活动。以换届为契机，做好民建与中国共产党合作共事的系统宣传。在《湘潭日报》上整版展示湘潭民建五年的工作成效；出版《同心录》《建言集》两本文集，全面梳理收集湘潭民建五年的工作成绩。收集整理民建与中国共产党合作共事进程中的历史性人物与事件，形成《从历史中汲取继续前进的力量——学党史，话民建与中共的长期合作》宣讲课件。学习贯彻中共十九届六中全会精神。举办学习贯彻中共十九届六中全会精神专题研讨，并策划宣传专刊。

【组织建设】 2021年，民建湘潭市委会加强基层组织、专委会建设，制定民建湘潭市委会主委班子、监督委员会、机关干部联系基层组织制度。调整精简参政议政委员会、老青妇工作委员会、经济与法律服务委员会、企业家联谊会4个专委会设置。在各基层组织继续开展“会员之家”建设，新建成并授牌1个会员之家。全年，发展新会员20人，其中经济界人士以及相关专家学者18人。修订会员发展规程，及时传达民建中央关于会籍管理与会费管理的相关文件精神。做好会员培训工作，推荐会员15人次赴民建中央、省委统战部、民建省委、中共市委党校等地参加培训。市委会举办以市委委员、监委会委员、基层组织班子成员、2021年度新会员和入会申请人、新任人大代表、政协委员及部分参政议政骨干、机关干部为主体的近100人参加的“深入学习贯彻中共十九届六中全会精神暨骨干会员、新会员培训班”。做好会员推荐工作，在市县政协人大换届过程中，推荐市级人大代表5人，政协委员22人，县（区）级人大代表14人，政协委员33人。

【参政履职】 2021年，民建湘潭市委会共提交省市两级提案建议47件。其中，向省政协十二届四次会议提交提案6件；向市政协十二届五次会议提交集体提案7件、个人提案9件；向市十五届六次人大会议提交建议4件；向市政协十三届一次会议提交集体提案4件、个人提案17件。李海海的《推动湖南现代农业产业园区高质量发展的对策建议》智库研究报告得到省领导批示；市委会的《关于做好顶层设计，推动我市“文创城”高质量建设的建议》获2020年度“优秀集体提案”；《培育电机电磁驱动世界级产业集群努力打造国机重要智能制造集聚区》提案被列为2021年度市政协主席会议督办提案；黎鸠鸠的《关于全面推动“湘医用湘药”的建议》获2021年“优秀人大代表建议”。广泛开展课题调研，形成《关于推动我市现代农业产业园区高质量发展的对策建议》《推进营商环境一体化建设，助推长株潭一体化高质量发展》《湘江流域湘潭段生态环境保护民主监督的调研报告》《借力中华传统文化教育资源助推乡村小规模学校多维度发展》4篇参政议政专题调研成果。《关于推动我市工业产业转型升级的调研报告》被评为市政协2020年度“优秀调研报告”，获得市委统战部参政议政课题成果一等奖；《关于推动我市现代农业产业园区高质量发展的对策建议》获市政协2021年度“优秀调研报告”表彰；2项专题调研成果通过民建省委会专题调研招标课题验收。调研报告《加快电机电控电传动产业创新联合体建设》《以数字化发展为引擎推动农业产业链闯新路》作为市政协十三届一次会议的大会发言材料。

政党协商。2021年，民建湘潭市委会参加政府工作报告征求意见会、市党风廉政建设和反腐败工作情况通报会、市党外代表人士暑期谈心活动座谈会、市党代会工作报告征求意见座谈会等会议。在参政议政调研成果汇报会暨乡村振兴情况通报会上，提出以现代农业产业园为“引擎”推动乡村产业振兴，从科学规划园区布局、加强关键领域科创统筹、强化龙头企业集合作用、抢抓数字化发展机遇、完善园区发展体制机制等方面建言资政。

民主监督。2021年，民建湘潭市委会对口湘潭县开展湘江流域生态环境保护民主监督工作。市委会成立专班、出台方案、聘请行业专家，通过现场查看、查阅资料、听取汇报、座谈交流等形式，开展民主监督，形成调研报告。参与省市政法系统教育整顿、市纪委监委执纪监督、市政协提案办理民主评议和创文创卫等民主监督相关工作。各级中共党委、政府和司法机关特约人员、行风评议员、民主监督员的会员，尽心履职，建言献策。报送《民建助力“三高四新”战略实施的优势作用及实践路径研究》和《民主党派地方组织内部监督工作研究》两篇理论文章。

社情民意。全年，向民建省委会、市政协、市委统战部等单位共计报送社情民意、统战信息51条，其中建言献策类信息33条。《大力发展大数据及IT信息化产业助推湘潭经济发展》《应着力加强养犬管理》《应进一步提升我市社区教育水平》《关于加快推进湘江新区九华片区建设的建议》《努力打造轨道上的长株潭》《应强力推进湘潭战略性新兴产业发展》等被市政协《社情民意摘报》采用。《大力解决非法集资矛盾，防范化解重大金融风险》《疫情期间关于地方媒体做法的几个建议》《推动湖南现代农业产业园区高质量发展的对策建议》被湖南民建研究院《每周社情》采用。党代会建言献策《建设现代农业产业园和农业现代化示范区》《以军民深度融合支持先进制造业发展》被《“迎接党代会 谱写新篇章”建言献策简报》刊用，其中《以军民深度融合支持先进制造业发展》获省军区领导批示。《积极协调争取民建各级组织支持助推湘乡经济社会和统一战线事业发展》获评全市统战实践创新成果。在民建会员企业新成立两家政协委员工作室，市政协民建界别委员工作室获省政协“最受群众关注委员工作室”称号。

宣传信息。全年，在“民建湘潭”微信公众号上刊登文章95篇，中共湘潭市委统战部“同心湘潭”微信公众号采用46篇，民建湖南省委网站采用54篇，民建中央网站采用26篇，《团结报》采用3篇。

【社会服务】 2021年7月底，湘潭市雨湖区发生新冠肺炎疫情，民建湘潭市委广泛发动，积极引导会员参与到捐资捐物、志愿服务等抗疫工作中，会员及会员企业捐赠物资价值357375元、现金303600元。其中，毛家饭店董事长毛桃芝为一线防疫工作者捐赠价值10万元的爱心物资；民建会员湖南一格制药有限公司董事长黎格勒、总经理黎鸠鸠父女捐资20万元。

服务会员和会员企业。关心关爱老会员和困难会员，坚持春节期间走访慰问老会员；重阳节期间召开“忆党史谈会史”重阳节座谈会；探望、慰问因病住院的老会员和困难会员。关心会员企业成长，搭建服务会员企业的平台。开展各类培训；组织会员企业参加“长株潭民营经济融合发展主题论坛”长沙站、株洲站活动；组织开展“走进岳塘法院现场学法”活动等。为会员企业牵线搭桥，促成会员企业湘潭市湘莲农副土特产有限公司与香港佳宁娜集团昆明分公司达成100万元的湘莲供货协议。经济与法律服务委员会继续开展“每周说法”普法宣传活动。全年，通过在微信群案例分析、视频讲座或线下讲座等多种形式，开展活动50余期。

助力乡村振兴和同心工程。践行“我为群众办实事”，在银田村打造“同心美丽乡村”过程中，开展捐资助学、消费带动、文化帮扶等活动，累计投入项目和帮扶资金近60万元。通过爱心会员企业湖南皇爷食品有限公司及其所属的湘潭子敬慈善基金会，争取到爱心助学资金，分别在湘乡市、永顺县公办初中开设中华思源基金会“思源佑华同心班”，扶助当地贫困学生。民建会员、湖南皇爷食品有限公司董事长张刚强年度捐赠1060万元，用于支持1622名贫困学子完成学业。组织参加民建中央举办的2021年中国（天津）非公有制经济发展论坛，参加民建湖南省委赴河北省丰宁县开展的对口帮扶活动。

【民建湘潭市第十三次代表大会召开】 2021年5月31日，民建湘潭市第十三次代表大会召开。会议听取并审议通过伍浩代表民建湘潭市第十二届委员会所作的工作报告，审议通过《民建湘潭市第十三次代表大会决议》，选举产生民建湘潭市第十三届委员会。杨锋当选为主委，林亚科当选为专职副主委，李海海、刘芷辰、李亮华当选为副主委，任命林亚科为秘书长（兼），主持市委会机关工作。选举产生民建湘潭市第十三届委员会监督委员会。

【开办2021级湘乡“思源同心班”】 2021年10月28日，湘乡“思源同心班”在湘乡市四中开班。该班由民建湘潭市委会通过会员张刚强企业及其所属的基金会发起，扶助当地贫困学生。资助以整班的形式进行，每班50名学生，统一学籍管理、统一资助，共补助34万元（包括初中3年生活学习费用30万元及一次性生活用品购置费4万元）。

（李　菁）

中国民主促进会湘潭市委员会

【概况】 2021年，中国民主促进会湘潭市委员会（简称民进湘潭市委会）下辖25个支部，有会员657人。会员中，有各级人大代表12人，其中，市人大代表3人（常委1人），县（市）区人大代表9人（常委1人）；各级政协委员62人，其中，省政协委员5人（常委1人），市政协委员人22人（副主席1人、常委4人），县（市）区政协委员38人（副主席2人、常委7人）。

【思想建设】 2021年，民进湘潭市委会在全会开展“学党史、筑同心、跟党走”中共党史学习教育、“多党合作·民进记忆”主题征文活动、“书香民进”读书活动；组织开展庆祝中国共产党成立100周年“红心向党——毛泽东诗词诵读会”；组织会员参加市直统战系统党史宣讲活动和专题知识抢答赛。推进党史学习教育常态化。深化理论学习，召开10次主委会议、3次市委会议

（或市委扩大会议），组织全会深入学习中共十九届五中、六中全会精神、《中国共产党统一战线工作条例》等。举办“发扬传统、开拓创新、昂首阔步走进新时代”“深入学习贯彻中共湘潭市第十三次党代会精神暨社情民意信息专题讲座”主题培训班。宣传工作方面。在民进中央、民进湖南省委会官网官微以及《团结报》、红网等媒体发稿300余篇。编辑出版《湘潭民进庆祝中国共产党诞辰100周年湘潭民进文艺作品集》《湘潭记忆》《民进湘潭市第八次代表大会》专题纪念册。举办“我身边的先进”宣讲报告会。理论研究方面。组织撰写5篇理论文章。其中《参政党效能研究——以政协提案办理为分析样本》《新时代归国留学人员群体思想引领工作研究》分获全市统战理论政策研究创新成果一等奖、三等奖。形成“以党为师，提升依规治会水平研究”“关于统一战线思想的历史意义和当代价值研究”“新媒体视域下坚持我国宗教工作中国化方向宣传策略研究”等重点理论课题成果。

【组织建设】　2021年5月29日，民进湘潭市第八次代表大会召开，选举产生由19名委员组成的民进湘潭市第八届委员会。会议选举黄铁华为主任委员，郭玲为专职副主任委员，马新国、欧爱民、李利为副主任委员；同时选举产生民进湘潭市委会第一届监督委员会，马新国任主任，成志荣任副主任。推进政治交接。市政协副主席熊兆伟带领民进湘潭市委会新当选的主委和专职副主委走访湘潭大学党委统战部、湖南科技大学党委统战部和中共雨湖区委统战部、岳塘区委统战部、湘潭县委统战部，走访有关支部和会内有代表性的人士，做好“传帮带”。规范组织发展工作。全年，发展会员20人。表彰先进。5月28日，表彰一批先进支部、优秀会员、优秀会务工作者和社情民意信息工作先进支部、先进个人，评比出一类支部（先进支部）11个、二类支部14个，并依据考核结果发放支部活动经费10万余元。加强代表人士和后备干部队伍建设。举办“加强自身建设 提高履职能力”座谈会、新会员培训班。成立7个专门委员会，对市委委员、会内各级人大代表和政协委员实行考核评价。加大培训力度，选派19人次参加各级各类培训。引导会员双岗建功。郭玲获评“民进全国社会服务暨脱贫攻坚工作先进个人”；马新国获评“民进全国脱贫攻坚民主监督工作先进个人”，欧爱民获评“全国普法工作先进个人”；杨力田获评“全国残疾人工作先进个人”；黄鑫获评“民进全国反映社情民意信息工作先进个人”。

【参政议政】　2021年，民进湘潭市委会共提交建议案和提案50余件。其中，集体提案《牢记总书记重托，构建“绿心”高质量发展新格局》被列为市政协主席会议重点督办提案，《公园绿地无障碍设施，管理使用必须“无障碍”》等4篇提案被评为优秀政协提案；批评建议案《关于建设湘潭大学城的建议》被评为优秀市人大代表建议案。社情民意信息实现提升。制定《民进湘潭市委会2021年度社情民意信息主题年工作方案》，向民进湖南省委会、市政协、市委统战部报送社情民意信息、建议类信息共150余篇。其中《建议制作专业慕课（MOOC）、以现代传媒技术助推习近平总书记法治思想宣传教育》被全国政协《每日社情》采用，《修改村委会组织法为村级负责人一肩挑提供法律保障》等4篇被民进中央采用，2篇被省政协采用，11篇被市政协采用，54篇建议类信息被市委统战部采用。参政调研方面。开展专题调研，形成《湖南典型文化符号在旅游形象推广中的应用研究》《破解基层卫生人才发展瓶颈，筑牢人民群众生命健康防线》等11件参政议政调研成果。其中，“激活社会力量，构建环境共治机制”被民进湖南省委会评为重点调研课题。界别协商方面。动员界别政协委员开展专题调研，成立“践行新时代‘枫桥经验’，推进社区微治理”课题组，调研成果在《湘潭政协》上刊发。制定并完善民进界别政协委员工作室相关制度，推进委员履职的制度化、规范化和常态化。对口联系方面。联合市司法局开展“以示范创建为引领 全面推进法治政府建设”的专题调研；配合市政协民进界别开展社区微治理的视察调研；推进民主监督。主委班子成员带队赴韶山市银田村、湘潭县同福村开展脱贫攻坚同乡村振兴有效衔接专题调研；开展“湘潭市基层卫生人才队伍建设”专题调研。参加各民主党派市委会、无党派人士开展的为期五年（2021年至2025年）湘江（湘潭段）生态环境保护民主监督工作，民进湘潭市委会对口湘潭经开区，成立以主委为组长的领导小组，制订实施方案和年度工作计划，邀请会外专家进行专题辅导，组织会内人大代表、政协委员开展视察港口活动，提升监督实效。

【社会服务】　2021年，民进湘潭市委会坚持开展慰问“同心乡村”“同心社区”“阳光计划”的困难群众等活动，累计送去价值5万多元的慰问金和物资。社会服务品牌“阳光计划”获评“民进全国社会服务暨脱贫攻坚工作优秀成果”。助推同心美丽乡村创建。1月29日，在“同心美丽乡村”——韶山市银田镇银田村开展“春联万家”活动，为居民书写春联200多幅。11月4日，会员湘潭市花地幼教集团总园长李惠和花地幼稚园部分老师到韶山市韶山乡黄田村全城幼儿园开展支教活动。抗击疫情。会员为疫情防控捐款捐物60余万元。教育公益事业。联合民进长沙市委会、湖南天祚科技有限公司为湘潭九华雅礼中学捐赠一批价值15万元的办公桌椅；“素兰书屋”落户湘潭县彭德怀红军小学，民进湖南省委会副主委汤素兰捐赠3000册儿童读物，共建“素兰书屋”，民进湖南省委会向红军小学捐赠习明助学金5万元，民进湘潭市委会捐赠价值1万元的书柜书桌；承办湖南民进第十六期西部教师培训班，为贵州省金沙县的10名老师进行为期一周的培训，湘潭大学支部为金沙县两所农村小学捐赠一批体育用品；选送5名贫困学子进入“同心彩虹·励志行动”——2021“宏善教育”帮扶项目组。助力脱贫攻坚。文艺支部帮助创业残障青年谢建国销售农产品；机关二支部、一支部对贫困生欧阳盛、李启华进行教育帮扶；积极开展“我为群众办实事”活动，郭玲、罗伊、李惠、熊莉获评“全市政协扶贫先进个人”。开展文化惠民活动。文艺支部承办“文艺之光——文学与艺术系列”公益讲座第八、九、十期，雕塑家李思训为湘潭市民带来城市雕塑赏析，中华诗词学会会员唐湘麟为湘潭市民带来爱国词人辛弃疾诗词赏析，湖南工笔画家刘快向市民展示并解说自民间十字挑花工艺藏品。

【获评“民进全国反映社情民意信息工作先进集体”】　2021年12月，民进湘潭市委会被民进中央授予“民进全国反映社情民意信息工作先进集体”称号。民进湘潭市委会对标“四新三好”要求，坚持把反映社情民意信息工作作为增强政党意识、提高参政议政实效、扩大社会影响的重要途径和有力抓手。坚持以各级“两会”为平台，积极为民众代言、为发展献策。近年来，在各级两会上共提交建议案和提案240余件。《把特色小镇建设作为乡村振兴的重要抓手》等多个集体提案被列为市政协主席会议重点督办提案，9篇提案被评为市政协优秀提案。围绕新冠疫情防控、制造业转型升级、义务教育均衡发展等热点问题，撰写《湘潭市重大突发事件的应对与处置研究》等调研报告40余篇，为市委、市政府科学决策提供参考。

【“阳光计划”获评民进全国社会服务暨脱贫攻坚工作优秀成果】 2021年5月，民进湘潭市委会社会服务品牌“阳光计划”获评民进全国社会服务暨脱贫攻坚工作优秀成果。“阳光计划”是湘潭民进会员、湘潭市残疾人摄影家杨力田，从2010年来实施的 “阳光计划”：用五至十年甚至更长的时间，纪实拍摄30户“双残”家庭生活演变，在拍摄过程中，通过各种平台，为残疾人解决困难提供帮助。“阳光计划”被《光明日报》等众多国家级媒体广泛报道。被民进湘潭市委会作为社会服务特色品牌打造，同时被纳入中共湘潭市委统战部“同心项目”范畴。 （办公室）

中国农工民主党湘潭市委员会

【概况】 中国农工民主党湘潭市委员会（简称“农工党湘潭市委会”）有市委委员17人，其中主任委员1人、副主任委员4人，市委常设办公室、组织宣传科等科室，下辖23个支部，共有党员605人，平均年龄48岁，其中女党员279人，医药卫生、人口资源和生态环境领域界别人士占72%。有各级人大代表、政协委员61人。其中，省人大代表2人、省政协委员1人；市人大常委1人；市政协常委5人、市政协委员18人；县市区人大常委2人、人大代表6人；县市区政协常委6人、委员20人。

【思想建设】 2021年，农工党湘潭市委会制定《农工党湘潭市委会关于在“不忘合作初心继续携手前进”主题教育中开展中共党史学习教育的实施方案》，成立学习教育工作领导小组，组织各基层支部主委认真学习相关文件，落实支部开展中共党史学习教育活动。4月20日，全国人大常委会委员、农工党中央专职副主席龚建明一行到湘潭调研农工党思想政治建设，农工党湘潭市委会的思想政治建设工作得到龚建明的肯定。邀请市政协常委、市政协研究室主任张作奇，市政协常委、农工党湘潭市委会副主委晏军为参加换届大会的100多名党员代表，分别作中共党史学习、《中国共产党统一战线工作条例》教育专题讲座。与农工党株洲市委会联合召开向袁隆平学习座谈会，把向袁隆平学习与深入学习《中国共产党统一战线条例》、中共党史等结合起来。市委会组织开展“庆祝中国共产党成立100周年”观影活动，各支部积极报送学习《中国共产党统一战线工作条例》举措、学习心得、理论文章，举行座谈会或宣讲报告会，组织党员集中学习两会精神及《中国共产党统一战线工作条例》，到市博物馆、韶山等地开展“不忘合作初心继续携手前进”中共党史学习教育主题活动。组织党员参加农工党湖南省委会开展的“庆祝中国共产党成立100周年”中共党史知识竞赛，1人获二等奖，3人获三等奖。农工党湘潭市委获农工党中央“2021年度《前进论坛》发行工作先进单位”、农工党湖南省委庆祝中国共产党成立100周年中共党史知识竞赛“特别优秀组织奖”。举办新党员和骨干党员专题培训班、人大代表和政协委员履职尽责培训会。

【组织建设】 2021年，农工党湘潭市委会共发展党员29人，均是大学以上学历，其中8人具有中高级以上职称；成立农工党湘潭市第六人民医院支部。医卫职院支部创建“农工党员之家”，召开基层支部表彰大会，表彰一批先进基层支部。邓述东获评“全国脱贫攻坚先进个人”“农工党脱贫攻坚先进个人”、敬业奉献类“中国好人”“全面建成小康社会作贡献先进个人”“湘潭市专业技术骨干人才”；谈櫂纶获评“农工党脱贫攻坚先进个人”；晏军获湖南省青年联合会“2020—2021年积极履职，表现优秀”表彰，“全市政协扶贫行动先进个人”。农工党湘潭市委会被农工党中央评为“农工党脱贫攻坚工作先进集体”。

【参政议政】 2021年，农工党湘潭市委会在政党协商座谈会上，为湘潭市筹建医学院建言献策。市委班子成员参加中共市委、市政府等召开的协商座谈会及有关视察、调研活动。根据湘江（湘潭段）生态环境保护民主监督工作启动会工作要求，成立以主委王军为组长、党内相关专家学者和各级人大代表、政协委员共18人的湘江民主监督工作领导小组，统筹部署岳塘区湘江流域生态环境保护民主监督工作，制定工作方案，明确“铊金属污染”“企业河长制”和“饮用水源地保护”三个内容作为2021—2022年的重点方向。多次与岳塘区委统战部对接联系，探索建立“企业河长制”并赴江滨集团、莲城大桥、三大桥等地沿江沿岸进行实地走访、考察调研；12月3日，举行2021年湘江（岳塘段）民主监督“企业河长制”启动仪式，被《人民日报》《新湖南》、三湘统战网、《湘潭日报》等媒体报道。真正将民主监督调研成果转化为推动工作的实际举措。农工党湘潭市委会获2020年度全市统战信息工作先进单位称号；《发挥党派优势，积极招商引资，优化湘潭营商环境》被评为全市统战工作实践创新优秀成果；《从企业视角探讨建立党委政府与商会常态化沟通机制的有效性》获全市统战理论政策研究创新成果三等奖；《关于加强湘江（湘潭段）面源污染防治力度》获评优秀集体提案；《关于重走“湖南农民运动考察报告调研之路”为我市红色旅游注入新动力的建议》获评优秀调研报告；《长株潭一体化背景下湘潭发展的定位和战略》获参政议政专题调研优秀成果三等奖。全年，申报9个调研课题，2个统一战线理论政策调研课题；各级人大代表、政协委员共提交提案、建议43件，其中个人提案38件，集体提案5件；报送社情民意信息39条。集体提案《长株潭一体化前景下湘潭发展的定位和战略的建议》和党员马艳辉撰写的《关于市场监督管理局助力实体商户的建议》被市政府纳入2021年市本级重点建议提案办理；集体提案《关于常态化疫情防控亟需有效整合医卫资源的提案》被列入2021年市政协主席会议重点督办提案；5篇社情民意被市委办《要情汇报》采用；4篇社情民意被市政协《社情民意摘报》采用。曾建平、丁金龙撰写的《中国农工民主党与中共在建国前的合作关系探析》获农工中央理论征文三等奖；王军的《积极发挥农工党参政议政职能加强专题调研成果转化》获农工中央理论研究优秀论文二等奖；《一人有爱在心，万人众心飞翔》和姚宏的《民主党派机关干部要做好思想政治建设工作需“八能”》被《前进论坛》杂志采用；马金辉、晏军撰写的两篇征文入选农工党中央汇编的《我的扶贫故事》。全年在农工党省委网站和微信公号发表信息92篇、被《农工湘讯》采用5篇，在《湘潭日报》、湘潭在线、红网发表文章10篇，在市委统战部微信公众号发表文章42篇。

【社会服务】 2021年4月，农工党湘潭市委会邀请全国人大常委会委员、农工党中央专职副主席龚建明出席“医艺融合社会服务湘潭行”活动，向雨湖区基层医疗机构捐赠价值近2000万元的医疗设备和防疫物资；组织农工党员医疗专家、表演艺术家进行义诊和文艺节目表演。妇幼支部、机关支部共同开展“感念党恩”医艺融合妇幼行社会服务活动，邀请50多户儿童家庭参加，赠送价值1万元物品。践行同心思想，助力乡村振兴，到金石镇文星村调研，帮助文星村创建“省级同心美丽乡村”。在新冠肺炎疫情防控阻击战中，有312名党员参与医疗救治、疫情排查、抗疫宣传等工作；为银田村、养老中心、社区等单位捐赠抗疫、防暑物资；为兄弟市委捐款捐物共20万余元。农工党湘潭市委会获农工党省委会“社会服务先进单位”称号。

【中国农工民主党湘潭市第八次代表大会召开】 2021年5月28日，中国农工民主党湘潭市第八次代表大会召开。大会审议通过市政协副主席、农工党湘潭市委会主委曾建平代表农工党湘潭市第七届委员会所作的《凝心聚力，奋勇创新为建设“伟人故里 大美湘潭”奉献“农工力量”》工作报告，通过《授权第八届委员会选举出席农工党湖南省第九次代表大会代表的决定》，审议通过大会决议；选举产生农工党湘潭市第八届委员会，王军当选为主任委员，姚宏、马金辉、晏军、朱云龙当选为副主任委员。（罗素芳）

中国致公党湘潭市委员会

【概况】 2021年，中国致公党湘潭市委员会（简称致公党湘潭市委会）。组织党员到汝城开展“讲传承、访故居、学党史”共识教育活动；组织开展中共党史学习教育专题讲座；开展三级政协主题读书活动，发动省、市、区三级政协委员共读《中国共产党简史》活动。组织开展“活力致公”建设主题活动。组织党员参加省委会首届运动会。举办2021年新党员和骨干党员培训班。开展基层支部活力指数评估工作，九华支部获评全省十大最具活力支部。机关支部、文体支部获评全省优秀基层支部。组织党员开展重温入党誓词以及“口述致公史”活动。党员刘扬撰写的《从传播学视域下分析——提升统一战线应对突发舆情能力的方法和路径》获市优秀统战理论调研成果一等奖。

【参政议政】 2021年，致公党湘潭市委会形成《推进湘潭市城区黑臭水体治理持续深化的十条建议》等5篇调研成果。其中《提升知识产权运用能力助推我市经济高质量发展》得到省委常委、市委书记张迎春批示。在古梁巷社区建立“致公界别政协委员工作室”“致公党市委会社情民意基地”。市委会主委刘良廷带队到韶山市开展保护湘江生态环境专项民主监督工作。党员肖建武参与撰写的《湖南省水污染防治“一法两条例”实施情况评估报告》被全国人大常委会副委员长张春贤批示。

【社会服务】 2021年，致公党湘潭市委会组织开展慰问老党员、归侨侨眷党员和困难党员活动，发放慰问金1.8万余元。在湖南软件职业技术大学建立致公助学基地，筹资20万元创办“致公·金侨班”，组织开展致爱小组、爱心妈妈等活动。组织党员向张家界捐赠价值10万元的物资支持疫情防控。组织党员向全市3个方舱医院捐赠价值3万余元的万利隆早餐、医用口罩、矿泉水等。党员韩广宁、杜月意获评中国致公党脱贫攻坚先进个人。

【侨海工作】 2021年，致公党湘潭市委会组织党员参加省委会海归论坛活动，举办湘潭海归论坛分场活动，形成《高校青年留学归国人才发展需求研究》的侨海调研成果，在雨湖区风车坪文旅街建立湘潭青年海归创新创业社区孵化基地。

【致公党湘潭市第七次代表大会召开】 2021年，致公党湘潭市第七次代表大会召开，完成换届各项工作，实现人事更替。大会选举产生由17名委员组成的致公党湘潭市第七届委员会，刘良廷当选为致公党湘潭市第七届委员会主任委员，王玉芬、颜剩勇、康海湘、徐姗姗当选为副主任委员，任命王玉芬兼任秘书长。（陈志伟）

九三学社湘潭市委员会

【概况】 2021年，九三学社湘潭市委员会辖2个基层委员会，11个市属支社，社员552人。社员中，具有高级职称的272人，占49.3%；具有中级职称的234人，占42.4%。有各级人大代表和政协委员52人，其中，全国人大代表1人，省人大代表1人，市人大代表6人，区人大代表2人；省政协委员3人（含常委1人），市政协委员21人（含市政协副主席1人，常委4人），区政协委员18人（含区政协副主席1人）。有高校副校长2人。周游被评为九三学社中央“2018—2020年参政议政先进个人”和“九三学社全国宣传思想工作先进个人”。九三学社湘潭市委员会获评九三学社中央的“九三学社脱贫攻坚民主监督先进集体”、九三学社省委会的“机关建设工作先进集体”“参政议政工作先进集体”。10余名社员获批国家社科基金重大项目、国家自科区域联合基金重点项目、省重点研发计划项目、省社科（自科）基金重大项目立项。肖冬梅《湖南传统村落·建筑·民居系列丛书》《数据保护及其风险治理》获第十五届湖南省社会科学优秀成果奖二等奖，高深参与的著作获第十五届湖南省社会科学优秀成果奖一等奖。

【九三学社湘潭市第九次代表大会召开】 2021年5月29—30日，九三学社湘潭市第九次代表大会召开，会议审议通过郭源君代表九三学社湘潭市第八届委员会所作的工作报告，以及《九三学社湘潭市第九次代表大会决议》，选举产生由17名委员组成的九三学社湘潭市第九届委员会。肖冬梅当选为第九届九三学社湘潭市委会主委，王琴华当选为专职副主委，王莹、谭貌、谢潇当选为副主委，王琴华任秘书长（兼）。会议还产生九三学社湘潭市第九届监督委员会。

【思想政治】 2021年，九三学社湘潭市委员会组织专题学习习近平总书记“七一”重要讲话精神，中共十九届五中、六中全会精神，《中国共产党统一战线工作条例》《九三学社社内监督工作条例》，省第十二次党代会和市十三次党代会精神等。开展“庆祝中国共产党成立100周年”主题活动和党史学习教育活动。召开庆祝中国共产党成立100周年座谈会和“新征程·同心行”主题座谈会；邀请中央统战部舆情评议员龚震作庆祝中国共产党成立100周年专题讲座“虽然微薄 依然执着——我与议政建言的那些事”；邀请九三学社中央宣讲团成员王献志做《统一战线初长成》辅导报告；组织社员赴汝城县开展“追寻革命足迹 传承优良传统”党史学习教育活动；组织社员参与党史知识竞赛和线上学习教育活动；举办“庆祝中国共产党成立100周年”主题画展。在九三学社中部片区思想政治建设工作座谈会上，九三学社湘潭市委员会作为湖南省市级组织代表作典型交流发言。

【参政议政】 2021年，九三学社湘潭市委员会共提交提案建议37件。其中，在第十三届全国人大第四次会议上提交建议4件；提交湖南省政协十二届四次会议提案3件；提交湘潭市第十五届人大六次会议建议8件，提交湘潭市政协十二届五次全会提案22件。《加快科创园建设，打造发展新引擎》《关于调动社会资源推进我市养老机构建设的建议》获评2020年“优秀提案”；《关于促进农村产业平衡发展与抑制返贫的调研报告》获2020年“优秀调研报告”；《关于建立执行联动机制 合理解决“执行难”的建议》获评2020年“优秀人大代表建议”。九三学社湘潭市委员会就“提升行业治理能力”“智造谷高质量发展”“促进数字经济发展”三个课题开展专题调研，形成《轻微发力已效果显著 重大转型应持续推进——关于湘潭市数字经济发展现状与建议》《推进湘潭“智造谷”高质量发展的调研报告》等调研报告。开展“老城区改造要注重提升文化艺术品位”界别协商调研，与相关部门进行专题协商。提交7篇九三学社省委会招标课题调研报告。配合九三学社省委会开展“双减”工作调研。配合九三学社省委会对口湘潭市开展湘江（湘潭段）生态环境保护民主监督工作。对口雨湖区开展湘江生态环境保护民主监督工作。开展水污染治理的前期调研工作，与湘潭大学环境与资源学院专家、生态环保协会负责人进行交流与实地调研。会同湘潭生态环保协会赴长沙湘江航电枢纽工程开展湘江水污染调研。报送建议类信息50余篇，其中，中共湘潭市委“要情汇报”采用5篇，市委统战部采用23篇。肖冬梅提出的“湖南省加快推进信息技术国产化的若干建议”获省政协领导批示；《关于制定〈湖南省网络安全与信息化条例〉的建议》被省人大领导批示。周游提出的《构建城市化背景下基层社会治理建议》被省政协《社情民意》第65期采用，获省领导批示。《关于将防疫应急资源物纳入战略规划的建议》被省政协评为年度优秀社情民意信息。集体提案《关于在昭山龙骨坡八位革命烈士牺牲地建纪念碑和纪念设施的建议》被采纳落实。报送宣传信息稿件70余篇，其中，九三学社省委会微信公众号采用26篇，“同心湘潭”微信公众号采用49篇。《乡村振兴背景下基层统战工作研究》《习近平法治思想在新时代基层统战工作中的实践研究》获2021年全市统战理论政策研究创新成果二等奖。《聆听〈湘江评论〉创刊宣言百年回响》被九三学社中央评为“中国共产党成立100周年征文三等奖”。配合九三学社省委会做好《九三学社湖南口述史》编纂工作。

【社会服务】 2021年，九三学社湘潭市委员会联合九三学社省委会赴湘潭县五中开展励志助学活动，为11名家庭贫困学生发放助学金6000余元。联合九三学社省委会在韶山学校高新校区开展“我为毛主席家乡种植红杜鹃”公益活动。组织九三界别政协委员、机关干部赴鹤岭镇红星村开展“义务植树，助力乡村振兴”活动。组织社内专家两次赴银田村开展“为群众办实事”活动，并捐资2万元。刘坚、胡瑶及团队分别到响水乡、姜畲镇、韶山市等地开展乡村美丽屋场景观设计、农产品包装设计等志愿活动。组织中心医院支社专家社员在宝塔街道云峰社区开展义诊活动。疫情防控期间，给长塘社区捐赠1500个医用口罩、100瓶医用酒精消毒液，以及其他防疫降暑物资。社内代表委员为到熙春路逸夫小学开展多元化的青少年普法活动。组织社员为社区、留守儿童开展应急救援、防溺水等讲座活动50余场次。

【主办庆祝中国共产党成立100周年美术作品展】 2021年6月29日，由九三学社湘潭市委员会主办的庆祝中国共产党成立100周年美术作品展在湖南科技大学艺术学院美术楼开展。本次展览展出九三学社及各界艺术家代表56件美术作品。

【九三学社湘潭市委会科技支社成立】 2021年11月20日，九三学社湘潭市委会科技支社成立会议召开。九三学社湘潭市委会主委、湘潭大学知识产权学院院长肖冬梅，中共湘潭市委统战部副部长肖定安出席会议，九三学社湘潭市委会专职副主委王琴华主持会议。会议听取筹备小组成立科技支社筹备工作情况介绍，宣读九三学社湘潭市委员会《关于成立九三学社湘潭市委会科技支社的决定》。会议选举产生九三学社湘潭市委员会科技支社第一届委员会，胡德意为支社主委，罗婷、邓晓祥为支社副主委。 （易戴日）

湘潭市工商业联合会（总商会）

【概况】 2021年，湘潭市工商联以争创全国新时代“两个健康”先行区工作经验试点城市为目标，全面落实湖南省促进民营经济发展“六个一”工作要求，持续推进“红色领航 聚力非公”十大工程。

【思想建设】 2021年，湘潭市工商联组织会员企业、商会协会深入学习贯彻习近平总书记考察湖南和“七一”重要讲话精神、中共十九届六中全会精神、省第十二次党代会精神、市第十三次党代会精神等。组织举办中共十九届六中全会精神学习和青年企业家国际创新管理能力提升等多个培训班。开展“我心向党 忠诚为国”主题教育系列活动。联合市委统战部启动“我心向党 忠诚为国”理想信念教育活动，举行“我心向党 忠诚为国”湘潭市优秀企业家主题报告会及商会协会党史知识竞赛等。4月，在湖南省工商联思想政治意识形态工作暨“我心向党 忠诚为国”主题教育动员会议上，湘潭市代表市州作典型发言。通过组织赴杨开慧纪念馆现场教学、开展“乘坐两山专列，传承红色基因”活动、专题研讨、讲述“从党的百年历史中汲取智慧和力量”“从新中国社会发展史中汲取奋进的力量”“学百年党史 悟自我革新”党课、“红地毯课堂”每日一学等形式，推动党史学习教育在会员企业和商会协会中纵深发展。

【助推民营经济发展】 2021年，湘潭市工商联持续开展“迎老乡、回故乡、建家乡”活动，召开第二届潭商大会工作小结暨招商项目对接会议、“十四五”经济社会发展座谈会和招商引资推介会、广东省湘潭商会年会暨湘潭招商引资推介会、长株潭商会合作交流会等，接待北京市、浙江省等地的异地商会到湘潭考察。组织参与2021年全国民营企业500强峰会、第十届全球湘商大会等。湘潭市步步高集团上榜2021年中国民营企业500强榜单。走访湘乡市香露红茶业有限公司、湖南湘牵工业有限公司等多家会员企业。开展“百名优秀中国特色社会主义事业建设者”“百杰潭商”评选和宣传报道，联合市广播电视台重点宣传陈重新、马楚桂等优秀企业家，引导非公企业家争做新时代表率。编印《百杰潭商风采录》。

【开展“百名专家进民企”活动】 2021年，湘潭市工商联召开民营经济统战工作会议暨民营经济高质量发展大会。表彰10名“湘潭市2021年非公有制经济人士优秀中国特色社会主义事业建设者”、10家“湘潭市2021年高质量发展明星民营企业”，聘请74名湘潭市“百名专家进民企”首批专家。落实湖南省促进民营经济发展“六个一”工作。推荐7家企业入围“三湘民营企业百强榜”，推荐3家企业和4名个人入围“新湖南贡献奖”。在全市高校和民营企业中开展“百名专家进民企”活动。年内，完成第一批专家和民营企业的对接，有77名专家对接服务77家民营企业。

【营商环境】 2021年，湘潭市工商联开展营商环境评价工作，选聘116个单位为2021—2023年度湘潭市营商环境监督测评点、118人为湘潭市营商环境监督测评员。配合省工商联到湘潭开展2021年营商环境主观评价工作，推动构建市场化、法治化营商环境。此次工作纳入省对市绩效考核内容，2020年排名全省第四。构建政企常态化沟通机制。联合市公安局组织召开“我为企业解难题”座谈会，就“如何推进服务和保障经济发展优化营商环境”主题，听取市人大代表、企业家、商会代表的意见和建议。联合市纪委监委举行“红色领航·与纪同行”座谈会，与民营企业家代表和商协会负责人就如何优化营商环境、优化“清廉民企”建设进行交流。联合市财政局举办“诚信杯”财会知识竞赛，提升非公企业财会人员的专业素养。

【社会责任】 2021年，湘潭市工商联助力乡村振兴，大力开展“百企兴百村”暨“百名青商兴百村”活动，组织103名青商及177名执委企业对口联系帮扶108个村，助力乡村振兴。为韶山市银田镇银田村67名老党员提供免费体检，并援助银田村建设项目补助资金4万元。鼓励会员企业参加捐资助学行动，如会员企业湘潭市鸿江商贸有限公司为30名准大学生捐赠助学金9万元；编印《脱贫战场上的非公力量——湘潭民营企业扶贫采访实录》。面对新冠肺炎疫情，湘潭市工商联发布《关于全力支持打赢新型冠状病毒感染的肺炎疫情防控阻击战的倡议》，市工商联会员企业（不含县市区）捐赠现金30余万元、物资近百万元。河南汛情发生后，湘潭市工商联发布《风雨同舟 湘渝同行——关于支持河南同胞打赢防汛救灾保卫战的倡议书》，为河南募捐资金200余万元。

【维护权益】 2021年，湘潭市工商联设立商事调解中心，保护民营企业合法权益。6月，湘潭市工商联为湘潭市浙江商会、市江西商会、市福建商会、市物流与采购联合会、市快速消费品行业商会等6家商协会商事调解中心授牌。开展法制知识培训，组织协会代表、企业家代表、机关干部等参加《中华人民共和国民法典》（合同编）暨《中华人民共和国仲裁法》专题讲座和《中国共产党统一战线工作条例》宣讲报告会。构建部门联动机制，主动与纪检、公安、检察等部门联合，形成维护民营企业家合法权益的合力。如组织政法系统召开“我为企业解难题 营造法治化营商环境”联席会议。

【政治参与】 2021年，湘潭市工商联完成乡村振兴、绿色低碳发展基础及成效等9项专题调研。其中，上规模企业调研完成18家企业，民营企业社会责任调研完成83家，均超额完成省联下达任务。推荐联审61名非公经济人士任湘潭市第十六届人大代表、58名非公经济人士任湘潭市第十三届政协委员。工商联界别政协委员提交《在长株潭一体化发展中精准发力》《坚定信心加快推进产业转型升级》等8篇提案，开展《聚焦“两新三电”，推进“湘潭制造”高质量发展》《促进营商环境提质升级 助推民营经济高质量发展》等专题调研，其中《在长株潭一体化发展中精准发力》的提案被确定为市政府领导牵头重点督办提案。集聚智慧献力量，新增8名民营企业家为智库成员并颁发聘书。

【商会发展】 2021年，湘潭市工商联基层商会建设方面，召开全市商协会工作会议，评选41家市“四好”商会。吸收14家市非公经济类商协会组织入会，基层商会注册率达到100%。下发《关于加强和改进乡镇、街道商会建设的意见》，坚持“五抓”（抓注册、抓党建、抓引导、抓特色、抓规范）。年内，新增会员1000多个，完成市县两级执委会委员信息更新工作。启动百名青商培养工程，择优挑选123名青年企业家进入青商培养工程，引导建行湘潭市分行与市青年企业家商会签订战略合作协议，建行湘潭市分行提供意向授信5亿元，调研湘潭市福建商会、走访湘潭市浙江商会；召开粤港澳大湾区潭商联盟会议，收集异地商会服务湘潭经济社会发展的履约报告书，整理对异地湘潭商会的考核评估资料，做好异地商会及四好商会经费奖励专项报告等；赴天津、石家庄、西安等地推动异地商会的建设；成立娄底湘潭商会、海南湘潭商会；指导郴州湘潭商会换届。

【换届工作】 2021年5月31日—6月1日，湘潭市工商联（总商会）第十七次会员代表大会召开，选举产生市工商联（总商会）第十七届领导班子。以换届为契机，完成非公经济代表人士政治安排工作。指导5个县市区工商联（总商会）完成换届。建立健全执行执委管理制度。对十七届执行委员会进行分团，制定执行委员履职和会费收支管理办法。

会议选举产生湘潭市工商联（总商会）第十七届领导班子，伍浩当选为湘潭市工商联第十七届执行委员会主席、湘潭市总商会会长。 （毛永娟）

2022

湘潭年鉴

XIANGTAN NIANJIAN

群众团体

湘潭市总工会

【概况】 2021年，湘潭市总工会获湖南省总工会绩效考核优秀单位、2020届湖南省文明单位、中华全国总工会财务会计工作先进单位、中华全国总工会“尊法守法·携手筑梦”农民工公益法律服务行动成绩突出集体。培育推荐全国劳模、湘潭钢铁集团有限公司职工艾爱国荣获“七一勋章”“全国道德模范”和“大国工匠年度人物”，成为全国29名“七一勋章”获奖者中唯一一名湖南代表。全省评选表彰10名湖湘工匠年度人物，湘潭有冯宇、徐仲维、唐银波3人获此殊荣，有3人获提名奖。建立健全市县两级定期评选劳模机制，推荐评选产生王羽等24名湘潭市劳动模范和王先友等6名湘潭市先进工作者。对接省总工会培育湖湘工匠、建设技能湘军“百千万”工程，新建劳模和工匠创新工作室60家，新结师徒对子1612对，联合市人社局培育选树首批“杰出莲城工匠”8名。

【产业工人队伍建设改革】 2021年，湘潭市总工会承办湖南省新时代产业工人队伍建设改革现场推进会，湘钢集团和吉利汽车公司作为现场观摩点，湘潭在大会上作典型经验交流发言。召开全市产改工作联席会议。截至年底，湘潭技能人才总数达14.8万人，其中高技能人才占24.3%。湘电职工刘新新作为全国产业工人代表在2021年庆祝“五一”国际劳动节暨“建功十四五 奋进新征程”主题劳动和技能竞赛动员大会上作典型发言。湘潭技能人才培育模式被人社部评为全国优秀案例。《工人日报》头版头条报道《湘潭全力助推“好工人”成就“新蓝领”》，向全国推介湘潭深化产业工人队伍建设改革工作经验做法。

【弘扬劳模工匠精神】 2021年，湘潭市总工会培育推荐国家和湖南省五一劳动奖章获得者11人、工人先锋号和五一劳动奖状获得单位12家。开展“工人阶级宣传月”活动，在省、市主流媒体开辟《劳模精神耀湘潭》《致敬劳模、创造伟大》《致敬劳模、礼赞奋斗》等专栏，集中连续报道湘潭各级劳模先进典型事迹，刊发工人阶级各类报道400多篇。组建劳模工匠宣讲团，开展“劳模工匠带头学党史”活动。开展劳模生活状况摸底和“工会进万家”走访慰问活动，发放劳模资金363万元，惠及全市906名劳模，组织61名国家级劳模、省级劳模开展疗养。

【劳动技能竞赛】 2021年，湘潭市总工会组织开展“助力十四五、建设新高地”十万职工重点建设项目劳动竞赛、全市制造业企业劳动技能竞赛、长株潭“融城杯”职工职业技能精英擂台赛、女职工“芙蓉杯”竞赛等活动，全市1408家企事业单位开展竞赛活动3902场次，参与职工16万人次，创造经济效益1.82亿元。联合市人社局承办“匠心筑梦 竞技莲城”全市首届职业技能大赛，设置16个竞赛项目，吸引4000多名“能工巧匠”参加。开展“五小”职工经济技术创新活动，全年，收集合理化建议22959项，实施18770项，全市职工上报技术革新1036项，发明创造获专利1142项，推广先进操作法204项。

【维护职工权益】 2021年，湘潭市总工会实施劳动关系“和谐同行”能力提升三年行动计划，发挥“三方四家”机制作用，培育“和谐同行”千户企业。在重要行业、重要领域、重要企业设置10个劳动关系监测点，部署开展职工队伍稳定风险排查化解，确保工会系统“五个不发生”。启动“八五”普法宣传，开展“尊法守法·携手筑梦”农民工公益法律服务和“法律大讲堂”活动，突出农民工工资清欠重点，全年，办理法律援助案件19起，帮助农民工挽回损失200多万元。适应“三新经济”蓬勃发展，突出加强对新就业形态劳动者的法律服务。深化厂务公开民主管理工作，落实职代会制度，开展工资集体协商“春季要约”行动，建立全市工资协商指导员队伍，组织签订工资集体协议417份，覆盖企业3649家、职工18.9万人，评比表彰工资集体协商示范单位12家。

【解困脱困】 2021年，湘潭市总工会完善常态化帮扶机制，投入资金316万元，对困难职工开展重新摸底、申报、建档、审核、备案等规范化档案管理工作，推进困难职工从分级管理向分类管理转型。至年底，全市建档深度困难职工80户，相对困难职工210户，意外致困职工20户，共310户。依托困难职工所在单位工会和帮扶责任人，针对其主要致困原因合理制定帮扶措施，实现分类施策、精准帮扶；构建预防返困监测机制，提前采取针对性帮扶措施，没有出现规模困难职工返困问题。实施“一对一”结对帮扶，市总机关干部职工每人联系一户困难职工和贫困户，筹资6万多元走访慰问164户次。

【为职工办实事、解难题】 2021年，湘潭市总工会办结实事项目195项，办结率100%，群众满意率100%，其中“大病关爱行动”实事项目网络投票排名全市第一。组织13.5万名职工参加职工医疗互助活动，补助9583名患病职工556万元。筹资263万元为302名大病困难职工提供大病关爱。筹资30万元资助49名困难职工和农民工子女上学。建成工会户外劳动者服务站点115家，其中东方红广场“湘潭市工会户外劳动者服务站点”获评全国“最美工会户外劳动者服务站点”。举办2场大龄单身职工交友联谊活动，促进解决大龄单身职工婚恋难题。

【开展“双联”帮扶和“一户一产业工人”培养工程】 2021年，湘潭市总工会抓实“双联”帮扶，组织全市567家参联单位筹措资金540万元，走访慰问企业528家、困难职工1.52万人。推进“一户一产业工人”培养工程，培育省级优秀项目6家、市级示范点10家，投入技能培训资金119万元，免费培训学员3383人。

【职工健康】 2021年，湘潭市总工会下发《关于开展“安康杯”竞赛活动的通知》，开展群众性安全生产活动，有124家企业1336个班组共3.2万名职工参加竞赛活动。部署开展“安全生产月”活动，发动广大职工参与“安全隐患随手拍”活动，共拍摄收集、及时处置各类安全隐患1267个。联合市卫健委组织开展争做“职业健康达人”活动，评选100名“湘潭健康达人”。开展“五好食堂、幸福职工”竞赛创优活动评选。

【职业道德建设】 2021年，湘潭市总工会开展国家级、省级职工职业道德建设先进集体和先进个人培育选树，评选表彰2020年度市级标兵单位15家、标兵个人20名，1名职工获评全国道德模范，1名职工获评湖南省爱岗敬业道德模范。

【工会深改工作】 2021年，湘潭市总直属工会组织由原来120家，调整精简至80家，协管工会组织18家。加强产业（系统）工会建设，重新设置26家产业（系统）工会组织，推动完善市总直管产业（系统）工会主席由驻在单位领导班子成员兼任、设专职工会副主席（正科实职），与市委编办协商一致，选取其中10家市直单位先行试点，同步下拨工作经费合计40万元。

【工会组织建设】 2021年，湘潭市总工会推动新就业形态劳动者和农民工入会，举办“八大群体”集中入会活动5场次，新建工会组织205家，发展工会会员2.43万名。向8家“两新”组织工会派驻工会工作指导员。召开全市“小三级”工会规范化建设现场观摩推进会，加强区域性、行业性工会联合会建设。推进工会会员实名制管理，实施会员信息动态管理。加强高素质专业化工会干部队伍建设，培训调训工会干部350余人次，5名基层优秀工会干部获评“全省职工最信赖娘家人”。

【服务职工阵地建设】 2021年，湘潭市总工会深化基层工会规范化建设，培育“模范职工之家”，开展模范职工之家“结对共建”，培育评选市级模范职工之家（小家）30家。探索模范职工之家动态评估管理机制，对27家省级以上模范职工之家（小家）进行回访检查，破除“一评终身制”。投入资金416万元，支持江麓机电集团有限公司、江南工业集团有限公司、韶山灌区工程管理局等6家单位工会对职工之家进行提质改造，改善职工文体设施条件。将市工人文化宫新宫建设纳入湘潭“十四五”规划。

【提升工会治理效能】 2021年，湘潭市总工会深化“放管服”改革，推动职工医疗互助项目入驻湘潭市民之家，持续推进智慧工会建设，推动实现“一件事一次办”。投入120万元建设莲城工会官网官微，建设湘工通、云视讯和职工普惠平台，覆盖省市县三级“湘工通”和“云视讯”系统全面建成，协同办公系统和工会业务系统集成等功能平台进入试用完善阶段，逐步形成网上网下深度融合、互联互动工会工作格局。“湘乡智·惠”职工普惠服务平台被中华全国总工会和中央网信办评选为全国区县十佳平台。参与“智慧莲城”建设，制订落实《市总工会公共数据资源开放工作实施方案》，归集共享数据50余万条。

（胡圣湘）

中国共产主义青年团湘潭市委员会

【概况】 2021年，中国共产主义青年团湘潭市委员会在《人民日报》《中国青年报》《湖南日报》等省级以上主流媒体宣传推介69次、在《湘潭日报》等市级媒体宣传推介133次。获评“湖南省禁毒工作先进集体”。推荐1人获评全国优秀共青团干部、1个集体获评全国五四红旗团委、1人获评全国优秀共青团员、1个集体获评“湖南青年五四奖章集体”、6个集体获评“湖南省五四红旗团委（团支部）”、3人获评“湖南青年五四奖章”、1人获评“湖南省向上向善好青年”、3人获评湖南省优秀共青团员。

【青少年思想建设】 2021年，湘潭青年大学习覆盖面不断提升，全市团员学习率2次排名全省第一。组织青年讲师团围绕党的创新理论开展宣讲1000余场，覆盖青少年12万余人。组建市县两级“红领巾巡讲团”，开展“传承红色基因——闪光的榜样”“请党放心，强国有我”等主题宣讲活动4500余场次，覆盖各级少先队员和辅导员21万余人。成功争取作为全国十个城市之一，举办“阅读红色经典，争做强国少年”湘潭市强国少年红色阅读主题活动，组织2.5万名小学生参与线上阅读，被中国青年报社和中国青少年发展基金会评为优秀组织单位。组织开展“湘潭红·正青春——星火传承耀百年”“百年正青春”湘潭市青少年主题对话等示范性宣讲活动12场。组织4047个团支部开展党史学习教育，党史学习录入率达100%。组织开展“奋斗百年路，奔向新征程”——湘潭市“五四”青年节健康跑活动。各级团组织开展党史主题宣讲800余场，覆盖青少年11.2万人。争取团省委“红领巾基金”100万元，创新开展湘潭市“传承红色基因，培育红色接班人”主题活动。联合中共韶山市委开展“青春不负 强国有我”全国青少年红色研学活动。组织全市各级少先队员走进红色教育基地，4000余个中队依托红色资源开展红色研学活动。组织开展湘潭市五四“双红双优”“向上向善好青年”和湘潭市少先队“三优”等评选活动。

【服务中心大局】 2021年，中国共产主义青年团湘潭市委员会发布《关于积极投身新冠肺炎疫情防控工作的倡议书》《湘潭市疫情防控青年志愿者招募令》，组建青年突击队107支、青年志愿者服务队76支，承接6个核酸检测方舱采样点和7个疫苗接种方舱点的体温测量、健康码查验等志愿服务工作，协助完成36万余份核酸样本检测、12万余针剂疫苗接种。起草莲城人才行动系列文件《湘潭市促进青年人才就业创业实施办法》。实施“其实你不用去远方”大学生留湘潭就业创业计划，组织高校毕业生参加湘潭市“高校学子名企行”活动。争取“湖南省电商产业青年创新创业孵化基地”在湘潭落地。组织开展“青春兴湘”团省委送培训下基层暨乡村振兴青年人才培训班。组织市属高职院校参加第十四届“挑战杯”湖南省大学生课外学术科技作品竞赛。推动市青创协和市青商会合并办会。组织开展“美丽屋场”和农产品包装“设计下乡”志愿服务，组织来自湖南大学等5所高校的41个志愿团队，为提供“美丽屋场”设计样板21个、农产品包装设计作品20个。承办“青春兴湘 何必远方”——湖南省农村青年致富带头人协会助力乡村振兴系列活动（湘潭专场）。举办“青春助力 乡村振兴”湘潭市2021年青年主播培育活动，培育本地青年主播47名。推荐谭鹏、王平获评首届“全国乡村振兴青年先锋”。联合长沙、株洲团市委，制定《长株潭一体化发展青年行动三年计划（2021—2023年）》，建立长株潭一体化发展青年联席会议机制。组织100余名青年代表、青联委员参加长株潭一体化发展青年峰会及专题论坛。实施长株潭青年科创开放融合项目，组织青年创新队伍参加科创成果对接活动。推选50名青年工匠参与“振翅100”青年工匠培育项目，相关工作在《中国青年报》《湖南日报》宣传报道。

【推进共青团改革】 2021年，中国共产主义青年团湘潭市委员会争取湘潭县、湘乡市纳入国家级改革试点，争取雨湖区、岳塘区纳入省级改革试点，组织各试点县市区团委对标改革指标全面体检、拉条挂账、逐项销号。在全省率先完成市县两级团干部配备、基层党建带团建情况纳入市县两级巡察监督、市县两级团委主要负责人进入教育领导工作小组和教育督导委员会等改革任务。全市4个试点县市区四大方面、18项改革任务全面完成，相关工作经验在新湖南、市委《改革简报》等推介8次。推行乡镇（街道）“5+N”建设标准，实现达标率100%。在全省率先完成村（社区）团组织换届，全面完成乡镇（街道）团组织换届，相关工作经验在《湖南共青团基层建设工作动态》推介。承办团省委“实现中国梦·建设新湖南”新团员入团仪式湖南省集中示范活动。创新评选市级示范性青年之家10家，以奖代投给予资金支持，青年之家建设工作排名全省前列。在全省率先完成社会领域和非公领域建团工作。全面深化团教协作，市县两级全部成立教育团工委，联合市教育局建立团教工作联席会议制度，成立市级中学名团干工作室，指导163所中职中学全部成立中学团校。全面推进中职中学团组织规范化建设，建立教师团支部139家。承办全国青联委员培训班。组织召开市青联十届一次常委会议，加强市青联规范化建设。全面深化高校学生会改革，指导市内7所高职院校学生会组织按期换届。

【新时代少先队工作】 2021年，湘潭市委下发《关于全面加强新时代少先队工作的若干措施》。团市委组织召开市第五次少代会。承办“红领巾心向党”湖南省2021年“六一”主题队日活动。在“10·13”建队日举办2021年“少先队微队课”示范展示活动。举办2021年湘潭市少先队辅导员培训班。

【实施《中长期青年发展规划（2016—2025年）》】 2021年，中国共产主义青年团湘潭市委员会出台《湘潭市青年发展规划（2021—2025年）》。开展“我为群众办实事，我为青年解难题”主题实践活动，累计开展“我为群众办实事”项目134件，完成率、满意率均为100%，其中“疫情防控志愿服务”和“防溺水青少年自护教育”获评湘潭市“我为群众办实事”优秀案例。募集爱心资金981万余元、资助贫困学生2400余人，资金规模位居全省前列。实施“子敬阳光”助学活动，募集资金693.6万元、资助贫困学生1852名。争取团省委“芙蓉学子”“湘窖·我的大学梦”“中国茅台·国之栋梁”等助学项目，累计发放助学金73万元。组织开展希望工程“一元捐”活动，募集爱心资金95万余元。联合市委组织部实施湘潭籍大学生返潭实践活动，选拔200名湘潭籍大学生到66个乡镇（街道）兼任组织干事和团委副书记。承办清华大学博士团到湘潭暑期实践活动。承办“青企赋能 聚力兴潭——湘潭市青年企业家培养计划”。实施“青春湘伴”湘潭共青团关爱青少年身心健康“十个一”行动，建设“团团希望小屋”45家，建成“团团心灵驿站”20家。开展青少年禁毒宣传教育，在新时代湘潭禁毒人民战争部署暨全国禁毒示范城市创建工作总结表彰大会上作典型发言。

（周庆媛）

湘潭市妇女联合会

【概况】 2021年，湘潭市妇女联合会获湖南省妇联系统宣传工作先进集体，在学习强国、新华网、人民网、《中国妇女报》《今日女报》等媒体宣传144次，微信公众号发布信息204条（原创数128条）。年内，全域推进“美丽庭院”创建工作。全年，投入创建工作经费108万元，审定授牌美丽庭院3万户，创建12个美丽庭院示范片。在湘潭县乌石峰村构建“美丽庭院+农庄/研学基地/巾帼民宿”模式，打造“三十六坊”研学旅游基地，动员村81户家庭参与“美丽庭院”创建，户年均增收7000余元。

争取湖南省红色家风“三进”试点工作落户湘潭，推动试点工作纳入市委党史学习教育重点工作，推进红色家风学习教育向社区、学校、家庭延伸。联合市委宣传部、市教育局共同下发《湘潭市关于开展红色家风“三进”试点工作的实施方案》，选取6个社区、学校开展试点工作，鼓励社区与附近学校联点合作，建立“家校社共建日”制度，开展红色家风主题宣传活动，组建红色家风宣讲团，开展“妈妈给我讲党史”“颂党恩传家风”等主题活动，组织亲子阅读、邻里互助等活动，参与体验的家长学生、社区居民达3万人次，形成家校社共享共建共育工作模式。

【文明家庭建设】 2021年，湘潭市妇联联合市教育局在城区建立社区家长学校，指导社区每月开展1~2次主题活动。在省级家庭教育实践基地——雨湖区窑湾街道唐兴寺社区建立全省首家家风家训展示馆，打造首条家风故事主题街巷，编撰《窑湾故事会》《湘潭巾帼英豪录》等红色教育读本，向社区家庭、中小学生发放。实施“父母成长计划”，围绕《中华人民共和国家庭教育促进法》《湖南省家庭教育促进条例》等法律法规开展家庭教育公益巡讲。邀请省妇联家庭和儿童工作部部长黄绪到湘潭开展《湖南省家庭教育促进条例》专题讲座。组织潘湘姿、谭照等本地优秀讲师深入乡镇、街道、村组、社区举办家庭教育知识讲座12场次。

【“寻找最美”评选活动】 2021年，湘潭市选树伍兰清等10户家庭为湘潭市文明家庭，张静等35户家庭为湘潭市最美家庭，胡婷等6户家庭获评湖南省最美家庭，刘松骨、文勇强等2户家庭获评全国最美家庭。开展湘潭市庆六一暨红色家风“三进”试点工作成果展示活动，为省级以上最美家庭进行授牌。以“颂百年风华 传红色基因”为主题，在全市开展“书香飘万家”亲子阅读活动。组织开展“潇湘家书”活动，围绕“感党恩跟党走”“阳光成长”等主题动员广大家庭、留守儿童等写家书、晒家书，征集筛选优秀家书54封。

【选树推介女性典型】 2021年，湘潭市妇联采取组织推荐和社会化推荐两种方式，启动2020—2021年三八红旗手（集体）评选工作，全年选树推荐各级各类优秀女性和女性集体116人次。推荐全国三八红旗手候选人1名、省三八红旗手个人5名、省三八红旗手集体2个。评选表彰湘潭市三八红旗手31名，湘潭市三八红旗集体16个。推荐湘潭杨嘉桥镇金福村妇联主席张植湘获评全国妇联系统劳动模范；推荐湘潭县妇联、湘潭市检察院未成年人保护委员会办公室主任刘婷分别获评全国维护妇女儿童权益先进集体、先进个人；选送3个基层妇联巾帼志愿服务项目参加湖南省“潇湘巾帼志愿行”志愿服务项目大赛，分别荣获5000元奖金。在《湘潭日报》开设“巾帼心向党 奋斗新征程”专栏，报道先进女性典型和典型工作经验41篇次。

【实施能量家园建设】 2021年，湘潭市妇联制定《湘潭市“湘妹子能量家园”建设工作管理办法》，从组织机构、人员管理、积分管理、资金管理等方面规范运营项目和人财物管理。争取省级项目资金30万元，在17个试点村设立“湘妹子能量家园”超市，参与活动总人数46121人次；组建702支巾帼志愿队伍开展各类清扫、帮扶活动755场，聘请庭院专家开设“农家小课堂”11场次，开展有奖知识竞答，组织353户家庭学习花卉种植、庭院改造、废旧物品利用等知识。

【实施创业就业巾帼行动】 2021年，湘潭市召开纪念“三八”国际劳动妇女节111周年暨“助力经济高质量发展、争做最美巾帼奋斗者”座谈会，为市女企业家协会解决问题21个。指导绿丰农场配送中心创建湖南省巾帼现代农业科技示范基地，帮助市农产品女经纪人协会会员382人续办“巾帼创业帮扶贷”4700万元。联合人社局、商务局等部门举办花卉种植、面点师、美容师、保洁员、前台服务员等妇女技能培训班51期，培训城乡妇女2064人，其中980人取得职业技能资格证书。举办民营企业专场招聘会，利用“莲城莲花”微信公众号在全市开展线上“稳岗留工”专项行动，发布岗位招聘信息481个，为2.6万名城乡妇女提供就业服务。下发《关于申报2021—2022年湘潭市城乡妇女岗位建功先进集体（个人）的通知》，创建巾帼文明岗20个、巾帼建功标兵20名、巾帼建功先进集体10个。联合市人社局、市公安局等部门开展各类职业技能大赛，授予13名获奖者市“巾帼建功标兵”称号。

【关爱未成年人健康成长】 2021年，湘潭市妇联发动妇联执委、最美家庭、巾帼志愿者与留守儿童结对认亲，开展“把爱带回家”寒假儿童关爱服务“四送”活动293场次，帮扶儿童2321人次，受益家长儿童2.3万人次。开展“科学育儿 孕育新生”公益讲座6场次，300名孕妈妈到场聆听，普及科学育儿知识，共同关注母婴健康。争取省妇联、省妇女儿童基金会多项公益项目，为千余名留守儿童、困境儿童发放学习用品、生活用品、玩具等爱心物资，价值40余万元。开展“四个一”（上好一堂课、发出一封信、用好一个阵地、开展一次走访）防溺水主题宣传教育活动37场次。开展“出手吧姐姐——温暖2021”情暖困境母亲爱心众筹活动，动员各县市区（园区）妇联、大中型企业、女性社会组织开展爱心众筹活动，为妇女儿童筹集善款72.2万元（线上线下65.2万元、省妇联配套7万元），救助妇女儿童585人。

【维护妇女儿童合法权益】 2021年，湘潭市妇联健全信访接待工作机制，坚持每周二、周四下午安排职业律师轮流值班。全年，接待来信来访来电325件，受理12345市民服务热线交办件14件；指导岳塘区妇联建立性侵未成年被害人一站式询问室试点，下发《湘潭市岳塘区侵害未成年人强制报告制度联席会议及工作协商机制》；开展“建设法治湖南·巾帼在行动”普法宣传活动677场，直接参与人数4万余人次，发放宣传资料10万余份；开展2021年“公益护花”儿童性教育讲师培训行动，培训50名专业讲师，深入村（社区）、学校开展儿童性教育知识宣讲400场，覆盖家长儿童49817人。

【编制新一轮《两个规划》】 2021年，湘潭市妇联以两个规划为保障，实现市县两级规划同标准、同出台、同实施，推动公共政策、公共资源和公共服务向妇女儿童倾斜。召开妇儿工委全会暨妇女儿童发展规划终期评估工作部署会议和迎检工作调度会，通过2015—2020年妇女儿童发展规划省级终期评估，181项定量指标100%达标。出台《湘潭市妇女发展规划（2021—2025年）》《湘潭市儿童发展规划（2021—2025年）》，推进长株潭妇女儿童事业一体化发展。

（庞　凯）

湘潭市科学技术协会

【概况】 2021年，湘潭市科学技术协会获省科协对市州科协绩效考核A类单位、中国科协2021年全国科普日优秀组织单位、湖南省企业科协工作先进集体、湖南省创新方法大赛优秀组织单位称号。

【服务科技人才】 2021年，湘潭市科学技术协会服务科技工作者，组织湘潭市第十二届青年科技奖评选，表彰奖励12名优秀青年科技人才。开展湘潭市2019—2021年度自然科学优秀学术论文评选，评出优秀学术论文216篇。2人分别获评湖南省最美科技志愿者、最美基层科协工作者，3人获提名奖。推荐1人获评湘潭市第八批优秀专家，4人获评专业技术骨干人才。在《湘潭日报》、湘潭在线开辟专栏，集中宣传优秀科技工作者，获“学习强国”、中国科协转载。走访慰问院士专家、科技工作人员和困难科技工作者90余人次。

【实施“科创中国”湘潭行动】 2021年，湘潭市科学技术协会“院士工作站、专家工作站、学会服务站”建设，指导湖南西交智造卢秉恒院士工作站成功创建2021年省级院士工作站。促成5个B类以上人才领衔团队与湘潭企业签订合作协议，引进中科院院士、长江学者等高端科技人才36名，4家专家工作站获评省级专家工作站。对11家国家、省级学会服务站进行跟踪评估，全年，走访调研“三站”20余次。指导申报“三站”走访调研合作等项目，争取省科协20万元专项资金支持。服务企业创新发展，组织创新方法、专利信息技术应用与推广等培训132场次，发动企业科协开展“讲·比”竞赛，提出合理化建议7553条，立项1213项。组织企业参加国家、省级创新方法大赛，获中国创新方法大赛一等奖1项，中国创新方法大赛湖南赛区决赛奖项8项。推广应用“科创中国”湖南中心，在网站登记入驻企业、专家、学会、需求、成果1613人（次、项）。助推省级优势产业配套产业链建设，促成2家企业与高校签订合作协议，其中湖南鼎峰机械有限公司与湖南工程学院机械学院合作的高炉湿法喷补机器人技术开发项目投产。引导湖南农业大学等3所学校与本地企业、农业技术推广中心达成合作协议，引进中国工程院院士刘少军团队创新成果合方鲫鱼，养殖1万余亩近800万尾。

【实施“科普中国”湘潭行动】 2021年，湘潭市科学技术协会承办第十三届湖南省青少年机器人竞赛暨第三届湖南省青少年创意编程与智能设计竞赛，主办湘潭市第四十一届青少年科技创新大赛、湘潭市第九届青少年机器人竞赛和2021年湘潭市青少年创意编程与智能设计竞赛等多项市级赛事。组织参加国家、省青少年科技赛事，获奖220多项。开设青少年科技辅导员和机器人教练员培训班。组织湘潭市2021年“全国科普日”暨长株潭科普大篷车巡展活动，利用科技活动周、“三下乡”等大型主题科普活动，深入农村、社区、企业、学校进行科学普及。实施全民科学素质提升计划项目，评选出奖补单位（项目）28个，奖补资金89万元。指导湘乡市创建2021—2025年度全国科普示范县。构建“互联网+科普”模式，推动“科普中国”“科普湖南”落地应用，新增注册科普信息员2.7万名，年内，科普传播量达330万次，成功发布市级志愿者活动17次。

【实施“智汇中国”湘潭行动】 2021年5月25日，全国水产科技活动周在湘潭启动，中国工程院院士刘少军以“中国鱼类育种及健康养殖”为主题作主旨报告，来自全国各地230余名水产科技工作者参加活动。6月26日，2021增材制造与精准医疗创新发展论坛在湘潭举办，中国工程院院士卢秉恒、张兴栋等出席论坛并作主题报告。建成由212名专家组成的科普人才资源库，依托人才库，组织科普大讲堂17场次，开设《奇趣魔方》等电台栏目。

【健全治理结构】 2021年，湘潭市科学技术协会编制出台《湘潭市全民科学素质行动规划纲要实施方案（2021—2025年）》。将“推动全民科学素质提升”写入《湘潭市国民经济和社会发展第十四个五年规划和二〇三五年远景目标纲要》。实施学会能力提升专项，评定5个项目为2021年学会服务能力提升项目。市机械工程学会承接湘潭市2021年度民营企业专场机械工程中级及以下职称评审工作。出台学会（高校）目标管理考核办法，整理编制规章制度，量化考核工作，规范学会管理。督促县市区（园区）科协换届，指导湘潭县科协、岳塘区科协、高新区科协完成换届，推动高新区、经开区两个园区所属乡镇（街道）全部成立科协组织。加速企业科协组织建设，推进全市517家规模以上工业企业、375家高新技术企业成立企业科协或加入园区科协、市企业科协联合会。

【湘潭科普特色小镇形成样板】 2021年，湘潭市科学技术协会探索“产业+科普+研学”发展模式，打造湘潭县乌石镇科普特色小镇。河南省平顶山市科协、新疆喀什市科协到湘潭学习考察科普特色小镇建设工作。11月13日，中国科协“科协改革进行时”刊发《湘潭县科协：给乡村振兴插上科技“翅膀”》，推介科普特色小镇建设“湘潭经验”。

【机器人竞赛】 2021年5月22—23日，第十三届湖南省青少年机器人竞赛暨第三届湖南省青少年创意编程与智能设计竞赛在湘潭举行，来自全省14个市州419支队伍同台竞技，决出机器人竞赛奖项191项，创意编程与智能设计竞赛奖项181项。

【开展“全国科普日”暨长株潭科普大篷车巡展活动】 2021年9月18日，湘潭市“全国科普日”暨长株潭科普大篷车巡展活动正式启动，围绕“百年再出发，迈向高水平科技自立自强”主题，开展五大类60余项科普活动，首次推动长株潭科普大篷车联合巡展。湘潭市科协全国科普日活动连续9年受到中国科协表彰。 （廖 婧）

湘潭市社会科学界联合会

【概况】 2021年，湘潭市社会科学界联合会增设内设机构社科研究部，编制调整为10名。12月8—9日，召开市社科联第十次代表大会，审议通过市社科联第九届委员会工作报告和市社科联《章程》修改案，选举产生市社科联第十届委员会委员55名，“专兼挂”主席、副主席12名，常务委员7名。

出台《湘潭市社科联横向课题管理办法》，健全《湘潭市哲学社会科学规划研究课题管理办法》。出台《关于建立社科咨政重大研究项目校地合作机制的意见》。实施机关党员干部联系指导学会工作制度，指导社科组织做好换届、年检等工作，开展好党史学习教育“三创三融”等活动。审批新增学会1家、办理注销手续5家，完成换届6家。协调解决社科组织问题30余个，指导湖湘心理研究院、市运动健康促进会、市孔子文化研究会等社科组织，与所在村（社区）、学校共同开展各类文化育人活动。

【咨政研究】 2021年，湘潭市社科联创新开展“领导出题·专家答题”咨政研究，确定5个重大课题，组织专家调研答题，形成《发展现代农业，推动乡村振兴的思考》《湘潭经开区与湘江新区融合发展研究》等研究成果，获得市领导批示4篇。组织发动社科工作者参与省、市党代会建言献策活动，4篇次被评为市党代会优秀对策建议，3篇次被省党代会采纳，《湖南日报》、湖南新闻联播等进行报道。组织社科专家深入开展理论学习、研究阐释，形成30余篇高质量理论阐释成果，6篇（次）文章分别入选国家、省、市庆祝中国共产党成立100周年理论研讨会。在第十一届全省社科界“庆祝建党百年·助力三高四新”学术年会征文中，湘潭获奖数量居市州第一，《中国国家人文地理·湘潭》《湖南文化名人连环画》获评湖南省优秀社科普及作品（书籍类），组织编辑整理《湘潭简书》系列丛书（第一期含《文化世家》《历史风云》《城里总上》三册）。围绕创建国家历史文化名城，对红色文化、湖湘文化、白石文化、城总文化等开展深入研究，立项完成30余个地方文化研究相关课题。

【社科普及】 2021年，湘潭市社科联在“湘潭社科”公众号上持续开办“习近平论理论和哲学社会科学工作”专栏，推出28期。编辑出版《湘潭研究》4期。在《湘潭日报》开辟“社科之声”专栏，刊发专版2个，相关文章20余篇。组织开展“百年百课堂·

以理服人”理论宣讲活动，评选精品课程20堂、优秀课程30堂在全市巡回宣讲和网上展播。5月21日，湘潭市社科联举办“庆祝建党百年，助力三高四新，建设六个湘潭”社科普及主题活动启动式，市社科联和各社科组织开展活动70余场。组织社科专家拍摄制作《社科专家讲党史》等视频10期，采取H5、有声连环画等形式创作系列有声社科作品，推送15期。运用新媒体技术打造“秒懂社科”“有声社科”“云上社科”线上品牌，推出社科专家解读“三高四新”“六个湘潭”等系列视频10期。持续办好“社科大讲堂”，邀请宋定一、刘建平等社科专家以及本地红色社科读物作者，举办“弘扬红船精神，坚定理想信念”“红色社科读物悦享会”等社科大讲堂活动3期。打造市传统文化传承发展协会、市国学研究会、市周易文化研究会等示范性社科组织和“标杆引领”创建组织，推荐市博物馆申报湖南省社会科学普及基地。市税务学会、市国际税收学会“党建+科研”等工作受到国家税务总局推介。

【首发《中国国家人文地理·湘潭》】 2021年，湘潭市社科联编纂并发行《中国国家人文地理·湘潭》，全书26万字，用图160余幅，图文并茂，其中不乏首次使用、极其珍贵的历史图片，分9个章节、47个细目，系统梳理湘潭历史文化、人文资源、地理信息、生态环境以及发展成就。《中国国家人文地理·湘潭》一书是湖南率先推出的《中国国家人文地理》城市卷，得到中国地图出版社“近年《中国国家人文地理》丛书难得一见的高质量图书”的评价，新华网、“学习强国”等权威媒体进行专题报道推介，被誉为“湘潭百科全书”。 （凌　韧）

湘潭市文学艺术界联合会

【概况】 2021年，湘潭市文学艺术界联合会增加1个机关职能科室（文艺交流和权益保障科）和4个人员编制。张伟、危丹夫妇出版长篇报告文学《与帕共舞》和危丹个人诗集《阳台上的梦》，其事迹在中央电视台社会与法频道《道德观察》栏目播出。

文艺组织和制度建设。修订完善《湘潭市文艺家协会管理办法》，指导文艺家协会健全和完善工作管理制度和办法56项。完善和加强对市文艺创作活动中心的管理，制定《湘潭市文艺创作活动中心值班及创作活动管理办法》。修订完善《湘潭市年度优秀艺术成果创作扶持奖励办法（修订）》，加强文艺创作精准扶持力度。指导湘潭市美术家协会、湘潭市戏剧家协会、湘潭市花鸟画家协会、湘潭市油画学会、湘潭市设计艺术家协会5个协会完成换届。

文艺活动。主办、承办和协助、指导各协会、文艺家开展文艺活动270场次。其中，展览展示展演活动120余场次、采风创作活动30余场次、学术研讨座谈活动30余场次、对外交流活动30余场次、志愿服务活动50余场次。活动包括“白石故里山花开”湘潭市优秀美术作品进京展及返乡汇报展、“今日韶山冲·红色基因文化”摄影在京展、“江山如此多娇”毛泽东诗词吟唱会、“党在我心中”全省散文征集暨第二届“湘江散文奖”颁奖活动、庆祝中国共产党成立100周年“欢乐潇湘·大美湘潭”全市美术书法摄影作品展、“湘潭八景”推选论证活动、长篇历史革命小说《红土地上的寻找》首发式。

文艺惠民。开展“深入基层，扎根人民”主题实践和文艺志愿服务活动50余场次，参与志愿者达1000余人次，赠送图书和书画作品上万册（件）。

文艺精品生产。在省级以上报刊出版（发表、演出、展出）文艺作品404件（篇）。长篇革命历史小说《红土地上的寻找》列入湖南省作协重点扶持项目，并举办首发式。该书成为湘潭市党史学习教育推荐读本。选送的歌曲《向英雄致敬》荣获湖南省第七届“潇湘好歌”优秀作品，并入围全国庆祝中国共产党成立100周年主题新创歌曲。组织市戏剧家协会创排展演大型党史题材现代花鼓戏《战地黄花》。

文艺宣传影响。持续8年举办“碧泉讲坛·文艺专题讲座”。该讲座自启动以来，举办37场次。年内，举办6场，授讲内容涉及文学、摄影、书法、音乐等门类。编辑出版《君子莲》文艺季刊4期、《湘潭文艺信息简报》16期，在“湘潭文艺”微信公众号编辑发布信息43条。在《人民日报》《中国艺术报》等国家级媒体发表7篇；在《湖南日报》《文坛艺苑》“红网时刻”“学习强国”湖南学习平台等省级媒体杂志刊发文艺宣传信息58条。中国文联主办的《中国艺术报》刊发《一份来自湘潭市文联的成绩单》宣传推介湘潭市文联工作经验。

【举办“今日韶山冲”红色基因文化传承摄影展】 2021年12月1日，“今日韶山冲”红色基因文化传承摄影展在北京隆重开幕。该展由市文联与中联国兴书画院共同主办，展出100多件作品均由湘潭摄影家创作、市文联组织审定和选送。展览以“今日韶山冲，红色基因文化传承”为主题，采用分类题材照片，运用VR全景制作手段，全方位、立体式展示韶山美景，反映在党的领导下韶山发生的翻天覆地变化和韶山人民幸福美好生活。

【开展“百年百首诗·诗诵党恩”诗歌作品创作征集活动】 2021年，湘潭市文学艺术界联合会组织开展“百年百首诗·诗诵党恩”诗歌作品创作征集活动，面向社会各界征集作品1102件，选出100首优秀诗歌作品，并出版作品集。制作播出100期诗歌朗读节目，采取配乐诗颂、剧本撰写、有声广播剧等形式，深情讲述诗词创作背后的党史故事。举办“江山如此多娇”湘潭市庆祝中国共产党成立100周年——“百年百首诗·诗颂党恩”毛泽东诗词吟唱晚会。 （谭皓予）

湘潭市归国华侨联合会

【概况】 2021年，湘潭市归国华侨联合会“党建带侨建”获中国侨联专题推介。

服务发展大局。连续第三年举办“智汇湘潭”留学归国人员创新创业大赛。推荐牵线促成项目发展：湖南金龙新材料有限公司完成产值27亿元，缴纳税款3亿元；湖南宏旗销售服务有限公司投资8000万元新建湘潭首家“红旗”4S店；湖南齐贤环保科技有限公司投资1000万元在湘乡成立湖南省齐贤新材料科技有限公司；有3家海归企业落地湘潭；美国湖湘经贸总会与毛家食品有限公司合作设立跨境商品交易展示中心完成签约；推荐湖南工程学院教授、海归陈桥获评湘潭市第八批专业技术骨干人才，湘潭市侨联青年委员会会长李登获评2021年“五四”湖南优秀侨界青年人物，雨湖区风车坪创新创业文旅街获评湖南省新侨创新创业基地。

深化改革实效。新增34家乡镇（街道）侨联组织，新增侨情数据800余人，建成基层侨联组织、“侨胞之家”、工作平台116个，在全省率先实现县市区乡镇（街道）侨联组织全覆盖。2月13日，中国侨联《基层侨联建设》第32期刊载《党建引领聚侨力 牢记宗旨谱新篇——湘潭市侨联通过“党建带侨建”激活“侨”力量》经验文章。

深化联络联谊。承办“海外侨胞故乡行——走进伟人故里”活动，新结交来自泰国、南非等40多个国家和地区100余名侨领侨胞。承办“追梦中华·幸福湖南”2021海外华文媒体湖南采访行活动，来自美国、法国、俄罗斯等国15家海外华文媒体代表以及涉侨中央媒体深层次了解湘潭。魅力湘潭形象首次集中登上《国际日报》、“华人头条”、意大利侨网、俄罗斯中国电视台、《华盛顿中文邮报》《环球评报》《国际贸易导报》等10余家海内外华文媒体版面。打通“云端”渠道，推出《莲城记忆·归侨往事——老归侨口述历史》14期10万余字、《莲城侨语》10期5万余字，被中国侨联采用并转发8期，省侨联采用并转发13期。首次承办“亲情中华·为你讲故事”网上秋令营湖南营直播课活动，面向德国、意大利、俄罗斯等国家130余名华裔青少年讲授湘潭纸影课。

参政议政。宽裕粮行被纳入省文保单位，宽裕粮行修缮工作列入市政府工作报告，筹集70万元用于宽裕粮行修缮维护。赴侨企调研，发放和收集调查问卷近100份，形成2份调研报告，其中，《关于我市侨资企业发展情况的汇报》在市十五届人大常委会第56次主任会议作专题汇报，拓展“地方侨联+高校侨联”工作形式和内容，针对加强中非合作专门与湘潭大学合作组稿《关于加强中非传统医药合作的建议》，被中国侨联《侨情专报》采用。

坚持为侨服务。成立湘潭市涉侨纠纷调解中心，聘请湖南湘晋律师事务所副主任吕文圣、湖南同升律师事务所主任成戊平等侨界律师担任调解员。接待处理侨界群众来信来访，梳理侨界群众“急难愁盼”问题42项，包含“企业难题”6件、“群众忧愁”13件、“基层服务”7件、“乡村振兴”4件、“志愿服务微心愿”12件，按时办结率100%。其中，2件实事入选全市“优秀办结实事项目”候选清单，《市侨联践行侨联宗旨办好为民实事》工作经验在《党史学习教育简报》第57期向全市宣传推介。

【“智汇湘潭”双创大赛再结硕果】 2021年，湘潭市归国华侨联合会连续三年举办“智汇湘潭”留学归国人员创新创业大赛，以“适应后疫情时代，融身新发展格局”为主题，自6月启动申报以来，经过资料审查、实地考察等环节，层层筛选出6家海归创新创业企业（团队）进入路演决赛环节，4家企业获评一、二等奖。 （刘泓妤）

湘潭市残疾人联合会

【概况】 2021年，湘潭市残疾人联合会代表湖南省参加全国第五届残联专职委员知识竞赛，获亚军。在第五次全省自强模范和助残先进表彰大会暨第六次全省残疾人事业工作会议上，湘潭市残联作典型发言，市残联获评省级文明单位。杨柳、杨力田获评“全国残疾人工作先进个人”，易再跃、汤瑞仁获评“全省道德模范”，危丹、扶婷获评“全省自强模范”，湘乡市新丰收塑胶制品有限公司获评“全省助残先进集体”，吴智萍、曾益良获评“全省助残先进个人”，杨伟凌被评为省脱贫攻坚先进个人。承办两项省、市重点民生实事，“470名残疾儿童康复救助”和“450户困难残疾人家庭无障碍改造”项目均超额完成，湘潭市、雨湖区、韶山市残疾儿童康复救助项目获评省残联优秀等次，湘潭县、湘乡市困难残疾人家庭无障碍改造项目获评省残联优秀等次。市残疾儿童康复救助、雨湖区基层组织建设经验被全省推介。全国残运会揽获两枚银牌，参加省残联康复、托养、职业技能竞赛均获前3名和最佳组织奖。“点亮心愿·我是志愿者我来帮”活动获评市级2021年度优秀志愿服务项目。

【事业发展路线】 2021年，市人民政府印发《湘潭市“十四五”残疾人保障和发展规划》、市人民政府办公室印发《湘潭市无障碍环境建设工作方案（2022—2025年）》，完善残疾人事业发展顶层设计，明晰未来的路径方向、目标要求和任务举措。

【公共服务水平】 2021年，精准康复服务、“点亮万家灯火”托底帮扶残疾人就业、“联村联户、四帮四促”等专项行动深入实施，3744名残疾人接受康复及辅助器具服务，精准康复服务率达96.23%，辅助器具适配率达95.96%。举办“乡村振兴”助残农产品展销会，发动爱心人士和企业单位购买产品22.5万元。组织职业技能培训918人次，对340名农村困难残疾人开展实用技术培训，培训乡村残疾人才40名，扶持100名残疾人创业。新培育的湘潭县意善社会工作服务中心达到AAA级标准，980名残疾人享受托养服务。残疾人基础数据共享共用平台持续发挥作用，完成73907名持证残疾人信息采集工作，残疾人证、残疾人“两补”、按比例就业“跨省通办”按要求推进。建设5个残疾人社区康复服务站、5个残疾人辅助器具服务站、6个残疾人基层残联组织建设示范村（社区）。

【获全国竞赛亚军】 2021年，湘潭市残疾人联合会组队代表湖南省参加第五届全国残联专职委员知识竞赛，来自全国28个省、自治区、直辖市的残联专职委员和残疾人工作者通过线上模式参与竞赛，网络答题超过136万人次。湖南省代表队荣获团体亚军，3名参赛选手均荣获专职委员“学习之星”。

【完成省、市重点民生实事】 2021年，湘潭市残联“为470名残疾儿童实施康复救助”和“帮助450户困难残疾人家庭进行无障碍改造”两项省市重点民生实事。全市667名残疾儿童进入定点康复机构训练，在训时间累计5335.5个月，任务完成率达141.9%。完成455户困难残疾人家庭无障碍改造，完成率101%。湘潭市、雨湖区、韶山市残疾儿童康复救助项目获评省残联优秀等次，湘潭县、湘乡市困难残疾人家庭无障碍改造项目获评省残联优秀等次。 （张迥奕）

2022
湘潭年鉴
XIANGTAN NIANJIAN

军事

湘潭军分区

【概况】 2021年，湘潭军分区坚持举旗铸魂固根本、应对强敌抓备战、深化改革促转型、强基固本打基础，全面建设取得新进步。

政治建军。把思想建党、政治建军作为第一要务，抓好习近平系列讲话精神特别是“七一”重要讲话精神以及党的十九届六中全会精神的学习贯彻，深刻理解习近平治国理政的新理念新思想新战略。统筹推进党史学习教育、主题教育和经常性思想教育，组织官兵到韶山现地教学，开展“我讲党史故事”“培塑淳正家风”等活动，结合庆祝中国共产党成立100周年，邀请老红军、老革命讲红色传统、讲红色故事，传承红色基因、坚定政治信仰。组建16支红色景点民兵宣讲队伍，开展民兵学习宣讲红色故事比武竞赛活动，直播收视率达50万人次，湘乡市民兵舆论宣讲排顾緦茜、李勇获省“爱我国防”主题宣讲比赛一等奖。全年在中央级媒体刊用稿件125篇，数量、质量居全省前列。注重发挥基层风气监察联系点预警作用，紧盯党委议战议训、民兵训练、军事训练考核等重点严格监督监察，建立军分区机关联合检查监查机制，以巡视巡察反馈问题整改“回头看”为牵引，深入开展“五位一体”问题整改落实。

练兵备战。提出“推动四个转变，抓实四项工作”备战导向，开展“新三打三防三战”战法创新研究，雨湖区防卫军工企业研究成果获省军区优秀奖。抓好全省低温雨雪冰冻灾害应急演练。严格按纲施训，推进基地轮训，全年完成4期首长机关训练、2期专职人员武装干部训练、24期基干民兵训练；注重以考促训、以考促建、以考促备，组织全区五类人员实战化练兵比武，首次组织多科目师团两级首长机关军事考核。

国防动员。稳步推进“十四五”规划开局起步，坚持问题导向，列出工作清单，逐月逐项落实民兵工作，夯实民兵建设基础。全面展开一年两季征兵，升级县以下征兵工作领导机构，健全征兵工作市委、市政府督办机制，完善高校征兵“一校一策”“一人一档”，出台退兵惩处、加强大学毕业生征集措施办法，建立“湖南湘潭征兵”微信公众号，加强征兵宣传，完成义务兵、直招军官和士官征集任务，大学生征召比例达83.72%、大学毕业生征召比例达50.38%，全年“五率”考评全省第三。严密组织国防动员潜力统计调查，精细核准数据信息，潜力数据常态保鲜。

部队管理。开展“安全隐患排查”“安全大检查”“百日安全”、微信群清理等活动，安全管理工作考评全省第四。抓好基层武装阵地建设，持续推进基层人武部星级达标，70个乡镇（街道）达标率100%，其中五星级11个；解决专职人员武装干部队伍编配管理、党政兼职、经费保障等问题，抓好专职人员武装干部资格认证，专职人员武装干部持证上岗率100%；挂牌成立经开区、高新区及行业系统武装部，强化相关领域武装工作职责。抓好后装保障质效提升，改进机关食堂、训练基地饮食保障模式，完成空余房地产移交储备计划上报、数据核准、权属鉴定；抓实枪支弹药大清查、武器弹药调整存储，清查武器装备过程严密、安全顺利。

军地协同。落实国防教育“六进”，开办1期处（科）级领导干部国防专题班，推动国防教育列入新招录公务员岗前培训内容，在市十八中成立首个市直高中国防班。开展“四走访四助力”活动，利用“七一”“八一”、春节等时机，走访慰问困难党员、退役老兵、应征青年和现役官兵家庭等1.4万余户；结合学习宣扬卫国戍边英雄群体，广泛开展服务边海防官兵“双清零”（数据清零、困难清零）活动，为54户边海防官兵家庭解决实际困难，做法被《中国国防报》头条刊发。全力解决官兵“三后”问题，加大优抚安置力度，实现转业干部士官安置100%满意，军人子女就近择优入学100%落实。

【“莲城应急—2021·防汛”军地联合演习和防汛技能竞赛】 2021年5月30日，湘潭市“莲城应急—2021·防汛”军地联合实兵演习和防汛技能竞赛在雨湖区长城乡犁头嘴涟水入江口举行，全市17家单位、15支应急分队、600名应急队员、1200套件装备器材参演，重点演练军地应急组织指挥、力量运用和装备使用三项内容，检验湘潭应急救援队伍实战能力。

【举办“颂百年风华，传红色基因，聚强军力量”民兵学习宣讲比武】 2021年11月18日，湘潭市民兵学习宣讲比武总决赛在湘潭广电中心演播大厅举行。该活动由湘潭军分区、市全民国防教育委员会、市委宣传部、市委党史学习教育领导小组办公室主办。邀请故事原型尚瑞尧、英雄航天员汤洪波父母及“全国爱国拥军模范”毛家饭店创始人汤瑞仁等走上舞台，与观众分享人生经历和感悟。活动通过现场直播，吸引50多万观众收看。最终湘乡市民兵顾緦茜、李勇《永不倒下的信仰》获一等奖，韶山毛泽东同志纪念馆民兵宣讲排民兵毛婉瑶、吴婷、毛冰玉《您还记得吗》和湘潭县彭德怀纪念馆民兵宣讲班民兵罗迅、王军力《苍穹筑梦、波涌连天》获二等奖。

【湘潭市民兵学习宣讲特色分队成立】 2021年5月12日，湘潭军分区联合市委宣传部、市全民国防教育委员会办公室，在全市范围内组建韶山毛泽东同志纪念馆民兵学习宣讲排、彭德怀纪念馆民兵学习宣讲班、陈赓故居民兵学习宣讲班、华银国防教育基地民兵学习宣讲班和湘潭党史馆民兵学习宣讲班5支民兵学习宣讲特色分队，湘潭军分区为各民兵学习宣讲特色分队授旗。按照“一基地一特色”品牌的原则，各基地民兵排（班）结合自身特点，充分挖掘和利用红色经典，创建具有自身特色的红色故事、红色作品、红色活动，积极探索新形势下爱国主义教育和国防教育新模式，拓展爱国主义和国防教育基地辐射面与影响力。

【冯毅到湘潭宣布任职】 2021年9月1日，省委常委、省军区政治委员冯毅代表省军区党委宣布：湘潭市委书记张迎春担任湘潭军分区党委委员、常委、第一书记。会上，冯毅为张迎春颁发第一书记任职证书。他指出要从党的百年奋斗历程，从全面建设社会主义现代化国家，从应对现实安全风险挑战来看党管武装工作。坚持把党管武装的一切实践都往备战打仗聚焦用力，对标政策抓，严格制度抓，紧扣职能抓，为加快建设巩固国防和强大军队、实现建军一百年奋斗目标，尽好应尽之责、做出湘潭贡献。紧盯一流树形象，着力打造一批特色亮点工作和窗口标兵单位，奋力推动一流军分区建设标准更高、走在前列；发挥优势促融合，抓住长株潭核心区域和湘潭“军工城”建设重大战略机遇，壮大传统军工产业，加快发展新兴产业，打造优势产业链，不断提升对国防建设和战斗力建设的湘潭贡献率；深化双拥聚合力，巩固深化全国“双拥模范城”四连冠成果，地方党委政府进一步营造爱军、拥军、崇军的浓厚社会氛围，军事机关积极投身“三高四新”战略、乡村振兴建设、遂行急难险重任务。

【冯毅到湘潭走访慰问】 2021年2月3日，省委常委、省军区政治委员冯毅，在春节前下基层走访慰问。首先来到湖南省最美退役军人邓永明家中，向他表示亲切慰问。他翻阅危丹和丈夫张伟合著作品《与帕共舞》，并详细了解危丹、张伟的感人事迹。

（罗庆辉）

武警湘潭支队

【概况】 2021年，武警湘潭市支队年度工作推进顺利，部队建设稳步提升。

思想铸魂。突出学思践悟，抓好党委理论学习中心组学习，采取常委领学、以考促学、载体推学、研讨深学的方法，跟进学习习近平重要讲话精神，持续推进“双百”微课和理论服务下基层活动，用活用好“学习强国”“军职在线”，抓实官兵理论学习。严密组织“牢记训词、迎接大庆、忠诚担当”开年教育，抓紧踩实规定动作，深入查找短板，制定整改措施，校准方向、提纯党性。深入贯彻思想政治教育推进会精神，严格落实“三个规范文件”，全方位建强教育供给侧。大抓深推党史学习教育，采取参观见学、重温誓词、授课辅导、研讨交流等方式，用活用好4册读本、4本教材、“党史天天学”和《党史故事100讲》等载体，配套开展“火炬接力”网宣服务、党史故事会、知识竞赛、歌咏比赛和观看红色电影。广泛开展“党史馆里讲党课、军史馆里话军魂”和清明祭扫活动，组织优秀政治教员评比竞赛，组建“红肩章”理论小分队，深入开展向卫国戍边英雄群体和反恐尖刀中队学习活动，创设沉浸式、情景式红色课堂。深挖驻地红色资源富矿，把官兵带到南岸私塾和东山书院，在重走毛泽东小道中上好“使命课”；用好陈赓铁心跟党走、彭德怀主动请战等革命史实，在重温历史中上好“忠诚课”；组织官兵到江南工业集团有限公司了解现代军工科技成就，在实地感悟中上好“强军课”。大力推进“红色基因代代传”工程，组织第三届“红太阳”杯篮球赛，教唱《新时代忠诚卫士组歌》，成体系地推进军史场馆建设。学习贯彻新的军官制度，精细搞好政策解读，完成干部等级转换，全力推进干部档案问题清零。深化“涉网行为大家谈”活动成果，组织机要密码战线集体党日和心理法律服务下基层活动，邀请专家开展防电信网络诈骗专项教育，观看《指尖上的陷阱》和《榜样5》专题节目。组织开展政法队伍教育整顿，突出“四个方面”（政治忠诚、执法司法、担当作为、作风形象），踩实“五个环节”（动员部署、学习教育、查纠整改、总结提高、常态整治）。紧盯新兵第二适应期，严密组织保卫委员、思想工作骨干培训和网上心理测查，深入开展“密切官兵关系、杜绝打骂体罚”专项教育整治，广泛开展谈心交心，周密制定“三包一”帮教措施。

军事备战。围绕打赢三场维稳行动，严格落实“3+1”战备值班力量，突出“三种情况第一时间到现场”“快捷式指挥法”，规范任务分队便携配装和前指带机动分队出动指挥流程，加强军地情报共享，常态组织检验性拉动演练。学习《联合作战纲要》和《战备工作规定》，扎实开展“修方案、学方案、推方案”活动，加强战备库室建设。全年完成押解及联勤武装巡逻等临时性勤务61起，处置6起人民群众急救事件。深化“智慧磐石”工程建管用保功能，紧盯“六个抓手”，运用“两查一通报一学习”管勤手段，正规值班执勤秩序。推进执勤方式优化改革，修订完善各类执勤方案，扎实搞好岗前培训、执勤带新、专勤专训和情况处置研练，提高各级组勤管勤能力。扎实开展执勤目标清理和隐患治理，协调市公安局做好韶山市看守所上勤准备工作，推进湘乡市看守所搬迁、3个基层单位执勤设施改造，整治24处执勤隐患。认真筹划开训动员，党委机关带头打响“第一枪”，开展特战力量暨“创纪录、当尖兵”群众性练兵比武竞赛。首长机关注重抓好“一学四练”（学理论、练谋略、练指挥、练协同、练技能），按时保质完成各类科目作业。始终扭住“四头”抓训强训（抓“排头”作表率，抓“教头”建队伍，抓“拳头”砺刀锋，抓“大头”促实训），常态用好“三互+五小”“现地+网络”“补训+夜训”模式，抓实五大技术训练和军事职业教育，统筹开展岗位大练兵、“魔鬼周”极限训练、勤训轮换、狙击手、教练员和预提指挥士官集训。参加总队比武，军事训练年度量化积分获第四名。

夯实基础。组织召开工作研讨会和官兵恳谈会，科学制定《抓建基层计划》和《精准帮建方案》，认真审定基层按纲建队计划。采取“常委挂钩、股室包队”模式，每季度组织党委机关蹲点帮建，召开常委会分析基层建设形势，研究解决基层问题困难30余个。规范开展“双争”评比，把评定结果与评先评优相挂钩。年内有9名官兵受到总队表彰。广泛开展“学纲要用纲要”活动，认真学习“两条例一规定”，采取整理要点、新旧对照、研讨交流、考核验收方法，解决理论素养不高、业务技能不精等问题。扎实做好干部考评，严密组织党员发展对象、班长骨干和管理干部骨干培训，突出经常学、注重常态帮、贴近岗位练。召开正规化建设现场观摩会，采取形势分析、实地检查、季度考核等方式，检查推进落实情况，提高基层正规化建设水平。刚性执行军委为基层减负的规定，发挥好“三会一线”关闸分流作用，大力纠治“五多”问题和痕迹管理。推进党委服务基层10件实事，完成直饮水系统建设、教导队2号楼空调安装、2个单位车库建设和1个单位库室改造，稳步推进1个单位山体滑坡险情治理和2个单位营房维修，筹款24万元救济慰问官兵，解决官兵子女入学和随军家属就业；签约湖南惟明律师事务所和长沙晨光心理咨询中心，为官兵提供专业法律心理服务，妥善解决官兵涉法问题4起；开展党员干部站高温哨和送清凉活动，第一时间落实父母赡养费、配偶荣誉金等福利待遇政策，邀请家属参加干部晋衔仪式，为大龄官兵举办“鹊桥联谊会”。牢固树立“安全靠建、管理要严”理念，认真学习贯彻《军队安全管理条例》，严格执行“八个规范”“十防”措施，发挥好安全工作协调督导机制和“日反馈、周通报、月分析、季讲评、年总结”制度；采取“教育先行、建章立制、明确责任、检查督导”方式，抓好零散、公勤和借调人员清查管理，有效杜绝“两不管”“灯下黑”现象；常态组织“四不两直”突击检查，扎实抓好《人员行为手册》学训用评，加强外来人员进出营区和在外人员管理，纠治不按条令管、不按纲要建、不按大纲训、不按制度办的现象；统筹开展“学法规、用法规、守法规”，枪弹、酒驾醉驾、“保密”三清集中整治，“百日安全竞赛”和正规化管理“规范月”活动，邀请驻地交警开展安全行车教育，严密防范季节性安全事故。

后装保障。修订完善后勤装备战备方案，精细落实建制单位“五率六量”和保障单元便携配装，坚持后装训练进周表硬落实，抓好“一组五队”和战勤编组常态化训练，组织五大类9批次后勤专业兵集训和保障力量大比武。深化任务中后装保障研究，规范勤务保障大队运行模式，做到按编定岗、专岗专责，探索建立“五快”野战饮食保障新模式。投入269.7万元完成装备领域“智慧磐石”工程建设，深化支队军械库和中队兵器室改造。学习贯彻《军队后勤条例》和《军队装备条例》，召开预算编制培训会，深入研究经费投向，督促搞好预算执行。建立后装规范化建设常态督导制度，指导基层因地制宜搞好农副业生产，从严督导经费、装备、车辆和营产营具管理。完成机关停车棚、保密档案室和办公楼维修改造，推进教导队训练场地建设，投入10万元维护营院环境。开展“厉行节约、反对浪费”活动，加大伙食检查力度，严格落实“1126”“6211”和特战排“一分三加”（相对划分就餐区域，加餐、加菜、加营养）办伙模式，每日为特战排熬制营养汤。抓好常态化疫情防控，组织全体官兵接种新冠疫苗和全员核酸检测。组织官兵体检，为基层配发理疗器材，每季度开展医疗巡诊和营产营具巡检修。

【防火灭火战备拉动】　2021年清明节前夕，武警湘潭市支队组织节假日防火灭火战备拉动，着眼湘潭地区山林防火工作实际，提出“预有准备、快速反应、力争主动、科学救援”要求。修订完善各层级方案预案，落实各类保障，加强协调对接，与湘潭市应急管理相关部门沟通联系，了解掌握湘潭地区森林防火重点部位，督导机动中队以扑灭山林火灾为背景，严密组织防火灭火方案演练。机动中队对不同火势如何扑救、灭火队形运用、火场基本常识以及火场自救互救等内容进行学习，对风力灭火机、灭火扫把等器材的操作使用进行专项训练。

【参加湖南省2021年低温雨雪冰冻灾害应急演练】　2021年12月17日，武警湘潭市支队参加湖南省2021年低温雨雪冰冻灾害应急演练。演练以“10余天的雨雪冰冻使全省高速公路、铁路、国省市干道等交通路网出现中断，部分地区停水、停电、停气，基本生活物资供应紧缺，给人民群众生产生活造成严重影响”为背景展开。部分官兵在救援的同时，与高速集团积极组织力量，对机械无法作业路面进行人工清扫。经过紧张作业，路面恢复畅通，滞留车辆有序通行。

（谢佳成）

人民防空

【概况】　2021年，湘潭市人防指挥信息保障中心、韶山市人民防空办公室获评全省人民防空先进集体，市人防办王德、张勇军获评全省人民防空先进个人。

人防行政审批和执法。年内审批易地建设项目29个，征收易地建设费超额完成20%，“结建”项目26个，批复面积超额完成67%。帮扶7家企业项目，解决在审批建设过程中遇到的难题。主动对接市处置办税费组和政法组、岳塘经开区，对建鑫国际社区项目进行欠费追缴。

人防工程建设和维护管理。完成《城市地下空间开发利用规划》《湘潭市城市人民防空工程规划》的编修工作，推进“智慧城市人防工程管理一体化系统”研发工作。全年受理质监项目面积完成130%，所有工程建设全过程监督检查，竣工验收工程全部达到国家建设标准，全市人防工程开发利用产值（营业额）超1.3亿元。全面启动早期人防工程安全隐患整治“三年行动”及人防工程普查工作，对全市人防工程现状进行全面摸排，对全市人防工程进行数据采集、维护管理现状调查和早期工程安全性检测，对5处人防工程安全隐患进行紧急处置，总处置面积超额完成60%。对某早期人防工程进行回填和安全处置，消除安全隐患。

完善“两所一中心”功能，完成地面指挥中心改造建设及本级电子政务外网视频会议系统建设任务，实现与省办信号对接，各子系统运转正常。年内完成各类保障任务50余次。9—10月，组织技术人员对全市人防警报器进行全面维护检修，排除警报器故障17次，摸排并处置全市防空警报器疑似鸣响事件3起，防空警报报知系统战技术状态良好。新建数台防空警报器，达到湘潭市城区全覆盖。

【人防指挥通信训练演练】　2021年，湘潭市人防办组织市县区联合演练5次。演练采取县（市）人防办轮流承办组训的思路，全员全装训练模式，包括通信人员和专业分队人员参加演练，出动人防信息采集车、大型指挥车、中型保障车、人防机动指挥通信车等各种装备车辆。

【人防宣传教育】　2021年，湘潭市人民防空办全面开展人防宣传教育工作，广泛与媒体合作，定期宣传人防知识，全年报道人防工作新闻稿件56篇。开展人防知识进课堂系列活动，市人防办党组书记、主任朱红兵就人民防空与国防安全到市人大作专题授课。组织专家到湖湘小学、长郡湘潭高新实验学校开展人防知识课集中宣传活动。市委党校中青班到市人防办进行考察学习。瞻岳门社区通过演出原创人防大型舞台剧《传承》宣传人防知识。全年发放人民防空防灾知识宣传单、《中华人民共和国人民防空法》《人防小博士》、人防应急包等1000余份。组织疏散地域及宣教阵地负责人开展业务培训工作。完成11个乡镇街（村社）人防宣教阵地建设。

（陈　红）

法 治

综　述

【概况】　2021年，湘潭市政法机关紧扣实施“三高四新”战略和建设“六个湘潭”、打造“四区一地”，注重系统观念、法治思维、强基导向，推进平安湘潭、法治湘潭和过硬队伍建设，全市社会大局持续稳定向好，实现无政治安全事故、无暴力恐怖事件、无大规模群体性事件、无重大交通事故、无重大涉政法舆情事件的“五无”目标，获评首批“全国禁毒示范城市”。韶山市被授予2017—2020年度平安中国建设示范城市称号。

【维护国家政治安全】　2021年，湘潭市政法系统以庆祝中国共产党成立100周年安保维稳为主线，增强基层基础建设，加大督促力度，压实工作责任，维护全市政治安全。完善反恐情报预警体系建设，建成反恐前端感知点位18个。持续开展反恐防暴大排查、大整治，深化严打暴恐专项行动，实现全市暴恐案事件“零发生”。切实加强稳控措施，加大警示教育力度，健全完善研判预警机制，及时准确获取各类情报信息，加强指挥调度、综合研判和预警处置工作，防范化解一大批涉稳风险和隐患。健全完善社会稳定风险评估机制，推动稳评工作在重大决策、重大建设领域形成常态化。开展全市重大涉稳风险排查整治工作，摸排化解重大涉稳风险问题31个。被省评为全国“两会”信访维稳工作先进单位。

【市域社会治理现代化】　2021年，湘潭市制定出台《关于切实抓好2021年度社会治理创新十项重点工作的意见》，重点打造拓展城乡末端感知系统建设、社会心理健康服务体系建设、社会治安志愿联防等10个社会治理重点项目。健全社会心理健康服务体系，完善全市心理健康人才库，建立心理健康四级防治网络，落实咨询、诊断、治疗、康复于一体的全程干预模式，开展心理服务1500余人次。推进治安联防志愿服务协同联动，广泛开展治安瞭望、邻里守望、乡贤互助等活动，整合“五老”人员、物业人员、楼栋长等群防群治力量，发展义务巡逻队951支，义务巡防队员1.01万余名。搭建治安志愿者服务平台，推出“平安积分”微信小程序，完善健全治安联防志愿服务培训奖励机制，规范社会治安义务巡逻防范工作，预防和减少可防性案件发生。

【政法领域改革】　2021年，湘潭市编制司法体制改革专项小组年度改革事项清单，铺排20项具体改革任务。深化新时代县域警务改革，健全落实风险防控机制，自主研发“湘潭乡镇街道警务工作动态监测预警平台”，纳入全省县域警务重点培育项目，并在全省推广。出台《防范和查处虚假诉讼的指导意见》，建立多部门协调配合综合治理机制，加强虚假诉讼源头防范和查处打击。制定《关于支持检察机关加强法律监督工作的意见》，推动党委执法监督和法律监督融会贯通，提升监督质效，促进公正司法。持续组织开展案件评查，共评查案件537件，发现瑕疵案件102件，不合格案件49件，发现违纪违法线索32条，处理处分干警26人，通过评查结果运用，切实推动问题整改。健全完善全面依法治市体制机制，出台实施《关于在公民中开展法治宣传教育的第八个五年规划（2021—2025年）》，推进“八五”普法。争创全国法治政府建设示范市，健全组织体系，加强督促指导，强化问题整改，湘潭县获评全省第一批法治政府创建示范项目。开展法学交流，组织法学课题研究，为经济高质量发展提供法治支撑。持续开展习近平法治思想、《宪法》《民法典》宣传宣讲，组织市《民法典》宣讲团深入单位、企业、乡村、社区，开展宣讲500余场次，发放《宪法》《民法典读本》，充实村社区法治图书角。利用微信公众号、广播、普法媒体设备、户外法治宣传栏、电子显示屏刊登法治宣传内容。

【服务大局】　2021年，湘潭市政法系统主动对标对表经济社会高质量发展，加强产权和知识产权司法保护，规范市场秩序，增强企业家财富安全感。制定《进一步优化营商环境坚持和完善企业首办容缺首错免责机制》，明确首批17项容缺事项和72项免责情形，建立工作调度机制，实行清单化管理，构建法治化营商环境。开展涉企案件“清零攻坚”专项行动，对摸排存在问题的64件案件逐一研究，攻坚克难，维护企业正常的生产经营秩序和正当合法权益。下发《关于认真做好查办涉企案件经济影响评估工作的通知》，政法各家均制定本系统查办涉企案件经济影响评估制度，对办理涉企案件进行经济影响评估，确保更加精准有力地服务企业发展。维护民营企业合法权益，组织召开维护民营企业合法权益联席会议，针对民营企业反映的困难和问题进行现场交办、跟踪督办，最大限度凝聚政法机关护航民营经济发展的合力。组建产业链法律服务团，指派20家律师事务所为全市13条产业链提供精准法律服务，帮助企业提高风险防范能力。聚焦新发展格局，强化“府院联动”，开展破产积案清理专项行动，依法稳妥处置“僵尸企业”，审理破产和强制清算案件41件，推进落后产能、过剩产能加速出清，推动建立和完善市场主体救治和退出机制，为全市经济高质量发展保驾护航。坚持民意引领，突出问题导向，着眼常态长效，推广“放管服”等改革措施，全市政法系统共推出便民利民惠民举措303项，组织开展“为民办实事”2849件，群众办事更加方便、快捷、高效。

【政法队伍教育整顿】　2021年，湘潭市政法系统坚持把政治教育、党史学习教育、英模教育、警示教育贯穿始终，有序推进，共组织各类集中学习800余次，开展政治轮训107场，参训人员达1.4万余人次，引导广大政法干警铸牢对党绝对忠诚的政治品格。注重以案为鉴、以案明纪、以案释法，召开警示教育大会90余场，选取15个典型案例编印成册。选树先进集体12个、先进个人36人，召开英模事迹报告会8场。组织开展第三届湘潭市“十佳政法干警”评选。

素能培养。健全政法队伍规范管理，出台《全市政法系统政治轮训实施办法》，坚持“上级调训、单位内训、系统专训”有机结合，构建“教学练战”一体化机制，运用考察学习、随岗跟班等方式，组织优秀干部到办案业务、信访窗口、一线岗位开拓视野、增长才干。坚持党管干部原则和好干部标准，树好选人用人导向，选优配强干部队伍，政法领导干部结构进一步优化，领导班子整体功能切实提升。推行全员政治轮训，举办“政法大讲堂”3次，组织举办全市政法系统年轻干部党性教育培训班和新任乡镇（街道）政法委员能力提升培训班。

刀刃向内。在全省率先出台《湘潭市政法队伍问题线索核查工作规则（试行）》，建立健全线索快速流转、责任管理、分类核查、跟踪督办等工作机制，通过领导包案、提级核查、指定评查、督查督办等措施。全市共受理线索1257条，办结1222条，办结率97.2%。强化纪法联动，建立与扫黑除恶斗争有效衔接机制，加大涉黑涉恶案件（线索）倒查、重点案件交叉评查等工作力度，深挖彻查干警违纪违法问题，共核查问题案件389件，发现违法违纪线索202条。全市共立案105件，其中纪检监察机关立案100人，留置4人，移送司法机关5人；处理处分干警261人，其中党纪处分70人、组织处理191人。

常态长效。坚持“当下治”与“长久立”并举，重点围绕教育整顿过程中暴露出来的执法司法突出问题，注重制度创新与技术创新双轮驱动，着力在堵塞漏洞、完善机制、破解难题、补齐短板上下功夫。全市制定出台各类制度机制442项，其中正风肃纪长效机制138项，执法司法制约监督机制215项，素质能力提升机制38项，干部交流轮岗10项。（杨　智）

公　安

【概况】　2021年，湘潭市公安机关始终坚持以推动公安工作高质量发展为主题，聚焦打赢风险防控攻坚战、推进公安工作现代化“两条主线”，积极构建县域警务、专项警务、节点警务“三项警务”工作新格局，持续推进“四个大抓”警务战略，守住“五个不发生”工作底线，维护政治安全、社会安定、人民安宁。市公安局获省政府表彰；持续牵头抓好交通问题顽瘴痼疾集中整治，连续28个月未发生较大以上道路交通事故，工作成绩连续两年位居全省第一；全面完成市绩效考核各项任务，平安建设工作成效位列全省第一方阵；韶山冲派出所获评“全国青年文明号”，市公安局指挥中心获评“全国公安机关110工作成绩突出集体”、第七届湖南省“人民满意的公务员集体”，刑事侦查、治安管理、县域警务等多项工作在全国、全省作经验交流；涌现出柳四清、刘育红等一批全国先进典型。

【维护社会大局稳定】　2021年，湘潭市公安局以节点警务为牵引，确保全国“两会”、庆祝中国共产党成立100周年等重要节点平安稳定，实现重大节点进京上访“零登记、零非访、零滋事”。加强反颠覆反渗透反邪教斗争，侦办多项影响较大的专案，得到省委、省政府、公安部、省公安厅等主要领导的批示肯定和通报表扬。健全完善“党政双牵头”的涉众型经济风险防控机制，实现积案化解率、监测预警率、分类处置率均达100%。成立警卫支队，完成24批次警保卫任务和32批次大型活动、重要会议的安保工作，尤其是完成毛泽东同志诞辰128周年系列活动安保维稳工作，得到省委领导肯定。

【服务中心工作】　2021年，市公安局做好“迈好第一步项目论英雄”服务保障工作，较好完成市竞赛办、市优化办交办的各项涉企服务事项。持续优化营商环境，组建60余支“警企联合”护卫队，化解涉企风险隐患240起；开展涉民营企业挂案清理，涉民营企业积案全部办结。联村指导帮扶洪塘村制定“乡村振兴五年计划”，全面完成年度工作任务。深化道路交通问题顽瘴痼疾集中整治，隐患整改率达99.43%，交通事故“四项指数”整体下降，未发生较大以上道路交通事故。全面深化“放管服”改革，“市民之家”公安专区率先开放，成为“市民之家”占地面积最大、可办事项最多、群众流量最大的进驻单位。

【平安湘潭建设】　2021年，市公安局快速侦破“2·21”“9·23”故意杀人案，获省公安厅贺电表扬。开展反诈人民战争，涉电信网络诈骗案件破案数、刑事拘留数同比分别增长351.4%、203.5%；强化预警预防，5月后全市电诈发案数、损失数环比总体呈下降趋势。重拳打击“黄赌毒”“食药环”等突出违法犯罪，侦办“1·12”开设赌场案，获公安部贺电表扬。侦破经济犯罪案件128起，追赃挽损7700余万元。扎实履行河长制职责，办理涉渔涉砂案件56起，其中“9·9”非法捕捞案获评全省十大典型案例。全国社会治安防控体系建设示范城市创建工作取得成效，全市八类严重刑事案件和盗抢案件发案比上年分别下降39.7%、43.1%。全市公安监管场所连续10年实现安全无事故的目标。

【基层治理】　2021年，市公安局准确把握未来五年面临的形势任务，高质量完成《湘潭公安发展“十四五”规划》编制工作。深化新一轮县域警务工作，对全市乡镇（街道）政治安全和社会稳定风险开展新一轮起底评估；召开全市动员会议，将工作任务分解至各县市区党委政府和相关职能部门；打造县域警务“示范点”，雨湖区“四网四联”校园警务等经验做法在全省推介。持之以恒强化基层基础建设，警务技能训练基地（一期）、雨湖分局和11个基层派出所、九华交警大队、雨湖交警大队（执法办案区）和六中队等单位的业务技术用房建成并投入使用；2个派出所维修改造项目和岳塘交通事故预防与处理中心等3个新建项目的建设施工顺利推进。在全省率先开展市级执法办案管理平台建设，完成2个执法管理中心建设和9个派出所（内设机构）执法办案区改造升级。

【科技强警】　2021年，市公安局有序推进新时代县域警务、辅警管理、防范化解涉众型经济犯罪、反诈人民战争等四项改革工作，健全完善长效机制，出台19项工作制度和规范；加强改革经验总结，留置看护辅警管理等10项改革经验做法在全省推介。持续深化公安大数据建设，建成集实战、培训、展示于一体的智慧警务实战应用培训中心；加快“云数一体化”等平台系统建设，建成“智慧安防小区”24个，归集整合公安内外部数据1240类171.6亿条，基本实现“人、地、物、事、网”等治安要素及时入网、实时掌控。运用公安大数据优势，牵头做好新冠肺炎确诊病例、阳性无症状患者活动轨迹分析研判，得到市委市政府肯定。

【队伍建设】　2021年，市公安局统筹推进党史学习教育、政法队伍教育整顿，融合推进政治教育、警示教育、英模教育等系列活动，全覆盖开展谈心谈话、自查自纠，深入整治“五大顽瘴痼疾”，违规从事经营活动、插手干预经济纠纷等问题100%整改到位，教育整顿综合评估成绩位列全市政法单位第一。加强执法规范化建设，全市刑事案件公诉率达76.1%，位居全省第二。坚持从严治警，坚定不移推进党风廉政建设和反腐败斗争，推行直属机关纪委改革，打造具有湘潭公安特色的“大监督”格局，查纠执法突出问题和队伍顽瘴痼疾133个，零容忍查处一批违法违纪人员。落实从优待警各项举措，加强干部选用，交流调整182名科职以上干部；维护民警执法权威，为48名民警、辅警维权。

（丁育成）

检　察

【概况】　2021年，湘潭检察工作坚持推进争先创优，涌现出全国先进基层检察院、全国检察机关控告申诉检察业务能手、省文明标兵单位、省扫黑除恶专项斗争先进集体和先进工作者、省十佳公诉人、省公益诉讼检察十佳标兵、控告申诉业务竞赛能手等先进集体或个人。市检察院组织干警谈心谈话3轮、自查填报4轮，干警主动报告存在问题257个，干警自查问题填报率100%。全市检察机关有3名干警接受纪律审查和监察调查。

【维护社会稳定】　2021年，市检察院立足司法办案，批捕各类犯罪1505件2194人，起诉2827件4119人。维护公共安全，起诉危险驾驶、交通肇事等犯罪嫌疑人943人。维护群众生命财产安全，起诉故意杀人、故意伤害等暴力犯罪嫌疑人67人；起诉“两抢一盗”侵财犯罪嫌疑人520人。打好新时代禁毒人民战争，起诉毒品犯罪嫌疑人369人。坚持把党中央关于常态化开展扫黑除恶斗争的重要精神作为根本遵循，批捕涉黑涉恶犯罪嫌疑人2人，起诉2人，纠正漏捕2人，追诉漏罪1条，提出提请抗诉2件。加强源头治理，发现行业管理漏洞并向有关部门发出行业治理检察建议6件，回复采纳率100%。对2018年以来公安机关移送审查起诉的69件涉黑涉恶案件55条线索开展全面倒查，发现并纠正问题线索16条。出台快速办理涉企案件经济影响评估制度，最大限度降低办案对企业经营发展的影响。积极探索企业合规制度，被省检察院纳入企业合规改革试点地区。落实市领导联系产业链重点企业机制，深入湘潭新力机械公司等8家企业走访调研，建立“一企一策”帮扶档案，依法严厉打击涉企犯罪，批捕破坏经济秩序犯罪嫌疑人116人，起诉252人。

认真贯彻落实省检察院“20条意见”，对涉案企业家及其管理人员落实宽严相济的刑事司法政策，依法不捕6人，不诉8人，实现真严管、真厚爱。助力环境资源保护。参与污染防治，依法办理重大环境污染和严重破坏资源保护犯罪案件，起诉74人。守护蓝天碧水，开展保护长江流域专项行动，起诉非法捕捞水产品犯罪14件26人。多形式开展世界水日普法宣传活动，湘乡市检察院利用网络开展线上直播，吸引2万余群众参与，广泛宣传《长江保护法》。配合中央生态环境保护督查组反馈问题整改，持续对铁牛埠等3家港口码头整改进度进行跟踪监督，推动生态环境问题整改工作。

【主责主业】　2021年，市检察院持续做优刑事检察。加强刑事侦查监督，监督公安机关立案8件，撤案6件，追捕27人，追诉38人。加强刑事审判监督，在市县两级公安机关设立侦查监督与协作配合办公室，构建公安、检察“大控方”格局。开展刑事案件“诉判不一”试点工作，出台《进一步加强刑事审判监督工作实施方案》，强化重大诉判分歧案件研判，共提出抗诉14件。加强刑事执行监督，提出并监督纠正监外执行活动履职不当93人；办理重大案件侦查终结前讯问合法性核查案件23件23人；发现并纠正刑事执行违法活动92件；完成对湘潭市、湘乡市看守所的第一轮巡回检察。推进认罪认罚从宽落地见效，适用认罪认罚从宽制度审结3762人，适用率84.96%。持续做强民事检察。办结各类民事监督案件640件。牵头多部门在全省率先出台《关于防范和查处虚假诉讼的指导意见》，构建防范和查处虚假诉讼的长效机制；全市检察机关主动摸排虚假诉讼线索61件，办结59件。办理“2·19”专案，涉案6000余万元，对8名犯罪嫌疑人审查起诉。

以政法队伍教育整顿为契机，加大对离职法官违规代理案件的监督力度。湘潭县检察院发现该县法院原在编书记员朱某、退休执行法官赖某在离任后违规代理案件后，向县法院制发检察建议，将朱某、赖某移交司法行政机关处理。办结行政监督案件162件、不服法院生效裁判的申诉案30件。对行政审判活动违法行为、行政执行监督等，发出检察建议126件，全部被采纳。加大行政争议化解力度，通过公开听证、释法说理等方式，实质性化解行政争议20件。岳塘区检察院联合区法院、区司法局出台《关于在实质性化解行政争议工作中加强协作配合的意见》，切实推动行政争议实质性化解常态化。如彭某申请撤销房屋拆迁补偿安置协议，被省、市、县三级法院裁定驳回，市检察院多次组织调解，促成双方和解，实现案结。受理公益诉讼线索382件，立案350件。发出诉前检察建议263件，督促行政机关落实整改269件。起诉案件15件，判决15件，检察机关诉求均得到支持。探索新领域公益诉讼案件，如针对盲道被侵占问题，立案8件，发出检察建议4件，监督行政机关设置提醒标识，并对乱停乱放、占用盲道车辆开展集中整治。对公安机关未及时上报并吊销醉酒驾驶机动车或交通肇事后被判刑人员机动车驾驶证违法行为，立案73件，发出诉前检察建议48件。开展红色资源保护检察监督专项活动，立案17件，发出检察建议17件。韶山市检察院推动毛新梅等零散革命烈士墓地修复保护工作，该系列案入选最高检烈士纪念设施保护行政公益诉讼典型案例。对职务犯罪案件起诉31件38人。探索建立监检衔接机制，确保办案各环节有序对接、运行高效，办理常德市人大常委会原副主任、石门县委原书记谭本仲受贿案，湖南省供销合作总社原党组副书记罗年受贿案等重大职务犯罪案件。建立司法工作人员相关职务犯罪案件线索管理、侦查一体化机制，受理司法工作人员相关职务犯罪案件线索34件，调查核实19件，其中立案侦查2件、移送市纪委监委13件，组织专班对21件涉嫌违法违规减刑、假释、暂予监外执行（简称“减假暂”）线索逐条开展专项清理。办理雨湖区法院原法官向某涉嫌执行判决裁定滥用职权、民事枉法裁判和受贿案。

【为民服务】 2021年，市检察院守护群众“舌尖上的安全”，与市场监督管理局联合出台《建立全市农贸市场、大型商超“监管员+检察官”协作机制的意见（试行）》，强化农贸市场食品安全管理；对湘潭县13家农村集市食品安全开展“回头看”活动，通过走访调查、公开听证、制发检察建议等方式，加强集市流动摊贩规范管理。守护群众“钱袋子”，批捕电信网络诈骗犯罪150人，起诉101人，全力为群众挽回经济损失；联合市人力资源和社会保障局开展农民工等弱势群体支持起诉专项活动，支持起诉268件，采纳271件（含积存），帮助农民工追回薪资287万余元。加大对因案致贫、因案返贫的被害人及其近亲属司法救助力度，办理司法救助案件36件，发放司法救助金86.5万元。如湘潭县检察院办理的谷某申请司法救助案，该院主动联系云南检察机关，联合为刑案遗孤发放救助金3.5万元。

推动诉源治理。开展群众信访件件有回复“回头看”，受理来信来访678件，接待来访群众376人，均在7日内告知处理情况、3个月内答复办理过程或结果。全面落实首办责任，开展集中治理重复信访专项工作，办结重复信访19件。市检察院办理的徐某申请监督等9件系列案，通过听证会释法说理，成功劝导徐某息诉息访。

加强未成年人司法保护。依法严惩侵犯未成年人合法权益犯罪，批捕63人，起诉88人。加大性侵未成年人犯罪惩治力度，对余某以教师身份当众猥亵儿童案，向法院发出再审检察建议，推动启动再审。岳塘区检察院牵头区监委、教育局、公安分局等8家单位，联合建立侵害未成年人案件强制报告制度联席会议及工作协商机制。认真贯彻“教育、感化、挽救”方针，对未成年人犯罪案件不批捕61人。开展“检爱同行 共护未来”“法治进校园”活动，为4000余名中小学生送去法治课。

【从严治检】 2021年，市检察院印发《党史学习教育实施方案》，召开支部集中学习交流会、听取党史专题讲座，开展“潇湘家书”“检徽在党旗下闪耀”征文、“导师带新人”活动，筑牢干警忠诚思想根基。统筹开展法律监督专项检查，核查案件2093件，启动法律监督案件289件，移送问题线索15件；筛查“减假暂”案件1425件，对重点核查形成核查报告73份，对假立功等减刑案件，制发纠正不当减刑裁定意见书11份，撤销减刑罪犯收监执行7人。聚焦“6+2”顽瘴痼疾整治重点，细化整治内容、整治措施及整治目标，制定一批管用、可行、能持续的制度，织密监督管理“防护网”。坚持党风廉政建设工作与业务工作同部署、同落实、同检查、同考核，狠抓“三个规定”和重大事项记录报告制度落实，组织观看警示教育片、参观警示教育基地等活动。积极创建全国案件质量专项工作示范点，继续抓好案件质量评查，每月形成案件质量分析报告、每季度形成问题清单。完成检察听证室建设，推进工作网2.0建设。深化案件信息公开、查询和网上举报、预约工作，公开程序性信息3905件，法律文书2092件，重大案件信息97件。 （钟福湘）

法 院

【概况】 2021年，湘潭市法院系统共受理各类案件41353件，结案37462件，同比分别上升13.83%、13.35%，法定审限内结案率99.80%。其中，市中院受理各类案件4727件，结案4113件，同比分别上升14.59%、14.47%，法定审限内结案率99.54%。市中院被评为“全国扫黑除恶专项斗争先进集体”“省级文明标兵单位”。韶山市法院被最高人民法院评为全国法院党建工作先进集体。雨湖区法院扫黑办被评为“全省扫黑除恶专项斗争先进集体”。

加强政治建设和司法能力建设。全市法院组织干警参加各级各类培训学习1054人次；市中院连续六年成功申报最高人民法院司法大数据专题研究项目，被最高人民法院确定为“数助决策”专题研究示范应用法院。市中级人民法院联合省高级人民法院完成最高人民法院2020—2021年度司法改革专项调研课题《专业法官会议制度运行情况实证研究》，被最高人民法院评为优秀课题。市中院连续四年被评为全省法院案例工作先进单位。在省高级人民法院组织的湖南省第一届审判业务（家事审判）技能竞赛中，湘潭市法院4人获奖，市中级人民法院被评为优秀组织奖。省、湘乡市法院审理的龙某申某生产、销售有毒有害食品罪一案入选“2021年湖南法院消费者权益保护十大典型案例”。

全市法院开展政治轮训、专场辅导、研讨培训107场次，参学率达100%。市县两级法院“一把手”讲党课12场。市中院领导作廉政报告13场，开展警示教育活动16场、红色传统教育9场次。选树全市法院先进典型5个，举办（参加）报告会3场次。全市法院扎实查办线索，坚持靶向整治，排查出的“6+7”类顽瘴痼疾整治率100%。针对暴露出来的突出问题，全市法院出台各类制度78项，其中市中院17项。全市法院开展“我为群众办实事”活动318场次，解决群众“急难愁盼”问题91项。

【维护稳定】 2021年，全市法院共受理刑事案件3332件，审结3015件。其中市中院受理666件，审结606件，法定审限内结案率99.86%。常态化开展扫黑除恶专项斗争，坚决贯彻依法严惩方针，依法严惩雷造福等黑恶犯罪分子，维护社会安宁。严惩危害群众生命财产安全犯罪，依法审结故意杀人、故意伤害、抢劫等严重危害社会安全的犯罪案件125件。审结金融、电信、网络诈骗等涉众型犯罪和危害食品药品安全等涉民生犯罪案件292件。强化职务犯罪案件监督指导，严格规范职务犯罪案件缓刑、免刑适用条件，保持反腐败高压态势；全市法院审结贪污贿赂、渎职等职务犯罪案件34件34人，依法惩处湘潭市委政法委原副书记陈震龙等一批腐败分子。严格刑罚执行，集中清理违规违法减刑、假释、暂予监外执行案件，对7名罪犯依法收监执行。

【服务经济】 2021年，全市法院共受理民商事案件21903件，审结19958件。其中市中院受理2980件，审结2591件，法定审限内结案率99.84%。服务供给侧结构性改革，成立破产管理人协会，推动建立破产审判府院联动机制，开展破产积案清理专项行动，依法稳妥处置“僵尸企业”，审理破产和强制清算案件41件。优化法治营商环境，依法审理涉民营企业案件10629件，对涉企案件在采取司法措施前进行经济影响预评估。聚焦企业发展中的难题，全市法院开展送法进园区、进企业活动26次，走访重点企业73家。强化产权司法保护，审理知识产权案件214件。

【法治政府】　2021年，全市法院共受理行政案件725件，审结660件。其中，市中院受理283件，审结243件，法定审限内结案率96.23%。监督和支持行政机关依法行政，市中院判决撤销、变更、确认行政违法行为35件，予以驳回诉讼请求、驳回起诉或作其他处理的184件。依法稳妥审理上访人串联、可能引发突发事件的湘潭联合出租汽车有限公司诉湘潭市人民政府无偿收回出租车经营权一案，获得省高级人民法院、市委市政府肯定。市中级人民法院审理的湘潭县盛家山煤矿诉湘潭县人民政府行政赔偿案被列入湖南省法院优化法治化营商环境十大典型案例。推进行政负责人出庭应诉常态化，全市行政负责人出庭应诉68人，助推依法行政和法治政府建设。

【执行工作】　2021年，全市法院受理执行案件14809件，结案13272件。其中，市中级人民法院受理552件，结案450件。市中级人民法院推动出台《关于加强综合治理从源头切实解决执行难问题的实施办法》，与市住房公积金管理中心联合出台《关于住房公积金执行联动联席会议制度的规定》，与市税务局召开联席会议，深化执行联动机制建设。落实善意文明执行要求，对泰富重工公司、桑顿新能源公司等企业被执行案件，依法灵活采取强制措施，最大限度降低对企业生产经营的不利影响。开展“三湘风暴”专项执行行动，成功执结韶峰钢结构有限公司、韶山环球铸铁有限公司等欠薪系列案，为385名农民工追回“血汗钱”550万元。市中级人民法院举行全市法院执行案款兑现大会，现场以现金形式向18名申请执行人兑现执行款项768.5万元。聚焦执行领域六大突出问题，开展执行领域突出问题集中整治专项行动。持续推进扫黑除恶“黑财清底”专项行动。

【开展“审判质量、效率和公信力深化年”活动】　2021年，市中级人民法院组织开展“审判质量、效率和公信力深化年”活动。高度重视长期未结案件清理工作，动态清理一年以上长期未结案件30件。全市法院院庭长带头办理案件16108件，占结案数的43%。深化专业法官会议制度改革，市中级人民法院召开专业法官会议57次，研究案件190件。加强审级监督和业务指导，召开案件质量讲评会3次。

【司法为民】　2021年，市中级人民法院严格执行《民法典》，抓好民生司法实事。指导基层法院组建未成年人综合审判合议庭5个，对易俗河人民法庭和建设路人民法庭进行改造，加挂少年法庭牌子，依法审判涉未成年人刑事、民事、行政案件。持续深化诉源治理，加强诉源治理工作站与综治中心、矛盾调解中心的协调联动，诉前化解矛盾纠纷1500余件。严格落实立案登记制，建立“一次办好立案清单”。开展送法进机关、进社区、进农村、进校园、进军营活动34场。落实庆祝中国共产党成立100周年安保维稳工作部署，对重点涉诉信访案件实行领导包案、责任到人，实质性化解积案老案44件。全市法院对35案35人开展司法救助120.47万元。岳塘区法院创新“材料收转+集约送达+档案整理”一站式诉讼服务新模式，通过向社会购买服务，将收转材料、司法送达、案卷装订等辅助性实务交给邮政公司完成。采用电话预约、法院专投影音取证、授权送达员现场调查等多种方法，提高送达成功率，形成在全省具有良好影响的“岳塘模式”。

【雷造福等18人涉黑案一审公开宣判】　2021年5月31日下午，湘乡市人民法院依法对雷造福等18人组织、领导、参加黑社会性质组织一案进行公开宣判。被告人雷造福犯组织领导黑社会性质组织罪、敲诈勒索罪、诈骗罪、强迫交易罪、寻衅滋事罪、交通肇事罪等罪，被判处有期徒刑25年，剥夺政治权利5年，并处没收个人全部财产。其余17名被告人分别被判处8个月至20年不等有期徒刑。法院审理认为，以被告人雷造福为首的17名被告人有明确的组织者、领导者，骨干成员固定，采用暴力、威胁等手段，通过违法犯罪活动攫取经济利益，为非作恶，欺压群众，具备黑社会性质组织的组织特征、经济特征、行为特征和危害性特征，依法认定为黑社会性质组织。

【召开金融消费纠纷诉调对接推进会】　2021年11月23日，全市金融消费纠纷诉调对接工作推进会在岳塘区法院召开，并举行湖南省金融消费纠纷人民调解委员会湘潭市工作室揭牌仪式。2019—2021年，全市两级法院共受理金融消费纠纷案件3337件，审结3229件；受理金融消费类执行案件6993件，执结6511件，执行到位21.23亿元。为妥善化解金融消费类纠纷，市中级人民法院主动与中国人民银行湘潭市中心支行对接，成立由25名调解员组成的湖南省金融消费纠纷人民调解委员会湘潭工作室，通过“诉前调解+司法确认”模式，在诉前化解金融消费类纠纷案件。至年末，工作室共收到全市法院委派或委托的金融消费纠纷案件271笔，成功调解53笔、涉案标的804.9万元。金融消费纠纷诉前调解成功数、“总对总”诉调对接工作成绩居全省前列。

【周强到湘潭法院调研】　2021年4月3日，最高人民法院党组书记、院长周强在湖南调研时，到韶山市法院和市中院调研。周强慰问干警，并要求深入开展政法队伍教育整顿，坚定理想信念，深入践行司法为民宗旨，依法妥善化解矛盾纠纷，切实维护人民群众权益，更好满足人民群众司法需求；立足当地丰富红色资源优势，扎实开展党史学习教育，从百年党史中汲取力量，积极投身全面建设社会主义现代化国家新征程。　（刘倩黎）

司法行政

【概况】　2021年，湘潭市司法局以深入推进政法队伍教育整顿和党史学习教育为抓手，发挥司法行政工作职能，推进“六个湘潭”建设，抓好重点任务落实，获全国“七五”普法先进集体等国家级荣誉5项、“湖南省文明单位”等省级荣誉5项、全市创建“全国禁毒示范城市”先进集体等市级荣誉3项。疫情防控、人民调解、公共法律服务、市域社会治理和为民办实事等工作经验在《人民日报》、新华网、《法治日报》、湖南经视等媒体平台宣传推介。

【法治建设】　2021年，湘潭市健全

完善全面依法治市体制机制，推进“八五”普法，《关于在公民中开展法治宣传教育的第八个五年规划（2021—2025年）》出台实施，印发《关于加强综合治理从源头切实解决执行难问题的实施办法》等文件。争创全国法治政府建设示范市，组织开展督查，交办问题清单70个，推动出台《湘潭市党政主要负责人履行推进法治建设第一责任人职责情况列入年终述职内容的实施方案》。组织起草《湘潭市政府立法程序规定（草案）》和修改3件地方性法规（修正草案）。组织召开全市行政执法工作讲评推进会，起草《湘潭市2020年度执法数据情况分析报告》。审查湘潭市餐厨垃圾资源化利用政府和社会资本合作（PPP）项目合同等93件，涉及金额665亿余元，参与招商引资合同谈判80余次，出具审核意见90余份；牵头解决积累多年、企业反映强烈的14件建筑领域政府合同历史遗留问题。完成《长株潭一体化发展2021年行动计划》等503件相关政策文件合法性审核，其中对29件市政府本级行政规范性文件进行审查并“三统一”。湘潭市合同审查工作经验在全省司法行政系统经验交流会上作典型发言。

【法律服务】 2021年，湘潭市司法局制定《湘潭市村（社区）法律顾问工作考核评估办法》等13项制度，推行法律服务领域4个方面27项便民措施。持续开展习近平法治思想、《民法典》等法律法规宣传和系列专题普法活动。推出“一把手谈法治”节目28期。组建产业链法律服务团，指派20家律师事务所为全市12条产业链所涉300家重点企业提供精准法律服务。开展“防风险促发展——送法进企业”法治讲座活动，先进装备制造产业链20余家企业负责人给予肯定。11月19日，湘潭市法治文化建设工作在第九次全省法治宣传教育工作会议上作典型发言。

【风险防控】 2021年，湘潭市司法局实施“坚持发展‘枫桥经验’实现矛盾不上交”三年行动，推动出台《湘潭市行政调解办法》，为推进行政调解规范化、法治化打下扎实的制度基础。推动构建大调解工作格局，在全市村（社区）“两委”换届中，及时完善巩固村（社区）人民调解组织，选优配强村（社区）调解员。全年全市共受理调处各类社会矛盾纠纷9492起，调处成功9379起，调解成功率达98.8%。全面加强重点人群管控，全年在册社区矫正对象1052人、刑满释放人员7700余人均安全可控，重新犯罪率控制在3%以下。

【改革创新】 2021年，湘潭市公共法律服务中心项目工程建设全部竣工，为“智慧司法”项目建设推进奠定硬件基础。推进省重点民生实事项目——1700件法律援助案件任务完成。全年全市受理法律援助案件2004件，“12348”热线接听电话4935个，提供法律咨询6200余人。首次实施国家统一法律职业资格主观题考试组考，全市1678人报名客观题考试，867人参加主观题考试。全面推行证明事项告知承诺，全市各地、各部门办理告知承诺证明事项2754件，精简材料4000余份，惠及6479人次。高效完成行政复议体制改革。改革后6个月较改革前4个月行政复议申请增长290.23%。直接纠错率28.81%，调解和解结案率32.2%，均远超上年度全国平均水平（全国分别为14.61%、11.25%）。11月29日，《主动担当作为 做实“四项举措”高效推进行政复议体制改革落实落地》获2021年度湘潭市全面深化改革优秀创新案例。

（胡　罡）

仲　裁

【概况】 2021年，湘潭仲裁委员会受理各类经济纠纷案件312件，标的总额83209万元。受案数与上年相比增加83件，标的总额增加17416万元。结案263件，其中调解68件，撤回55件，裁决138件，驳回申请2件。年度受理的案件中，商品房买卖合同纠纷明显增加，标的额增长较大，上年受理28件，争议标的总额1381万元，是年受理50件，争议标的额3611万元；委托、装饰装修、承揽、运输合同纠纷大幅增加，上年受理3件，争议标的额166万元，年内受理16件，争议标的额1413万元；买卖合同纠纷增加较多，上年受理56件，争议标的额10299万元，本年受理81件，争议标的额12410万元。

年内，全市开展政法队伍教育整顿，湘潭仲裁委员会参加市司法局组织的警示教育大会和党纪党规专题辅导授课，参观廉政教育基地。教育整顿期间，根据上级交办线索核查案件数9件。利用微信工作群及时推送反面典型案例，教育党员群众严守政治纪律和政治规矩。为确保公正廉洁司法，防范领导干部干预司法活动、插手具体案件处理，规范与当事人、律师、特殊关系人、中介组织接触交往，向全体人员发放《干预司法活动、违反“三个规定”》记录本。

【仲裁提质】 2021年4月，根据省司法厅《关于开展仲裁案例评查工作的通知》要求，湘潭仲裁委员会制定评查工作方案，聘请6位评查专家对2020年1月1日以来办结的53件仲裁案件，从案件事实认定、证据采信、法律适用、文书制作、办案流程、文书送达、案卷归档等方面进行评查，评选优秀案例8件。通过案例评查，提升办案质量。为提高当事人对仲裁案件的满意度，湘潭仲裁委员会多次组织案件当事人与相关单位召开协调会，做释法说理、说服劝解工作；向相关单位汇报说明相关案件情况，全力化解信访投诉。

【职能发挥】 2021年，湘潭仲裁委员会到企业、园区、街道、高校、行业协会宣传《仲裁法》。4月，组织召开园区、平台集团公司仲裁座谈会，征求对仲裁发展工作意见建议。走访湘潭钢铁集团有限公司、湘潭湘机机车制造有限公司、市企业融资贷款公司、九华经济建设投资有限公司、市工商联等企业和单位；与省建工集团对接，共同探讨化解矛盾纠纷仲裁法律制度；为市县工商联和有关行业协会讲授仲裁法律制度课；上门服务，协调湘乡、岳塘相关案件事宜。

（办公室）

2022
湘潭年鉴
XIANGTAN NIANJIAN

经济管理与监督

发展和改革

【概况】 2021年，湘潭市GDP同比增长7.8%，固定资产投资同比增长9.1%，城乡居民人均可支配收入同比增长8.2%。老工业基地调整改造工作获国务院真抓实干激励表彰；产业转型升级示范区建设获评全国优秀城市，在第四届全国产业转型升级现场交流会上作典型经验发言；长株潭城市群成功入选国家产教融合试点；农村生活垃圾付费制度全覆盖工作获国家发改委第三批新型城镇化综合试点经验推广；老旧小区改造资金保障工作获国家发改委推介；投资工作、社会信用体系建设、支持湘潭县粮食安全工作获省政府真抓实干激励表彰；“十三五”能源消费总量和强度“双控”考核被省政府通报表扬；投资及项目建设工作获评全省先进集体，军粮供应管理工作获评省先进单位。

【参政设谋】 2021年，湘潭市发改委编制发布《湘潭市国民经济和社会发展第十四个五年规划和二〇三五年远景目标纲要》，统筹推进“十四五”全市53个专项规划编制。印发实施《关于加快推动县域经济高质量发展的若干措施（试行）》《关于创建“五好”园区振兴实体经济的意见》《湘潭市城乡融合发展实施方案》《湘潭市社会信用体系建设考核办法（试行）》政策。建立经济运行调度分析机制，加强对经济社会发展主要指标、承担高质量发展指标、GDP重要关联指标、“五好”园区评价指标等监测分析、提出建议。编发《改革发展情况专报》10期。

【投资及项目建设】 2021年，湘潭市发改委开展“迈好第一步 项目论英雄”竞赛活动，72个竞赛项目完成投资226.92亿元，投资完成率为120.81%。48个省重点项目、497个市重点项目、11个长株潭一体化标志性工程项目、“三高四新”产业项目均超额完成任务。金龙新材料、中南高科等项目正式投产，宏达湘君电子、湘乡电子信息产业园等项目竣工。抢抓“两新一重”、地方政府专项债券、国家和省预算内资金、制造业、物流基础设施等多领域建设机遇。争取各类资金247.78亿元，完成目标任务214.22%；争取国家和省预算内资金10.09亿元，任务完成率126.08%，争取专项债135.63亿元，完成年度任务率496.79%。谋划招商引资项目189个，总投资5028.17亿元，“十四五”规划重大工程项目526个，总投资13798.77亿元。

【产业转型】 2021年，湘潭市发改委推动实体经济振兴，培育产业集群。编制“十四五”战略性新兴产业发展规划，建立战略性新兴产业重点企业库，入库企业51家。制定《湘潭先进电传动及风电装备世界级产业集群培育壮大实施方案（2021—2035年）》，推动风电装备产业跻身国家级创新产业集群试点。推进5G基站建设及应用场景搭建，建设基站2158个，完成年计划的119%，推进吉利汽车、华菱湘钢等10大5G应用场景项目。支持1家单位新增获批国家级企业技术中心，支持7家单位新增获批省企业技术中心、省工程研究中心以及省双创示范基地。支持湘潭经开区、湖南众翔公司、湘潭宏大真空技术股份有限公司分别获批省“两业”融合区域试点和企业试点，新增规模以上服务业企业49家，全市300家规模以上服务业企业实现营业收入增长13.2%。指导雨湖区、湘潭县农村产业融合发展示范园入选国家和湖南省创建名单，推动农业一、二、三产业融合发展。

【园区发展】 2021年，湘潭市发改委储备国家和湖南省两级创新平台14个，支持湘潭宏大真空技术股份有限公司获批国家企业技术中心，支持湘潭大学、湖南工程学院、时变通讯公司、湖南理工职业技术学院等单位获批省工程研究中心、企业技术中心和双创示范基地。推进13个国家和湖南省双创示范基地建设，湘潭高新区双创工作第二次获得国务院真抓实干表彰（全省唯一）。制定创建“五好”园区行动计划、规划方案文件，组织召开创建“五好”园区专题调度会。实施亩均税收提升行动计划，建立园区规上企业名单、税收、亩均税收一览表。研究起草进一步深化园区改革工作方案和园区盘活提效行动方案，开展全市产业园区安全专项整治集中攻坚行动，建立“一情况三清单”工作台账。

【深化改革】 2021年，发改委统筹协调92项改革任务，推进18项牵头任务。推进招标投标、获得电力、包容普惠创新工作，出台改进用电报装工作及降低使用费用实施方案、新建住宅供电设施建设维护管理办法等政策文件。制定完善要素市场化配置责任清单，提出关于长株潭要素市场化配置综合改革试点政策需求和改革清单。摸排培训疗养机构情况，完成涉改工作。完成信用信息与行政审批平台接口改造升级工程，双公示信息数量、合规率等关键指标位于全省第一。

【区域协调】 2021年，湘潭市发改委组织召开长株潭一体化发展第三届市委书记联席会议，签署“1+3+10”系列合作协议。推动“两山”红色旅游铁路开通运营，长株潭轨道交通西环线建设全面推进。加快通用机场建设规划布局，编制完成《九华通用航空小镇产业发展规划方案》，九华通用机场场址、湘乡泉塘通用机场场址取得中国民用航空湖南安全监督管理局审查意见。指导湘潭县开展全国县城新型城镇化建设试点工作，前三季度组织湘潭县、韶山市和湘乡市共申报县城城镇化补短板强弱项信贷项目47个，形成贷款需求141亿元。

【民生保障】 2021年，湘潭市发改委争取湘潭成功入选国家产教融合试点，协调申报应对人口老龄化重点联系城市试点。编印《湘潭市民营企业支持政策手册（2021年版）》。化解响先线高压线重大安全隐患、落实重点项目管线迁改、破解柳桥村产业瓶颈等5个项目入选湘潭“我为群众办实事”优秀办结事项。全面、系统支持开展中小企业信用融资，“信易贷”平台上注册企业数3967家，授信金额48.05亿元。制定中小学课后服务收费标准，义务教育学校校内课后服务实现“全覆盖”。落实转供电环节电价政策，电费降价红利足额传导至终端。规范水电气行业不合理收费，为企业减负7000余万元。建立“菜单式”物业服务收费管理体系，确保小区物业服务与收费标准质价相符。完成3个长江经济带生态环境突出问题和1个绿心图斑问题整改。统筹做好就业、政策补贴等帮扶措施，易地扶贫搬迁后续帮扶措施覆盖率达到100%。

【粮食及能源安全】 2021年，湘潭市发改委开展粮食购销领域腐败专项整治行动，推动智慧粮安系统建设形成粮食溯源电子地图。省粮油千亿产业工程建设前期工作有序推进。制定有序用电迎峰度夏度冬工作、大面积区域停电应急预案等文件。推动湘潭经济开发区成功纳入省级源网荷储一体化项目，岳塘区整县（区）光伏发电列入国家试点笼子。开展油气管道安全生产“大排查大管控大整治”“夏季百日保安”等专项行动。（唐清钰）

国有资产监督管理

【概况】 2021年，湘潭市国资监管与国企改革发展以深入实施市属国企改革三年行动为抓手，全年所出资企业（经营型）销售收入26.28亿元，完成年初目标任务的151.2%，国有资产保值增值率为101.98%。

【提质增效】 2021年，湘潭市国资委完成市属投融资公司“四清四核”工作，推动城发集团、产投集团、交发集团清资产核资源、清企业核效益、清债务核往来、清人员核岗位。全年完成资产注入50宗，预估值为56.41亿元；处置成交资产28宗，总金额12.33亿元，到位资金8.39亿元，资产注入和处置分别完成全年目标任务的112.82%和246.6%。完成户外广告、充电基础设施建设等5个特许经营项目授予，实现特许经营收入7066.51万元。

【优化布局】 2021年，湘潭市国资委印发《湘潭市经营性国有资产集中统一监管工作方案》，对行政事业单位经营性资产（含对外租赁资产）、闲置资产及可综合利用资产按程序移交市国资委注入企业，将符合移交条件脱钩企业按程序进行重组注入企业，国有企业集中监管率达96%，超出全省平均水平6个百分点。制定混合所有制（股权多元化）改革工作方案，明确首批12个拟实施混改项目并强力推进，年内完成5家。制定年度监管企业上市培育工作方案，一企一策制定上市辅导工作方案，形成合理企业上市发展梯队。裕能新能源上市完成辅导验收并上报深圳证券交易所。

【保值增值】 2021年，湘潭市国资委推进职能转变，调整优化《湘潭市国资委国资监管事项正面清单实施细则》。突出公司章程纲领地位，全面完成对7家市属监管企业章程检查。完善企业法人治理结构，7家企业均制定完善“三重一大”决策制度和党委、董事会、经理层议事规则和清单，建立董事会，配备党委、董事会、监事会和经理层。加快推进总部机关化专项治理，推进三项制度改革，完善工资总额管理制度，各企业工资总额同口径比上年下降10%。率先在全省启动实施国资国企实时在线监管系统建设。

【品牌打造】 2021年，湘潭市国资系统各企业领办实事项目133件并全部办结。实施“国企改革再出发、百名书记攻坚行”党建特色活动，开展“一企一品牌”党建品牌创建活动。开展违规吃喝专项整治，发现问题73个，约谈相关人员120余人次，主动退回资金17593元。出台《关于推进清廉国企建设的实施意见》，实施“清廉国企”建设行动。

【国企改革】 2021年，湘潭市国资委出台国资国企改革发展贯彻落实行动方案的《责任分工方案》，下发涉企部分《任务落实清单》量化指标要求，明确点评调度方式，将企业落实上级重大决策部署和国企改革三年行动方案情况列入年度考核范围。湘潭改革任务整体完成度达75%，其中首要任务、企业分类考核和核算、厂办大集体及退休人员安置（社会化管理）、第一议题制度落实、董事会应建尽建、企业公司化程度、新进员工市场化招聘程度、开展中长期激励评估等指标完成度达100%。

【企业董事会建设】 2021年，湘潭市监管企业应建董事会的企业有44家，100%按要求建立董事会，制定完善“三重一大”决策制度和党委、董事会、经理层议事规则，修订党委前置研究讨论重大经营管理事项清单。市国资委修订出台《湘潭市市属国有企业外部董事管理办法》，从市属国有企业中层管理人员中选聘专职外部董事，从高校、企业、研究院、咨询公司、律师事务所中选聘兼职外部董事，基本实现一级公司外部董事占多数，并将外部董事薪酬列入国有资本经营预算。企业逐步将董事会对企业中长期发展决策权、经理层成员选聘权、经理层成员业绩考核和薪酬分配权、职工工资分配权等落实到位，合理配置各治理主体权利义务，保障经理层经营自主权，形成权责对等、运转协调、有效制衡的决策执行监督机制。

（龙显扬）

审　计

【概况】 2021年，湘潭市审计局完成审计项目和调查事项81项，查出主要问题金额62亿元，促进增收节支和挽回损失14.3亿元，向纪检监察、地方政府或有关主管部门移送案件（问题）线索44件，2个项目分获全省优秀审计项目一等奖、二等奖，上报的16篇审计专报、审计要情等审计成果均获批示。

【中心工作审计】 2021年1—12月，湘潭市审计局完成党委政府交办中心工作审计任务22项。围绕政府性债务开展市本级全口径债务审计、全口径债务利息审计、新增债务融资成本审计、经营性债务分类、系统外债务清查等专项审计，为防范化解债务风险提供审计成果与建议。围绕建设项目“停、缓、调、撤”项目建设情况、市本级政府投资项目建设情况、24条黑臭水体基础治理项目等开展专项审计调查，揭示部分项目超概算、超预算、土地闲置、集中支付风险等问题。专项审计市中心医院“生命通道”项目、下摄司片区开发项目等涉及移交项目前期投入。

【跟踪审计国家重大政策措施落实情况】 2021年1—12月，湘潭市审计局聚焦高标准农田建设、乡村振兴、减税降费、“放管服”改革、清理拖欠民营企业中小企业账款、农村人居环境整治等方面，分季度对雨湖区、韶山市、湘潭县和湘乡市重大政策措施落实情况开展跟踪审计，查处问题33个。有关部门清退违规收取9家企业保证金3020万元，17家企业收回被拖欠账款等465万元。

【预算执行审计】 2021年3—5月，

湘潭市审计局完成市本级、高新区预算执行情况审计，对住房公积金等专项资金和项目开展专项审计，运用大数据对市本级178家一级预算单位实现审计全覆盖，对其中市场监督管理局等8家单位开展现场审计，查处各类问题金额38亿元，揭示违规出借财政资金、土地出让收入应收未收或未缴入库、园区暂付性款项增长较快等重点问题，向纪检监察、地方政府或有关主管部门移送案件（问题）线索30件，纪检监察部门立案2件。通过督促整改，45个问题全部整改到位，纠正违规资金、管理不规范资金28.53亿元，其中，促进财政收回资金并缴库11.38亿元，收回或核减预算2.23亿元。财政局、审计局协同实施7个试点项目，形成覆盖项目前中后期协同联动工作模式，在促进完善项目绩效评价体系和加强审计成果综合运用等方面取得成效。

【经济责任审计自然资源资产离任审计】 2021年6—10月，湘潭市审计局对市民政局等14个单位、16名领导干部经济责任履行情况开展审计，对市自然资源和规划局同步实施自然资源资产审计，查出问题资金10.9亿元。自然资源资产离任审计专项报告耕地“非农化”“非粮化”等重点问题。省交叉审计中资源环境审计工作两年蝉联全省优秀审计项目一等奖。

【政府投资审计】 2021年1—12月，湘潭市审计局聚焦项目审批、招投标、项目建设管理、征地拆迁、资金管理使用等关键环节和重点内容，开展莲城大道、河东第二污水处理厂消防工程等11个项目的结算审计，合计送审金额7.97亿元，核减2.58亿元，平均核减率32%。完成18个政府投资项目预算执行情况审计、决算审计和征拆审计，查出问题金额2.72亿元，其中违规金额近1000万元。

【民生审计】 2021年1—3月，湘潭市审计局统筹市本级和2个县市区实施养老基金、社保基金审计，揭示部分特困低保人员未参保、部分人员骗取、套取养老保险待遇等重点问题，通过审计，促进社保资金增收节支、挽回损失800多万元，1亿多元资金归还原渠道，获评全省优秀审计项目二等奖。

【提升审计效能】 2021年，湘潭市审计局采用嵌入式、融合式等方式统筹实施审计项目，预算执行审计、经济责任审计、投资审计中13个项目实行合并立项、同步实施，实现“一审多项”“一审多果”。对长期未审计单位、资金和项目开展审计，如民主党派机关、质监站等。延伸到市直单位（如公安、卫健等系统）二级机构。推进大数据审计方式方法运用普及，在预算执行审计、民生审计等项目中开展大数据审计，加强对住房公积金等信息系统审计。跟踪督促年度审计发现问题“对账销号”，查出问题249个，整改率95%。 （罗　浩）

市场监督管理

【概况】 2021年，湘潭市市场监管局完成牵头10项市《政府工作报告》重点任务。世界知识产权组织第四批技术与创新支持中心（TISC）落户湘潭，建立全省首个高校专利技术推广运用平台和首个知识产权公证服务中心。查处的奚某网络销售amars系列产品无中文标识化妆品案列入全省“农村药品专项整治”典型案例，健福堂虚假宣传案、金珅商贸商业贿赂案两起案件入选全省反不正当竞争十大典型案例。

【市场主体发展】 2021年，湘潭市新增市场主体38934户，增长19.64%，实有市场主体220254户。出台《湘潭市促进市场主体培育和高质量发展十条措施》。企业设立登记全程网办，实现无纸化、“零见面”，企业开办时间压缩至1个工作日内。向新开办企业免费发放四枚公章，实现新设企业“零成本”。推动“一件事一次办”，推进线上“一网通办”和线下“一窗受理”。鼓励医疗器械创新发展，新增三类注册证24张，二类注册证215张，一类备案凭证94张。完善“双随机、一公开”监管制度，开展跨部门联合“双随机、一公开”监管，全市涉企信息归集单位110家，归集涉企信息386342条。

【维护市场秩序】 2021年，湘潭市立案151起，结案124起，罚没款683.85万元。加大反垄断和公平竞争审查力度，全省第一批引入第三方机构，对25个部门开展评估，抽查文件166份，督促整改问题文件7份。审查增量政策措施550件，清理存量政策措施1387件，修订21件，废止52件。开展转供水、供电专项检查，教育收费专项督查等，办理案件31件，罚没款223万元。实行线上线下一体化监管，组织开展落实电子商务平台责任专项行动、“网剑”专项行动、长江禁捕打非断链专项行动，监测网页和商品页面13万余页次，平台、自建网站、网店1600余个次，商品近6万件，督促整改不规范问题88个。牵头开展“双打”专项行动，立案查处打击侵权假冒案件785起，涉案货值7200余万元，罚没款1620万元。12315投诉举报热线受理咨询投诉举报34522件，为消费者挽回经济损失589.21万元。推进全国12315在线纠纷和解机制（ODR）建设，企业入驻数达100家。

【高质量发展】 2021年，湘潭市在全国率先设立产业质量发展引导基金、出台全国首个《绿色发展质量规范》，湘潭质量工作改革创新经验在全国、全省推广。获批全国第三批“百城千业万企对标达标提升专项行动”试点城市，主持和参与制定省地方标准《红色教育培训机构服务与管理规范》《红色教育现场教学规范》。推进“计量服务中小企业行”，助力华菱湘钢获批全省第一家省级产业计量测试中心（筹建）。高端医疗器械及生物医药产业发展势头良好，链上新增企业（工商登记注册）193家，投产企业67家，全年产值近40亿元，税收近1.4亿元。

【实施知识产权强市战略】 2021年，湘潭市拥有有效发明专利4599件，每万人口发明专利拥有量达16.87件，同比增长25.58%，排名全省一类地区第三；拥有高年限发明专利309件，同比增长29.83%；PCT专利申请36件。全市商标申请7056件，商标注册5901件，有效商标注册量达30531件，同比分别增长12.1%、45.9%、21.7%。成立中国（湘潭）知识产权保护中心，完成省内首批知识产权行政裁决试点工作，办理专利案件172件、商标案件27件，结案率100%。长株潭三市签订知识产权资源共建合作协议，全市发放知识产权质押贷款 4.04 亿元，同比增长 116.59%。

【安全监管】 2021 年，湘潭市市场监管局开展校园食品安全、粮食安全、保健食品等专项整治，办结食品案件 394 起。强化冷链食品风险排查，完成冷链食品核酸检测 12593 批次。开展野生蘑菇中毒防控宣传，误食野生蘑菇中毒事件数同比下降 86.79%，中毒人数同比下降 87%。在全省率先创立抖音官方号“食安湘潭”，播放量达 403.8 万次，被评选为全省食品安全工作深化改革典型创新举措。开展新冠病毒疫苗、农村地区药品、特殊药品监管、中药饮片检查等专项行动，立案 180 件，罚没款 325.82 万元，下达责令整改 598 份，取缔 2 家无证经营药品单位，全年未发生药械化安全事件。开展特种设备隐患排查治理和“强执法防事故”专项行动，开展气瓶、压力管道、起重机械、大型游乐设施等特种设备专项整治工作，检查企业 3628 家，排查风险隐患 1142 起，完成隐患整治 814 起，立案 96 起，取缔关闭 1 家；气瓶追溯体系基本建成。完成产品质量监督抽查 1450 批次，不合格产品发现率 3.59%。加强对重点车辆生产销售环节监督管理，督促机动车辆检验检测机构持续保持资质认定条件、严格依据国家有关标准开展车辆检验工作，立案查处 3 家，责令整改 2 家。 （周　宇）

统计工作

【统计服务水平】 2021 年，湘潭市统计局撰写统计分析 105 篇，经济社会研究课题 10 个，完成年度目标任务 200%。115 篇统计分析和课题成果中，20 篇被国家和湖南省统计局地方分析专栏采用，43 篇被中共中央办公厅、国务院办公厅采用。完成《统计公报》《统计年鉴》《统计手册》《数据湘潭》等传统统计资料编辑工作，调整增设部分章节、指标，与国家、省《统计公报》数据对应。对《湘潭统计月报》《湘潭主要经济指标月度数据汇总表》等产品，围绕增设各级园区指标情况、补充“四上”单位、在库企业等方面，补充完善相关内容和指标。

【统计基层基础】 2021 年，湘潭市统计局实现基本单位名录库动态维护，更新维护率达 100%。申报新增“四上”企业 129 家，退出单位 102 家。牵头组织开展“千人进企业 服务提质效”专项行动，全市 2700 余家规模企业全面走访到位。组织各类培训 30 余次，400 余人次参加。印发《湘潭市统计局 2021 年全市统计规范化建设工作方案》。

【统计改革】 2021 年，湘潭市统计局出台《湘潭市季度地区生产总值统一核算方案》。完善地区生产总值统一核算制度，巩固国民经济核算成果，准确反映经济社会发展情况。组织实施民营经济相关统计数据测算工作。建立健全供给侧改革和需求侧管理方面统计指标体系，及时反映产业链、供应链升级和畅通双循环成效。新增知识产权产品常规统计制度，加强工业、建筑业、服务业、批零住餐业小微企业固定资产投资抽样调查。首次将新型基础设施建设投资纳入专业统计。

【统计法治监督】 2021 年，湘潭市统计局加大统计规范执法检查力度，覆盖市县两级 68 家企业，查处违纪违法行为。利用重大普查、统计开放日、国家宪法日、《统计法》颁布日、“一把手谈法治”等活动，推动统计法治监督进机关、进党校、进社区、进园区、进企业。

【统计普查调查】 2021 年，湘潭市统计局做好第七次全国人口普查后期工作。编印《湘潭市第七次全国人口普查公报》5 期，从人口数量、结构、分布以及人口性别构成、人口年龄构成、人口受教育情况、城乡人口和流动人口情况等方面对人口普查情况进行公开发布。获评“湖南省第七次全国人口普查先进集体”。完成国民经济各行业及各专业年报、定期报表任务和人口变动情况抽样等专项调查，联网直报率达 100%。围绕重点民生实事、生态环境满意度、社会公众安全感等方面开展民意调查。 （贯广温）

统计调查工作

【概况】 2021 年，国家统计局湘潭调查队推进劳动力调查扩点工作。完成 CPI 基期轮换工作，新基期的 120 个网点、932 个规格品按制度优化调整。信息技术稳步推进，农业调查无人机使用逐步推广，住户调查电子记账率稳定在 90% 以上，消费价格调查采价器完成更新换代。全年通过专题调研、电话询问、工作检查等方式回访 300 余家各类企业、150 多户养殖种植户、260 多户家庭。撰写重要信息和分析 104 篇，其中国家局内网和《中国信息报》共采用 9 篇。加强公众号宣传，“湘潭调查”发布 30 期。 （李健杰）

【筑牢劳动力调查工作】 2021 年起，湘潭市劳动力调查工作扩充至 45 个街道（乡镇）的 52 个社区（村），每月调查 832 户。严格核查样本情况，确保调查底册无误。严格执行换户标准，严格检查样本户换户和空户真实性。严格执行调查时间，确保规定时间入户调查。规范数据采集，坚持 100% 入户原则，逐人逐项询问填写，摸清真实信息。加强现场审核，调查一户上报一户。专业人员及时答疑，做好指标解释，提升辅助调查员业务能力。把好前置审核关，及时审核上报调查户。把好数据复核关，做好数据审核对比，对本月及相邻月各项指标及时复核，认真对待反馈核实清单。对调查中核心指标存在的异常值进行认真核实，确保调查数据真实有效。

（方祖花）

2021 湘潭年鉴 XIANGTAN NIANJIAN

财政·税务

财　政

【概况】　2021年，湘潭市财政总收入完成219.81亿元，其中全市地方一般公共预算收入完成126.77亿元，比上年同比增长9.12%；地方税收完成84.35亿元，非税占比33.47%，比上年下降1.1%。

财政实力。实施“三高四新”财源建设工程，加大财源培植力度，推动实现财政收入量质齐升。地方税收完成84.35亿元，同比增长10.97%；地方一般公共预算收入、税收收入增幅分别高于湖南省平均水平1.08、1.83个百分点。非税占比33.47%，比上年下降1.1个百分点。高位对接争取上级财政资金支持，市级争取上级财政资金167亿元，债券资金总量、增量均居湖南省第一位。

风险防控。市级安排偿债资金20.21亿元，实现土地出让收入124.69亿元，通过盘活资源、变现资产，有效化解债务。争取多方支持，持续优化债务结构，降低融资成本。强化债务风险管控，成立湘潭市政府重大项目预算审核和投资决策委员会，实施重大项目预算审核、项目建设财政开工核准以及招商引资方案审核，以重大制度创新强化风险源头管控。

支出保障。完善能增能减、有保有压支出分配机制。持续压减非急需、非刚性支出，2019—2021年累计压减40%。清理消化应付未付款项及财政暂付款1亿元，统筹收回结余结转资金6139万元。统筹集中财力优先保障和改善民生，年内全市“三保”支出完成170.42亿元，民生领域支出占财政总支出达七成以上。投入5.27亿元，全面推进乡村振兴，加快农业农村现代化建设。投入3.78亿元，推进生态环境治理保护，守护莲城绿水青山。

服务发展。全面贯彻落实积极财政政策，投入2.27亿元支持战略性新兴产业、中小企业发展专项服务体系建设。投入2亿元重点支持长株潭国家自主创新示范区建设、科技创新攻关。兑现重点税源企业工业企业政策资金2.85亿元，支持骨干企业发展。缓解中小企业融资难问题，为中小微企业提供融资担保、创业担保13.85亿元。面向中小企业实施政府采购17亿元，激发中小微企业主体活力。推进亚洲开发银行对湘潭投资支持1.59亿元。

财政改革。深入推动财审联动，完善预算安排与绩效评价结果、审计结论挂钩机制。推进机关事业单位国有资产集中、统一规范管理。开展市本级财政财务管理专项大检查等财政监督检查，构建民生资金“互联网+监督”管理、直达资金常态化监控机制，财政大监督格局逐步构建。政府采购全面推行“电子卖场”，财政投资评审实质性嵌入预算管理，全年实现审减5.60亿元。

【推进预算管理一体化建设】　2021年，湘潭市成为全省第一个全域实现预算管理一体化新系统上线运行的市州，预算管理一体化改革经验在全省财政工作会议上作为先进典型发言。湘潭市财政局作为全省预算管理一体化建设试点排头兵，推进财政核心业务和信息技术深度融合，加快实现以信息化手段推进财政管理规范化、标准化，率先实现财政核心业务“一体化”、资金支付“无纸化”、资金运行“透明化”、财政管理“数字化”。打造预算管理一体化系统建设湘潭“样板”工程。

【落实过紧日子要求】　2021年，湘潭财政把过“紧日子”作为长期工作方针。坚持预算法定，先有预算后有支出，对确需追加安排项目资金应从厉行节约、过紧日子角度出发，最大限度节约财政资金。明确“四个零”要求（即公用开支“零增长”、公务接待“零增长”、公务出国“零审批”、公务用车“零购置”）及“严格压减一般性支出”“严控预算资金追加”等作为各单位财务工作坚守底线，持续压减非刚性支出，近三年累计实现压减40%，统筹结转结余资金6000余万元。

【实施政府性投资项目预算审核和投资决策制度改革】　2021年，湘潭市在全省率先探索实施政府性投资项目预算审核和投资决策制度改革，成立市政府重大项目预算审核和投资决策委员会，强化预算约束，强化政府性债务管控，强化效益意识。以效益为导向，强化风险源头管控，确保债务风险总体可控。实施重大项目预算审核、项目建设财政开工核准以及招商引资方案审核，以重大制度创新强化风险源头管控。坚持政府投资项目无资金来源不立项、无预算不开工。

（周金垚）

税　务

【概况】　2021年，湘潭市税务系统组织各项收入276.65亿元。其中，按照国家税务总局口径入库税收182.03亿元（税务机关征收的税收收入），比上年增收18.55亿元，比上年增长11.35%，增幅排名全省第4位；按照政府口径入库税收177.48亿元（剔除海关代征及车辆购置税的税收收入），比上年增收18.99亿元，比上年增长11.98%；入库省地方级税收103.33亿元，比上年增收11.41亿元，比上年增长12.41%，增幅排名全省第6位；入库市县地方级税收84.35亿元（剔除增值税留抵退税财政调库及个人所得税手续费退库，下同），比上年增收8.33亿元，比上年增长10.96%，增幅排名全省第8位、“长株潭”方阵第1位。分税种看，增值税累计入库91.88亿元，占税收总量的50.48%；消费税累计入库8.11亿元，占税收总量的4.46%；企业所得税累计入库26.05亿元，占税收总量的14.31%；个人所得税累计入库7.3亿元，占税收总量的4%；财产和行为税各税种累计入库44.13亿元，占税收总量的24.24%。分产业看，第一产业税收完成0.09亿元，比上年减收0.03亿元，比上年下降25%；第二产业税收完成93.96亿元，比上年增收16.34亿元，比上年增长21.05%；第三产业税收完成83.43亿元，比上年增收2.68亿元，比上年增长3.32%。全年社保基金收入83.38亿元，比上年增收51.01亿元，比上年增长157.58%；其他收入3.7亿元，比上年增收2.45亿元，比上年增长196.15%。

深化税收征管改革。推动市、县两级率先在全省成立深化改革议事协调机构。在“以数治税”方面，与商务、住建等34个部门实现数据信息共享；在全省首批试点运行互联网+不动产交易纳税平台；电子专票综合评价排名全省第一、全国第二；2个智税兴城应用案例获评全省两库生态应用开发优秀案例。在“税收共治”方面，建立“不动产司法拍卖涉税事项联动机制”，破解不动产司法拍卖税费事项办理难题；与财政、市监等部门联合出台建筑、电力等4个行业协税护税实施方案，拓宽协税护税工作网；探索成品油零售行业税收协作机制，全年成品油零售行业入库税收同比增长36.91%，“精诚共治”经验在全省“三高四新”财源建设工程联席会上推介。市税务局荣获全省税务系统个人所得税改革先进单位称号。

优化税收营商环境。成立12366热线湘潭分中心和“线上业务”集中处理中心，推出全省首家银税合作“微税厅”，“市民之家”税务综合服务区成为全省“功能最全、面积最大、可办业务最多”的市州级政务办税服务厅。实施财行税“十税合一”、增值税消费税主附税费合并申报，规范土地增值税征管流程，增值税留抵退税在全省率先做到5个工作日办结，出口退税平均办理时限压缩至2.54个工作日，结合湘潭实际推出101条便民办税措施，推动涉税费业务办理更加便捷高效。开展“春雨润苗”专项行动，为4248户小微企业减免企业所得税2.11亿元，政策享受面100%；走访全市82家“小巨人”企业，建立企业成长档案，服务民营经济发展。聚焦全市65个重大项目、11条工业新兴优势产业链，推行重点税源企业“五个一”联点服务活动，支持地方重点项目和财源建设。联合全市29家银行发放纳税信用贷款5333笔次、94.57亿元，其中为小微企业发放贷款4744笔次、52.53亿元。

【依法治税】 2021年，湘潭市税务系统探索推行“首违不罚”“说理式执法”等非强制性执法方式，推动经验式执法向科学精确执法转变。落实行政执法三项制度，发挥公职律师、法律顾问作用，做好规范性文件管理、重大案件审理、行政复议应诉以及普法宣传教育等工作。湘潭市税务系统全年有1个基层单位获“2016—2020年全国依法治理创建活动先进单位”，2个单位获“2016—2020年湖南省依法治理创建活动先进单位”，1个单位获“2016—2020年湖南省普法工作先进单位”称号。

【税收优惠政策】 2021年，由湘潭市税务系统征收的税收和非税收入累计新增减税降费11.59亿元。其中，新出台政策减税降费5.94亿元；2021年展期实施政策减税降费5.17亿元；上年年中出台政策在翘尾新增减税降费0.48亿元。税务系统四季度累计办理制造业中小微企业税费缓缴1.83亿元，缓税户数及规模占比均位居全省前列。全年税务系统办理出口退税2.16亿元。

【非税收入划转征收】 2021年，湘潭市税务系统落实非税收入划转至税务部门征收的工作部署，与财政、自然资源和规划等部门加强工作对接，建立联动协作机制，凝聚划转征收工作合力；全面梳理划转征收项目的有关政策、要素、流程，摸清划转费源底子，抓好业务辅导培训，优化完善征管系统。1月1日起，水土保持补偿费、地方水库移民扶持基金、排污权出让收入、防空地下室易地建设费划转至税务部门征收，河道砂石经营收益、生态环境损害赔偿金完成交接。7月1日起，土地闲置费、城镇垃圾处理费划转至税务部门征收。湘潭市税务系统全年征收非税收入7.55亿元，比上年增收2.25亿元，比上年增长42.38%。 （翟 盼）

2022

湘潭年鉴

XIANGTAN NIANJIAN

重点工程建设

综 述

【概况】 2021年，湘潭市安排重点建设项目497个，年计划投资800亿元，完成年度目标；开复工项目465个，竣工项目144个，完成年计划的100%。16个省级重点建设项目累计完成投资405.4亿元，投资完成率排名全省第一，获评“2021年度全省重点项目建设优秀市州”，长株潭城际轨道交通西环线一期工程、湘乡电子信息产业园、雨湖产业新城3个项目获评“2021年度优秀省重点建设项目”。285个市级重点产业项目投资完成率为142.5%，产业项目投资完成额占全市重点项目投资完成额的76.7%。其中，金龙新材料5万吨再生铜制备高导电铜杆建设项目、湘钢技术改造项目、屹丰汽车年产8万辆汽车车身焊装总成及热成形冷冲压件生产项目、湖南胖哥耀晨食品有限公司总部及生产基地项目、创普开业科技年产2400万片液晶显示屏项目、湘君电子钽电容生产基地项目、“最忆韶山冲”演出项目、拓普轻量化底盘系统模块项目、永达海工及航空航天智能制造装备生产线等75个项目实现竣工；铁姆肯3.4米系列超大内孔轴承生产线项目、湖南韶峰南方绿色建材产业园、长沙雨花经开区（韶山）智能制造产业园项目、湘潭高新区工程机械产业园项目等182个项目加速推进。在全市重点项目中，五个县市区占283个，实际完成投资636.94亿元，完成年计划的139.26%，高出全市平均水平13.35个百分点。其中，湘潭县项目53个，完成投资145.26亿元，完成年计划的133.41%；湘乡市项目79个，完成投资155.94亿元，完成年计划的139.05%；韶山市项目26个，完成投资63.94亿元，完成年计划的135.32%；雨湖区项目52个，完成投资91.44亿元，完成年计划的136.99%；岳塘区项目73个（含岳塘经开区），完成投资180.36亿元，完成年计划的147.41%。

【工作措施】 2021年，湘潭市重点建设项目工作办公室组织开展“迈好第一步项目论英雄”竞赛活动，重点以招商项目比落地、在建项目比推进、竣工项目比的65个竞赛项目为龙头进行示范性比赛，带动497个市重点建设项目、48个省重点建设项目以及国家和省预算内项目、专项债券项目、重点社会民生项目、工业地产项目。突出长株潭一体化三十大标志工程、省级重点建设项目、片区开发项目。突出重点竞赛项目。集中精力聚焦竞赛活动，对重点工作任务重点交办督办，实行“日会商、周调度、月晒榜、季讲评”。突出民生关注项目。加快推进杨梅洲大桥及南北引线、G320湘潭绕城线伏林大道至湘乡段（三期）建设项目等民生关注的基础设施项目建设，推进湖南软件职业学院申本新校区、湘潭市2021年棚户区改造、湘潭中心医院九华院区项目等社会民生及社会治理项目。成立重点项目管线迁改工作联席会议，统筹协调重点项目建设中涉及的国防光缆、水、电、燃气、通信等管线迁改工作重难点问题。严格实行“一季一交办、一季一督查、一季一通报”制度。 （曾凌星）

湘潭市2021年重点建设项目汇总表

表3 单位：万元

序号	项目名称	建设规模及主要建设内容	2021年计划完成投资	2021年形象进度	项目责任主管单位
		智能制造			
1	湘钢技改项目	项目主要开展产品提升改造、节能环保改造、城企融合现场改造、信息化智能化改造。主要包括烧结机环保及技术提质改造、特厚板品质及效能提升、板材热处理能力提升、线棒材品质提升、铁前区域技术改造、钢后区域技术改造	210000	完成4.3米焦炉环保提质改造项目；烧结机环保及技术提质改造项目主体设备安装；回火炉项目和特厚板品质及效能提升项目已投产	湖南华菱湘潭钢铁集团有限公司
2	智能制造核心部件##替代进口精密轴承产业化项目	项目建设厂房约3万平方米；新建滑动轴承核心关键智能设施；新建智能仓储物流系统；对现有试验中心改造，增加试验检验设备设施；新增各类生产、检验、检测、清洗设备；建设智能制造核心部件##替代进口精密轴承产业化基地	15000	购买高精度车削、五轴加工、激光熔覆设备，进行风电轴承试验台建设，完成高速车间一条生产线投产	湘潭高新区管委会
3	湘潭高新区产业转型升级建设项目	建设面积4380平方米的3D打印技术公共服务平台；建设产业协作监测服务平台；建设特种电测线监测实验中心；建设旋流压气机核心机研制中心	8000	公共服务平台完成厂房、实验室等装修改造，建成平台网站，申请3项发明专利，申请并获得4项3D打印相关软件著作权。沃森电气完成试验室分区装修，开始运营	湘潭高新区管委会

续表3

序号	项目名称	建设规模及主要建设内容	2021年计划完成投资	2021年形象进度	项目责任主管单位
4	智能制造装备用特种线缆柔性生产线及创新能力建设	项目改造现有技术中心大楼以及橡缆分厂、塑缆分厂、交联分厂厂房和军品分厂主厂房及护层车间，改造现有紧固件车间为数据信号缆车间，新扩建军品厂护层车间，调整生产工艺布局，新增具有国际、国内领先水平的研发、检验及生产设备305余台套，建成智能制造装备用特种线缆柔性生产线	8500	已完成项目建设，并投入使用。完成新建钢结构厂房建设，并完成主体验收，正进行消防验收，完成仓储中心建设，投入使用；完成周边环境改造，完成设备采购55台（套），（本月完成安装调试5台套）全部完成安装投入生产，正进行生产	湘潭高新区管委会
5	湘潭高新区先进钢材产业骨干企业技术改造项目	新购买拉丝机、捻股机（双捻机）、合绳机等工艺设备，配套改造部分老设备，建设粗直径钢丝绳生产线；对湘钢瑞泰现有的碳砖新线进行升级改造，厂房面积约1500平方米；湘钢瑞兴公司新建2栋标准厂房，厂房建筑面积13365.05平方米，综合楼建筑面积720平方米。购废钢线拉丝设备、吊车等设备	10500	湘钢瑞兴公司完成1栋厂房建设，设备已安装，开始生产。湘钢瑞泰完成厂房改造。湘钢金属高速电梯绳项目投产	湘潭高新区管委会
6	中冶湘重技术改造	项目主要对原有结构厂房进行改造升级，新增数控轧辊车床、数控车床、卷板机、三维立体切割机、全位置自动焊机、摇臂钻床、起重机等	20000	项目主要对原有结构厂房进行改造升级，新增数控轧辊车床、数控车床、卷板机、三维立体切割机、全位置自动焊机、摇臂钻床、起重机等	湘潭经开区管委会
7	湘潭钢龙金属材料有限公司整体搬迁生产基地	项目占地1.83万平方米，主要建设年产6万吨钢结构生产基地项目	10000	完成年产6万吨钢结构生产基地主体建设，附属设施完成扫尾，投产运营	湘潭经开区管委会
8	中科管业年产两万吨新型碳塑钢管项目	项目主要建设年产20000吨新型碳塑钢管及相关连接管件等产品生产基地	10000	完成厂房装修及设备安装，投产运营	湘潭经开区管委会
9	湖南中长管道有限公司租赁项目	项目主要进行管道生产线建设及厂房改造	8000	完成厂房改造装修及设备安装，投产运营	湘潭经开区管委会
10	爱可信年产8万套电池箱体建设项目	项目总建筑面积32599.8平方米；主要建设生产车间、研发楼、倒班楼、建设冲压、电泳喷粉生产线，购置并安装、调试设备	10000	完成生产车间、研发楼、倒班楼主体建设，完成冲压、电泳喷粉生产线设备安装，投产运营	湘潭经开区管委会
11	电机车厂智慧矿山运输车辆智能运行调度系统研制建设项目	项目占地1.07万平方米，建筑面积1万平方米，新建科研大楼和生产车间各1栋，升级改造车间3栋，购置科研设备30台（套）等，达到年产150台（套）研发生产能力	8000	项目投产	湘潭县人民政府
12	远东钢模桥隧装备技术升级项目	项目主要进行4号和5号车间行吊、专用升级设备购置及安装调试以及1号厂房改造及购置相应设备	5000	投产运营	韶山市人民政府
13	中韶电气自动化低压配电及终端产品智能智造平台建设项目	项目主要建设年产500万台低压断路器及配套零部件产品的智能制造生产线7条	10000	投产运营	韶山市人民政府
14	韶山钰盛锂电池生产线建设项目	项目总规划用地12.47万平方米，分二期建设。其中：一期用地规模7.41万平方米，总建筑面积7.9万平方米，主要建设1栋4层研发楼，1栋4层专家楼，3栋2层生产车间，配套储罐及锂电池生产线。二期用地规模5.05万平方米，总建筑面积6.1万平方米，主要新建3栋2层生产车间及锂电池生产线	40000	投产运营	韶山市人民政府

续表3

序号	项目名称	建设规模及主要建设内容	2021年计划完成投资	2021年形象进度	项目责任主管单位
		汽车及零部件			
15	吉利汽车技术改造升级项目	项目主要建设及升级改造大涂装车间、老涂装车间、焊装车间、总装车间、小冲焊车间、RDC车间、CKD车间、污水处理及配套设施；并购置、安装相关设备	52359	完成大涂装车间、老涂装车间、焊装车间等升级改造及设备安装，投产运营	湘潭经开区管委会
16	拓普轻量化底盘系统模块项目	项目主要建设约83056平方米生产厂房及12508平方米辅助用房，建成年产90万套轻量化副车架、90万套轻量化悬挂系统和90万套轻合金转向节，共计270万套轻量化底盘系统模块产品	28000	完成厂房、辅助用房主体建设及装修，投产运营	湘潭经开区管委会
17	屹丰汽车产业链焊接技术创新基地项目	项目建设智能焊接生产线展示中心，产品检验检测试验中心、人才培训中心、新建钢结构厂房2栋，建筑面积3.3万平方米（最终以相关部门批复和实测面积为准）。将引进6条4门2盖及前后地板焊接总成生产线、5台覆盖冲压生设备，10台数控加工中心设备，建设具有国际领先水平的集产品研制、技术设备共享和人才培训综合体	40000	完成项目建设，完成竣工验收，投入生产	湘潭高新区管委会
18	汽车精密注塑件、汽车电子水泵及热管理模块部件生产和研发基地建设项目	项目分两个子项目，一是汽车精密注塑件、汽车电子水泵及热管理模块部件生产基地建设，二是研发基地建设。项目建筑面积约2.6万平方米，包含生产厂房约1.9万平方米、研发楼约2800平方米和约4200平方米的附属房。新建114条注塑生产线，购置注塑机、组装检测和精密模具加工等设备	5000	完成一期厂房建设并投产；启动二期厂房建设	湘潭经开区管委会
19	汽车保险杠生产基地	项目租赁高端汽车零部件产业园8号栋厂房1.5万平方米，建设制造SX11型汽车零部件制造生产线	20000	完成厂房装修，设备搬迁及安装调试，投产运营	湘潭经开区管委会
20	舍弗勒湘潭生产基地一期技术改造项目	项目在原有厂房新增两条生产线	6000	完成主体建设及新增生产线安装调试，投产运营	湘潭经开区管委会
		新材料			
21	湘潭高新区新材料产业园项目	引进深圳南利装饰集团收购湘潭酷弗聚能科技材料有限公司部分股份，改造现有厂房，新增生产线，提供商业模式及管理团队；建设新材料研究院。由湘潭大学化学院与山东补天新材料有限公司共同组建新材料研究院，计划征地5.33万平方米，建立中南地区新材料专利技术交易、推广及应用服务平台	7000	南利酷弗项目完成厂房升级改造装修，新增500平方米产线设计等，投入生产	湘潭高新区管委会
22	尔旭新材料租赁项目	项目租赁厂房并进行改造，建设一条新材料生产线	10000	完成厂房装修及生产线设备安装，投产运营	湘潭经开区管委会

续表3

序号	项目名称	建设规模及主要建设内容	2021年计划完成投资	2021年形象进度	项目责任主管单位
23	顺络电子精密陶瓷研发及制造基地	项目占地3万平方米，总建筑面积2.8万平方米。主要建设年产2000吨氧化锆新材料生产线1条，车间2栋，研发楼1栋，宿舍1栋	10000	竣工并投产	湘潭县人民政府
24	佳钰环保年产4万吨脱硫脱硝环保新材料生产线建设项目	项目占地2万平方米，总建筑面积2.1万平方米。主要建设年产4万吨脱硫脱硝环保新材料生产线16条，新建厂房1栋，综合楼1栋，传达室1间，晾晒车间1栋，仓库1栋	6000	竣工并投产	湘潭县人民政府
25	中建建科超高层建筑用铝模生产线及智能旧模板回收改造项目	项目改造生产车间4栋，仓库1栋，面积约1.3万平方米。主要建设年产500台高性能特种钢技能水泵生产线3条	6000	竣工并投产	湘潭县人民政府
26	千里码年产12000吨膜材生产线建设项目	项目占地3300平方米，总建筑面积约1.6万平方米。新建车间1栋，建设年产12000吨膜材生产线2条	5000	竣工并投产	湘潭县人民政府
27	坤腾新材料项目	项目占地4.67万平方米，主要建设年产15万立方米铝模生产基地以及相关配套实施	6000	投产	湘乡市人民政府
		食品医药			
28	湖南区域细胞制备中心及综合细胞库	项目主要建设细胞储存库、GMP标准实验室、细胞药物研发中心、开放式学术中心等，开展细胞储存、细胞制备、治疗研究及细胞治疗药物研发等业务	10000	完成工程建设，实现运营	岳塘经开区
29	湘潭高新区医疗器械产业园骨干建设项目	项目主要对代温灸膏、无糖型三胶颗粒进行机制创新及研发，对现有2000平方米生产车间进行自动化改造，完成600平方米洁净车间和60平方米实验室装修，完成厂房装修及设备采购、调试、投产	12000	投入运营	湘潭高新区管委会
30	湖南胖哥耀晨食品有限公司总部及生产基地	项目占地26.33万平方米，总建筑面积约20万平方米。建设食用槟榔生产中心、研发中心、物流仓储等	38000	竣工并投产	湘潭县人民政府
31	广州酒家集团利口福（湘潭）食品生产基地二期建设项目	项目占地19.03万平方米，总建筑面积约21万平方米，建设月饼馅料生产线3条、月饼生产线2条、速冻产品生产线2条。新建1层钢结构厂房5栋，仓库8栋，办公楼及食堂1栋	45000	竣工并投入使用	湘潭县人民政府
32	五洲通三期	项目占地5.4万平方米，总建筑面积约2万平方米。主要建设职工宿舍及绿化等配套设施	12000	竣工	湘潭县人民政府

续表3

序号	项目名称	建设规模及主要建设内容	2021年计划完成投资	2021年形象进度	项目责任主管单位
33	伍子醉高端槟榔生产线建设项目	项目用地约2万平方米，建设厂房面积约2.4万平方米，建设高档次食用槟榔生产线1条	20000	竣工	湘潭县人民政府
34	湖南迪润食品生产建设项目	项目占地3.13万平方米，建筑面积3.6万平方米，主要建设3栋厂房、1栋综合楼、1座污水处理池、相关配套用房及生产线	20000	投产运营	韶山市人民政府
		电子信息技术			
35	蓝思科技智能终端设备项目	项目改造省级蓝思湘潭生产基地原有3栋标准化厂房，面积约16万平方米，建设手机整机生产线	90000	完成3栋标准化厂房进行改造升级及内部装修，进行手机整机生产线，投产运营	湘潭经开区管委会
36	路盛达显示屏生产线项目	项目主要建设电视机、车载显示屏、硬件生产线	20000	竣工投产	湘乡市人民政府
37	湖南振添光学玻璃项目	项目建筑面积57866平方米，主要建设3条安防玻璃、光学玻璃生产线，办公场所，服务中心，研发中心及相应配套设施	15000	试投产	湘乡市人民政府
38	湖南湘君电子元器件项目	项目主要建设一条高端高可靠电子元器件及电路模块、IF转换器等产品的生产线和1间研发室	20000	竣工投产	湘乡市人民政府
39	天韵科技电子元器件生产线项目	项目主要建设显示屏、偏光片、光学材料等电子元器件生产线	13000	试投产	湘乡市人民政府
40	中臣科技电子元器件生产线项目	项目主要建设石英晶体、晶振、有源晶振元器件生产线	13000	竣工投产	湘乡市人民政府
41	新天源电子元器件生产线项目	项目主要建设显示屏、偏光片、光学材料等电子元器件生产线	13000	试投产	湘乡市人民政府
42	创普开业电子元器件生产线项目	项目主要建设石英晶体、晶振、有源晶振元器件生产线	16000	试投产	湘乡市人民政府
43	巨江实业电感产品生产线项目	项目占地约1.2万平方米，建设10条电感产品生产线	15000	试投产	湘乡市人民政府
		资源循环利用			
44	巨强再生资源循环利用基地烟气、粉尘治理项目	项目占地3240平方米，主要建设布袋除尘器、粉尘收集系统，仓库及配套基础设施	5000	试投产	湘乡市人民政府

续表3

序号	项目名称	建设规模及主要建设内容	2021年计划完成投资	2021年形象进度	项目责任主管单位
45	韶山金弘再生资源生产建设项目	项目占地3.33万平方米，建筑面积1.1万平方米，主要建设3栋厂房、1栋化验楼及废钢加工生产线	10000	投产运营	韶山市人民政府
			能源产业		
46	大唐电厂3号机组脱硫改造	项目主要对大唐电厂3号机组进行脱硫改造	8000	完成3号机组通流改造，投入运营	湘潭高新区管委会
47	花石分散式风电场项目	项目设计装机容量为39.6兆瓦，安装12台3.3兆瓦的风力发电机组，新建一座升压站和运营管理中心，以1回110千伏架空线路接入张家坝变电站	33000	升压站具备倒送电条件	湘潭县人民政府
			建筑建材		
48	湖南九华南方新材料科技有限公司绿色建材循环产业园项目	项目建设4条240商混生产线，2条年处理150万吨城市建筑垃圾再生骨料生产线，2条年产能30万立方米水稳生产线及新建办公楼、宿舍、综合楼等	21000	4条240商混线投产、办公楼、综合楼、倒班楼投入使用	湘潭经开区管委会
49	长乐节能绿色建材项目	项目主要建设研发车间和生产车间3.75万平方米。成品库2.28万平方米，办公楼、宿舍及职工食堂等生活设施5600平方米	25000	投产	湘潭县人民政府
50	环亚家居生产线项目	项目占地1万平方米，建筑面积约1万平方米，主要建设2条瑜伽垫生产线、2栋厂房及1栋综合办公大楼	6000	投产	湘乡市人民政府
51	湘乡绿色矿山采石场项目	项目占地5.33万平方米，建设时产200吨产能制砂楼，时产1000吨产能的砂石同出楼式系统；白云石矿新建1条年产90万吨矿石生产线，高坊采石新增1条年产200万吨白云岩矿碎石生产线	40000	完成项目周边房屋拆迁、安置，完成厂房建设及周边附属设施建设，建成时产1000吨产能的砂石同出楼式系统	湘乡市人民政府
			标准厂房及平台建设		
52	雨湖产业新城项目	项目主要建设标准厂房、研发楼、公路物流及其他基础配套设施	100000	柏屹高端装备研发基地：设备采购，完成竣工手续。中科富海：换班楼、研发楼外窗框安装完成；换班楼、研发楼室内水电管道已完成安装；厂房西侧值班室及围墙测量放样准备开挖；换班楼东西山墙内保温施工完成。麓山科教：基础施工中。中为科建（固可得二期）项目：承台、地梁垫层已完成。承台、地梁钢筋绑扎已完成。砼浇筑已完成，丝杆预埋已完成。承台、地梁开挖已完成。消防水管安装完成。雨水管预埋完成80%，污水管预埋完成。钢结构吊装完成80%，屋顶檩条安装完成40%。工程规划许可已办理。孔雀城一期：1~8号楼主体结构、砌体、抹灰、挂瓦完成；9~15、17~19、22、23、26号楼主体结构封顶。16、20、24、28号楼桩基完成。复兴路：已通车，待竣工验收	雨湖区人民政府

续表3

序号	项目名称	建设规模及主要建设内容	2021年计划完成投资	2021年形象进度	项目责任主管单位
53	湘潭机器人产业园一期建设项目	项目总建筑面积约为27万平方米，主要建设单层钢结构厂房约6.9万平方米、多层混凝土结构厂房约16.7万平方米和科研办公用房约3.4万平方米	60000	正进行一期8.47万平方米工业用地厂房建设，23栋厂房完成建设，正进行竣工验收	湘潭高新区管委会
54	利欧泵业标准厂房建设项目	项目占地约5.33万平方米，主要建设标准厂房	30000	完成标准厂房主体建设及装修，投产运营	湘潭经开区管委会
55	中南高科智能制造产业园项目	项目总规划面积66.67万平方米，总建筑面积超过80万平方米。建设集总部办公、生产、科技研发于一体的综合性高新产业园区。主要引入产业集群涵盖智能制造、电子信息、新材料、汽车零部件等无污染性企业。分三期开发，一期一批占地14.07万平方米	80000	一期一批17栋、一期二批8栋厂房完成竣工验收，园区投入运营；进行一期三批4栋厂房主体建设，其中2栋建至4层，另外2栋建至1层。已签约45家企业，签约面积约7.8万平方米，27家企业入园，其中17家企业正进行装修，10家企业投产	湘潭高新区管委会
56	湘潭高新区智能制造产业园技术创新项目	建设大用机器人“本体+集成”项目；英斯派克科技有限公司租赁场地约1600平方米，主要建设工业视觉等机器人产品的硬件组装和实验调试场地；智行者租赁办公用房300平方米、测试场地200平方米，建设无人驾驶研发、生产基地（湖南）总部项目	12000	投入运营	湘潭高新区管委会
57	中部电力科技产业园	项目占地面积12.07万平方米，建设2栋电力企业总部大楼和26栋企业研发办公楼（1期建设4栋、2期建设22栋），园外新建方圆电力、大力电力等制造类生产厂房	50000	部分投入使用	湘乡市人民政府
58	湘乡市双创科技产业园二期配套项目	项目建筑面积14468.96平方米，建设2栋食堂、宿舍，1栋设备用房	10000	完成项目建设	湘乡市人民政府
59	湘乡双创技术产业园	项目建筑面积约30万平方米，建设标准厂房、办公楼、宿舍楼	70000	竣工	湘乡市人民政府
60	金荣·湘潭国际工业园	项目规划总面积40万平方米，建设内容为：多层标准厂房生产区、总部景观独栋办公区、创新企业高层孵化区、商务写字楼研发区，智能生活配套服务区及智慧园区运行管理服务中心	40000	一期26栋厂房完成竣工验收，园区投入运营。二期一批1.93万平方米厂房完成主体封顶，砌体工程完成50%，抹灰工程完成30%。42家企业签约，23家企业入驻，9家进行装修，14家完成装修实现投产	湘潭高新区管委会
61	华美嘉·工谷壹号	项目主要建设约4.3万平方米标准厂房	32000	新建厂房全部验收并交付使用	湘潭经开区管委会
62	湘乡裘革工艺园项目	项目占地面积1.87万平方米，总建筑面积25990平方米，新建和改建厂房7栋，改造2栋	20000	完成厂房改造，部分企业投入生产	湘乡市人民政府
63	湘潭高新区国家双创示范基地公共技术服务平台项目	对院士产业园内的建筑及配套设施进行提质改造（建筑面积115168平方米）；建设湖南奥托斯创业带动就业公共服务平台，包括设立创客联合工作区、创客工厂、创客路演厅、创新产品展示厅等；建设射频微波领域的芯片与关键电子器件测试、设计和半导体工艺建模平台	9500	完成项目建设，进行竣工验收	湘潭高新区管委会

续表3

序号	项目名称	建设规模及主要建设内容	2021年计划完成投资	2021年形象进度	项目责任主管单位
		创新平台			
64	中科（湘潭）创新中心	中科（湘潭）创新中心所需空间5000平方米（一期安排约3000平方米，二期安排约2000平方米）	10000	完成一期场地装修，投入运营	湘潭高新区管委会
65	潭州嘉园	项目占地面积1.67万平方米，建设高压、超高压实验室、科研办公楼、专家楼、总部结算中心	15000	基本完成主体工程建设	岳塘经开区
66	湖南电器检测所	建设电工电器行业公共技术研发、服务平台和大容量实验室、低压电器实验室、中压实验室及合成回路大厅、EMC实验室、高压实验室等及场内配套设施	30000	低压试验室内墙粉刷完成95%，大门、窗户安装完成，原有设备搬迁完成95%；中压试验室外架拆除完成，内墙粉刷完成；地面完成50%；发电机房外墙抹灰完成；内墙粉饰完成80%；外架已拆除；室外管网及道路基层完成80%；变电站完成验收已送电	湘乡市人民政府
		现代物流			
67	大道包装塑料复合软包装租赁项目	项目为租赁厂房，主要从事生产槟榔包装、休闲食品包装、医药包装袋、各类内外袋、自动卷膜	11000	完成厂房装修及设备安装，投产运营	湘潭经开区管委会
68	中仓供应链系统、仓储、包装、配送服务项目	项目建筑面积63036平方米，建设智能物流库房、智能储存仓库、综合楼以及配套设施	26000	项目已完成不动产权证、建设用地规划许可证、建设工程规划许可证以及建筑工程施工许可证等前期手续办理。完成项目科研楼、多层和单层仓库以及室内外配套与消防安装施工，完成竣工预验收	湘潭综合保税区管委会
69	凯依克物流二期工程	项目占地7.87万平方米，总建筑面积12万平方米，主要建设标准钢结构仓库、冷链仓库、停车场、配套办公楼及附属设施	4100	项目已竣工投产	湘潭县人民政府
70	湘乡市物流园建设	项目主要建设仓库、办公楼及物流场地，完善提质铁路运输系统和基础和智能网络化平台建设	20000	三龙湾项目：分两期建设，一期主要建设仓库、道路、地面硬化等内容基本完成；二期主要建设办公楼、宿舍、餐厅、排污等配套设施，将根据G240绕城线项目进展情况择机动工。万里行物流项目已经完成全部建设，投入使用运营中。百嘉香冷链物流项目：完成冷链仓储设备建设并投入使用，农产品批发市场和物流配送门店建设完成，通过竣工验收阶段，投入使用	湘乡市人民政府
71	岳塘国际商贸城智能立体仓储配送系统项目	项目主要建设出入库月台、库前作业区、货架仓储区、库后输送接驳区及相关配套设施四大区域	30000	完成项目建设并投入使用	岳塘经开区

续表3

序号	项目名称	建设规模及主要建设内容	2021年计划完成投资	2021年形象进度	项目责任主管单位
72	湖南天恒智慧物流仓储中心项目	项目总占地约3.33万平方米，计划建设4.6万平方米智能化、机械化物流仓1栋及4000平方米办公、职工生活配套用房1栋	8000	完成物流仓主体施工	岳塘经开区
		商贸			
73	湘潭义乌商贸城一期二阶段建设项目	项目占地222298平方米，建筑面积41.6万平方米，含步行商业街商铺2.3万平方米，住宅9.4万平方米，地下室9.2万平方米及相关配套设施	30000	部分商业主体完成封顶，完成部分地下室开挖	雨湖区人民政府
74	中南国际汽车城	项目主要建设辐射湘中地区的集整车销售、二手车交易、售后服务、维修保养、汽车及零配件物流大型现代汽车销售服务中心	10000	装修扫尾，投入运营	湘乡市人民政府
75	中国（中部）岳塘国际商贸城岳塘购电商大楼	项目占地33万平方米，总建筑面积109925.05平方米，主要建设岳塘国际商贸城岳塘购电商大楼商业写字楼、公寓、停车场等相关配套设施	10000	完成主体施工及室内装修，投产达效	岳塘经开区
76	湘乡市农贸市场建设改造	项目主要改造城区和乡镇农贸市场，全面取缔马路市场	10000	正在加快建设，即将完工	湘乡市人民政府
77	克拉小镇商贸综合体	项目建筑面积20万平方米，主要建设小镇商贸综合体	20000	竣工运营	湘乡市人民政府
78	百嘉香冷链市场商贸综合体	项目主要建设百嘉香冷链仓库、市场及物流体系及配套项目	20000	竣工投入使用	湘乡市人民政府
79	湖南省特色优质农产品产销平台（湖南省特色农产品国际贸易集散平台项目）	项目建设具备湖南省特色的集散中心和贸易市场。项目建成后，将拥有会务会展中心、大数据中心、展贸集采中心、仓储物流中心、研究培训中心、金融结算中心、检验检测溯源中心、标准认证中心、跨境电商孵化中心、加工包装中心等“十大中心”	60000	启动冷库建设，完成网络平台建设及其他电商平台互联互通	岳塘经开区
80	九华步步高商业中心	项目占地36万平方米，总建筑面积139万平方米。包含40万平方米商业中心，业态涵盖步步高旗舰购物中心、星级酒店、AAAAA写字楼、国际公寓、商业街区以及99万平方米的高尚生活住区	60000	商业购物中心主体建设完成，投入使用和运营	湘潭经开区管委会
81	长河湾洲际高星级酒店建设项目	项目占地4万平方米，酒店面积4万平方米，建设高级酒店及配套设施	20000	酒店幕墙施工中，1~4楼裙楼部分即将装完	湘乡市人民政府

续表3

序号	项目名称	建设规模及主要建设内容	2021年计划完成投资	2021年形象进度	项目责任主管单位
			大健康		
82	恒大颐养社区	项目总建筑面积60万平方米，主要建设住宅、商业和道路园林等配套工程	190000	完成一期工程建设，实现交房	岳塘经开区
83	恒和康复医院	项目占地约3.8万平方米，总建筑面积70434平方米，主要建设恒和医院主楼、后勤楼及康复楼，倚靠强大的医联体模式，建立具备国际前沿水准的医疗体系	25000	完成工程建设	岳塘经开区
84	卓越健康城	项目占地1万平方米，建设高压、超高压实验室、科研办公楼、专家楼、总部结算中心	15000	基本完成主体工程建设	岳塘经开区
			文化旅游体育		
85	中国·城总文化旅游度假区	项目总建筑面积191533.7平方米，主要建设具有湘潭河街特色的建筑，建设成带有旅游休闲及历史文化体验感的商业街	140000	十五总、十六总、十七总主体结构已完成；砌体工程已完成；现进行内外墙装饰、水电安装及配套设施建设	雨湖区人民政府
86	岳塘·星域森林直播生态小镇项目	项目拟对已建成的中国（中部）岳塘国际商贸城20万平方米进行改建，打造中国最大电商直播产业带基地	18000	完成部分直播间硬装、软装、设备购置、软件调试等建设	岳塘经开区
87	齐白石艺术城	项目总建筑面积39万平方米。主要建设白石古玩街、艺术家住宅、白石篆刻艺术博物馆、白石文化雅院、五出五归景观带、艺术家公寓、白石艺术中心、白石艺术培训中心、齐白石艺术大世界、艺术家酒店	10000	主体已完工，进行内外装饰、配套设施建设	雨湖区人民政府
88	善水休闲旅游建设项目	项目占地23310平方米，总建筑面积66200平方米，主要建设休闲民宿7栋、服务中心1栋、钢结构厂房1栋及其他相关配套设施	5000	项目已替换为智能光电显示制造基地项目，进行1#栋完成基础承台施工，完成全部基础回填，一层楼板支模架及二层梁板钢筋模板施工。2#栋完成三层楼板混凝土浇筑。3#栋完成三层楼板混凝土浇筑	雨湖区人民政府
89	云栖湖创智小镇	项目北起碧水路，东到幸福大道，南抵桂花路，西至基业路。总用地面积2.99平方千米	20000	中科富海已经完成换班楼、研发楼项目建设，正进行钢结构吊装工作，附属设施施工；觉之味项目仓库、蒸煮车间、生产车间、发楼和倒班车间已经完成，附属道路、绿化和停车位已经完成，计划12月份投入使用。兴业路已经完成二层路基水稳施工，进行人行道、侧石等附属设施施工	雨湖区人民政府
90	聚艺视界研学园梅林桥基地	项目占地25.33万平方米，总建筑面积3万平方米，主要建设社会职业空间、自然生态空间、体能拓宽空间、国际科技空间、国学空间、红色文化与本土空间、原有园区升级改造、新建教学大楼、食堂、广场及配套设施	8000	完成一期所有项目建设，并投入运营，对外开放营业	湘潭县人民政府

续表3

序号	项目名称	建设规模及主要建设内容	2021年计划完成投资	2021年形象进度	项目责任主管单位
91	彭总故里国防教育示范基地（乌石军旅小镇）	项目占地77.87万平方米，总建筑面积1.7万平方米，主要建设研学旅行内训场地，包括宿舍楼、食堂、会议室、办公楼、库房、体育场馆等，配套建设水、电、路、环保、消防设施	13000	建成1号兵站，流转1号兵站周边用地300平方米用作停车场，添置消防车1辆，运兵车2辆，指挥方舱车1辆，山猫特战车2辆。新增250条训练枪，20顶班用帐篷，后勤炊事车1台，以及消防器材，监控系统，器材库建设，新增50套单兵作战装备，运回坦克1辆	湘潭县人民政府
92	红林花海（二期）建设项目	旅游道路，包括3.6千米林区道路硬化，摊铺沥青道路1680平方米，连接线建设642米道路硬化摊铺沥青；生态停车场，包括小车停车位420个，大巴车停车位20个；旅游基础设施，包括"一环、四区、一带一灯塔"；公共服务，包括3座旅游厕所建设	3000	完成民宿区功能完善建设（排污系统建设），大棚迷宫建设，橘盆建设。正进行民宿区功能完善建设，滴灌系统维护，植被修剪维护	韶山市人民政府
93	"最忆韶山冲"演出项目	项目占地2.93万平方米，建筑面积20000平方米。主要建设剧场以及周边商业建筑的土建、装修、安装、配套室外给排水、供电、消防、绿化	40000	完成机电、暖通、消防、弱电、装修、舞台机械设备安装工程，幕墙、室外园林景观基本完成，启动项目验收。12月实现首演	韶山市人民政府
94	"山市晴岚"文化旅游项目	项目规划用地183.27万平方米，对昭山景区全面提质升级，建设"山市晴岚"小镇，植入互动娱乐旅游开发、休闲养生度假、高端健康居住社区等功能性产业板块，打造集旅游、休闲、文化、风情、创意于一体的旅游目的地	40000	完成刘锜故居和宗祠文化馆建设；启动景区基础设施及生态提质改造一期建设；推进文化小镇一期、游客中心建设	岳塘经开区
		现代农业示范园			
95	姜畲现代农业示范区	示范园位于姜畲镇、鹤岭镇和长城乡等3个乡镇，涉及清泉村、石龙村、白鹭湖村等11个村庄，规划面积3967.31万平方米。东至宋樟线、南至涟水河堤、西至友谊渠和北至320国道复线	11334	食用菌产业园运营中心项目平台公司正式挂牌成立，完善菌种场与农业生产大棚规划设计与施工方案。华盛昌中央厨房项目完成中央厨房食品流水线设备、冷库、天然气等安装调试；完成生产车间、仓库及配送中心、办公室内外设施建设。尚勇基地建设项目完成基地提质改造，水肥设施维护，大棚、输液管网、遮阳网建设以及沼液池建设，温控大棚维护升级。水培苗5万株。冷链物流体系建设项目13家建设主体已完工，完成项目整体验收。示范园品牌项目开展一系列"雨·湖蔬鲜"进社区活动，阳光山庄社区、百姓家园社区多次进行推广系列宣传片完成拍摄。示范园人居环境整治项目有序推进	雨湖区人民政府
96	梅林桥现代农业示范园	项目建设聚艺视界研学园基地、梅林山庄、新怡、春水、辰星等产业项目；推进森林公园、生态停车场建设	8600	科学剧场、科技大道、生态停车场、森林公园设施建设全面完成	湘潭县人民政府
97	碧泉潭现代农业示范园	项目建设以湖南华绿生物科技有限公司、顺餐食品有限公司等园区现有企业为主，建设园区生态垂钓基地、水稻、油菜、荷花、农副产品加工基地	3500	完成顺餐二期工程建设，完成华绿稻田托管中心建设、完成特色种养殖基地建设	湘潭县人民政府

续表3

序号	项目名称	建设规模及主要建设内容	2021年计划完成投资	2021年形象进度	项目责任主管单位
98	银田现代农业示范园	项目规划总面积约2800万平方米，核心区面积约666.67万平方米，主要发展花卉苗木、精品水果、中药材种植、农旅融合等产业项目	10000	宏发基地完成基础设施建设和黄桃销售，开展省级特色产业园的资金使用方案制定、园区后期管理工作；银田村扶贫产业基地主要是开展灵芝、香菇和大米采收及基地研学工作；韶山生态清洁小流域建设项目主体工程已完成；银田服务中心已完成建设，正开展红培工作。除高标准农田建设项目、水美湘村项目和2021年农业面源污染治理项目3个项目未完工，其他项目均已建设完成	韶山市人民政府
99	韶河现代农业示范园	规划总面积约4000公顷，核心区面积约666.67公顷，发展精品水果、花卉苗木、水产养殖、农旅融合等产业项目	10000	金景丰基地主要工作是开沟、埋肥、施水；四清基地完成水蜜桃特色产业园建设前期手续办理相关工作，主要包括设施用地手续完善等，已开始实施道路拓宽、电力改造等前期工作。完成楠竹山油茶基地茶籽采收工作。做好水蜜桃基地的秋冬季节管理工作，除草、剪枝、施秋肥；韶河生态基地完成第二批南美白对虾销售工作；完成加州鲈育苗工厂化循环水绿色养殖项目立项备案工作；除汇弘实业有限公司100万头生猪屠宰深加工建设项目未完工外，其他项目均完成建设任务	韶山市人民政府
		农业产业化			
100	湖南华银绿色生态园建设项目	项目占地面积27.58万平方米，总建筑面积33817平方米。主要建设综合功能服务区、特色水果种植区、农产品加工区、农产品物流交易区	8000	完成生产车间、仓库及配送中心、办公室内外设施建设。文化长廊修缮，建设党建馆，完成周边绿化。中央厨房食品流水线设备、冷库、天然气等完成安装。农产品深加工区环保水处理、专变，用地手续等已完成。完成简易大棚1万平方米、3米高大棚1.5万平方米，喷灌配套。完成草莓园道路排水和草莓种植1.33公顷	雨湖区人民政府
101	青山桥皮鞋皮具特色小镇一期工程	项目主要建设标准厂房3.5万平方米、皮鞋皮具批发交易市场2.7万平方米、综合服务楼及商住综合楼	15000	标准厂房附属工程，皮鞋皮具批发交易市场完成部分主体工程	湘潭县人民政府
102	立华牧业3500万羽一体化养鸡项目	项目主要建设年存栏14万套的种鸡场、年产4000万羽的孵化厂、年产18万吨的饲料厂、年产值1100万羽冰鲜鸡的屠宰厂，在全县建设10个村集体农场	7100	种鸡场：鸡舍钢结构完15栋，鸡场排水、雨污水排水全部完成，场内道路工程建设中。 孵化厂：孵化车间及附属用房主体全部完成，孵化车间建设已完成，场路硬化完成40%。 屠宰厂：仓库钢结构主体完成80%，附属用房结构部分已完成，砌体工程完成90%，研发楼砌体完成至4层，内抹灰进程。 饲料厂：土方工程已完成，场外围墙完成。 铁竹商品鸡场：10栋鸡舍完成，竣工验收阶段	湘潭县人民政府

续表3

序号	项目名称	建设规模及主要建设内容	2021年计划完成投资	2021年形象进度	项目责任主管单位
103	尚合5万头/年肉生猪繁育育肥项目	项目占地14.67万平方米，总建筑面积20万平方米，主要建设猪舍16.9万平方米、禽类养殖区1.3万平方米、管理用房6000平方米、环保配套设备8000平方米，秸秆粉碎车间500平方米	60000	主体完工，设备安装、零星扫尾工程	湘潭县人民政府
104	湘乡市茶油产业项目	项目在潭市、金薮、壶天等乡镇对老茶基地进行提质，扩大种植面积，新建或对原有加工厂设备提质	20000	完成年计划任务	湘乡市人民政府
105	樱皇农业七星村生态休闲农业开发项目（三期）	项目占地面积20万平方米，选址昭山镇七星村，一期建设樱花枫叶园，二期建设大型温棚有机水果采摘区，三期建设中药苗圃种植、文化体验区	15000	完成工程建设，实现开园	岳塘经开区
新基建					
106	湘潭市大数据中心及运营中心	总建筑面积59210.71平方米，包括数据大厦、数据中心机房楼。其中：数据运营中心21890.17平方米；数据中心配套用房4292.80平方米，数据中心机房19893.43平方米，运维区2930.4平方米，门卫室等45平方米，地下车库10158.91平方米	28000	机房楼、数据大厦主体封顶。正装修	湘潭高新区管委会
107	湘潭新基建绿色大数据共享平台项目	租赁办公用房500平方米，建设总设计容量不低于200PB大数据平台	20000	12PB数据完成调试和基本导入，公安8PB存储设备摆放的公安机房安装完毕；政务4PB存储设备租赁电信机房场地、设备也安装完毕	湘潭高新区管委会
108	湘潭高新区5G+大数据产业化项目	德芯阵列：租赁6600平方米厂房，设立研究院和布置产线，建设光电半导体/新型柔性显示产业化项目；联基电子：租赁过渡厂房约1650平方米，进行数据线，智能设备充电器、大功率快速充电线、5G手机散热模组超薄均温板、后盖板，智能消费电子等研发生产；巴云科技：租赁4000平方米场地，依托阿里资源库，打造“大数据+产业生态+上下游多样化企业”产业集群，在园区内落地阿里云创新中心湘潭大数据产业基地	10000	联基电子项目已完成两条生产线建设，正常运行中。 巴云科技项目、中电互联项目装修完成，投入运营	湘潭高新区管委会
109	京东“互联网+”新经济合作项目	项目占地约1.33万平方米，建设内容包括“一园、一基地、一中心”，即京东湘潭电子商务产业园、京东云计算大数据产业基地和智能制造产业创新中心，大数据中心	20000	竣工运营。11月完成产值1.3亿元，引进企业3家，开展数字新蓝海百城开店季–招商活动1场	湘潭高新区管委会
110	“智慧湘乡”建设	项目布局5G、人工智能、工业互联网、物联网、智慧交通新型基础设施	30000	项目基本完成，进入调试阶段	湘乡市人民政府
长株潭一体化					
111	长株潭城际轨道交通西环线一期工程	项目起于湘潭北站，线路主要沿潭州大道向北敷设，途经九华科教城、观音港、巴溪大道、学士路、巡抚路，止于山塘站（不含）。线路全长17.13千米（湘潭段7千米，长沙段10.13千米），其中地下段长约6.66千米，高架段长约9.5千米，过渡段长约0.97千米，共设车站8座，地下站4座，高架站4座	100000	基本完成土建主体结构施工，机电单位进场开始施工	湘潭经开区管委会

续表3

序号	项目名称	建设规模及主要建设内容	2021年计划完成投资	2021年形象进度	项目责任主管单位
		交通基础设施			
112	湘潭市窑湾景区配套基础设施项目二期（杨梅洲大桥）	项目线路全长2400米。其中桥梁长2123米，宽51.85米；引线长5286米，引桥宽36米	40650	桩基工程：完成主桥辅助跨、引桥及匝道桩基325根，完成95%；下部结构完成95%；现浇箱梁完成53%；主塔河西占比83%；钢锚梁加工完成36套全部完成，涂装完成36套，已安装23套，以上工程完成占工程总量的52%	湘潭城乡建设发展集团有限公司
113	湘潭市窑湾景区配套基础设施项目三期（杨梅洲大桥南北引线）	项目总占地面积37万平方米，道路总长6125米，其中北引线线长3500米，南引线线长2625米，路幅宽60米	35500	南引线工程：道路清表完成100%，特殊地基处理完成100%，道路软基处理完成70%，便道施工完成90%，土方工程完成55%，箱涵完成100%，桥梁完成90%，新增管涵完成90%，围挡施工完成95%，挡土墙施工完成25%，污水拖拉管施工完成25%，圆管涵完成施工40%	湘潭城乡建设发展集团有限公司
114	韶山市1121工程建设项目	项目主要建设铁路专用线、宗兴线、连接道路、导航台、洞库	25000	完成连接道路、导航台、企业站、铁路专线电气建设，继续洞库建设、水系道路恢复	韶山市人民政府
115	团竹路拓宽和改建工程	项目包括改扩建道路全长2890米，路幅宽度为60米，主要包括道路建设以及给排水、绿化、亮化等配套设施	8000	完成沃土路至滨江路段建设，年底完成竣工	岳塘经开区
116	G320三期湘乡区域段	G320绕城线湘乡城区段4.783千米，农村段龙洞大田至东郊石江全长11.332千米	40000	完成全年任务	湘乡市人民政府
117	湘乡城区道路建设	项目建设东台路、文塔路、望春路三条主路，对东山南路进行提质	16000	完成建设	湘乡市人民政府
118	湘乡市农村四好公路建设项目	创建农村四好公路，进行窄路改宽、危桥改造、安保设施建设	16000	农村四好公路建设已完成	湘乡市人民政府
119	天易经开区湘南路（凤凰西路至湘莲大道）道路工程	项目长4242米、宽40米，包括排水、管线工程和路面硬化	18000	大鹏路—玉龙路：完成总体进度的60%。玉龙路—武广大道：完成总体进度的20%	湘潭县人民政府
120	湘潭市佳木路	项目为城市主干道，全长3397.15米，路幅宽55米。主要建设内容包括道路工程、绿化景观工程、给排水工程、亮化工程、交通设施工程、征地拆迁基础设施配套	15000	完成一标段建设	岳塘经开区

续表3

序号	项目名称	建设规模及主要建设内容	2021年计划完成投资	2021年形象进度	项目责任主管单位
121	湘潭市窑湾景区配套基础设施项目一期（西二环一期）	项目位于湘潭市雨湖区，北起西二环线与羊牯大道交叉口以北，南至西二环与岚园路延长线交叉点、道路总长2839米，路幅宽60米。主要建设道路工程以及排水、绿化、亮化配套设施	18100	主线全线路基K0+000~K2+000主线路基成型，回填土方22万立方米，清除表土6万立方米。综合管廊土建结构完成770米，剩余30米。排水工程完成，倒虹吸3道，全部完成。路灯完成管线安装1.8万米，路灯立杆100座。交安工程防撞护栏全部完成。人行道透水砖铺装完成9000平方米，完成设计的99%。羊牯互通引线、桥梁、6个匝道路基、路面全部完成。主线道路碎石垫层完成6万平方米，水稳基层完成15万平方米。自来水管道完成横穿预埋800米。绿化工程完成种植土回填25000立方米，草籽种植20000平方米	湘潭城乡建设发展集团有限公司
122	西二环（二期）	项目全长4.4千米，为城市快速路，先期实施路幅宽30米，设计速度60千米/时，双向六车道	31400	路基工程。完成全线抛石挤淤等软基处理；湘潭市区段路基完成75万立方米，及边坡防护全部完工；主线盖板涵全部完成204米；圆管涵全部完成869米；水稳搅拌站完成50%，设备已进场。桥梁工程。涟水河大桥0~4#下部结构完成，钢栈桥搭设约246米，6#钢平台完成施工，准备水中桩基钻孔作业；K4+710小桥下部结构全部完工；梁场建设完成，准备空心板梁预制	湘潭城乡建设发展集团有限公司
		能源基础设施			
123	湘乡电力提质改造项目	项目主要进行50千伏高压线建设，变电站建设及电网改造	30000	完成年度项目	湘乡市人民政府
		市政基础设施			
124	韶山市城乡统筹供水建设项目	水源工程，包括新建引水管道约18千米，改扩建银田泵站，建设青年中枢泵站等；竹鸡水厂提质扩建工程；供配水管网工程，包括建设供配水主支管约128千米，建设供水加压泵站4座；周家冲水库扩建，建设1座总库容100万立方米以上的小一型水库；韶山冲景区生态补水工，建设提水管道约9千米，和加压泵站1座	9000	完成韶山乡、清溪镇境内供配水管网工程30千米主管建设，平里、韶前、杨荣、韶山等村约5000人已纳入城市供水管网	韶山市人民政府
		生态环保			
125	湘潭生活垃圾焚烧发电	项目占地7.8万平方米，日处理垃圾为1200吨，年处理能力为43.8万吨，年发电量1.56亿千瓦时，建设储存与进料系统、焚烧系统、烟气净化系统、垃圾热能利用系统、灰渣处理系统、仪表、自动化控制系统、电气系统及相关配套设施	40000	场平工程完成；桩基工程完成；临建工程完成；建筑工程完成100%；安装工程完成100%；绿化工程完成80%	湘潭县人民政府

续表3

序号	项目名称	建设规模及主要建设内容	2021年计划完成投资	2021年形象进度	项目责任主管单位
126	湘乡市农村环境综合整治项目	项目主要进行农村生活垃圾治理、“厕所革命”、农业生产废弃物资源化利用、公共空间整治，打造一批美丽庭院、美丽屋场、美丽乡村	8000	完成12000座农村户用厕所的无害化改（新）建任务；完成140个村庄规划编制任务招投标和驻村调研工作；全市23个省、湘潭市、湘乡市三级美丽乡村示范村，70个美丽屋场已全部创建完成。234个行政村已上门收集垃圾，33处非正规垃圾堆放点已销号，14个环境综合整治村任务已完成进度75%。完成栗山镇西山塘、龙洞镇石头村黑臭水体治理工程	湘乡市人民政府
127	岳塘经开区双埠片区一期治理项目	项目对滨江路（易家坪—沪昆高速段）地块和1号、2号、B3、B路-1、B4-1、B4-2、B10等地块污染土壤分类进行清运储及修复治理	13500	完成滨江路（易家坪—沪昆高速段）地块和1号、2号、B3、B路-1、B4-1、B4-2、B10等地块污染土壤清运储及修复治理	岳塘经开区
		教育系统			
128	湘潭经开区九华和平湘江湾小学	项目占地约3.65万平方米，建筑面积15327平方米，主要建设教学楼、学生宿舍、体育用房、实训楼、食堂、单身宿舍等场所，办学规模为36个班	11000	完成教学楼、学生宿舍、体育用房、实训楼、食堂等主体建设及装修	湘潭经开区管委会
129	湘潭经开区步步高小学	项目占地面积31837.48平方米，总建筑面积14685.34平方米，计容建筑面积13643.71平方米，主要建设包括三栋4F教学楼（一栋5F），一栋1D+3F艺体楼、食堂、风雨操场，以及建设一个300米环形跑道运动场及2个篮球场、3个排球场	9598	完成教学楼、艺体楼、食堂等主体建设及装修，投产运营	湘潭经开区管委会
130	湘潭理工学院	项目总建筑面积7.5万平方米，其中包含学生宿舍2栋、教学楼1栋、办公楼1栋、体育馆1栋和食堂1栋。其中建筑工程投资3.5亿元，配套固定资产5000万元	33000	完成食堂、宿舍楼、办公楼主体施工	湘潭经开区管委会
131	韶山学校高新校区建设项目	项目占地8.67万平方米，建筑面积60500平方米，主要建设教学楼、学生宿舍、食堂、体育馆、图书馆、标准田径场	14000	投入使用	韶山市人民政府
132	湘潭华鑫高级中学（二期）	项目位于金山路以东、新园路以南、昭易5号路以西、朝阳渠以北，建设4500人规模的高中学校、教育培训民办学校	25000	完成二期工程建设，实现运营	岳塘经开区
133	韶山干部学院改扩建项目	项目占地7.53万平方米，总建筑面积40600平方米，主要对韶山干部学院进行改扩建	25000	完成除3、6号栋须配合甲方专业公司外，完成所有栋施工任务；进行分部验收专项验收	韶山市人民政府
134	云龙教育集团中学部项目	项目占地13.33万平方米，总建筑面积约10万平方米。主要建设教学楼3栋、科学实验楼3栋、办公楼1栋、学术研究中心1栋、学生宿舍6栋、员工宿舍2栋、艺体馆1栋	30000	竣工	湘潭县人民政府

续表3

序号	项目名称	建设规模及主要建设内容	2021年计划完成投资	2021年形象进度	项目责任主管单位
135	湘乡中小学校建设项目	项目对乡镇学校、幼儿园及教育信息化进行提质改造	20000	东台中学：1、2、3、4#教学楼封顶，正进行内外装修；5、6、7、8#宿舍楼装修基本完工；9#食堂装修基本完工；运动场进行水稳层施工。中沙幼儿园、东山中心幼儿园：竣工投入使用	湘乡市人民政府
136	湘潭市博纳学校	项目占地9.8万平方米。主要建设一所涵盖初中、高中的国际实验学校，项目规划学校规模为：初中部30个班，规划容量1500人；高中部36个班，规划容量为1800人	20000	完成校舍建设，投入使用	岳塘经开区
卫生系统					
137	湘潭中心医院九华院区项目	项目建筑面积约23万平方米，主要建设包括门诊、急诊部、医技部、住院部、保障系统、行政管理用房、院内生活用房等7项设施用房，单列用房，科研用房，教学用房，预防保健用房，全科医生培训用房，健康体检用房，门卫、传达室及物管用房；地下建筑（含图书馆及室内活动用房，太平间、污物通道等）。按三级甲等医院的标准建设床位约1000个，设停车位约1824个，其中室外生态停车位约252个，地下停车位约1572个	40000	完成医院整体土石方工程；启动医院主体地下室结构施工，完成正负零；启动周边配套基础建设	湘潭经开区管委会
138	湘潭同康精神病医院建设项目	项目占地1.33万平方米，总建筑面积1.2万平方米，主要建设门诊、检验及办公大楼1栋、住院大楼1栋、康复大楼1栋、食堂及员工宿舍1栋；配套建设水、电、路、绿化、环保相关设施	29500	投入使用	湘潭县人民政府
老旧小区及棚户区改造					
139	湘潭市2021年棚户区改造	计划棚户区改造500户	20000	岳塘区栗塘村宿舍老旧楼改扩翻三期已完成138户，湘钢周边城中村棚户区改造项目已完成301户，湘潭县易俗河镇烟塘片区城中村三期改造项目完成50户	湘潭市住房城乡建设局
140	韶山市老旧小区外配套基础设施建设项目	项目主要对列入改造计划的老旧小区外的水、电、路、气等基础设施及相关配套服务设施进行建设或提质改造	17000	完成杨梅湾小区、天骄宾馆片区雨污分流改造，汽车站排水渠道改造。进行天鹅小区、金色阳光小区雨污分流改造	韶山市人民政府
141	雨湖区文运、宝丰、车站路社区建设	项目对窑湾街道文运社区、昭潭街道宝丰社区、雨湖路街道车站路社区进行改造，包括水、电、气、路、管线等基础设施提质；绿化、亮化、监控设施、停车位、智慧安防系统等配套设施建设；房屋安全隐患消除，屋面防水功能修复	16000	项目竣工投入使用	雨湖区人民政府

农 业

农业农村

【概况】 2021年，湘潭市农林牧渔业总产值303.9亿元，同比增长10.9%，增速位列全省第一；农村居民人均可支配收入25036元，增速10.6%，增速全省排名第五。湘潭市获评全省农村人居环境整治提升先进市州；生猪恢复生产和优质湘猪工程、农村人居环境整治获省政府真抓实干督查激励；农业农村部发文通报湘潭市为全国农村集体产权制度改革试点典型经验交流单位（为全省唯一入选市州）；市农业农村局在全省农办主任、农业农村局长会议上就宅基地管理作大会交流发言；湘潭市推广农村生活垃圾处理付费服务机制在中央农办《农村要情》全文刊发。

【抓好稳产保供】 2021年，湘潭市把粮食生产放在重要位置，落实粮食安全要求。完成粮食播种面积17.04万公顷（其中早稻播种面积6.07万公顷）、总产量121.81万吨。粮食生产面积、产量任务超额完成，实现双增长。湘潭县获评全国粮食生产先进县、落实粮食安全责任制获省政府真抓实干表扬激励。湘乡市获评全省粮食生产先进县。全力推进农田建设、复垦抛荒耕地，全面提高农业综合生产能力。全市抛荒耕地复耕复种面积0.23万公顷，完成111.5%；完成高标准农田建设0.89万公顷。坚持抓复产复养，确保生猪产能全面恢复。全市生猪存栏195.16万头，同比增长15.97%，完成省定任务的114.8%；出栏309.46万头，同比增长31.59%。落实“菜篮子”市长负责制，完成蔬菜种植面积5.79万公顷，同比增长1.8%；总产量174.71万吨，同比增长3.2%。

【推进乡村产业】 2021年，湘潭市实施“六大强农”行动，农产品加工业完成现价总产值1225.55亿元，同比增长9.28%，实现利润48.46亿元，同比增长4.73%，上缴税金12.96亿元，同比增长17.18%，带动农户49.37万户。创建省级以上龙头企业为核心的省级联合体9家。韶山市“踏足红色圣土、见证光辉历程、体验山野清风、品尝韶山美味”精品旅游线路在全国精品线路发布会上向全国进行推介。完成设施农业0.67万公顷、综合种养0.8万公顷。十大现代农业示范园投资18亿元，完成率110%，引进规模经营主体286家、产值达58亿元。申报国家农业产业强镇3个、省级农业特色小镇1个、省级农业产业强镇4个。10个特色小镇累计完成投资16.56亿元，完成率118.3%。湘莲、沙子岭猪入选国家优势产业集群项目。湘潭县湘莲获批省级现代农业产业园和“一县一特”优秀品牌。湘沙猪配套系正式进入国家畜禽遗传资源品种名录，成为湖南省第二个通过国家审定并拥有自主知识产权的畜禽新品种（配套系）。“壶天石羊”新获批国家农产品地理标志认证。国家现代农业示范区雨湖区数字农业（园艺作物）建设试点项目获评农业农村部优秀项目。湘乡市翻江镇（壶天石羊）被认定为全国“一村一品”示范村镇。5个地标农产品品牌在中央电视台1套、17套以及北京西客站等广告推介。新华社发通稿报道湘潭市沙子岭猪种业创新和产业集群发展，《湖南日报》头版头条报道湘潭市生猪产业。

【开展乡村建设】 2021年，湘潭市农村生活垃圾治理付费服务机制典型经验在国家层面推介。45个乡镇建成58座垃圾中转站。完成30个村的生活污水治理任务。全市完成改（新）建户厕24656个，完成率146.15%，竣工验收合格率100%。岳塘区昭山镇七星村打造集中粪污处理系统。雨湖区、岳塘区、经开区率先创新推行厕所保险管护机制。完成粪污处理设施建设项目686个。畜禽粪污资源化利用率达93.78%，韶山市申报国家农业面源污染治理项目，获评全国村庄清洁行动先进县，湘潭县获评全省农村人居环境整治提升先进县。美丽乡村“十百千万”创建扎实推进。打造三星级以上美丽庭院30068户，美丽庭院示范片11个，美丽屋场200个。稳步推进受污染耕地安全利用、农药化肥减量、禁捕退捕等底线工作。4万公顷安全利用区全面落实“六改”措施。种植业农药使用量减少4.37%。223户渔民全部退出，涉渔“三无”船舶全部上岸，378名退捕渔民中有劳动能力和就业意愿的230人全部就业，基本养老保险全覆盖。农业农村部《农业农村科教动态》以“湖南湘潭探索补偿制度，促进秸秆综合利用”为题推广湘潭市经验。

【加强乡村治理】 2021年，湘潭市组织开展乡村负责人培训轮训，下派588名工作队员驻村帮扶，换届后及时明确市县领导联点。全市县级以上文明村和文明村镇占比分别达74%、89%，超额完成年度目标任务。韶山市获批全国乡村治理体系建设试点县，成功申报省级乡村振兴示范创建县。柳桥村、龙安村入选全国乡村治理示范村镇。乌石镇、青亭村、七星村入选湖南省乡村治理示范村镇。

【深化农村改革】 2021年，湘潭市农村承包地“三权分置”改革、农村集体产权制度改革及铺排的19项农村改革任务顺利推进。全面完成农业综合行政执法改革。农业执法一键举报微信小程序得到农业农村部交叉检查组肯定。健全市县乡村四级土地流转服务体系，完善农村土地承包经营权信息应用平台，全市共建立土地流转中心121个，村级建立土地股份合作社260个。制定加快发展壮大村级集体经济的实施意见，集体经济组织组建率100%。创建省级示范区域性农业社会化综合服务中心1家、农民合作社百佳示范社4家、农民专业合作社14家、家庭农场19家，市级示范农民专业合作社50家、家庭农场35家。湘潭市《着力“五抓”实现“五促”以改革带活集体经济发展》典型经验在全国推广，率先制定《湘潭市农村宅基地管理工作导则》和实行公示制度在全省复制推广。选取梅林桥村等13个村探索闲置宅基地和闲置农房盘活利用试点，通过先行先试，实现致富带富。13个试点村新增村集体经济经营性收入320.5万元，解决农民就地就业1638人，促进农民增收3355万元。《湘潭市着力做实农村宅基地管理“四篇文章”》获湖南农业农村工作简报全省推介。雨湖区获批全国农村综合性改革试点区。

【强化要素保障】 2021年，湘潭市农业农村领域争取国家和省项目200余个、资金20多亿元。加强乡村振兴政银企保担对接，全年涉农贷款投放65.1亿元。实施新农民“万人培训工程”，全年举办新农民培训班173期，培训农民 11332 人。把课堂开到田间地头上，邀请“土专家”“田秀才”手把手指导；把培训开在农业高校里，邀请“农博士”“农教授”现场授课。建立专家与培训对象“一对一”服务机制。设立岳麓山种业创新中心湘潭分中心，与湖南农业大学合作组建沙子岭猪研究院，与湖南科技大学合作共建两个博士工作站，强化沙子岭猪种业创新与开发。因地制宜大力推广特色莲（稻）渔“两高两优”等 8 项综合种养新技术，每亩增收 3000 元以上，农户实现增收 30%以上。聚焦主宗农产品质量安全监管检测，确保检测指标全覆盖、安全监管全过程、能力提升全方位，实现主要农产品监测合格率稳定在 98% 以上，新增绿色食品认证 46 个，全年未发生农产品质量安全事故，未发生重大动物疫情。

（刘 玮）

农民素质教育

【概况】 2021 年，湘潭市农民素质教育管理办公室认真履职，促进各项工作落实落地。组织举办新农民培训市级示范班 20 期 1100 余人，培训内容为农机、粮食生产、湘莲、小水果、茶叶、蔬菜及电商运营、创业创新等；农业产业化龙头企业带头人培训班走进湖南农业大学课堂。培训包括课堂培训和现场实训，注重课程针对性、实用性。组织产业领军人才培训。争取湖南“农广助农”工程优质湘猪产业领军人才培训班和湘潭莲（稻）渔综合种养产业领军人才培训班在韶山主办，每个班为期 4 天，培训学员近 200 人。韶山三农培训中心和湖南华银绿色生态科技有限公司被认定为省级农民田间学校。韶山三农培训中心被推荐申报全国共享田间学校。

【组织农村“双创”赛事】 2021 年，湘潭市农业农村局组织湘潭市农村创业创新赛事，收到报名项目 49 个，30 个项目进入市决赛，评选出初创组、成长组一等奖各 1 个；二等奖各 2 个；三等奖各 2 个；推选 10 名农村创业创新带头人。9 月，全省决赛在韶山举行，湘潭选送的“深耕一亩田”项目获初创组三等奖，获省厅 10 万元资金扶持。

【评选“湘潭最美新乡贤”】 2021 年，由市委农村工作领导小组办公室、市精神文明建设指导委员会办公室联合下文，在全市评选出毛雨时等 10 人为“湘潭最美新乡贤”，为促进乡风文明，推动乡村治理，挖掘一批根植于乡土的“新乡贤”。邀请 10 名省级以上作家协会会员对“新乡贤”开展专题采风活动，编印出版专集。

【参加全国农民莓茶采收运动会】 2021 年 7 月，首届全国农民莓茶采收邀请赛在张家界永定区主办。湘潭选拔 4 名选手参加 4 个项目的比赛，1 名选手获体育道德风尚奖，4 名选手分获莓茶扦插和包装比赛 2 个项目的一等奖，湘潭市代表队获体育道德风尚奖。

（丁启曦）

农业综合服务

【植保植检】 2021 年，湘潭市主要病虫害总体中等偏重发生，发布病虫害情报 51 期，印发病虫防治通知单 374 万份，水稻主要病虫防治面积 139.92 万公顷次，挽回损失 24.66 万吨。水稻病虫草鼠害损失率控制在 3% 以下。全市共举办技术培训 96 期，累计培训农民 4000 多人次，二化螟防治面积 33 万公顷次，草地贪夜蛾防治面积 0.15 万公顷次。全市新培育专业化统防统治服务组织 6 家，新创建标准化区域服务站 3 个，新增植保无人机 37 台套。专业化统防统治服务面积 7.68 万公顷，覆盖率达 46.06%。全市建立专业化统防统治和绿色防控融合推进示范样板 11 个，示范面积 0.27 万公顷。推广生物农药 10.6 万公顷，深水灭蛹面积 4.84 万公顷，绿色防控面积 12 万公顷次，覆盖率达 43.07%。实施“五新同步”措施，推进绿色防控和统防统治融合发展，实现农药减量与控害保安双赢。种植业农药使用量由上年 2276.31 吨减至 2176.77 吨，减少 4.37%。严把种子检疫关，加强对稻水象甲、柑橘黄龙病及红火蚁疫情监测、防控，确保人民群众和农业生产安全。

【土肥种子】 2021 年，湘潭市主要农作物测土配方施肥技术推广覆盖率达 90% 以上，示范推广水肥一体化技术 3840 公顷，全市化肥使用量 93100.64 吨（折纯），相比上年减量 799.92 吨，减少 0.85%。全市实施秸秆还田、施用有机肥、绿肥种植还田、酸化土壤改良、深耕深松等耕地质量保护与提升技术措施面积 12.8 万公顷，占耕地总面积的 85.33%。全市共布置国家级耕地质量监测点 1 个、省级耕地质量监测点 46 个、省级等级变更调查点 230 个，形成覆盖全市的耕地质量监测网络。编制完成《湘潭市 2020 年度耕地质量监测报告》，2020 年湘潭市平均耕地质量提高 0.08 个等级。起草并以市政府文件出台《关于防止耕地“非粮化”确保耕地粮食安全“零隐患”的通知》，使耕地抛荒得到有效治理。共展示水稻品种 99 个，示范品种 15 个。指导开展肥料田间试验 25 个。

【农技推广】 2021 年，在湘潭县石鼓镇、湘乡市棋梓镇、雨湖区鹤岭镇 3 个乡镇开展市级示范乡镇农业综合服务中心建设，改善基层农技人员办公环境，提升湘潭市乡镇农技推广机构形象。全市着力示范推广机收再生稻“四防一增”高产高效技术和稻油轮作“三化”技术。推广再生稻 0.43 万公顷，建立再生稻百亩示范片 4 个，稻油轮作百亩示范片 1 个。选派基层农技人员 107 人参加省级培训，161 人参加县级培训；13 人报名学历提升教育考试，其中高中升大专 2 人，大专升本科 10 人，农业硕士生 1 人。有 28 名考生被省内 5 所高等院校录取，为湘潭市基层农技队伍建设提供人才保障。择优合作建设农业科技示范基地 6 个，为基层农技人员开展指导服务提供综合平台。

【技术研究】 2021 年，湘潭市农产品技术研究取得新成效。茶恩早白薯高产栽培技术填补行业研究空白。从补充大量元素（钾）、补充中量元素（钙、镁）、促进结薯期营养物质向块茎传导等 3 个方面着手，选用生石灰、硅钙镁钾、植物矮壮素、磷酸二氢钾 4 种产品开展茶恩早白薯高产栽培技术研究取得效果。增施钙肥平均增产 11.58%~12.63%，叶面喷施水溶性磷酸二氢钾单薯增重 5.08%、鲜薯增产 6.32%，叶面喷施矮壮素单薯增重 5.51%、鲜薯增产 7.37%。茶恩早白薯 U 形浅生槽定向栽培技术创新取得突破。在试验研究中，部分薯块按预设的方向定向生长，长势较好，单薯重量达0.75公斤左右。预期通过改进U形浅生槽材质进一步试验研究，茶恩早白薯U形浅生槽定向栽培获得初步成功。瓜实蝇防控技术研究取得成效。丝瓜、瓜蒌瓜实蝇综合防控技术研究取得成效，瓜果虫害率平均降低40%以上。技术研究成果当年见效、当年推广、当年受益，全年推广应用面积666.7公顷。（吴滔滔）

畜牧水产

【莲（稻）渔综合种养产业发展】 2021年，湘潭市制定出台《湘潭市莲（稻）渔综合种养行动方案（2021—2025年）》，组建“莲稻渔综合种养科技服务团”和“湖南科技大学博士专家工作站”，制订《莲虾生态综合种养技术规程》省级技术标准，与刘少军院士团队、省水产科学技术体系团队等紧密合作，探索推广莲+合方螺、莲+淡水澳洲龙虾等高产高效综合种养新模式，全市发展莲（稻）渔综合种养面积0.8万公顷，产值达5亿元，帮助种养农户实现增收3亿元以上。莲（稻）综合种养项目获湘潭市农业丰收奖一等奖。

【生猪产业】 2021年，湘潭市开展生猪生产监测预警和形势研判，强化政策扶持，抓龙头、优服务、增投入。全年全市生猪存栏195.16万头，同比增长15.97%；生猪出栏309.46万头，同比增长31.59%。

【畜禽水产品质量安全】 2021年，湘潭市常态开展畜禽水产品质量安全检测工作，开展“瘦肉精”专项整治行动，加强违禁药物使用整治力度，建立畜禽水产品质量安全黑名单制度，全年畜禽水产品质量安全国检、省检合格率达99%以上。

【科技活动】 2021年5月24—26日，湘潭市畜牧水产技术研究和推广中心承办全国水产科技活动周主会场活动；6月18日，组织实施湘江湘潭段水生生物增殖放流活动，向湘江投放各类鱼苗650万尾。（马璐）

农业综合行政执法

【概况】 2021年，湘潭市农业综合行政执法支队办案数量和办案质量得到提升。在省农业农村厅组织的案卷评查中，湘潭选送的案卷有3卷被评为“2021年全省农业行政执法处罚优秀案卷”。农业综合执法改革目标任务基本完成。农业综合行政执法机构均完成组建并挂牌运行。6月，支队通过农业农村部组织的全国行政执法示范窗口复评。9月，市、县两级综合执法改革工作获农业农村部交叉检查组肯定。

【开展专项整治行动】 2021年，湘潭市农业综合行政执法支队开展农资打假“春雷”、农产品质量安全“利剑”、动物卫生监督、“放心农资”下乡进村宣传等八大专项行动，重点围绕长江禁捕、宅基地、农业投入品、动物卫生监督、农产品质量安全等领域谋划和实施。全市共查处案件153起（其中市本级查处案件46起，湘潭县67起，湘乡市33起，韶山市7起），书面移交案件线索28条，开展大型联合执法行动15次，联合县级执法办案30余次，全市立案查处数同比增长53%，市本级立案查处数居全省前三。

【建立健全农业综合行政执法机制】 2021年，湘潭市农业综合行政执法支队严格落实行政执法“三项制度”。在局门户网站、信用湘潭、国家企业信用信息公示系统依法公示34起行政处罚案件（其中2020年案件6起，2021年案件28起）。编制行政执法责任追究等14项农业行政执法制度，制定《农业综合行政执法基本文书格式》使用指南。支队办理一起销售应当审定未经审定种子案入选2021年全省打击侵犯知识产权和制假售假假冒伪劣商品第二批典型案例。建设湘潭智慧渔政平台，系湖南省第一批建成并投入使用市州，在全国率先以规范性文件形式向社会公布智慧渔政电子监控平台。

（刘赞）

林业

【概况】 2021年，湘潭市森林覆盖率稳定在46.80%，森林蓄积量达1163万立方米，比上年增长43.84万立方米，实现3.92%增长率。全面推行林长制，建成四级林长责任体系和“二长三员”网格化管理机制。湘潭市人民政府在湖南省人民政府“湘林杯”考核中被评为优胜单位。市林业局获评“全省绿化先进集体”并入选“全国绿化先进集体”。

【深化国家森林城市建设】 2021年，继湘潭市成功创建“国家森林城市”“全国绿化模范城市”后，市林业局指导各单位开展深化国家森林城市建设工作。年内湘乡市通过湖南省森林城市检查验收，湘潭市成为全省唯一的所辖县（市）全部获评“湖南省森林城市”的市州。根据《湘潭市创建国家森林城市规划（2016—2025年）》文件要求，市林业局承担森林覆盖率和村屯绿化率两项建设指标任务，提前完成建设目标。湘潭市森林覆盖率稳定在46.80%，村屯绿化率高达52.16%（目标值46.5%）。

【国土绿化】 2021年，湘潭市申报中央财政国土绿化试点示范项目，以项目引领全市科学绿化。全年全市营造林种草完成1.85万公顷，完成率121.8%，在全省排名第一。国家和省重点项目营造林完成0.33万公顷，完成计划任务的100%，其中人工造林0.07万公顷、封山育林0.14万公顷、森林抚育0.09万公顷、森林质量精准提升133.33公顷，生态廊道建设52公顷。生态廊道建设顺利通过省林业局质量验收并被评为优秀。开展义务植树40周年纪念活动，大力推广“互联网+全民义务植树”新模式，全市186万人参加义务植树，共植树581.68万株，尽责率达95%。在湖南省花木博览会上，湘潭市30件参展作品获奖，其中5件作品获金奖，获奖率达37.5%，为全省获奖率最高的市州，市林业局获最佳组织奖。

【全面推行林长制】 2021年，湘潭市出台《湘潭市全面推行林长制工作实施方案》，建立林长令、林长会议、林长巡林、林长制协作、林长信息公开、林长工作督查、林长工作考核7项制度，制定《考核暂行办法》。成立以市委书记任第一林长、16位市级领导任林长、17家市直单位为成员单位的林长制工作委员会。在市林业局设立正科级公益一类事业单位“林长制服务中心”，核定编制7名，作为林长制工作常设机构。建成“二长三员”网格化森林资源管护体系，全面建立起市、县、乡、村四级林长制组织体系。

【森林防火】　2021年，湘潭市未发生重大及以上森林火灾，未发生人员伤亡事故。全年仅发生一般森林火灾1起，森林总受害面积0.75公顷，每10万公顷森林火灾发生率仅为0.45次，低于控制目标值（不高于20次）。全市平安度过春节、清明、中秋、国庆。在省政府对市政府安全生产和消防（森林防火）工作考核中，湘潭市获评优秀。森林火灾风险普查工作排名全省第二。

【林业有害生物防治】　2021年，湘潭市林业有害生物成灾面积187公顷，有害生物成灾率为0.99‰，低于3.3‰的国家控制指标。林业有害生物防治面积达0.89万公顷，其中无公害防治面积0.86万公顷，无公害防治率为97.7%。预测发生面积0.8万公顷，实际发生面积0.77万公顷，测报准确率达96.5%。松材线虫病监测普查率达100%，拟制《湘潭市“十四五”松材线虫病防控攻坚行动方案》及《湘潭市松材线虫病疫木定点处置企业资格认定标准》，组织开展松材线虫病疫木集中除治清理“百日会战”，累计清理感病枯死松木2.74万株，投入除治资金950万元。昭山在全省松材线虫病除治质量评估中获评优秀单位。

【森林资源管护】　2021年，湘潭森林资源稳中有升。森林覆盖率稳定在46.8%，森林蓄积量达1163万立方米以上，较上年增长3.92%。森林生态修复争取到2021年中央预算内投资3905万元，完成0.6万公顷重点区域生态保护和修复工程。严格天然林和公益林保护，2020年度森林督查交办问题整改到位率100%，变化图斑现地核实一致率100%。完成天然林专项补充调查，形成全市天然林数据库。开展2021年度中央天然商品林管护补助资金发放专项督查，下达资金733.28万元，其中湘潭县246.72万元、湘乡市486.56万元。推进自然保护地整合优化后续基础工作，市委办、市政府办印发《湘潭市建立自然保护地体系的实施办法》。全市湿地总面积17718.4公顷，纳入湿地保护面积12765.4公顷，湿地保护率达72.05%。对全市2180株古树名木进行建档和挂牌保护，安排保护资金，明确管护责任人和管护措施。开展野生动物禁食后续工作，完成51户养殖户转产转型工作，省市县禁食野生动物主体退出补偿配套奖励资金全部拨付到位。

【林业普法执法】　2021年，制定《湘潭市林业轻微违法行为免罚清单事项》，依法对10类轻微违法行为免于处罚。编制林业普法读本《林业法律法规汇编》，在市林业局门户网站开辟法治宣传专栏“以案释法”。组织全市林业系统145人参与学法普法考试。推进并联审批、容缺审批，将林业植物检疫证核发由原15个工作日办结压缩为1个工作日，其他高频事项由原20个工作日办结全部压缩为5~8个工作日。年内所办事项法定提速率90.9%，承诺压缩率33.6%，即办件率55.7%。全力保障全市各类工程建设项目用地需求，办理征占用林地审核131件，申请获批林地287.7公顷。保持对各类涉林违法犯罪行为的严打高压态势，通过开展打击非法违法挖砂采石专项整顿行动、2021年度全省圃地苗木质量和林木种苗行政执法检查暨打击侵犯林业植物新品种权专项行动、松材线虫病检疫执法，严厉打击各类涉林违法犯罪行为。全市涉林行政案件共查处55起，办结55起，其中市本级立行政执法案件3起，办结3起。

【林业科技服务】　2021年，湘潭市林业科技特派团获评全国文化科技卫生“三下乡”活动优秀团队。市林业局成立由12名专家骨干组成林业科技特派员服务团，发挥林业技术专家优势，为林农和林企解难题，送出良种苗木以及丰产栽培技术。开展单株多品种茶花和花桥板栗项目研究，推动油茶采穗圃、星创天地等科学示范基地建设。以市级林业科技特派团为推手，加强林业科技队伍建设，助力华阳饲用杂交构树、花榈木繁育等技术的实施与推广，完善油茶低产林改造技术、特色竹产品标准示范体系建设。油茶果热爆脱蒲技术获省科学技术成果，楚山宝与省林科院共同研发5项成果获实用新型技术专利，“花榈木根际土壤高效功能菌的筛选及生物复合肥的研究”项目申报国家专利。

【绿色发展】　2021年，湘潭市争取中央和省级林业资金1.13亿元，年度目标完成率221.57%，同比增长38.47%。争取27个项目列入2022年中央财政林业草原项目储备库。申报武陵山区生物多样性保护工程项目，争取中央预算内投资3905万元。湘潭市森林火灾高风险区综合治理工程项目纳入湖南省投资项目在线审批监管平台。发展林业特色产业。开展油茶低产林改造和茶油小作坊升级改造两个“三年行动”，指导全市油茶示范基地建设。全年茶油产量4048吨，产值达17.7亿元。用好林业贷款贴息惠林政策，林业贷款总额1.3亿元，为18家企业和个体申请贴息365.73万元，缓解涉林经营活动资金困难。盘龙大观园、湘乡农夫宝获批省级森林康养基地。全力推进乡村振兴，继续在政策、资金、产业、科技等方面保持对脱贫地区倾斜支持，安排200万元引导资金助推乡村振兴。完成村庄公共绿化面积23.5万平方米，改善农村环境卫生和生态面貌。　（马　星）

水　务

【概况】　2021年，湘潭市水利局收集办理实事65件，办结率、满意率均为100%。出台清廉水利建设工作方案。紧盯水利和移民项目建设、工程招投标、河湖生态安全等重点领域，配合开展专项监督检查6次；接受市委巡察组的巡察整改回头看，并完成交办问题整改销号；全面完成经营类事业单位改革任务，原市水利水电勘察设计院24名在编人全部安置在市水利局公益一类事业单位；有30余人获部、省、市表彰；成功创建全国水利文明单位。

年内，争取中央和省级资金加快

推进湘潭市水利信息化建设，通过自筹资金投入近1800万元，完成湘潭市水利“一张图”综合管理系统、山洪灾害预警系统、河道保洁系统、湘江监控系统、水资源监控系统、水库雨水情监测系统建设等信息系统建设，全面完成智慧城市信息数据归集工作，全市水利信息化初步成型。出台《湘潭市水利局2021年全面推进乡村振兴实施方案》《推动湘潭水利高质量发展工作方案》，争取到位中央和省级水利资金8.1亿元，支持推动市应急水源建设、唐兴桥泵站提质改造，加快实施水美湘村、美丽河湖、小水源建设、重点移民村建设、移民产业扶持等项目，全面完成5项市委主要负责人批示交办件和病险水库除险加固、防汛抗旱、河长制、城乡供水一体化4项市委一号文件重点任务，以及农村饮水安全、水利基础设施建设、应急备用水源地、唐兴桥泵站项目建设、河长制湖长制等4项市政府工作报告重点任务。

【资源管理】 2021年，湘潭市水利局在控制单位地区生产总值用水量方面发挥作用。自筹170万元，在全省率先完成41家非农业用水水资源监控安装，建设节水型公共机构54家、节水型宣传教育基地10家，岳塘区通过省县域节水型社会达标建设验收，湘潭市在全省率先全面建成县域节水型社会。在提升水土保持率方面，完成国家水土保持重点建设项目中央投资1605万元，治理水土流失面积49.50平方千米，争取水土保持治理中央投资500万元，实施韶河生态清洁小流域治理项目，2020年湘潭市水土保持率为86.94%，比上年提升0.25%，提升幅度居全省一类地区第二名。

【水利项目建设】 2021年，湘潭市完成重点水利建设项目64个、投资10.3亿元。其中，完成主要支流治理项目3个、投资3201.2万元，完成中小河流治理项目5个、投资4168万元，巩固和新增农村通自来水人口3.29万人，建成省级美丽河湖4条，完成23个重点移民村建设、310个移民产业扶持、250个移民村基础设施和人居环境改善项目；全市水利设施体系得到完善，“一江两水”堤防、水库防洪标准大幅提升，河湖水质发生根本性改变。加快推进年度水利建设项目。围绕提升防洪安全、饮水安全、用水安全和河湖生态安全保障能力，科学编制水利建设方案，实施农村供水工程维修养护、中小河流治理、主要支流治理、小型水库除险加固、中型灌区续建配套与节水改造、水美乡村建设、小水源建设、水毁水损修复、韶山市生态清洁小流域治理、移民后扶等重点项目73个、总投资10.29亿元，其中，中央和省投资8.17亿元。截至年末，项目建设进度为91%。

【水旱灾害防御】 2021年，湘潭市投资7369.2万元，完成主要支流治理项目3个、中小河流治理项目5个，治理河段43.1公里、除险加固（新建）堤防8公里、提质改造机埠（涵闸）28处；落实长航库区移民安置后续资金1.6亿元，实施白米滩、杨溪堤、河东大堤堤防除险加固，唐兴桥、解放港、王家晒等多处泵站新建改造工程，以及机埠闸门提质改造等项目共30余个；投入5000万元，实施17座小型水库除险加固项目，全市水旱灾害防御能力跃上新台阶，特别是市城区防洪设施、水库防洪标准实现新提升。强化防御科学性和精准性，编制完成涓水流域和湘潭市城区超标准洪水防御预案，修订水旱灾害防御应急预案，组建市县两级水旱灾害防御技术支撑专家组，全面落实全市375座水库和47处堤防等水利工程防汛“四个责任人”，组织开展备汛检查，在汛期前完成发现的62处险工隐患整改。

【河湖管理】 2021年，湘潭市建立健全“4+”履职体系、“一办两员”工作责任体系和“明责、督责、问责”工作落实体系，推动各级河长履职尽责。市、县、乡三级河长累计巡河6359次，开展专项治理80余次，解决问题2159个。完成54条河流河湖划界、11条河流岸线规划编制工作。开展河湖顽瘴痼疾整治，全年开展专项治理行动130余次，拆除河流沿线敞口垃圾池、站168个，整改河流、水库“八乱”问题76个，在全省率先对市级领导担任河长的11条河流开展卫星遥感监测；推行湘潭河长制智慧治水App，开启“掌上管水”“智慧治水”新模式；39处重点入河排渍排污口、76个水功能区水质稳定向好，河湖面貌和河湖管护水平稳步提升，湘潭市14个国、省考核断面全部达到年度考核水质目标。湘乡市水府庙水库生态修复治理工程入选全省首届国土空间生态修复十大范例；湘潭民间河长项目获全省十佳生态环境公众参与案例；湘潭市下好“五手棋”、助推“河长制”全力推进民间河长队伍建设的经验做法被列入水利部全面推行河长制湖长制典型案例；韶山市石狮江、岳塘区朝阳渠获评全省美丽河湖；涟水幸福河湖被推荐列入全国示范河湖。

【水利工程】 2021年，湘潭市水利工程建设和运行管理有效规范。招投标监管不断规范，推进水利工程建设项目招投标领域突出问题专项整治，系统推进招投标市场突出问题整改，全面实行电子招投标，加强标后监管，水利建设市场秩序健康有序发展。加强水利工程项目建设质量监管，严格执行工程质量终身责任制，全年开展工程质量专项检查22次、标后履约专项检查4次，下达整改通知书8次，约谈有关单位1次，全市未发生一起质量安全事故。水利工程运行管理体制机制得到完善，落实小型水库管护主体、管护责任和管护经费，逐库落实水库大坝安全责任人和小型水库防汛“三个责任人”；完善供水保障管护机制，建立县级农村供水工程运行管理办法，落实农村供水工程维修养护经费，贫困人口饮水安全问题管理严格规范、动态清零，脱贫人口饮水安全保障率达100%，农村自来水普及率达91.07%。严格落实安全生产责任，完善各项方案和预案，落实水利项目施工安全生产操作规程，加强监督和检查，全年未发生施工安全生产伤亡事故。

【治水管水】 2021年，湘潭市推动水资源管理和节约用水工作落地见效。编制完成“一江两水”控制断面生态流量及保障调度方案、流域水量分配方案和水资源配置规划，完成全市41家水资源计量监测站的建设安装，明确84处千吨万人及千人农村供水工程水源地清单，发放取水许可证536个，整改完成审计和监督检查发现的13件交办问题。完善水行政执法“三项制度”执行机制，严格规范管理湘潭县涓水河4个采段，办理擅自取用地下水案件1件，开展生产建设项目水土保持监督检查700次，现场复核图斑

160 个，查处图斑 65 个。与邻近市州建立跨区域联合执法机制、开展联合巡查执法行动，持续巩固河道采砂整治成果，非法吸砂现象从根本上得到杜绝，湘江流域水事秩序规范有序。水利工程建设项目审批制度改革取得初步成效，水利投资项目审批管理系统投入试运行，水利工程招投标交易全过程纳入湘潭市公共资源交易中心办理；向园区下放市级经济社会管理权限16 项，开展放权赋权“回头看”工作，确保水利管理权限下放落实到位，政务服务事项“一窗”分类受理全部实现，水土保持补偿费降低 30%，水资源费征收标准按国家最低标准执行。

（成智超）

韶山灌区工程管理局

【概况】　2021 年，湖南省韶山灌区工程管理局（简称“韶灌局”）深入贯彻落实习近平总书记“十六字”治水思路，深入践行水利改革发展总基调，贯彻落实省委“三高四新”战略，围绕“四型灌区”建设目标，着力强基固本、造福长远。8 月，韶山灌区成功进入全国“十四五”大型灌区续建配套与现代化改造范围。项目获批规划改造灌溉面积 6.42 万公顷，规划总投资 84280 万元，其中中央投资占70%，省级投资占 12%，在湖南省获批的 8 个灌区中投资最多；亩均投资875 元，高出全国平均数的 46%，在全国获批规划改造的 124 个大型灌区中名列前茅。该项目是湘潭历史上获得投资额最大的单个水利项目，省委常委、市委书记张迎春先后 3 次在相关会议上对韶灌局争资争项工作给予肯定和表扬。

【灌区管理】　2021 年，韶灌局推进灌区工程法治化管理。起草《湘潭市韶山灌区工程管护条例》（以下简称《条例》）草案，组织召开《条例》草案听证会、专家论证会和座谈会。《条例》分别经市政府常务会、市委常委会及市人大常委会三次审议通过，并于 2021 年 12 月 3 日获省十三届人大常委会第二十七次会议审查批准，2022 年 3 月 1 日起正式实施。该《条例》是湖南省首部针对单个灌区的专门性立法。灌区工程权属管理。按照省水利厅统一部署，启动灌区全线工程划界确权工作，《湖南省韶山灌区工程管理与保护范围划界方案》率先通过省专家组评审。以争创全国标准化规范化管理灌区为抓手，形成组织、安全、工程、供用水和经济五大类管理对应的工作标准和业务流程；通过“省级标准化规范化管理达标”考核；引入市场机制，选取左干渠 20 公里渠道实行“管养分离”试点；积极开展水利科技创新，研发的“旋转滚刀式丝草切割机”获批国家实用新型技术专利，机械清淤装置试验取得明显成效。灌区工程全年安全高效运行，无安全责任事故发生，无人员伤亡及较大财产损失，无漫渠、溃渠、决渠等现象；全年投入工程维修养护资金近1000 万元，改造维修分水涵闸 81 个，修复水毁及工程隐患 130 余处，维修信息化及调度设备 22 处。

【水资源利用效益】　2021 年，韶灌局提供农业灌溉用水 4.32 亿立方米，农田灌溉用水保证率 100%。全面系统制定灌区灌溉引水方案和一级配水计划，通过信息化平台实时监控各地段水位，科学分析预测灌溉形势，确保水资源利用的最大化。坚持蓄泄兼顾原则，强化基础水源调蓄，提前做好蓄水保水工作；统筹抓好粮食生产和种植养殖业、农业产业化供水，有效促进农业现代化。强化防汛抗旱工作，先后组织 4 次清淤扫障；召开第 51 次灌区管委会会议，压实抗旱责任，维护好灌区抗旱秩序；主动对接县市区和乡镇，深入基层指导抗旱工作，及时解决问题，确保上下游均衡受益。大力开展全国节水型灌区创建工作，通过湖南省首批“节水型灌区”评审，并被省水利厅作为“全国节水型灌区”推荐至水利部；10 月 26 日，韶山灌区节水灌溉经验在水利部主办的全国农业用水量统计方法交流研讨会上作为典型经验向全国推广。选址姜畲现代农业示范园建设韶山灌区高效节水灌溉示范区，组织编制实施方案；加强节水宣传教育，拓展农田灌溉试验研究，提高节水用水效率；严格落实取水许可，强化水资源监测计量和用水统计管理。配合做好湘潭市应急水源建设和韶山市城乡统筹供水项目相关工作。水生态水环境管理取得新成绩，11 月，韶山灌区工程获评“湖南省生态文明典型案例”，同时通过水利部组织的国家水利风景区高质量发展典型案例复核。

【灌区文化教育功能】　2021 年，韶灌局研究确定韶灌水利小镇更名为韶山灌区水文化基地，指导支持韶灌集团按市场化运作，将“三湘分流”核心区域进行开发建设，将其逐步打造成集水文化展示、水利研学、水利科普、红色培训、红色旅游于一体的研学教育基地。组织策划并启动实施灌区“十个一”文化工程。韶山灌区微信公众号正式上线运营，韶灌形象标志在宣传活动中被广泛使用，特色志《韶山灌区志》提交湖南省地方志编纂院验收，韶灌精神宣传教育片（精品党课）通过市委组织部审查，韶山灌区宣传画册、韶山灌区现场纪录片等进入制作、拍摄中。正式组建“韶山灌区陈列馆”，提升服务水平和接待能力，韶山灌区陈列馆被省委宣传部、省委党史研究院列为“湖南省就近就地开展党史学习教育现场教学场地”“长株潭三市直属机关党性现场教学点”。韶山灌区陈列馆接待到馆开展党史教育、爱国主义教育的党员干部 410 余批次 1.8 万余人次，接待参观学习的社会各界人士 5 万余人次。（陈中华）

气象服务

【概况】　2021 年，湘潭市气象局城镇天气预报综合质量排名全省前列，暴雨预警信号准确率、强对流天气预警时间提前量均高于全省平均值，“直通式”农业气象服务覆盖率达 95% 以上。市气象局获评“全省气象部门重大气象服务先进集体”“全省气象部门综合考评优秀单位”“全市安全生产和消防工作优秀单位”。组织参加全省业务竞赛，1 人获单项三等奖；“以天气盒示范应用为抓手，筑牢乡村防灾减灾第一道防线”获评全省气象部门创新工作项目。完成科研课题申报、评选和遴选，全市共立项气象科研课题 7 项；组织完成课题结题验收 7 项。7 人分获全省重大气象服务先进个人、气象业务和专业气象服务年度优秀，1 人入选省气象局新时代气象高层次科技创新人才计划。年内，全国气象部门“奋斗百年路 启航新征程”走基层看气象走进湖南大型主题采访活动在韶山启动。举办第二届“宝贝画天气”活动，收到参赛804幅作品；《神奇的“天气盒”把气象台带回家》获省气象局短视频大赛三等奖，370多篇稿件在主流媒体上发表。气象科普“五进”活动入选省科技厅2020—2021年创新型省份建设专项科普专题项目，科普日活动获评湖南省全国科普日优秀组织单位。

【气象防灾减灾效益】 2021年，湘潭市气象局启动气象灾害应急响应7次、25天，创新开展递进式气象预警服务，应对主汛期15次暴雨、12月底低温雨雪冰冻天气过程，累计发布各类决策气象服务材料132期、各类气象灾害预警信号291期、重要天气警示信息144期、强降水监测警报153期；面向社会公众全网精准靶向发布暴雨红色预警信号8县次，乡镇强降雨红色警报21乡镇次、城市内涝风险预警2乡镇（街道）次，累计发送235.4万人次；与自然资源、水利部门联合制作发布山洪地质灾害气象风险预警56期、临近警报112乡镇次，在气象防灾减灾中发挥作用。

【气象基础业务】 2021年，气象预警中心主体工程建设基本完成，湘乡、韶山突发事件预警信息发布系统建成投入使用，韶山国家气象观测站新站如期建成并开展对比观测。加密建设16套四要素区域气象站，全市区域自动气象站达126个。面向45个乡镇推广安装基层气象灾害预警服务智能终端（天气盒），提高防汛抗灾指挥调度和应急值守的精准度、主动性和有效率。完成湘潭经开区、韶山航天博物馆气候可行性论证。“智慧气象服务平台”入选2021年制造强市资金支持项目。

【气象法治建设】 2021年，市气象局认真推进安全生产专项整治、政务服务“三化”攻坚行动，完成受理、反馈、办结、补录成果等事项300余件，受理雷电防护装置设计审核、竣工验收各2项、升放气球活动审批36项，行政效能电子监察工作情况通报市气象局承诺压缩率、即办件率排名市直单位前列。争取市安委办印发《关于开展雷电防护装置安全性能定期检测工作的通知》，组织执法114次，出动239人次，查处违规升放气球活动8次，对44家防雷安全重点单位、6家升放气球资质单位现场检查实现全覆盖。（黄昕怡）

水 文

【概况】 2021年汛期（4月1日8时至10月1日8时）湘潭市平均降水量为766.8毫米，较多年同期均值偏少10.3%。湘潭市“一江两水”共4站次超警戒水位，湘潭站发生1次超警洪水，涓水射埠站发生3次超警洪水。全年启动水文测报Ⅳ级应急响应1次。自7月上旬开始，湘潭市普遍出现轻到中等程度水文干旱，甚至一度出现重度水文干旱，其中湘潭县旱情相对较重。

年内，中心累计发布实时雨水情信息600余条；编制中长期水文趋势预测1期，《水情预测》44期；作洪水分析10余场次，洪水预报6站次；发布《水情预报》6期，洪水预报合格率100%，优良率100%；《水情预警》7期，发布洪水蓝色预警3次，黄色预警4次；启动Ⅳ级水文测报应急响应1次；指导县域局发布中小河流蓝色预警6期，传真《每日水情动态》180余份，均做到精准预报，及时预警，预报成果优秀。

水资源方面，承担重要水厂农饮水检测人员培训任务，农村安全饮水水质检测抽检比例由20%上调到30%，抽检农村比例由以往20%上调到30%，全年完成水质检测18批次，出具水样检测数据15000余个，出具检测报告、通报、结果29份。并承担《湘潭市城区超标洪水防御预案》《湘潭市水资源配置规划》和市（县、区）水资源公报等编制工作。

【湘潭流域水文展示馆及水文化走廊创建湘潭市科普基地】 2021年，湘潭流域水文展示馆及水文化走廊以科学健康的文化活动为载体，以科普宣传为切入点，充实壮大科普志愿者服务队伍，以湘江流域水文展示馆和湘江流域水文化走廊为科普活动主阵地，以科普宣传栏、文化走廊、数字沙盘等作为宣传载体，创建湘潭市科普基地。

【湘潭站入选成为湖南省4个创建示范站之一】 2021年年初，根据水利部及省水利厅“十四五”现代化规划，湘潭水文站确定为湖南省4个全国新技术应用示范水文站之一，全面加强湘潭水文站先进监测技术和新仪器新设备应用水平，提升水文综合监测能力。

（方 晖）

2022

湘潭年鉴

XIANGTAN NIANJIAN

工业

综 述

【概况】 2021年，湘潭市规模以上工业增加值同比增长9.6%，高出全省平均水平1.2个百分点；制造业增加值占GDP比重为40.8%，排名全省第一。工业固定资产投资同比增长17.8%，高于全省平均水平3.5个百分点，比上年大幅提高；其中，工业技改投资同比增长20.3%，高于全省平均水平2.8个百分点，排名全省第四。实缴工业税金72.08亿元，同比增长22.3%，其中实缴工业增值税45.93亿元，同比增长31.3%。新增规模以上工业企业152家，工业领域百亿企业达到2家。“1+4”重点产业增加值同比增长14.8%，高于全市平均水平5.2个百分点，其中智能装备制造产业同比下降1.7%，汽车及零部件产业同比增长0.1%，食品医药产业同比增长28.4%，新一代信息技术产业同比增长25.7%，新材料产业同比增长3.2%。

工业新兴优势产业链建设。原13条工业新兴优势产业链优化整合为11条，在“四长联动”（链长抓统筹、盟长促配套、行长帮融资、校长助研发）基础上，构建“承接园区+市直部门”“产业链办公室+产业链落地办”工作机制，实施以“支柱产业延链增强、新兴产业补链做大”为主要内容的“双链工程”。11条工业新兴优势产业链实现规模工业总产值同比增长21.5%，引进投资额10亿元以上项目6个，引进投资额2000万元以上项目102个，签约金额达389.3亿元。举办先进电传动及风电装备、新能源和汽车制造等产业链产销对接会7场，促成70余家签订合作协议，签约金额达123.8亿元。举办电子信息和新一代信息技术、高端医疗器械及生物医药等6条产业链银企对接活动，70多家链上企业与相关银行签约，金额达127.57亿元。湘潭高新区风能产业集群获批国家级创新型产业集群，湘乡市绿色建材与装配式建筑产业链获批省级先进制造业集群。各产业链创建国家、省、市各类科技平台39个，其中国家级企业技术中心1个、湖南省院士专家工作站1个、湖南省工业设计中心2个、湖南省企业技术中心8个、湖南省工程研究中心3个。

两化融合与智能制造。全市有22家工业企业纳入湖南省两化融合管理体系贯标试点企业，有50多家企业获两化融合管理体系贯标认证证书，数量居全省第三。实现深度“上云”企业648家，“上平台”企业335家，湖南时变通讯科技有限公司、湖南傲派自动化设备有限公司、湖南永霏特种防护用品有限公司3家企业被认定为湖南省“上云上平台”标杆企业。湖南华菱湘潭钢铁有限公司入选第一批湖南省“5G+工业互联网”示范工厂，湖南吉利汽车工业有限公司5G智能工厂等项目被列入湖南省数字新基建标志性项目名单，41家企业入选省制造业数字化转型“三化”（制造业数字化改造、网络化协同、智能化升级）重点项目名单，吉利汽车有限公司与湖南电信合作建设“5G+白车身间隙面差AI检测”项目入选湖南省机械行业“5G+工业互联网”六大典型应用场景。湘潭（高新）工业软件园9月开园，11个项目集中签约入园。湘潭5G+工业互联网运营中心暨湘潭工业互联网公共服务平台10月在中国电信湘潭分公司上线运营，将为企业智能化改造提供更优质服务。湘钢公司、吉利汽车公司2家企业入选国家智能制造试点示范优秀场景名单；湘电集团有限公司工业用高效节能电机智能工厂、创一工业风力发电系统生产线智能化改造、湖南工程学院智能制造产业学院建设等项目成功申报2021年制造强省支持项目；收到创建市级智能化改造项目申报50多个，拟支持项目25个，支持资金180万元。

军地融合。印发“十四五”发展规划，推动长株潭衡岳国防科工局高技术转化应用创新示范基地创建，全力推进“民参军”。湖南省首届先进技术转化应用大赛上，湘潭7家企业分获一、二、三等奖，获奖数量全省第一。市军地融合工作连续四年获省政府“真抓实干”督查激励。

科技创新。规模以上工业企业研发经费投入达110亿元，有研发活动企业数达1047家，占比83%；研发人员占从业人员比重达8.6%。7个省“5个100”产品创新强基项目完成年度总投资4.60亿元，占全年计划投资的122%，完成研发投入8894万元，突破关键技术数39项，申请发明专利43项，获授权11项。

绿色制造。成功创建国家级绿色园区1个（全省3个），国家级工业绿色示范企业1个，国家级绿色工厂2家，省级绿色工厂6家，国家级绿色设计产品6个。湘潭华绿生物科技有限公司、湖南开门子肥业有限公司被评为全省节能诊断优秀案例，威胜电气有限公司、金杯电工电磁线有限公司、中冶京诚（湘潭）重工设备有限公司等11家企业通过湖南省自愿性清洁生产审核验收，天易经开区获评湖南省工业固体废物资源综合利用示范基地，湖南金龙新材料有限公司“10万吨再生铜制备高导电铜杆建设项目（一期）”、韶山金弘再生资源有限公司“年回收、剪切、打包60万吨废钢铁项目”获评省工业固体废弃物资源综合利用示范项目。

企业服务。坚持“千百扶培”机制，对全市工业企业开展联点帮扶和“暖心走访”，为企业送服务624次，帮助146家企业解决各类难题1273件。实施“纾困增效”专项帮扶行动，建立企业问题清单“一本账”，工作推进“一张表”，分类帮扶、一企一策，逐项销号解决企业发展难题，为企业兑现政策资金近3亿元，帮助1595户制造业中小微企业缓缴税款8722.17万元，帮助湘潭中天机电有限公司、湖南中路交通科技有限公司、湖南浩星钢结构有限公司等数十家企业扭亏为盈，全市规工企业亏损面降低超4%。开展金融专项服务，组织市工信局、市经金办、市发改委、人民银行湘潭市中心支行等部门，摸底产业链企业融资需求，59家工业企业入围重点支持企业名单；举办3期中小微企业金融服务巡回大讲堂暨银企对接活动，促成近100家企业与金融机构达成意向融资近1亿元；组织动员68家中小企业申报湖南省产融合作制造业重点企业，湖南创一工业新材料股份有限公司、湖南臻和亦康医疗用品有限公司等64家企业入围。推动中小企业技术创新“破零倍增”，全年全市工业企业新增发明专利226件，29家企业实现发明专利“破零”，90家企业实现发明专利“倍增”。组织“创客中国”中小微企业创新创业大赛，投入80万元对市级复赛获奖项目进行表彰奖励，指导湖南崇德科技股份有限公司获得湖南省决赛企业组二等奖，湖南麦智自动化设备有限公司、雅臣智能生物科技（湖南）有限公司获得创客组二、三等奖。引导企业注重品牌培育，金杯电工电磁线有限公司、威胜电气有限公司等7家企业获批湖南省“湖湘精品”品牌能力提升行动试点企业，中部电气股份有限公司、湖南振辉管业有限公司等6家企业成功认定工业品牌培育试点，湖南江冶机电科技股份有限公司获评省工业品牌培育示范企业，湖南玉丰真空科学技术有限公司获评省工业领域知识产权运用标杆企业。推进企业“清欠减负”工作，实现全市清欠台账全部清零。

【培育优质企业梯度】 2021年，湘潭市新获批国家级专精特新“小巨人”企业17家，湖南省专精特新“小巨人”企业32家，获批数量全省第三。4家国家级小巨人企业获批工信部第二批重点支持的小巨人企业。国家级“小巨人”企业总量21家，位列全省第三；省级“小巨人”企业总量82家。恒欣实业智能矿用架空乘人装置入选国家制造业单项冠军产品，实现湘潭市国家级单项冠军零突破；宏大真空新型显示器件光学镀膜装备荣获湖南省制造业单项冠军产品。湘潭牵引机车、湘潭市电机车2家企业成功创建湖南省工业质量标杆，全市获得省工业质量标杆的企业达10家，全省排名第二。湘潭钢铁集团有限公司、湖南吉利汽车工业有限公司2家企业入选国家智能制造试点示范优秀场景名单。湖南华菱线缆股份有限公司、湘潭宏大真空技术股份有限公司获批湖南省工业设计中心。湘潭高新技术创业服务中心获批年度国家小型微型企业创业创新示范基地。

【长株潭产业协同发展】 2021年，长沙、株洲、湘潭签署《全面推进长株潭产业（先进制造业）协同发展实施方案》《长株潭企联协商合作框架协议》，联合制定出台《长株潭一体化制造业融合发展专项规划（2021—2025年）》，推进三市先进制造业在市场、技术、园区、人才、供应链等全方位、多层次、宽领域协同发展。开展工业品互认，签署《长株潭第一批名优工业产品互认协议》，发布《第一批长株潭名优工业产品目录（两型产品类）》，湘潭市50家优质企业和58个相关工业产品入选。引入“飞地模式”，推动园区协同发展，雨韶智能制造产业园一期交付使用、二期建设启动。推进长株潭一体化三十大标志工程，蓝思科技湘潭生产基地、碳基纳米器件和新型传感器创新研究及产业化项目、湘潭韶山月壤及航天航空创新体验基地、5G长株潭全覆盖等重点项目建设进展顺利。 （雷理湘）

湘电集团有限公司

【概况】 2021年，湘电集团有限公司完成工业总产值41.97亿元，实现销售收入43.26亿元、利润总额1263万元、上缴税金1.99亿元。4月1日，集团旗下上市公司湘电股份“摘星脱帽”，募集资金10亿元。

自主创新。湘电集团投入科研经费2.3亿元，占营业收入5.3%，科研开发项目84项，其中“大型低速高效直驱永磁风力发电机关键技术及应用”获得国家技术发明二等奖，“轻量化低脉动直驱式永磁电机关键技术及应用”获得中国电力科学技术进步一等奖，“特种车辆永磁电驱动系统关键技术及应用项目”获得湖南省科技进步一等奖，“120吨级纯电交流传动矿用电动轮自卸车”获得全国机械工业设计创新大赛铜奖，2项产品获“湖南省企业标准”领跑者称号。主持修订GB/T 16318《旋转牵引电机基本试验方法》等3项国家标准，NB/T 31063《海上永磁同步风力发电机技术规范》等2项能源行业标准，主持制定《绿色设计产品评价技术规范 高功率密度高压三相笼型异步电动机》团体标准。申请专利30件，其中发明专利6件，截至年底，公司有效专利607件，其中发明专利174件，公司获“2020年中国企业专利实力500强”。

市场开拓。全年“三新”市场订货13亿元，同比增长105%，累计订货57亿元，新增订货同比增长15%。成功中标长株潭城际轨道交通西环线一期工程地铁车辆电气牵引系统项目；与宁夏宝丰能源集团股份有限公司合作成为公司石化防爆领域最大订单；成功中标裕龙岛项目，创公司石化市场历史最大订单；高效节能永磁直驱系统进入矿山市场，冶金、石化矿山等市场订单增幅超过60%；风电电机先后在韩国斗山集团、许继集团等取得突破；重点产品及成套业务订单翻倍；摇床直线电机系统、高效工业永磁直驱电传动系统等新产品实现市场化推广应用，特种车辆电机及控制器实现量产。10月26日，与上海玖行能源有限公司签订战略合作协议，在“换电重卡”领域提供近5亿元系统配套产品。

深化改革。开展国企改革专题讲座、集中培训16次，梳理改革重点任务70余项纳入责任单位年度考核范围。截至年底，集团三年改革行动超额完成目标任务，十项重点改革任务完成率100%。健全完善长效机制，结合对标一流管理提升行动和“总部机关化”问题专项治理工作要求，修订规章制度42个。建立《风险管理办法》和《法律风险清单》，明确生产经营10个方面96个风险点。

数字化转型。推进新一代信息技术与制造业深度融合，实施“三化”融合工程，实现人财物数字化管理。加快“省智慧车间项目”建设，按期完成主体工程建设任务，累计投入2236.8万元，建成以“一个平台（数据平台）、两个场景（中型数字化装配线、铁芯自动化改造线）、三个应用（车间生产可视化、物料齐套可视化、工号进度可视化）”为总体规划的数字化车间。推进MES、ERP、PLM数据联动，按照销售、采购、库存三个主体模块搭建ERP二期运行环境，实现进销存管理领域信息化应用；建成产品设计超算云平台、全生命周期管理系统和电机研发平台，实现图纸无纸化存栈；建立生产协同平台，打通从设计工艺到生产制造数据流。完善OA办公系统管理流程，制（修）订223个线上管理流程，实现16669条线上管理流程闭环。

【国内首个特种车辆国产化飞轮电机系统电机控制器下线】 2021年4月26日，湘电集团有限公司在湘电电控试验室举行特种车辆国产化飞轮电机系统电机控制器首批样机点火仪式，为东风越野车有限公司研制的飞轮电机系统电机控制器成功下线，11月，该控制器通过青海高原等各种环境及可靠性试验。标志着国家在该领域技术自主权上升，对特种车辆装备发展具有重要意义。该电机控制器从软件到硬件均为自主研发，元器件国产化率超97%，功率密度比同规格控制器提升50%以上，是国内首个满足“三比”要求电机控制器。

【交付世界首台套120吨级纯电动交流传动矿用电动轮自卸车】 2021年6月23日，世界首台套120吨级纯电动交流传动矿用电动轮自卸车下线，7月22日正式交付，拉开国产矿用重装进入“新能源时代”，标志着国家在百吨级电矿用自卸车领域达到世界领先水平，将引领矿山行业向绿色、低碳、节能、环保方向发展，带领中国矿山装备驶入全球技术高地。在央视财经频道“百年信物”栏目专题报道公司《第一台国产电动轮自卸车》。120吨级纯电动交流传动矿用电动轮自卸车集成纯电力系统、能量管理系统和交流传动系统，使用动力电池替代传统柴油机为动力源，充电1小时可连续工作8小时，相比传统燃油百吨车，能耗降低50%，运行维护保养成本降低20%，实现“零排放”，单台车每年可减排二氧化碳1500吨。

（杨晓斌　冯嘉旺）

江麓机电集团有限公司

【概况】 2021年，江麓机电集团有限公司完成主营业务收入34.63亿元；实现利润2.71亿元，同比增长8.25%；资产负债率69.08%，同比改善4.09个百分点；全员劳动生产率26万元/人·年，同比增长16.07%。莫海燕、鲁海林分别被全国总工会授予“全国五一巾帼标兵”和“全国优秀工会工作者”称号。公司被全国总工会授予“‘玫瑰书香’全国女职工主题阅读活动优秀女职工读书组织”称号；被兵器工业集团授予“脱贫攻坚先进集体重要贡献奖”。

【创新驱动】 2021年，江麓机电集团有限公司完成专利申报100项，其中发明专利42项。获兵器工业集团、湖南省管理创新成果奖5项次，实施精益改善项目25个，征集合理化建议5519条。其中，表面处理精益生产线通过兵器工业集团专家组评审，成为兵器工业集团首条安全类精益生产线。

【深化改革】 2021年，江麓机电集团有限公司推进国企改革三年行动方案落地，68项重点改革任务完成56项，占比82.4%；127项具体措施完成114项，占比89.8%，超额完成“2021年完成任务总量70%”的年度目标。启动重装公司、进出口公司清算退出工作，其中完成进出口公司清算注销。优化采购职能，加强物资采购统一归口管理，合理配置物资需求计划、采购计划、采购执行、价格审核职能，优化物资采购部内设机构；明确外扩、外协业务归口管理部门，加强体系化策划和管理。

【管理提升】 2021年，江麓机电集团有限公司落实10个专项领域、87项具体措施，全面完成国资委明确的“2021年完成任务总量80%”的工作要求。推进制度体系建设，完成《公司章程》修订，新订制度22项，修订68项，废止75项。其中，修（制）定《董事会议事规则》《董事会授权管理办法》等董事会规范建设与运行系列制度12项。推进全面依法治企，经济合同、规章制度、重大决策三项法律审核率达到100%，收回历史逾期应收账款730万元，其中自办案件回款430万元。推动管理信息化，完成车间作业管理、价格库等系列软件功能模块开发，以及产品工序质量信息管理系统、资产管理信息系统开发应用，主要生产车间实现MES系统管理。

【质量保障】 2021年，江麓机电集团有限公司修订质量程序文件40份。推进“三自一控”工作，开展“质量月”活动，建立生产过程质量诚信管理。加强质量风险识别与控制，梳理生产过程质量风险35项并落实管控措施，产品实物质量平稳可控。推进新时代装备建设质量管理体系示范工程，通过上级机关组织体系建设战略分析和架构设计阶段技术审查，在华中片区12家单位中排名第一。推进装备质量综合整治及提升工程，完成任务验收42项，年度节点完成率100%。通过装备承制单位资格现场审查，并实现扩项12项。

【86A步战车夺得项目冠军】 2021年8月30日，江麓机电集团有限公司研制生产的86A步兵战车在“国际军事比赛—2021”中国库尔勒赛区进行“苏沃洛夫突击”项目第3轮单车赛，最终以47分25秒72的总成绩获比赛第一名并打破赛事记录，俄罗斯、白俄罗斯参赛车组位列第二、三名。

【公司与山河智能装备公司合资成立山河江麓建机设备公司】 2021年4月8日，江麓机电集团有限公司与山河智能装备公司共同出资2亿元，成立山河江麓建机设备有限公司，并落户湘潭九华经开区，为推动实施军地融合战略和“三高四新”战略落地增添新动能。

（孔　鹏）

江南工业集团有限公司

【概况】 2021年，江南工业集团有限公司实现主营业务收入37.26亿元，实现利润总额1.34亿元，全员劳动生产率29.34万元/人·年。公司强化战略引领和战略管理，构建“1+9”“十四五”规划体系；完成神舟十二号宇航员保驾护航任务，获赠航天五院护航神舟十二号成功返回感谢信；荣获兵器工业集团公司“能力建设先进单位”“脱贫攻坚先进集体”等省部级以上荣誉20余项；管理创新课题“军工企业基于财务管理战略转型的财务共享服务中心建设”代表兵器工业集团成功入选工信部管理创新案例集；审计成果《江南春水绿如蓝》入选全国69个“内部审计促进组织贯彻落实党和国家重大政策措施典型经验”；数控加工分厂高级技师彭小彦被国资委评为“中央企业优秀共产党员”；《大型国有企业基于“法治创效”的制度建设体系构建》被国家国防科工局评为“第三届国防科技工业青年论坛二等奖”；数控加工分厂第四党支部被兵器工业集团公司评为“基层示范党支部”；党史学习教育先进经验受到兵器工业集团推介宣传，做法成效被《兵器工业集团简报》采用20次；全年未发生安全生产责任事故、环境污染事故，无新增职业病。

【科技创新】 2021年，江南工业集

团有限公司科研投入 2.45 亿元，申请专利 58 项，授权专利 35 项。按计划完成科研项目 118 项，其中 3 个型号项目完成设计定型；突破 10 余项关键技术与核心部件研制。制定水中兵器发展规划，承办“水下武器装备系统高端论坛暨学术研讨会”，成为水下武器装备专业委员会副主任委员单位；《加快智能化多用途深弹发展的分析及建议》被集团公司和国资委采用并上报至中共中央办公厅；通过国家高新技术企业复评。

【品质保障】 2021 年，江南工业集团有限公司通过装备承制资格第三次监督审查，连续 49 批次产品一样本交验合格，零部件一次交检合格率 99.24%，同比提升 0.44 个百分点；质量损失率 0.27%，同比下降 0.02 个百分点；获省部级优秀 QC 小组一等奖 4 项、二等奖 4 项，被评为质量信得过班组；完成各类演训服务保障任务，服务保障满意率和服务及时率均为 100%。

【风险防控】 2021 年，江南工业集团有限公司开展全面风险管理与内控体系有效性专项排查治理，完成内控体系有效性监督评价，修订完善《内部控制手册》；公司审计成果《江南春水绿如蓝》作为兵器工业集团唯一获奖成果，入选全国 69 个“内部审计促进组织贯彻落实党和国家重大政策措施典型经验”；制定实施年度降本增效工作方案，实现降本增效 1962 万元；完成合规管理体系建设，纠纷诉讼案件数量和涉案标的额同比双下降；通过债转股方式解决江南汽车公司账款回收遗留问题。

【深化改革】 2021 年，江南工业集团有限公司制定《国企改革三年行动方案（2020—2022 年）工作台账》，完成任务的 81.5%。制定实施《董事会规范建设与运行管理方案》和《落实董事会职权工作实施方案》；推进实施公司经理层成员任期制与契约化管理；持续完善人才“引、育、管、用”工作机制，引入国防科技大学等“双一流”高校硕士研究生 12 人，签约浙江大学、北京航空航天大学等高校硕士研究生 20 人；加强与科研院所和高校的联合培养力度，选派 10 名“江南访问学者”进行脱产学习；新增享受国务院政府特殊津贴专家、中国兵器关键技能带头人、集团公司“青年英才培养计划”6 人；推进考核体系改革，完善考核管理组织体系和制度体系。

【完成神舟十二号宇航员保驾护航任务】 2021 年 9 月 17 日，神舟十二号载人飞船安全返回，江南工业集团生产制造的航天座椅缓冲器，在继神五至神十一后，成功完成为神舟十二号航天员保驾护航任务。12 月 23 日，江南工业集团收到中国航天科技集团有限公司第五研究院载人飞船项目办关于航天员“座椅缓冲器”在历次载人飞船发射、飞行和返回过程中书面感谢信。

【成立“军工先进制造协同创新中心”】 2021 年 12 月 10 日，江南工业集团有限公司与湘潭大学、湖南科技大学三方联合组建“军工先进制造协同创新中心”揭牌并签约。“军工先进制造协同创新中心”秉承“校企结合、平台共享、优势互补、合作共赢”原则，坚持以技术为引领，以系统化、制度化、常态化校企合作模式，在先进制造领域联合开展技术研究，重点突出重大项目和科技成果申报、技术与管理人才培养、科技成果产业化等内容，实现资源整合和优势互补，共同打造智能化弹药领域先进制造高地，服务国家国防事业和地方经济发展。

（张瑞彤）

湖南江滨机器（集团）有限责任公司

【概况】 2021 年，湖南江滨机器（集团）有限责任公司实现营业收入 4.3 亿元。获国家“高新技术企业”认定，获评集团公司“企业文化建设先进单位”，被评为中国商用车后市场排行榜“百强品牌”，获得第三届“湘潭市市长质量奖”，被评为中国一拖集团“优秀供应商”、昆明云内动力股份有限公司“质量成就奖”、广州康明斯发动机有限公司“优秀客户支持奖”。

【市场拓展】 2021 年，湖南江滨机器（集团）有限责任公司收入增长优于行业表现。争取订单，湖南玉柴机器实业有限责任公司实际装机份额达到 50% 以上，拉升公司整体装机份额 6.7%；潍柴动力股份有限公司产品全部实现超份额供货，潍柴动力股份有限公司和潍柴动力股份有限公司重庆分公司份额同比分别增长 3.4% 和 20.6%；南京依维柯汽车有限公司、中国一拖集团有限公司份额同比分别提高 10%、0.5%。全年活塞销量、收入、货款回收同比分别增长 2.4%、0.1%、12.9%。应对全球疫情反复、排放升级、治超治限常态化、材料价格持续高位等挑战。全年实现销量、收入和回款同比分别增长 11.9%、13.5% 和 31.6%。争取订单同比增长 77%，交付订单同比增长 135%。化解原材料涨价带来的成本压力，产品售价平均上调 7%。正式进入上海柴油机股份有限公司供应商体系，取得 SCW35 开发资格；中国重汽集团杭州发动机有限公司 7011A 活塞供货 1.2 万只，成功实现批量供货；一汽解放汽车有限公司动力 6SL4 机型二代进入可靠性实验；广西玉柴动力机械有限公司 3 个国六车机项目实现装机，1 个产品完成可靠性验证并下达小批验证订单；成功拓展山东云内动力股份有限公司和成都云内动力股份有限公司，湖南道依茨动力有限公司争取到 2 个项目开发权。

【自主创新】 2021 年，湖南江滨机器（集团）有限责任公司完成新产品开发 175 项，同比增长 7.36%。其中全新开发 46 项，同比增长 12.2%；24 个品种上批量，同比增长 4.35%。实现现有主机国六产品全覆盖，成功搭建国六产品和技术研发平台。建立 JB-3+新材料标准，并开始国六新品验证；5 次开展 JB-4 材料样件研制试验，常温抗拉强度、常温性能较 JB-3 材料均有明显提升。DSK、BRC+技术成功应用到 15 个国六品种，开展刀具工艺研究，钢活塞刀具成本降幅 30.9%，铝活塞刀具成本降幅 22.27%。喷粉精炼工艺成功实现产业化应用，每年可节约成本近百万元；高能效自熔焊接工艺完全满足国六钢活塞性能和量产需求；等离子重熔+衬套强化工艺成功应用到多个产品并形成批产能力。全年 3 个国家级、省级项目获批，2 个国家级、省级项目待批。提升国六钢、铝和大缸径活塞生产能力。新建 1 条国内领先的自动钢活塞生产线，建成钢活塞焊接工房，钢活塞机加和焊接产能大幅提升；新建 1 条铜套自动装配重熔高端铝活塞生产线，自动 5 线、6 线完成建设并投产，效率提高 2.8 倍，建设成本比全自动线减少 44% 以上。推进台架试验升级建设，建成具备活塞漏气量试验、活塞机油耗试验等 9 个项目试验能力实验台架。全年申请专利 25 件，其中发明专利 17 件。“铝合金和柴油机活塞”获得中国专利优秀奖；“一种电子束焊接活塞的方法”获 15 届北京发明创新大赛入围奖。注重科研成果转化，2 个项目入选全国首批先进技术成果并公开发布；参加省先进技术大赛获二等奖；参加省“创新方法大赛”夺得五项大奖，其中“多路顺序控冷创新方法”团队夺得中国创新方法大赛总决赛一等奖；4 项成果获省级成果奖；全年新参与国家、行业和团体标准制定 6 项。

【效率提升】 2021 年，湖南江滨机器（集团）有限责任公司完成特品 52 个品种 5.475 万只，大缸径产品 45 个品种 12.422 万只交付，产量同比分别增长 62.13% 和 22.8%。

全年日均产量、人均效率、投入产出率同比分别增长 7.82%、6.75%、3.42%。国六新品开发 107 项，同比增长 7%；完成国六产品 72.5 万只，同比增长 94.9%。

【深化改革】 2021 年，湖南江滨机器（集团）有限责任公司出台改革三年行动实施方案，明确 5 个主要任务，18 个分类，47 项具体内容，坚持每月跟踪回顾，扎实推进；有序推进重点改革事项。完成经理层任期制契约化改革管理工作，并报中国长安汽车集团股份有限公司备案；制定先进科技型企业项目收益分红方案，报中国长安汽车集团股份有限公司备案，并获集团公司批准；完成《公司专利工作管理办法》修订发布并执行，对受理、授权的奖励提升 30%；制定公司《研发准备金制度》《关键核心技术专项激励管理办法》草案和第二版《科技创新专项奖励制度》并征集意见。制定“四单一表”，把党的领导融入公司治理各环节；落实董事会职权，修订董事长工作规则，完善董事会战略与投资委员会、审计与风险委员会；构建“大风控”体系。编制全面风险管理报告，明确 10 项重大风险具体管理策略；制定完整风险监控指标体系，对红色风险责任单位及时预警；跟踪公司“两金”运行情况，做好风险防范。培养集团公司青年科技拔尖人才 1 名，湘潭市优秀专家 1 名，专业技术骨干人才 2 名，正高级经济师 1 人，高级工程师 4 人，高级技师 2 人。

【价值创造】 2021 年，湖南江滨机器（集团）有限责任公司享受特品和出口免征增值税 66 万元，争取引智政策支持增收 189.63 万元；争取 5 个国家、省、市项目资金 2360 万元。开展“学史力行，铁腕提质”雷霆行动和“标准、规范，减小变差”质量提升活动；抓好活塞阳极氧化、油道质量提升、钢活塞质量提升等专项改进；强化数字赋能提升数字化、自动化检测能力，助力质量提升。产品综合合格率同比提高 4.3%，外部故障率同比下降 118ppm，质量损失率同比下降 0.37%，VDA6.3 体系年度审核 81 分，同比提高 2.7 个百分点；取得重庆康明斯 GQS 证书。推进“大项目”促降本，梳理出 36 个公司级降本项目，每月跟踪考核评估；抓细节管理促降本，组织开展 QC 攻关、精益改善、修旧利废等活动；抓预算管理促降本，建立预算日常审批监控机制；加强五项费用和可控费用归口单位考核评价，严控各项费用支出，实现节创价值 1696.95 万元。 （黄为民）

湖南华菱湘潭钢铁有限公司

【概况】 2021 年，湖南华菱湘潭钢铁有限公司（简称“湘钢公司”）实现销售收入 1120 亿元、利润 68.2 亿元、税金 33.1 亿元。

克服高炉、焦炉、烧结机三大主体设备技改大修压力，坚持“以高炉为中心”，保持稳产高产状态。钢系统以“降铁耗、提效率”为重点，开展废钢加热、铁水罐加盖等项目攻关，全年综合铁耗比上年降低 34 公斤/吨，炼钢厂、宽厚板厂、五米宽厚板厂最低分别降至 768 公斤/吨、695 公斤/吨、704 公斤/吨。线材系统强化产线平衡，提升轧制效率，各产线累计打破月产纪录 22 次。设备系统持续优化设备分级分类管理模式，设备综合效率稳定在 95% 以上。采购系统快速调整资源渠道，确保原燃料优质保供和技改大修备件按时到厂。动力能源系统全力提升能源利用效率，吨钢综合能耗比上年降低 12.5 千克标准煤，日均发电量达到 1010 万千瓦时/天，比上年增长 11%。物流系统提升调整运输方式，产品外发稳定在 3.2 万吨/天以上，线、棒、板按期交货率分别提升至 91.2%、90.5%、92.5%。强化技改工地、物料堆场及厂区道路可视化污染管控，粉尘、二氧化硫、氮氧化物排放量比上年分别降低 4.6%、21.1%、16.5%。

中高技能人才占比 39%，有 5 人获得“国务院政府特殊津贴”，有 4 人获得“全国技术能手”、正高级职称 8 人、有 4 人获得“省政府津贴”，有 3 人获得市“杰出莲城工匠”、市“专业技术骨干”34 人。制定行业标准 6 项，参与省部级重大科研项目 1 个，获国家专利 17 项。湘钢公司“高性能耐候桥梁钢项目”获中国金属学会国际先进水平认证，船板及海工钢获工信部 A+级评价，“客户导向质量管理”项目获全国企业管理现代化创新成果二等奖，“大型钢铁企业聚焦效率变革”“基于大数据信息平台的成本管控体系构建与实践”分别获评湖南企业管理现代化创新成果一、二等奖。依托智能化改造，推进流程优化、业务整合，华菱湘钢本部劳动生产率 1547 吨钢/人·年，比上年提升 12.3%；阳春新钢铁劳动生产率 1460 吨钢/人·年，比上年提升 8%。

八大战略技改项目基本完成，4.3 米焦炉环保提质改造、新建厚板坯连铸机、新建变压吸附制氧装置项目完成。五米板回火炉和炼钢 RH 炉、钢包炉、方坯修磨线投运。研发 3.5Ni 钢、9Ni 钢、超级耐磨钢等 10 个新品种，桥梁钢复合板具备批量生产能力，S420 级海工板填补国内高钢级深水导管架空白；NM400E 高强耐磨板实现进口替代，供货马来西亚 KLCC、重庆江北机场、渤海油田群、西气东输、腾讯大厦等国内外重点项目；线棒开发汽车轴类用钢、电磁纯铁超低碳钢等20个新品种，通过惠州日铁锻造有限公司、湖南吉利汽车工业有限公司、通用汽车公司等30家企业二方审核和产品认证；特级优质轴承钢具备规模化生产能力，齿轮钢跻身綦江齿轮传动有限公司、株洲齿轮有限责任公司等8家行业标杆客户供应商；弹簧扁钢批量供货山东雷帕得汽车技术股份有限公司、湖南易通星桥汽车零部件有限公司等汽车零部件终端客户。

【跃居“千亿企业”行列】 2021年，湖南华菱湘潭钢铁有限公司钢铁主业实现销售收入840亿元，品种钢销量450万吨、创效22亿元。管线板、品种船板、高强耐磨板、高建板、压力容器板5类品种销量216万吨；线棒“一单一议”合同量比上年增长80%，合金管坯、轴承钢、铬钼钢销量比上年分别提升825%、112%、25%。板材依托厚板坯铸机投产，基本实现中厚板品种规格全覆盖。湘潭钢铁集团有限公司对标宝钢集团有限公司、南京钢铁集团有限公司、中国首钢集团、重庆钢铁（集团）有限责任公司等企业，推进17大重点挖潜项目、201个公司级挖潜项目，年吨钢工序成本降低50元。实现资金成本-1.2亿元、财税创效3.5亿元。

产业管理落实“五年收入倍增”计划，25家产业单位全部盈利，实现销售收入275亿元、利润8.8亿元。湖南湘钢梅塞尔气体产品有限公司提升空分产能，拓展区域业务，实现利润3.5亿元。中冶湘重持续提升内部效率、抢抓外部市场机遇，实现销售收入30亿元、利润1亿元。湖南湘钢洪盛物流有限公司聚焦钢铁产业链延伸，系统整合业务资源，实现销售收入26亿元、利润8600万元。湖南湘钢瑞泰科技有限公司充分挖掘设备潜能，实现利润6500万元。湖南湘钢金属材料科技有限公司积极应对“限电限产”政策，提升品种钢丝绳销量，实现利润4000万元。湖南凡益湘钢新材料有限公司内降成本、外拓市场，实现利润8000万元。湖南湘钢工程技术有限公司、湘潭瑞通球团有限公司、湘潭湘钢瑞兴有限公司、湘潭湘钢商务服务有限公司、湘钢渣钢回收有限公司等单位全力增强服务保障能力。成立湖南瑞菱科技有限公司，与高新区共建“先进金属材料精深加工产业园”。

【“智慧工厂”建设落地】 2021年，湖南华菱湘潭钢铁有限公司与华为公司和湖南移动联合，发布钢铁行业第一个《信息技术+智能制造融合发展白皮书》，启动“数智云能中心”项目，完成五米板智慧库房、内燃机无人驾驶、废钢智能定级、棒材表面AI检测、无人机自动巡检等智能化场景应用，“智慧工厂”建设加速落地，智能化程度多领域加深。“华菱湘钢5G智慧工厂”项目成功入选工信部5G案例集，湘钢公司荣获湖南省第一批“5G+工业互联网”示范工厂称号。湘钢云平台为湘钢业务系统提供统一的云主机、云存储等基础云服务资源，实现全湘钢各子系统间数据互通，支撑湘钢自动化和智能化改造。

【湘钢文化园“双创”成功】 湖南华菱湘潭钢铁有限公司文化园突出“主席家乡，活力湘钢”主题，面积达2.31平方千米，拥有生产实景参观、工艺流程科普、工业产品展示、工业文创展销、工业文化参观、工业模拟体验等六大产品体系、13个景点，全方位展现毛主席家乡钢厂红色底蕴、长流程钢铁企业生产工艺和绿色生态智慧工厂面貌。湘钢文化园建设用时8个月，通过湖南省工业旅游示范点、国家AAA级景区评审，实现“厂区”到“城区”再到“景区”的升级，成为行业第10家国家AAA级景区企业。10月1日试运营。

【华菱线缆在深交所上市】 2021年6月24日，华菱线缆成功在深交所主板挂牌上市，成为湘钢集团控股首家上市公司，是湘潭市13年来首家新增IPO上市企业。公司以挂牌上市为契机，利用资本市场力量在产品研发创新、技术升级等方面实现全面、快速地发展，加大资本市场投资力度，联手华菱迪策投资中联重科、时代电气、中航锂电、上海爱夫迪等项目，打造一流服务品牌。上市后华菱线缆市值保持在80亿~90亿元，居同行业33家上市公司前列。

（俞燕君　唐　梅）

国网湖南省电力有限公司湘潭供电分公司

【概况】 2021年，国网湘潭供电公司完成固定资产投资8.19亿元，售电量95.62亿千瓦时，同比增长10.57%。电费回收率100%，连续13年“双结零”。职工劳动生产率为151.94万元/人·年，增长18.85%。截至年底，电网连续安全稳定运行1537天，人身安全9260天。

【电力保障】 2021年，国网湘潭供电公司面对最高32万千瓦的电力负荷缺口，平稳度过湘潭电网224.7万千瓦最高负荷。扩建220千伏景源变电站等重点工程，提升供电能力18.8万千瓦。单日最大错避峰41.73万千瓦，生产生活用电需求得到保障。调派抢修人员40人次驰援河南特大暴雨灾后重建。

【战略发展】 2021年，国网湘潭供电公司建设全省“全域现代营销示范区”，创新打造供电服务“指挥中枢”、营销运营“智慧大脑”“3+5+2”能效服务体系和现代服务新站所，选送“构建新型供电服务体系助力乡村振兴发展”课题获湖南省企业管理现代化创新成果一等奖。“现代设备管理体系”建设在全国率先启动运检业务重构、数字化转型，构建“立体巡检+集中监控”“无人值守+集中监控”“专业定规则、中心出数据”运检新模式；成立省内首家地市公司智能运检管控中心。率先促成省公司与湘潭市人民政府签署“新能源+储能”建设战略合作协议，推动“光伏+储能”一体化开发模式，启动湘潭县50兆瓦/100兆瓦时麦子石社会化投资建设。

【电网建设】 2021年，国网湘潭供电公司完成7亿元以上电网建设投资，完成16项35~220千伏项目前期工作，电力设施布局规划成果纳入湘潭国土空间规划。投运110千伏学府、烟塘等11个重点输变电工程。雅中—江西±800千伏特高压直流输电线路施工协调进度全省全线第一，完成500千伏湘潭西及其配套220千伏线路等工程属地协调任务。投产 110 千伏及以上线路 44.432 公里、变电容量 41.9 万千伏安。配网建设投资 2.53 亿元，新建改造 10 千伏线路 307.6 千米，新建变压器 229 台、容量 30040 千伏安。配电线路故障率 2.09 次/百千米、公变台区平均停电时长 9.71 小时/台，均排名全省第三；配网低电压率 0.5795 天，排名全省第二。

【电力改革】 2021 年，国网湘潭供电公司对接国家发改委系列电价改革政策，快速落实电价改革后配套工作，完成代理购电现场告知与协议签订；通过网上国网 App、供电营业厅等线上线下服务渠道广泛宣传；引导分时电价高的一般工商业客户办理“选择不分时（执行分时平均电价）”电价政策，降低一般工商业客户电费支出。支持德盛配售电公司投资建设 110 千伏红砂变 3#主变，年内客户数、营业总收入等主要指标稳步上扬，交易电量 3000.34 万千瓦时，基本实现扭亏为盈。

【优质服务】 2021 年，国网湘潭供电公司推广“网上国网”“莲城电工”等线上办电渠道，“阳光业扩”服务持续压减流程环节、压缩业扩工程验收送电时间，实现简单业务“一次都不跑”，复杂业务“最多跑一次”。加强与政府重点项目对接，提前启动前期项目咨询服务和配套电网建设，将投资界面向用户红线延伸。低压“三零”、高压“三省”服务分别惠及 3279 户、168 户客户，为客户节约办电成本 7263 万元。公司获省电力公司“优化营商环境奖”先进单位第一名，助力湘潭获得电力指标在省内连续获评优胜指标。

【创新创效】 2021 年，国网湘潭供电公司成立湖南产业管理有限公司湘潭分部，设立输变电工程分公司和配电工程分公司。探索“中心+中台”企业数字化转型新模式，在全省率先组建地市级项目投资管理中心。自行开发 10 千伏线路负荷预测等工具入选国网公司优秀大数据应用。“数字韶山 2.0”成功接入国网公司总部展示大厅。

（刘一娟）

大唐湘潭发电有限责任公司

【概况】 2021 年，大唐湘潭发电有限责任公司完成发电量 83.44 亿千瓦时，同比增加 11.98 亿千瓦时，实现销售收入 32.13 亿元，缴纳税费 1.15 亿元，荣获全国普法先进单位、全国模范职工小家、大唐集团先进基层党组织、湖南省直青年文明号称号。

安全生产。开展安全生产专项整治三年行动、“六查六严”专项行动、外包队伍清理等工作，问题隐患计划完成率 100%；完成 4 台机组集中、计划检修和庆祝中国共产党成立 100 周年等各项政治保电、防汛、护网工作，取得实用新型专利 10 项、发明专利 1 项，公开发表论文 28 篇，获行业科技奖、优秀论文奖 8 项。公司连续安全生产 4581 天。

经营业绩。年度辅助服务交易净收入 4073.63 万元，湖南区域排名第一；累计完成市场电量 17.21 亿千瓦时，完成年度目标 104.24%。统筹保供争效工作，累计入厂标单低于区域五大集团平均 10.6 元/吨；燃料计量和采制化合格率 100%，燃料三大项目同业对标排名位列大唐集团第三。

【能源保供】 2021 年，大唐湘潭发电有限责任公司成立电力保供领导小组和工作专班，制定落实“1+7”电力保供总体方案和专项方案，坚持“应开尽开、应发尽发”和“不计成本、不讲条件、不打折扣”原则，全年累计进煤 389.08 万吨，同比增加 78.33 万吨。

【能源战略合作】 2021 年 8 月 19 日，湘潭市人民政府与大唐华银电力股份有限公司签订 2×500 兆瓦燃机热电联产项目合作框架协议。12 月 30 日 10 时 30 分，大唐华银湘潭新能源有限公司白石 48 兆瓦分散式风电项目（唐茶风电场）首批 5 台风机成功并网发电；12 月 31 日 15 时 10 分，大唐华银湘潭新能源有限公司石坝口 50 兆瓦渔光互补光伏项目（黄土咀光伏电站）首批光伏方阵成功并网发电，标志着公司实现新能源投产项目从“0”到“1”的突破。公司锁定光伏项目 670 兆瓦、风电项目 1000 兆瓦，储备光伏项目 1100 兆瓦，合计 2770 兆瓦新能源项目等待开窗申报；2×500 兆瓦燃机项目列入湘潭市“十四五”能源规划重点项目和湖南省“十四五”储备项目，与湘潭岳塘区共同申报 130 兆瓦屋顶光伏项目入围国家试点名单，湘潭白石风电、石坝口光伏首批并网发电。

【节能环保项目改造】 2021 年 3—6 月，大唐湘潭发电有限责任公司规划实施 3 号 600 兆瓦汽轮机组通流改造项目，对汽轮机通流部件进行优化，项目总投资 8500 万元；6 月 18 日，3 号机组 A 修暨通流改造后首次整套启动一次成功，其中汽机通流改造、排烟温度治理、磨煤机筛球、一次风机检修、空预器漏风治理以及内漏阀门更换等项目的实施，合计降低机组供电煤耗 15.92 克/千瓦时。公司成立 16 个节能攻关项目组，开展 3 号机组通流改造及 DCS 改造等重大节能技改项目，机组累计生产煤耗同比降低 7.58 克/千瓦时，1、3 号机组获评“电力行业能效对标优胜 AAAA 级机组”；全年未发生环保事件，三项大气污染物达标排放率 100%，公司作为大唐集团首批参与全国碳交易的四家试点企业之一，完成第一个履约周期碳排放配额清缴工作，实现中央环保督察期间“零投诉、零通报、零交办信访案件”，连续 9 年获评湖南省内环境诚信企业。

（胡　盼）

湖南省水府庙水力发电有限公司（湖南省水府庙水库管理局）

【概况】 2021 年，湖南省水府庙水力发电有限公司售电量 8159 万千瓦时，实现总收入 2804 万元，累计降雨 1216 毫米，来水 19.55 亿立方米。截至年底，安全运行 6980 天。获评“湖南省湘水集团有限公司能源事业部 2021 年度平安建设先进单位”。8 月，公司出资人由湖南省水利发展投资有限公司变更为湖南省湘水集团有限公司，属省国资委管辖。

【改革创新】 2021 年，湖南省水府

庙水力发电有限公司成立深化改革及对标一流管理提升领导小组。完成公司章程备案、议事规则和“三重一大”决策事项管理办法修订工作；编制《2022—2024年机构设置及劳动定额目标方案》并完成“3+1”机构设置。推行经理层成员任期制和契约化管理，完成总经理及经理层岗位说明书、两书一表一协议签订；完成监事工商备案工作；按能源事业部批复完成低效无效资产清理；初步实施“一人一表”绩效考核；在劳动用工方面，公司职工劳动合同签订率为100%。

【安全生产】　2021年，湖南省水府庙水力发电有限公司开展安全生产专项整治三年行动攻坚期、“打非治违”三年行动、安全生产月、安全生产“大排查大整治大管控”“消防宣传周”宣传活动、“岁末年初百日大会战”等专项活动；强化安全监管、隐患整改和安全教育培训，开展水淹厂房专项应急预案演练、反事故演习、消防疏散及救援演练等；整治船闸电源处个别私拉乱接现象，实现用电秩序好转，全年没有发生安全事故。　（赵　艳）

湖南韶峰南方水泥有限公司

【概况】　2021年，湖南韶峰南方水泥有限公司生产水泥229.92万吨，生产熟料196.85万吨；生产石灰石343.11万吨，骨料36.15万吨；销售水泥227.30万吨，销售熟料9.62万吨，共计236.92万吨；销售骨料31.84万吨；三项费用同比降低890万元。实现销售收入8.06亿元，考核净利润1亿元；上缴税收8093万元。年内，通过高新技术企业认定。

【生产经营】　2021年，湖南韶峰南方水泥有限公司推出M32.5包装水泥，地销市场份额逆势上扬，全年销售M32.5包装水泥24万吨。投入资金600余万元，提升水泥发运硬件装备水平；完善物流一卡通系统，实现包散装水泥智能发运；为平益高速、毛俊水库等客服提供优质产品和服务，在南方水泥客户民意调查中无投诉整改项。10月，中标醴娄高速（4~8标段）5个标段。5000吨/天窑可靠性系数同比提高1.23%；完成5000吨/天生产线篦冷机“三改四”改造项目，熟料标煤耗同比降低0.7公斤，降低吨熟料煤成本0.53元/吨，全年降低煤成本104万元；32.5、42.5水泥工序电耗分别降低1.12千瓦时，52.5水泥工序电耗降低5.06千瓦时，降低电力成本197万元。开展出磨生料KH合格率质量攻关，2500吨/天线出磨生料KH合格率同比提高10%，熟料强度同比提高1.2兆帕，5000吨/天线出磨生料KH合格率同比提高6%，熟料强度同比提高1.8兆帕。比质比价采购，降低采购成本1100余万元。

【优化升级项目】　2021年12月31日，湖南韶峰南方水泥有限公司优化升级项目土建施工完成95%，安装工程完成40%；项目开工以来，先后办理新征用地不动产权证、建设用地规划、建设工程规划、施工许可等合规性手续。坚持采剥并举，按照安全生产“三同时”要求，办好万罗山石灰石矿改扩建手续，年开采规模从220万吨增加到550万吨，为8000吨/天熟料水泥生产线正常运行与可持续发展创造条件。

【安全环保】　2021年，湖南韶峰南方水泥有限公司伤害事故同比减少5起，事故率降低62.5%。组织安全教育、培训38期，培训总人次1598人次。排查、整改一般安全生产事故隐患2605处，整改率100%；开展停送电、危化物品、特种设备、钢结构构筑物专项安全检查20余次，查处安全违章101起。投入资金369.5万元，完成5000吨/天生产线氮氧化物超低排放改造，实现氮氧化物超低排放，按政策减少错峰停窑10天。投资1700万元，硬化矿运道路2.2千米，安装降尘系统，完成矿运车辆停车坪及检修厂房改造，7月通过市自然资源局组织的绿色矿山复审。　（王　丽）

2022 湘潭年鉴 XIANGTAN NIANJIAN

商贸服务·对外开放

综 述

【概况】 2021年，湘潭市完成社会消费品零售总额870亿元，同比增长15.9%，全省排名第一。

内贸流通。开展“2021湘潭网上年货节”“乐享消费 湘当韵味”2021嗨够湘潭消费节、“百年芳华 湘府有礼”电子消费券派送、苏宁易购“共抗疫情 倾情奉献”家电专项公益活动等促消费活动，组织近500余家企业在汽车、家电用品、百货商品、住宿餐饮和成品油零售等行业，开展200多场次促销活动。拉动全市家装用品、家用电器、百货商品、汽车、餐饮住宿等行业消费35亿元，对全市实体行业消费拉动近100亿元。组织龙牌酱油等19家企业参加第六届中国国际食品餐饮博览会。

会展举办。举办大中型会展活动40余场，展览面积逾80万平方米，参展企业2100多家，参展观展人数达60余万人。其中经贸消费类展会30场次，成交额80.6亿元，涵盖汽车、家居等大宗消费品。

电商服务。对接58科创、58众创、乡村振兴产业园等已有的物理载体及与阿里巴巴乡村振兴事业部联系对接，商讨建立电子商务公共服务中心工作。建立第三方服务企业“清单制”，健全电子商务第三方服务企业清单“白名单”，培育和建设覆盖电子商务人才培训、平台运营、广告文案、美工设计、MCN孵化、平台建设、客服服务、物流服务、专家评审等全流程、全链条、全要素产业孵化生态圈，年末，第三方公共服务企业名单有80余家企业。

成品油监管。组织开展全市成品油市场“打非治违”三年行动、成品油流通市场秩序专项整治和全市地炼油专项整治行动。出动监管人员1825人次，执法车辆122车次，检查成品油经营企业、在建工地423家次。下发整改通知28家，立案调查成品油非法行为13起，查处取缔非法加油站8座，收缴非法油品0.25吨，处罚49.99万元，拘留3人，15家加油站自查补报入库各项税费126.56万元，上缴滞纳金1.63万元。

【实现三个县市“全国电子商务进农村综合示范县”全覆盖】 2021年，湘潭市完成电商销售农产品14.5亿元，湘乡市获评“2021年全国电子商务进农村综合示范县（市）”，此前湘潭县、韶山市均获此荣誉。“农村共同配送”在全国农村商业体系建设工作会议上作典型交流；湘潭县农村电商站点建设情况被央视新闻频道重点报道；农村电商及快递物流的典型做法分别在商务部官网、《省委改革专报》、省乡村振兴报等进行专栏刊登。

【助力湘潭本地企业进入华为等龙头企业供应商目录】 2021年，湘潭市商务局推进市新兴产业配套产业链建设，组织本地企业对接国内新兴产业龙头企业。在推动数字能源储能柜项目中，促成永达机械公司通过华为公司技术评审、样品检测和实地考察，成功进入华为公司采购目录供应商名单。

（张骞予）

招商引资

【概况】 2021年，湘潭市累计完成外商直接投资5085万美元，完成年度计划的127%，总量位居全省第四；累计引进内资747亿元，完成年度计划的109.9%；累计引进“三类500强”企业项目27个，总投资305.96亿元。累计引进亿元以上签约项目148个，总投资946.58亿元，完成年度计划的148%。中南控股集团有限公司、中国铁道建筑集团有限公司、深圳市怡亚通供应链股份有限公司、大唐集团、三一重工股份有限公司等“三类500强”及行业龙头企业纷纷落户湘潭。

创新“云招商”。在线精准推介投资环境、重点产业，洽谈合作项目。与东旭集团有限公司等6批次意向企业召开线上投资对接洽谈会，促成投资3亿元的闪速半导体封装研发项目落户湘潭综合保税区。

社会化招商。起草出台《湘潭市社会化专业招商促进办法（试行）》，市区两级共聘请招商特使50名、招商顾问2名、招商中介机构9家，为湘潭市引荐对接靶向企业264家，其中落户企业50家。

项目落地。以《湘潭市重点招商项目闭环管理办法》为抓手，从产业链项目对接、协调跟进、项目签约、落地服务四个阶段实施闭环管理，制定“三个一”督办模式，即一会（项目协调会）抓调度、一表（工作进度表）管进度、一单（任务交办单）促落实，突出在谈项目抓签约、签约项目抓落地，落地项目抓见效，招商引资项目质效提升。

产业链招商。围绕工程机械、轨道交通和“三智一自主”龙头产业招大引强，全年产业链引进项目19个，总投资158.98亿元，联手长沙、株洲承办“智能制造 智享未来”湖南先进制造业推介会首次联合招商推介会，推进产业融城。

【参加“港洽周”】 2021年湖南—粤港澳大湾区投资贸易洽谈活动（简称“港洽周”）期间，湘潭市签约重大项目66个，总投资485.8亿元。其中，省级签约项目23个，总投资121.32亿元；市级签约项目43个，总投资364.48亿元。和市发改委联合策划包装年度招商引资发布项目189个，总投资5028亿元，遴选34个重大产业项目进行重点发布，涵盖智能制造、电子信息及新一代信息技术、汽车及零部件、健康医疗、片区开发领域。

（张骞予）

外经外贸

【概况】 2021年，湘潭市实现进出口总额354.37亿元，同比增长33.7%，高于全省11.1个百分点；“破零”企业135家，“倍增”企业74家。完成对外实际投资729万美元，新增对外投资928万美元，人均对外实际投资2.7美元/人，对外工程承包营业额2500万美元，外派劳务人员312人。

服务企业。组织企业申报并下拨2020年外贸稳增长资金，对企业在融资担保、展会活动、产品认证、数字化转型、外贸转型升级基地和外贸企业重点规模化建设等项目给予680余万元资金支持。支持韶山市成功获批国家外贸转型升级（生猪）基地，生猪产业集群得到扩大；指导湖南臻和亦康医疗用品有限公司和湖南永灵医疗器械有限公司3类产品申报医保商会防疫物资“白名单”，5家企业12类产品加入白名单。

对外开放。实现湖南华菱钢铁集团有限责任公司、深圳市朗道科技有限公司、湘潭电化科技股份有限公司、湖南三泰农产品有限公司、梨树全创科技有限公司等外贸龙头企业业绩增长40%以上，其中深圳市朗道科技有限公司外贸业绩突破10亿元。

经贸交流。组织参加第二届中非经贸博览会，主会场签约1.7亿美元。发挥产业链战略联盟作用，通过以大带小，实现产业链抱团出海。支持湘乡电力产业园成立协会组织，对接“一带一路”，实现参与20多个沿线国家电力建设。帮助省建三公司签约斯里兰卡项目，完成对外承包工程额2500万美元。组织迅达科技集团股份有限公司、湘潭弘茂湘莲产业发展有限责任公司等10余家次企业参加中国进出口商品交易会、广州电子电器博览会和首届中国国际消费品博览会等国际性展会，累计接待客户150余批次，签订出口意向订单1800余万美元。

【参加第四届中国国际进口博览会】 2021年，湘潭市成立第四届中国国际进口博览会湘潭市交易团，组织76家企业140余名采购商全方位参与博览会系列活动，累计签约意向订单34个，采购意向金额5875.5万美元，同比增长9.8%，成交额排名全省第三。搭建长株潭名优出口产品展销馆湘潭馆，遴选28家企业80余类产品入馆展示，展示湘潭经贸形象，助力中小企业通过中非经贸博览会平台开拓国际市场。

【实体企业产贸融合发展】 2021年12月28日，湖南吉利汽车工业有限公司实现从湖南首单出海至俄罗斯，出口近1亿元，通过多次实地考察、协调各方资源，解决出口通道受阻问题。省商务厅召开全省“外贸主体创新发展三大行动现场推进会”，湘潭作为市州代表作典型经验发言。 （张骞予）

跨境电商

【概况】 2021年，湘潭市累计完成跨境电商进出口业绩16294.32万美元，同比增长13709.68%。完成“线上公共服务平台”“线下公共服务园区”两平台的建设，尤其是以创新“飞地模式”建成湖南省首家跨境电商综合服务中心。完成“9610”“1210”监管场站建设。

高质量发展。全面实施“一区一策”战略。实施“百企融网闯国际”行动，新增跨境企业100家。推进海外仓建设，至年末，在境外自建、合作、租赁海外仓13个，面积8.1万平方米，覆盖美国、马来西亚、阿尔及利亚、阿联酋、比利时等13个国家和地区。

生态建设。构建全链路生态建设体系。全面对接共享省会长沙国际物流体系，畅通跨境电商国际物流通道。实施“跨境电商+产教融合”工程，开设跨境电商专业的学校1家，获评教育部产学育人重大项目2个，相关专业在读人数约3000人。

【以“飞地模式”建成跨境电商综合服务中心】 2021年，湘潭市在全省市州率先以“飞地模式”建成跨境电商综合服务中心，得到国家、省商务部门肯定，并作典型经验介绍。跨境电商线上公共服务平台以及“9710”“9610”“1210”等海关监管模式实现运行，跨境电商生态架构基本形成。

（张骞予）

盐　业

【概况】 2021年，雪天盐业集团股份有限公司湘潭市分公司销售各类盐17688吨，完成年计划的112.6%，其中小包盐销售8372吨，完成年计划的108.72%，比上年提升6.8%；原包盐销售9316吨，完成年计划的116.45%。购进各类盐17543吨，储备盐库存数量达标。非盐实现销售额1920万元，完成年计划的192%。拓展扩充“雪天盐”合格、有效销售网点至9200余家。在省“微笑打卡”竞赛中获奖2人次；在省“最美陈列网点”竞赛中获第一名。

【健康用盐】 2021年，雪天盐业集团股份有限公司湘潭市分公司开展“3·15”“5·15”“食品安全宣传周”活动，普及科学、健康用盐理念。通过集中投放户外广告、开展入户宣传、线上宣传等方式，做好深度传播工作，扩大宣传范围，提升宣传效果。全年开展直播14场，观看人数达6万多人次。

【保障供应】 2021年8月，雪天盐业集团股份有限公司湘潭市分公司应对工业盐价格上调挑战，克服困难保证湘潭地区各企业生产用盐正常供应。12月，公司配合市委、市政府及相关部门认真做好抗冰保供工作，确保融雪盐供应充足、渠道畅通，保障食用盐供应及配送，杜绝因供应问题所导致不稳定事件发生。 （办公室）

石油经营

【概况】 2021年，中国石化湘潭石油分公司发挥成品油市场“诚信计量”管理典范作用，完成域内78个自营加油站共315个内部抽检、政府抽检油样质量，完成620个油库油样的质量检验，2个质检室比对试验，全年共937个油样检测，全区抽检站点覆盖率100%，油品合格率100%。全年湘潭石油成品油经营量比上年减少9.3%，其中零售同比减少8.7%，直分销同比增长50%，非油品销售额同比增长9%。推进“厕所革命”，对洗手、冲水、照明设备进行升级，完成71座自营加油站厕所改造。

【油品销售与服务】 2021年，中国石化湘潭石油分公司持续打造“易捷”名片，扎实推进“湘品出湘”“精准扶贫”“消费扶贫”，助力乡村振兴。稳步推进洗车网点建设，全年新增5个洗车网点，洗车网点在营率同比增长5.2%。严格落实省、市政府新冠肺炎疫情防控要求，大力实施“暖心行动”，到防疫一线慰问防疫工作者，捐赠抗疫物资。维护市场秩序，净化市场环境，配合政府职能部门“打非治违”11次，推动加油站涉税监控系统推广走在全省前列。

【打造“司机之家”和“爱心驿站”】 2021年，中国石化湘潭石油分公司完成4座“司机之家”、两座“爱心驿站”建设，为司机和环卫工人解决“吃饭难、喝水难、休息难、如厕难”等问题，日均接待能力300人次。

（连艳果）

烟草专卖

【概况】 2021年，湘潭市烟草专卖局（公司）实现税利13.56亿元，同比增长5.89%；查获各类违法卷烟3627.47万支，同比增长4.77%；查获涉案卷烟案值2681.32万元，同比增长48.94%；查获涉烟违法案件376起，列入省公安厅第一批督办案件5起，破获真烟涉刑案件2起、国家三级网络案件1起、非法经营烟叶案件1起，刑事拘留20人，逮捕18人，判刑22人。

【终端建设】 2021年，湘潭市建成“636”直营终端7家、“湘汇636”城网加盟终端53家、“湘村636”农网加盟终端9家，星级现代终端1560个，诚信互助小组807个。推行“十字诀”标准提升形象，完成前背柜一体化改造2015户。

【信用体系】 2021年，湘潭市烟草专卖局（公司）完成对信用体系平台初始化数据录入，组织客户签订承诺书，印制《零售客户信用管理手册》1.5万份。推广应用零售客户信用体系平台，推进客户信用等级评价结果应用，全市AA及以上等级客户占比16%以上。

【卷烟市场监管】 2021年，湘潭市烟草专卖局落实“三个一批”要求，建立监管“三张名单”，取缔大户50户，查获首起无证经营电子烟案件，列入全省典型案例，开出首张快递企业未实名收寄卷烟罚单。深化“放管服”改革，全面实施网上办证，周期缩短至8个工作日。成立电子烟市场主体信息报送审核和电子烟监管两个工作专班，加强立法宣传，落实电子烟监管要求。

【“守护安全·畅通消费”国际消费者权益日活动】 2021年3月15日，湘潭市烟草专卖局以“守护安全·畅通消费”为主题开展国际消费者权益日活动，加强法律知识普及宣传，捍卫国家利益和消费者利益。

【中国烟草援建韶山水源工程通水】 2021年4月26日，中国烟草援建韶山水源工程举行通水仪式。援建韶山水源工程，总投资1.2亿元，其中烟草行业援建资金9000万元。工程采取“韶山灌渠+青沟水库”模式，以水府庙水库为水源，新建引水管道约18公里、新建泵站2处，形成集灌溉、引蓄水于一体的供水网络，灌溉面积1133公顷，当地日供水能力由2万吨提升到6万吨，惠及韶山市12万人口。

【全国统一卷烟营销管理平台市级营销子系统在湘潭试点上线】 2021年9月25日，全国统一卷烟营销管理平台市级子系统在湘潭切换上线，11时起，首批2341名零售户陆续在新系统开始订货和支付，至9月26日10时30分订货结束，网订成功率100%，电访成功率100%，完成卷烟销量395.24箱，销额1538万元。订单数据顺利流入物流系统，实施分拣、配送。（陈　重）

韶山海关

【概况】 2021年，韶山海关党委围绕“五关建设”总体要求，紧扣红色湘关主题主线，紧抓“基层基础建设年”，统筹推进疫情防控和促外贸稳增长，各项工作实现提质增效。1—11月，监管进出口货运量1188.7万吨，同比减少44.3%（排长沙关区第一）；税收入库18.4亿元，同比增长3.9%，（排长沙关区第二）；办理减免税13份，减免“两税”864.3万元；检验检疫货物859批次。辖区现有企业1116家，有进出口业绩的企业335家。全年，湘潭市进出口总值354.37亿元，比上年同期（同比，下同）增长33.7%。其中，出口216.2亿元，增长25%，进口138.2亿元，增长50.2%。

【业务执法】 2021年，韶山海关推动专业资质全员化，新获监管资质23人次，2人获岗位资质7项。运用HLS2017平台、云擎开展数据分析，查发问题26个、补征税款51.84万元。强化运行保障。落实过“紧日子”要求，“三公”经费支出压缩89%；落实精文简会，压缩发文17%；强化制度建设，修订制度4项、应急预案8项。扎实开展“五个好”活动。发放“一本好书”50余本，报送征文26余篇，收集建议30条，向总关推荐“金点子”2条。

【国门安全】 2021年，韶山海关落实总体国家安全观，优化动植物检疫监管和E-LAB送检模式，检出不合格1批次，无被通报质量安全不合格的情况。扎实推进“国门利剑2021”“蓝天2021”、进口跨境电商走私“断链刨根”专项行动。启动稽查业务改革，追补税120万元。

【监管质效】 2021年，韶山海关提升税收征管质量，税收入库18.4亿元，关区“蓄水池”作用显著。紧盯进出口危险品检验监管等5项重点环节排查，督促1家危化品经营资质到期企业完成整改。指导企业用好“主动披露”政策，减免滞纳金20万元，避免信用等级降级。优化稽查集约化管理模式，完善涉检专项稽查，推进“采信第三方出具报告制度”等改革试点，1项总关二级课题落地。

【优化营商环境】 2021年，韶山海关“去繁就简”梳理业务审批54项，巩固压缩整体通关时间，湘潭进出口整体通关时间分别为4.97小时、0.17小时/单，比2017年同期压缩97.9%和99.1%，均优于湖南省平均水平。加快货物口岸流转，“提前申报”应用率94.65%、“两步申报”应用率48.16%；落实税收担保多元化改革，减轻企业负担574万元。“好差评系统”好评率100%。

【改革攻坚】 2021年，湘潭市政府与长沙海关签订合作备忘录，实现全省全覆盖。促进优势产业加快发展，2项税政调研报海关总署，进口冷冻猪肉取消暂定税率，“太阳能、风能发电设备及零部件制造”获中西部地区外商投资优势产业条目采用。支持蓝思科技股份有限公司、湖南吉利汽车工业有限公司、舍弗勒投资（中国）有限公司等骨干企业融入湘潭开放型经济，助推湘潭综合保税区、经开区、韶山市、湘潭港“两区一市一港”联动发展。推进“采信第三方出具报告制度”“企业自查结果认可模式”等改革试点，1项总关二级课题落地。

【平台拓能】 2021年，韶山海关力抓政策落实，促成“国务院21条”在湘潭综合保税区落地见效，湘潭综合保税区2020年全国名次提升29位，首次进入B序列。指导湘潭钢铁集团有限公司、湖南吉利汽车工业有限公司用足综合保税区政策高地优势顺利出口，跨境电商新兴业态起步发展，分类监管创新实践，国内国际双循环作用进一步发挥。（办公室）

贸易促进投资工作

【概况】 2021年，湘潭市贸易投资促进工作深耕侨企，对接支持企业“抱团出海”、企业国际贸易合规性调查、构建涉外法律服务体系、促进对外交流、树立友城经贸合作典范等工作任务，为湘潭市连续6年获评中国外贸百强城市（第54位）和年度外贸总额、增幅大幅提升贡献贸促力量。支持企业“抱团出海”工作在全市《政府工作报告》重点任务情况进行“好差评”评价中，获得“好”等次。年内，湘潭市贸促会组织参加“长江中游城市群碳中和碳达峰高峰论坛及湖南国际绿色发展博览会”“2021长沙国际工程机械展”“中国国际轨道交通博览会”“中非经贸博览会”、全国上市公司“一带一路”论坛等国际性展会活动23次，全市近200家次企业参展参会，设置展位130余个。扩大国际商会覆盖群体，新发展34家外贸企业入会。调研走访湖南华菱钢铁集团有限责任公司、湖南永霏特种防护用品有限公司等企业20余家，为企业纾困增效。编印《湘潭贸促资讯》12期，通过经贸预警、贸促动态、展会预告等栏目，为政府决策提供参考，发布经贸预警信息200余条。

【代言工商】 2021年，湘潭市贸促会协助湘潭大学南亚研究中心开展“南亚公共治理与可持续发展国际研讨会”，了解南亚地区公共治理、公共政策及可持续性发展领域的资讯、政策，促进交流与合作。承办“中国贸促会商事法律服务中心商事法律工作交流座谈会”。组织赴深圳市贸促会学习考察。

【涉外业务培训】 2021年，湘潭市贸促会全年开展多领域业务培训13场次，惠及企业人员270余人，帮助企业主动融入共建“一带一路”，树立国际商事法律风险防范意识。3人通过全国贸促系统商事认证资格考试，申请新增2名原产地证手签员，为后续申请优惠证签证资格提供人员保障。

【企业合规风险调查】 2021年，湘潭市贸促会开展“企业国际贸易合规风险评估清样调查活动”。组织专门队伍走访全市32家外贸企业，对企业外贸经营中交易主体、贸易术语、货物运输、产品资质认证及检验、支付方式、知识产权、争议解决等方面进行详细了解，对疫情下企业外贸经营中涉法新情况、新问题进行评估，现场解答企业各类问题50余个，为每家企业出具《企业国际贸易合规风险评估报告》，指出企业决策层和业务操作层存在的问题，并提出有效解决建议。

【商事法律服务建设】 2021年，湘潭市贸促会与长沙、株洲贸促会联合签署《长株潭三市贸促会商事法律合作工作机制》，共建长株潭商事法律服务中心，共同打造由60余名院校专家、资深律师、法律服务专干组成的法律服务团，借助律回网平台资源，获取全球120多个国家2000余名律师的优质商事法律服务。设立湘潭市涉外商事法律公益服务团，明确5位高校国际法专家和6位律协涉外律师，为湘潭市外贸企业提供公共服务。与湘潭市中级人民法院签订诉调对接合作备忘录，建立涉外商事纠纷诉调对接机制。为企业提供各类涉外法律咨询服务110余次，为湖南臻和亦康医疗用品有限公司、湖南桑尼森迪玩具制造有限公司、湖南银河制革有限公司等企业解答涉外法律问题70多个；参与湖南启新供应链管理有限公司与乌克兰EK公司的订单纠纷调解，促成湖南国际商会为启新公司出具敦促履约函。

【企业商事认证】 2021年，湘潭市贸促会服务原产地证注册备案企业123家，共出具一般原产地证600余份，涉及出口创汇金额7000多万美元，代办使馆认证文件18份。向企业宣传推广原产地证自主打印业务及其他新政策、新要求，为注册企业答疑解惑90余次；实行外贸企业备案和原产地证备案“两证合一”改革，简化注册流程，当天注册即可出证，为迅达科技集团股份有限公司、湘潭市开元化学有限公司、湘潭钢铁集团有限公司等19家具备条件企业开通自主打印服务，企业满意度100%。

【“抱团出海”侨企对接交流会】 2021年，湘潭市贸促会邀请来自阿联酋、美国、英国、老挝、巴西、俄罗斯、菲律宾及澳大利亚等国家和地区10位湘籍侨领侨商与湘潭市30余家外向型企业代表，齐聚岳塘国际商贸城，共谋外贸业务发展。全年实现湘潭市进出口总额大幅增加，促成引进外贸实体项目15个，总投资28.57亿元，促成湖南省金河计算机科技有限公司、湖南桑尼森迪玩具制造有限公司和湖南省华芯医疗器械有限公司投资兴业。全年接待境内外客商达15批次，为园区联系对接项目11个。

【中日企业“云推介”】 2021年，中国湘潭市—日本彦根市友城结好30周年纪念活动暨企业“云推介”活动在线上举行，湘潭市共有湖南永霏特种防护用品有限公司、海外旅游公司、步步高集团、湖南华菱钢铁集团有限责任公司、龙牌食品股份有限公司、宝中旅游公司、湘潭金子箱包制品有限公司、湖南豪杰包装制品有限公司等8家企业向日方进行推介，以此寻找合作契机。

【“港洽周”湘潭专场推介】 2021年，湖南—粤港澳大湾区投资贸易洽谈活动湘潭综合保税区专场招商推介会在深圳市举行。现场成功签约8个重点项目，投产达效后可实现年进出口额6亿美元，促成江苏雨润食品产业集团有限公司、北京泡泡玛特文化创意有限公司等龙头企业与湘潭综合保税区达成初步投资意向。推介会邀请阿联酋湖南商会和广东省湘潭商会、深圳市湘潭商会等5家商协会负责人参加。

【创新发展新业态新模式】 2021年，湘潭市贸促会促进湘潭跨境电子商务综合试验区建设，打造京东湘潭、岳塘国际商贸城等跨境电商平台集聚区；全市新增跨境电商企业100家以上，线上开展电商业务企业超180家。28家企业共80多个系列产品入“长株潭·名优产品出口展销馆”展示。对接湖南中小企业国际化经营EHN平台，基本实现省市联建共享，全市有

前期注册企业50余家。（危湘靖）

供销合作

【“十代”服务】 2021年，湘潭市供销合作社发挥综合服务优势，创新和优化服务供给，打造综合性、规模化、可持续的为农服务体系，推进适度规模经营，促进农业农村现代化。创新性推出“代育、代耕、代插、代防、代管、代收、代烘、代储、代加、代销”“十代”服务模式，在解决“谁来种地、地怎么种、粮卖给谁”问题中探索出一条新路径，获评2021年“金扁担”“红背篓”供销合作社农业社会化服务创新案例。全市建设土地托管中心45个，每个中心形成半径5公里覆盖一个乡镇的服务圈，全市粮食生产“十代”服务覆盖面达70%以上。市供销产业集团与惠农公司、金华米业合作，共同打造水稻产业联合体，累计推广优质稻订单种植达6667公顷。湘潭县供销合作社全面推进秸秆综合利用，既解决秸秆焚烧难题又助集体经济增收。成立湘潭惠民再生资源有限公司，探索建设城区再生资源回收、加工处理体系。

【农村电商流通】 2021年，湘潭市供销合作社加快发展农村电子商务，加强农产品市场和物流配送体系建设，不断提升流通现代化水平。全域推进惠农服务社、益农信息社整合，积极探索“多站融合”新型组织形式，将45个乡镇融合服务站、712个村级融合点与市县融合运营中心连接起来，供销、电商、快递、金融、邮政、便民等服务均能实现一站式办理，农户联结率达80%以上。与湖南58农服公司合作，以系统数据资源共享服务平台为“大脑”，以纵横电商、闪兔平台、小店云仓、绿丰在线、银河商贸、供销联耘等为纽带，以村级融合点为站点，共同打造湘潭智慧供销惠农服务平台，让农产品乘坐“网络快车”走上“云端”。湘乡市供销合作社连续举办五届“三农梦 供销情”农产品博览会，助力本地农产品销售。韶山市供销合作社以打造“韶山红”地域品牌为主线，推动茶叶产业高质量发展。湖南神农丰现代综合物流园项目计划投资2亿元，为国家AAAA级综合服务型物流园，旨在建设全省乃至全国骨干节点冷链物流基地。

【基层组织建设】 2021年，市委农村工作领导小组印发《关于进一步加强村级供销社建设的实施意见》。全市乡镇基层社、村级供销社、村级综合服务社分别达45家、755家、755家，覆盖率均达100%，重点培育湘潭县槐北村、湘乡市东茅村等一批村级供销社典型。“湘乡市供销基层社‘五心服务’，助力村级集体经济发展”入选党的十八届三中全会以来湘潭全面深化改革37个典型案例。探索组建以农民合作社、涉农企业、家庭农场、农业协会等为主体的新型农合联，打造水稻、茶叶、蜂业、果品、食用菌、再生资源等专业协会，建成市级农合联1家、县级农合联4家、乡镇农合联41家，三级农合联吸收会员单位超过2000家，涌现湘潭县中路铺镇、经开区响水乡农合联等一批先进典型。开展农民合作社规范提升行动，全社系统领办创办各类农民合作社210家，创建农民合作社示范社27家。

【社有企业发展】 2021年，湘潭市供销合作社在全省率先组建首家市级供销产业集团基础上，逐步推动市社下属的6家社有企业、近3亿社有资产进行整合重组，带动培育25家为农服务的现代企业，市级社有企业年购销总额突破3.5亿元。市供销产业集团聚焦为农服务主业，全力推进产业整合，通过资本、股权、业务等合作方式，撬动14.2亿元社会资本、争取5000万元授信贷款支持供销项目建设。湘潭智慧供销惠农服务平台、消费扶贫智能生鲜柜、中央厨房、生猪产业园、食用菌产业园、绿丰一、二、三产业融合发展、韶山红茶叶产业等一批为农服务项目建成落地。规范和加强社有资产监督管理，社直企业规范股权全面完成，社有资产变性过户稳步推进，历史遗留问题处理取得进展。多方联动化解系统不良资产，采取与天易农商行合作等方式，收回城发集团多年来欠款3500万元，保证社有资产保值增值。

【重点项目建设】 2021年，湘潭市供销产业集团以股权为纽带，对上承接全国总社、省社投资项目，对下投资市、县供销合作社项目，探索供销合作社上下贯通与联合合作新路径。生猪产业园项目总投资5500万元，建设养殖规模为2400头能繁母猪场和存栏5600头育肥场，与正大集团合作经营，采用托管养殖模式，促进养猪事业向规模化、集约化、标准化发展，整体工程建成投产。绿丰公司着力构建农村一、二、三产业融合发展新体系，建设33.33公顷直营基地、233.33公顷联营基地，利用“莲城吆喝”等电商平台，将56家农产品直销店开到城市住宅小区，建立从田间到餐桌、覆盖产加销全程时鲜蔬菜产业链，年销售额达1.2亿元。省、市、县三级供销合作社共同出资组建湖南省韶山茶业有限公司，创立“韶山红”茶品牌，在韶山核心景区流转6.67公顷茶旅融合基地，区域内建设茶叶种植基地33.33余公顷。

【“韶山红”茶产业发展】 2021年，湖南省供销社、湘潭市供销社联合韶山市供销社共同出资组建湖南省韶山茶业有限公司，创立“韶山红”茶品牌。全市茶叶种植基地总面积3333.33公顷，其中企业新建标准化茶园200公顷，生产毛茶50吨/年，产值4000万元/年，各县（市）区家庭农场、专业合作社、农户等零散种植茶园4万多亩，发展和培育“韶山红”“龙凤”“香露红”“水府”“羊鹿”等10多种茶叶品牌。9月17日，湘潭“韶山红”茶品牌举行宣传推介会，“韶山红”茶品牌旗舰店开业。韶山建国酒店、韶峰等核心区域展示中心及茶体验馆建成营业，在核心景区流转6.67公顷茶旅融合基地，区域内茶叶种植基地将达33.33公顷，“韶山红”地理标志产品商标注册由国家相关部门受理。向刘仲华院士颁发湘潭市茶产业发展首席专家聘书，结合茶叶传统产业基础和毛主席家乡红色文化基因，制定《关于推进“韶山红”茶产业高质量发展的实施方案》和任务清单。

（姚　葩）

优化营商环境

【概况】 2021年，湘潭市在全省营商环境评价中综合排名第三。湘潭市本级优化营商环境工作获省政府真抓实干表扬激励，湘潭高新区获评省

2021年度营商环境先进园区。湘潭市推介的深化营商环境改革典型案例《湘潭市严格规范涉企行政执法检查》纳入国家发改委编写的《优化营商环境百问百答》。

【政策引领】 2021年2月，市委办公室、市政府办公室出台《关于印发〈进一步优化营商环境坚持和完善市级领导联系产业链重点企业机制〉等五项机制的通知》；3月，市优化经济发展环境工作领导小组印发《2021年全市优化营商环境攻坚行动方案》，提出159项具体优化举措；4月，市纪委印发《关于推进营商环境"双优"工程的实施方案》；5月，长株潭三市优化部门签署《长株潭一体化发展优化营商环境合作协议》；11月，市纪委出台《湘潭市优化营商环境"八个不准"》；市优化经济发展环境工作领导小组对标国家营商环境评价指标标杆城市先进做法，发布《营商环境指标"湘潭标准"（2.1版）》并公开承诺，强化营商环境制度和政策保障。

【服务效能】 2021年，湘潭市对标京沪先进地区，聚焦企业全生命周期，推动实施优化政务环境，压减审批事项流程、成本、材料和时间，提升服务满意度。4月，市实现为新开办企业免费刻制首套印章四枚，企业开办时间压缩至1个工作日，实现企业开办"零成本"。9月底，湘潭"市民之家"正式开放，进驻政务服务事项1850项，设立"办不成事"受理窗口，新增入驻公共服务部门15家、事项91项。破除行业垄断，水、电、气报装环节、时间、材料均压缩50%以上。针对规划许可耗时过长问题，整合优化评审、审批程序，同类项目与周边城市相比缩时5个工作日以上。实现"一窗受理、并行办理、一网通办"，多图联审速度持续保持全省第一。工程建设项目进网入库率、联合验收率持续保持100%，审批材料压缩30%以上。公布《湘潭市园区赋权清单和指导目录》，强化事中事后监管，工业项目在园区实现审批"闭环"。

【信用建设】 2021年，湘潭市组织开展银企对接活动30余场，签约金额209.3亿元；在"市民之家"设立首贷中心、再贷中心，实现"一站式"涉企金融服务。加大国家"信易贷"平台推广力度。推动"双随机一公开"跨部门监管，合理降低检查频次。"减、免、缓、退"各项税收优惠政策直达快享，新增减税降费9.84亿元，办理出口退税2.16亿元。加大企业合法权益保护力度，涉企执行案件从106.2天逐步缩短至54.1天。健全企业投诉报警快速处置机制，最快3至5分钟内响应。

【政商关系】 2021年，湘潭打造"亲商管家"品牌，深化"企业接待日"活动。组织开展"亲清"政企"轻骑兵"送策入园入企活动，打通政策落地"最后一公里"。组织67支"三送"小分队，深入324家重点企业、65个重点项目开展"送政策、送培训、送服务"活动，建立起"随时沟通、随叫随到、全程服务、限时办结"工作机制。公布57项"六稳""六保"政策兑现事项，编印《"六稳""六保"政策兑现办事指南》。依托全市各级政务服务大厅和"互联网+政务服务"一体化平台，设立线上线下政策兑现专窗，实现惠企政策兑现"一次告知、一次申报、一次受理、一次办好、一次兑现"。

【督查考评】 2021年，湘潭市建立完善市领导为指标长的指标优化专班工作机制，严格实行"周调度、月跟踪、季讲评"。按照"发现问题—交办督办—整改提升—评估跟踪"工作机制，定期开展专项督查、明察暗访，及时形成问题清单和责任清单。通过推选20家省级营商环境监督测评点（员），选聘120名市级营商环境监督员和10名"市民之家"企业特邀监督员，对市县两级营商环境工作进行监督。

（李　京）

园区建设

市属工业园区

湘潭国家高新技术产业开发区

【概况】 2021年，湘潭高新区全年实现GDP331.55亿元，增长8.3%；固定资产投资304.4亿元，增长9.1%；规模工业增加值212亿元，增长9.3%；财政总收入20.7亿元，增长8.55%。湘潭高新区科技创新获全省真抓实干激励表彰。

【产业转型发展】 2021年，湘潭高新区持续推进“入规、智造、上市”，主特产业产值增长18.0%，其中智能装备制造产业增长15.0%，新材料产业增长20.0%，数字经济增长20.0%；新增规模工业企业30家，国家和湖南省专精特新“小巨人”企业11家，智能化改造项目32个，上云上平台企业95家，华菱线缆公司成功上市，崇德科技公司上报上市资料。“点对点”开展产业链招商，湘潭先进金属材料精深加工产业园、紫晶兰台等项目签约落地。紧扣打造“两新三电”世界级产业集群发展目标，重点在传感器、工业软件、3D打印方面谋篇布局。湘潭（高新）工业软件产业园成功开园，首批入驻企业11家，总投资10亿元，3D打印精准医疗研究院正与市一医院联合共建3D打印临床创新中心，开展产品临床应用。办结华菱线缆公司、瑞湘环保公司、恒宇建材公司等企业厂房不动产权证登记手续等涉企问题152条，办结率98%。哈电风能等116个项目获省制造强省等专项奖励，金杯电工公司、迅达科技公司获第一届“新湖南贡献奖”。

【提升双创能力】 2021年，湘潭高新区做好科技型中小企业、高新技术企业服务工作，推进规模工业企业研发活动“破零”行动，新认定高新技术企业50家，备案科技型中小企业204家，研发投入总量20.6亿元，完成技术合同登记成交额53亿元，新授权发明专利61件，有研发活动的规模工业企业占比83%，帮助企业获得省级研发奖补1662.56万元，同比增长94.58%。湘电动力公司的“特种车辆用磁电驱动系统关键技术及应用”和湘电莱特公司的“插电式混合动力系统关键技术及应用”分获省科技进步一等奖、三等奖。建成全省第一个世界知识产权组织批准的技术与创新支持中心（TISC），华碳传感研究院、韶峰应用数学研究院签约落户，院士创新产业园“一平台两中心”、奥托斯双创平台投入使用，新增重点实验室1家，时变通讯公司、西交智造公司、千智机器人公司获评新型研发机构，举办“智造莲城”路演活动8场，现场达成投融资协议25.92亿元，实现成果转化项目20个。引进中国工程院院士彭炼矛、中南大学教授熊平、北京大学教授张志勇等高层次人才20名，培育树千晶项目、热芙美射频医疗等优秀创新创业团队6个，招引南利酷弗新材料等高精尖科技型项目25个。

【项目招商建设】 2021年，湘潭高新区围绕中央预算内投资、制造强省专项等领域策划包装项目200余个，双创支撑平台、“135”工程标准厂房租金奖补等领域到位资金1.2亿元，为年度目标任务的109%。签约引进亿元以上产业项目32个，合同引资128.6亿元，其中“三类500强”项目6个，10亿元投资以上项目8个，三和管桩、万全生物等一批用地产业项目签约落地，用地规模529.6公顷，金杯电工新能源汽车用电磁线项目落地开工。推进项目竞赛，48个市重点项目完成投资122.5亿元，为年度计划投资额的130.5%，屹丰焊接、中南高科等18个项目竣工投产，湖湘防护科创园等项目落地开工。 （庞新明）

湘潭经济技术开发区

【概况】 2021年，湘潭经济技术开发区实现地区生产总值增长8%；完成工业总产值1268.3亿元，同比增长12.3%；规模工业增加值193.2亿元，同比增长10.1%；完成固定资产投资393.2亿元，同比增长6.3%；实现财税收入37.8亿元，同比增长4.9%；实现进出口128.25亿元，同比增长44.3%；实际内联引资134.67亿元，同比增长16.32%，实际利用外资2966.3万美元，同比增长43.97%，社会消费品零售总额增长12.5%。获批海峡两岸产业合作区湘潭产业园、国家级绿色工业园区；“多措并举为企业办事松绑”、信访“三无”、军民融合产业发展等三项工作获2021年度省政府真抓实干奖励。

产业集聚。全年三大主导产业实现产值增长13.2%；吉利汽车获评国家级“绿色工厂”，吉利新能源新SUV项目落户；电子信息产业新龙头企业蓝思科技实现投产；大力培育新动能，军民融合产业产值增长18.4%，湖南省医疗器械产业园新引进医疗器械企业116家。增强创新驱动，全社会研发投入强度达3%。宏大真空、荣岚智能分别获批国、省级企业技术中心；新认定高新技术企业30家，总数达135家；开启时代公司、利欧泵业公司、凯利特公司、玉丰真空公司、振辉管业公司等一批国家专精特新“小巨人”企业不断涌现。

项目推进。全年新签约项目57个，合同引资235.3亿元，其中，新引进“三类500强”企业4家、10亿元以上投资项目7个。狠抓项目建设。4个“三十大标志性工程”、5个“三高四新”重大产业支撑项目投资率分别完成164%、121%。实现医疗器械产业园二期、中铁城建等13个项目开工建设，蓝思科技、拓普、永达军品、华研实验室等27个项目竣工投产；在全市“迈好第一步，项目论英雄”综合竞赛中连续排名园区第一。

深化改革。坚持以改革增效能，深入推进“放管服”改革，完成权限申请下放200项，实现工业建设项目审批提速41%，区评红利数、告知承诺数、联合验收数均排名全市前列。加速推进平台公司市场化转型，九华投控集团实现经营性收入1.46亿元，聚焦存量土地盘活，与省财信金控公司合作组建湘潭市城开基金，首批10亿元资金到位。坚持以开放增活力，按照“全域统筹、片区先行、产城融合”思路，制定方案，组建专班，高品质推进湘江新区九华新片区建设，推进兴隆湖、高铁北等片区与湘江新区合作开发。

优化发展环境。做优营商环境，设立全省园区首个行政审批局，实现工业项目审批区内“闭环”，建立起全市首家政企互通、政民互通“一张网”体系。全面创新服务机制。深化“百企扶培”“四员五联”“三个专员”联系服务机制，摸底梳理企业项目诉求问卷957份，问题当即解决率70%。每月召开“亲商优商企业接待日”，全年接待企业45家，提出的73个事项按时办结率92%。每季度邀请百家市场主体开展服务“红黄榜”评价，聘请20位政风行风监督员，协调解决问题15起，九华营商环境综合评价进入全省第一梯队。

【获批国家级绿色工业园区】 2021年，湘潭经开区以节能减排、资源综合利用为导向，全力打造国家级绿色工业园区。建立环境管理体系和能源管理体系，运行园区能源监测管理平台，打造智慧九华总控平台、企业公共服务平台、产业大数据平台等10余个绿色制造服务平台。出台奖励办法，激励支持园区企业改进生产工艺，开展源头减排；推进清洁生产审核工作，挖掘企业节能减排潜力。吉利汽车集团、宾之郎公司、恒信电气公司等6家企业通过清洁生产审核验收；威胜电气公司、开启时代公司等7家企业纳入湖南省2021年工业企业自愿性清洁生产审核计划。建设屋顶分布式光伏发电，推进基础设施绿色化，园区柴油公交车全部升级为节能与新能源公交车，绿化覆盖率达到30%以上，空气质量优良率达到84%以上；建设绿色工厂，完善绿色供应链，培育桑顿新能源公司等6家国家和省级绿色工厂，湖南巨发科技有限公司的“金属氧化物混相颜料”获评国家第五批绿色设计产品，吉利汽车集团、威胜新能源公司2家企业纳入“湖南省2021年度绿色制造体系创建计划”。

【获批海峡两岸产业合作区湘潭产业园】 2021年7月4日，湘潭经开区获批海峡两岸产业合作区湘潭产业园。产业园以推进潭台经济社会深度融合发展为主线，采用“园中园”发展模式，围绕园区现有汽车及零部件、先进装备制造、电子信息、现代医疗等主特产业为发展基础，重点引进价值链两端产业，突出“高端化、集聚化、特色化”，形成以“智能制造集聚集群发展区”“现代医疗器械集群发展区”为功能定位的台资台企兴业之地、对台合作示范窗口和广大台商创业家园。 （李锦晟）

湘潭综合保税区

【概况】 2021年，湘潭综合保税区呈现出良好发展势头。上年全国海关发展绩效评估中，在全国134个参与考核的特殊监管区域排名第91位，比上年度前进29位，在中西部地区（含东北三省）55个特殊监管区域排名第28位；在“放管服”改革和信访工作“三无”创建中，受到全省通报表扬；获评2021年全省商务工作先进园区；全省海关特殊监管区域工作座谈会在湘潭综合保税区召开。全年外贸进出口额完成103.57亿元（根据海关总署发布），增幅达75.64%；技工贸总收入同比增长19.57%，固定投资同比增长19.7%，内联引资同比增长33.9%，重点项目投资完成年度任务的136%。

发展质效。年内引进实体项目23个。包括长株潭一体化发展、湘江新区九华新片区产业融合首个项目雨润华中区域10万吨食品精深加工基地项目、全市重大加工贸易项目闪速半导体封测研发项目、世界500强雪松大宗商品供应链项目。项目建设实行挂图作战和台账管理，全区协同联动，强力推动重大项目建设。其中，中仓供应链项目为长株潭一体化三十大标志工程项目，从开工建设到投产运营用时一年。

发展动能。作为全市跨境电商综试区建设主阵地，湘潭综保区开通BC直购全国第五批跨境电商综试区湖南第一单，在全省跨境电商综试区率先开展和实施“飞地模式”，打造湘潭综保区跨境电商综合服务中心，引进跨境电商企业20家，实现进出口额1亿美元以上；培育外贸进出口新增长，完成跨境电商“1210”查验平台和保税仓建设；辐射带动作用提升，吉利汽车、蓝思科技等外向型龙头企业入驻综保区。推行“小管委会、大公司”改革，园区国有企业综发投实行完全市场化运行，资产收益率同比增长278%。

营商环境。卡口优化管理纳入长沙海关关区试点，设立通关业务“7×24”小时接受预约绿色通道。全年为50余家重点外贸企业送政策上门，协调支持湘钢公司、涟钢钢材公司出口退税，24小时不间断报关、查验、通关。严防死守安全底线，全年实现安全生产“零事故”。

【智能物流服务建设】 2021年11月11日，中仓供应链智能物流基地项目试运营。作为湖南省内唯一一家获得淘宝授权实地认证的电商物流服务企业，以及菜鸟物流公司在华中区域唯一加盟合作仓，该项目将给长株潭地区乃至湖南省消费者带来极大的物流便利，长株潭快递最快甚至可以实现“当日达”。 （曾　元　彭思源）

湘潭天易经开区

【概况】 2021年，湘潭天易经济开发区实现技工贸收入1194亿元，同比增长10.1%；实现地区生产总值386.8亿元，增长8.8%；工业总产值857.1亿元，增长12.1%；规模工业总产值695.5亿元，增长23.2%；规模工业增加值201.1亿元，增长11.1%；固定资产投资150亿元，增长12.8%，完成税收17.52亿元。

【招商引资】 2021年，湘潭天易经济开发区引进项目73个，其中皇爷二期、汇洋软包装等亿元以上项目13个，10亿元以上项目4个，“三类500强”背景企业2家。围绕食品医药产业链，引进20多家食品企业入驻佳海食品医药产业园。全年实际利用内资86.96亿元，利用外资9.85亿元，完成进出口额25.91亿元。

【项目建设】 2021年，湘潭天易经济开发区完成产业投资160亿元，占固定资产投资的80%。其中省重点项目湘潭柏屹自主创新产业园项目二期实现“拿地即开工”。总投资3亿元祥豪新材料年产40000吨膜材生产线建设项目当年签约、当年建成、当年投产。

【产业发展】 2021年，湘潭天易经济开发区开展“入规、智造、登高、上市”行动。诺伯特公司、特种线缆公司、市电机车厂等企业参与“揭榜挂帅”技术项目；力威液压公司和市电机车厂获批国家级专精特新“小巨人”企业，省级及以上专精特新“小巨人”企业累计达到16家。全年有效高新技术企业达到87家，企业研发投入增长15%以上；高新技术产业营业收入占比在60%以上；全年申请发明专利授权量14件，发明专利年拥有量数达到132件。食品医药产业实现工业总产值400亿元，其中产值10亿元以上企业4家，50亿元以上的企业3家；新材料产业实现工业总产值205亿元；主特产业营业收入占比达70%以上。

【土地管理】 2021年，湘潭天易经济开发区批回5个项目47.67公顷建设用地。通过开展“腾笼换鸟”“退二进三”等方式盘活存量，提升土地利用效益，收回用地3宗15.88公顷，重新利用低效用地21.05公顷。保障莲花大道、红松路、荷花路、晓霞路、柏屹二期、广州酒家二期等重点项目用地保障。

【营商环境】 2021年，湘潭天易经济开发区完善党工委领导联项目联企业“五个一”、行政审批、重点项目指挥部、项目护建等4项机制。推行自然资源“一会决策”、审批审核“见章盖章”“见章换文”和园区赋权工作，在政务中心设立天易窗口，推行一门式受理和全程代办制，基本实现“园区事园区办”。 （龚志刚 吴 超）

县市区园区选介

湘乡经济开发区

【概况】 2021年，湘乡经开区完成技工贸收入974.81亿元，同比增长17.49%；工业企业主营业务收入896.44亿元，同比增长18.84%；规模以上工业企业主营业务收入876.8亿元，同比增长19.21%；高新技术产业主营业务收入556.55亿元，同比增长9.82%；主导产业主营业务收入564.84亿元，同比增长16.03%；固定资产投资总额120.69亿元，同比增长21.95%。全年完成财税收入11.58亿元，同比增长52.27%，其中税收10.03亿元，同比增长72.67%。

【双招双引】 2021年，湘乡经开区聚焦主特产业精准招商，通过聘请“招商特使”、参加大型招商推介会、市领导带队外出招商、招商小分队驻点招商等创新招商方式，签约项目40个，合同引进资金161.9亿元，其中引进“三类500强”企业2家，亿元以上项目16个，电力产业园累计引进企业50家、电子信息产业项目累计引进企业30家。引进内资21.2亿元，超额完成目标任务，进出口贸易12.9亿元。引进奥智科技公司等5家企业，置换原有闲置厂房，盘活资产。

【项目建设】 2021年，湘乡经开区实施重点项目48个，其中新开工项目21个，新投产项目27个。完成145个项目立项，争取国家和湖南省资金4000余万元。制订重点项目建设“作战图”，全面推行“五个一”工作机制，每季度组织一次重大项目集中签约开工投产仪式，倒逼项目加速推进，湘君电子、振添光学二期、创普开业、电器检测所等项目建成投产。

【创新驱动】 2021年，湘乡经开区申请授权279件专利；园区R&D经费内部支出总额16.01亿元，同比增长25.64%，技术交易合同11.9亿元，同比增长182.27%。完成高新技术企业批复13家，另9家正公示；完成规模企业申报21家、科技型中小企业评价92家、研发投入准备金制度118家，规模以上工业企业中有研发活动企业100家；获省研发奖补企业数15家，奖补资金165.31万元。埃普特公司、深思电工公司获批国家专精特新“小巨人”企业；以埃普特公司为研发生产基地的惠泰医疗公司在上交所科创板挂牌上市。

【优化服务】 2021年，湘乡经开区建立招商开工投产服务“一条龙”的工作机制，推行“三个提前”保障机制，采取“三个一”代办模式和“五个一”帮办服务机制，全年办理企业登记注册、变更等事项377次，项目审批事项300余起。推行“交地即开工”模式，采取申报资料承诺制方式，容缺办理企业立项、规划设计、建筑图审等，缩短项目落地时间。

【合规经营】 2021年，湘乡经开区未发生安全生产事故。深入推进安全生产专项整治三年行动，持续开展消防、交通、危化品等15项安全专项整治，建立安全风险分级管控和安全隐患排查治理的双预防机制，将埃普特公司、深思电工公司等10余家企业打造为行业领域安全生产标杆企业，组织银河制革公司、巨强科技公司等5家企业开展安全生产双预防评价；聘请第三方安全技术服务公司对企业开展隐患排查及安全指导，排查隐患问题1896件，整改完成1842件，整改率达97%；组织开展机械制造行业专项培训、有限空间中毒（爆燃）暨年度大型消防演练等活动。强力推进长江经济带披露问题整改，皮革工业园污水处理厂提质改造项目通过省长江办、生态环境厅等部门现场验收；完成9家涉铊企业、省“夏季攻势”、省纪委“洞庭清波”涉及企业核查销号工作。加大环保执法力度，全年行政立案3起，罚款72万元，督促巨强科技投资5000余万元建设玻璃窑配套脱硫脱硝除尘提质建设工程。 （肖锦花）

韶山高新技术产业开发区

【概况】 2021年，韶山高新技术产业开发区实现技工贸总收入272亿元、工业总产值242亿元、固定投资62亿元、税收8.7亿元、实体税收2.1亿元，同比分别增长14.5%、16%、18.8%、37.45%、39.54%。获省最具投资价值园区、省先进制造示范基地、省双创示范基地、省产业高质量发展园区称号，被纳入长株潭自主创新示范区，在2020、2021年度全省省级以上“五好”园区创建综合评价排名第34位。截至2021年年末，区内汇聚各类企业300家，规模以上工业企业52家，高新技术企业39家，“小巨人”企业7家，技术研究中心和产学研合作基地20个。拥有以恒欣实业公司、江冶机电公司为代表的装备制造行业产业链企业37家；以恒升机械公司、润泽新能源公司、钰盛科技公司为代表的碳基材料产业链企业25家；以毛家食品公司、汇弘公司、三旺公司为代表的食品医药产业链企业23家；年内，三条产业链总产值分别达172亿元、15亿元、50亿元。

【重点项目建设】 2021年，韶山高新技术产业开发区引进51个项目，其中引进三一产业园、国网电动公司、重庆风渡公司等“三类500强”企业5家、亿元以上项目13个。启动新建

（续建）实施类重点项目32个（含高新投），迪润公司、钰盛公司、润泽公司等11个项目竣工投产，三一产业园10万平方米厂房完成主体施工，土方累计完成220万立方米。韶山学校高新校区竣工交付，如期开学。与长沙雨花经开区携手打造长株潭一体化进程中首个“飞地园区”——雨韶智能制造产业园项目，项目规划面积40公顷，总投资逾30亿元，集独立、多层、高层等多元化厂房于一体，主要承接人工智能及机器人（含传感器）、新能源汽车及零部件、航天航空与其他战略性新兴产业及配套服务产业，三匠人科技公司入驻。

【企业转型升级】 2021年，韶山高新技术产业开发区税收过百万元实体企业有30家，比上年增长4家，总部经济过百万元企业有13家。新增规模以上企业4家（共52家）、高新技术企业9家（共39家）；华进公司、天盛公司获批湘潭市专精特新“小巨人”企业，大北农、中韶2家企业获批省级专精特新“小巨人”企业，远东钢模、江冶机电2家企业荣升国家级专精特新“小巨人”企业；恒欣获评国家单项冠军产品、国家专精特新小巨人重点支持企业、国家质量信用AAA等级等11项部、省荣誉；三一集团有限公司、湖南江冶机电科技股份有限公司项目列入省科技创新攻关项目。合同引资33.735亿元，内资完成25.1亿元，利用外资259.7万美元，外贸进出口9351万美元。实现工业项目全链条闭环审批，为企业办理工商注册、变更、开户、项目备案等手续117项；44人成功申报映山红人才；解决园区企业员工24名子女入学问题。通过“助力小微贷平台”为腾辉公司、国兴公司融资400万元。开展“退二优二”“退二进三”行动，盘活韶峰钢构公司、三鑫科技公司等低效企业用地9.33公顷。全年完成万豪、腾辉、湘情等15宗地块共65.7公顷的土地挂牌出让，累计成交额4.87亿元，比上年土地挂牌出让总量上升8.25%，占韶山市全年土地挂牌出让总量的67.78%，其中出让工业土地10宗，出让面积54.6公顷，工业土地出让面积在湘潭排名第一。设立园区“绿色通道”，实现产业项目建设审批在园区形成“闭环”，限时办结。

【专业人才培养】 2021年，韶山高新技术产业开发区与中南大学联合构建创新创业教育实践基地，创建潇湘科技要素大市场韶山工作站，形成公共服务类平台7个。推动华进重装公司、湖南力和海得公司、江冶涂层公司、恒欣公司与燕山大学、湘潭技师学院、湘潭大学、湖南工程学院达成校企合作4项；促成华进重装公司与湖南科技大学深度合作引入万步炎专家工作站及专家团队11人。（沈　乐）

雨湖高新区

【概况】 2021年，雨湖高新区技工贸总收入突破200亿元，同比增长35%；固定资产投资超52亿元，同比增长30%；规模企业同比增长15%；财政收入突破10亿元，同比增长25%。新增规模以上企业10家、高新技术企业12家、国家级“小巨人”企业1家、省级“小巨人”企业2家；湖南裕能公司、一格制药公司等6家企业纳入省上市后备企业资源库；湖南金龙新材公司百日建成投产，创造全市产业项目推进新效率、新速度，园区发展量质齐升，获评全省国土空间修复十大范例、全省首批环保诚信园区、年度全市投资工作优秀单位。

【招商引资】 2021年，雨湖高新区紧盯粤港澳大湾区，扎实开展产业链招商、以商招商，裕能5万吨磷酸铁锂、元宇光电、安波通信等12个亿元以上项目签约入园，其中“三类五百强”1家，签约总金额超30亿，超额完成全年目标任务。总部经济质效齐升。新增总部企业12家，截至11月底，总部企业税收突破1.1亿元。金龙新材、长江石化设备、湖南裕能5万吨磷酸铁锂等11家产业项目投产达效；觉之味公司厂房竣工；中为科建、卓品恒医疗器械、中科富海、麓山科教等项目全力推进。（吴　湛）

岳塘经济开发区

【概况】 2021年，岳塘经济开发区实现地区生产总值125亿元，同比增长9.5%；固定资产投资同比增长13%；财政总收入9.43亿元，同比增长5.75%；全口径税收收入7.95亿元，同比增长4.82%。地方收入完成6.26亿元，同比增长18.46%；地方税收完成4.77亿元，同比增长20.98%，两项指标均在一类园区中排名第一；非税收入1.48亿元，同比增长11.03%；地方税收占地方收入的76.31%，比上年提升1.6个百分点，高于全市9个百分点；内资完成64.3亿元，同比增长29.3%；外贸进出口完成7.6亿元，同比增长15%，外商直接投资完成1000万美元，完成率达333%，完成率居一类园区第一；社会消费品零售总额完成12.9亿元，同比增长17%。

【招商引资】 2021年，岳塘经开区完成新签约亿元以上项目16个，完成全年任务的200%，总投资额103.15亿元；引进“三类500强”企业投资项目3个，引进投资额10亿元及以上项目3个，省外来湘投资2亿元以上的重大项目10个。其中，伟光汇通“千年潇湘”文旅小镇项目总投资达40亿元，将致力于打造园区文旅产业的龙头企业，深·国际项目总投资3亿元，将建成园区物流产业龙头企业。引进外向型贸易实体企业3家，成功引进8家总部企业。（肖　燕）

2022

湘潭年鉴

XIANGTAN NIANJIAN

非公有制经济

综　述

【概况】　2021年，湘潭市实现民营经济增加值1812.1亿元，比上年增长8.1%，高于湘潭市经济增速0.3%，民营经济增加值占地区生产总值的71.1%（比上年占比下降0.7个百分点）。其中民营经济市场主体215331户，占比97.87%。民营经济市场主体中内资企业36327户，比上年增长2.49%，注册资本24370448.89万元；个体工商户175026户，比上年增长13.5%，注册资本1848397.91万元；农业专业合作社3978户，比上年增长0.8%，注册资本932578.52万元。

【民营经济特点】　2021年，湘潭市民营经济呈现三个特点：民营企业规模稳步增长，规模企业优势显著。年内湘潭制造业增加值占地区生产总值的40.5%以上，在全省各市州排名第一，工业战略新兴产业总产值占工业总产值的27.5%。步步高商业连锁股份有限公司、湖南吉利汽车部件有限公司、迅达科技集团股份有限公司、湘潭宏大真空技术股份有限公司、金杯电工电磁线有限公司、湖南埃普特医疗器械有限公司获得首届“新湖南贡献奖”。步步高集团、湖南九城投资集团有限公司、天元盛世控股集团有限公司、湖南伍子醉食品有限公司跻身三湘民营企业百强。蓝思科技、金龙新材料、宏达湘君电子等重点项目建成投产。经济贡献率持续增长，产业结构不断优化。湘潭民营经济对全市经济增长贡献率达到71.1%，拉动GDP增速近4%。民营经济在第一产业增加值为171.1亿元，占第一产业增加值的99.8%；第二产业增加值为950.7亿元，占比第二产业增加值的72.4%；第三产业增加值为689.7亿元，占第三产业增加值的64.9%。工业方面，民营企业增加值784.2亿元，占工业增加值的72.3%。创新激发强大动能，民企助推转型发展。截至年底，湘潭产值过亿元民营企业达到360家。湖南裕能公司首发上市申请获深交所受理，储备崇德科技公司等一批“专精特新”重点后备上市民营企业。恒欣实业智能矿用架空乘人装置入选国家制造业单项冠军产品，实现湘潭市国家级单项冠军产品零的突破。年内有17家企业获批国家级“小巨人”企业，32家获批省级“小巨人”企业，7家国家级“小巨人”企业获批工信部专精特新重点“小巨人”企业，省级“小巨人”企业总数达到83家。

【促进民营经济发展工作和对策建议】　2021年，湘潭市为促进民营经济发展，加快新兴优势产业链建设，开展产业链招商、产销对接活动，组织招商小分队开展20余次上门招商，全年11条产业链共引进投资额2000万元以上项目112个，签约金额达435.3亿元。举办7场产销对接会，促成70余家签订合作协议，签约金额达123.8亿元。深化“千百扶培”行动，对1200多家规模企业实现联点帮扶全覆盖。收集解决246家企业难题1573件，累计为企业融资170亿元。开展“送政策、送培训、送服务”656次，组织各类培训活动80余次，参与企业近800家。启动“百名专家进百企”活动，选聘设立37个营商环境监测点，聘请118名营商环境监督员，助推营商环境优化。深化“两化融合”转型升级，引导支持全市22家企业纳入全省两化融合管理体系贯标试点企业。吉利汽车5G智能工厂、恒欣实业矿山井下运输装备工业互联网智能管控平台、威胜电气智慧园区新能源+物联网应用等项目被列入湖南省数字新基建标志性项目名单。

湘潭市要鼓励引导非公企业积极“走出去”，发挥各商协会桥梁纽带作用，对接国家“一带一路”、长江经济带等重大战略，引导企业参与世界500强、国内500强企业多种形式的对话对接活动，参与自贸试验区建设，加强区域性商会协会交流合作，做实区域性经贸合作平台，开展形式多样的经贸文化交流活动等。政府各级各部门要营造“亲”“清”政企关系，真正做到“企业至上、服务为上”。提高精准服务企业能力，细化服务企业举措，对企业日常问题现场解决、疑难问题清单化解决、共性问题专题研究解决，坚决杜绝打着服务名义干扰企业经营、增加企业负担行为。要深刻把握新时代人才强省战略使命任务，深入实施《莲城人才行动计划》“1+22”人才新政。聚焦本地民营企业需求，全面构建“引育用留评”一体化人才生态链，建立健全全周期、全要素、全流程人才服务保障体系。打造现代化新湘潭建设人才矩阵，引进和培养企业急需高端管理人才、专业人才、急需紧缺产业人才、技术人才。聚焦民营企业家代际传承，实施青年企业家队伍培育工程。

（毛永娟）

非公有制企业选介

【湖南江冶机电科技股份有限公司】
湖南江冶机电科技股份有限公司成立于2009年3月，位于韶山。是专业从事废铅锂电池再生系统技术，集成设备、废旧电子废弃物回收设备，有色金属冶炼废渣循环利用设备的研发、生产、销售及服务的高新技术企业。主要产品有：废铅酸蓄电池破碎分选成套设备，废旧锂离子电池破碎分选成套设备、废旧线路板回收利用成套设备、铅膏预脱硫设备、重金属净化处理设备、低温结晶烘干设备、高效低温熔炼转炉、铅合金铸锭设备、铅电解工艺全套设备等。

公司致力于资源循环与环境保护两个发展领域，依托业内领先技术基础和人才优势，实施“创新驱动”战略。与中南大学、湘潭大学、湖南工程学院建立产学研合作基地、教授工作室，并拥有多个专项课题实验室、设备中试实验室。获得知识产权115项，其中注册商标为22项，专利为94项（PCT国际专利1项，发明专利16项）。公司研发的废铅酸蓄电池破碎分选成套设备是国内首台实现分离处理废弃“免维护铅酸蓄电池”全自动化成套设备，填补国内该领域空白，通过中国有色金属协会科学技术成果评价和湖南省科技厅科学技术成果鉴定，达到国内领先水平，并经湖南省经信委确认为“2014年湖南省首台（套）重大技术装备”，被湖南省科技厅列为湖南省科技重大专项成果，获湖南省科学技术进步奖二等奖，湘潭市科学技术进步奖一等奖。

【湖南科华景观工程有限公司】 湖南科华景观工程有限公司1996年成立，由四级施工企业晋升为二级园林绿化施工企业。注册资本1000万元，主要经营范围为园林绿化工程、房屋建筑工程、钢结构工程、消防设施工程、防腐保温工程、防水工程、市政工程、室内外装修装饰工程、土石方工程、水利水电工程、环保工程施工、其他土木工程建筑施工；园林景观设计；建筑劳务分包；水电安装；工程技术服务；建筑物维修及拆除；砂石、碎石、矿石产品、化工产品（不含危险化学品），建筑材料、五金产品、机械设备、金属材料、电气设备、电子产品、办公用品销售；花卉苗木种植和销售及技术咨询；机械设备租赁、安装、维护及销售；普通货物道路运输。

【湘潭宏大真空技术股份有限公司】 湘潭宏大真空技术股份有限公司于2003年成立，2021年实现产值6亿元，实际销售收入3.6亿元，新产品销售收入占总收入的97%，上年实现利税9000万元，研发投入4927万元，占比达13%。公司是专业从事真空镀膜专用装备的研发、设计、制造、销售和技术服务的国家级专精特新重点“小巨人”企业，主要产品服务于5G新型显示、光伏新能源、微电子半导体等泛半导体产业领域。

公司有“两基地三中心”，包括生产制造基地、研发创新基地、研发中心、实验中心、国际交流中心，总占地面积达10.8万平方米。公司依托人才优势及“国家企业技术中心”等国家及省级研发平台，先后研发出多项国内首台套重大新产品，打造在高端PVD镀膜装备市场绝对领先优势，成为国内PVD纳米膜层材料技术研发及高端PVD镀膜设备行业领军企业。

公司获授权专利106项，其中发明专利16项，近两年申请专利近百余项（包括PCT国际专利5项）。成为蓝思科技公司、南玻集团、信利半导体公司、比亚迪公司、富士康公司、中南国际公司等知名新兴电子、半导体、新能源企业供应商。

【湖南百年七星不锈钢制品有限公司】 湖南百年七星不锈钢制品有限公司专业生产中高端别墅大门，包括中高档铜门、钢铜门、铸铝防爆门、铝卡门、铸铝标门、高品质汽车烤漆工艺门、不锈钢非标门等，是集产品设计、研发、生产、销售、安装于一体的大型门业制造企业，上年公司被认定为国家高新技术企业。

公司位于湖南湘潭九华经济开发园区，占地面积2万多平方米，拥有标准化厂房、办公楼、员工宿舍等，生产车间1.5万平方米，有员工150多人。公司拥有年产1万套中高档门和3万套不锈钢非标门生产制造能力，严格执行ISO9001国际质量体系标准。已有“百年七星、吉梭、荣臻”品牌。

（毛永娟）

2022

湘潭年鉴

XIANGTAN NIANJIAN

金融

综　述

【概况】　2021年，湘潭市贷款到期接续融资可得性指标在全省优化营商环境测评中排名第一；在全省13个市州中率先设立服务中小微企业的首贷中心、续贷中心；“防范处置非法集资及打击金融违法犯罪”在省对市平安建设考评中继续获评第一档次。

【实体经济】　2021年，湘潭市围绕13条优势新兴产业链，将有融资需求且信用记录良好的90家重点优质企业纳入金融重点支持“白名单”，实行信贷申请优先受理、优先审批，优惠政策、利率优先倾斜。开展点对点精准金融服务和形式多样的银企对接会，举办各类政银企对接会4次，签约金额150多亿元。依托首贷中心、续贷中心，简化企业首贷或续贷资金发放审批，建立应急续贷机制，续贷资金年化利率限制在当期贷款市场报价利率（LPR）的4倍之内，为企业节约利息支出近千万元。争取湖南财信金融控股集团有限公司集团、湖南省高速公路集团有限公司、湖南华菱钢铁集团有限责任公司等省属国企支持，组建总规模100亿元的九华城市开发建设基金和50.02亿元的湖南湘潭财信产兴股权投资基金。

【政府化债】　2021年，湘潭市经研金融办等机构沟通协调，促成省地方金融监管局专门组织召开湘潭市化债工作汇报会，涉及24家金融机构，与13家银行达成338亿元的替接他盘、认购债券请求额度意向。通过召开债券发行推介会、组织线上线下投资机构路演会、聘请第三方机构做好投资者关系管理等多种新型方式，加快推进全市债券发行和申报工作，全年发行债券5支、申报债券3支、续持债券4支，金额合计106.17亿元。从工行、建行等7家金融机构抽调精干力量组建市投融资服务中心，重心围绕全市发展开拓更加广阔的融资渠道并兼顾化债工作。

【企业上市】　2021年，湘潭市建立健全企业上市工作市级联席会议制度，出台《关于进一步推动企业上市的若干意见》等政策。实施跃升计划，6月24日，湖南华菱线缆股份有限公司在深交所中小板挂牌上市，成为湘潭近13年来首家新增的上市企业。湖南崇德科技股份有限公司、湖南裕能新能源电池材料股份有限公司首发上市申请材料被深交所受理，地通工业控股集团股份有限公司、湘潭永达机械制造有限公司在湖南证监局辅导报备，威胜电气有限公司等一批重点拟上市企业作为第二梯队正筹备上市。推进拟上市企业的挖掘和培育工作，扩大上市后备，全市共有省上市后备企业37家。

【金融监管】　2021年，湘潭市经研金融办常态化加强对小贷公司、典当行等地方类金融机构监管，3家典当行均正常营业，均获评A类公司。推进防范非法集资宣传教育“七进”“扫楼”“扫街”行动，携手长沙、株洲两地开展防范非法集资直播联动等活动3次。注重陈年积案化解，化解陈案100余起，实现立案3年以上案件化解率100%。抓实信访维稳，着力防范化解涉众型非法经营活动稳定风险，全年非法集资群体未发生大规模群体性事件和个人极端事件，相关做法多次被省联席办推介。　（吴东平）

【湘潭银保监分局】　2021年，湘潭银保监分局辖内有银行机构28家，各项存款余额2504.4亿元，比年初增加164.89亿元，增速7.05%；各项贷款余额2684.82亿元，比年初增加276.56亿元，增速11.48%。有保险公司43家，保险中介机构44家，实现保费收入71.63亿元，增速0.31%；提供保险保障5.54万亿元，同比增长29.84%；赔付支出24.61亿元，增速12.93%。

服务实体。推进“信易贷”“银税互动”平台应用，持续深化“百行进万企”机制，督导银行机构加大信贷投放支持力度、向实体经济减费让利，缓解小微企业融资难题，年末辖内普惠型小微企业贷款余额207.08亿元，较年初增加42.21亿元，信贷计划完成率为128.93%，整体超额完成信贷计划年度目标任务。引导机构对接市政府工业新兴优势产业链企业和制造业企业“白名单”，提高融资对接率，年末制造业贷款余额345.01亿元，比年初新增24.38亿元。联合多部门印发《湘潭市金融支持绿色低碳发展先行示范实施意见》，加大绿色信贷投放，拓宽融资渠道，湘乡农商行获得全省首张“碳中和”证书。督促保险公司切实服务民生，开展长期护理保险试点工作，长期护理险受理1621人，结算金额380.92万元。推动“扶贫特惠保”扩面增效，提供保险保障217.42亿元，赔款支出570.64万元。引导银行保险机构持续加强、改进县域“三农”金融服务，全市县域存贷较年初上升6.61个百分点，法人银行机构普惠型涉农贷款余额较年初增加14.31亿元。生猪稳产保供资金供给有力，相关产业贷款余额比年初增长7.65%。农业保险保费收入同比增长29.81%。

防范风险。处置不良资产30.38亿元，超额完成不良贷款处置目标任务，不良率比年初下降0.03个百分点。增强法人机构风险抵御能力，推动湘乡农商行增资扩股，推动天易、湘潭两家农商行发行二级资本债补充资本。7家法人银行资本充足率较年初提升0.63个百分点，不良率较年初下降0.01个百分点。

监督管理。开展监管数据质量专项治理，组织召开非现场监管联席会议，强化银行保险监管统计考核，做好银行业不良资产、房地产贷款、金融支持制造业、延期还本付息等专题分析通报。强化现场检查和行政处罚，开展专项检查4项，全面检查1项，做出行政处罚2件，处罚机构2家次，罚款60万元。加强房地产信贷管理，开展经营用途贷款违规流入房地产现场核查以及线索排查，提出针对性监管措施4条，督促相关机构制定过渡期压降方案并定期监测督导压降进度，房地产贷款同比少增50.79亿元，比重下降0.66个百分点。完善消保工作机制，推动成立银行保险行业人民调解委员会，建立健全多元调解机制，地方多元纠纷化解工作人民调解机构接到调解申请179件，调解成功123

件。组织各机构开展“3·15”宣传周、金融知识宣传月活动，覆盖群众超70万人次。（刘伊婧）

【中国人民银行湘潭市中心支行】

2021年，中国人民银行湘潭市中心支行联合市经济研究金融办公室设立中小微企业首贷中心、续贷中心，引入省财信小贷作为续贷资金提供方，为企业提供低成本续贷资金2亿元。协调推动“园区助力小微贷”产品落地，督导银行机构持续拓展小微企业首贷客户；开展金融支持个体工商户发展专项行动，持续提高小微企业和个体工商户首贷比例。辖内银行机构新增首贷客户3005户，为企业延期还本付息60.23亿元。推动供应链金融发展，联合相关部门印发《湘潭市规范发展供应链金融若干措施》，建立“一链一行”主办行制度和全市13条新兴优势产业链企业“白名单”，引导银行机构通过商业承兑汇票贴现、订单贷、应收账款质押等加大支持。截至年末，全市银行机构对产业链名录库企业发放贷款35亿元，全市15家银行发放应收账款质押融资94.87亿元，其中中征应收账款融资服务平台新增融资金额20.15亿元。

推进绿色金融先行示范。加强部门联动，建立绿色金融改革创新工作协调机制，在全省率先出台《绿色金融支持低碳发展专项行动方案》，推动成立全省首个绿色金融服务平台，建立“一市一园两链”绿色金融服务名录库，联合市发改委、市生态环境局等六部门出台《湘潭市金融支持绿色低碳发展先行示范实施意见》，引导银行机构创新绿色金融专属信贷产品并做好对接，指导湘乡市在全省县域率先开展绿色金融先行示范工作。截至年末，绿色贷款余额178.36亿元，同比增长47.3%；建设银行、长沙银行湘乡支行挂牌为绿色银行，湘乡农商银行在全省县域率先披露环境信息报告。

科技创新与乡村振兴金融服务。联合相关部门制发《湘潭市金融支持科技创新若干措施》，联合市科技局举办专场对接活动，推动20家银行机构与24家科技企业现场签约14.24亿元。推动湘潭高新区设立科技企业知识价值信用贷款风险补偿金，创新开展“知识产权质押风补贷”。截至年末，发放知识产权质押贷款3.99亿元，同比增长70%。做好“两主两特两生态”乡村振兴金融服务，联合有关部门制定《关于金融高质量服务乡村振兴的实施意见》，协同市农业农村局建立湘潭市2021年度农业农村重点项目清单和农业农村现代化重点项目清单，引导全市银行机构累计发放贷款27.29亿元。

开展地方政府性债务风险外溢性评估和压力测试。加强与市财政局、经济研究金融办公室及银保监分局在政府性债务信息共享、风险防控互动方面交流与合作。及时向地方政府、行业监管部门提示风险，叫停平台公司违规筹资行为。组织全辖法人银行开展地方政府性债务风险压力测试，提升地方政府性债务风险监测预见性、科学性。将政府性债务风险监控工作纳入金融机构年度综合评价范畴，引导银行机构依法稳妥推进化债工作。

推进央行评级、压力测试信息化建设。优化完善压力测试汇总程序，助力压力测试程序全国推广运用；创新开发央行金融机构评级专业评价管理系统，在全省试运行并通过验收，助力央行金融机构评级工作数字化转型。

强化金融风险联防联控。加强法人银行微观风险治理，依托区域金融管理协调机制，开展法人银行防范化解金融风险实地调研，督导压实法人银行风险防控主体责任，辖区内实现七级机构数量清零目标，推动2家农商银行发行二级资本债2.85亿元，1家农商银行完成增资扩股3亿元。加强房地产金融风险管控，落实房地产贷款集中度管理制度，对超限机构进行按月监测并开展现场督导，截至年末，全市房地产贷款余额占比、增速均较年初下降。推进“利剑”专项行动，加大反洗钱重点可疑交易线索报告力度，建立全市反洗钱金融情报会商机制。

统计研究。严格落实金融业综合统计制度，制作金融统计事项报备制度宣传稿被转发全省金融系统。建立绿色金融创新工作领导小组和绿色低碳金融统计监测体系，了解掌握辖内绿色低碳领域信贷投放情况以及企业在绿色低碳转型中面临的问题与诉求，帮助巨强科技有限公司等多家企业认定绿色信贷标准。

支付服务。推动数字普惠金融助力乡村振兴，指导银行推广涉农特色权益银行卡——“乡村振兴卡”8.68万张。响应“断卡”行动，建立账户服务质量常态化暗访工作机制，配合公安部门破获1起买卖银行卡案件，涉案金额达1.5亿元。组织开展社保基金防风险堵漏洞专项整治工作，对262万张社保卡进行逐户核查。

国库服务。完善国库预算收入报表核查系统，提升国库核算质量和防范国库资金风险能力。全年办理完成各类国库业务239.21万笔，金额合计1676.91亿元。跨地区办理国库业务应急演练。开展国债下乡、无记名国债兑付和国债到期提醒兑付，国债宣传销售取得突破。

征信管理服务。推进征信服务便民化，组建“信之风”征信宣传志愿小分队，针对关注“征信洗白”骗局、“征信修复”乱象整治、“一老一小”防诈骗等开展重点宣传。以推动湘潭县任命“金融村官”为抓手，加快该县农村信用体系建设，累计创建信用村207个、占该县行政村数量的64%，农户累计授信31.07亿元，贷款余额3.2亿元。

现金服务。推进韶山市数字人民币试点工作。规范拒收人民币现金行为处置程序，有效处置投诉3起。推动在湘潭县设立初级反假鉴定室，开展人民币知识宣传活动及反假货币知识讲座，完善农村现金服务站功能，假币浓度为全省最低。

外汇管理服务。制定《湘潭市跨境电子商务进出口企业外汇业务办理流程》，推广运用专属产品“出口潭信融”，办理“出口潭信融”业务18笔，合计贷款574万美元。办理资本项目便利化业务38笔、金额0.35亿美元，金额同比增长152倍。落实外汇重点银行头部企业联系机制，开展“便利政策直通车”系列行动，现场走访20家头部企业，帮助湖南东信棉业有限公司、湘潭市开元化学有限公司等多家企业解决实际难题。

金融标准建设。指导韶山农商银行

开展企业标准体系建设试点，探索开展绿色低碳金融团体标准建设，推动11个绿色信贷产品标准落地。完成204家涉汇企业LEI赋码工作，跟进LEI最新国际动态和监管新规，相关编译材料被人民银行总行金标委采用11篇。

金融消保和金融法治。联合市中级人民法院召开金融消费诉调对接工作推进会，组建湖南省金融消费纠纷人民调解委员会湘潭工作室，调解案件57笔、“总对总”诉调对接437笔，均居省内市州第一，经验做法被《金融时报》《湖南日报》推介。建立“一村一行”农村金融教育主办行制度，处理金融消费者投诉，全年受理金融消费投诉38件，办结38件，办结率100%。规范开展综合及专项执法，实现行政诉讼和行政复议“零发生”。

（高　力）

【中国农业发展银行湘潭市分行】2021年，中国农业发展银行湘潭市分行贷款余额133.81亿元，较年初增加8.61亿元，增幅6.88%；比上年同期增加8.68亿元，增幅6.94%；存款日均余额21.1亿元，比年初减少12.88亿元，降幅37.90%；不良贷款余额清零，不良贷款率比年初下降0.20个百分点；实现拨备后FTP利润1.24亿元。

服务地方经济发展。投放乡村振兴巩固衔接贷款11.81亿元，余额29.48亿元，累计间接带动脱贫人口1009人，帮扶脱贫人口年度增收总额1146万元；落实省分行“二十条”创新扶持措施，支持韶山创建乡村振兴示范县。累计发放粮棉油贷款7.6亿元，支持收购粮油13万吨，支持粮食收购市场份额超95%，高出全省近30个百分点。推出“涉农项目+地方国企承建+新型经营主体运营”模式，即以支持特色农业产业园区为抓手，以地方国企承建和承贷，完善园区功能后，引入新型经营主体运营，以租金收入作为主还款来源，累计发放该类贷款5.36亿元，支持粮食、湘莲、湘乡泉塘红柚等特色产业发展。支持长江大保护和生态文明建设，围绕长江大保护重点区域，持续深入对接生态保护重点项目，支持G320湘潭绕城线、湘乡城乡供水、湘潭经开区“退二优二”等多个项目，累计发放贷款11.13亿元。支持县域教育、卫生、医疗、康养以及老旧小区改造等领域，累计发放城乡一体化贷款2.96亿元。挖掘和对接小微客户，累计发放普惠小微企业贷款0.93亿元，为19家企业解决日常经营资金需求，坚持让利于农，为涉农实体企业减费让利0.13亿元。

推进治理能力现代化。全年审批贷款59亿元，累计发放各项贷款28.86亿元。逐项目成立金融服务小组，加快推进贷款投放；建立各行（部）联合办贷会商、通稿、诊断等工作机制，实现营销、调查、审查、放款、支付“五同步”。

安全和发展并重。推动平台公司办贷模式转型发展，按照产业化、市场化、法治化原则辅导生成“四有”经营性项目，抓好现金清收，化解关注贷款1.48亿元，清收处置不良贷款0.25亿元，实现不良贷款清零目标。

（莫源源　赵雅琴）

【中国工商银行湘潭分行】2021年，中国工商银行湘潭分行各项存款比年初增长15.89亿元，各项贷款比年初增长31.07亿元。其中，普惠贷款比年初增长3.95亿元，制造业贷款比年初增长4.48亿元。

内控管理。推进“价值创造年”主题活动，构建“网格化智能化”员工异常行为管控体系，提前化解和消除风险隐患，严防外部案件风险和监管处罚，全年实现零处罚，连续实现第二十三个安全年。

渠道建设。完成江麓支行、华隆支行、银田寺支行三个支行装修升级改造，网点智能化率达100%。在湘潭县城增设“工商银行湘潭新添翼支行”。开展“做人民满意银行”服务提升举措，服务管理考核全省第一，客户满意度指标全省第一。岳塘支行获评银行业营业网点文明规范服务千佳示范单位。（黎　漫）

【中国农业银行湘潭分行】2021年，中国农业银行湘潭分行各项存款余额213.3亿元，比年初净增14.47亿元。各项贷款余额201.51亿元，比年初净增15.02亿元。实现营业收入7.03亿元，同比增收7018万元。

服务“乡村振兴”。年末，县域贷款余额92亿元，年增量23亿元，增幅33%，高于各项贷款增幅25个百分点，涉农贷款累计投放58亿元，年增量12亿元，增幅25%；创新派驻制，选拔派驻5位驻乡（镇）金融干部，实现与政府沟通机制、助力乡村振兴模式的创新，得到相关乡镇、企业、农户等的好评。组建32支100人包村服务团队，进村入户为农户提供各类金融服务，建档504个行政村，行政村覆盖率63%，为3.6万户农户提供综合金融服务，投放农户贷款12亿元。精准扶贫贷款较年初净增1.8亿元，带动脱贫人口422人。

服务实体经济。累计投放实体贷款108.6亿元，与5个重点园区全面签署战略合作协议，与2个园区签订惠园贷合作协议。创新政府增信、产业链融资、银行担保、科创风补四大模式，投放贷款2.8亿元，新增产业链融资“保理e融”授信1.3亿元。推出“纳税e贷”“抵押e贷”、产业链“保理e融”“税担贷”“首户e贷”“账户e贷”等6种低利率、纯线上小微企业融资品种，解决中小企业“融资贵、融资难、融资慢”等系列问题。

推进“数字化经营”。建成互联网高频场景122个，其中智慧校园104户、智慧党建9户、智慧食堂9户，新增服务客户6万余户。落地单体校园“全掌银场景”项目——韶山学校智慧校园项目，涵盖22项智慧教务功能，服务韶山地区3所公立幼儿园、所有小学以上机构客群。落地整区智慧教育模式——岳塘智慧教育项目，服务岳塘区34所公立学校、70家校培机构、130家幼儿园。

严守风控案防底线。全年未发生重大案件风险事件，实现“两个可控”目标，保持全省系统内内控评价一类行水平。参与地方政府债务化解，严控区域系统性金融风险。资产质量保持稳定，不良贷款、不良率持续实现“双降”。第七轮安全评估，市区及三个县域支行均为金融机构第一名。拦截电信网络诈骗案件43起，涉案金额770万元，协助公安机关抓获犯罪嫌疑人32人。（彭倩静）

【中国银行湘潭分行】2021年，中

国银行股份有限公司湘潭分行（以下简称中国银行湘潭分行）本外币各项存款时点余额147.04亿元；本外币各项贷款时点余额119.89亿元，当年新增15.05亿元。

服务实体经济。参与湘潭各产业链实施并担任精品钢材及新材料产业链主办银行；为湖南华菱钢铁集团有限责任公司、湘潭电机股份有限公司、湘电风能有限公司等240余家实体企业提供贷款41.74亿元，新增4.69亿元，实体经济贷款增速为12.65%。

支持小微企业。全年续贷、延期还本5289.94万元。利用中银企E贷线上等系列产品，投放普惠型小微企业贷款8.22亿元，新增2.66亿元，其中线上0.77亿元，线下7.45亿元。

加强内控管理。制订内控检查计划及内控管理奖惩机制，减少操作风险隐患；加强对“重点关注人员”日常行为监控，加大清收处置力度，完成表内不良清收和化解本金20127.94万元。（王　娟）

【中国建设银行湘潭市分行】 2021年，中国建设银行湘潭市分行一般性存款时点余额390.92亿元，新增39.52亿元，比第二名多增23.83亿元，新增四行占比达56.75%。其中，个人存款新增四行占比长期在70%以上。年内，贷款余额达420.90亿元，规模地市行第一，新增47.40亿元，新增占比全辖第一。其中，对公贷款余额274.63亿元，余额占比全辖第一，新增36.34亿元，新增占比四行第一。不良贷款余额1.65亿元，比年初增加0.46亿元，不良率为0.39%，较年初增长0.07%。不良额和不良率均在同业四行中最低，资产质量继续领先同业。被中国金融工会授予“新时代金融职工讲习堂”称号。

经济发展。小微企业、制造业、基础设施贷款、绿色信贷等贷款投放全省建行名列前茅，为重点企业和项目提供授信超120亿元。普惠金融贷款余额46.77亿元，新增10.58亿元，余额、新增四行占比分别为54.65%、37.81%，均排名第一。普惠贷款客户5955户，比年初新增1021户。搭建平台55个，实现科技贷和善新贷等创新产品投放。

平台搭建。协助市住建局推广应用公租房App。韶山市在全省县级市中首家推广村社分账工作。建融慧学湘大App平台在全国首家上线校园数字人民币功能应用、校园新生核验功能及校园图书馆抢座功能。

管理建设。完成迎吉支行、岳塘支行、河西支行、新金库装修改造开业。湘潭县支行、九华支行、湘乡支行3个综合网点进入地市行网点综合竞争力评价结果排名前5%，韶山支行获评湖南分行“最美港湾”和省级“红色+党建”特色网点。获得员工业绩计量系统年度应用推进一等奖、湖南分行数字建模大赛优秀队伍二等奖、湖南省分行年度创新马拉松活动优秀组织奖及优秀方案奖。

风险管理。纳入信贷管理“315工程”系统线上管理客户398户，走访1604次。存量债务风险没有发生逾期、违约现象。反洗钱工作运行平稳，向人行湘潭中支报送重点可疑交易报告8份，2个案例经中国人民银行综合研判后移送公安机关。成功堵截电信诈骗17笔，拒绝违规开户13笔，追回信用卡盗刷资金2笔，配合公安机关返还电信诈骗资金2笔。（陈慧圆）

【华融湘江银行湘潭分行】 2021年，华融湘江银行湘潭分行一般性存款余额260亿元，比年初新增32.93亿元；各项贷款余额221.82亿元，比年初新增21.06亿元。获“全国模范职工之家”“新时代金融职工讲习堂”“湖南省普惠金融先进单位”“湖南省文明卫生单位”荣誉。年内缴税1.4亿元，获“湖南省纳税信用A级单位”称号。

服务湘潭发展。截至年底，政务类用信规模175.95亿元，业务涵盖辖内各县市区及各平台公司，项目包括棚改及老旧小区改造、城市道路及交通枢纽建设、水污染治理、公园及学校建设、国企改制资产收储、保税区建设等。

服务实体经济。截至年底，银行产业金融余额96.27亿元，比年初新增10.3亿元，产业金融占比39.18%，比年初增加2.65%。其中民营企业贷款余额57.35亿元，比年初新增7.32亿元。通过对企业定制专项融资服务方案、盘活核心企业上下游供应链融资、加大各特色产品的推广复制和融资创新等方式，加大对产业链的支持力度。支持一批以湘潭钢铁集团有限公司为核心企业的上下游钢贸企业，通过商票保贴产品扶持14家企业，提供资金支持4.5亿元。支持一批以省建三公司为核心企业的上下游建筑企业，通过融信通产品对90家企业提供资金支持1.2亿元。持续支持一批以步步高、电化集团、交发集团、湘乡市二医院等为核心企业的上下游企业，企业数达50家，金额超1亿元。创新推出“知识价值信用贷款”“工程e贷”等信用类贷款产品，拓宽小微企业融资渠道。联合湖南省科技厅、湘潭高新区为科技型中小微企业量身定做金融产品——知识价值信用贷款，并于9月落地湘潭首笔科技型企业知识价值信用贷款。依托税务局、市场监管局、工信部门等外部大数据，创新推出“工程e贷”“税联e贷”“烟商e贷”等线上信用类产品，利用产品具有操作便捷、快速审批、无需担保、利率优惠等优势，解决小微企业流动性需求。12月，湖南国奥电力设备有限公司在银行企业网银申请“工程e贷”提款成功。对符合条件中小企业落实再贷款、延期支持工具和普惠小微企业信用贷款支持计划等政策，对符合贴息政策的企业提供贷款支持，通过财政补贴，降低客户融资成本。对受新冠肺炎疫情影响的小微企业，采用展期、无还本续贷、借新还旧、调整结息周期等方式，做好贷款资金接续。截至年底，银行利用延期支持工具为小微企业办理贷款41.86亿元；为普惠小微企业发放信用贷款4亿元。主动承担贷款抵押评估费、登记费等；免除企业账户服务费、企业电子银行服务费、非柜面渠道对公转账汇款手续费，取消支票工本费、挂失费，降低柜台渠道人民币转账汇款手续费。（曾　光）

【湘潭农商银行】 2021年，湘潭农商银行资产总额207.15亿元，存款余额170.72亿元，贷款余额135.43亿元。支持小微企业、个体工商户、实体经济和“三农”发展。全年缴纳税收1.43亿元。

支农支小。年内累计上报普惠小

微延期还本付息贷款6.17亿元，获奖励资金617.09万元；累计发放普惠型信用贷款1064笔，金额1.14亿元；累计发放小微企业信用贷款238户，金额2.57亿元，被湖南省金融稳定发展改革领导小组评为信贷市场融资服务信用贷款奖获奖单位。通过与湘潭市住房公积金管理中心签署住房公积金数据互联协议，搭建银行+政务服务平台，推出“公积金贷”纯线上信贷产品。面向城镇登记失业人员、复员转业退役军人、农村自主创业农民、返乡创业农民、网络商户、高校毕业生等重点群体，推出创业贴息贷款，年化利率低至2.3%。对接农业产业龙头企业和产业示范园，向现代化农业龙头企业投放贷款7.8亿元。加大绿色信贷投放，对农业节能环保、生态环境、土地综合整治与生态修复等投向的贷款给予政策倾斜，对接绿色环保企业40家，发放绿色贷款3.41亿元。11月，与湘潭市工商联签署“百企兴百村”暨“百名青商兴百村”助力乡村振兴活动合作协议。推进与省农业担保公司合作“农信担”业务，面向辖内涉农小微企业发放担保贷款，发放“农信担”贷款6户，金额950万元。落实“三高四新”，对接企业（项目）427家，发放贷款175户，金额1.83亿元。与雨湖高新园区共同推出新型信贷产品“园区小微助力贷”，约定由园区设立贷款风险补偿基金，银行为园区小微企业提供信用贷款增信支持。全面实现“两增两控”和涉农贷款逐年增长。截至12月31日，扶贫小额贷款372户、余额898.40万元，全年新发放126户、金额341万元，产业扶贫贷款余额2户、余额145.24万元。完成不动产登记便民点的建设，通过人脸识别、电子证照、互联网+等技术，在银行申请贷款的同时同步申请无纸化抵押登记业务，最快仅需1个工作日就可完成从申请到审核全流程。

服务手段。新增社保卡即时制卡网点，实现雨湖区、岳塘区、昭山示范区、高新区、九华经开区和楠竹山镇周边全覆盖。打造响水乡政府食堂、万楼街道卫生院、昭山城市海景乐园等行业应用场景；3月25日，获“湘潭市移动支付便民工程优秀机构”三等奖。为中小微企业、个体工商户开办电子增信业务，配套提供福祥便民卡、福祥e贷、乡村振兴卡、手机银行、信用卡、二维码收款等14类金融产品，新建福祥e站29个，助农服务终端4台。推进党建共创，与辖内5个园区管委会建立金融服务关系；与25个乡镇（街道）签订党建共创协议。截至12月31日，“党建共创、金融普惠”行动累计走访48341户、采集信息42167户、累计授信22538户、授信金额14.07亿元，用信户数8240户，累计用信5.57亿元，累计完成整村授信135个村。（莫源源　赵雅琴）

【湘潭市住房公积金管理中心】 2021年，湘潭市住房公积金管理中心与湘潭市中级人民法院共同制发《湘潭市住房公积金执行联动联席会议制度》，就涉及住房公积金账户查询、冻结、解冻、扣划等进行明确，维护住房公积金缴存职工和申请执行人合法权益。全年归集住房公积金33.06亿元，同比增长6.55%；提取住房公积金22.83亿元，同比增长2.63%；发放住房贷款11.35亿元，住房公积金直接投放全市房地产市场34.05亿元；实现增值收益1.4亿元，同比增长11.94%，年增值收益率达1.48%；上缴市财政局非税收入1.51亿元，同比增长3.77%，其中上缴城市廉租房补充资金1.29亿元，同比增长2.91%；年末个贷逾期率控制在0.03%以内，个贷风险准备金充足率达2%，年末住房公积金缴存余额达100.25亿元。

实现“放管服”改革“三化”工作目标。实现湘潭住房公积金业务标准与省标准统一目标。引用发布业务办理项51项，网上办理深度在三级以上的业务项比例达94%，即办件比例达84%，全程网办事项比例达66%，高于省、市45%的标准。

跨省通办业务。通过全程网办、代收代办、两地联办，个人住房公积金缴存贷款信息查询、出具贷款职工住房公积金缴存使用证明等3项业务年前实现跨省通办，住房公积金单位登记开户等5项业务于3月实现跨省通办，通过两地联办办理异地购房提取300余笔。

住房公积金缴存开户纳入“一网通办”。7月底，市住房公积金单位缴存开户事项正式接入企业开办“一网通办”平台，在全省率先将住房公积金开户纳入“一网通办”。至年末，有42家企业在“一网通办”平台勾选住房公积金缴存开户选项，并完成企业住房公积金缴存开户的办理。

综合治理试点。6月，被省住建厅确定为全省住房公积金系统数据综合治理试点单位，历时两个月，完成近4万笔未结清贷款基础数据综合治理，对9万余笔贷款核心数据进行治理。

个贷业务有序推进。出台《湘潭市住房公积金资金运行（预警）管理办法》《湘潭市住房公积金个人住房贷款转商业贴息贷款办法》《湘潭市既有多层住宅增设电梯提取住房公积金实施细则》，完善住房公积金使用政策。起草《湘潭市灵活就业人员缴存及使用住房公积金管理办法》《湘潭市住房公积金骗提骗贷违规行为处理办法》，广泛征求意见，召开专家论证会。办理贴息贷款1938笔、6.08亿元。7月起，逐步回购贴息贷款，恢复自主发放住房公积金贷款模式，截至年底，自主发放住房公积金贷款1658笔、5.27亿元。

窗口服务提质增效。实现本部门第一批25%以上和第二批20%以上事项“全流程在线办”，并进驻政务服务旗舰店和“e潭就办”App在线办理。14项提取业务、15项贷款业务、19项缴存业务于9月15日入驻“市民之家”，实现“管运分离”。启动中长期封存账户“清零”行动，有1096名职工提取住房公积金余额1002.52万元。新增邮政储蓄银行湘潭分行、湘潭农村商业银行股份有限公司数据共享。网上服务大厅（开发商版）上线，可办理期房按揭贷款申请和楼盘准入申请。至年末，归集业务网办率85%，提取业务网办率70%，手机住房公积金App注册用户累计14万人，平均每天访问量超5000人次，网上服务大厅（单位版）累计注册单位2229家，住房公积金网上提取金额累计破10亿元。

资金管理安全可控。加强财务管理和资金调配，定期存款利率在银行基准利率上浮40%~55%。实现存款利息收入4072.46万元，同比增长

3686.77万元。个贷率从2020年年末的94.47%下降至2021年年末的78.84%，下降15.63个百分点，资金风险下降、安全可控。加强内部审计，利用电子化检查工具开展季度检查。筹集5.8亿元存款存入对湘潭化债工作做出贡献的11家银行。（赵 娜）

证 券

【财信证券湘潭韶山中路营业部】 2021年，财信证券湘潭韶山中路营业部无违纪案例发生；营业部党支部获评公司优秀党支部；营业部获评湖南省证券业协会2020年度精准扶贫优秀单位。

【平安创建】 2021年，财信证券湘潭韶山中路营业部参加证监局或证券业协会、人民银行、各银行业金融机构等组织的主题投教活动。开展"3·15保护投资者合法权益——我们在行动"宣传活动、"全国打击和防范经济犯罪宣传季暨岳塘区防范非法集资集中宣传月活动"、国家网络安全宣传周活动、"防范非法集资、远离非法证券活动"宣传、反恐怖主义法、反间谍法等国家安全法律法规宣传、反洗钱知识宣传月、禁毒宣传等。

【服务金融】 2021年，财信证券湘潭韶山中路营业部调整客户结构，多渠道实现收入。自上交所推出股票期权业务起，加大业务培训和推广力度。在本地股票期权业务市场份额一直稳定在80%以上。沪深港通、可转债、科创板、新三板以及期货IB等业务均能满足投资者不同需求。6月6日，举办"走近基础设施公募REITS"。

【交流合作】 2021年，财信证券湘潭韶山中路营业部举办近百场次现场客户交流活动。每月提前规划各类客户交流活动，定期邀请公司研发举办大型季度投资策略报告会，投顾团队定期举办网络直播形式的客户交流活动；不定期邀请客户参加证券业协会、证券交易所等进行投资者教育活动。主动与湖南信托、华融湘江银行、财信人寿、湖南联交所、湖南股交所、财信科贷、财信保代、财信期货等地市分支机构建立沟通或合作机制。

（董 艳）

保 险

【湘潭市保险行业协会】 2021年，湘潭保险行业实现保费收入71.77亿元，同比增长2.93%。其中，寿险保费收入51.17亿元，同比增长2.25%；财险保费收入20.60亿元，同比增长4.66%。赔（给）付支出23.22亿元，同比增长9.28%。其中，寿险赔（给）付支出10.48亿元，同比增长6.6%；财险赔付支出12.74亿元，同比增长11.63%。湘潭市保险主体43家，从业人员1.4万余人，全行业上缴各类税款约2.4亿元（不包含由各公司总部集中缴纳的企业所得税）。湘潭市保险行业协会获中国社会组织评估AAAA等级、湘潭市关心下一代爱心助学20年"先进集体"、湘潭市社会组织促进会"十佳社会组织"、湖南省保险行业协会"优秀会员"。

车险改革。湘潭市车险保费减少2.44亿元。车险保障额度增加，赔付范围扩大，交强险最高赔付从12.2万元增至20万元，人员受伤赔付标准也逐年提高，城乡居民赔付标准全面统一，车险赔付支出7.8亿元，同比上升13.1%。车险综合费用率24.42%，同比下降13.26个百分点。

城乡商业保险体系完善。农业保险收入1.81亿元，同比增长29.9%；赔款支出1.24亿元，同比增长13.78%。新增长期护理保险、爱民保等民生健康保险。推动责任保险参与社会治理，推动安全生产责任险、食品安全责任、环境污染责任、首台（套）重大技术装备保险、信用保证保险、中小微企业财产保险等险种的普及，为企业安全生产构筑责任风险保护网。

打击诈骗。全年协会向公安机关集中反映欺诈线索并协助保险公司报案10余起，打击处理碰瓷团伙3个，整理并移交经侦支队24起涉及伤残鉴定案件。加强对交通违法行为查处力度和对保险欺诈发现、打击力度，酒驾、肇事逃逸等现象明显减少。以改善人伤理赔环境为重点，全市开展打击保险欺诈工作。与司法鉴定行业建立沟通机制，保险机构派人参与涉保鉴定制度落地，双方达成合作共识。

调解工作。协会处理各类保险投诉纠纷案件179起，有效解决率66%；主动配合湘潭银保监分局，到普惠金融科参与保险投诉事务；协调跟进市长热线39起，维护当事各方的合法权益。

快处快赔。5个驻点快处快赔中心共处理案件20614台次，同比增长18%；调解矛盾纠纷1400台次；保险销案2016台次，销案率10%。

（肖津栋）

【中国人保财险湘潭市分公司】 2021年，中国人民财产保险股份有限公司湘潭市分公司实现保费收入7.75亿元，市场份额37.24%，缴纳各类税收6645万元，累计承担保险责任金额9819亿元，处理各类赔案54281件，支付各类理赔款项3.76亿元。连续9年获湖南财险业车险理赔服务质量第一名、"纳税信用A级单位"。

服务乡村振兴。为农业生产提供21.47亿元风险保障。推进"警保联动"工作，建立"道交一体化"调解平台；简易交通事故处理，实现"数据多跑路，群众少走路"；优化"快撤直赔"微信公众号功能模块，确保警保数据无缝对接；推进警保合作"两站"建设，深化警保联勤线下"一站式"服务。开办城乡居民大病保险、城乡居民意外伤害保险、城乡居民异地就医、城镇职工意外、特殊病种门诊等民生类保险。承保环境污染责任保险，为大型国有企业、市环境卫生管理处工程机械设备提供风险保障。开发推动首台套保险、首批次新材料保险、住建安责险、特种设备责任保险等保险险种。（办公室）

【中国人寿保险股份有限公司湘潭分公司】 2021年，中国人寿保险股份有限公司湘潭分公司总资产规模61.98亿元，总保费收入13.16亿元，同比增长3.8%，总保费市场份额26.7%，排名湘潭寿险市场第一。全年上缴税收 701.7 万元（一年期以上长期寿险及健康险属国家免税产品）。公司被湖南省国税局、地税局联合评为“纳税信用 A 级单位”。公司承办政府购买服务项目：城乡居民大病保险服务、城乡居民意外伤害住院补偿经办服务以及长期护理保险，管理基金总规模达 1.1 亿元；湘潭是“国家试点、湖南唯一”长期护理保险试点城市，公司承办三个县域长期护理保险。响应国家“精准扶贫”号召，投资 10 余万元用于电商扶贫、教育扶贫、产业扶贫、党建扶贫等。抓实反洗钱工作，获人民银行反洗钱分类评级的免评批复。围绕“快捷、温暖”核心主题，做优理赔服务，申请支付时效控制在 1.07 天以内，重疾一日赔案件占比 93.43%。柜面客户等候时长大幅减少，同比下降 47.5%。消保监管评价向好，亿元保费投诉量 0.46%，全省系统排名第三位。（李　瑾）

【中国平安财产保险股份有限公司湘潭中心支公司】 2021 年，中国平安财产保险股份有限公司湘潭中心支公司实现保费规模 37465 万元，市场份额 18.2%；赔付支出 24393 万元；缴纳税金 4935.05 万元。

优化客户服务。优化理赔体验，推出 AI 智能定损和一键理赔，实现最快 30 秒赔付；提供年检代办、预约修车、道路救援等 80 多种车服务；“平安好车主”App 作为国内最大用车服务 App，让客户足不出户享受到承保、理赔“一站式”服务。

做好农险保险。通过卫星遥感、气象预警、区块链溯源等技术，打造平安科技农险 3.0 平台，推动农险服务“线上化、电子化、智能化、数据化”，融入农险作业全流程，帮助农业企业解决生产品质管控、产品安全信任等问题，促进生态农业、智慧农业、低碳农业发展。农险理赔运用无人机、AI 农保手持终端，遥感数据监测等手段优化承保理赔时效，提升农业保险标的数量和准确性。政策性农业保险保费收入 1455 万元，同比增长 48.3%，提供农业保险风险保障 3.9 亿元，其间支付农险赔款 858 万元，受益农户 313 户。（刘　芬）

【中国平安人寿保险股份有限公司湘潭中心支公司】 2021 年，中国平安人寿保险股份有限公司湘潭中心支公司设有 8 个职能部门，下辖湘潭县支公司、湘乡支公司两家支公司。实现保费收入 65685 万元，按业务性质分类，长期寿险业务保费收入 43065 万元，占比 65.57%；短期意外险业务保费收入 2162 万元，占比 3.29%；短期健康险业务保费收入 20458 万元，占比 31.14%。税务贡献总额 455.01 万元。理赔服务方面，公司通过预赔、闪赔、重疾先赔等举措，累计赔款支出、死伤医疗给付、满期给付、年金给付等业务支出合计 11118 万元；死伤医疗给付支出 5873 万元，占比 52.82%，赔付较大的险种为重大疾病、意外身故保险。（刘　浩）

【中国太平洋财产保险股份有限公司湘潭中心支公司】 2021 年，中国太平洋财产保险股份有限公司湘潭中心支公司（简称“湘潭中支”）辖湘潭县支公司、湘乡支公司、韶山支公司、九华支公司、雨湖支公司 5 个支公司，5 个五级营销服务部，4 个专业化销售团队，5 个管理服务部门。全年实现保费收入 22708.82 万元，湘潭中支在湘潭市的市场份额为 10.99%，市场排名第三。公司全年纳税 2285 万元，同比增幅 12.41%，连续多年被评为“纳税信用 A 级单位”；通过公司信用放贷平台，累计投放中小微企业发展创业金 9000 余万元，超 700 家中小微企业受益；向客户赔付 14464.93 万元，赔付率达 73.59%；总公司先后向湘潭县 3 个农业建设项目战略投放资金 150 万元。

创新服务。持续承办韶山区域居民大病及居民意外保险项目，居民大病项目创新经营方式，组建专业团队，定期巡查，逐年减损并大幅扭亏，赔付金额同比下降近 80 万元；居民意外项目通过专业团队查勘，每年打假减损近 100 万元，研发适用湖南的专项医疗补充保障——湖南全民保，升级为湖南爱民保，为 1.5 万人提供补充医疗保险保障。（刘　锴）

【中国太平洋人寿保险股份有限公司湘潭中心支公司】 2021 年，中国太平洋人寿保险股份有限公司湘潭中心支公司标保总量排名全省第六，业务品质保持较好水平，13 月继续率 86.7%，位列全省第一。职业营销、顾问营销、服务营销总人力 1320 人，保费规模市场排名第三，市场份额 15.66%，同比提升 3.28%。公司获湘潭市保险机构工作考核二等奖、人民银行反洗钱分类评级工作 A 类机构。

保险业务。公司开办险种 200 余个，覆盖人寿保险、年金保险、健康保险、意外伤害保险等多个领域。不断完善客户服务体系，优化服务内容，强化诚信建设，实施承保、理赔透明化举措；通过新技术应用的模式创新和流程再造，提高营运自动化和智能化程度，提升客户体验。

社会责任。全年理赔 3900 余件，赔付支出金额约 4554 万元；与市计划生育协会签订《特殊家庭综合保险协议》，参保 1222 人，承保保费 18.33 万元，理赔人数 100 人，理赔金额 16.3 万元，为建档立卡贫困客户开设绿色理赔通道，让理赔扶贫零距离。（王芳芳）

【中华联合财产保险股份有限公司湘潭中心支公司】 2021 年，中华联合财产保险股份有限公司湘潭中心支公司下辖 5 家支公司和 7 家营销服务部，拥有正式员工近 100 人，拥有保险代理人 180 余名。实现保费收入 22161 万元，同比增长 9.5%。人身保险赔付 996.96 万元，其中普通寿险和分红寿险累计赔付 297.43 万元，意外伤害保险累计赔付 74.2 万元，健康保险累计赔付 625.33 万元。银保监局转办投诉件均及时联系客户进行沟通安抚，亿元保费投诉率 1.8 次/亿元。

业务发展。公司主营业务主要包括车辆保险、财产险、责任险以及短期意外险和健康险等商业性保险，湘潭市内多个政策性保险项目，包括农业保险、政策性健康险等，其中农业保险保费规模 3182 万元，政策性健康险保费规模超 9000 万元。车险方面，随着公司城市型机构改革方案实施，城区机构向“司控化”“专业化”转型，车商渠道的发展得到更强更专业的支持；非车险方面，全年政策性健康险业务保费规模再创新高，同比增长近20%。在原有承办湘潭市城区城乡居民大病保险、无责意外保险、岳塘异地就医保险项目等基础上，入围湘潭市长期护理保险项目；农险方面，公司在湘乡市创新试点生猪价格“保险+期货”项目，实现保费收入51.7万元，在湘潭县开展生猪饲料价格“保险+期货”业务，实现保费收入81万元；试点高新技术应用，如雨湖区水稻种植险精准承保理赔技术、湘乡市生猪养殖险“电子耳标”、湘潭县林业险有害生物普查技术。

理赔服务。公司全年支付赔款16172万元。开展理赔队伍改革，查勘定损人员参加总公司考试，进行重新定级套档，精简人员，明确职责分工。开展医保政策现场宣传活动，提高居民对健康险政策知晓度，联合医保部门对75家医疗机构开展现场巡查，对医疗机构住院指征不严、过度诊疗、不合理用药等违规行为进行打击。

（谭毅波）

【华夏人寿保险股份有限公司湘潭中心支公司】 2021年，华夏人寿保险股份有限公司湘潭中心支公司辖湘潭县支公司、湘乡支公司2个支公司，2个营销服务部，5个管理服务部门。全年实现总保费收入4.216亿元，缴纳税金58.43万元。

业务发展。全年营销条线新单保费达成2185.81万元，其中健康险914.8万元，人身意外伤害险46.27万元，普通寿险1222万元，万能险2.74万元。银保渠道方面，把队伍建设作为工作重点，加大“网点队伍、理财队伍”两支队伍建设，年内首期保费达成8925.16万元，其中期缴2596.36万元，趸交6328.8万元。续收渠道方面，做好13个月继续率指标和25个月继续率指标达成，年内，营销条线续期保费达成8726.41万元，13J继续率指标达到89.05%，25J继续率指标达到93.31%，银保条线续期保费达成2.23亿元。

（叶　亮）

【财信吉祥人寿保险股份有限公司湘潭中心支公司】 2021年，财信吉祥人寿保险股份有限公司湘潭中心支公司实现规模保费1.92亿元，年度支付赔款426.8万元，超额完成2021年度续期收费任务，全渠道13月继续率达成92.71%，25月继续率达成97.25%，在总公司续期达成排名第一。中支公司党支部有党员8名，预备党员2名，积极发挥党支部的战斗堡垒作用，团险业务部经理带领团队获三季度传统业务学平险增量奖，获评公司优秀共产党员。

重视合规经营。全面贯彻“全程、全员、全域”的合规经营理念，建立业务品质监测体系及全面风险管理体系，完善问责机制，不断提升风险管控能力；开展防范非法集资、扫黑除恶常态化排查及各类专项风险排查工作；被中国人民银行湘潭市中心支行评为反洗钱年度分类评级A类。

社会责任。8月，为2万余名一线疫情防控人员免费提供抗击新型冠状病毒肺炎疫情专属保险。捐赠对象覆盖湘潭市村（居）“两委”成员、驻村工作队员、社区专职工作者、市县两级新冠肺炎疫情防控工作领导小组成员、公安干警等防疫一线人员，总保障金额107亿元。

助力乡村振兴。全面发展驻村干部保险业务，全年为435名驻村干部提供保险保障服务，累计保额达6.39亿元。8月11日，将10万元理赔金给付湘潭市派乡村振兴工作队员贺志芳的受益人。

拓展新业务领域。年内，湘潭中支成功跻身湘潭长护险共保体，纳入长期护理保险首批试点单位；启动湘潭惠民保前期准备工作。

（贺姿烨）

2022
湘潭年鉴
XIANGTAN NIANJIAN

交通运输

综 述

【概况】 2021年，湘潭市完成交通运输年度投资26.1亿元。交通运输安全生产“隐患清零”考核排名全省第一。普法工作、执法案卷评查、交通问题顽瘴痼疾集中整治获全省表彰。韶山市获评“四好农村路”全国示范县，列入省第三批城乡客运一体化示范县名单，获省政府真抓实干督查激励表彰。

基础建设。S219姜道线建成通车；G320湘潭绕城线三期、G240沪昆高铁韶山南站至湘乡公路、杨梅洲大桥、下摄司大桥、G354韶水干线二期工程等项目持续实施；G354韶山市浅湖塘—北京路口工程、G240湘青线湘潭县段和湘乡段、韶乌线二期、伏林大道二期等项目前期工作稳步推进。完成旅游路、资源路、产业路建设150.13千米、农村公路安防设施建设454.51千米、农村公路危桥改造6座。长株潭轨道西环线全线铺轨，“轨道上的长株潭”加快构建。荷塘综合客运枢纽主体工程建设完工。《湘潭港总体规划》加快修编；8个港口码头基础设施改造提质；《湘潭市港口资源整合和港产城融合高质量发展的实施方案》经市委常委会、市政府常务会审议通过。

行业管理。路警联合执法查处超限超载车辆5150台，处理非法改拼装车302台（恢复原状302台），卸载货物5.22万吨，罚款546.72万元；非现场执法处罚超限违法行为2836条、罚款420.72万元；完成84家源头企业称重设备安装市治超联网管理信息系统（其中20万吨以上61家）；向源头企业下发责令改正通知书63份，处罚违法违规企业15家、罚款27.73万元。重点实施“两客一危”监管执法，检查出租车3289台次、客运车辆751台次、货运车辆5576台次，停运学习出租车64台，查扣非法网约车、黑车56台。加强水上交通监管，集中开展内河船舶非法从事海上运输、水上无线电秩序管理、船舶碰撞桥梁隐患治理等专项整治行动，检查船舶867艘次、港口水运企业90家次，处罚违法行为19起，罚款10万元。投入6000余万元，整改港口码头污染问题，在全省率先完成中央环保督察通报典型案例整改销号。实施重点在建项目综合督查、专项检查，排查治理质量安全隐患53处，确保质量安全监督覆盖率100%、工程质量合格率100%，交通建设受监项目无质量、安全责任事故。完成省、市交办的178处“两山”铁路隐患整治任务，确保“湘赣边红色旅游专线”如期开通运营。铁路沿线管理。组织开展“双段长”责任制和《湖南省铁路安全管理条例》“七进”活动，完成240处路地联防联控安全隐患整改销号。

公路管养。按计划完成国省道大中修、国省道危桥改造、普通干线公路桥梁信息公示牌和限载标志集中更换以及国省道预防性养护等重点养护工程；普通国省道桥梁信息录入和公路承载体普查工作有序开展；完成农村公路养护工程432.64千米、群众性养护清灌缝212千米。完成523处普通既有国省干线隐患整治，完成交通问题顽瘴痼疾整治国省道、县乡道共126处隐患整改；完成92处“五小工程”整治、20处穿城镇路段设施隐患整改。

运输服务。公路客运量、公路客运周转量同比略有下降；水路客运量同比增幅近40%，水路货运量、水路货运周转量以及规模以上港口货物吞吐量与同期比基本持平。开通1条潭株城际公交和1条长潭城际定制公交，“长株潭交通一体化”进程提速；新增、调整公交线路24条，在二大桥、谈爱桥等市政项目封闭施工期间，临时调整公交线路20条；城乡客运一体化持续推进，成果更加惠民利民。全市有网络货运平台企业8家（2021年新许可4家）；累计完成道路货物运输业税收1.83亿元，同比增加7700万元，增幅为72.64%。完成新能源出租车更换424台。新能源纯电动公交车更新方案制定实施；提前完成全市18艘1200总吨及以上内河干散货货船和多用途船的船舶受电设施改造任务；打造并投入全省首套船舶垃圾智能接收装置。推进“一件事一次办”改革，受理办结政务服务事项4298件，在电子监察中未发生红黄牌情况，好评率100%。

交通规划。编制《湘潭市“十四五”综合交通运输发展规划》，并通过市人民政府常务会议审议。G240湘乡至湘潭县青山桥（湘乡段）、G354韶山市浅湖塘至北京路口、G240湘潭县青山桥朱家坳至松柏桥、S330湘潭市乌石至韶山公路、S216伏林大道二期（长潭界至湘潭北二环）、S216湘潭市西二环道路（三期）（含湘水陵园环线公路）、S216湘潭市韶峰物流大道7个项目前期工作有序开展。

安全生产。开展安全生产专项整治三年行动、交通问题顽瘴痼疾集中整治行动、“打非治违”“隐患清零”、百日大会战、三大行动等专项整治行动，排查整改一般安全隐患1500余处、突出问题280个，警示约谈违规单位19起。参与开展“2021莲城应急”实兵水上救援、全省应对低温雨雪冰冻灾害天气等大型应急救援演练；严格执行24小时应急值班和突发事件信息专报制度，与气象、应急等部门联动，第一时间发布极端恶劣天气预警和公路、水路通行情况信息。实施客运站、港口码头、服务区、建设工地等重点领域和重要场所疫情防控，督促企业和从业人员落实防疫措施，统筹抓好湘潭7月疫情突发时期防疫和交通运输保障工作。

【轨道交通事务管理】 2021年，湘潭市轨道交通事务中心推进实施铁路“双段长”制，包括途经湘潭市国家铁路线路9条，总里程335.645千米。开展路地联防联控隐患排查300余次，排查发现240处安全隐患全部销号清零；组织开展进社区、进公共场所、进校园等铁路法律法规知识普及宣传活动10余次。

【开展“两山”铁路隐患整治】 2021年6月，“两山”铁路（井冈山至韶山红色旅游铁路）开通运行。该铁路由吉衡线、醴茶线、沪昆线、韶山线构成。年内，完成湖南省交办湘潭市113处“两山”铁路安全隐患，其中93处集中在韶山线，占省交办任务总数的82%。同时，湘潭运用“双段长”制补充交办65处，总计完成178处铁路沿线隐患整治，通过此次隐患整治集中行动全面整治到位。

【社会道口安全管理】 2021年，湘潭市有在运铁路专用线运输单位15家，专用线社会道口30处（经省验收的达标道口10处），在运专用线里程77.325千米。市交通局轨道中心会同相关部门，结合铁路专用线行业特点和职责权限，开展铁路专用线社会道口安全巡查。督促铁路专用线企业履行安全管理主体责任，完善道口安全设施设备和标识标牌标线。协调沿线村镇配合铁路运输企业共同维护专用线安全畅通。全年出动相关人员200余人次，督导铁路专用线企业45家次，巡查社会道口设施设备39处，协助主管部门下发交办函3份。

（肖兆兵）

交通运输综合行政执法

【概况】　2021年，湘潭市交通运输综合行政执法支队获2021年全省道路春运工作先进单位、全省道路运输行业安全生产工作先进单位等10项省级荣誉。两次在全省工作会议上作经验交流；“湘潭模式”在近10个地级市、20余个区县得到推广应用。

安全生产。“两客一危”行业和城市客运行业未发生一起安全生产责任事故。实施安全生产约谈制度和“黑名单”管理制度，督促企业健全完善安全风险管控和隐患排查治理双重预防控制体系，组织安全考核20场次，471人次参考，294人取得“两类人员”安全考核合格证，“两客一危”和城市客运企业参考率和合格率均达100%。

行业监管。全市港口码头企业、水运企业未发现危货经营和水路危货运输违法行为，未发生因渡口取缔而导致的非法营运现象；开展船舶起火失控防汛应急联合救援综合演习；配合市水运事务中心完成5家水运企业的资质年度核查；从严打击水上违法行为，排查整改安全隐患146处，拆解非法船舶和僵尸船舶4艘，拆解渡船2艘。完成全市交通建设领域安全监管执法考核相关工作；加大对在建工程监管力度，严把质量关，守住红线关和交竣工验收鉴定关，委托检测单位对工程进行实体抽检；配合市交通运输局对在建公路项目及参建单位质量安全、环保、防疫、消防等方面综合督查4次、农民工工资专项检查3次、质量安全联合检查101次；下达整改通知书3份，并全部整改到位。落实“双段长制”文件精神，做好《铁路专用线道口安全管理技术规范》宣传工作，督查铁路专用线道口安全生产工作，全市路地联动组织巡排查300余次，整治隐患240处；配合维护谈爱桥改建施工环境；交办相关属地部门配合铁路部门做好16处栅栏封闭相关工作，做好附近群众宣传解释工作。5个二级以上客运站全部合格，获省道路运输管理局通报表扬；获湖南省道路旅客运输安全知识竞赛三等奖；完成全市客运企业和客运站2020年度质量信誉考核工作，审核包车牌12915张；严格落实疫情防控措施，组织储备技术性能良好的客车30辆、货车15辆组成疫情防控应急保障运力。全省普货驾培机构计时平台建设情况及基础数据录入审核情况工作任务全部完成；完成全市货运企业和货运站场2020年度质量信誉考核工作；加强对危险货物运输企业监管，抓危货企业运输车辆驾驶员不规范行为，约谈8家电子运单使用不规范企业；对车辆年度审验逾期及未按规定周期进行等记评定货运车辆按规定进行处罚，并责令货运经营户整改；组织全市15家危货企业361台危货车辆完成智能监控终端安装，并全部通过省、市级验收，配合市交通运输局完成安装工作奖补资金拨付。完成出租车企业2020年度质量信誉考核；加强日常监管，完成经营权到期出租车下线工作，办理未经许可网约车、巡游出租车案件55件，违法违规出租车案件37件；建立交通违章台账，要求驾驶员及时清理违章；开展出租车行业燃气泄漏联合安全演练。建立“协会+企业+监管”三方协作模式，落实机动车排气超标治理（I/M制度）M站监管工作，加强对机动车维修企业的日常监管及落实“四废”情况督查，规范维修企业喷烤漆房VOCs治理设施使用；联合环保支队开展4次大型联合执法行动，举办全市环保工作培训，取缔3家不合格烤漆房。完成机动车驾驶培训机构2020年度质量信誉考核；建立联席会议制度，与公安交警部门对驾培行业违规培训行为进行联合整治，查处纠正违法违规培训行为122例，下发责改通知书10份，7人被列入违规教练员“黑名单”，约谈驾培机构负责人15人次，对6家因安全管理工作不到位或存在违规培训行为驾培机构下达责令整改并停止其新生招生注册，巩固驾培机构“先培后付，培训费第三方银行托管”收费制度改革成果；联合协会协调平台运营商投入资金为全市所有教练车免费更换带人脸识别功能计时计程车载终端设备，更换1200余台；组织开展“交通驾培行业文明服务示范活动”，成立“文明服务示范”教练车队。完成互联网道路运输便民政务服务系统驾驶员服务质量考核891件；处理违法违章从业人员计分1012人次，663名违规驾驶员被列入“一超四究”重点驾驶员管理台账；完成86家机动车维修企业、159家道路货运企业、5866人次道路运输从业人员质量信誉考核工作；对15家危货企业从业人员进行排查，发现1人涉嫌持伪造从业资格证件。

路域环境。打击超限超载，推进“四路”同治治超格局，超限率稳控在0.5%以下，依托科技力量，实现由“治”超向“智”超升级转变。非现场执法处罚超限违法行为1243条，结案率达51.7%。配合市局开展数据安防演练，将治超服务器迁移至市局，提高数据防护等级。开展路警联合执法，查处超限超载车辆2817台，处理非法改装货车9台，卸载货物4.4万吨。全面摸排、走访源头企业，督促企业提高设备联网率、在线率。84家源头企业完成称重和视频监控设备安装及联网工作，完成阶段性目标，发出“一超四究”抄告单2933份，吊销货运“车辆道路运输证”11台，责令整改源头企业39家、处罚4家，查处违规道路运输企业4家。整治路域环境，成立普通国省干线公路“路长制”工作领导小组，巡查农村公路7025.1千米，马路市场229处，发现问题12处，处置10处；巡查普通国省干线公路12976千米，马路市场巡查174处，发现问题38处，处置35处。巡查高速公路42155千米，发现问题64处，处置64处，完成高速公路沿线98处非法广告牌拆除前期工作。

执法规范。梳理执法流程，出台2021年法制工作要点、“谁执法谁普法”责任制、执法规范化信息化建设三年行动方案（2021—2023年）、行政执法全过程记录、行政执法监督检查、行政执法文书使用管理、规范行政处罚等制度和文件。规范文明执法，严格规范适用法律法规和使用自由裁量权。全年未发生一起行政复议案件撤销情形和行政诉讼案件败诉情形。国家工作人员分类（行业）学法完成率达100%。落实依法执法，开展法律法规宣传、普法教育活动，适用新

《安全生产法》，处罚企业 6 家。引入“科技+执法”模式，基本实现智慧交通全覆盖。及时公布驾驶员不安全驾驶行为并抄送公安交警等部门，“两客”报警数量比上年同期下降 97%，危货报警数量 12 月比 1 月下降 98%。实现“交通执法在线”微信公众号查询超限超载违规记录，案件处理文书制作的时间也由原来的近 1 小时缩短至 20 分钟。

【重拳出击“打非治违”】 2021 年，湘潭市交通运输综合行政执法支队开展“打非治违”等各类行动 3798 次，检查船舶 421 艘次、的士 3289 台次、货车 5576 台次、客运大巴车 751 台次、港口水运码头企业 400 余次、维修企业 100 余次、交通建设领域企业 110 余次；全市打击查处非法营运车辆 341 台次。办理各类交通运输违法违规案件 1467 件，罚款 356.45 万元。

【铁腕排查“隐患清零”】 2021 年，湘潭市交通运输综合行政执法支队通过开展“隐患清零”普查，强化风险意识、责任意识，加大对重大风险全面管控、重大隐患动态清零。下达“隐患清零”整改交办单 32 条，全部销号，对违法违规“两客一危”车辆进行停运学习 28 台，出租车停运学习 101 台。“隐患清零”工作考核道路运输领域全省排名第一。

【创新监管手段】 2021 年，湘潭市推出“拼途出行”官方打车软件，提供 95128 出租车电召服务，实现巡游出租车“互联网+”的升级。针对湘潭北站出租车乱象，设立公示牌，安装高清摄像头、麦克风，实行 24 小时实时监控取证，湘潭北站停运违法违规车辆 64 台次，约谈出租车企业 2 家。借助云 MAS 系统，以短信形式向普通货物运输经营业户进行安全提醒。开发“远畅安培”线上培训系统，对出租车驾驶员进行线上安全教育培训，加强交通运输主管部门对出租车企业监管和出租车企业对驾驶员管理。

（贺利娜　王佳丽）

水运事务

【概况】 2021 年，湘潭市航道 5 条，为湘江、涟水、涓水、靳江、韶山灌渠，通航总里程 260.25 千米。其中湘江干线二级航道 42 千米归省水运事务中心所属长沙航道局管辖，其余地方航道归湘潭市养护和管理，基本上属于季节性通航或断航。年进出港船舶 1.2 万余艘次，年港口吞吐量 1935 万吨（不含砂石）。全年行业未发生水上安全事故。

船舶检验服务。全年受理图纸审查 8 套，完成船舶图纸审查 8 套；完成建造（改装）检验 7 艘；完成营运检验发证 225 艘次；完成船舶岸电系统受电设施改造检验发证 18 艘次；完成船舶转籍 8 艘；完成湖南山水节能科技股份有限公司自吸排水泵 350MS75 船用产品型式认可；完成各类船舶技术档案归档 210 套。

船舶船员服务。全年审验、重新签发船员适任证书 36 人次，船员个人信息采集 13 人，船员技术档案查阅 12 人次，船员服务簿补发 5 本，受理新建船舶识别号 2 艘次，授号 2 艘次，办理船舶所有权登记 16 艘次、国籍证书登记 16 艘次，光船租赁登记 5 艘次，注销登记 21 艘次，国籍证书换发 10 艘次，参照配员规则，认真确定配员标准，核发、换发“船舶最低安全配员证书”13 本，建立船舶登记档案 68 个，整理船员技术档案 41 个。组织开展灭失船舶集中注销登记工作，对灭失船舶进行清理公示（共 289 艘），办理注销 1 艘，办理国籍证书换证手续 3 艘。

航道管理养护。落实航道养护，加强对辖区航道和航标的巡查，航道安全隐患的排查、整改、设标工作。全年设标 12 座，航标维护正常率达 100%，投入航道养护经费 2.8 万元，全年没有发生因养护不到位引发的责任安全事故。

水运市场管理。对水运企业进行年度核查，全市水路运输经营企业应核查 6 家，通过核查 5 家，1 家经限期整改后通过核查。全市个体经营应核查 11 家，通过核查 8 家，3 家多次联系未参加核查。省际运输船舶应核查 22 艘，通过核查 22 艘。省内普通货运船舶应核查 7 艘，通过核查 7 艘；客运 18 艘，通过核查 18 艘。

【8 家码头“一港一策”环保提质改造】 2021 年 4 月 30 日，湘潭市港口码头污染问题整改工作领导小组会同省水运事务中心、省环境保护科学研究院、省交通规划勘察设计院有限公司和第三方技术单位，开展问题整改阶段性效果评估，确认湘潭市被生态环境部通报的 8 个港口码头需完成的 32 项整改任务，完成 29 项，余下 3 项（雍和物流的钢结构密闭棚架和生活污水处理站、华源港口钢结构密闭棚架等任务）分别在 8 月 30 日、9 月 15 日完成。全市 8 个港口码头企业投入提质改造资金 6500 余万元。9 月 26 日，完成市级整改销号验收；11 月 12 日，由省交通运输厅牵头组织完成省级整改验收销号。全市 8 家码头均按省交通运输厅、省生态环境厅、省水利厅联合印发的《干散货码头环保隐患整治指南》要求，进行整改，12 月底通过省级验收。

【接收转运处置船舶污染物】 2021 年，湘潭市各港口码头（湘江 8 座货运码头）全部实现对船方免费接收生活垃圾（其中电厂煤码头还可对船方免费接收生活污水）。由湖南永昌综合水上服务有限公司、湘潭军航水上环保科技有限公司两家船舶污染物接收企业，采取移动接收方式对港区内停泊的船舶免费接收生活垃圾、生活污水和油污水，并对两家船舶污染物收集企业进行补贴。船舶污染物免费接收转运处置专项经费列入市本级财政年度预算。1—11 月，接收船舶生活垃圾 23.89 吨，生活污水 742.61 吨，油污水 133.69 吨，转运处置率达 90% 以上。

（郑卫丰　谢楚珺）

公路管理

【概况】 2021 年，湘潭市公路总里程 7657 千米，市行政村通达率 100%。国道 307 千米，省道 678 千米，县道 1305 千米，乡道 1363 千米。

建设养护。完成国省干线优良路 91.47%，PQI 值为 89.10。农村公路 PQI 值为 85 以上，绿化率达 89.5%，列养率达 100%，县、乡、村道常养率分别达 100%、85%和 75%。完成普通国道和省道大修 15.538 千米，中修 10.121 千米。完成普通国道和省道预防性养护（薄层罩面）7.692 千米。完成普通国道安保工程 26.11 千米、省道安保工程 6.041 千米；完成农村公路安保工程450千米。完成危桥改造国道和省道19座，农村公路6座。完成文明示范路12条，管养示范乡镇9个，农村公路PQI中等以上比例85以上，农村公路年末绿化率达89.5%，公路列养率100%，经常性养护率县道100%、乡道85%、村道75%。全年整治交通顽瘴痼疾和公路隐患清零1100处，公路畅通率100%。完成自然村通水泥路534.25千米，完成提质改造农村公路111.5千米。

路桥养护。强化病害处治时限要求，按照《湖南省干线公路小修工程作业标准化规程》规定的处治时限，及时处治路面沉陷、坑槽等病害，保证路况稳定；做好接裂缝清灌及水泥砼路面板底灌注，保证路面防水效果；按规定做好桥隧检查和日常养护。及时修复路基、交安工程及沿线设施缺损。提高小修保养机械化水平，提高养护质量与效率。加强实施汛期、恶劣气候等特殊季节对重点、重要路段养护专项措施。日常养护严格按照路面接裂缝无失养、路面无坑槽、无弃养待修、路肩无反坡（或高草）、路基无缺口、边沟无积水、标线无失效、设施无缺损、绿化无遮挡、桥（隧）无失管十个方面内容要求开展全面养护。完善一桥一档，全年对桥梁加固处置率达100%。实行由桥梁工程师牵头负责桥梁技术状况评定报告会审制度和公路行政审批初审技术会审制度。湘潭上报23座桥梁，入部库20座，入库率87%；320国道虞唐大修工程设计选择共振碎石化加ATB沥青碎石结构作为实施方案，减少财政性资金投入1400余万元。

"四新"技术运用。养护工程中强力推进布墩岩天然改性沥青、旧水泥路面共振碎石化白改黑、体外预应力碳纤维板加固梁桥、水泥砼桥面黑色超黏超薄磨耗层等新技术。

【农村公路重点工作】 2021年，湘潭市管养农村公路里程共计6658.104千米，农村公路桥梁共计996座。截至年底，全市农村公路PQI中等及以上比例89.5，绿化率达85%，列养率达100%，经常性养护率县道达100%，乡道达85%，村道达75%；拥有全省"最美农村公路"1条（岳塘区昭山乡县道X154七星路）。实现"乡乡通"和"村村通"。审批校车（园车）16台，行驶线路14条。完成"十四五"农村公路安全隐患采集工作，入库农村公路1569条，采集隐患里程1692.587千米。完成"十四五"农村公路危旧桥库建立及2021年危旧桥改造计划备案工作，入库农村公路危旧桥22座，计划备案17座。完成农村公路3057.118千米路面技术状况数据核查工作。完成雨湖区X144县道路面大修工程建设工作，9月30日完工通车。

【公路隐患整治清零】 2021年，湘潭市公路养护中心按照省市关于"交通问题顽瘴痼疾集中整治行动""安全隐患清零、三年行动攻坚任务"工作要求，加强对全市普通公路的隐患排查、整治行动及检查督促工作，推进各项安全隐患整治清零任务，全年重点整治督促完成市交通运输局交办及市（区）顽瘴痼疾办交（抄）办公路隐患，整治任务涉及公路6条，涉及范围500多千米，整治隐患点段1100处，全部完成整治清零并建立整治隐患台账。（办公室）

交通建设质量安全监督

【概况】 2021年，湘潭市交通建设质量安全监督站开展交通建设质量安全监督、造价管理、行业管理等中心工作，受理监督姜道线等10个项目，其中包括2座特大桥、1座大桥。受监总里程64.82千米，总投资44.45亿元。出具项目交工验收意见4个、竣工鉴定报告9个，竣（交）工项目工程质量合格率100%。全年调查、发布交通项目建设材料价格信息12期；完成G320湘潭绕城线伏林大道至湘乡段公路工程等6个项目审查工作。质量安全监督站获评湖南省交通建材价格信息工作先进单位。

【工程质量安全】 2021年，湘潭市交通建设质量安全监督站参与综合督查4次，春节、低温雨雪冰冻天气、庆祝中国共产党成立100周年特护期等专项督查7次，组织日常检查109次，下发质量安全通报4份、质量安全整改通知书16份，督促整改隐患53条。全年未发生质量安全生产责任事故。

【行业管理】 2021年，湘潭市交通建设质量安全监督站完成交通建设行业信用评价工作。组织召开交通检测行业专题调研座谈、交通建设从业人员公路水运工程质量安全和造价业务培训等各类座谈会、培训会4期，培训各县（市）质安站、各建设项目参建人员280余人次。

（王　谦　张心怡）

2022
湘潭年鉴
XIANGTAN NIANJIAN

信息产业

邮　政

【概况】 2021年，湘潭市邮政行业业务收入（不包括邮政储蓄银行直接营业收入）完成76670万元，同比增长13.89%；业务总量完成79446.46万元，同比增长12.38%。全市快递服务企业业务量完成4265.77万件，同比增长12.44%；业务收入完成41979.38万元，同比增长24.30%。

物流体系建设。持续推进“快递进村”，全市乡镇建成快递末端网点135个，乡镇覆盖率达100%，服务辐射580个建制村，快递进村率达76.72%。湘乡市共同推进物流体系建设，处理中心建设，设备采购，交邮合作运输，末端投递等全面融合发展。韶山市开展县乡村三级物流配送体系建设实施方案暨韶山市仓储物流配送中心项目。

行业安全监管。组织寄递行业安全生产、消防、禁毒知识等培训11次，培训918人次。“开展‘快递从业青年服务月’打造懂法快递员”选评为全省“七五”普法十佳精准普法创新案例。推进安全生产专项整治三年行动集中攻坚行动；联合市公安局、市禁毒委开展“寄递渠道禁毒百日攻坚行动”。

末端服务质量。持续整治农村末端网点违规收费现象，对接网信等部门畅通问题反馈渠道，与市场监督管理局联合出台专项整治方案，强化申诉与执法联动，加强督办案件力度，严格执法检查。巩固提升末端服务能力，推进快递末端合作共配“湘潭邻聚”模式，探索快电（信）合作，加快末端布展，累计建成快递末端公共服务站165个，其中县域快递公共取送点42个。推动邮政综合服务平台建设，全市所有县市（区）邮政均入驻政务大厅，开设5个警邮合作网点、106个税邮合作网点。指导企业创新发展寄递服务，优化流程、改进专投服务模式，人民法院和邮政合作切实解决“送达难”，政务中心和邮政合作免费寄送教师资格证到家。

【快递包装绿色治理】 2021年，湘潭市邮政管理局强化对新出台的《邮件快递包装管理办法》的宣传贯彻培训，提升从业人员生态环保意识和行业生态环保治理水平。“2582”工程落地见效，推进行业塑料污染治理，邮政快递企业采购使用标准包装材料的比例达92%；规范封装操作比例达95.2%，96%以上电商快件不再二次包装；循环中转袋使用比率达94.59%，227个网点设置包装废弃物回收箱。（刘　云）

电　信

【5G建设】 2021年，中国电信湘潭分公司根据中国电信和中国联通战略部署，共建共享5G网络。湘潭地区由湘潭电信主导建设，联通共享5G网络，打造“技术先进、覆盖广、网速快、体验好、效能高”优质网络。全年新建600余个5G基站，年末4G LTE基站3800余个，5G基站1300余个，实现5G信号在湘潭市区、县城区、乡镇连续覆盖。

【云网建设】 2021年，中国电信湘潭分公司在本地建设高标准高等级机房，机房总面积3000平方米。出省互联网国家骨干网带宽640G，直连长沙、衡阳节点，网络传输时延低。年末有全模块化机房4个，1000架承载能力。实现城区、乡镇5G连续覆盖，完成多个5G定制网项目；完成30余个省市级“金牌三千兆”标杆小区建设；完成安全能力池安装调试、一城一池混合云设备安装调测，并纳管。构建以4A系统为核心的安全能力体系，增强外部攻击防护能力。

【防范通信诈骗】 2021年，中国电信湘潭分公司成立网信安工作领导指挥小组及反诈专班，落实“断卡”专项行动部署，加强涉诈电话卡防范治理工作。重点防范治理电话卡在办理、流转环节中收/贩卡等违法违规行为；压实主体责任，确保电话实名登记、号卡销售渠道管理、物联网卡安全管理等各项工作要求严格落实到位；加强同公安机关联防联控机制，配合做好涉案电话卡信息查询和异常涉诈线索处置；结合企业资源和技术优势，加强专线管控、系统拦截，做好企业防范关口前移系统手段支撑，加大对存量号卡涉诈风险排查、清理力度，及时化解号卡涉诈带来的风险。

【助力疫情防控】 2021年，中国电信湘潭分公司投入云电脑、扫码仪、热成像等设备600余套，以及500余人次、200余万元助力疫情防控工作；利用信息技术协助开通6个核酸检测方舱，搭建6个公交车流动检测点，20余个临时检测点，通过5G+云电脑提高效率，方舱最高日完成2万余人检测，流动方舱每小时可完成500人检测。AI智能外呼40余万次，发放防疫通知受众100余万人次。利用云外呼平台协助分流5.5万人次咨询量。开通81个街道、乡镇、社区电视信息平台，市民打开电视即可收看本区域防疫文件、疫苗接种通知、核酸检测通知、防疫知识视频等；发送200余万条防疫短信及通知。

【湘潭市5G+工业互联网运营中心成立】 2021年10月21日，经湖南省工业和信息化厅、湘潭市工业和信息化局授权，湘潭市5G+工业互联网运营中心成立揭牌暨湘潭市工业互联网公共服务平台上线仪式在中国电信湘潭分公司举行。此平台由中国电信湘潭分公司与湘潭至诚时代网络科技有限公司联合打造，旨在基于5G网络、工业互联网、云计算、大数据等新技术为政府及企业提供数据采集、生产线调度、工厂智能管理、供应商产业链、产品销售等全流程服务，助推区域创新生态公共服务系统建设。

（王厚沣）

移动通信

【市场运营】 2021年，中国移动通信集团湖南有限公司湘潭分公司5G客户规模超60万户，5G客户渗透率超

44%，宽带客户用户份额达41%。持续打造5G标杆案例，在重点行业区县推进5G行业拓展，“湘钢5G智慧工厂”被评为集团公司锤炼龙头示范项目，珍稀食用菌种植管理、三农现代农业园智慧养殖、工业级专网安全管理平台、洪盛物流信息化综合调度系统4个项目被湖南省工信厅确定为全省5G典型应用场景。邀请农业发展、工程机械、政务服务等各行业30余位“服务体验官”“走进移动”，开展“走进移动、预见未来”、5G使用、家宽排障等宣传活动；进小区、走集团、访客户，现场解决地下室网络覆盖、农村携入网络需求、集团专线网络服务等三大类100余次客户需求问题。推进“断卡”“打猫”和“安心”三大行动，关停异常手机号码43225个，为公安部门提供线索168条。

【网络锻造】 2021年，中国移动湖南有限公司湘潭分公司开通5G基站1600个、4G基站5000多个，光缆长度达3万皮长公里，AB类集团覆盖800余家，有线宽带覆盖130多万户。通过多种硬优化和软优化手段配合支撑，解决超闲、超忙、弱覆盖等网络问题1100余个。建设与工业网络深度融合华菱湘钢5G超级专网，在湘钢部署数智云能中心、智慧运维中心，组建湘钢园区管家式服务支撑团队，构建“一点响应”5G专网园区服务支撑体系。

【推进与广电共建共享】 2021年，中国移动湖南有限公司湘潭分公司推进与广电“5G战略”合作，从8月起，部署700M频段5G基站共建共享工作，截至年底，投资4600多万元，建成700M基站400余个。（周震天）

联合通信

【概况】 2021年，中国联合网络通信有限公司湘潭市分公司围绕“数字湘潭主力军、5G时代领先者、五新联通排头兵”方向推进转型发展和生产经营，完成全业务主营收入目标。融入各项5G产品开发与服务工作中。5G商用三年来，发展5G应用，打造5G智慧病房、5G远程教学、5G智慧社区让智慧健康、智慧教育、智慧养老成为现实。湘潭现网共开通运行5G基站1130个。运用“沃要吐槽”平台，及时收集并解决客户问题546户，解决率达53.64%。

深入落实“三项制度改革”，保障公司健康发展。通过省市联动、高校合作、长期开展以吸纳创新人才、418人才为主的优秀人才准入通道，湘潭数科创新人才储备增长280%。

（张晓琼）

大数据和产业创新发展

【概况】 2021年，湘潭市大数据和产业创新发展中心以智慧湘潭项目为主体，以大数据中心和运营中心项目、智慧城市中心平台项目为两翼，推进智慧城市建设；围绕湖南省大数据产业园和大数据产业链、宝德信创产业园和信创产业链建设，涵养数字经济发展生态，加快推动数字产业化和产业数字化；积极外引资源、向上争牌，盘活农林老旧资源，加快推进乡村振兴步伐。

建设“一体两翼”，打造城市“数字大脑”。通过强化规划引领、推动高位协调、及时完成项目变更、完成中期评估及绩效评价、严格把控财政投入成本等方式，规范智慧湘潭项目管理。大数据中心及运营中心项目完成运维楼、数据大厦主体建设任务，引进中国科学院院士彭练矛团队的湖南先进传感与信息技术创新研究院、湖南国家应用数学中心（湖南韶峰应用数学研究院）等项目入驻。与国家超级计算长沙中心、湖南国家应用数学中心开展深度合作，推动“算力”“算法”“算据”融合。

培育“两园两链”，挖掘数字“产业金矿”。以大数据产业园为基础，坚持“以商招商”“以资引资”，新引进培育腾讯云、阿里云、紫晶信息存储、千智机器人等项目入驻投产，拥有规模以上企业38家。促成宝德科技集团股份有限公司快速完成生产线“数智”改造，助推湖南湘江鲲鹏信息科技有限责任公司、株洲长城有限公司、湘潭宝德有限公司共建湖南省信创产业生态全面融合发展局面。与宝德科技集团股份有限公司合作共建信创产业适配中心，推动信创产业软硬件适配工作迈上新台阶。举办全省首届信创产业生态大会，助力湘潭信创产业打开市场、提升品牌。协调湘潭钢铁集团有限公司、湖南吉利汽车工业有限公司与驻湘潭高校共建人才实训基地，形成重点行业、不同层次人才全覆盖培育体系。推动组建成立湘潭市数据要素市场交易主体——市大数据运营公司。

盘活“一站一地”，智慧农林“开花结果”。加快推动国内第二个、中南地区首个国家级农业环境科学观测实验基地、南方地区最大的农田重金属污染防控基地——湘潭综合试验站建设，促成农业农村部环境保护科研监测所湘潭综合试验站挂牌，打造重金属污染防治样板。完成金鸡岭国有林场国家战略储备林建设任务，连续获评“全省国有林场质量管理十佳单位”。加快推进全省第一批省级森林康养基地——金鸡岭森林康养基地建设，打造集旅游观光、红色教育、休闲度假、康体娱乐、探险和科普教育于一体的森林康养胜地。

【数据共享交换】 2021年，湘潭市成立数据共享交换工作领导小组，并配套组建数据共享交换工作专班。在8个月内完成大数据基础平台部署及市级数据共享交换平台、数据直报平台、数据融合平台、数据治理平台、数据资产门户等搭建工作，归集90余家单位17亿条数据，人口、法人、信用等五大基础数据库基本建成，省市两级数据共享交换平台对接基本完成，在省政务数据共享网站上挂接1622项数据资源目录、384项数据资源。数据共享交换工作经验入选年度湘潭市全面深化改革创新案例，湖南改革网、红网等媒体宣传推介。

【精准助力疫情防控】 2021年，湘潭市大数据和产业创新发展中心组建疫情防控大数据平台后端支撑小组，牵头整合公安等20多个部门人口数据，建成防疫人口主题库，协助基层快速精准排查比对，高效核查在湘潭未接种新冠疫苗人员信息，精准定位户籍在湘潭外出务工人员信息，将基层人工上户排查时间从7天缩短至2小时，减轻基层工作负荷。

【湘潭市数字经济孵化基地挂牌】 2021年，湘潭市数字经济孵化基地挂牌运营，吸引30余家企业入驻，孵化23个学生双创项目，吸纳1000多名在校学生实习实训。基地由湘潭市大数据和产业创新发展中心与湖南软件职业技术大学合作共建，是湘潭首个数字经济孵化基地。实现政府由“单纯出钱支持”转为“综合出策培育”，实现高校“专业链”直接对接“产业链”，实现学生“边学习边实习”“毕业即就业”，实现企业由“到处招人”转为“就地选人”。

【湘潭市京东智能城市与大数据研究院组建】 2021年，在湘潭市大数据和产业创新发展中心协调推动下，湘潭市人民政府、京东城市（北京）数字科技有限公司、湘潭大学完成湘潭市京东智能城市与大数据研究院组建。研究院作为京东在全国率先部署的民办非企业组织，有效聚合京东集团、以湘潭大学为首的驻湘潭高校研发联盟以及湘潭市产业优势资源，打造全国产学研协同创新典范。

【湘潭市大数据产业促进会成立】 2021年，湘潭市大数据和产业创新发展中心联合国家电网公司、京东集团、湘潭钢铁集团有限公司等行业龙头企业，以及高校、科研院所、社团组织等，牵头发起成立湖南省第一个地市级大数据产业促进会。会员单位近100家，会员单位间初步达成10多个合作协议，合作项目前期投入1000多万元。促进会致力共建产业技术协同创新平台，打造数字化、智慧化转型聚合体，助推产业转型升级和创新发展。

【湖南工程学院—宝德人工智能现代产业学院成立】 2021年，湖南工程学院—宝德人工智能现代产业学院正式挂牌成立。学院由湘潭市大数据和产业创新发展中心牵头推动湘潭市人民政府、宝德投资控股有限公司、湖南工程学院三方共建。该学院是宝德公司在国内落地的第一所校企共建、产教融合的AI产业学院。学院将为湘潭人工智能产业发展提供高质量人才支撑，加速推动湘潭人工智能产业发展。

（葛亚芬）

2022

湘潭年鉴

XIANGTAN NIANJIAN

城乡建设

自然资源和规划管理

【概况】 2021年，湘潭市自然资源和规划局落实“两个耕地占补平衡”等耕地保护制度工作在省真抓实干考核评价中排名第一，获省政府通报表彰。

土地资源监管。获批国有建设用地项目82个827公顷，审批集体建设用地项目75个35.4公顷，市城运基金、G60扩容、九华医疗器械产业园、湘大附属实验学校片区等重点工程、产业项目、民生项目和乡村发展项目用地应保尽保。实现土地经营收入194.5亿元（市本级139.2亿元）。办理完成资产注实项目50个，市值约53.6亿元。片区综合开发平稳起步，前期策划方案完成。编制耕地保护专项规划，完成耕地保护“一张图”。严把建设项目预审关，尽量不占或少占耕地。规范落实“两个耕地占补平衡”，建立县乡村三级网格化动态巡查机制。农民建房占耕地面积同比下降83.52%。月清“三地两矿”工作。土地全生命周期管理实现常态长效，批而未供土地、闲置土地和违法用地等问题新增趋势得到遏制。存量土地处置强力推进，累计处置4000余公顷。

土地规划管理。结合“双城驱动”战略要求，深化空间结构、用地布局研究，形成总体规划初步方案。市本级规划城镇建设用地增加90平方千米以上，保障城市未来发展空间。编制市城区控规“一张图”，与国土空间总体规划、专项规划同步研究，使用统一底图、统一要求，确保三类规划全面融合，提高规划精准度、科学性和落地性。推进“多规合一”实用性村庄规划编制，为实现全市范围“全覆盖”奠定基础。对接省自然资源厅和规划设计单位，开展产业发展、项目支撑、重大设施布局及启动区设想等专题研究，争取湘江西岸科技城、湘潭北至暮云轨道交通等全省重大交通和公共服务项目布局落位。具有湘潭特色的国土空间规划“一张图”实施监督系统基本建成，各类项目公服配套要求落实。

矿业绿色发展。湘潭县、湘乡市、韶山市砂石土矿专项规划获批。推动市“十四五”矿产资源规划编制，全面清理淘汰落后产能，关闭注销僵尸矿山57个。全市新建省级绿色矿山7个，超额40%完成省级创建任务。在建9个国家和省级绿色矿山规范样板基础上，制定全市绿色矿山建设标准化图集，受到省自然资源厅高度认可并推介。谭家山煤矿区生态保护修复项目完成省级验收，湘锰矿区治理工程获评全省生态修复“十大范例”，湘乡市东郊乡全域土地综合整治试点全面启动。在全省率先布局新建102处自动化监测及预警点，实现由传统“人防”向“人防+技防”转变，做到“识别到户、告知到户、宣传到户、预警到户、责任到户”，全市连续多年实现地质灾害“零伤亡”。

民生实事工作。主动对照一流营商环境要求，优化市国土空间规划委员会议事规则，创新审批模式，提高审批效率，全年办结各类规划许可257个，规划核实意见91个，其中进入绿色通道项目50个，豁免备案建设工程规划许可证项目20个，部分项目当天受理当天办结。出台自然资源规划领域服务乡村振兴“1+5”政策措施，统筹部署乡村规划编制、耕地保护、农村房地一体确权登记颁证、“空心房”整治、集体经营性建设用地入市试点等5项重点工作。全市办理不动产权证和证明30.8万本（市本级14万本）。常态化实施新建商品房“交房即交证”改革，全市完成16个项目7085户。化解房地产办证信访突出问题77个项目6640户，重点突破解决湘钢梅塞尔住宅小区、雨湖区粮站宿舍等“硬骨头”问题。创新建立不动产登记网办中心，实现“24小时网办不打烊”，平均审批时限提速76%。

管理治理能力。第三次国土调查市县两级成果全部完成对外公布，查清78万余个地块利用现状，形成统一底图底数，共享运用数据46批次。精准高效完成2020年度国土变更调查。深化“多测合一”，全面实现“全流程、网上办”。基础测绘稳步推进，全市1∶500地形图年度更新汇交全面完成；行业管理有力规范，发现并督促整改问题地图8处。完成自然资源和规划档案整合优化，免费高效提供不动产等档案查询5万余次，为群众节省查询费用数百万元。

【建立不动产登记网办中心】 2021年，湘潭市自然资源和规划局抓好不动产登记信息化建设，推进“互联网+不动产登记”，探索“外网申请、内网审核”“线上申请、网上审批”新模式，创新建立多功能不动产登记网办中心，推进实体大厅向网上大厅延伸，实现“随时随地可申请”“24小时网办不打烊”。网办中心于7月试运行，平均审批时限1.2个工作日，比上年提速76%。

【湘锰矿山地质环境治理示范工程获评湖南省国土空间生态修复“十大范例”】 2021年4月14日，湘锰矿山地质环境治理示范工程获评湖南省国土空间生态修复“十大范例”。工程区域13.4平方千米，治理面积10.89平方千米，总投资3.54亿元，恢复及新增建设用地270公顷，恢复和新增林地418公顷、耕地410余公顷，修建道路13.58千米，水利沟渠30余千米，填埋废渣900余万立方米。

【编印《湘潭党史学习教育地图》】 2021年，湘潭市自然资源和规划局联合各部门编制《湘潭党史学习教育地图》。地图重点标绘国家、省、市、县级文物保护单位41个、不可移动文物点58个及其他红色景点等红色教育资源，向红色景点、机关单位、基层乡镇街道、中小学校等免费赠送2000余份。

（何睿聪）

住房和城乡建设

【概况】 2021年，湘潭市住房和城乡建设局完成年度目标任务，棚户区改造工作获国务院2020年“真抓实干成效明显”表彰激励；住建综合工作获省政府2021年真抓实干成效明显表彰对象；老旧小区改造获住建部、国家发改委、省政府表彰推介；农村生活垃圾治理典型经验做法获省政府2021年重点工作综合大督查通报表扬；所监督项目获评鲁班奖1个、芙蓉奖4个、省优质工程13个、湘莲奖16个、市优质工程44个，获奖项目数同比增长8%。

项目建设。城乡基础设施建设完成投资228.6亿元。全年争资争项5.53亿元，超目标任务16%；推进融城片区开发，完成长株潭三市融城示范社区控规编制，启动黄家湾融城示范社区建设，参与长株潭重点片区城市更新项目招商推介会，推介片区3个。开展黑臭水体深化治理，全年完成投资2.85亿元，开工项目56个，新建污水管道33.1千米，湘潭县涓水直排问题实现整改销号。污水处理提质增效，“厂网一体”有序推进，生活污水集中收集率66.47%，同类市州排名第三。乡镇污水处理设施建设7个省定任务、6个自主铺排任务全部完成。建成垃圾中转站58座，垃圾焚烧场2座，755个建制村实现生活垃圾付费机制全覆盖。历史文化街区窑湾、城正街上榜湖南省历史文化街区名单。特色小镇全年累计完成投资17.63亿元，为年度目标任务126%。市城区窑湾、城正街获评湖南省历史文化街区。

产业发展。举办线上线下两次房博会，成交各类房屋10726套、132.76万平方米、金额77.106亿元。完成房地产开发投资281.48亿元，商品房入统面积426.34万平方米。提升产业效益，举办绿色建材装配式建筑和建工产业链产销对接会，现场签约106.4亿元。完成建筑业产值648.7亿元，超目标任务19%，增幅排名全省第二；建筑业入库税收21.87亿元，同比增长17.04%。推动绿色发展，装配式建筑新建面积占比39.7%，绿色建筑竣工面积占比79.18%，超省定目标。参加2021中国（长沙）国际装配式建筑与工程技术博览会，湘潭市绿色建材装配式建筑和建工产业链上20多家企业参展。湖南省住房全生命周期管理“一网通办”系统在湘潭上线。全市实现物业营业收入20亿元，入选住房和城乡建设部“加强物业管理，共建美好家园”试点城市。举办全行业物业管理情景模拟比赛，物业小区协同治理考评排名全省第二。归集物业维修资金3亿元、增值收益6336万元，分别超目标任务的50%和27%。

民生事实。全年启动美好社区建设15个，改造老旧小区207个、1251栋、2.67万户、230万平方米，超目标任务3%；累计实施既有住宅加装电梯323台，超目标任务8%；完成直接投资3.16亿元，拉动投资10.4亿元，受住房和城乡建设部邀请，赴北京专题介绍老旧小区改造工作，雨湖区罗祖殿美好社区改造经验获住房和城乡建设部推介。新开工棚户区1093户，超目标任务的84%。入选住房和城乡建设部“我为群众办实事”10个公租房App推广试点城市，工作做法获《中国建设报》头版报道。农村危房改造完成目标任务，累计完成改造565户，超目标任务的24%，改造进度和农村房屋风险普查进度排名全省第一。

行业治理。在“迈好第一步项目论英雄”竞赛活动保障服务类单位中四次排名第一。以“系统化”提升服务水平，“施工图审”速度以平均用时9.01天的成绩保持全省第一方阵。“拿地即开工”分类施策，精准助推社会投资工业项目迅速开工。用水提速降费成效显著，用水报装环节、资料压缩50%。以“法治化”规范行政行为，出台城市更新、物业管理等规范性文件9个，推行行政执法公示、执法全过程记录，及时调整行政权力清单和责任清单，促进行业管理制度化、规范化。以“信息化”提升监管质效，推动政务办公无纸化、地下管线普查信息化、网签合同备案“云端化”、维修资金查询表决“掌上化”。上线运行湖南省住房全生命周期管理“一网通办”系统，全面落实“智慧城市”安排部署，谋划城市信息模型CIM基础平台建设。

安全稳定。推进安全生产专项整治三年行动集中攻坚和岁末年初安全生产百日大会战行动，排查安全隐患885处，全部整改到位；约谈项目14个，下达行政处罚决定66份，经济处罚714.39万元。城市体检统筹推进，房屋建筑和市政基础设施普查整体进度为全省第一，二大桥维修加固、谈爱桥紧急抢修已完工，出台《湘潭市农村住房建设管理实施细则》，有序推进农村房屋安全隐患排查，排查47万户，排查率100%。平安单位建设稳步推进，全力保障农民工工资支付，新建项目建立农民工工资专户并通过专户代发工资，全年清欠农民工工资8600万元、涉及6590人。开展建筑施工行业安全生产有限空间作业应急救援演练。加快推进建设领域历史遗留问题处置，70个项目打开办证通道，涉及7000户业主不动产权证办理，累计打开3.2万户业主办证通道。

【新塘美好社区建设经验获全国推广】 2021年1月15日，湘潭市在全国举行的城市社区“美好环境与幸福生活共同缔造”专题活动培训班上，以视频形式向全国住建部门开展“党建引领‘一盘棋’ 众人共绘‘美好梦’”工作交流，分享书院路街道新塘美好社区经验做法。新塘社区改造涉及6个小区、99栋房屋、2087户、18.5万平方米，社区居民改造意愿强烈。此次改造方案为“8＋15＋1”（“8”，即完善“水、电、路、气、网、梯、安、治”八项基本功能；“15”，即提升“菜食住行购、教科文卫体、老幼站厕园”15项公共配套服务设施；“1”，即盘活闲置资产，打造邻里中心）。改造后的新塘美好社区，消除房屋安全隐患265处，修缮屋顶20栋，一次性疏通下水道31栋，完成雨污分流2800米，道路提质改造2000多米，其中书湘路从4米拓宽至16米，建设2000多米健康步道，外墙改造17栋，合计3万多平方米，建设低碳小游园1个，所有强电入地，所有弱电光纤入地敷设到户，增建停车位162个，建设充电桩12个，添置安防高清摄像头56个，小区房屋增值800~1000元/平方米。

【发布《实施〈湖南省物业管理条例〉办法》4号令】 2021年4月1日，湘潭市人民政府发布《湘潭市实施〈湖南省物业管理条例〉办法》（市人民政府4号令，以下简称《办法》），《办法》包括总则、业主与业主大会、物业管理与服务、物业使用与维护、监督管理、附则共6章43条，在基层治理、业主自治体系、维修资金使用、物业服务费收费标准、前期物管介入、突发事件处置等方面，对湘潭市（含县市）物业管理活动进行明确与规范。

【举办房地产交易博览会】 2021年6月9—13日，湘潭市房地产交易博览会（简称“房博会”）在东方红广场举办。房博会成交各类房屋92.22万平方米，7449套，金额54.156亿元，成交套数、面积、金额分别比2020年上半年房博会增加18.49万平方米、1807套、11.786亿元，比2020年下半年房博会增加5.08万平方米、356套、3.97亿元。其中新建商品住宅成交75.15万平方米，金额44.483亿元；新建商品非住宅成交4.82万平方米，金额4.093亿元；二手房住宅成交12.25万平方米，金额5.58亿元。

【“拿地即开工”实施】 2021年8月30日，湘潭市工改领导小组印发《湘潭市社会投资建设工程项目“拿地即开工”改革工作方案（试行）》（以下简称《方案》），实现“项目零等待、拿地即开工”。《方案》规定，市本级社会投资的明确用地范围、符合区域评估和规划条件的新改扩建工程建设项目，均可适用本方案。针对湘潭市社会投资类项目主要集中在园区工业项目和房地产项目实际情况，“拿地即开工”将采取分类施策办法，对工业类项目用地采取“标准地”出让模式，在招拍挂前即确定好规划设计方案，企业报建时无需审核设计方案，确保拿地后即时申请办理建筑工程质量安全监督手续，同步办理并核发建筑工程施工许可证，实现“拿地即开工”。对房建类工程项目，在建设单位确定施工总承包单位，并具备满足施工要求图纸和其他要件后，可根据施工进展自主选择分阶段申请办理施工许可。

【用水报装“提速降费”】 2021年11月4日，湘潭市住建局印发《关于进一步改进我市用水报装工作及降低使用费用的工作方案》。用户申请用水报装，将由供水企业“一站式”受理，由供水企业实施外线、红线内工程。红线外工程涉及办理规划、掘路、占路和临时占用城市绿化用地、道路交通安全等行政审批手续的，行政审批部门受理后，采取“线上与线下相结合”的方式简化审批手续、优化办理流程、压缩办理时限，实行“一网通办”，鼓励实行承诺办理或备案办理。外线工程、红线内工程完全放开市场公平竞争，由建设单位自主选择设计单位、施工单位，供水企业实行无差别服务。用水报装环节从4个压缩到2个，保留报装受理和施工通水两个环节。报装即时受理，施工通水时常从11个工作日压缩到无外管网施工3个工作日、有外管网施工5个工作日。

【对市城区42处历史建筑开展挂牌保护】 2021年11月28日起，住建局相继对原湘潭市人民政府测量队办公楼（现市勘测设计院）、银行金库、杰灵台、板石巷2号民居、太真芝药堂、郭东皋墓庐宅墙等市城区42处历史建筑开展挂牌保护工作。至此，湘潭市共有历史建筑61处，其中市城区42处，湘潭县6处，湘乡市10处，韶山市3处。 （刘方仁）

城市管理和执法

【概况】 2021年，湘潭市城市管理和综合执法局获省级文明单位、省行政执法案卷评查优秀单位、省禁毒工作先进集体等荣誉32项。城管系统干部职工获评省抗击新冠肺炎疫情先进个人、创建国家卫生城市二等功等省市级表彰46人次。推进“我为群众办实事”实践活动，认领的118件实事项目全部完成。

城市经营项目建设。制定全年运营计划，全市17处存量停车场纳入特许经营权范围，14处完成移交，其中6处停车场启动运营，启动智慧停车系统建设。签订城区户外广告特许经营协议，创造并上缴非税收入2288.88万元。

基础设施提质。城区暗区盲点路灯安装工程超额完成任务，提质改造1234盏路灯，完成率100%，新建945盏路灯，完成率138%，惠及107个社区（村）。厕位问题得到解决，年内新建公厕5座，全部投入使用，严格落实网格化清洗模式，公厕服务水平、管理水平全省领先。投资7800万元，改造30.92公里老旧燃气管道，完成政府工作报告交办任务的127%。完成步行和自行车交通系统建设任务，建设站点977个、锁桩19929个，投放助力车12500辆。

市容治理。出台《关于建立“两级政府、三级管理、四级网络”城市管理长效模式的实施意见》，发挥乡镇（街道）、村（社区）基础作用，探索城管进社区，建立统一领导、部门各负其责、社会广泛参与的城市管理常态长效机制。专项整治方面，对照《湘潭市城市容貌标准》，启动全市背街小巷专项整治工作，塑造街巷景点和特色文化，打造11条样本街道，获人民网、光明网等国家级媒体推介，并作为全省背街小巷治理代表在住房和城乡建设部会议上作典型经验发言。针对城市的顽瘴痼疾，开展“车窗抛物”“牛皮癣”“楼顶圈占”“马路市场”等多项专项整治，推动治理成效由量变走向质变。建立统筹高效城市管理考核机制，组织日常检查650场2100余人次，下发书面交办督办通知53份，其他形式交办600余次，定期开展城管考核讲评。创新开发“湘潭微城管”便民小程序，信息第一时间响应，闭环处置，受理各类城管信息125723件，应结125143件，结案123265件，办结率98.5%。治理油烟污染323起，加装油烟净化器227个，有3015家餐饮服务行业安装油烟净化器，覆盖率达100%。查处违规运输渣土车304台次，罚款87.9万元，购置新型环保渣土车540余台，剩余改装老式渣土车130余台，依次退出市场。城镇燃气设施、环卫设施、园林绿化、照明设施普查全部提前完成，普查进度在全省均排列第一。

安全监管。联合执法，开展燃器具专项整治，清理劣质及淘汰燃器具。严厉打击违法经营黑网点、面包车非法运输、异地运输行为。完成商业及居民用户入户安检23.73万户，入户率达70%。查处无排烟管道隐患5733户，整改5428户，拆表封堵停气105户，开展应急演练24场，参与省应急管理厅组织的湖南省2021年低温雨雪冰冻灾害应急演练。累计培训从业人员1000余人次，进入22个社区宣讲燃气知识，受众2000人以上，进入小学发放城管知识普及作业本2万本，深入村镇开展村村响宣传，在湘潭市交通广播电台FM104.2开展车载音频宣传。组织城管进公园执法行动，严厉查处公园内违规钓鱼、打陀螺、车辆入园、出入口周边摊担乱摆等行为，严格对公园各类设施设备特别是大型游乐设施等特种设备进行安全检查。加强园林、环卫、灯饰等作业安全管理，开展办公场所火灾隐患排查整治，全系统未发生作业安全事故。

法治建设。出台湘潭市第一部政府规章《湘潭市城市户外广告和招牌设置管理办法》；出台《湘潭市城市垃圾分类管理办法》《湘潭市城市厨余垃圾管理办法》《湘潭市城市建筑垃圾管理办法》《湘潭市城市绿线管理办法》文件；完成《湘潭市市容环境卫生管理条例》《湘潭市城市绿化条例》立法修订。搭建“法治大讲堂”平台，通过专题研讨、案例解析、法规宣讲等方式，举办法治专题讲座8场，开展法治宣传进社区、进机关、进企业、进学校活动，组织“学党史、办实事法治宣传进社区”“12·4”国家宪法日等系列宣传活动，采购专业书籍派发给干部职工学习，普法考试参考率和合格率均达100%。下达交办督办及工作联系函19份，组织开展多部门联合执法72次，立案调查39起，同比增长50%，罚款45.0564万元，同比增长69%，责令停产整顿3起，取缔关闭20处，媒体公开曝光3起，行政执法和刑事司法相衔接移送司法1人。办结行政许可审批150件，同比增长69%。

服务发展。简化燃气报装程序，出台《湘潭市改进用气报装工作及降低报装费用的实施方案》《湘潭市用气报装手续办理操作规程》，推进改进燃气用气报装及降低报装费用工作，全面压缩办理程序及时限，从原来5个办理环节压缩到2个环节，申报材料从原来4件精简到1件，办理时限从之前22个、33个工作日分别压缩到10个、15个工作日。深化国家森林城市建设工作，通过国家园林城市复查，新栽及补植乔灌木1902株、地被植物46.8万余株、草皮5400平方米，撒播花籽约2.5万平方米，整治裸露黄土13.7万平方米，精细化管养园林绿化493.98万平方米，建成区绿化覆盖率达41.91%，超过任务值40%。优化企业发展环境，取消1项行政事业性收费，降低1项收费标准并明确免征范围，降低企业成本。将74家企业纳入燃气保供名单。12月28日，湘潭实现首条餐厨垃圾预处理生产线卸料及试运行。

【城管执法体制改革】 2021年10月20日，《湘潭市城市管理和综合执法体制改革方案》获批印发，明确局以及执法支队三定方案、城市管理和综合执法部门权力和执法清单，以及执法协作工作意见，人员转隶、档案移交、资产划转等相关工作有序进行，构建权责明晰、管理优化、执法规范、安全有序的城市管理体制，获评全国2021年度巩固深化“强基础、转作风、树形象”专项行动表现突出单位，执法案卷审查评比全省第一。

【垃圾分类示范片区建设】 2021年，湘潭市重点推进雨湖区和岳塘区6个街道、高新区和经开区共2个社区、湘潭县2个社区垃圾分类示范区的建设，打造湖湘、白石2个垃圾分类主题公园，组建“百名垃圾宣讲员、千名督导员、万名志愿者”队伍。提质改造分类垃圾收集站点200处，投放分类垃圾桶1599个，规范主次干道两分类果皮箱3020个。

【推进城区环卫一体化特许经营】 2021年7月16日，湘潭市举行环卫一体化特许经营项目移交签约仪式，完成雨湖区、岳塘区环卫服务内容、人员及固定资产的移交，启动河东、河西两处环卫分拣运转中心建设。机械化作业担当“主角”，城区环卫保洁质量得到有效提升，环卫事业实现规模化、机械化、精细化、市场化发展。

【湘潭生活垃圾焚烧发电项目竣工并投产】 2021年8月31日，湘潭生活垃圾焚烧发电项目投产运行，设计处理能力1200吨/天，平均日处理生活垃圾约1100余吨。9月1日起，双马生活垃圾填埋场停止运营，完成堆体整形、全面膜覆盖以及雨污分流等整改任务，全面达到整改要求，11月30日通过省级销号核查，双马垃圾场整改工作如期销号。城区生活垃圾转运至光大天易进行焚烧处理。至年末，焚烧处理生活垃圾9.71万吨。生活垃圾焚烧处理能力占无害化处理总能力的87.17%，排全省第二。 （陈　曦）

环境卫生

【概况】 2021年，湘潭市城区（园区、示范区）环卫部门完成1739.94万平方米道路清扫保洁和清洗、洒水降尘工作；维护、保洁349座市政公厕；对98座垃圾中转站、6322个果皮箱的进行垃圾清运和保洁维护；完成16.55万米交通护栏清洗工作；新（重）建公厕5座；收集转运处理垃圾34.58万吨（含外运处置5.62万吨），垃圾无害化处理率100%。

环卫作业。落实环境卫生精细化管理理念，坚持作业高标准、严要求。实行“人工普扫、机扫结合，全天候动态保洁”道路清扫保洁机制，加强日常卫生巡查和调度管理力度，狠抓清扫效率与保洁质量。按照创卫标准，做好公厕设施设备维护工作。定期检修配套设施设备，规范补充公厕指示牌、标识牌，增设残障人士专用蹲位。实行“一洗一保”和“一厕一档”工作机制，推行公厕保洁服务日志制度，每日对公厕展开精细化清洗保洁，定期开展除“四害”行动，全面清理整治公厕外围乱堆乱摆乱放现象。

垃圾中转站维护管理。及时清理、转运生活垃圾，做到箱桶垃圾不爆棚、不满溢，保持垃圾中转站良好卫生环境。每日对中转站卫生进行冲刷清洗，利用生化除臭仪器消除垃圾异味，确保站内外卫生干净整洁。生活垃圾运输车辆实行定点收集、定时运输、定人管理、密闭作业，运输过程中无“散冒滴漏”，城区生活垃圾做到日产日清。

生活垃圾处置。全年处置生活垃圾34.58万余吨，垃圾无害化处理率100%。按住房和城乡建设部颁布的《城市生活垃圾卫生填埋场运行维护技术规程》标准作业，垃圾进场检测、计量、推平、压实、覆盖、气体收集处理、虫害控制等各项工艺按操作规程进行；湘潭城区生活垃圾处置工作作业规范、安全运行，空气、土壤、地下水各项指标达标。

环卫设施建设。结合各区环卫部门上报新建公厕计划，确定雨湖、岳塘、经开区新建公厕5座，其中一类公厕1座（岳塘区）、二类公厕4座（雨湖区2座、岳塘区1座、经开区1座）全部投入使用。

环卫管理。贯彻落实《湘潭市城市市容和环境卫生管理条例》《湘潭市环卫作业规范》等要求，健全完善环卫督查考核制度、考核办法、激励机制和奖惩机制，以城管信息系统平台为依托，采取步行巡查、集中检查与电子监控相结合方式，对环卫作业服务项目进行全天候监督管理。高新区、经开区、岳塘经开区环卫管理部门加强对所属市场化作业公司考核。

【开展环卫工人节系列活动】 2021年，在第二十六个环卫工人节前夕，市环卫处起草并下发市委、市政府致全市环卫工人的慰问信；召开庆祝环卫工人节座谈会；组织举办“2021年湖南省环卫行业机动清扫工职业技能大赛湘潭赛区选拔赛”，赛后选拔出3名代表参加省决赛。

【行业发展编制规划】 2021年，市环卫处加快推进市级国土空间专项规划编制工作，将《湘潭市环境卫生行业发展规划（2017—2030年）》《湘潭市城区生活垃圾分类和治理专项规划（2020—2035年）》涉及空间规划的相关内容整合编制为《湘潭市环卫基础设施建设专项规划》。 （罗　琼）

优化人居环境

【重点工作】 2021年，湘潭市优化人居环境事务中心解决东湖集资委安置房建设滞后、霞城农场被征拆主体认定和分配机制、膳聚缘饭店腾房办结等20余个历史遗留问题。用好用实“百万信访专项基金”，投入90多万元解决城建学院项目、桥头公园桥东商贸区等24件信访积案。办理17个历史遗留征拆项目被征地农民社保审核工作，核定入保人数551人。对湘潭钢铁集团有限公司4.3米焦炉改造等项目中拒不执行限期腾地决定的涉征对象，强制其腾地，办理诉讼案件54件，未发生舆情事件。

【项目用地】 2021年，湘潭市优化人居环境事务中心完成征地594.6公顷，腾地728.9公顷，房屋签约1298栋（户）38万平方米，交办73个项目完成清零交地63个。铺排下好“先手棋”，年初组织多轮专题论证，突出城运基金、基础设施、民生实事、产业项目等重点，建立动态调整机制，筛选73个项目分三批进行任务交办，全年清零交地项目63个。组织开展征拆领域“四比四看 服务发展”竞赛活动，通过竞赛高效完成房屋签约1298栋（户）38万平方米，在湘潭市2021年“迈好第一步 项目论英雄”竞赛活动中，位列服务保障组第一名。创新项目办结方式，定期组织开展办结联审、专家会审，推行容缺受理方式，办结项目117个。

【强化监管】 2021年，湘潭市优化人居环境事务中心加强对全市县（市）区、园区征拆政策执行指导和监管，将政策执行情况纳入年度工作目标考核。简化资金拨付流程，拨付时限缩减至2个工作日，创新资金监管模式，将城运基金项目资金一次性拨付至区（园区），取消分次审批环节，将征拆工作经费拨后监管延伸到乡镇（街道）、村。出台《征拆工作监督管理办法》，落实县市区（园区）安全生产主体责任，对调停缓撤征拆项目安全隐患进行全面排查，开展网格化管理，实现安全拆除零事故。自筹建设资金151.3万元，通过公开招标方式择优选择技术单位，历时6个月开发建设完成集体土地征拆子系统（一期），完善国有土地征收信息子系统，指导并督促做好房屋调查、征收评估、补偿安置等信息公开。

【完善征拆配套政策】 2021年，湘潭市贯彻落实《〈土地管理法〉实施条例》，出台《湘潭市城区征地补偿安置方案审批工作流程》，在全省率先完成征拆审批与新土地管理法全面接轨。《关于规范征地拆迁工作经费及奖励基金使用和管理的通知》经市人民政府第106次常务会议审定通过后正式出台；起草《湘潭市市级投资项目征拆不可预计费使用管理办法》《关于集体土地征地拆迁有关问题的处理意见》等5个文件，规范工作经费、不可预计费、拆除补助、面积误差等问题处理。

（郭　俊）

园　林

【概况】 2021年，湘潭市风景园林中心完成全年工作目标。“党建引领·融合服务湘潭园林高质量发展”获市第九轮女职工“芙蓉杯”竞赛女职工“五小”竞赛活动管理改进类二等奖，并获省、市各媒体宣传推介。用好“园林大讲台”“园林微学堂”“师徒结对传帮带”等多个平台，加强专业技能培训，向上推荐市人大代表1名、市优秀专家和专业技术骨干人才1名、市档案专家库成员3名，付一雄获评“湖南省绿化先进个人”，李德明获湖南省住建行业职业技能大赛三等奖，何漫、唐蓉获评“湘潭市芙蓉百岗明星”。打造湖湘公园东方红广场原志愿者服务驿站成为“工会户外服务站点”，并由市总工会向全国总工会推荐为2021年“最美工会户外劳动者服务站点”。

园林绿化管护。管养园林绿化493.98万平方米，摆放鲜花51.5万盆，打造白石、湖湘、杨梅洲等公园“网红打卡点”花海特色景观带，升级和平公园“新乐园”、雨湖公园“游船码头”等游园品质，湖湘公园垃圾分类主题公园、和平公园动物科普馆相继对外开放。处理各类园林信息3600余条，按时处置率、结案率均为100%。完成市城区181株古树名木季度巡查工作，做好华泰广场古树、民政局院内樟树等处古树名木救治管理和安全隐患排查，对城区古树后备资源进行普查记录。

行业监管考核。完成对各城市区（园区）绿化养护及平台公司在建和未移交项目巡查考核和季度评分工作，及时交办整改160余处、300多个突出问题，并通过走访调研、赠送技术手册、开展业务培训等，加强沟通交流和业务指导。协理办结各类涉绿行政审批事项75个（其中准予许可64个、不予许可11个），把好验收复查关。参与11个绿化项目方案初步审查及意见回复。加强道路绿化巡查，阻止、规范绿化带内施工100余次，督促施工方办理相关手续20余项次，查处各类损绿毁绿案件76起。启动《湘潭市城市绿地系统规划（2020—2035年）》修编工作。深化《湘潭市城市绿化条例》实施工作，配合做好《湘潭市城市绿线管理办法》《湘潭市城市公园管理办法》修订工作。

专项重点工作。和平公园原水管网改造等工程项目一次性验收合格；公园水体在第二、三季度省生态环保厅暗检中均为合格；园林绿化普查工作完成率均为100%，获省住建厅通报表扬；在维护面积持续增加情况下继续减员66人，减员增效工作经验做法在省、市深改领域推介。

【绿地移交及维护】 2021年，湘潭市风景园林中心开展市城发集团园林绿化项目的绿地移交及后续接管维护工作，接管二级渠、百亩湖等28个项目绿地，新增维护面积约50.97万平方米。推进河东沿江风光带滨江路14.28万平方米道路维护清扫管养移交工作，纳入环卫市场化作业范围。推进湘潭电机股份有限公司、湘潭钢铁集团有限公司等企业移交公共绿地工作。

（李　芸）

2022
湘潭年鉴
XIANGTAN NIANJIAN

生态环境

综　述

【概况】　2021年，湘潭市、韶山市获第三批省级生态文明建设示范市称号。韶山市成功创建国家生态文明建设示范区。"人与自然和谐共生——伟人故里·大美湘潭"为主题的2021年"6·5"环境日湖南主场活动在湘潭举行，宣传教育工作先进经验得到生态环境部肯定，并向全国推广介绍。年内，实现港口码头污染防治全面升级并通过省级销号核查。完成水府庙水库饮用水源保护整改工作。与娄底市签订《娄底市第二水厂水府庙水库饮用水源地保护与补偿协议》，完成娄底市第二水厂饮用水源地问题整改。局班子获评省生态环境系统年度优秀领导班子，李汉军、李莉、魏伟获优秀个人称号。

【行政审批】　2021年，湘潭市生态环境局开展"三线一单"编制和落地应用，建立以"三线一单"为核心的市级生态环境分区管控体系。为259个项目环境审批提供技术支撑。新核发排污许可证（含变更）198家，注销排污许可证50家。超额完成简化企业排污许可证审核任务，辖区内排污许可证管理企业执行报告提交率达100%。湘潭市"三线一单"助推产业园区提质升级绿色发展成果应用的案例被生态环境部列为全国首批16个优秀案例之一，在全国进行经验推广。5月12—14日，全国"三线一单"专题研讨培训班在浙江湖州举办，湘潭作为湖南省地级市代表参加会议并作典型发言。开展固定污染源排污许可质量核查工作，新核发排污许可证（含变更）198家，注销排污许可证50家。超额完成全市简化企业排污许可证审核任务，辖区内排污许可证管理企业执行报告提交率达100%。

【环境保护宣传】　2021年，湘潭市生态环境局制定《湘潭市生态环境"四严四基"宣传工作试点工作方案》，围绕"四严四基"工作进展和成效、涌现出的先进典型进行宣传报道。投入宣传经费120余万元，在各类媒体宣传生态文明建设与环境保护工作动态，制作以"秸秆禁烧""禁燃禁放"等为主题的电视公益宣传片，在湘潭电视台新闻频道及都市频道播出。率先在全省推出每月环境宣传日，确定为每个月5日，在3000多块电子显示屏宣传湘潭生态文明。向《人民日报》、人民网、《中国环境报》、湖南卫视、《湖南日报》、湖南经视、学习强国等省级及以上媒体推送生态环境保护类稿件40余条；在市级媒体《湘潭日报》发稿200余篇，湘潭电视台发稿119条；向网络媒体红网湘潭站、腾讯新闻网、网易、今日头条、中国报道网、党报头条等推送稿件200余条；微信公众号、微博、抖音等新媒体平台推送共计2000余条。编发配合中央生态环境保护督察工作简报29期，通过政务平台设置督察专栏、微信公众号、广播电视台滚动播放等方式公布督察投诉热线、向市民推送环境保护工作动态及相关环境保护案例，组织全市各级各单位编发配合中央生态环保督察报道888条。其中，联系省级媒体发布报道46条，市级主流媒体报道273条。

【机构改革】　2021年，湘潭市生态环境局完成生态环境机构垂直管理制度改革和市县两级综合执法改革，组建市生态环境保护综合行政执法支队和湘潭县、湘乡、韶山生态环境保护综合行政执法大队，按照"两块牌子、一套人马"的"局队合一"模式运转，减少执法监管漏洞。制定《湘潭市生态环境保护综合行政执法事项清单》，并将生态环境保护执法机构纳入执法保障序列。

【优化营商环境】　2021年，湘潭市生态环境局落实"跨省通办""园区赋权""一件事、一次办"工作要求，深入行政审批改革。发布《关于严格实施"三线一单"生态环境分局管控的意见》。强化排污单位持证按证排污意识，新核发排污许可证（含变更）198家，注销排污许可证50家。超额完成简化企业排污许可证审核任务，辖区内排污许可证管理企业执行报告提交率达100%。申报污染防治项目入库，争取中央、省专项资金9052万元，其中中央水污染防治资金2530万元，中央土壤污染防治资金536万元，中央和省农村环境整治资金1080万元，中央大气污染防治资金4726万元，其他专项资金120万元，湘江流域补偿资金60万元。

【环境监管执法】　2021年，湘潭市生态环境局成立法院驻生态环境局联络室，推动环保、公安、检察院、法院案件信息共享、执法无缝对接；对湘江流域36家涉铊企业开展执法检查，立案查处违法行为7起，罚款46万元；严厉打击危废环境违法犯罪，立案查处涉危废违法案件5起，罚款187万元；办理环境违法案件114起，处罚款1011.7万元，其中查封扣押2起，行政移送6起（行政拘留6人），刑事移送3起（刑事拘留1人）。累计抽调帮扶6批次17人，完成上级帮扶任务。受理信访件447件，437件按期办结，满意度100%，10件正办理中，全年未发生规模以上集体上访事件和恶性事件。收到举报线索14条。湘乡现代环保能源有限公司环境教育基地成功申报省级生态环境教育基地。策划法制宣教活动12次，接待参观学习者1000余人次。全面推进生态环境损害赔偿，制定改革细则，上级交办生态损害赔偿案件全部启动，办结13件，实现县市区全覆盖。（赵　勇）

环境监管

【大气环境管理】　2021年，湘潭市推进湘潭钢铁集团有限公司大气污染治理项目建设。编制完成湖南华菱钢铁集团有限责任公司创建超低排示范企业规划，谋划至2023年实施10个有组织改造项目、15个无组织改造项目、6个节能降耗提升项目，投资29亿元，引进环保新工艺、新技术，完善环保硬件配套设施，推进清洁生产，提升环境管理水平，促进区域环境质量改善。湘潭钢铁集团有限公司年内完成4.3焦炉改造，新二烧360平方米烧结机超低排改造。加强臭氧污染防治工作，推进44个挥发性有机物治理项目实施，开展夏季攻势竞赛活动，督促各企业尽快完成治理，实现减排效果，全市44个挥发性有机物治理项目均完成销号。开展工业炉窑、锅炉整治，完成12个重点工业窑炉治理设施改造升级，5家10吨以上燃气锅炉低氮燃烧改造。编制和发布《湘潭市城区声环境功能区划分方案（2020版）》和《湘潭市高污染燃料禁燃区管理规定（2021版）》。完成温室气体排放清单、源清单更新、VOCs源解析和“十四五”应对气候变化规划编制工作。发布《2021—2022年湘潭市大气污染防治特护期错峰生产和轻、中、重污染天气应急减排实施方案》，开展大气污染防治特护期管控工作。全年空气质量累计优良天数308天，优良率84.4%；重污染天数为5；$PM_{2.5}$浓度42.6微克/立方米，均达到省定考核目标。

【水环境管理】 2021年，湘潭市推进湘江保护和治理，第三个“三年行动计划”完成；在上年完成39个“千人以上”集中式饮用水水源保护区划分基础上，完成其余11处千人以上水源地保护区划分。完成乡镇级千人以上饮用水水源地生态环境问题排查，完成8个乡镇级千人以上饮用水水源地环境问题整治，巩固饮用水水源地环境整治成效；辖区内建成8个水质自动监测站并实现联网，设置城乡生活饮用水监测点199个，其中农村饮水监测点131个，实现乡镇监测全覆盖；制定《湘潭市雨湖区跃进水库应急水源地规范化建设及突出问题整治（三年）工作方案》，推进跃进水库饮用水水源地整治任务。深入推进湘江入河排污口专项整治工作，完成对排口排查、溯源、监测、命名和编码工作，完成溯源流域156.91平方千米。开展湘江流域涉铊工业企业专项整治工作，确保湘江流域水质安全，对36家涉铊企业开展执法检查，立案查处7起案件，其中2起刑事案件移送公安。全市重点流域治理成效显著，参与国家、省考核的14个断面有11个达Ⅱ类、2个达Ⅲ类、1个Ⅳ类（2020年划定为湘潭市应急水源地的跃进水库），全部达到考核要求（跃进水库达到阶段目标），县级以上集中式饮用水水源水质达标率100%。

【土壤环境管理】 2021年，湘潭市组织编制“十四五”土壤污染防治专项规划，由生态环境部环境规划院做技术指导，规划注重依法治土、科学治土。配合农业农村部门对牟渠周边至湘江入河口沿线等18个村和雨湖区城区耕地土壤环境质量进行调查，调查表明该区域有安全利用类耕地1366.67公顷，严格管控类耕地93.33公顷；在93.33公顷严格管控区，全部退出水稻生产，因地制宜开展休耕、种植结构调整。全面推进重点监管单位自行监测和隐患排查，完成21家重点监管单位自行监测工作和网上公示。4月，对重点监管名单进行更新，企业数增加至28家，除1家企业停产外，其余27家均完成自行监测方案编制，23家完成自行监测采样；27家企业开展隐患排查，20家完成隐患整改。突出抓好涉镉污染源排查整治，制定《湘潭市2021年涉镉污染源排查整治工作方案》，第一轮排查包括28家涉镉企业现场调查，其中在产17家，关停11家，监测企业水、气、土样品合计76个，监测地表水样品16个、疑似污染耕地土壤样品123个、沉积物样品27个、降尘样品9个。第二轮排查涉及冶炼、化工以及涉铊等行业，包括91家相关企业。强化污染地块管理，全市有疑似地块3个、污染地块68个，污染地块主要集中在竹埠港区域。竹埠港区域有57个具体地块，完成6个地块效果评估工作，其余11个地块主要集中在昭山区域、湘潭县牛头化工区域和湘乡湖铁区域，有8个地块完成治理。有3个污染地块经治理修复后，合法进行再开发利用，其中电化地块、惠天然地块是进行市政、道路和公园建设，湖铁-1地块是进行工业项目建设。两块建设用地转“两公一住”，一块是原湘潭埃索凯科技有限公司转为商住用地（湖南省涓江置业有限公司），一块是五洲通药业闲置用地转为商住用地（五洲通房产公司）。污染地块及受污染耕地安全利用率达到90%和91%以上。

【危险废物和辐射管理】 2021年，湘潭市危险废物申报登记951家，抽检重点企业64家，发放危险废物纸质转移联单107笔。全年核发辐射安全许可证53本，完成24枚放射源转让和收贮备案工作，对核技术利用单位进行日常监督管理，8家含放射源持证单位管理较好，无放射源失控或丢失情况。年内未发生任何一般以上突发环境应急事件。

【农业农村污染治理】 2021年，湘潭市完成30个村农村环境整治任务，其中整治村生活污水治理率达60%，黑臭水体整治率达80%，集中式饮用水源地规范化整治完成率达80%；农村生活污水治理率相比上年度提高2个百分点。年内上报11条农村黑臭水体，其中8条纳入国家管控范围，3条纳入省级管控范围，湘乡市栗山镇西山村黑臭水体基本完成。争取省级地下水专项资金705万元，对湘潭经开区等5个园区开展初步调查，重点聚焦湘潭锰矿地区地下水调查，形成湘潭市重点污染源、地下水饮用水源清单，完成地下水监测井建设、丰水期和枯水期两期采样、检测工作，整理形成湘潭市重点工业园区地下水污染地块调查评估报告并通过专家评审。

【突出问题整改】 2021年，湘潭市在全省率先完成第二轮中央环保督察指出的港口码头环境污染典型案例整改并验收销号；以“洞庭清波”专项行动推动解决第二水厂水府庙水库饮用水水源保护历史遗留问题；以长治久清为目标全面推进城乡黑臭水体治理。第一轮中央环保督察转办信访件573件，全部办结；反馈问题33项，完成整改销号31项；省环保督察及回头看交办信访件715件，办结652件；

反馈问题40项，完成整改销号23项；第二轮中央环保督察交办信访件257项，办结235项；反馈问题30项，完成整改11项；生态环境警示片披露问题4个全部办结；“洞庭清波”专项行动9个任务按期完成。组织巡查发现涉气环境问题2970起，其中立行立改2781起，书面交办蓝天保卫战涉气环境问题189个，落实整改要求；市、县、乡三级河长累计巡河6359次，开展专项治理80余次，解决问题2159个，发现河道保洁、河湖“八乱”问题114个，整改到位。（赵 勇）

环境监测

【大气环境】 2021年，湘潭市环境空气优良天数为308天，空气质量优良率为84.4%。全年各类空气质量级别的天数分别为：优104天，良204天，轻度污染45天，中度污染7天，重度污染5天。全年日首要污染物主要以细颗粒物、臭氧8小时和可吸入颗粒物为主。各污染物年平均浓度分别为：二氧化硫8微克/立方米、二氧化氮29微克/立方米、可吸入颗粒物56微克/立方米、一氧化碳1.1毫克/立方米、臭氧8小时141微克/立方米、细颗粒物43微克/立方米。

【水环境】 2021年，湘江干流水质状况为优，其中易俗河水厂、五星（一水厂）、三水厂、九华水厂、昭山等5个断面均达Ⅱ类水质。湘江涟水水质状况为良，8个断面中除跃进水库因化学需氧量、高锰酸盐指数超标为Ⅳ类、青年水库为Ⅲ类水质外，其他6个断面均为Ⅱ类水质。湘江涓水所辖断面涓水入湘江口为Ⅲ类水质。大型湖库中水府庙水库库心年度水质类别为Ⅱ类。全市市级集中式生活饮用水源地水质达标率为100%，达标总水量8720.5774万吨；县级集中式生活饮用水源地水质达标率为100%，达标总水量4897.3052万吨。

【声环境】 2021年，湘潭市区域环境噪声昼间平均值为55.3分贝，比上年上升2.0分贝，声环境质量为三级，评价为“一般”。五类噪声源中仍以生活噪声为主。全市道路交通噪声昼间平均值为65.9分贝，比上年下降0.7分贝，声环境质量为一级，质量评价为“好”。市功能区声环境昼间、夜间达标率分别为100%、75.0%。除1、4类功能区夜间平均等效声级超出相应标准限值外，其他各类功能区昼间、夜间等效声级均达到相应国家标准限值。（成 怡）

教 育

综　述

【概况】　2021年，湘潭市有各级各类学校（幼儿园）1273所，其中普通高等学校11所（含民办3所）、成人高校2所、中等职业学校23所、普通中学158所，普通小学373所，特殊教育学校3所，专门学校1所，幼儿园702所。有各级各类学生635655人，其中普通高等学校159513人，成人高等学校74878人，研究生14558人，中职学校20171人，普通高中44570人，普通初中70136人，普通小学169937人，特殊教育465人，专门学校57人，学前教育幼儿81370人。共有各级各类学校教职工42517人，其中高校10567人，普通中学11070人，普通小学9274人，中职学校1673人，特殊教育学校120人，专门学校18人，幼儿园9795人。共有各级各类专任教师32548人，其中高校7826人，普通中学9155人，普通小学9895人，中职学校1262人，特殊教育学校85人，专门学校3人，幼儿园4322人。中学总占地面积503.19万平方米，校舍建筑面积249.55万平方米。小学（含教学点）总占地面积352.16万平方米，校舍建筑面积159.52万平方米。幼儿园总占地面积115.01万平方米，校舍建筑面积84.76万平方米。特殊教育学校总占地面积2.97万平方米，校舍建筑面积1.43万平方米。普通中小学校计算机34955台。图书藏量931.7万册，电子图书178.2万册。固定资产总值795728万元，其中教学仪器设备值73298万元。足球场地134个，其中11人制39个，7人制51个，5人制44个。

【教育规划与项目管理】　2021年，湘潭市教育局完成《湘潭市“十四五”教育事业发展规划（2021—2025年）》编制工作，启动编制《湘潭市城区中小学、幼儿园布局调整专项规划（2021—2025年）》《湘潭市乡镇标准化寄宿制学校建设项目规划（2021—2025年）》。加强项目管理，制定《直属单位基本建设项目库管理细则》，修订《直属单位基本建设管理办法》，编制《直属单位基本建设项目库（2021—2023年）》。

【中小学校建设】　2021年，湘大附属实验学校、韶山学校新校区、湘潭县石潭芙蓉学校、九华风车坪雅爱小学、湖南师大附属九华步步高小学、湘潭县天易中学建成投入使用，年度新增义务教育阶段学位15465个、普通高中学位3000个。提质改造乡村小规模学校28所，全面完成乡镇标准化寄宿制学校建设任务。市特殊教育学校、市生物机电学校、市教育学院等学校提质改造项目竣工并通过验收。

【教育民生实事】　2021年，湘潭市新增公办幼儿园学位5780个。其中，湘潭县2010个，湘乡市1730个，岳塘区2040个。湘潭市公办幼儿园在园幼儿占比达53.85%，学前教育普惠率达90.23%，农村乡镇建设公办幼儿园覆盖率达100%。中小学教室灯光照明提质改造1192间，其中市直学校189间，湘潭县306间，湘乡市181间，韶山市91间，雨湖区128间，岳塘区247间，经开区50间。湘潭消除普通高中大班额8个，普通中小学大班额全面消除。湘乡市、韶山市芙蓉学校完成项目验收，湘潭县芙蓉学校建成开学。智慧教育班班通项目第一阶段完成率达100%。标准化乡镇寄宿制学校建设项目完成9所，其中湘潭县2所，湘乡市6所，韶山市1所。

【立德树人】　2021年，湘潭市深化未成年人思想道德建设，开展“新时代好少年·红心向党”“从小学党史，永远跟党走”等系列教育活动，组织中小学生到爱国教育基地参观学习147场次，43014人次。促进党史学习教育和中小学思想道德建设相融合，湘潭县获评“湖南省中小学思政课改革创新示范区”。强化中小学生“五项管理”，开展“五项管理”落实情况专项督查。出台《关于加强新时代学生心理健康教育的意见》实施方案。开展戏曲进校园活动，申报省级戏曲进校园特色学校6所。举办湘潭市第七届中小学生艺术展演，评选出湘潭市第二十一届中小学生“艺术百佳”。推进中小学劳动教育，雨湖区获评“全国劳动教育试验区”，高新区创建校园劳动实践基地“植物园”。湘乡市教育工作获“省政府真抓实干奖励”，韶山市被评为普通高中新课程新教材实施省级示范区。

【教师队伍建设】　2021年，湘潭市出台《湘潭市加强教育人才队伍建设实施办法》，公开招聘教师100人，选调优秀教师15人，引进高层次人才10人，签署引进教育部直属师范大学毕业生协议25份。加强教育人才培养培训，加大“四名工程”建设力度，加大城市优秀教师交流到乡村学校任教力度。石灵芝被评为湖南省教书育人楷模，6名教师被评为湘潭市优秀专家，8名教师被评为湘潭市专业技术骨干人才。全面实施教师关爱工程，落实湖南省中小学教师减负清单，完善中小学绩效工资分配办法和岗位晋升激励机制，加强对困难教职工的组织帮助和人文关怀，举行第37个教师节庆祝活动，表彰优秀教师和先进教育工作者302人。完成第八批湘潭市优秀专家和专业技术骨干人才评审推荐工作。

【平安校园建设】　2021年，湘潭市完善巩固中小学幼儿园安防“4个100%”建设成果。开展教育系统安全专项整治三年行动、安全生产“打非治违”三年行动和安全生产风险隐患“大排查大管控大整治”。建立校园食品安全监管平台，学校食堂“明厨亮灶”覆盖率达到“城区100%，湘潭市98%”目标。

【校地融合】　2021年，湘潭市支持驻湘潭高校“双一流”“双高校”建设。聚焦“五大融合”，征集校地合作“两项清单”项目78个并扎实推进落实，重点推进“共创美好生活湘潭行”驻湘潭高校大学生社会实践基地共建共享和产教融合创新发展联盟组建筹备工作。

【落实“双减”政策】　2021年，湘潭市全面落实“双减”政策。减轻学生作业负担，强化课后服务管理。478所义务教育阶段学校均建立作业管理制度和作业校内公示制度，按要求控制学生作业时间，规范教师作业设计、布置、批改和反馈等工作。义务教育学校课后服务覆盖率100%，服务时间达标率100%。湘潭市有223073名义务教育阶段学生全程参加课后服务，参加率96.86%。有教师15746人参与课后服务工作，参与率97.61%。开展校外培训机构整治，减轻学生校外培训负担。7月，全面停止审批新学科类培训机构，执行义务教育阶段学科类校外培训广告管控措施。9月14日，召开校外培训机构"整治规范月"专项行动推进会，对整治规范校外培训机构作出具体要求和部署。市委教育工作领导小组下发《关于开展湘潭市培训机构"整治规范月"专项行动的通知》。市教育局成立"双减"工作专班，召开专题部署会、秋季开学工作会、业务培训会等，印发《关于加强校外培训机构资金监管的通知》，全面部署"双减"工作任务。市人民政府教育督导委员会办公室对7个县市区（园区）教育行政部门、25所中小学校、14所培训机构开展督查，推进"双减"工作落地落实。截至年底，湘潭市范围内义务教育阶段学科类校外培训机构压减216家，注销70家。湖南教育、《中国教育报》、新华社等媒体对湘潭市"双减"工作经验作专题报道。

【教育综合改革】　2021年，湘潭市加大教育改革力度，推进教育综合改革。4月，湘潭市被认定为全省5个教育评价改革试点市州之一。组织召开教育评价改革试点工作专题会议，起草《湘潭市教育评价改革试点工作任务清单》，将5类改革评价主体、22项改革任务细化为7大类、26项改革试点任务。健全督学责任区制度，全面启动县级人民政府履行教育职责评价机制，指导支持有条件的县市区接受义务教育优质均衡发展和学前教育普及普惠发展省级评估。实施以"高标准职业院校建设行动、高质量人才培养行动、高效益产教融合行动、改革创新职业教育发展机制"为内容的"三高一创行动"。普通高中实行属地招生和公民同招，义务教育学校招生按照"属地管理、免试就近、网上报名"原则进行，民办义务教育学校招生按照"属地管理、免试入学、公民同招、网上报名、超员摇号"原则进行。整治湘潭县3所民办初中违规招生行为，做好693名学生回流安置工作。推动走班教学，加强政策宣传解读和高考考点建设，新高考"首考"顺利实施。湘潭市11746人参加高考（不含往届生、职高对口），本科上线7090人，上线率60.36%。

（楚　坤　朱　岁）

义务教育和普通高中教育

【概况】　2021年，湘潭市有普通中学158所，其中完全中学14所，高级中学13所，初级中学90所，九年一贯制学校40所，十二年一贯制学校1所。共有义务教育学生240073人，普通高中学生44570人。共有小学教职工9274人（专任教师8927人），初中教职工5993人（专任教师5625人），普通高中教职工5077人（专任教师4603人）。

【控辍保学工作】　2021年，湘潭市义务教育阶段适龄学生入学率100%，巩固率99.99%。义务教育阶段建档立卡贫困户子女适龄学生就学率、巩固率均达100%以上，巩固率、辍学率均控制在省、市下达的目标之内，"三帮一"劝返复学总人数5人。建立健全"双线控流保学"责任制。严格按文件要求落实"三帮一"劝返复学行动。依托学籍管理系统和扶贫精准资助系统，建立控辍保学信息库，形成动态监测机制，详细核实和记录学生转出、转入等变动情况。建立控辍保学台账，确定劝返责任人。

【规范办学行为】　2021年，湘潭市规范教材教辅资料使用管理，开展教材教辅内容意识形态排查、整改和教材排查"回头看"工作。开展规范招生工作"四不两直"检查，对发现的问题，发函有关县市区教育局和市直学校整改。全面督查违反教育教学常规、增加学生课业负担等行为，实施违规办学整治行动月报制。下发违规办学行为整改函23份。规范教师作业设计、布置、批改和反馈工作，加强各学科作业统筹，总量控制。大幅压减考试次数，规范考试命题管理，严格规范考试内容，考试实行等级评价，考试结果不排名、不公布。规范学校"双减"政策背景下常规管理工作。开展中小学校"两处一室"检查工作，对市直中小学校采取"四不两直"方式进行检查，通过听、看、查、访方式对学校教育教学各项工作进行检查。

【中小学招生改革】　2021年，湘潭市义务教育学校实行"免试、就近"入学原则，民办义务教育学校招生按照"属地管理、免试入学、公民同招、网上报名、超员摇号"原则进行。全年市直初中学校服务范围内学生就近入学比例达87.98%，随迁子女就读率达100%，妥善安置湘潭县3所民办初中学校违规招收的694名学生到城区公办初中学校就读。全年湘潭市义务教育阶段学校做到应收尽收，录取义务教育阶段新生53010人（其中小一新生28075人，初一新生24935人）。湘潭市普通高中招生实行"属地招生"和"公民同招"原则，分为湘潭县、湘乡市、韶山市和城市区4个区域招生，任何公办高中和民办普通高中都不能跨市州、跨区域招生。湘潭市普通高中招生总计划为14826人，湘潭市各普通高中学校总计录取新生14711人。

【初中学业水平考试】　2021年，湘潭市初三23907名（26名重复报名考生）考生参考，初二24266名考生参考，设市区、湘潭县、湘乡市、韶山市4个考区29个考点。调派命题、组考、评卷等考务工作人员3000多人。建立以教研员和骨干教师组成的湘潭市中考命题专家库，确定27名命题教师，调聘评卷教师240名、质检员5人。中考工作实现"保平安、保质量、保公平"和"零差错、零事故、零投诉"目标。

【基础教育精品课】　2021年，湘潭市组织开展基础教育精品课活动，引领各校积极组织教师备课参赛，通过网上集中评审，让参评教师进一步打磨作品。评选出51节课送省参评，45节课获省级优秀课，获奖率88.2%，14节获部级优课，推荐和获奖比例均在全省排名第一，市教育局获省级优秀组织奖。

【新高考改革】　2021年，新高考首考，湘潭市设有雨湖区、岳塘区、湘潭县、湘乡市、韶山市5个考区，12个考点、517个考场，共13263人报名，参考人数11746人。湖南省普通高中学业水平合格性考试（简称学考）于6月12—15日完成。湘潭市高二

15185 人、高一 14326 人，合计 29511 人参考。开展新高考专题培训，组织参加普通高中新课程新教材省级骨干教师培训、普通高中三科统编教材国家级示范培训和普通高中新教材网络培训，共 2300 人次参训。韶山市被评为普通高中新课程新教材实施省级示范区，湘钢一中、湘机中学被评为普通高中新课程新教材实施省级示范校。创建市级高中新课程新教材实施示范校 3 个，市级高中特色学校 4 个，高中学科基地 3 个，课改示范校 6 个。组织高一年级新高考选课走班调研考试，出台走班调研考试分析报告。组织新高考适应性考试，全真模拟新高考，参考考生 15240 人。

【创新人才培养】 2021 年，湘潭市出台《湘潭市普通高中创新人才教育培养工作实施意见》，完成普通高中创新人才培养“531”工程建设。认定 5 所创新人才培养校，3 个学习工作站，确定 1 个研究中心。举办湘潭市“强基计划”暨创新人才培养工作高级研修班，60 人参训，组织学员赴常德市一中、芷兰中学考察。开展湘潭市普通高中创新人才教育培养工作论坛活动，举行“531 工程”授牌仪式。

【基础教育质量】 2021 年，湘潭市普通高中高三应届学生 15288 人，其中 11746 人参加高考（不含往届生、职高对口），湘潭市本科上线人数 7090 人，上线率为 60.36%；其中历史类参考人数 4617 人，历史类本科上线人数 1801 人，物理类参考人数 7133 人，物理类本科上线人数 5011 人，艺术类本科上线人数 870 人，600 分以上考生人数 458 人，4 人被清华大学、北京大学正式录取，湘潭县一中首届海航实验班上线 18 人，出飞率居全国第二。普通高中学业水平合格性考试高一合格率 99.86%，高二合格率 99.89%，均居全省前列。湘潭市初中学业水平考试合格率为 99.5%，普通高中学业水平考试合格率为 99.89%，高于全省平均水平。在湘潭市 27 所普通高中高二、高一组合学业水平合格性考试合格率达 100% 的学校有 19 所。

（贺艳芳）

民办教育

【概况】 2021 年，湘潭市有各级民办学校 945 所，在校生 27.13 万人，教职工 2.69 万人（专任教师 1.73 万人）。其中，民办普通高校 3 所，在校生 2.48 万人，教职工 0.15 万人；民办普通中小学 16 所（小学 4 所，初中 6 所，高中 6 所），在校生 3.59 万人，教职工 0.41 万人；民办中职学校 10 所，在校生 0.56 万人，教职工 471 人；民办幼儿园 473 所，在园幼儿 3.76 万人，教职工 0.45 万人；校外培训机构 443 家，其中非义务教育阶段培训机构或义务教育阶段非学科类培训机构 389 家，义务教育阶段学科类培训机构 54 家。

【民办教育政策】 2021 年，湘潭市委办公室、市人民政府办公室下发《湘潭市减轻义务教育阶段学生作业负担和校外培训负担工作实施方案》，强化学校教育主阵地作业，深化校外培训机构治理。市教育局制定《湘潭市规范民办义务教育发展实施方案》及其配套政策，印发《关于进一步开展校外培训机构违规行为整治工作方案的通知》《关于加强校外培训机构资金监管的通知》等 10 个文件。

【校外培训机构监管】 2021 年，湘潭市义务教育阶段学科类校外培训机构压减 220 家（原有 274 家），其中注销 84 家、转型非学科类 136 家，剩余 54 家全部登记为非营利性学科类校外培训机构。分类明确非学科类校外培训机构主管部门。湘潭市执行义务教育阶段学科类校外培训政府指导价管理，所有校外培训机构都使用国家规定示范合同文本，预收费全部纳入银行监管平台实行风险管控。强化校外教育机构广告管控，部门联合执法查处一批违规广告。

【规范民办义务教育发展】 2021 年，湘潭市组建工作专班，开展各项前期工作。对问题突出的重点地区加强督办力度，严肃查处湘潭县 3 所民办初中违规招生问题，妥善分流违规招收学生回所在县市区和园区公办初中就读。要求县市对本区城内民办义务教育学校再次摸查，把“五个一批”情况摸准，拟定 4 所学校“民转公”工作方案。落实民办义务教育学校在校生规模占比季度进度通报制度。

【民办教育常规管理】 2021 年，湘潭市通过业务培训和一月一通报，使民办学校分类登记完成率达 84%。抓实湘潭市民办学校年检，按时向省教育厅提交相关资料。推进中职学校标准学校建设，多所不达标学校进行征地新建学校，对积极征地新建、加大创建标准化中职学校建设民办学校拨专款予以支持。通过停批新的民办义务教育学校、强力调减新生招生计划、查处违规超计划招生等办法，调控湘潭市民办义务教育学段学生占比，取得成效。

（刘汗青）

职业教育和继续教育

【概况】 2021 年，湘潭市有中等职业教育和继续教育学校 23 所，其中，公办学校 13 所：市直学校 3 所，行业企业办学校 5 所，湘潭县 2 所，湘乡市 2 所，韶山市 1 所；民办学校 10 所：雨湖区 2 所，岳塘区 1 所，经开区 2 所，高新区 1 所，湘潭县 3 所，湘乡市 1 所。共有中等职业学校在校学生 20171 人，教职工 1673 人（专任教师 1260 人），中等职业学校占地面积 844925.54 平方米，建筑面积 421710 平方米，固定资产 100737.3 万元。

【办学格局】 2021 年，湘潭市有国家中等职业教育改革发展示范学校 2 所，国家重点职业学校 2 所，湖南省卓越中等职业学校 1 所，湖南省示范性中等职业学校 3 所，湖南省“示范性县级职教中心”牵头学校 3 所，基本形成优质学校示范引领、公办民办学校协调发展办学格局。推动 4 所优质中职学校依托驻湘潭高职高专院校，面向初中毕业生开展“3+2”分段中高职贯通培养试点。制定湘潭市工业贸易中等专业学校建设楚怡中职学校改扩建项目。湘乡市第一职业学校增加学位 700 个，湘潭生物机电学校增加学位 160 个。全市基本形成中学职业教育“骨干+示范”引领发展的办学格局，加强高中阶段招生统筹力度，平稳有序推进招生工作，中职实现招生数量与质量的双重提升，普高与中职招生比为 58：42。

【基础设施建设】　2021 年，湘潭市工业贸易中等专业学校完成幼儿保育专业实训楼二楼及夹层、校园文化和灯光改造工程。湘潭生物机电学校投入 4400 余万元完成改扩建产教融合报告厅、师生活动中心（包括体育馆）、实习农场及学生公寓（培训公寓）、教室照明和校园环境等系列工程。实施中等职业教育标准化学校建设工程，湘乡市第一职业学校新增实训室建筑面积 1500 多平方米；湘潭县职校搭建、采购校务管理平台和图书管理系统，学校信息化建设初显成效。

【师德师风建设】　2021 年，湘潭市教育系统深入开展学习贯彻《新时代教师职业行为十项准则》《中华人民共和国教师法》《湘潭市师德师风教育读本》等读书活动。市教育局、市教育发展基金会授予市工贸中专学校刘剑等 16 人“莲城园丁奖”“优秀教师”“优秀教育工作者”“工匠名师”等荣誉称号。韶山职中学校刘静获湖南省“最美班主任提名奖”，湘潭生物机电学校汤亦斌获评湖南省现代农业职教教育名师，工贸中专学校的王剑、陈文娟，湘潭生物机电学校的汤亦斌主持建设湖南省职业院校专业教学团队。

【思政教育】　2021 年，湘潭市教育系统坚持立德树人，德技并修。遵循中职学生身心成长规律，开展理想信念、民族精神教育，培育和践行社会主义核心价值观；开展职业道德、知识与技能、人文素养和工匠精神教育。湘潭市获省“三好学生”10 名、“优秀学生干部”4 名、“优秀实习生”3 名，“先进班集体”3 个。湘潭市中职学校按照“人人有项目、班班有活动、校校有比赛”要求，广泛开展学生社团活动、校园文化艺术节、运动会、文艺晚会等文明风采活动，丰富德育载体，搭建学生成长舞台。在湖南省第三届中等职业学校啦啦操比赛中获一等奖 1 个。在湖南省中职文明风采德育实践活动中获一等奖 2 个，二等奖 3 个，三等奖 9 个。湘潭县职业技术学校男子篮球队获省赛二等奖。组织参与省中职班主任基本功比赛，获省二等奖；开展湘潭市中职班主任基本功比赛。

【综合素养评价】　2021 年，湘潭市统一组织 2019 级学生进行中职学校公共基础课普遍测试（以下简称普测），应考 5666 人，实考 5664 人，参考率 99.96%，合格率 95.16%（全省排名第三），优秀率 56.69%（全省排名第二）。对 2019 级学生进行专业技能抽查，合格率 100%。高度重视学生体质健康，认真贯彻落实《国家学生体质健康标准》，注重学生心理健康教育，体质测评合格率 88.45%。

【对口就业】　2021 年，湘潭市中职学校毕业生 5792 人，对口升学 3133 人，就业人数 2659 人，其中对口就业人数 2478 人，对口就业率 95.53%。各中职学校完善与产业转型升级相适应的专业设置动态调整机制。开设专业 46 个，分布于 12 个专业大类，以装备制造、电子与信息、交通运输、财经商贸、旅游等专业群为主体，招生人数（不含注册技校类学生）占当年招生总数的 82.1%。涵盖一、二、三产业，基本形成对接产业发展的专业体系。湘潭市要求各中职学校集中力量办好 1~2 个专业群；各中职学校不断创新专业发展模式，湘潭市建有省级示范特色专业群 2 个：现代装备制造和交通运输；另有市级特色专业 5 个。

【教师培训】　2021 年，湘潭市实施职业院校教师素质提升计划，“职教政策”高端研修、“教学诊改”“三教改革”研修项目收到效果。全年有 513 名中职学校教师参加国家级、省级培训。在湖南省职业院校教师职业能力竞赛中，湘潭市获教师教学能力比赛一等奖 1 个，二等奖 4 个，三等奖 10 个；思想政治教育教学能力比赛一等奖 1 个，二等奖 3 个。举办思想政治教育教学能力比赛。组织申报省教学成果奖 5 个。依托平台立项市级精品课程 11 门，申请立项省中职优质精品课程 11 门，省专业教学资源库数控技术应用、畜牧兽医专业推进信息化教学建设。

【政策保障】　2021 年，湘潭市出台《湘潭市人民政府办公室关于开展“三高一创”行动推进职业教育现代化服务“三高四新”战略的实施办法》《湘潭市教育局关于切实加强中职学校“四项管理”的通知》《湘潭市中等职业学校学生综合素质评价方案（试行）》等 3 个文件。完善中职学校教育教学工作视导制度。按照《湘潭市中等职业学校四项管理视导评价细则》，开展中职学校招生管理、教学管理、实习管理、安全管理专项视导工作，解决招生办学行为中的突出问题。12 月，开展湘潭市中职学校教学质量年度评价，专家组深入 22 所中职学校进行为期 10 天的评价，指导和规范学校专业设置、招生办学、实习实训、教材使用、师资队伍和教学管理等办学行为，提高中职学校规范化、精细化和科学化管理水平。

【校企合作】　2021 年，湘潭市中职学校与 260 余家企业建立校企合作关系，校均合作企业数达 14 家。其中大中型企业百余家。校企共同开发 23 门课程资源立项为 2019 年、2020 年湖南省职业教育精品课程，11 门课程资源申报 2021 年湖南省职业教育精品课程；3 个校企联合组建教学团队被评审为省级优秀专业教学团队。有 4349 人获职业资格证书。为本地产业企业直接输送合格专业技术人才 1761 人，中职学校年培训达 13243 人次。

【继续教育】　2021 年，湘潭市推进职工教育、社区教育和老年教育，宣传终身学习理念，组织全市事业单位工作人员培训等 10 个培训项目，共计 2 万人次参加。组织全国会计专业技术初级、中级、高级资格考试等 9 个考试项目，共计 1.5 万人次参加。全年新挂牌 2 所老年开放大学和 1 所社区学校。湘潭广播电视大学更名为“湘潭开放大学”，12 月 23 日，湘潭开放大学正式揭牌成立。　（莫建军）

学前教育

【概况】 2021年，湘潭市有幼儿园702所，其中公办幼儿园229所，普惠性民办幼儿园327所，其他纯民办幼儿园146所。在园幼儿81370人，其中公办幼儿园在园幼儿43820人，普惠性民办幼儿园在园幼儿29600人，其他纯民办幼儿园在园幼儿7950人。公办幼儿园在园幼儿占比53.85%，普惠性幼儿园在园幼儿占比90.23%。

【公办园学位建设】 2021年，湘潭市公办园学位建设遵循扩大总量原则。积极筹措资金，改扩建一批公办幼儿园，增加公办学位。在部分普惠性民办幼儿园中，遴选出具有先进办园理念、发展空间良好的园所，通过购买服务、派驻公编幼儿教师等合作形式，转办成公办园，增加公办学位。盘活存量，将原有公办园扩容，通过内部挖潜、足额招生、扩大招生规模来增加公办园学位。开设农村小学附设幼儿班，利用农村学校闲置校舍附设幼儿班，增加公办学位。限制增量，淘汰一批规模小、办学质量差的民办园，严格限制新批民办幼儿园。10月，新增公办学位任务数5200个，完成5780个，完成率为111%。其中，湘潭县任务数2000个，完成2010个；湘乡市任务数1700个，完成1730个；岳塘区任务数1500个，完成2040个。

【规范幼儿学籍管理】 2021年，湘潭市聘请湖南省教育厅信息中心专家就学籍管理操作要点和信息安全等方面组织全市幼儿园学籍管理员、幼教专干共356人进行业务培训，全面启动在园幼儿的学籍采集工作，幼儿通过电子学籍系统申请学籍号，以幼儿身份证号为基础进行统一编码，实行全国幼儿“一人一号”。

【开展学前教育宣传月活动】 2021年6月4日—7月2日，湘潭市教育局组织开展学前教育宣传月活动，通过播放宣传片、游戏展示、专题访谈、歌曲联唱、摄影成果展等形式，全面展现近十年湘潭市学前教育改革成果，引导全社会特别是广大教师和家长坚持科学理念，尊重幼儿发展规律和学习特点，关注幼儿身心健康全面发展。

【启动幼小衔接实验区、试点园（校）工作】 2021年，湘潭市教育局印发《关于推进湘潭市幼小科学衔接攻坚行动实施方案》，根据《关于遴选湘潭市幼小衔接实验区和试点园（校）的通知》文件精神，经各地申报、专家评审，确认雨湖区为湘潭市幼小科学衔接实验区，湘潭市第二幼儿园等9所幼儿园为湘潭市幼小科学衔接试点园，雨湖区风车坪建元学校等8所学校为湘潭市幼小科学衔接试点校。

【完成湖南省游戏活动试验区、试点园申报工作】 2021年，根据湖南省教育厅《关于开展游戏活动实验区、试点园申报工作的通知》，经各地申报、专家评审，确认湘潭市岳塘区为湖南省游戏活动实验区，湘潭市第一幼儿园等9所幼儿园为湖南省游戏活动试点园。

【开展湘潭市保育教育示范园、规范园评审工作】 2021年，湘潭市下发《关于评选湘潭市保育教育示范园和保育教育规范园》的通知，经幼儿园申报、县市区（园区）教育行政部门推荐、资料评审、实地考察等，并公示无异议后，确认湘潭县易俗河镇中心幼儿园等15所幼儿园为湘潭市保育教育示范园、湘潭县谭家山中心幼儿园等14所幼儿园为湘潭市保育教育规范园。

（郭仲书）

特殊教育

【概况】 2021年，湘潭市有特殊教育学校3所，其中市直1所，湘潭县1所，湘乡市1所。有特殊教育在校学生465人，其中学前阶段19人，小学阶段299人，初中阶段103人，高中阶段44人。教职工120人，其中专任教师87人。

【深入推进特殊教育融合试点】 2021年，湘潭市特殊教育学校和湘潭市第十二中学、湘潭市和平小学、岳塘区立至幼儿园被认定为湘潭市特殊教育融合试点校（园）。通过“1+n”模式先行先试、典型示范，融合教育建设形成可总结推广经验。

【建立湘潭市特殊教育联席会议制度和成立湘潭市残疾人专家委员会】 2021年，经市人民政府同意，由市教育局、市发改委、市民政局、市财政局、市人社局、市卫健委、市残联七部门联合建立湘潭市特殊教育联席会议制度，由市教育局、市卫健委、市民政局、市残联四部门联合成立湘潭市残疾人教育专家委员会。

【国家级教材编写工作】 2021年，湘潭市组织市特殊教育学校主持全国培智教育信息技术教材编写工作。市特殊教育学校继续担任全国聋教育人教版数学教材与教参的编写工作；承担全国培智生活语文四年级教材审读和试教工作。

【教育规划课题立项】 2021年，湘潭市有4项课题立项为国家、省、市教育规划课题，其中1项为中国教育学会“十四五”规划教育科研一般课题，1项为湖南省教育学会“十四五”规划教育科研一般课题，2项为湘潭市教育科学“十四五”规划一般课题。湘潭市特殊教育在研课题有6项，其中，湖南省教育科研规划“十四五”一般资助课题1项，湖南省教育科研规划“十三五”一般资助课题1项，湘潭市教育科研规划“十四五”一般资助课题1项，3项课题开题并开展研究工作。

（郭仲书）

中小学校、幼儿园选介

湘潭市第一中学

【概况】 2021年，湘潭市第一中学（简称“市一中”）有45个教学班，学生2143人，在职教职员工209人，专任教师188人。其中研究生学历11人，化学特级教师1人，正高级教师2人，中小学高级教师105人；全国优秀教师2人，省级优秀教师2人，湘潭市骨干人才2人，湘潭市学科带头人8人，湘潭市名师工作室主持人4人、名师工作室导师5人，湘潭市各学科骨干教师34人。年内，在新高考中，学校高考成绩600分以上21人，目标完成率420%；特殊类型资格上线218人，目标完成率133%；学业水平合格考一次性合格率100%；学生冯弈锦获湖南省第42届青少年科技创新大赛一等奖；在湘潭市第十三届运动会“蓝思科技”田径比赛中，学校获12金9银5铜。

【师德师风建设】 2021年，市一中刘炎昭获莲城园丁奖，彭瑜芳获“湘潭市五一劳动奖章”，刘江玉芬获湘潭市教育新秀荣誉称号；田鑫被评为湘潭市优秀班主任；陈桥被评为湖南省关心下一代工作先进个人；罗星获湖南省班主任基本功展示交流二等奖。校工会获“全国模范职工之家”称号，学校被评为湘潭市文明卫生单位、湘潭市教育系统优秀基层党组织，学校有湘潭市名班主任工作室，是政治、历史、生物名师工作室基地校。学校获批普通高中创新人才教育培养学校，与北京朝阳外国语学校继续合作，与湖南科技大学达成深度融合意向。

【教育教学】 2021年，市一中加强爱国爱党教育，举行庆祝中国共产党诞辰100周年系列庆典活动，开展“赓续精神血脉 勇做时代接班人”主题党史学习教育活动。创新教学管理模式，加强和完善电子巡课制度；创新教学评价方式，制定并完善新高考年级的考核方案。教研获奖多项，老师的论文、课例、征文等在省、市比赛中获奖34人次。学生26人次在国家、省、市的作文、科技、奥数等比赛中获奖。体育、文艺硕果累累，学生合唱团节目《回家》《军港之夜》在2021年湘潭市第七届艺术展演中获特等奖，学生舞蹈队节目《千年一朵莲》获一等奖；在2021年全国中学生羽毛球锦标赛上，学校获女子团体第四名；在2021年湘潭市第十三届运动会上，学校获得团体总分、金牌数、奖牌数三个第一，并被大会组委会评为道德风尚奖。

【钟楼升级省级文物保护单位】 2021年，市一中钟楼升级省级文物保护单位。钟楼1932年秋动工修筑，1934年全面告竣，建筑面积1541平方米，为“哥特式”建筑外形，是市一中的象征。12月31日，湖南省人民政府公布第十一批省级文物保护单位名单，“湘潭钟楼”榜上有名。 （办公室）

湘潭市第二中学

【概况】 2021年，湘潭市第二中学设初中15个班，高中24个班。学校获评2020年度平安建设优秀单位、省级“青年之家”。年内，学校创建全市教育系统第一个廉政教育基地，利用各种融媒体文化，大力宣传清廉文化。学校廉洁文化课，在《湘潭交通广播》“廉洁文化进校园之我的好老师”栏目推出。学校开展“从小学党史 永远跟党走”和“新时代好少年 红心向党”两大系列主题教育活动，2000余名师生参与。分别组织高一、高二年级学生前往韶山开展红色研学之旅，初二年级前往湘潭市综合实践基地，共925位师生参与。

【德育工作】 2021年，湘潭市第二中学加强德育工作，暑假开展“教师大走访活动”，130位教师入户走访533次，与1000多名学生进行电话家访；家长公益课堂共开展6次，微信公众平台向家长发布59篇推文，邀请418名家长现场观看百年校庆活动，线下上千名家长自发宣传市二中校庆视频。心理健康、劳动教育常抓不懈，在初中、高中17个班都开设心理课。开展“五个一”心育工作及“青春心向党，筑梦新时代”心理健康活动月活动和“轻松备考·12355与你同行”考前减压讲座。

【特色教育】 2021年，湘潭市第二中学提出“以质量求发展，以特色创名校”办学思路，发展美育教育，培养“合格+特长”学生，学校组建校铜管乐队、民族管弦乐队、合唱队、舞蹈队等学校艺术团体，开设管乐班和舞蹈形体课。各年级建有艺术特长班。连续举办校园文化艺术节23届，举办班级合唱比赛11届。推荐优秀教师参加名师工作室、学科工作室、民办教育评估专家等评选。全年学校管乐一团分别参加市庆祝中国共产党成立100周年庆典大会及市委宣传部庆祝中国共产党成立100周年音乐会，代表湘潭市音乐家协会参加全市庆祝“中国共产党成立100周年，百团唱百年”专业院团艺术展演。学校承办湘潭市第七届“艺术展演”暨省“三独”比赛选拔活动，大批学生获评市美术、音乐、舞蹈、器乐类比赛一等奖。学校红日交响管乐一团获中学器乐组特等奖，红日交响管乐二团获一等奖。在湖南省第七届中小学艺术展演中，学校红日交响管乐一团获中学器乐组二等奖，辐射的两支乐团均获二等奖。湘潭市第三届中小学音乐名师工作室在市二中挂牌成立，市二中成为湘潭市中小学音乐名师工作室基地校。以市二中红日交响管乐团为核心的3所学校（市二中、雨湖韶西逸夫小学、九华和平科大小学）美育校际联盟协作区步入建设轨道。并与湖南科技大学联合举办大、中、小学课程衔接活动。市二中《美育花开别样红》课例获评美育改革创新案例省级三等奖；陈煜老师的《走进脚夫调》在湖南省义务教育优秀教学案例征集遴选活动中获评优秀教学案例，《山野放歌》在湖南省“基础教育精品课”评选活动中获评省级优课。在2021年湖南省青少年锦标赛和湖南省第四届中学生运动会上，多名学生拿到国家二级运动员资格证，获高考体育单招资格。

【教育办学】 2021年，湘潭市第二中学切实推进新考改。高三高考本科上线录取146人，艺考生上线录取本科院校74人。一、二本上线录取116人（按2020年口径统计），上线录取贡献率达2220.5%；高二学考正考合格率达100%，初三毕业生报名参考合格率100%。校理化生实验可开出率达100%，启动实验教学管理平台，学校实验教学教师演示、学生分组实验开出率达95%以上，按照新课程、新高考的要求，着力培养学生的实践动手能力和创新精神。9月，学校被市教育局认定为“市级新课程、新教材示范校”。全年学校有1个省级课题、1个市级课题顺利开题。1个省级规划课题申报成功。3个市级课题结题工作完成。学校教师参加市教育局组织的初中新视野赛课，2人获市直一等奖，6

人获市直二等奖。参加省教育科学研究工作者协会及市教育学会论文征集评比活动，共有27位老师参评，1人获市一等奖，2人获市二等奖。有2名老师的论文发表在省级教育期刊。全年学校组织2021年国家网络安全宣传周活动，9月参加省政府调研STEMA教育会并作汇报。辅导学生参加湖南省第二十二届中小学生信息素养提升实践活动，送交电脑动画作品7个，2个作品获得省二等奖。（胡立勋）

湘钢一中教育集团

【概况】　2021年，湘钢一中教育集团以“崇善向上、博学笃实”为校训，以“学习乐园、书香校园、精神家园”为文化核心。学校有初中、高中两个校区，共119个班级，6100余名学生，480余名教职工。有湖南省数学特级教师1人、正高级教师3人、英语外籍教师1人，省市级骨干教师50余人。学校是湘潭市名校长工作室和英语、体育、地理、数学名师工作室基地，并拥有英语、数学、物理、生物、地理等省级优秀学科。年内，学校获评“全国奥林匹克教育示范校”“湖南省文明校园”，彭小焱获评“湖南省优秀党务工作者”。

【综合素质】　2021年，湘钢一中教育集团坚持“生命教育”观，打造“绿色升学率”，将学生全面发展与个性成长相结合，搭建多种平台，减负提质科学育人。围绕庆祝中国共产党成立100周年主题，举行清明祭英烈、红色圣地研学、党史故事演讲、爱国题材主题观影、主题征文、书画征集等活动。高中部开设27门校本课程，开设竞赛课程、拓展课程、实验课程，开阔学生视野；初中部开设班特课程、幸福课程、自助课程，满足学生多样化、个性化课后服务需求。假期“学军、学工、学农”社会实践活动成体系，厚植家国情怀。钟时雨获评“新时代湖南好少年”，肖欢宸获评“湘潭市新时代好少年”。

【教育教学】　2021年，湘钢一中教育集团创新育人模式，开设创新班，与大学建立联合培养机制。竞赛广结硕果，33人次获省级奖励。“三考”不断攀高，高考600分以上53人，本科上线729人，占比91.7%，数量和比例均居湘潭市区第一，湘潭地区第二；学考一次性合格率100%；中考900分以上272人，占比30.2%。

【师资建设】　2021年，湘钢一中教育集团引进新教师30余人，发扬名优骨干教师言传身教的优良传统，组织青年教师开展见面课、汇报课、竞赛课。在第二届湖南省中小学青年教师教学竞赛活动中，8位参赛教师均获佳绩，周刍老师获“湖南省教学能手”称号并获得湘潭市“五一劳动奖章”。在2021年“湖南省在线集体备课大赛”中，学校13个备课组均获奖，其中地理、英语组获一等奖。全年有3个市级课题顺利开题，5个市级课题完成中期检查。评选优秀树立典型，表彰“熊晓鸽奖”获得者7人、“钢中英才奖”获得者9人、“钢中之星”青年教师奖获得者6人。

【交流合作】　2021年，湘钢一中教育集团承办湖南省语文名师工作室研讨活动、湘潭市中学名校长工作室活动、湘潭市数学/物理/化学名师工作室活动、湘潭市第二届青年教师教学市直片比赛及决赛（湘潭地区）、湘潭市生物实验员培训、“新视野”教学竞赛。与永顺县二中进行深度教育教学交流，与岳阳市十五中建立战略合作伙伴关系，接待宜章养正中学高三团队来访。外教主动和学校续约，继续担任口语教学工作。学校推送作品“我的莲城故事”获“国际友人寄语中国”视频优秀奖。以“引进专家推进学校英语口语教学与国际文化交流课程建设”为申报主题，获2021年度湘潭市科技局融智计划项目工作补助。（办公室）

湘机中学

【概况】　2021年，湘机中学有51个教学班，其中高中27个班、初中24个班。有市名师工作室主持人3人，市高中学科带头人9人，市教学名师12人，国家、省、市级骨干教师34人，高级教师68人，硕士研究生25人。国培培训师4人。年内，学校获评湖南省“绿色阅读优秀学校”；通过“湖南省文明校园”复查；成功申报省级“普通高中新课程、新教材示范校”；获评市“英语特色学校”“艺术特色学校”和“历史学科”基地校。突出党史教育，开展“牢记历史使命，不负青春梦想”主题团队会、共青团员学党史活动。开展“青春心向党”主题作品征集活动、清明祭扫英雄烈士纪念碑活动、硬笔书法比赛、红色经典诵读大赛。通过校广播站，开展“红色故事永流传”活动；通过校电台，以师生喜闻乐见的方式推送红色经典歌单特辑；征集“我心向党”主题活动海报。10月，承办全省高中足球联赛获得成功。

【教育办学】　2021年，湘机中学争取教育专项建设资金384万余元。学校高考参考人数340人，一本126人；文化本科上线225人，艺体本科文化和专业双上线26人，本科上线合计251人，本科上线率73.8%。艺术考生鄢炜哲以专业全国第一、文化443的高分考入广西艺术学院，周金顺以物理方向综合排名全省62名考上一本；体育考生曹臻旭以专业297.5分（满分300分）排名湖南省前20名。专业文化双上线考生杨宇铮总分768分、张迈之总分714分，分别排名湖南省理科第83名和第523名。

【湘机中学建校60周年暨教育教学成果展】　2021年11月6日，湘机中学举行建校60周年暨教育教学成果展，全校师生、校友、嘉宾等3000多人参与。校庆典礼上，相关领导、市教育行政部门、湘电集团及兄弟学校领导、知名校友陈实、曾念、彭家望、朱志方、谷良等到会祝贺。校庆期间，媒体全方位报道5场校友论坛讲座，校友捐资近160余万元设立多项教育奖励基金，市教育发展基金平台捐资24万余元。（成亦仁）

湘潭市益智中学

【概况】　2021年，湘潭市益智中学是改制中的市直民办初中，有教学班级 54 个，学生 2855 人。教职员工 189 人，其中专任教师 159 人，职员 27 人，专职校级干部 3 人。专任教师都具有本科以上学历，其中 21 人拥有研究生学历。高级教师 18 人，市级名师工作室 7 人，市级名师、学科带头人、骨干教师 4 人。年内，简玉丹获“莲城园丁”称号，李敬获评“湘潭市优秀教师”，文伟获评“湘潭市优秀教育工作者”。在各项竞赛中，欧阳艳、刘娜获湖南省义务教育优秀课例；英语组等 9 支参赛团队获省级备课大赛奖项；李真龙等 3 人在“一师一优课、一课一名师”评选中获市一等奖；“新视野”市直教学竞赛中，向朋等 12 人获一等奖，符芬等 12 人获二等奖，李思等 5 人获三等奖，赵江等 9 人获参加总决赛资格。学校推进“青蓝工程”，继续实施师徒结对活动，实行导师制和“益智名师”制活动，开展青年教师成长协会活动。

【教学质量】　2021 年，湘潭市益智中学成为湖南省首批“湖湘智慧教育实践共同体”的 16 所成员校之一。年内，九年级共有 990 名毕业生参加中考，文化课 900 分以上 62 人，含体育 900 分以上 312 人，上湘潭市一中分数线 553 人。八年级生物、地理会考两科总分 190 分以上 196 人，180 分以上 539 人。八、九年级综合各项指标均排湘潭市直第一。

【德育工作】　2021 年，湘潭市益智中学将“立德树人”的理念贯穿始终，开展系列德育活动。举办“雷锋月”系列活动、非遗文化——皮影戏进校园、第十四届校园科技节、文化艺术节等一系列活动。进行文明教室、文明黑板报、优秀手抄报评比；推进班级图书角建设；引领每班评选最美书房、“书香少年”、现场书画比赛等活动。开展德育管理“护学岗”工作。建立家访制度、特异学生档案管理制度、家长培训制度、传统文化教育等“八大系统”。从心理、卫生、禁毒、传统文化、安全、爱国等方面开设家长大课堂，培育家长校外德育基地。

【课程改革】　2021 年，湘潭市益智中学以“种下一颗幸福种子”为课程理念，开设 34 门综合实践课程，形成以“传承、创新与学习”为根本理念的课程架构。其中纸雕、国画、雕刻、围棋、古汉语研究等拓展课程让学生亲身感受和深刻体会中华文化博大精深。全年学校教师省级论文获奖 80 多项。申报成功省级课题 2 项，年末学校有在研课题 6 个。　（李　敬）

湘潭市和平小学

【概况】　2021 年，湘潭市和平小学有 24 个教学班，学生 1144 人，在职教职工 83 人，专任教师 82 人，均为本科以上学历，其中硕士研究生学历 3 人。中学高级教师 10 人，中小学一级教师 47 人。市级名师工作室 7 人，学科带头人和骨干教师 5 人。学校秉承“德育为首、教学为主、健康第一、全面发展”宗旨，五育并举、全员育人、特色活动、家校合力。学校被授予“第三批全国中小学中华优秀传统文化传承学校”“湖南省文明标兵校园”称号。

【校园活动】　2021 年，湘潭市和平小学携手 7 所中小学为成员的湘潭市“陈思璐少先队名师工作室”成立。10 月，聘请卢刚老师到校进行少先队工作建设主题讲座，与九华和平科大小学携手承办 2021 年少先队微队课比赛。开展“和平集结号”德育展示活动。参加《中国青年报》和中国青少年发展基金会组织的“强国少年”红色阅读主题活动，被评为“优秀组织单位”。与湘潭交通广播合作播出《廉政文化进校园》栏目。拍摄 MV《听妈妈讲那过去的事情》在湖南教育电视台、微潭教育等多家媒体平台展播，227 中队黄品涵的朗诵作品《在您的光辉下成长》代表学校上传至央视影音活动进行展示，各大省级媒体平台展播学校师生唱支歌儿给党听 MV；湘潭电视台就学校队员党史学习教育活动进行《传承红色基因　争做新时代好队员》专题报道。研发校本课程，开设 36 个免费社团，中国舞、合唱社团集体节目获湖南省“艺术展演”二等奖。传承中华传统文化，让海外华裔青少年领略中华文明，经市委统战部、市教育部备案，肖玲老师自 6 月起，每周日上午坚持通过网络平台给美国华裔孩子上课。225 班周夕榆被评为市级“新时代好少年”，在市级“学宪法、讲宪法”系列活动和“学习新思想、做好接班人”征文活动中，多名学生获一等奖，学校获“优秀组织奖”。

【教研教改】　2021 年，湘潭市和平小学秉承“启发智慧、多元发展”理念，深化课程改革，构建具有拓展性、体验性、实践性、动态性、校本性的“双轨”适应性课程体系。学校在课程“变轨”、课堂“变样”基础上，将评价“变式”，考试“变脸”，改革评价方式，提升学生综合素质，促进学生全面发展。年内，丁燕辉主持的市级课题“新课程背景下小学生学业评价改革的实践研究”结题。课题成果代表湘潭在长株潭交流暨长沙市优秀教育科研成果展示推广活动中进行分享展示。徐扬、李好主持两个课题进行开题论证，进入研究阶段。唐桂花主持的课题成功立项，“湖南省教育信息化创新应用十百千万工程”项目“依托人人通平台进行学生智慧评价的研究”中期评估顺利通过。由丁燕辉、卢学军撰写的《一“码”当先助推学生综合素质评价改革》，经省教科院遴选，收入《湖南推进基础教育现代化典型案例（2021）》一书，并被推荐参加第四届全国基础教育信息化应用展示交流活动典型案例征集遴选。分校九华将军渡和平小学推进智慧评价系统应用。收集各教研组的意见和建议，并请市教育技术专家到校指导，制订《依托人人通平台进行学生智慧评价的研究》后期开发方案。协助准备第四届全国基础教育信息化应用展示交流活动典型案例征集遴选材料。

【教师素质】　2021 年，湘潭市和平小学教师参加国家级培训 10 人次，省级 20 余人次，市级 200 余人次。上学期承办市级培训项目——湘潭教师自主选学 AAAAA 工作坊之和平小学工作坊。下学期学校承办 X2020 和平小学工作坊培训项目。有 50 名老师报名参加学分补偿性培训。5 月 18—27 日，组织策划 5 校一起举办“和平集结号”学科带头人、骨干教师展示活动。涉及 8 个学科、600 多名老师、9000 多名学生。沈妙获“基础教育精品课”

活动部级精品课，陈瑾数学录像课获省一等奖。鄢纯获“湘潭市五一劳动奖章”、省级“教学能手”。在省教师教育学会论文评比中，周亚迎等3人获一等奖，4人获省二等奖。

（杨　光）

湘潭市第一幼儿园

【概况】　2021年，湘潭市第一幼儿园开办11个教学班，收托幼儿401名，全园有教职工70人，在编教职工49人，退休职工31人。有专任教师38人，其中，硕士研究生1人，本科学历22人，大专学历15人；高级教师3人，一级教师23人，二级教师9人，三级教师3人。园所占地面积6615平方米，建筑面积5282平方米，绿化面积1500平方米。学校获评2020年湘潭市学前教育深化改革规范发展先进单位，湘潭市职工职业道德建设标兵单位，湘潭市三八红旗集体。

【教育教学】　2021年，湘潭市第一幼儿园被评为湖南省游戏活动、幼小衔接试点园，创设野趣、自然、富有挑战的游戏场地，调整课程结构，保证游戏活动高质量开展。把养成教育、心理健康教育、劳动教育融入幼儿一日生活和各项活动之中。开展“从小学党史、永远跟党走”庆祝中国共产党成立100周年主题教育活动和“扣好人生第一粒扣子”等主题教育活动。大班的主题表演游戏《送你一顶小黄帽》获湖南省班级大型主题表演游戏案例征集优秀案例。参加湘潭市幼儿园教师和保育员基本技能大赛，1人获歌唱活动片段教学组一等奖第一名，1人获教师观察记录组一等奖。

【培训比赛】　2021年，湘潭市第一幼儿园承办全市幼儿园班级大型主题表演游戏现场教研2019—2020年教研工作总结活动、学前教育宣传月启动仪式、全市学前教育教师和保育员基本技能大赛示范组比赛、全市幼儿园一日活动视导培训等活动；协办“国培计划（2021）”湘潭市幼儿园骨干教师园本研修能力提升工作坊（F303）项目、2021年湘潭市幼儿园园长培训。组织教师参加国家级培训7人次，省级培训8人次，市级培训151人次。组织园本培训活动23次，公开教研活动1次。

（曾长青）

湘潭市第二幼儿园

【概况】　2021年，湘潭市第二幼儿园招收在园幼儿432人，分为13个教学班，其中小班5个、中班4个、大班4个。学校拥有第六批湘潭市优秀专业技术人1人、第七批湘潭市优秀专业技术人才1人、第八批湘潭市优秀专业技术人才1人、副高级教师3人、中级教师23人。年内，市第二幼儿园被市教育局评为“幼小衔接试点园”；园女职工委员会被市教育工会评为“先进女职工组织”；园保教组被市教育工会评为“芙蓉标兵岗”；在市教育局组织的“学前教育教师和保育员基本技能大赛”中，该幼儿园获得“优秀组织奖”。

【特色办园】　2021年，湘潭市第二幼儿园探索新形势下幼儿园办园特色，在大力推动园所二次配套建设项目的同时，全力启动安吉游戏活动创建，全年派出多批次教师赴新晃等地安吉游戏特色园学习，谋划布局园所户外游戏场地设置。通过因地制宜、逐步推进的方式，建设户外建构场地、攀爬场地、水沙池区域、涂鸦场地、种植观察区、骑行区、大型玩具区等多个游戏活动区域。

【主题活动】　2021年，湘潭市第二幼儿园主题教育活动丰富多彩，全年举办了春秋两季的开学典礼、学雷锋、“阅读月”“六一欢乐周”“童心向党”“美德宝宝评选”“毕业典礼纪念周”等活动。教师节、端午节、中秋节、重阳节、清明节等主题活动依托各个传统节日开展，将德育渗透至幼儿一日生活各个环节。认真开展“党建+教研”活动，通过党员优秀教师，带动幼儿园及周边农村地区幼儿园教师成长，湘潭市第二幼儿园与楠竹山幼儿园签订结对帮扶协议，全年组织优秀教师送教下乡7次，教学研讨20次，活动辐射至楠竹山幼儿园周边乡镇幼儿园，通过培训，农村教师近300人次受益。

【教学成果】　2021年，在“全省学生安全教育教学竞赛”中，周亚洲、王碧分获一、二等奖；在“2021年湖南省中小学（幼儿园）教师信息技术与学科教学融合创新应用在线集体备课大赛”活动中，3个教师团队分获一等奖2个、三等奖1个；在“湖南省大中小学‘讲党史颂党恩’微宣讲比赛”中，汪婷获“中小学教师组三等奖”；在“湘潭市教育系统安全生产演讲比赛”中，张玉莹获三等奖；在2021年湘潭市学前教育教师和保育员基本技能大赛中，6位教师获一等奖4个，二等奖2个。刘礼沙被评为“湘潭市第八批专业技术骨干人才”“湖南省国家中小学教师资格（面试）工作优秀考官”；王碧被评为“湘潭市优秀教师”；张嘉煜被评为“优秀班主任”；刘礼沙被评为“湘潭市教育系统优秀党务工作者”；王碧被评为“湘潭市教育系统优秀共产党员”；陈思被市教育工会评为“芙蓉百岗明星”；颜如玉被评为“湘潭市教育系统优秀团员”。

（黄瑞芬）

湘潭大学附属实验学校

【概况】　2021年，湘潭大学附属实验学校创办。学校由湘潭市人民政府与湘潭大学共同建设，湘潭市教育局主管，长沙市第一中学全面支持办学的一所十二年制公办学校。学校位于雨湖区高岭路，占地12公顷，建筑面积9万多平方米，投资4.8亿余元，是一所按照省级一类学校标准建设的现代化学校。学校涵盖小学、初中、高中3个学部39个教学班、共有1656名学生、教职员工138名。有特级教师2名，省市级首席名师2人，高级教师48人。

【落成揭牌】　2021年9月6日上午，湘潭大学附属实验学校正式落成揭牌开学。湘潭市、湘潭大学、长沙市一中党委相关领导共同为学校揭牌。

【教育教学】　2021年，湘潭大学附属实验学校有教师44人次获省级奖励。其中参加省级现场赛课获二等奖1次，2堂教学课入选省"基础教育精品课"，3堂教学课入选省义务教育优秀教学案例，9支队伍38人在省备课大赛中分获二三等奖。在湘潭市"新视野"初中教师课堂教学竞赛市直比赛中，14人参赛，8人获一等奖，3人获二等奖，3人获三等奖；其中5人进入决赛，皆获市级一等奖。1项省级教育科学规划课题、7项市级教育科学规划课题成功立项。在湘潭市中小学"阳光体育大课间"评优活动中获一等奖；在湘潭市中小学建制班级眼保健操比赛中，2个班级被评为优秀班级。

（黄瑞芬）

中等职业学校选介

湘潭生物机电学校

【概况】　2021年，湘潭生物机电学校贯彻落实"三高一创"行动部署，扎实推进"1366"工作安排，内练硬功，外树形象，主责主业提质增量，社会声誉培优培强，在"建设省内一流职校"中开创新局面。年内，打造官网、微信、抖音公众号宣传品牌，全年推送各类新闻326篇，被国家、省、市级媒体采用55篇。

年内，完成学校党委换届。3人分别被推选为市党代表、市政协委员、区人大代表。选派82人次参加国家、省、市级培训。引进9名新教师。推进校风建设年活动，召开师德师风大会和推进会，组织开展"十五个一"主题宣讲和实践活动、"身边的好老师"征文等活动，全力推动强作风、抓校风、优师风、促学风工作，4名教师的先进事迹被市级媒体宣传报道，2名老师参加湘潭市师德师风建设年"身边的好老师"征文活动获优秀奖。

【德育教育】　2021年，湘潭生物机电学校获全市班主任业务能力比赛市赛一等奖1个，二等奖1个。举办"礼赞百年路 奋进新时代"教职工合唱比赛。组织清明祭英烈、"学习雷锋，做新时代好少年"等主题活动，开展五四表彰大会、成人礼仪式、校园篮球赛、"新时代好少年 红心向党"演讲比赛、征文比赛、元旦文艺晚会等，校园文化丰富多彩。年内，获全市"文明风采"啦啦操比赛特等奖、篮球比赛第四名；牧医2102班获湘潭市中小学生眼保健操比赛优秀班级；获全市中学生"预防艾滋病 健康每一天"主题手抄报比赛一等奖2个、二等奖2个。

【教学质量】　2021年，湘潭生物机电学校思政教学能力比赛获省赛一等奖1个、市赛一等奖2个、二等奖1个、三等奖1个；教学能力市赛获一等奖7个、二等奖5个、三等奖2个，省赛二等奖2个、三等奖2个；教师教研教改论文获省一等奖2个、二等奖3个、三等奖5个。指导学生参加省级技能竞赛获一等奖2个，二等奖4个、三等奖10个；市级技能竞赛获一等奖15个、二等奖17个、三等奖19个。对口单招大专以上学生209人，比上年增加97人，文化普测合格率96.84%。

【招生就业】　2021年，湘潭生物机电学校新增医疗器械维修与营销专业，争取畜禽生产技术、园林技术两个五年制大专专业，面向全国8省64个县市区，招收新生940人，较上年提高36%，600分以上新生人数较上年提高47%。2019级应参加顶岗实习学生440名，其中需要学校安排实习单位的学生138名，对口率100%；自主顶岗实习学生302名，对口率97.32%，湘潭本地实习率28.26%，自主顶岗实习生湘潭本地实习率23.61%。实际毕业528人，就业319人，升学209人。

【校企合作】　2021年，湘潭生物机电学校指导畜禽养殖专业学生开展创业活动，与华银等公司合作，订单式养殖生态土鸡、珍珠鸡取得成功；与湘贵幽客公司合作种植兰花3000余盆，与湖南扬翔农牧有限公司、湘潭盘龙生态农业示范园有限公司、湘潭泰和锦益科技有限公司、湘潭平安电气股份有限公司等4家本土企业开展合作。

【社会服务】　2021年，湘潭生物机电学校向市委提出推进红色教育培训工作的建议被采纳；完成2021年湖南省新型农业经营主体带头人乡村旅游专题培训班（首届）培训；选派1人任湘乡梅桥镇梅桥村第一书记；选派2人入驻鹤岭镇跃进社区，1人进入市委疫情防控领导小组办公室；1人被推荐为市政协委员、2人为雨湖区人大代表、政协委员；结对帮扶湘潭县莲花村20名建档立卡户；完成全市以涉农培训为主的社会培训10期，培训784人，培训做法被中国农村远程教育网报道。

【平安建设】　2021年，湘潭生物机电学校将安全工作纳入绩效考核指标体系，严格落实校园安全主体责任和校园安全领导责任制、岗位责任制，坚守安全防线。每月一次开展安全隐患排查，建立安全隐患台账，排除安全隐患30多处。举办消防一体化实战演练、消防疏散应急演练1次；开展法制讲座2次；开展反恐防暴宣传教育、演练及培训1次；开展"5·12"防震减灾宣传教育和应急逃生演练1次；进行防雷检测及对学生进行防雷安全教育1次；开展心理健康讲座1场；开展国家反诈中心App推广工作，师生注册率、实名率均达100%。多次召开防溺水安全教育大会、组织开展"珍爱生命、远离溺水"签名仪式；暑假期间，开展全校教职工大走访活动，获得家长及社会好评；参加市教育系统安全生产月演讲比赛，获二等奖。

【项目建设】　2021年，湘潭生物机电学校完成师生活动中心、产教融合报告厅装修改造、停车场新建、门卫改造美化、学生公寓4号和5号楼改造提质等重大基础设施建设，新建2间宠物实训室、1间计算机机房。开通"后勤服务微信平台"，实现日常维修在线报修、在线派单，保证师生正常工作和学习；严格食堂各项管理制度，按要求完成食品采购招标和商店经营权拍租工作。全年财政预算中公用经费支出压减10%；全年争取到位资金775.8万元；累计收回外单位欠款158.31万元；培训创收110余万元。

（李　靓）

湘潭市工业贸易中等专业学校

【概况】　2021年，湘潭市工业贸易

中等专业学校成功申报湖南省“楚怡”中职学校建设项目。承办中职“教师教学能力专题研修”“班主任业务能力”国培项目，省、市技能竞赛，全市校园足球联赛总决赛、中职“文明风采”篮球赛等比赛活动。建成高岭美术馆，举行校友艺术作品展。完成湘潭市新冠肺炎疫情集中隔离点工作任务。《中国改革报》《湖南日报》《湖南教育报》《湘潭日报》等媒体报道学校办学特色和成绩40余篇（次）。

【德育管理】 2021年，湘潭市工业贸易中等专业学校配备2名德育教官，全方位督查学生在校行为习惯，开展法制、安全、纪律教育，弘扬工匠精神、劳模精神、楚怡精神。心理健康教育经验在全省中职学校心理健康教育论坛上推介并作典型发言。高考50班获评省“先进班集体”，校团委获评市教育系统“共青团红旗单位”；2个班级团支部获评市“先进团支部”；4个班级获评市级“优秀班集体”。5名同学获评省“三好学生”“优秀学生干部”。8名学生获评中职国家奖学金，胡寅震同学被推送到省教育厅作为典型宣传。

【专业建设】 2021年，湘潭市工业贸易中等专业学校增设幼儿保育、智能设备运行与维护两个专业；现代服务类专业生产性实训基地立项市重点建设项目；王剑主持的湘潭市现代装备制造名师工作室启动；全面修订数控、旅游、汽修、平面设计、会计、幼儿保育6个专业的人才培养方案；继续与湖南电气职院合作，开设机电一体化、数控技术应用两个专业五年制大专班。

【教学质量】 2021年，湘潭市工业贸易中等专业学校获全市职业院校技能竞赛奖项39个，其中一等奖29个；全省职业院校获奖项32个，其中一等奖7个；市赛、省赛成绩均居全市第一。文化普测全省综合排名比上年度提升100位，居全省前列。对口升学率90%以上，本科上线人数继续保持全市第一。组织学生参加保育员、茶艺师、中式烹调师、车工、铣工、汽车维修工等工种的职业资格鉴定974人次，合格率78.85%。

【教师队伍】 2021年，湘潭市工业贸易中等专业学校新进教师16人，其中1人作为高技能人才引进。组织全员校本培训4次，市培213人次，省培65人次，国培89人次。34名教师获得国家职业技能等级认定考评员资质。凌翠微获评省中职学校“优秀班主任”。

【教研教改】 2021年，湘潭市工业贸易中等专业学校教师参加教师职业能力比赛，获市赛一等奖5个，省赛奖项3个，数控团队获省赛一等奖。成功申报省级教研教改课题2个，省级精品课程4门，省级专业资源库一个；验收教研教改课题5个，省级精品课程4门。教师撰写的论文获省级奖项4篇，市级奖项12篇。

【产教融合】 2021年，湘潭市工业贸易中等专业学校与湖南华顺人力资源股份有限公司合作，建立毕业生综合服务平台；与湖南畅逸企业管理咨询公司合作开展SYB创业培训，拓展学校自主创收能力。与湘潭经开区、吉利汽车分别签订战略合作框架协议；继续与舍弗勒公司、湖南华银国际大酒店等企业合作，推进现代学徒制培养。

【招生就业】 2021年，湘潭市工业贸易中等专业学校严格执行“阳光招生”，填报学校志愿学生连续四年超招生计划2倍以上，招录新生1444人。毕业生初次就业稳固率90%以上，本地就业率60%以上。 （彭 坚）

湘潭市示范性综合实践基地

【概况】 2021年，湘潭市示范性综合实践基地完成综合实践教学工作。研究开发的湘潭本土研学课本《伟人故里研学行》由中南大学出版社出版，填补湘潭研学课本的空白；课题“基于湘潭本土资源研学课程开发实施”在省教科协会成功立项。教师在各级业务竞赛中获奖50余人次。接待湖南师范大学骨干校长国培班学员观摩；劳动教育经验在全省推广。

【综合实践活动】 2021年，湘潭市示范性综合实践基地完成21期公益性综合实践教育活动，近9000名学生接受综合实践教育。开展一期“关爱留守儿童，快乐实践成长”纯公益性农村留守学生综合实践活动，来自石鼓镇的200余名中学生参与此次活动。关爱学生身心健康，广泛开展“青苹果”性健康教育活动，组织开展性健康教育活动30余场次；组织“做最好的自己”团体心理辅导、“漂洋过海”信任之旅等系列心理健康教育教学活动。

【课程开发】 2021年，湘潭市示范性综合实践基地完成毽球制作、饺子制作、纸飞机折叠、风筝制作等15门新课程开发认定工作，让学生在体验手工制作的同时，提升科学素养，培养工匠精神，融合劳动教育。成熟的劳动教育课程有现代农业、内务整理、开心厨房、饮食与烘焙等。易坚、王锦霞成为湖南省劳动教育指导手册编写组成员。学校成为湘潭市首批劳动教育示范学校。

【制度管理】 2021年，湘潭市示范性综合实践基地对原有制度体系进行修订。对原有的千分制计分方案进行改革，制定更加科学合理的年度工作量化计分方案，从德能勤绩廉等方面对教师年度工作进行量化计分考核。方案于4月9日经第二届教代会讨论通过并实施。

【师德师风】 2021年，湘潭市示范性综合实践基地邀请省师德师风讲师团李小龙、宾永荷老师到校开展师德师风专题讲座；组织全体教师学习纪律法规、警示教育等师德师风培训活动12次；开展“师魂映党旗”演讲比赛；组织全体教师廉洁从教宣誓活动、签订廉洁从教承诺书。利用集体谈话进行廉政教育4次，利用个别谈话进行廉政教育40人次；处罚4名违纪老师。

【德育工作】 2021年，湘潭市示范性综合实践基地组建德育工作团队，致力于德育活动课程开发、德育课题研究以及连队管理等工作。团队成员以班主任身份下连队，组织以红色文化教育为主的系列德育思政课堂。初步形成涵盖红色文化教育、心理健康教育、团队建设教育、传统文化教育、安全教育等七大类28门德育思政实践课程体系。创新开营仪式，开设“好好学习”红色故事宣讲、红色励志歌曲传唱两个栏目，“好好学习”栏目推出戍边英雄陈祥榕、湘潭籍革命烈士杨昭植、独臂将军彭绍辉、为国捐躯的湘潭籍飞行员廖勇、杂交水稻之父袁隆平等21个近现代英雄人物红色励志故事；选定一首跟故事相关联的红色励志歌曲进行传唱。

【宣传工作】 2021年，湘潭市示范性综合实践基地以微信公众号为宣传主阵地，密切与“湖南教育新闻网”、《湘潭日报》、“湘潭在线”等省市媒体联系，认真做好宣传工作。全年微信公众号推稿74篇，“湘潭在线”、都市日记、湘潭传媒、《湘潭日报》、潇湘视点、今日头条等媒体刊出32次，湖南教育新闻网、华声教育频道等省级媒体刊出10次。其中由学校承办的市关工委青少年红色文化教育活动在湖南新闻联播面向全省推介。

（张理勇 谭鼎铭）

高等学校选介

湘潭大学

【概况】 2021年，湘潭大学设有研究生院和23个学院、教学部，学科覆盖文、史、哲、理、工、经、管、法、艺等9大门类，化学、材料科学、工程学、数学等4个学科的ESI排名进入全球大学和科研机构前1%，7个学科进入2021软科世界一流学科排名。现有3个国家重点学科，5个湖南省国内一流建设学科，10个湖南省国内一流培育学科，4个国防特色学科；有16个一级学科博士点，31个一级学科硕士点，19个硕士专业学位类别，15个博士后科研流动站；有国家级一流本科专业建设点28个，国家级特色专业11个，国家级专业综合改革试点专业1个，10个专业通过国家工程教育专业认证。

学校拥有1个国家应用数学中心、1个国家国际科技合作基地、2个国家地方联合工程实验室、1个国家地方联合工程研究中心；有2个教育部高校人文社科重点研究基地，1个文化和旅游部中国红色旅游创新发展研究基地，3个教育部重点实验室，2个教育部工程研究中心；有1个省部共建协同创新中心，3个湖南省“2011协同创新中心”和2个湖南省专业特色智库；有4个教育部创新团队，5个湖南省自科基金创新研究群体，3个湖湘高层次人才聚集工程创新团队，8个湖南省高校科技创新团队；是首批国家专利协同运用试点单位、首批高校国家知识产权信息服务中心、首批湖南省高校知识产权中心建设单位。

学校有专任教师1645人，具有高级职称或博士学位的教师比例超过76%；有留学经历的教师达25%。汇聚包括中国工程院双聘院士5人，“万人计划”人选4人，“长江学者”7人，国家杰青、优青基金获得者5人，“百千万人才工程”国家级人选7人，全国模范教师4人，全国优秀教师6人，国家教学名师4人，冯康科学计算奖获得者1人，全国宣传文化系统“四个一批”人才1人，全国宣传思想文化青年英才1人，全国优秀科技工作者1人，全国知识产权领军人才1人，全国专利信息领军人才1人等一大批高水平师资和科研队伍。

学校有各类全日制在校学生33433人，其中博士、硕士研究生8886人。拥有3个国家实验教学示范中心、教育部基础学科拔尖学生培养计划2.0基地、国家首批卓越法律人才教育培养基地、国家人才培养模式创新实验区、国家大学生文化素质教育基地；是“国家大学生创新性实验计划”实施单位、全国首批深化创新创业教育改革示范高校、全国创新创业典型经验高校、全国毕业生就业典型经验高校。

学校国家级项目立项成绩突出，其中国家社科基金项目立项数位居全国高校前26名左右；社科论文人大复印资料转载量和综合指数进入全国高校前3%；7个智库入选中国智库索引名单（CTTI）。科研成果获国家自然科学奖、国家科技进步奖、教育部高等学校科学研究优秀成果奖、湖南省科学技术奖、湖南省社会科学优秀成果奖等奖励120余项。建有院士工作站、创新研究院等高层次产学研基地，近5年签订产学研合作项目1600余项，授权专利2351件。

先后与美国、英国、日本等20多个国家和地区的70余所高校和科研机构建立交流合作关系，开展30多个国际合作培养项目，是教育部“中非高校20+20合作计划”中方入选高校和“一带一路”高校联盟入选高校，分别与西班牙莱昂大学和乌干达麦克雷雷大学合作共建孔子学院。

【思想政治】 2021年，湘潭大学召开第六次党代会，明确未来五年奋斗目标；深入开展庆祝中国共产党成立100周年系列活动，弘扬伟大建党精神，传承红色基因，推动党史学习教育走深走实；扎实开展党支部“五化”建设和教师党支部书记“双带头人”培育工作，获评全省高校党建工作“示范高校”、全省高校基层党建示范点；持续加强干部队伍建设。宣传思想工作方面，全年在中央和省级媒体刊发、播出新闻稿件1400余篇；在《人民日报》《光明日报》等中央主流媒体刊发理论文章20余篇，向省委有关部门提交建言献策20余份。完善风险管控，严把哲学社会科学学术活动关、新闻舆论宣传关。贯彻“三全育人”理念，推进“三全育人”综合改革试点工作，配优配强专职辅导员和组织员，强化思想政治教育，1人入选全国高校思政课名师工作室，1人获湖南省“高校思想政治工作名师工作室建设项目”。完成大学生心理素质提升示范校建设项目。严肃执纪问责，坚持“三不”一体推进，以突出抓教育预防、执纪问责、日常监管和清廉校园建设为重点，在服务学校建设大局中统筹部署党风廉政建设工作。统战工作持续加强，获评湖南省民族团结进步示范学校，获3项省统战理论政策研究成果奖。

【人才培养】 2021年，湘潭大学获批1个国家基础学科拔尖学生培养计划2.0基地和1个省级基础学科拔尖学生培养基地；新增9个国家级、17个省级一流专业建设点，2个本科专业；2个专业通过教育部工程教育认证；获评教育部课程思政示范课1门、省级1门，省级一流课程73门、省级思政

"金课"2门；新增8个省级创新创业教育基地，2个学院获批首批湖南省现代产业学院。应届本科毕业生升学率31%。第一志愿报考人数超过8000人；生源质量稳步提升，一本生源人数较上年增长14.09%，占比超60%；教育部研究生课程思政示范课1门、省级研究生思政"金课"1门，8人被评为"湖南省优秀研究生导师"，4个团队被评为"湖南省研究生优秀导师团队"。学生获宝钢奖特等奖、全国大学生"挑战杯"特等奖等国家级特等奖3项、一等奖49项；省级特等奖1项、一等奖90项；6个项目入围中国国际"互联网+"大学生创新创业大赛全国总决赛，获2项银奖、4项铜奖；2人被评为"中国大学生自强之星"，1人被评为湖南省首届"最美大学生"。

【学科建设】 2021年，湘潭大学数学学科入围国家"双一流"建设学科建议名单，编制完成湘潭大学《"双一流"建设整体建设方案》《数学一流学科建设方案》。优势特色学科竞争力稳步提升。7个学科入选USNEWS 2022年世界大学学科排名，新增1个学科进入2021年软科世界一流学科。完成湖南省优势特色学科群建设申报工作，"数学与交叉"学科群入选湖南省"三高四新"优势特色学科群建设项目。认真开展"双一流"建设专项资金绩效评价工作，加大力度建设高水平学科，毛泽东思想研究协同创新中心等学科平台建设持续加强。

【科学研究】 2021年，湘潭大学社科研究方面：新增各类项目225项，科研经费3200余万元。其中，国家社会科学重大项目2项，教育部后期重大项目1项，国家社会科学重点项目6项，一般项目和青年项目25项。年度重点项目立项率11.54%，立项数居全省第二，青年项目立项率为14.8%，立项数居全省第一；后期资助项目8项，立项数居全省第二；发表CSSCI论文369篇，SSCI论文30余篇；出版各类专著、教材50余部；17项成果获省哲学社会科学优秀成果奖，其中一等奖2项。自然科学研究方面：纵向项目294项，立项经费超1亿元；横向项目199项，立项经费6113万元。获批国家自然科学基金优秀青年科学基金项目1项、区域创新联合基金重点支持项目1项，国家自然科学基金面上项目立项率高于全国平均资助率2.69%，青年项目立项率同比增长4.85%；16项成果获2020年度湖南省科学技术奖励。"碳基生物等先进传感器件"入选湖南省十大技术攻关项目。主持"神舟十二号"舱外航天服工业设计，参与"鲲龙500"海底采矿车研发等国家重大科技项目，智能群枕式长钢轨铺轨机组在首届北斗规模应用国际峰会受到肯定。

【师资队伍】 2021年，湘潭大学引进高层次人才和海内外优秀博士140余人（其中，柔性引进人才10余人）；入选国家"万人计划"哲学社会科学领军人才1人，中宣部宣传思想文化青年英才1名，入围湖南省"芙蓉学者"特聘教授5人、讲座教授3人、青年学者6人；当选教育部物理学类专业教指委委员1人，首届全国高校毕业生就业创业指委会委员1人，国家文化公园专家咨委会委员1人；获宝钢优秀教师奖2人，湖南省青年科技奖1人，湖南省高校首届"最美思政课教师"称号1人，普通高校教师教学创新大赛一等奖1人。修订发布韶峰学者特聘岗位计划实施方案。博士后工作取得新成绩，入选香江学者计划、澳门青年学者计划以及其他博士后国（境）外引进项目共3人，获博士后科学基金特别资助1项，博士后科学基金面上项目资助8项，湖南省优秀博士后创新人才项目14项，入围首届全国博士后创新创业大赛总决赛3项。

【开放合作办学】 2021年，湘潭大学加入"一带一路"高校战略联盟，南亚研究中心获教育部备案，与国（境）外5所大学签订协议9个，完成西班牙莱昂大学孔子学院转隶，获批香港免试生和澳门保送生招生资格。与司法部共同组建全国首个"司法部公证理论研究与人才培训基地"；与最高人民法院共建"知识产权司法保护理论研究与人才培训基地"；校友资源拓展，教育基金管理更加完善；校企深层次合作扎实推进，与华为、江南工业集团等企业签署战略合作协议11个，京东智能城市与大数据研究院、先进制造协同创新中心、湖南韶峰应用数学研究院相继揭牌成立，湖南国家应用数学中心产学研合作和实体化建设迈出坚实步伐。附属实验学校建成开学。

【办学基础建设】 2021年，湘潭大学毛泽东思想研究大楼完成校内预验收，文科实训大楼、环境资源与实验大楼、北苑学生综合食堂等项目稳步推进；40公顷区域电力实现增容新建，校园供水管道改造有序推进，现代后勤保障体系更加完善。正式加入全球无线网络漫游联盟，信息化与教育教学深度融合，智慧财务、智慧图书馆、智慧就业云功能更加健全。教研保障基础稳步夯实，实验室管理获"易制毒化学品管理甲级单位"资质，获评湖南省大型仪器开放共享评价考核优秀等级，工程训练中心完成实践教学任务。 （孙清平）

【校园文化建设】 2021年，湘潭大学打造《换了人间——毛泽东的家书故事》思想政治系列纪录片，推出《湘谈"四史"》微视频课程、大型原创话剧《初心》；举办红色文化系列活动、主题活动40余场次。校园学术活动丰富。推出"伟人智慧——大学生学习毛泽东"等系列特色课程；开展"师道大讲堂""明道信道"等系列讲座20余场，师德教育专题讲座、讨论会、交流会等50余场。校园品牌思政活动创新开展。构建"在线学习+互动讨论+知识竞赛"易班学习模式；推出全国首档大学生原创百集思想政治短视频《"百年百地正青春"大学生思想政治微讲述》；《抗战精神》等中国共产党革命精神谱系丛书入选中宣部、教育部向庆祝中国共产党成立100周年献礼工程；与中国人民大学开展同上一堂党史课活动，获教育部部长高度评价。学校获评2020届"湖南省文明标兵校园"称号，入选2021—2023年创建全国文明校园先进学校名单，完成迎接全国文明校园督导测评工作。

（孙清平　易山峰）

湖南科技大学

【概况】　2021年，湖南科技大学设有20个教学院及继续教育学院、国际教育学院和潇湘学院（独立学院），98个本科专业覆盖11个学科门类。工程学、化学和计算机科学3个学科进入ESI全球排名前1%，拥有3个一级学科博士后科研流动站，8个博士学位授权一级学科，30个硕士学位授权一级学科，17种专业硕士学位授权类别及优秀应届本科毕业生免试攻读硕士研究生推荐资格、“硕师计划”推免资格。拥有3个国防特色学科，1个省级优势特色重点学科，8个省级重点学科，6个湖南省“双一流”建设学科。拥有14个国家级一流专业建设点、8个国家特色专业、35个省级一流专业建设点、17个省级特色专业、1个国家专业综合改革试点专业。

学校占地200公顷，建筑面积110.36万平方米，教学科研仪器设备总值6.23亿元，纸质、电子文献总量720余万册。学校有教职工2566人，其中专任教师1635人、正高职称328人、博士学位教师1022人。有国家“863计划”主题专家、“万人计划”哲学社会科学领军人才、“四个一批”人才、全国杰出专业技术人才、全国最美教师、国家有突出贡献的中青年专家、“新世纪百千万人才工程”国家级人选、国家级教学名师、全国模范教师和享受国务院政府特殊津贴专家等21人次。

学校是教育部本科教学工作水平评估“优秀”高校、教育部“卓越工程师教育培养计划”高校、全国首批创新创业典型经验高校、全国毕业生就业典型经验高校，本科招生第一批次覆盖全国。有全日制在校本科生29872人、在校研究生4942人，另有潇湘学院（独立学院）学生5782人。有1个国家级教学团队、7个省级教学团队。有2个国家级实验教学示范中心、1个国家级虚拟仿真实验教学中心、1个教育部“卓越计划”校外实践教育基地、79个省级实践教学平台，1个国家级新工科研究与实践项目，2个国家级新文科研究与实践项目，3门国家级一流课程，67门省级一流课程，74门省级优秀课程、重点课程和精品课程。

学校有38个国家、省部级自科类科技创新平台，12个省级社科类研究基地。学校承担“863计划”项目、“973计划”项目、国家重点研发项目、国家自然科学基金项目、国家社会科学基金项目等。《湖南科技大学学报（自然科学版）》《湖南科技大学学报（社会科学版）》均入选中文核心期刊要目总览，《湖南科技大学学报（社会科学版）》入选CSSCI来源期刊、中国人文社会科学核心期刊、全国高校百强社科学报、全国高校社科名刊。学校领衔研发的“海牛Ⅱ号”海底大孔深保压取芯钻机系统，刷新世界深海海底钻机钻探记录。

学校与美国、英国、俄罗斯、澳大利亚、德国、意大利、瑞典、奥地利、爱尔兰、日本、韩国、泰国、马来西亚等10多个国家和地区的近40所高校建立合作关系，招收20多个国家的来华留学生及中国台湾地区交流生到校学习。

【思想政治】　2021年，湖南科技大学召开第三次校党代会。抓好党史学习教育，开展“我为师生办实事”实践活动，《教育部党史学习教育简报》2次报道学校经验做法。邀请省委宣讲团成员刘建平、王文珍等到校作专题辅导报告。未发生重大舆情。全面推进“三全育人”综合改革试点高校建设，启动实施第二批“三全育人”综合改革试点学院建设项目。建设好“一站式”勤工助学平台，构建“精准滴灌”模式，案例入选全国资助育人案例。湖南省高校思想政治工作质量提升工程项目与优秀思想政治工作者项目立项率100%。持续强化政治监督，抓好“一把手”监督，进一步加强权力运行监督，全面提升监督治理效能。构建“三不”机制，协助省纪委监委驻省教育厅纪检监察组查办案件4起。举办湖南省首届“清廉高校·湖湘论坛”。

【人才培养】　2021年，湖南科技大学招生投档线保持省属高校第四，历史类、物理类专业组投档线在同层次学校中排第一；入选教育部首批“全国高校毕业生就业能力培训基地”。新增3个招生专业；安全工程等5个专业通过工程教育专业认证现场考查，建筑学专业通过本科教育评估。获批44门省级一流本科课程。完成“第二课堂成绩单制度”试点工作。获批省级教学改革研究项目49项。获批大学生创新创业训练计划项目省级立项78项，国家级立项26项。学生获省级以上奖励506项，其中，国家级特等奖2项、一等奖20项、二等奖26项、三等奖60项。李明睿获2020年度“中国大学生自强之星”，林志入选首届湖南省高校“最美大学生”。研究生招生计划数实现翻番。研究生科研成果产出稳步提升，公开发表学术论文92篇，其中，SCI 16篇、EI 6篇、CSSCI 10篇、CSCD 9篇、北大核心4篇、中文核心1篇；专业教学案例1个，发明专利8项。获评湖南省优秀博士学位论文2篇、湖南省优秀硕士学位论文17篇。学校获评湖南省学位与研究生教育管理先进单位。

【学科建设】　2021年，湖南科技大学编制《“十四五”发展规划和二〇三五年远景目标》及13个专项发展规划。新增化学、土木工程、安全科学与工程3个一级学科博士学位授权点及汉语国际教育、公共管理硕士2个专业学位授权点，实现理学博士学位授权门类零的突破。学校入选《美国新闻与世界报道》2022世界大学排行榜，居内地高校第101位。通信工程、计算机科学与工程、电力电子工程、化学等4个学科上榜2021软科世界一流学科排名。工程学、化学和计算机科学3个学科进入ESI全球排名前1%。87个专业上榜2021年软科中国大学专业排名，位居全国“双非”高校第11位、省属高校第一。推进学科布局调整，组建成立地球科学与空间信息技术学院、未来技术学院、前沿交叉学科学院、生命科学与健康学院、齐白石艺术学院。协同推进第五轮学科评估工作。

【科研创新】　2021年，湖南科技大学万步炎教授领衔研制“海牛Ⅱ号”刷新世界深海海底钻机钻探深度（231米），标志着中国在相关技术领域达到世界领先水平，亮相“十三五”国家科技创新成就展。获批国家自然科学基金项目47项，其中区域联合基金项目1项（学校首次主持获批），标志着学校国家自然科学基金立项取得突破。获批国家社科基金项目17项，其中，国家社科基金思想政治专项1项。获批湖南省重点研发计划项目7项、湖南科技创新人才项目7项。获10项省社科成果奖，其中一等奖1项。签订产学研横向合同182个，合同金额4500万元，横向到账经费4400多万元，比上年增长55%。授权专利271件、软件著作权登记40件；完成科技成果转化项目25项，到账金额150多万元。湖南科技大学科技成果转移转化与知识产权中心挂牌运行。做好武器装备科研生产保密二级保密资质现场审查迎检工作。

【师资队伍】 2021年，湖南科技大学邀请中国工程院院士陈湘生任特聘教授、知名经济学家邵宇任特聘讲座教授；引进国际知名翻译家王宏志教授任翻译史与跨文化中心名誉所长；引进“青年千人计划”熊乃学团队；推进院长招聘工作，引进湖南大学梁伟教授任计算机科学与工程学院院长。实施“高层次人才发展支持计划”，评审聘任125人，其中领军人才3人，学科带头人（湘江学者）13人，学术带头人61人，青年创新人才（奋进学者）48人。引进优秀人才51人，专任教师规模达1635人，其中高级职称占比56%，博士占比62.6%。加强思想政治课专职教师、专职辅导员和心理健康教育教师“三支队伍”建设，引进思想政治课教师5名，调整9名优秀管理人员任专职教师；公开招聘事业编制辅导员20人；招聘非事业编制合同制心理健康教育专职教师2名。万步炎教授入选2021全国最美教师、第六届全国杰出专业技术人才。万步炎团队入选第二批“全国高校黄大年式教师团队”。鲁义入选湖南省“向上向善好青年”、王育霖入选“首批湖南省岗位学雷锋标兵”、梁长平入选“湖南省高校最美思政课教师”、唐璟入选湖南省第一届“最美资助人”。

【现代治理】 2021年，湖南科技大学把立德树人成效作为根本标准，深化教师职称评审制度改革、教师绩效考核评价改革，制定实施《高校教师系列专业技术职称申报评审条件》《2021年绩效工资实施办法》《2021年奖励办法》，稳妥推进教育评价改革。制定实施《党政管理、直属机构设置与编制核定方案》《教学科研机构设置优化调整方案》《党政管理、直属机构设置调整补充方案》，优化二级机构编制及其岗位设置，建立健全各类岗位、职级人员的职业发展机制。完成新版《湖南科技大学制度汇编》审核工作。规范采购行为、提高采购效率。完成开源项目5个，实现学校租金收入350万元。扎实开展基建维修工程审计，累计审减金额570万元；高标准做好学校经济活动的审计监督，节约支出2260万元。注销校属企业16个；基本完成桃园驾校清算工作。学校被评为2020年度省直非税收入执收工作先进单位。

【文化建设】 2021年，湖南科技大学与芒果V基金共同成立“芒果V基金·心与馨”专项公益金。组织开展“大学第一课”“明月讲坛”、湘江高端论坛等活动。邀请残奥会游泳冠军、“全国五一劳动奖章”获得者到校作专题讲座。举办“坚守师德，廉洁从教”主题演讲比赛；开展“劳动创造幸福，实干成就伟业”教职工优秀事迹报告会；创作并传唱校歌。文庙保护修缮获省文物局审批立项，文庙文化研究中心暨湘潭文庙管理服务处揭牌成立。学校在第六届大学生艺术展演国赛中首次获得国家一等奖。学校官方微信公众号入选2020—2021年度中国大学官微百强。

【开放办学】 2021年，湖南科技大学获批年度第一批产学合作协同育人项目6个。获批湖南省研究生联合培养基地4个。完成3批39人留学生录取工作。完成9个“国培”“省培”项目，社会培训工作平稳有序。制定实施《服务“三高四新”战略和地方经济社会发展行动方案》《加强湖南科技大学与湘潭经济技术开发区深度融合发展实施方案》。制定实施《湖南科技大学促进校友与母校共成长、齐发展行动计划（2021—2025）》，加强与校友联络沟通，汇聚校友兴校力量，全年教育基金会接受到账资金268万元，捐赠实物估值达528万元。《湖南科技大学学报（社会科学版）》被评选为“复印报刊资料重要转载来源期刊（2020年版）”，继续入选CSSCI来源期刊、《中文核心期刊要目总览》；《湖南科技大学学报（自然科学版）》入选《中文核心期刊要目总览》。在CCTV、新华社客户端、人民日报客户端、学习强国、人民网、央广网、《中国教育报》等媒体发稿1000余篇。

（陈蓉晖）

湖南工程学院

【概况】 2021年，湖南工程学院有教职工1314人，其中专任教师1164人，高级职称教师400人；具有博士、硕士学位教师985人，博士生、硕士生导师171人。全国模范（优秀）教师3人，享受国务院、省政府特殊津贴专家8人，教育部新世纪优秀人才3人，教育部、教育厅专业教学指导委员会委员6人；省级教学名师、省部级优秀教师12人，省级学科带头人14人，“湖湘高层次人才”、省“百人计划”、省“新世纪121人才工程”人选等省级人才90余人；省级教学团队、省高校科技创新团队11个。

学校分主校区和南校区两个校区，校园占地面积122公顷，建筑面积56万平方米。学校对接区域经济和机电、纺织行业发展需要，以培养高素质应用型人才为目标，形成电气、机械、纺织、化工、管理、信息等优势专业群，涵盖工科、管理、文科、理科、经济、艺术6个学科门类。设有20个教学科研单位、52个本科招生专业、2个硕士专业学位类别。有湖南省“双一流”建设应用特色学科8个；教育部“卓越计划”实施专业8个；国家级、省级特色专业8个，国家级、省级专业综合改革试点专业6个，国家级一流本科专业建设点2个、省级一流本科专业建设点22个。机械设计制造及其自动化、电气工程及其自动化、化学工程与工艺3个专业通过工程教育专业认证。学校有国家级实践教育平台4个，国家级大学生科技创新团队1个，省级创新创业平台32个，省级校企合作人才培养示范基地、优秀实习基地25个，教育部产学合作协同育人项目157项，国家级一流本科课程1门，省级精品课程11项、省级一流本科课程32门、省级课程思想政治示范课程2门，省级虚拟仿真实验中心、示范实验室（中心）9个，建有3个现代产业学院。金工实习基地是教育部确定的全国高校金工实习教学指导人员培训与考试中心。拥有省高校“2011”协同创新中心、省重点实验室等省级科研平台24个；省级校地合作基地1个，省高校产学研合作示范基地3个。

组织师生开展乡村规划与景观规划设计、“三下乡”实践等活动，大力推进消费帮扶工作。“三下乡”社会实践活动中获国家级荣誉4项、省级荣誉14项；在省高校消费扶贫营销大赛中获各类奖项34项。围绕十九届六中全会、庆祝中国共产党成立100周年、党史学习教育等重大主题，推出“感党恩听党话跟党走 三十人谈”“我为师生办实事”等专栏。在人民网、《光明日报》、学习强国等媒体发稿350余篇，其中在《光明日报》《湖南日报》发稿3篇。组织“光明招生大直播”，超80万人次在线观看。推进第二轮省“平安高校”建设，连续多年无一起重大事故。

【教育教学】 2021年，湖南工程学院以新工科建设和“卓越计划2.0”为引领，推进本科教育教学改革，出台学校一流本科专业、课程建设管理办法。新增国家级一流本科建设点2个、省级一流本科课程26门。产教融合，新建现代产业学院2个。工、文并重发展，学校获批教育部首批新文科研究与改革实践项目1项；省教育科学规划课题9项、新文科研究与改革实践项目2项；《湖南工程学院新文科建设工作进展报告》作为典型材料被推荐至教育部。教学改革研究扎实开展，获中国纺织工业联合会纺织高等教育教学成果奖特等奖1项、二等奖4项，获批教育部产学作协同育人项目35个。列入全国新建本科院校教师教学发展指数第28位，排名位居省内同类高校第一。研究生培养方面。学校新增省级优秀研究生导师团队1个、省级优秀研究生导师1人、优秀硕士论文2篇。立项省级教改项目3项、科技创新重点项目2项、北斗微小课题8项。研究生授权专利25项，发表论文77篇。参加各类比赛获国家级、省级奖项22项，其中在省高校研究生电子设计竞赛中荣获一等奖1项。

【办学工作】 2021年，湖南工程学院新增合作院校4所，获批国家留基委公派出国项目1项。首次与QS世界大学排名前350位的境外高校开展博士联合培养项目，首次引进外籍名校博士2名，首次与国外高校共建实验室，首次获批国家援外培训项目。建工大楼获批国家教育强国推进工程2021年支持项目；纺织大楼、科创大楼拟列入湖南省“十四五”建设规划。举办双选会26场、宣讲活动594场，提供岗位近10万个。对有就业意愿困难学生进行“一对一”指导帮扶，发放82万余元求职创业补贴，实现100%就业。2021届毕业生就业去向落实率为90.11%。获省级就业指导类比赛奖项2项。

【改革创新】 2021年，湖南工程学院新增创新创业项目国家级21项、省级60项；获批新工科大学生科技创新人才能力培养项目1项；成果264项，其中论文76篇、专利28项，获国家级、省级奖项102项。参加各类竞赛，获国家级奖项97项、省级奖项257项，其中，在美国大学生数学建模竞赛等多个重要比赛的获奖数量和等级均取得历史突破；在全国大学生电子设计竞赛中获一等奖5项、二等奖2项，一等奖数量在全国排名第7名。获评省“创新创业好青年”1人。召开十大专项改革汇报会，推进十大专项改革方案和31个配套文件落地见效。聚焦“深化教育评价改革任务”，实施省属高校书记、校长开局项目，推进地方应用型工科院校课程思想政治建设、教师和学生评价改革。

【人才引进与培养】 2021年，湖南工程学院深化人事制度改革，出台校聘教授副教授管理办法等系列制度。新增湖南省“百人计划”人才工程1人、省杰出青年2人、湖湘高层次人才3人、青年科技奖获得者1人，湘潭市优秀专家、专业技术骨干、高层次人才34人，博士47人；公开招聘事业编制人员42人。修订优秀教师、先进教育工作者评选办法。1名教师作为师德师风榜样获湖南省教育电视台专题报道。

【“双一流”建设】 2021年，湖南工程学院以“应用特色学科”建设为龙头，加快建设高水平应用特色学院和8个省级应用特色学科。修订学科带头人、学术带头人及学术骨干选拔与考核办法，出台学科建设经费管理办法。遴选“高峰”“领雁”“支撑”学科的18位学科带头人、55位学术带头人及162位学术骨干，构建“学校引导、学院负责、学科实施”学科建设格局。 （陈璟轩）

【科创与产学研】 2021年，湖南工程学院新增国家级基金项目7项、省部级项目63项，其中首次获批省“海智基地”示范项目；获批省杰出青年项目2项。获湖南省科技进步二等奖1项、三等奖2项，中国发明协会发明创业奖一等奖1项、二等奖2项，省级社科优秀成果奖二等奖1项。对接区域经济与行业发展，制定服务湖南省“三高四新”战略定位和使命任务实施方案和“揭榜挂帅”项目管理办法；新增横向科研合作项目合同270余项，到账经费7000多万元；授权发明专利90余项，转让、许可科技成果18项，成为全国科技成果转化100强高校；研发的“复杂地形多用途特种机器人”获湖南省人工智能产业创新与应用大赛“标志性创新产品”，是省内首个获此荣誉的高校；获中国产学研合作促进会“产学研合作促进奖”。被推举为湘潭市先进电传动及风电装备产业链校长单位；13名教师入选湘潭市科技特派员；8位教师入选湖南省企业科技特派员。

【举办湖南工程学院建校70周年纪念活动】 2021年10月16日，湖南工程学院以“锲而不舍担使命，敢为人先谱新篇”为主题，举办建校70周年纪念大会、“双碳”高峰论坛、“政、校、企”合作洽谈会、无人机表演等9大主题活动，113位领导、嘉宾和860余名校友参加纪念活动，捐资捐物约1800万元。 （陈璟轩 黄黎真）

湖南城建职业技术学院

【概况】 2021年，湖南城建职业技术学院有教职工637人，其中教师468人，博士学位4人，正高职称18人，副高职称149人。开设24个高职专业，有全日制高职在校生11835人，其中2021年招收高职生3898人，年终就业率93.15%。获省级以上办学标志性成果171项，其中国家级3项。年内，学校获评“湖南省文明校园”“湖南省文明卫生单位”；党建、思想政治教育和三全育人等工作获省级以上荣誉奖项39项，其中国家级项目2个、省级党建示范点4个，11名党员获省级表彰；立项省级思想政治工作质量提升工程项目项目5项，获评全省高校“十大育人”示范案例11个、湘潭市“三全育人”优秀案例18个。

【教育教学】 2021年，湖南城建职业技术学院职教重点项目获得省级以上标志性成果46项，其中立项教育部职业教育示范性虚拟仿真实训基地、城乡规划专业教学团队立项全国职业教育教师教学创新团队、“村庄人居环境综合整治”课程立项教育部课程思政示范课程、课程思政教学名师及优秀团队等。完成2021级各专业人才培养方案修订并全部通过抽查，获得4个优秀；毕业设计抽查通过率100%；毕业生专升本率12.65%。

【课程思政】 2021年，湖南城建职业技术学院组建“匠心鲁班”课程思政教学研究中心并获评省级课程思政示范性研究中心，建成国家课程思政示范课程1门，国家级课程思想政治教学团队1个，省级课程思想政治示范课程2门，8人被评为国家级课程思想政治教学名师。2个团队8名教师获湖南省职业院校思想政治教育教学能力比赛课程思想政治说课一等奖。

【科研创新】 2021年，湖南城建职业技术学院立项68项市厅级及以上课题，4项横向科研项目，其中首次立项教育部国家级职业教育教师教学创新团队课题、教育部高校思想政治理论课教师研究专项课题、中非经贸合作职业教育产教联盟课题、长株潭国家自主创新示范区建设专项项目（科技创新培育项目）。

【社会服务】 2021年，湖南城建职业技术学院牵头成立的湖南建筑职教集团入选教育部首批示范性职教集团培育单位，获产学研专利400余项、纵横项目20项、生产技术攻关项目8项、研究成果获奖166项、孵化创业项目9项，建成湖南省职业教育教师技艺技能传承创新平台8个、湖南省职业教育“双师型”名师工作室6个。继续教育学院完成建设领域施工现场专业人员（九大员）等16个项目19962人次培训。成立乡村振兴学院，对口开展邵阳市新邵县村庄规划综合服务和邵阳市绥宁县稠清村驻村帮扶，完成“美丽屋场”设计任务12项。

【师生竞赛】 2021年，湖南城建职业技术学院师生获奖158项，其中教师获奖88项，全国性比赛一等奖2项，省级比赛一等奖6项。9个团队32名教师在2021年湖南省职业院校教师教学能力竞赛获奖，12名教师获一等奖。学生获奖70项，其中国家级特等奖1项，一等奖8项，二等奖4项，三等奖1项。

【学生服务】 2021年，湖南城建职业技术学院依托“绿色通道”办理生源地助学贷款、发放各类奖助学金、提供勤工助学岗位等扶贫帮困形式，共资助11351人次1640.45万元。完成新湖校区2146名学生搬迁至高新校区工作，高层学生公寓投入使用，学生住宿条件得到改善。46名中层以上干部继续担任兼职班主任。构建具有城建特色心理育人平台，全年心理健康服务300余人次。帮扶189名建档立卡贫困毕业生实现100%就业，连续8年获湘潭市高校毕业生就业工作一等奖。

【治理能力】 2021年，湖南城建职业技术学院出台《学院“十四五”事业发展规划（2021—2025）》及治理能力现代化等10个专项规划。建成国内领先的常态化、全覆盖、具有预警功能和激励作用内部质量保证体系，完成专业、课程、教师、学生等层面发展规划和年度质量诊改报告近2万个，通过省教育厅首轮内部质量诊改复核。高质量完成卓越高职院、中高职衔接项目的绩效评价。创新院系两级教学质量督导体系，成立教学督导团，规范教师听课评课等制度。推进绩效考核改革等教育评价体系改革，完成8个内控制度与流程修订。

（邓　力　邓宗国）

湖南理工职业技术学院

【概况】 2021年，湖南理工职业技术学院完成第三轮校内巡察，实现学院党委一届任期内校内巡察全覆盖。学院获省发改委篮球赛一等奖。学院驻花垣县土地村乡村振兴工作队被花垣县委县政府评为年度驻村帮扶工作先进集体，被湘西州委州政府通报表扬。管理艺术学院党总支获评湖南省普通高校“党建工作标杆院系”、湖南省教育系统“先进基层党组织”，智能制造学院党总支获评湘潭市“先进基层党组织”。开展职称评审工作，2人晋升为教授，5人晋升为副教授，17人晋升为讲师，内部岗位等级调整72人。教师竞赛获国家级、省级奖励12项，周斯婧获第二届全国高校思想政治理论课教学展示暨优秀课程观摩活动一等奖，成青老师团队获省级课程思想政治说课竞赛公共组一等奖，马任兰等4名教师获省发改委第十二届青年干部论坛二等奖。开展首届青年教师管理岗位技能竞赛。完成第七轮中层干部换届工作。

【思政教育】 2021年，湖南理工职业技术学院出台《思想政治理论课建设质量提升工程实施方案（2021—2025）》，构建富有理工特色思想政治课程和课程思想政治教育体系。推进六大特质理工建设，打造二十大精品育人活动，打造理工职业学院样板育人模式。与岳塘区人民法院共建思想政治课实践教学基地，与湖南科技大学共同组成大中小“手拉手”集体备课团队，组织教职工暑期走访品学兼优贫困生家庭。实施“千里马”助学项目，全面开展“6S”宿舍管理、

“7S”实训室管理。学院获评2021年度湖南省“三下乡”社会实践活动优秀单位、湖南省高校心理健康教育先进单位。院团委获评2021年湖南省五四红旗团委。

【优质课程建设】 2021年，湖南理工职业技术学院立项10门精品在线开放课程，完成42门精品课程验收评审，组织10门课程申报省级精品课程。“中华传统文化与现代职业素养”立项省级课程思想政治示范性课程。完成首批“1+X”工业机器人集成应用职业技能和“1+X”光伏电站运维等级考证工作。举办第一届电子商务师培训班，建立大数据会计与智能财务共享中心。

【教科研建设】 2021年，湖南理工职业技术学院依托学科专业特色优势，承办以“致力创新，未来因你而精彩”为主题的湘潭市科技活动周活动。获省级优秀思想政治工作案例成果4项，获论文成果奖20项。授权知识产权成果24项。立项省工业新兴产业链产教融合等科技项目16项，获财政拨款额较上年增长75.94%。签订8个横向技术服务项目，合同交易总金额334.2万元。

【产教融合】 2021年，湖南理工职业技术学院出台《产教融合质量提升工程实施方案（2021—2025）》，制定“产教融合质量提升工程任务清单”，加强学院教师与技能大师、专业与产业、课程与岗位、教学与生产、校园文化与企业文化、学历证书与职业技能等级证书、科研成果与产业项目的深度对接，促进人才培养供给侧和产业需求侧结构要素全方位融合。申报的湖南省新能源职业教育教学指导委员会被省教育厅认定为首批行业职业教育教学指导委员会。加强与中国动力谷园区、九华经开区、湘潭高新区等合作办学，与步步高集团、岳塘区国际商贸城深度合作。配合舍弗勒（湘潭）有限责任公司成功立项省级产教融合型企业，与京东集团合作成立中国教育技术协会无人机教育专业委员会。电子商务、大数据与会计专业分别与京东集团、网中网公司共建产业学院。实施“校企双创双导师”制和专业导师制，校企合作立项3个省级优秀教学团队，6位教师进入湖南省可再生能源协会专家库。

【招生就业培训工作】 2021年，湖南理工职业技术学院组织教师赴全省14个市州开展学院形象宣传。新生到校2348人，到校率94.48%。修订完善《就业工作考核办法》，完善校院两级就业服务体系，提升就业、创业服务质量。学院获评湖南省征兵工作先进单位。专升本录取154人；毕业生初次毕业去向落实率85.83%，较上年增长10.03%。全年完成4期SYB创业培训，培训学生120人。湖南省黄炎培职业规划大赛校赛、第七届互联网+大学生创新创业大赛校赛等赛项，获创新创业类省级竞赛三等奖3项，成功立项湖南省大众创业万众创新示范基地。

【特色专业建设】 2021年，湖南理工职业技术学院以能源类专业为龙头，完成光伏发电技术应用示范性特色专业群、光伏发电技术应用高职校企合作生产性实习实训基地项目的绩效评价验收工作。完成教育部工业机器人领域应用人才培养中心、教育部现代学徒制试点单位项目验收。职业培训获批工业机器人系统操作员等6个工种培训资质。省工程实验室顺利通过CMA资质认定，在光伏领域检测检验技术上取得新突破。牵头制定两项国家专业教学标准，参与制定3项国家教学标准。智能装备制造工作室、光伏发电系统控制与优化工作室认定为湖南省职业教育“双师型”名师工作室。承办全国职业院校技能大赛湖南选拔赛光伏电子工程的设计与实施等省市级7个赛项。学生技能竞赛获省部级及以上奖励56项，吴绍嘉同学蝉联“万方杯”全国高职院校信息素养大赛个人特等奖，风光互补发电系统安装与调试项目获国赛二等奖，先进成图技术与产品信息建模创新大赛获国赛三等奖。 （张 琼）

湘潭医卫职业技术学院

【概况】 2021年，湘潭医卫职业技术学院开设21个专业（方向），在校学生13700余人。在职在编教职工1017人，其中高级职称276人，“双师型”教师210余人。学校有9所附属医院，有口腔医学等6个专业的校内生产性实训基地。有中南大学湘雅医院等200余家医卫类定点实习就业基地。学校推出《榜样的力量》《为师者，匠心以致远》等系列典型宣传作品，国家、省、市级媒体报道学校工作60余次。《聚焦湘潭医卫职院临床医学专业创新1+1+1人才培养模式》一文获2021年度省职业教育优秀新闻作品一等奖。

全年学院有9000余人次参与疫情防控，附属医院10次搭建新冠肺炎疫苗接种临时方舱，累计接种疫苗11万余人次，核酸检测6.5万余人次。

修订《科研奖励办法》等规章制度，成功申报纵向科研项目68项，其中省级及以上科研项目28项。公开发表学术论文200余篇，获奖论文43篇。组织开展各类学术讲座10次，科普宣传6次。

【招生与就业】 2021年，湘潭医卫职业技术学院招收新生4292人，上本科线学生超30人；新生报到率97.55%。年内新开发18家实习就业单位，完成4973人的实习安排。有2136名学生报名参加“专升本”考试，356人被录取。15名新生签订中韩“3+2”专升本项目协议。举办2021年校园招聘会，毕业生就业率93.26%。学校获湘潭市“在潭高校就业工作一类单位”“在潭高校留潭就业工作先进单位”称号。

【教学工作】 2021年，湘潭医卫职业技术学院新增婴幼儿托育服务与管理专业，谋划组建基层卫生服务、母婴健康服务、医养康养、医学美容和医疗器械等5个专业群。17个专业人才培养方案全部通过合格性评价。与湖南普亲老龄产业发展有限公司等6家公司签订订单式人才委托培养协议。老年保健与管理和医学美容技术专业加入以培养学生“早临床、多临床、反复临床”为目的的人才培养模式改革行列。新引进建设的口腔医学与医学美容技术专业生产性实训基地与书吧共投资超过2000万元。教育教学亮点纷呈。“毛泽东思想和中国特色社会主义理论体系概论”课入选省思想政治课“金课”建设课程；“基础护理技术”“妇产科学”分别被省教育厅和教育部行指委确定为课程思想政治示范课程。1个教学团队获省职业院校教师职业能力竞赛一等奖，3个教学团队在全省思想政治教育教学能力比赛中获二等奖。社区康复服务省级示范性特色专业群验收合格。口腔医学技术专业教学资源库立项省职业教育专业教学资源库建设项目。2个优秀专业人才培养方案与2个新专业现场评估获省教育厅专家组充分肯定。临床医学专业毕业生全国助理执业医师资格考试综合通过率77.87%。乡村医生资格考试通过率连续5年为100%。附属医院首届助理全科医生培训学员结业考核技能与笔试通过率均为100%。护士资格考试通过率97.38%，“1+X”幼儿照护职业技能等级证书考试通过率99%，专业技能抽查和毕业设计抽查合格率100%。

【三全育人】 2021年，湘潭医卫职业技术学院课程思想政治工作稳步推进，“三全”育人格局不断完善。开展“百优十佳”“十大育人体系”等系列评优评先表彰活动。扎实推进“易班”建设、“智慧团建”信息化建设，不断深化“互联网+团建”工作。3个教学团队在全省思想政治教育教学能力比赛中获二等奖。在湘潭市职业院校“三全育人”案例评选中获一等奖4项、二等奖3项、三等奖5项。在“挑战杯”“互联网+”、黄炎培创业规划大赛、省医学技能创新创业等大赛中，获国家级铜奖1项、省级一等奖（金奖）4项、二等奖6项，累计获奖30余项。学校获“黄炎培职业教育奖优秀学校奖”、挑战杯创业规划大赛团体“优胜杯”奖。参加全国大学生舞龙舞狮锦标赛获3项第一；获全省高职护理技能竞赛一、二等奖各2个、幼儿照护竞赛二等奖2个、省医学检验技能大赛师生同台竞赛学生组第一名。校园文化活动多姿多彩。开展校园文化艺术节、社团文化艺术节、校园女生节、大学生学术科技节等大型活动20余场次。开展诵读中华经典、读书分享会、“书香战疫”视频打卡、校园主持人大赛、新生篮球赛等活动。在湖南省高职高专院校信息素养大赛中，5人获“三等奖”。关爱帮扶学生力度加大。完成1.1万余名学生城镇居民基本医疗保险的人保续保和理赔服务工作。投入100余万元对两个校区学生宿舍的铁床、家具等进行更新，为学生宿舍加装空气能热水系统。14人获“国家奖学金”，432人获“国家励志奖学金”，获国家一等、二等、三等助学金人数分别为2445人、139人、516人，1797人获校奖学金，593人获国家生源地助学贷款。以“5·25”大学生心理健康日为契机，开展系列心理健康教育活动。领导干部坚持进宿舍、进课堂等“七进”制度。

【队伍建设】 2021年，湘潭医卫职业技术学院招聘教师35人，引进高级职称2人，开展“双师教师”认定、职称评审、青年教师培训和新进教师教育教学能力培训等系列工作，20余人获各类专业技术职务晋级或省、市级专家或省高校辅导员年度人物提名，40余人次教师获省级以上荣誉。全年招聘辅导员16人、专职思想政治课教师2人。

【依法治校】 2021年，湘潭医卫职业技术学院制定学校“十四五”事业发展总体规划和10个专项规划、7个子规划。制定《提质培优行动计划实施方案》和《管理办法》，遴选承接39个项目。完成章程修订工作，获市政府审批、省教育厅核准后正式颁布实施。持续推进规章制度“立改废”工作，修订、新增各项规章制度40余项。完善运行机制，严格落实党委领导下校长负责制和“三重一大”等议事规则。“党委领导、校长负责、教授治学、民主管理、依法治校”内部治理体系完善。严格预算资金使用审批和预算调整，预算编制工作更加规范；严格控制“三公”经费支出，节支35.62%；清点核对财产3599件；完成859台（件）新增固定资产的信息录入工作；修改资产信息管理系统记录2681条；调剂使用闲置资产200多台（件）；组织实施政府集中招标采购和校内招标采购62项，在政府采购电子卖场平台交易670笔。

【社会服务】 2021年，湘潭医卫职业技术学院首次承办湖南省高职护理技能竞赛，主办教育部康复治疗技术“双师型”教师培训与全省高职院校课程思政教学设计与实施培训，完成全省1000多人的助理全科医生培训结业考核和5400余人次全国会计师组考工作，完成湘潭生物机电学院、湘乡一职的国培项目培训，完成健康宣讲及各类培训57期20376人次。组织教师参加湘潭市首届职业技能大赛，参赛教师全部获奖，两人获一等奖，学校获团体二等奖。学校助力服务乡村振兴工作，在学校安装消费扶贫产品销售专柜3个，全年采购价值近20万元乡村振兴农副产品。全校1万余人次参加创文创卫、社区联点共建等志愿服务活动，学校获评“湘潭市创建国家卫生城市先进单位”。

【附属医院管理与建设】 2021年，湘潭医卫职业技术学院附属医院制定“十四五”事业发展规划，明确创建三级综合医院目标任务；全面实行6S精益管理。推进公立医院改革，管理服务更加精细、科学。健康管理中心正式投入运营，普外科、呼吸内科、创伤外科确认为湘潭市第三批重点专科；创伤中心、卒中中心确认为湘潭市第一批试点单位，医院通过湖南省卒中联盟的认证，成为创伤联盟副主任单位；新增设脊柱外科。公开招聘专业技术人员28人，引进脊柱外科和超声医学科学科带头人各1人。医教研融合深入推进，全年护理、药学、检验、影像及全科5个教研室17名老师完成学校12门课程1024课时教学任务。招收助理全科医生培训学员14人。

（王吉伟）

湘潭开放大学

【概况】 2021年，根据《中共湘潭市委机构编制委员会关于湘潭广播电视大学更名的通知》精神，湘潭广播电视大学更名为“湘潭开放大学”，其他机构编制事项维持不变。12月23日，湘潭开放大学正式揭牌成立。有在编在岗教职工55人，在籍学生11275人；开设有开放教育专科、本科、高起本三个学历教育层次，是全省规模最大的地市分校之一。学校通过省级文明单位复查，获湖南开放大学系统办学目标考评优秀分校。党史学习教育成果获市教育系统二等奖 1 个，湖南开放大学征文获三等奖 1 篇，湖南省社科联和湖南省远距离教研会联合主办的庆祝中国共产党成立 100 周年征文获一等奖 1 篇。招收开放教育学生 3472 人，含校本部直属 2625 人，教学点 847 人。其中开放专科 2106 人、开放本科 754 人、高起本 39 人，农民大学生 573 人。远程教育学院招生 640 人。

【教学竞赛】　2021 年，湘潭开放大学班子成员开展课程思想政治研究，研究成果获教育部课程思想政治示范课程 1 个，国家开放大学三等奖 1 个，省开放大学二等奖 2 个。组织学生参加专业技能竞赛，以赛促学，竞赛成果获省开放大学二、三等奖各 1 个，国家开放大学一、三等奖各 1 个、二等奖 2 个，国家开放大学优秀指导教师 5 个。

【科研工作】　2021 年，湘潭开放大学组织教师参加各级科研征文、课题研究和教育教学创新改革活动，获市级优秀论文一等奖 3 篇、二等奖 2 篇、三等奖 3 篇，获省级优秀论文一等奖 3 篇、二等奖 4 篇、三等奖 4 篇；学校结题省级课题 1 项，在研课题 7 项，公开刊物发表论文 4 篇。在上年度市科协目标管理考核中获评优秀高校科协。

【特色教学】　2021 年，湘潭开放大学培训调训重点学员 1000 余人；完成全市新提任领导干部党的理论、基本知识测试；完成省干部网格学院专题班培训，联合市党员教育中心打造 5 门红色教育精品课程；开展乡村振兴和干部能力提升集中面授专题培训。组织事业单位工作人员培训等 10 个培训项目，共 2 万人次参加；组织全国会计专业技术初级、中级、高级资格考试等 9 个考试项目，共 1.5 万人次参加。新挂牌 2 所老年开放大学和 1 所社区学校。

（胡建富）

湘潭教育学院

【概况】　2021 年，湘潭教育学院占地面积 5.07 公顷（含两个校址），建筑面积 8.83 万平方米，总资产 1937.37 万元，固定资产净值 1637.53 万元。拥有图书 14 万余册。有在职在编教职工 76 人，其中本科以上学历 73 人，硕士学历学位 13 人，高级职称 22 人。被评为“第四届全国名师工作室联盟理事单位”；市学科创新融合名师工作室评为“全国先进名师工作室”；“用‘4N+X’模式有效推动区域提升工程 2.0 项目”获全国地市级提升工程 2.0 典型案例；教师资格认定一体化管理平台典型经验作为省政府“一件事一次办”案例向全省推介；市、县中小学幼儿园教师网络研修（工作坊研修）被评为 2021 年度“工作先进单位”。获国家级奖励 4 人次，省级奖励 17 人次，市级奖励 4 人次，教师在省级以上作经验交流 6 人次（其中国际经验交流 2 人次），教师团队获省级团队荣誉称号 2 次。改版升级官网、微信公众号；刊出宣传专栏 5 期、宣传报道 242 篇。

【教育教学】　2021 年，湘潭教育学院承办国培、省培项目 11 个，市培项目 40 个，参培 7100 余人。指导各级承办机构完成市级项目立项申请 93 个，完成过程管理并提交结业申请市级培训 81 个，培训学员 12369 人。有 310 位老师进行学分补偿性培训，学分登记 2504 条。毛方吉老师受联合国教科文组织高等教育创新中心（UNESCO-ICHEI）邀请，为亚非地区 53 个国家 1500 余名高校教师主讲 2 场直播课《新技术重塑教学》。成立名师工作室管理办公室，30 个名师工作室共开展 140 多次活动，《人民日报》、央视网、凤凰网等 20 多家新闻媒体对湘潭市名师工作室经验和成效进行报道。组织实施对 400 余名学科带头人和骨干教师进行考核评优。组织中华诵写讲五项大赛，获国家级奖励 3 个，省级奖励 11 个。44 篇论文获湖南省语言文字应用论文奖。创新和优化普通话报名系统，测试人数突破 7000 人，获省教育厅、省语委通报表扬。组织教师资格面试 10353 人，教师资格 2512 人次，许可服务获得 5 星好评。

【科研工作】　2021 年，湘潭教育学院建立中小学教师网络研修平台、提升工程监测中心平台和名师工作室平台，创建提升工程 2.0 培训项目“国培 A521”项目网站，推动各县市区及市直学校近 7000 人加入提升工程 2.0 项目。在省国培办下发《关于 2020 年度“国培计划”“省培计划”实施工作评估结果的通报》中，湘潭教育学院有 7 个获优秀等次，C109 项目获 C 类项目第一名。向湖南省教师教育学会送交论文 2082 篇。是年在研课题 3 项，结题课题 1 项，开题 4 项，发表论文 10 余篇，获省级以上评奖 5 篇，编制综合性内刊《教师研训》，出版教材 1 本。

【成人教育管理】　2021 年，湘潭教育学院制定 12 部规范化管理制度文件，规范和加强与各函授站点教学管理。配置网络课程 151 门，组织对 15 个专业近 5000 学员 344 门课程结业和毕业在线考试，阅卷 5 万余份，实践性教学学时占总学时数 50% 以上。招录 13 个专业新生 1725 人，完成学历电子注册图像采集工作，制作毕业档案和毕业证，毕业 1300 多人。成人教育信息化改革成果被中国网、中国日报网、搜狐网等 11 家媒体报道。

（葛宁海　左　敏）

2022 湘潭年鉴 XIANGTAN NIANJIAN

科学技术

科学技术

【概况】 2021年，湘潭市研发经费投入上报数达100亿元以上，研发投入强度达2.63%。高新技术企业新增130家，总数达640家，科技型中小企业入库725家，完成技术合同成交额150亿元以上。

推进企业“登高”行动，提升高新技术企业总量和质量。全年新增130家，总数达到640家，位居全省第三。高新技术产业增加值占GDP比重达36%。科技型中小企业入库725家。推进成果“破茧”行动。依托潇湘科技要素大市场湘潭市场年组织企业参加“科技服务进千企”“引进来，走出去”系列科技交流活动70余场，举行技术合同认定、研发奖补、高新技术企业认定等培训活动20余场。

【研发投入】 2021，湘潭市组织957家企业完成研发准备金制度备案工作，备案企业净增237家、同比增长33.1%；组织285家企业、2所高校完成奖补资金申报，申请省财政奖补资金6306.19万元，申请企业数净增85家，申请省财政资金数净增727万元。协助743家企业申报享受研发费用加计扣除政策，加计扣除金额23亿元，比上年增加142家企业、4.8亿元。研发投入增速高于全省平均增幅0.3个百分点，位居全省第一。

【高企认定】 2021年，湘潭市实施企业“登高”行动，制定《湘潭市高新技术企业培育三年行动计划》。组织高校一批专利向企业转化，扩充科技型中小企业阵容，科技型中小企业全年入库725家。新认定高新技术企业130家左右，总量达640家以上，每万家企业法人中高新技术企业数位居全省第一。科技型中小企业入库725家；全年高新技术产业增加值占GDP比重达到36%以上，位居全省第一。

【成果转化】 2021年，湘潭市科技局推进产学研合作和科技成果转化，实施成果“破茧”行动，推进十大产学研合作示范工程。组织“科技服务进千企”“引进来，走出去”系列活动70余场，举办技术合同认定、研发奖补等培训活动20余场，完成技术合同认定802项，全省排名前三。推进成果转化平台建设，新增年市级科技企业孵化器3家、众创空间7家；推荐认定省级科技企业孵化器2家，推荐备案省级众创空间2家；新增产学研合作基地12家。

2021年湘潭市十大产学研合作示范工程一览表

表4

序号	项目名称	项目单位	合作单位	研究领域
1	大功率风力发电机性能试验技术	湘电风能有限公司	湖南工程学院 湘电集团	新能源
2	环冷机动态检测与智能维护技术开发	湖南恒安矿山装备科技有限公司	湖南科技大学	机械设计及自动化
3	低噪声高效异步牵引电动机研制	湘潭电机股份有限公司	华中科技大学	轨道交通用牵引电动机
4	肿瘤精准诊疗与三甲医院专业能力评价体系构建研究	湘潭市第一人民医院	湖南西交智造科技有限公司	肿瘤精准分子诊断研究
5	工业智能装备研发中心	湖南亚安智控设备有限公司	湖南工程学院	智能化产品及工业自动化装备
6	矿山井下运输装备工业互联网智能管控平台的研发	湘潭市恒欣实业有限公司	湖南科技大学	煤炭行业和非煤矿山领域
7	复合陶瓷电热基板和电热管壳体无机涂料的研发与应用项目	湖南新韶光电器有限公司	湖南科技大学	新材料
8	壶天石羊品种资源保护与利用	湘乡市绿生宝生态农业发展有限公司	湖南省畜牧兽医研究所、湘乡市畜牧水产事务中心	山羊品种选育与标准化养殖配套技术
9	高炉煤气综合利用装置设计开发	湖南工程学院	中冶京诚（湘潭）重工设备有限公司	节能降耗
10	5G通信用亚铬酸铜新材料研发	湘潭大学	湖南汇帮环保科技有限公司	5G通信用亚铬酸铜新材料研发

2021年湘潭市级科技企业孵化器认定名单一览表

表5

序号	类别	孵化器名称	运营主体	区域
1	孵化器	博创汇创新创业孵化器	湖南华必汇高新科技发展有限公司	高新区
2	孵化器	香樟创新创业孵化器	湖南香樟创业服务有限公司	高新区
3	孵化器	柏屹科技孵化器	湖南柏屹创新园区发展有限公司	湘潭县

2021年湘潭市级众创空间认定名单一览表

表6

序号	类别	众创空间名称	运营主题	区域
1	众创空间	湘潭前行·58众创园	湘潭五八众创科技有限公司	雨湖区
2	众创空间	58科创园	湘潭五八科创有限公司	岳塘区
3	众创空间	阿里云创新中心湘潭大数据产业基地	湘潭巴云科技有限公司	高新区
4	众创空间	灏谷众创空间	湘潭云谷天汇企业管理有限公司	高新区
5	众创空间	湘江湾众创空间	湖南湘江湾劳务管理有限公司	岳塘经开区
6	众创空间	湖南省迅高众创孵化器管理有限公司	湖南省迅高众创孵化器管理有限公司	湘潭经开区
7	众创空间	云云科创空间	湖南云云在线网络信息科技有限公司	岳塘区

举办8场“智造莲城”创新成果转化项目路演，组织近80个项目、66家次投资机构、108家次金融机构参加，现场签订意向投融资协议金额为28.72亿元，经线下对接后，签订正式投融资协议金额9.14亿元，签订产学研合作协议17份，达成144个合作项目。促成32个技术合作项目落地，技术开发合同金额达700余万元。促成立阖泰（湖南）医疗科技有限公司、湖南华康恒健生物技术有限公司、湖南江冶机电科技股份有限公司、湖南汇动新材料有限公司等8家企业与投资机构进行股权合作对接。湖南迅佳科技有限公司与湘潭经开区、湘潭产兴私募拟共同成立3000万元的医疗器械产业引导基金。在湘潭高新区启动科技型企业知识价值信用贷款风险补偿试点工作，4家企业与金融机构对接获得知识产权质押贷款3688万元。

【揭榜挂帅行动】 2021年，湘潭市科技局推进潇湘科技要素大市场湘潭市场建设。线上聚集机构363家，线下入驻机构110家，注册投资机构42家。汇集国家、省、市各类创新政策587条；创新人才1187人；创新平台35个，科技创新成果4384项，发布1117条行业资讯，采集401条成果信息。湖南时变通讯有限公司、湖南崇德科技股份有限公司等科技型企业通过要素大市场，建立与高校合作关系。出台《湘潭市科技创新揭榜挂帅项目管理办法》《潇湘科技要素大市场（湘潭）运营管理办法》，依托要素市场开展“揭榜挂帅”，面向企业和高校征集形成技术需求清单98项、供给清单74项，线上线下同步发榜，深入驻湘潭各高等院校、中南大学、湖南大学、长沙理工大学等高校院所开展现场对接，实际形成科研合作和技术开发项目48个，可推动技术合同成交额1亿元以上。

【智造谷建设】 2021年，湘潭市编制《长株潭国家自主创新示范区湘潭智造谷建设三年行动方案（2021—2023年）》，经市政府119次常务会议审议通过。印发《湘潭市贯彻落实〈湖南省长株潭国家自主创新示范区条例的分工方案〉工作任务分解表》《湘潭市贯彻落实〈2021年长株潭国家自主创新示范区建设重点任务清单〉的实施方案》。推动国家应用数学中心与市大数据中心、芒果TV成功签约；推进先进传感院7月落户湘潭高新区；支持华研实验室4月底启动运行；湘潭风电产业8月获批国家创新型产业集群试点培育；推进湖南华菱线缆股份有限公司在深交所主板成功上市；推动园区合作，实现湘潭经开区与湘江新区融合发展，在韶山建设“飞地园区”。

【科技项目】 2021年，湘潭市科技局组织编制年度长株潭国家自主创新示范区建设专项资金细化预算方案，组织完成长株潭国家自主创新示范区建设专项项目长株潭国家自主创新示范区建设等科技专项项目的评审与立项工作。推进十大领先科技创新深化项目，湘潭宏科微科技服务有限公司等申报的14个项目获得中央引导地方科技发展资金640万元，湖南华菱湘潭钢铁有限公司等申报的22个重点研发、高新技术引领计划项目获1350万元，湘潭大学等申报的27个人才团队项目获1180万元，湘潭大学等申报的229个自科基金、自然科学奖、科技进步奖获1500万元，全年完成争资争项1.4亿余元。

2021年湘潭市十大领先科技创新深化项目一览表

表7

序号	项目名称	项目单位	研究领域
1	高疲劳寿命重载汽车空气悬架用弹簧扁钢的研究与开发	湖南华菱湘潭钢铁有限公司	汽车用弹簧钢
2	电动轮自卸车大功率牵引变流系统关键零部件研究	湘潭开元机电制造有限公司	轨道交通
3	城市智慧照明系统关键技术研究与应用	湘潭市神钜机电科技有限公司	电子信息
4	风光储充换等发电与转换、控制技术研究与深化应用	威胜能源产业技术有限公司	新能源
5	新能源牵引车动力总成系统产业化	湖南海博瑞德电智控制技术有限公司	储能动力电池
6	装配整体式空间钢网格盒式结构研究及应用	湖南金海钢结构有限公司	装配式钢结构
7	新型特异性肿瘤疫苗制剂的研发	湖南利华生物科技有限公司	生物医药
8	湘沙猪标准化养殖精深研究	湘潭新湘农生态科技有限公司	生猪
9	湘莲食药同源新产品研发	湘潭弘茂湘莲产业发展有限责任公司	食品
10	烫印工艺与UV喷涂的研究与应用	湖南深思电工实业有限公司	表面工艺处理

【科研攻关】 2021年，湘潭市科技局抓好“三高四新”科技创新项目，11个项目完成项目投资8.723亿元，完成研发投入1.551亿元，分别完成年度目标的126.63%、130.3%。11个项目中有10个项目实现销售，完成销售19.7亿元，实现税收0.898亿元。相关项目突破各类关键技术37项，申请专利168件，授权专利73件，其中：“Q1100D/E特薄钢板制备、1000℃高强度低热导气凝胶材料、城市固废中镍、钴、锰及稀有金属选冶回收”等3项技术填补国内空白，取得其他国内领先技术15项，研发出科技新产品17个。建立完善“十四五”重大科技项目库，征集各类创新项目900余项，按照产业链梳理入库项目800余项，梳理进入“十四五”创新规划重大项目500项，进入湘潭智造谷三年行动方案项目118项。布局实施“双50”科技创新项目100项，先进传感院项目获省科技厅2000万元经费支持；湖南华菱钢铁集团有限责任公司联合湖南工程学院的“高性能钢材绿色制造产业链关键技术研发及应用”项目入围省产业链专项。湖南千智机器人科技发展有限公司、湖南华菱钢铁集团有限责任公司、湘潭电机股份有限公司等企业牵头项目通过省级项目验收。开展十大关键核心技术攻关。湖南科技大学“海牛号”2021年4月在南海2000米水下钻探231米，该项技术达到世界领先水平；湘潭电机股份有限公司“海上风力发电技术与检测国家重点实验室”与华中科技大学合作完成2.5兆瓦直驱永磁风力发电机转子的整体充磁，标志着国家在大型永磁电机整体充磁技术方面取得突破。华菱钢铁集团有限责任公司超高强钢成功实现国产化替代，运用于中联重科股份有限公司的工程机械领域。湖南西交智造科技有限公司的3D打印设备在光敏材料改性、工艺控制及智能制造控制系统取得突破，产品实现出口。湖南时变通讯科技有限公司大规模MIMO天线关键技术，打破IBM、爱立信、高通等外国厂商在5G毫米波宽带芯片技术上的垄断等。

2021年湘潭市十大关键核心技术攻关项目一览表

表8

序号	项目名称	项目单位	研究领域
1	碳基场效应晶体管传感器	湘潭大学	电子信息
2	“海牛号”深海海底多用途钻机系统	湖南科技大学	海工装备
3	完全自主可控的特种机器人技术与平台研发	湖南千智机器人科技发展有限公司、国防科技大学	人工智能
4	全人单克隆抗体药物研发	湖南华康恒健生物技术有限公司	基因工程及生物抗体药研发
5	1.5米双光源3D打印设备开发与产业化	湖南西交智造科技有限公司、西安交通大学	3D打印
6	稻谷全利用清洁加工项目	聚宝金昊农业高科有限公司	食品科学与工程
7	耐高温、低烧蚀防隔热一体化材料研发	湖南荣岚智能科技有限公司	新材料
8	基于AI技术的矿山智能通风系统	平安电气股份有限公司、湖南科技大学	先进矿山装备
9	某型壳体缠绕成型工艺研究	湖南江南四棱数控机械有限公司	复合材料
10	PTFE单腔管挤出技术	湖南埃普特医疗器械有限公司	医疗卫生

【农业科技】 2021年，湘潭市科技局开展科技兴农大联动，促进农业科技人才、技术和信息交流。以“产学研合作助力乡村振兴”为主题，举办第四届科技兴农大联动，湖南农业大学、湘潭大学、湖南科技大学等高校院所的专家、教授20余人和农业企业主体30余家开展合作，促成省农科院与湘乡市政府（乡村振兴科技兴农战略合作）、湖南科技大学与湖南南苹生态农业股份有限公司（共建联合研发中心）等5个合作项目，建设市级星创天地6家。派驻农业科技特派员，解决乡村振兴科技人才需求。选派293名农业科技特派员（省级15名、市级39名、市级留任42名、县级197名）下沉一线开展工作，促成高校院所与农业企业签订产学研合作协议10多份，组织申报国省市农业科技项目27项，引进、推广新技术和新品种68项，开发新产品、新技术29项，培训农民5600人次，开办各类技术培训班58场次，带动项目投资860余万元。开展农业科技巡诊，解决乡村振兴农业技术需求。组织在湘潭高校院所专家教授为农业企业提供上门服务，解决农业技术难点、痛点、堵点问题。湘潭大学生物食品系专家为韶山市汇弘实业有限公司和韶山毛家食品有限公司解决人才需求、产品检验等方面难点，进行个性化诊断，签订人才共同培养和共建食品质量检测中心协议；湖南科技大学生命科学院专家为六斗冲、北马峰、志兴种养等企业找“短板”、查“病灶”、开“良方”，解决企业在优质肉牛品种改良技术、牧草青贮储存技术、红薯淀粉加工技术难题10余项，达成4项农业技术合作协议。

2021年湘潭市星创天地名表

表9

序号	星创天地名称	星创天地运营主体
1	湘潭县文斌种养星创天地	湘潭县文斌种养专业合作社
2	湘潭县春静水稻种植星创天地	湘潭县春静水稻种植专业合作社
3	湘潭县福瑞家禽饲养星创天地	湘潭县福瑞家禽饲养专业合作社
4	湘乡市武林种养星创天地	湘乡市武林农业发展有限公司
5	湘潭市林业科学研究所星创天地	湘潭市林业科学研究所（湘潭市金鸡岭国有林场）
6	韶山宏发种养星创天地	韶山市宏发种养专业合作社

【社会发展科技】 2021年，湘潭市建设临床医疗技术示范基地3家，获省级立项14项，其中临床引导项目4项，生物医药重点科技项目2项，医疗科技平台1项，自然科学基金2项，创新创业赛项目2项，技术交易项目1项，科普项目2项。27项获市级科技项目立项。退役动力锂电池资源高效分离与循环利用技术研究、废稀土抛光粉资源循环利用核心技术中试研究与产业化、水中污染物的便携式电化学传感器研制等项目获得省重点科技研发立项。搭建湘潭市智慧矿山装备安全运行与节能控制工程技术研究中心；红色景区食品质量与安全技术应用与示范项目“复杂条件下巷道破裂围岩锚固控制关键技术及应用”为解决矿山安全问题做出贡献。

【科技人才】 2021年，湘潭市科技局做好外国专家引进和服务，到湘潭工作外国专家累计53人，评选出第三批融智计划项目13个。服务高端人才项目申报，组织发动企事业单位申报国家外国专家项目、省科技创新人才计划项目省企业科技创新创业团队工项目21个，入选省科技创业领军人才项目2人。做好本土人才培育，立足11条新兴优势产业链发展和技术需求，评选出湖南华菱钢铁集团有限责任公司高强度高韧性耐候桥梁用钢研发科技创新团队、华研汽车有限公司增程系统开发创新团队、湖南千智特种机器人公司关键技术与产业化研发创新团队等10个市级科技创新重点团队。

【科创平台】 2021年，湘潭市科技局推进十大重点科创平台建设、湖南国家应用数学中心加快建设，与湘潭高新区、湘潭市大数据和产业创新发展中心签约共建湖南韶峰应用数学研究院；湖南先进传感与信息技术创新研究院在湘潭高新区成立湖南华碳先进技术研究院，成立彭练矛院士工作办，专项服务项目建设；海上风力发电技术与检测国家重点实验室率先在国内完成具有完全自主知识产权的5兆瓦平台级直驱永磁海上风电机组研发及陆地、海上样机安装、检测及运行。高新区院士创新产业园聚集彭练矛院士、欧阳晓平院士、卢秉恒院士等高端人才团队，建立卢秉恒省级院士工作站。湖南华康恒健生物技术有限公司转基因小鼠突破“卡脖子”关键技术；湖南时变通讯科技有限公司的射频、微波和毫米波等产品性能在全球领先。湖南华研实验室建成六大检测平台16个专项实验室，承接三一重工集团等单位发动机研制检测试验。农业农村部环境保护科研监测所湘潭综合实验站于11月20日正式启动，致力打造成中南地区最大的“土地医学院”。新增湘潭市工程技术研究中心10家，新增3家省级新型研发机构备案、新增3家省级新型研发机构培育。国家、省、市科创平台总数达到299个，其中国家级战略平台11个，国家级研发平台16个，国家级成果转化（孵化等）平台12个。

【科学技术普及】 2021年5月22—28日举办科技活动周，筹备群众性科普活动60余项。5月21日，举行科技活动周启动仪式，现场20余家单位300余人参加，全市13个省级科普基地和38个市级科普基地免费向公众开放。首次举办“百年回望：中国共产党领导科技发展”大型科普展。组织各县市区园区科技部门、相关企事业单位结合党史教育组团参观科普展览，同时开展科普展进社区、进企业、进校园、进农村巡展活动。九华科大和平小学承办第13届湖南省青少年机器人竞赛暨第3届湖南省创意编程与智能设计竞赛，来自全省14个市州419支队伍参加竞赛。市青少年宫组织300多名学生参加启动仪式，组织11所学校600多名学生分批到市规划展示馆、市博物馆、湖南健康产业展示馆、理工职院太阳能基地、西郊智造3D打印基地、永霏特种防护用品生产基地、龙牌酱油股份有限公司生产基地等进行科普考察体验实践活动。湘潭县青少年综合实践基地开展科技活动周启动仪式暨誓师大会，来自湘潭县凤凰中学七年级的1038名学生参加。举办科普活动60场，参与学校18家；举办各种技术培训班10余场，提供咨询答疑3500人次；展出科普挂图、科普展板、科普横幅200余项。《湖南日报》、湘潭电视台、《湘潭日报》等国家、省、市、县的新闻媒体刊登发布科技活动周活动120余篇次。组织评选市级科普基地6个。 （晏向丰）

2021年湘潭市临床医疗技术示范基地名表

表10

序号	基地名称	依托单位	基地负责人
1	湘潭市甲状腺疾病临床医疗技术示范基地	湘潭市中心医院	李国华
2	湘潭市肿瘤放射治疗临床医疗技术示范基地	湘潭市第一人民医院	李　星
3	湘潭市康复医学临床医疗技术示范基地	湘潭市第六人民医院	童晓轩

2021年湘潭市十大创新人才团队一览表

表11

序号	团队名称	依托单位	研究领域及方向
1	汽车增程系统开发科技创新团队	湖南华研实验室有限公司	汽车系统开发
2	特种机器人研发与产业化科技创新团队	湖南千智机器人科技发展有限公司	机器人与智能制造
3	多肽载体靶向技术和联合治疗技术科技创新团队	湖南佰欧泰医药有限责任公司	生物医药
4	复杂机电系统传动与控制科技创新团队	湘潭大学	机械系统、整车协调控制、智能机器人等
5	履带式应急抢险车自动变速系统样机研制科技创新团队	湖南科技大学、湘潭新力机械有限公司	车辆工程、机械传动
6	湖南平安矿井安全技术有限公司矿山通风科技创新团队	湖南平安矿井安全技术有限公司	矿井通风安全技术
7	湘潭市高性能纤维材料与纺织品科技创新团队	湖南工程学院、湖南东信集团有限公司、湖南永霏特种防护用品有限公司	高性能纤维材料及生态纺织品、纺织智能制造技术
8	高强度高韧性耐候桥梁用钢研发科技创新团队	湖南华菱湘潭钢铁有限公司	黑色金属及其合金
9	沙子岭猪特色产业科技创新团队	湘潭市家畜育种站（湘潭市饲料监测站）	畜牧养殖
10	铅锂电池资源高效循环利用科技创新团队	湖南江冶机电科技股份有限公司	节能环保

2021年湘潭市十大重点科创平台一览表

表12

序号	平台名称	依托单位
1	湖南应用数学中心	湘潭大学
2	智能碳材料与先进传感湖南省重点实验室	湘潭大学
3	难加工材料高效精密加工湖南省重点实验室	湖南科技大学
4	基于多智能体理论的多机器人协同控制湖南省重点实验室	湖南工程学院
5	海上风力发电技术与检测国家重点实验室	湘潭电机股份有限公司
6	湖南省船体及海洋工程用钢工程技术研究中心	湖南华菱湘潭钢铁有限公司
7	湖南省铅锂电池资源高效循环利用工程技术研究中心	湖南江冶机电科技股份有限公司
8	湖南省特种线缆工程技术研究中心	湖南华菱线缆股份有限公司
9	湖南增材精准医疗研究院	湖南增材精准医疗研究院有限公司
10	湖南省新能源汽车协同创新中心	湖南华研实验室有限公司

2021年湘潭市工程技术研究中心组建立项名表

表13

序号	平台名称	依托单位
1	湘潭市智慧矿山装备安全运行与节能控制工程技术研究中心	湘潭开元机电制造有限公司
2	湘潭市语音识别应用工程技术研究中心	湖南软件职业技术大学
3	湘潭市香精香料（食用）工程技术研究中心	可菲生物科技有限公司
4	湘潭市磁悬浮轴承高效高速电机工程技术研究中心	湖南湘电动力有限公司
5	湘潭市气凝胶材料工程技术研究中心	湖南荣岚智能科技有限公司
6	湘潭市大型化工离心泵工程技术研究中心	利欧集团湖南泵业有限公司
7	湘潭市智能配电网成套设备工程技术研究中心	湖南德意电气有限公司
8	湘潭市聚氨酯设备工程技术研究中心	湖南精正设备制造有限公司
9	湘潭市风电传动与检测工程技术研究中心	湖南世优电气股份有限公司
10	湘潭市特种钢丝绳工程技术研究中心	湖南湘钢金属材料科技有限公司

2021年湘潭市备案湖南省新型研发机构名表

表14

序号	备案单位	负责人	推荐单位
1	湖南千智机器人科技发展有限公司	张　武	市科技局
2	湖南西交智造科技有限公司	谭振国	市科技局
3	湖南时变通讯科技有限公司	李跃星	市科技局

2021年湘潭市培育湖南省新型研发机构名表

表15

序号	申报单位	负责人	推荐单位
1	平安电气股份有限公司	杨　婕	湘潭市科学技术局
2	湖南省有色地质勘查局二总队	伍　卿	湖南省地质院
3	湘潭宏大真空技术股份有限公司	黄　乐	湘潭市科学技术局

2021年第五批湘潭市科学技术普及基地名表

表16

序号	基地名称	依托单位
1	湘江流域水文展示馆和水文化走廊科普基地	湖南省湘潭水文水资源勘测中心
2	湘潭市地质和地质灾害科普基地	湖南省有色地质勘查局二总队
3	湘潭冬泳安全科学技术普及基地	湘潭市冬泳协会
4	湘大社区科普基地	湘潭市雨湖区先锋街道湘大社区居民委员会
5	途居露营地科普基地	途居露营地（湘潭）管理有限公司
6	湘潭县华清种养专业合作社科普基地	湘潭县华清种养专业合作社

2022 湘潭年鉴 XIANGTAN NIANJIAN

文化·旅游·体育

综 述

【概况】 2021年，湘潭市文旅工作围绕“打造具有国际影响力的红色旅游目的地”目标，获省2021年文化和旅游真抓实干督查激励表扬。

【公共文化服务】 2021年，湘潭市文化旅游广电体育局实施“公共数字文化进乡村”项目，派出17支志愿小队，104名志愿者，在韶山市平里村等10个村（社区）完成65场数字文化体验活动，服务群众2.49万人次。在全省公共服务高质量发展研修班上，湘潭市作典型发言，获评湘潭市年度全面深化改革优秀创新案例。完成送戏下乡·演艺惠民系列演出317场，“湖南公共文化进村入户·戏曲进乡村”文化惠民活动221场。完善公共服务体系建设，市群众艺术馆和雨湖区、岳塘区、湘潭县、湘乡市文化馆5家单位入选全国一级文化馆。全市完成县级文化馆总分馆建设78家，县级图书馆总分馆建设93家，24小时自助图书馆23个。年内，组织“七一”晚会、“百年百歌”“百团百角唱百年”、端午品非遗、梨园颂党恩、群星耀莲城、全民K歌赛系列月秀越开心等大型文化艺术交流活动，参与群众400余万人次。

【文艺精品创作】 2021年，湘潭市文化旅游广电体育局以毛泽东一家牺牲的六位亲人之一毛泽建为原型，创作大型现代花鼓戏《战地黄花》，参加湖南省庆祝中国共产党成立100周年优秀舞台艺术作品展演，在第七届湖南艺术节上获评田汉新创剧目奖、田汉编剧奖、田汉导演奖、田汉舞美奖、田汉表演奖5个奖项，获奖数量在全省同类作品中名列前茅。打造“永远跟党走”湘潭市庆祝中国共产党成立100周年文艺晚会，跨越百年历史，回顾重大事件，讴歌仁人志士。《春江水暖》获省“百团百角唱百年”文艺院团竞演活动优秀节目；《红手印》参加第七届湖南艺术节新创小戏展演。入选国字号展览和刊物发表的文艺作品6件；入选“艺心向党·云游湖南”的优秀作品16个；入围第七届湖南艺术节群众文化舞台艺术类决赛作品7个；获第七届湖南艺术节美术书法摄影作品展齐白石奖2项，提名奖4项，共29项作品入展；编辑出版《湘潭革命文化资源》《大美湘潭——百韵》诗集、《湘潭故事》（上册），《文保荟萃》进入印刷；开展各类文化交流（展览）活动20场。承办第七届湖南艺术节美术书法作品展；诚邀毛泽东、周恩来、朱德、刘少奇四位伟人故里的美术书法家，举办“伟人故里行”书画名家作品邀请展。在国家画院美术馆举办“白石故里山花开”湘潭市优秀美术作品晋京展，展出湘潭91位画家139件美术作品。

【文物保护工作】 2021年，湘潭市文化旅游广电体育局出台《湘潭市革命文物保护利用工程（2021—2023年）实施方案》。制作完成8处市级文物保护单位“四有档案”，测绘图纸达1600张；湖湘槟榔博物馆通过省级备案，实现非国有博物馆零的突破。全年争取12个省级文物单位保护项目资金，总计3249万元，完成思过堂等文保单位的修缮，推动毛福昌号、宽裕粮行、三义井、文庙等一批文物保护单位本体修缮。湘潭市文物保护利用中心挂牌成立。年内，完成10个考古挖掘项目，调查勘探发掘面积377303.65平方米，出土文物70件，其中二级文物3件，三级文物11件，隋代3号墓3000余块墓砖在市博物馆复原遗址展出。推动九华、岳塘经开区在全省率先开展文物影响一般性评估和基本建设考古前置工作，全年接受办理基本建设考古许可10起，咨询事项10起，成为全省文物保护工作先进典型。湘潭县张勇个人一次性向市博物馆捐赠一批文物88件（其中一级文物1件，二级文物2件，三级文物14件）；杨友龙捐献二级文物1件，三级文物2件。

【非遗保护传承】 2021年，湘潭市非遗展示中心建成并投入运营。巫家拳成功申报国家级非遗项目，韶山红色故事等7个非遗项目入选第五批省级非遗项目。莫柏槐入选国家级非物质文化遗产代表性传承人优秀名单。全年开展56场非遗进校园活动，服务近万名中小学生。出台《湘潭市非物质文化遗产传承基地（传习所）认定与管理办法（试行）》，建立科学传承机制，开展湘潭市第一批非遗传承基地（传习所）的申报工作。

【文旅产业发展】 2021年，湘潭市文化旅游广电体育局包装策划“7+1”重点文旅招商项目。助力“两山”铁路开通运营；韶山科技创新小镇、红色走廊道路项目进展顺利；“最忆韶山冲”演艺项目于12月26日公演；十八总商业街项目十五总至十七总主体工程建设完成。中国城总文化旅游度假区、乌石军旅小镇新型文旅集聚区、月壤及航天航空创新体验基地等十大重点文旅项目，全年完成投资额31亿元，投资完成率达105%。乌石军旅小镇申报省旅游特色小镇；古龙湖航天小镇纳入省重点建设项目。

【文旅品牌创建】 2021年，湘潭市获评第二批国家文化和旅游消费试点城市；生庐·洋潭里获国家甲级民宿（湖南唯一一家）称号；途居湘潭昭山露营地获评全国4C级自驾车旅居车营地（湖南省仅一家）；韶山乡获评国家级乡村旅游重点镇（乡）（全省3个）；昭山成功创建为省级旅游度假区；湘钢文化园获评国家AAA级旅游景区、省级工业旅游示范点；窑湾获首批省级旅游休闲街区；韶山银田银河景区获评国家AAA级旅游景区；韶山毛泽东同志纪念馆、湘乡市东山学校、盘龙大观园获评湖南省研学旅游示范基地；乌石镇获评省级乡村旅游重点镇，韶山市黄田村、大坪村、湘潭县乌石村获评省级乡村旅游重点村。在2021年湖南导游大赛中，湘潭市获银奖1名，铜奖1名。韶山文旅广体局获评全国文旅系统先进单位，庞丹获评先进工作者；韶山毛家食品有限公司的郭戈、湘乡明月山庄的李和入选文旅部2021年度乡村文旅能人支持项目。

【红色文化旅游】 2021年，湘潭市启动编制《湘潭市红色旅游发展专项规划2021—2025》。举办“湘赣红”文化旅游产业发展城市论坛，创造湘潭市文化旅游发展首次跨省区域合作、首次成立红色文化旅游产业发展合作组织、首次签订红色旅游战略合作框架协议等多项历史第一。联合长株潭三市举办“光辉百年路 走红长株潭”红色文旅年系列活动，签订《长株潭区域文化旅游合作发展协议》，加强三市区域协同发展。开展红色资源实地调查，梳理93项，聘请成都来也旅游发展股份有限公司策划包装成8个重点文旅项目对外推介招商，增加优质文旅项目储备；依托“红色走廊”旅游公路项目，将毛泽东故居、东山书院、彭德怀故居、陈赓故居、罗亦农故居等红色景点串点成线，打造精品旅游线路；“两山”（井冈山—韶山）铁路红色旅游专列开行15趟，发送游客8000余人次；韶山村“韶山五杰”之努力革命、永不叛党的故事入围全国100个党史故事。

【群众文化】 2021年，湘潭市围绕传统节庆日和主题活动，组织、引导全市群众文化资源，举办春节系列惠民演出、月秀越开心系列专场、庆祝中国共产党成立100周年系列文艺活动、湖南艺术节书法评选活动和湖南艺术节群文表演类湘潭专场等，形成单位、企业、民间团体等社会力量踊跃参加，社区、群众积极参与的良好态势。

【群众文化辅导】 2021年，湘潭市群艺馆重新恢复群众文化周末培训班，形成工作日、双休日全天免费开放、重大节假日预约开放工作机制，共开设110个免费培训班，开放1960课时，课程涵盖7大艺术门类，覆盖18周岁至65岁人群，全年参训学员达到3万多人次。广泛开展“培训进校园”“培训进街道”“培训进机关”活动，由群艺专业骨干送课上门，结合为民办实事工程，开设公益讲座，共计14万群众受益。

【群众文化创作】 2021年，湘潭市文化旅游广电体育局原创舞蹈作品《奶奶想上天安门》《戏虾灯》，音乐作品《我爱韶山的红杜鹃》，相声《距离》成功入围第七届湖南艺术节舞台艺术类省级决赛。原创少儿舞蹈《戏虾灯》在第十一届“小荷风采”全国少儿舞蹈展演湖南省选拔赛中荣获“银荷奖”。美术油画作品《东山之巅》《窗前》入选“湘潭市优秀美术作品晋京展”。选送100余幅文艺作品参加“艺心向党·云游湖南”线上作品展，评出6个优秀音乐作品、2个优秀舞蹈作品、3个戏曲优秀作品、5个美术书法类优秀作品和1个摄影类优秀作品。

【公共数字文化进乡村】 2021年，湘潭市作为全省唯一试点城市进行公共数字文化进乡村试点。第一批选择10个村（社区）开展试点工作，所有数字文化服务项目均为点单式、体验式、全免费服务，共派出13支志愿小队，100余名志愿者，完成10个村（社区）65场数字文化活动的体验，服务村民2万余人次。

【旅游基础设施建设】 2021年，湘潭市完成通景公路建设85.48公里，优化通景公路建设，打通景区最后一公里，形成高速、国省道、城际快速道路、城市主干道互联互通的立体交通网络。新增开通至A级景区的旅游公交专线5条，新建游客服务中心4座面积5000平方米；提质改造游客中心2座2000平方米，新增旅游停车场405个停车位，新增和改造停车场充电设施105个，新增旅游厕所30个、厕位497个。依托“红色走廊”旅游公路项目，打造连接“韶山—湘乡—乌石—易俗河”，将毛泽东故居、东山书院、彭德怀故居、陈赓故居、罗亦农故居等红色人文景点穿点成线，项目完成后将建成全长65.4公里的“红色走廊”精品红色旅游线路；旅游厕所电子地图上线率居全省第一，解决游客“如厕难”问题；开展“四位”突出问题专项整治工作，对核心景区“车位”和旅游景点“厕位”进行集中检查，对卫生不达标、管理不规范单位提出整改，落实旅游厕所“一厕一码”，规范车位、厕位标准化管理。

【旅游产品供给】 2021年，湘潭市打造湘潭昭山旅游度假区、窑湾旅游休闲街区、湘钢文化园、银田小镇、乌石三十六坊等旅游特色品牌。推出“回乡感恩宴”“忆苦思甜餐”等毛氏菜系，打造特色餐饮品牌，建国酒店、雅斯特等连锁酒店。鼓励特色民宿发展，充分满足游客个性化需求。持续推进昭山城市海景水上乐园、湘潭莲城商业步行街建设国家级夜间文化和旅游消费集聚区工作，以游客为主体的夜游产品更加丰富。出台《湘潭市文化旅游广电体育局关于推进文化繁荣发展“双基”工程的实施方案》，围绕推进爱国主义教育基地建设和推进文化基础设施建设，重点开展建设中国红创谷、建设湘潭主城一江两岸文旅发展示范工程等11项工作任务。推出“两山铁路”“红色走廊”红色旅游精品线路、韶山创新成果专题展示馆等。做优休闲度假特色体验，打造了湘潭昭山旅游度假区。做优乡村旅游，打造韶山乡国家级乡村旅游重点镇、乌石村、长湖村、黄田村等省级乡村旅游重点村。做优旅游新业态，打造昭山房车露营基地、湘钢文化园等。研究出台《湘潭市申报国家文化和旅游消费试点城市工作方案》，并成功申报第二批国家文化和旅游消费试点城市。

【“+旅游”延伸产业链】 2021年，湘潭市打造“文化+旅游”，充分挖掘韶山红色文化、湖湘文化、民俗文化，《中国出了个毛泽东》红色文化演艺项目深受游客喜爱，韶山非物质文化遗产博览园提质升级，韶山山歌、如意剪纸等29项非遗文化焕发新生；精心培育红色文创产业，开发文创产品700余种；举办“青春不负 强国有我”全国学子红色研学韶山行等活动，为文旅产业发展带来新活力。“教育+旅游”，韶山干部学院等41家红色教育培训机构注册运营，编制《学习领袖风范、不忘初心使命》等20篇精品教材，打造28多个现场教学点。世纪明德韶山营地等12个研学基地投入运营。“农业+旅游”，韶山市成为全省唯一“中国优秀国际乡村旅游目的地”，韶山乡和银田村、韶山村分别入选全国乡村旅游重点乡和村，建成湖南省星级乡村旅游区（点）13个，连续举办两届“金色光环、闪亮韶山”百里万亩油菜花观光节。“工业+旅游”，新增湘钢文化园省级工业旅游示范点，着力打响艾爱国焊接实验室、湘潭钢铁生产工艺、湘钢厂史等特色，将企业建成景点、将生产线打造成观光线，实现工业业态向旅游业态升级，为企业创造更多附加值。

【文旅项目建设】 2021年，湘潭市文化旅游广电体育局编制《湘潭市红色文旅项目招商手册》，接待全国优质文旅投资商央企赴湘潭考察红色文旅项目，积极参加省文旅厅组织的2021湖南文化旅游产业投融资大会暨重点产业项目对接活动；开展“一线一廊”（即韶山至井冈山红色旅游铁路专线和“红色走廊”道路）沿线各点红色资源实地调查，共梳理出“一线一廊”沿线资源93项，并策划包装8个重点文旅项目对外进行推介招商。推进最忆韶山冲、韶山科技创新小镇、窑湾景区提质升级项目等重大文旅项目建设，湘潭市窑湾景区配套基础设施建设、韶山科技创新小镇、湘潭乌石旅游区提质改造项目已纳入湖南省“十四五”时期推进旅游高质量发展行动方案重大项目库。（张玉娴）

文化市场综合行政执法

【概况】 2021年，湘潭市文化市场综合行政执法支队坚持日常巡查、专项整治、“双随机”抽查相结合，疫情防控期间落实党员责任制，32名党员分为6个片区22组，对全市276家场所开展全天候值班巡查5729家次。全年共开展各类专项行动16次，责令整改经营场所34家次，查办案件60起。其中“湘潭‘1·25’传播淫秽物品牟利案”“湘潭马某某等人传播淫秽物品牟利案”两起案件被列为全国“扫黄打非”办挂牌督办案。“湖南猎途鹰国际旅行社有限公司虚假宣传、误导游客案被评为全省文化市场综合执法重大案件”，《人民日报》以《添堵全域旅游 湘潭一旅游服务网点被严惩》转发报道。（张玉娴）

广播电视

【概况】 2021年，湘潭市广播电视台在中央电视台发稿69篇，其中新闻联播9篇；在湖南卫视发稿271篇、省电台发稿58篇、湖南经视发稿60篇；在“学习强国”发稿225篇，其中全国平台发稿6篇。其中，1月份由该台记者采写的湘潭冠脉支架降价、患者医院医保三方受益的报道，在中央电视台焦点访谈、新闻直播间、第一时间栏目播出。全年保障“零事故”安全播出，开通双向互动电视用户10042户；维修及时率99.73%；对用户投诉及时处理率100%。

【融媒改革】 2021年，湘潭市广播电视台以内容生产为中心，打破部门壁垒，对广播、电视、网站及新媒体等平台资源实行优化重组。

【主题宣传】 2021年1月始，湘潭市广播电视台在全台各个播发平台持续开设“在习近平新时代中国特色社会主义思想指引下”专栏，全年共播发相关稿件560多条，其中150条被上级媒体采用，《党史学习教育取得扎实成效》《在推动高质量发展上闯新路》《走进乡村看小康》等稿件在央视播出。省广播电视局宣传管理例会共通报表扬11次。年内，在全台各平台推出《奋斗百年路 启航新征程》《党史上的湘潭》《百年风华看今朝》《打卡湘潭红色地标》《湘“谈”四史》《心中有话向党说》《我的答案》《初心如磐》《听爷爷讲党史故事》等10多个庆祝中国共产党成立100周年和党史学习教育宣传专栏和系列报道，发稿1000多篇。其中，有6篇作品被央视《新闻联播》采用，1个系列获评2021年度湖南省公益广告大赛一类扶持作品（全省仅三件），5个系列或作品获评2021年度湖南省创新创优扶持节目，4个系列或作品获第六届湖南省网络视听原创作品大赛奖项。广播剧《别梦依稀·1959》入围湖南文艺奖、湖南广电奖；广播评论《为担当者担当，让基层干部轻松上阵》参评中国新闻奖。

【舆论监督】 2021年，湘潭市广播电视台在电视、广播、网站、微信公众号等平台开设《市民热线》、“整治交通问题顽瘴痼疾”“中央生态环保督察进行时”“安全生产专项整治三年行动”等专栏，紧盯社会热点问题，努力推动群众关心关注的问题得到解决。全年《市民热线》栏目推出节目240多期，累计曝光、解决百姓诉求400多个；关注农民工讨薪的节目引发社会强烈反响，帮助农民工追回100多万元工资。

【产业经营】 2021年，湘潭市广播电视台绩效考核的综合创收基本任务为3100万元，全台经营创收到账3959.25万元，超额完成基本任务。培育“一个平台”“两个产业”，“一个平台”，即“听到什么买什么”湘潭广电乐享生活小程序；“两个产业”，即老年产业和少儿产业。抓住庆祝中国共产党成立100周年和党史学习教育的契机，围绕市委市政府的中心工作，主动对接各行政事业单位，承接部门宣传外包业务，策划一系列主题活动和专题片。广播电视台日出东山红色教育公司与50多家单位建立良好的合作关系，通过党史学习教育、支部书记培训、主题党日活动的开展，服务近4000人次。

【媒体影响】 2021年，湘潭市广播电视台以短视频为改革抓手，推进媒体深度融合和新闻影响力破圈。“湘潭广电”视频号、抖音号上线，全年两个平台共推送短视频827条，总播放量和阅读量达1.4亿次，总点赞量251.6万。其中：缅怀袁隆平院士的抖音播放量873.4万，湘潭辅警送幼童紧急就医的抖音播放量831.4万，“汤洪波背后的家人”短视频阅读量287.2万。影响力突破原有传播渠道的物理局限，实现新闻影响力的“破圈”。（刘 金）

湘潭日报社

【概况】 2021年，湘潭日报社完成各项工作任务。全年期发量31966份，超额完成年度绩效考核指标2.6万份的目标任务；获2020年度“全国报纸自办发行先进集体”称号。年内，依托“莲城人才行动计划”，引进2名硕士研究生；通过实行中层干部“竞聘上岗”、普通职工“双向选择”等机制，优化干部队伍结构。

主流舆论。《湘潭日报》、湘潭在线推出“庆祝中国共产党成立100周年”“故园到故地 最美湘赣红”“喜迎党代会，奋进新征程”、党史学习教育“一把手”访谈等专题专栏，组织实施新闻策划和战役性报道30余个，策划网络新闻专题45个。其中，“百年风华看今朝——庆祝中国共产党成立100周年”大型专题策划被市委宣传部列为全市媒体共同参与的宣传活动，湘潭日报社在蹲点式采访报道中推出20余篇深度报道。

为民服务。《湘潭日报》开辟“民生”“热线”“文化”“晚晴”等专版，设置“来电显示”“记者调查”“新闻故事”等栏目，贴近群众、服务群众，全年刊发稿件100余篇，在挖掘和展示湘潭地域文化特色的同时，结合党史学习教育，开展“我为群众办实事”实践活动，反映百姓呼声，推动解决人民群众“急难愁盼”问题80多个。

传播效果。湘潭在线网站、App共发布稿件9万余篇，湘潭在线、湖湘南路1号、湘潭发布、湘潭日报等微信公众号集群共推送内容4000余篇，发布辟谣类信息 454 条，实现 10 万+阅读量推文近 20 篇。视频号、抖音号实现 10 万+阅读量视频 40 余条，最高转发量达 20 余万，阅读量超过 200 万。对重大主题报道采取“报+网+端+微+视”的立体传播矩阵，全方位、多角度呈现新闻事件，在对汤洪波、艾爱国和疫情防控等系列主题报道中，打造多个 10 万+作品，在微信视频号上点击量最高达 300 万。围绕重大新闻题材，推出海报、H5、短视频等新媒体产品 300 余个。

稿件创优。全年湘潭日报社有 60 件选送新闻作品获奖。湖南新闻奖 5 件（一等奖 1 件，二等奖 1 件），湖南新闻奖市州好新闻 33 件，湖南省市州报好新闻摄影作品 3 件，湖南新闻美术、版面奖 6 件，中国城市党报新闻奖 9 件，中国城市党报论文（论著）奖 3 件，中国城市党报媒体融合奖 1 件。湘潭在线推出的《伟人故里 百年风华——湘潭党史人物故事有声连环画》获中国城市新闻网盟 2021 庆祝中国共产党成立 100 周年主题宣传特别奖。党组成员、副总编辑龙卫国获“首届湖南十佳报业工作者”称号。

【推动“开门办报”】 2021 年，湘潭日报社面向社会聘任 30 余名摄影专家和爱好者组成全媒体特约通讯员，聘请 11 位湘潭文化等领域资深专家担任湘潭日报文化专版科学顾问，有效促进报社各媒体稿源的增加和优质内容生产水平的提高。（石镇瑞）

图书馆（少儿图书馆）

【概况】 2021 年，湘潭市图书馆（少儿图书馆）采购新书 5892 种、11847 册，加工、验收入库新书 6782 种、13570 册，加工期刊 257 种、3053 册，报纸上架 60 种、8871 张，市图书馆总藏书量为 640671 册；市少儿图书馆采购新书 9607 种、19416 册，加工、验收入库新书 9473 种、19180 册（其中绘本 2014 种、4032 册），市少儿图书馆总藏书量为 176637 册。全年文献借还 387604 册次，读者借还 108859 人次，新办读者证 9973 个，现存湘潭市馆有效读者证 57073 个，其中市图书馆文献借还 119561 册次，读者借还 39417 人次，接待读者 41621 人次；市少儿馆文献和绘本借还 268043 册次，少儿借阅人次 69442 人次，接待读者近 8 万人次。特色文献室共接待赠送地方文献作者 67 人次，外出收集文献 370 册，加工上架 306 册，发放收藏证 29 个，接待查阅相关资料的读者 112 人；完成联合参考咨询平台回复 3253 条。开展活动 267 场，参与人数 108606 人次，其中阅读推广活动 128 场，少儿主题读书活动和亲子阅读活动 66 场，培训 9 场，展览 38 场，讲座 26 场。媒体报道 97 次。

年内，市图书馆（少儿馆）开展“党的光辉”系列活动，分别推出专题书展 8 期（与云图、中文在线合作）、系列展览 38 场、系列讲座 38 场和诵读活动等。3 月开始，市图书馆（少儿馆）每个工作日向读者微信群推送一本好书，内容涵盖古今中外各类，共推出 230 余本。全年市图书馆（市少儿馆）完成文化讲坛 8 场，首次尝试在各总馆、分馆开讲，取得良好效果。10 月 23 日至 11 月 5 日，少儿馆扩容二楼借阅处，增加 3 万册图书架位和 20 个阅览席位。市图书馆（少儿馆）特邀臻越心理咨询公司专业老师入驻馆内读者微信和 QQ 群免费为读者解答心理健康、人际交往等困惑，共举办心理知识讲座 3 场。

市图书馆（少儿馆）为特殊群体提供特别服务，在馆内优化无障碍环境资源、提供无障碍文献资源。主动将服务送到特殊群体身边，全年组织为特殊群体服务 7 次，如赠送农民工春联、为戒毒人员送去法律和心理健康等书籍、为留守和困境儿童送去绘本和少儿读物、为村留守老人和敬老院老人举办营养健康知识讲座等。

【“童心向党 童阅湖南”少儿阅读推广活动】 2021 年，湘潭市图书馆（少儿馆）发挥全市少年儿童主题读书活动和全国家庭亲子阅读体验基地优势，推出“童心向党 童阅湖南”少儿阅读推广活动，吸引 7 万余名未成年人参与。设立主题书架，展出图书 300 册；开展动手阅读亲子课程 21 场，结合陶泥制作，传承好家风，推广亲子阅读；开展青青故事会 29 场，通过分享好书、好故事，营造阅读氛围；开展“跟着电影学党史，心里有话对党说”书影共读活动 36 场；开展“童心向党 童阅湖南”主题儿童阅读推广活动、主题手绘作品展示活动等分项活动。主题手绘作品征集活动共收到作品 125 幅，推选 30 幅优秀作品送省评比。

【公共数字文化进乡村活动】 2021 年，湘潭市图书馆（少儿馆）以“数字文化”点亮乡村“智慧生活”为主题，遵循“政府主导，社会参与，创新融合”理念，根据村民实际需求，开展点单式免费数字文化体验+服务，让村民在家门口享受贴心服务，在与科技互动中感受悠久中华文化魅力，传承红色基因。在韶山市平里村、湘潭县清风村、雨湖区长安村等 10 个村（社区）累计开展 65 场数字文化体验活动，线上线下服务村民 24892 人次。此外，总馆、分馆建设和“湘潭市公共数字文化进乡村”项目齐头并进，年内新建两个分馆和 9 个流动点。先后 24 次前往分馆和流动点送书，累计送书 12629 册。获第七届湖南艺术节项目类“三湘群星奖”。

【“湘潭那些事”】 2021 年，湘潭市图书馆（少儿馆），以地方文献推广为主线，推出全新品牌——“湘潭那些事”专栏，通过“湘潭市图书馆（少儿馆）”抖音官方账号，以小视频的形式，采用轻松、明快、简短的语言，为广大读者介绍千年古韵“金湘潭”的有名地标，推出 8 期。

【长株潭公共图书馆联盟】 2021 年，湘潭市图书馆（少儿馆）落实《长株潭区域一体化发展规划纲要》，践行《长株潭公共图书馆联盟协议》，成立长株潭公共图书馆联盟。围绕“一体化”和“高质量”两个方面，推动各成员馆在资源联通、活动联办、人才联培、宣传联动、服务联强等方面开展深入专业交流与业务合作，让长株潭市民获得更多阅读权益。实现长株潭公共图书馆联盟服务“一卡通”。湘潭市民可以凭读者证享受长株潭 681 家图书馆一证通行、921 万册图书一卡借还、跨市可借图书 5 册。（周 静）

文 博

【概况】 2021 年，湘潭市有不可移动文物点 550 余处，全国重点文物保护单位5处11个点，省级文物保护单位33处，市、县级文物保护单位79处。年内，结合“小小讲解员”教育品牌，推出“学党史 办实事 促发展——党史故事少年说”栏目，承办由国家文物局指导的“红色百年——革命文物图片联展”。举办“小小考古家”活动，将15组活动家庭带入湘潭市博物馆考古工地，清晰展示湘潭历史发展脉络。湘潭市博物馆全年接待游客615999人次，举办各类社会教育活动54场，涉及人次超6万，其中未成年人参与量为50879人次。湘潭市博物馆获评“湖南省青少年教育基地”“双红基地”。全年各项工作被市级以上媒体报道27次。

加强不可移动文物保护利用综合管理，着力提升文物保护工作能力和水平。开展革命文化资源和文物资源的摸排核查，编辑《湘潭市革命文化资源》《文物荟萃》书籍；推动钟楼、韶山火车站等7家市县文保单位申报第十一批省级文物保护单位；通过实施与监管石灵桥、韶山门楼等五大工程，确保文物永续保存；彭德怀故居复原陈列布展等10个方案通过国家、省文物局批准，全年向国家、省文物局申请专项资金约3600万元；完成8家市级文物保护单位的“四有”档案验收工作，启动8家市级文物保护单位的编制工作，制定并树立第二批市级文物保护单位保护标志牌，配合做好乡村振兴、名城名镇名村、传统村落所涉文物保护工作。

弘扬革命传统、传承红色基因。全市共有革命文物、革命遗址遗迹105处，其中属于革命文物58处（全国重点文物保护单位9处、省级文物保护单位10处、市级文物保护单位9处、未定级30处），19处被评为爱国主义教育基地，1处为历史建筑，12处为烈士纪念设施。保存状况好且得到合理开发利用的53处，计划抢救保护利用开发的6处，原址原貌不复存在的革命遗址遗迹31处。制定湘潭市革命文物保护利用工程（2021—2023年）实施方案，将25处革命文物作为鲜活教材和现场教学点；开展革命文物、革命遗址遗迹、红色资源的研究、调查、认定、提质工作，摸清资源底数和保存状况，分类分层制定保护利用和提质方案。对损毁比较严重、即将或已经部分垮塌的革命文物、革命遗址遗迹且有上级专项资金支持的保护项目优先启动，完成毛泽东同志青年时期湘潭活动旧址（毛福昌、三义井、宽裕粮行）等19处革命文物、历史建筑、纪念设施、革命遗址遗迹的保护与利用，对原址原貌不复存在的罗华生故居遗址等16个革命遗址遗迹开展树标立识工作。开展革命传统教育进学校、进教材、进课堂；组织县市区开展“百馆百展颂百年”展览活动和百年红色文创大赛，组织开展“长株潭红色导游员讲解员大赛”活动，推进谭政故居恢复工作和罗亦农生平事迹展陈工作，联合市委统战部争取中央统战部支持500万元，侨商会捐助资金70万元修缮宽裕粮行。

加强博物馆工作，推动博物馆、纪念馆高质量发展。对市博物馆“湘潭故事”展厅进行改造升级，全年做好湖湘槟榔博物馆备案工作，全市博物馆单位达8家；抓好文博场馆陈列展示工作，推进馆藏文物数字化和智慧博物馆建设。开展文物宣传活动和惠民活动，开展文博“五进”（进校园、进军营、进农村、进社区、进企事业单位）活动，全年受众超过100万人次。市博物馆加入长株潭区域博物馆联盟。全年举办（承办）“十里荷花开世界——晚清至民国湖南书画作品展”等优秀临展8场，送展3场。对第六届齐白石国际艺术节的临展厅进行提质改造，完成“一红遍天下——齐白石花鸟画精品展”设计创作。全年设计推出文创产品14套；举办讲座3场；发表论文6篇，其中国家级期刊发表2篇；完成《湘潭记忆》内容整理并签订出版协议；对257个文物保护单位、文物点进行拍照、梳理整合相关资料，完成《文保荟萃》前期整理工作。

文物征集拓宽新渠道。全年接收民间捐赠文物91件套，其中珍贵文物增加42件套，含有一级文物1件套，二级文物3件套，三级文物16件套，开创市民捐赠一级文物之先河。

【“到博物馆过节”】 2021年，湘潭市博物馆开展“到博物馆过节”活动。端午节，市博物馆通过送展、讲座、体验等方式将博物馆文化带进湖湘学校。“红色百年——革命文物图片展”让学生感受到中国共产党带领人民进行革命、建设、改革的奋斗历程。博物小课堂将中国传统端午节来源、民间习俗和蕴含的民族情结通过讲解员生动的解说走进课题；开展编五彩绳、包粽子、套粽子、立蛋、点雄黄、知识问答和屈原诗词朗诵6个体验项目。中秋节，市博物馆走进雨湖区立云中心小学，带来宋服礼仪秀，焚香、品茗、宴饮、抚琴，让学生感受宋代文人雅士的生活。现场开展飞花令、投壶、套圈、踢毽子、猜灯谜、滚铁环、解九连环项目，展示传统中秋习俗。活动人数近千人次，活动被湖南卫视和《湖南都市报》等媒体报道。

【文物保护类审批管理】 2021年，湘潭市健全“先考古，后出让”的政策机制。两次召开会议推动各县市区加快园区文物影响一般性评估和基本建设考古前置工作，全年接受办理基本建设考古许可9起、咨询事项10起。考古工作，完成湘潭市精神康复特护楼等10个项目的考古调查勘探与发掘工作，合计调查勘探面积407016.12平方米，发掘面积1200平方米；完成九华黄泥组家族墓迁移工作，3号墓在市博物馆“湘潭故事”展厅整体复原。建立考古服务费非税收入全额快速返还通道，全年收取考古服务费80.87万元。岳塘经开区、湘潭经开区的文物影响评估项目中标，合计中标金额92.96万元。湘中考古工作站取得湘乡棋梓桥龙窑等地千余件文物的保存研究权。 （罗强武）

体 育

【概况】 2021年，湘潭市文化旅游广电体育局承办、主办各类大型全民健身活动8次，开展6期社会体育指导员培训，共培训二级社会体育指导员365名，输送5名一级指导员参加国家级培训。2021年湖南省社会体育指导员交流展示大赛湘潭代表队获特等奖。建设公共体育场地设施51处，其中城区配送健身设施设备36处。以校地融合的方式，与湖南科技大学共建湘潭首座真冰场，助力北京冬奥会。2021湘江马拉松赛湘潭站比赛、2021年健康湘潭“e起来全民健身线上体育活动”“‘我要上全运’暨湖南省第二届社区趣味运动会排位赛”等活动，5万余人次参与，推进全民健身进社区、进家庭。争取中央全民健身设施补短板专项资金1200万元，支持韶山市体育公园建设。争取国家、湖南省体育场馆抵免开放专项补助资金 199.8 万元，进一步推进体育场馆向社会免费低收费开放。

竞技体育方面。年内，湘潭籍运动员庞倩玉获东京奥运会摔跤女子自由式 53 公斤级银牌，实现湘潭市运动员个人单项奥运奖牌零的突破；第十四届全国运动会上，庞倩玉、伊绪帝获 2 金 1 铜，周小芳、颜静熙获湖南群众性体育项目 2 枚金牌。引进国际水平的湘潭籍网球运动员袁梦团队落户湘潭。全年在训运动员人数 785 人，超指标 57%；参加省青少年锦标赛 25 项，获 31 金、50 银、55 铜，总分 3132 分，有 3 项排全省前三名，跳水、游泳等单项达近 5 年最好成绩。承办 2021 年省青少年足球（U15 组）和皮划艇（激流回旋）锦标赛两项赛事，33 支代表队 838 人。

【举办第十三届湘潭市运动会】 2021 年 5 月 29 日至 10 月 31 日，湘潭市举办第十三届运动会。运动会历时 184 天，共设田径、足球等 17 个大项、531 个小项，产生金牌 455 枚，有 150 个单位、526 支队伍、5580 名运动员参与角逐。（张玉娴）

湘潭市体育运动学校

【概况】 2021 年，湘潭市体育运动学校以“体教融合，五型五创”为工作思路，全面推进体校发展。组织体操、射击和羽毛球项目教练员赴友好市州进行多场交流赛。与教育局、教育学院加强联系，组织文化教师参加湘潭市直单位教师综合能力提升自主选修培训。组织全体职工参加湖南省事业单位工作人员网络培训。

体教融合。协调解决运动员就读、升学难问题。全年解决 18 名运动员从外校转入学校附近中小学就读，3 名被省专业队录取运动员在长沙寄读，4 名运动员小升初就读和 5 名运动员初升高就读。

落实“苗圃工程”。举办寒假集训 27 天，新招生 67 人，摔跤、柔道项目招生人数取得增长，通过集训，运动员的基础体能、技术动作、战术素养得到提升。落实“精品工程”。对田径、游泳、柔道、羽毛球、网球等重点项目重点投入，更新与添置器械，基本满足训练需要。

落实“伯乐工程”。打造摔跤（王军）、羽毛球（杨玉蓓）、游泳（李镌）优秀教练员工作室，发挥名师示范引领作用。学校全年新增进省体校、进省队试训、集训 16 人，长训 4 人。

德育工作。组织运动员开展弘扬雷锋精神、七一建党百周年庆祝、新学期理想教育等一系列德育活动，组织观看《道德模范故事会》《雷锋》等影片，开展“一颗红星永向党，小小邮票传深情”活动、参观湘潭市红色体育展陈馆，切实抓好下一代爱国主义教育。

赛事成绩。备战省参加十四届全运会，学校组队参加湖南省青少年锦标赛中的 14 个项目的比赛，获得 26 金 47 银 52 铜，总分 2618 分，跳水等项目实现突破，成绩达到近 5 年最佳。学校培养输送的运动员在国际国内大赛上取得良好成绩。庞倩玉夺得 2020 东京奥运会摔跤女子自由式 53 公斤级银牌，实现湘潭市奥运单项奖牌零的突破；伊绪帝在 2020 东京奥运会夺得赛艇男子四人双桨 2000 米第七名。在第十四届全国运动会上，庞倩玉在国际式摔跤比赛中勇夺女子自由式 53 公斤级冠军；伊绪帝夺得赛艇男子四人双桨 2000 米冠军。

【创建师资培训基地】 2021 年，学校与教育部门对接，作为协办单位加入“湘潭市教师自主选学 5A 工作坊”，参与组织全市中小学教师线上线下培训工作。学校发掘利用教练员专业过硬资源优势，筹备开发“湘潭市中小学体育教师专项技能提升（羽毛球）培训课程”。引进袁梦俱乐部到校网球项目。（办公室）

2022
湘潭年鉴
XIANGTAN NIANJIAN

卫生健康

综　述

【概况】　2021年，湘潭市卫生健康委坚持以人民健康为中心，全面推进健康湘潭建设并取得新成绩，获评公立医院综合改革国家级示范市，湘潭市被省卫生健康委推荐为国务院真抓实干成效明显极力支持地区，市五医院党委被中共中央授予“全国先进基层党组织”称号（全省卫生健康系统唯一）。

【疫情防控工作】　2021年，湘潭市坚持“六抓六精准”防控措施，应对2021年新冠病毒德尔塔变异株新一轮疫情（7月30日—8月3日共报告2例确诊病例、2例无症状感染者），全市未发生二代病例。“方舱接种”经验被央视、新华社等媒体报道，获省推介。

【筑牢公共卫生防线】　2021年，湘潭市突出抓好新发传染病的监测与防控，落实艾滋病、结核病防治措施，完成结核病“十三五”规划评估和改革试点总结评估工作，结核病报告发病率较“十二五”末下降23.7%，市疾控中心和湘乡市、岳塘区疾控中心获全省艾滋病防治工作先进单位。规范重性精神障碍患者服务管理，严重精神障碍患者救治救助任务完成率104.8%。国家心理健康和精神卫生中心调研组到湘潭调研相关工作并给予高度评价。完善妇幼健康服务体系，加强孕产妇、儿童健康管理及救治工作，实现全市孕产妇零死亡，5岁以下儿童及新生儿死亡率、出生缺陷发生率均创历史新低。全面完成孕妇免费产前筛查和免费新生儿遗传代谢疾病筛查任务。开展基本公共卫生服务“大调查大走访”活动，推进健康档案务实应用，健康档案查阅率达61.2%；推进慢病医防融合管理，实施糖尿病、高血压医防融合项目，“两病”管理进一步规范。岳塘区书院路街道社区卫生服务中心作为全省4个现场点之一，接受国家考核评估，得到肯定。强化卫生综合监督和专项检查，辖区内被监督单位监督建档率、覆盖率均达100%。

【深化医药卫生体制改革】　2021年，湘潭市学习三明医改经验，在全省率先出台《进一步深化医药卫生体制改革实施方案》，全面深化综合医改。加强公立医院绩效考核工作，引进三明团队建设公立医院院内绩效信息系统，促进公立医院绩效考核精细化管理。率先出台《湘潭市直公立医院领导班子任期目标责任制实施办法（试行）》。湘潭市代表湖南省接受国务院深化医改领导小组秘书处综合医改试点阶段性总结验收，并获好评。湘乡市获省公立医院综合改革真抓实干县市，市中心医院申报现代医院管理制度省级试点医院。

【提升医疗服务水平】　2021年，湘潭市以等级评审为抓手，促进医院综合能力提升，市妇幼保健院通过三甲复评，市五医院创建三级精神病专科医院，市六医院通过三级康复专科医院现场评估。市中心医院成功获批“湖南省脑卒中急救临床技术示范基地”，市妇幼保健院获评湖南省妇女盆底功能防治项目诊治中心、湖南省宫内疾病防治中心建设项目示范医院。6家县级医院申报创建14个省级临床重点专科，全国第二家国家糖尿病标准化防控中心县域分中心落户湘乡市第二人民医院。以“优质服务基层行”活动为载体，促进基层医疗机构提质升级，49家单位达到“基本标准”，11家达到“推荐标准”，雨湖区长城乡卫生院、湘潭县谭家山镇卫生院代表湖南省接受国家卫生健康委一致性评价，并获好评。

【中医药传承】　2021年，湘潭市委、市政府出台《关于促进中医药传承创新实施方案》，召开中医药大会，明确“抓重点、补短板、固根基，凝心聚力推进中医药高质量发展，努力把湘潭打造成全省乃至全国有影响力的中医药强市”目标。市中医医院整体迁建项目加快推进，湘潭县中医医院通过三级中医医院设置评审，评选出第四批湘潭名中医15名，66家乡镇卫生院、社区卫生服务中心“四有”（有人员、场地、服务、设施）服务实现全覆盖。

【实施健康湘潭行动】　2021年，湘潭市深化健康教育，中小学健康课开课率100%，居民健康素养达23.95%，提前达到健康中国行动阶段性目标要求，岳塘区创建国家健康促进区工作通过现场评审。强化健康促进。岳塘区书院路街道新塘社区、东坪街道三角坪社区、雨湖区昭潭街道白石社区3个社区创建成全国示范性老年友好型社区，市中心医院、市一医院、市五医院、市六医院4家医院创建成省级老年友善医院，39%的医疗机构创建为市级老年友善医院。促进职业健康服务，职业病防治工作在2021年全省职业病防治项目工作会议上作典型发言。健康扶贫工作取得成绩，市卫生健康委基层卫生科获评全省脱贫攻坚先进集体。巩固创建国家卫生城市成果，“四害”密度控制在国家规定范围，通过省级复审验收；新创各类卫生单位126家，其中3家省级卫生镇，26家省级卫生村（社区），33家省级文明卫生单位，64家无烟单位，湘乡市卫生城市周期复审通过省爱卫会评审。　（胡　亮）

湘潭市疾病预防控制中心

【概况】　2021年，湘潭市疾病预防控制中心探索创新发展模式，优化提升工作水平，全面落实工作要点，处置7月30日输入性疫情，第一时间进行有效管控，未发生疫情传播和扩散。抽调精干队员20人次支援河北省石家庄市、甘肃省天水市、湖南省张家界市开展新冠疫情处置工作。职业病防治、肿瘤防治工作被评为全省先进，新冠病毒疫苗接种经验在全省推介，在寄生虫病防治技能竞赛获全省二等奖，毒蘑菇宣传片获国家卫生健康委表彰，成功承办省级万步有约健走激励大赛、《职业病防治法》宣传周启动仪式。

创新开展慢性病防治。新增韶山市为省级肿瘤随访登记区县，实现肿瘤登记区县全覆盖。向国家癌症中心申请救助专项基金资助癌症患者，肿瘤防治工作获省级表彰。落实地方病防治，完成消除麻风病危害“十三五”规划终期评估，在寄生虫防治知识竞赛中获全省团体综合二等奖。推进学校卫生工作，开展学生常见病监测和近视调查，建设近视防控数据库，举行爱眼护眼系列宣传活动；推送的征文获评全国小学生组一等奖。全面落实环境健康监测，独立开展 $PM_{2.5}$ 采样及实验室检测工作，填补检测项目空白。提升病媒生物防制能力，完成5种成蚊和1种幼虫杀虫剂抗药性实验。食源性疾病事件发生率同比下降76.8%。完成职业健康体检8318人次，职业病诊断62人，农民工尘肺筛查23人；对190家单位开展职业病危害因素监测，对168家单位放射性危害监测，通过职业卫生技术服务资质评审。

【疫情防控】 2021年，湘潭市输入性2例确诊病例、2例无症状感染者，未发生二代病例。核实大数据信息54087条，摸排涉中高风险地区重点人员28267人、涉境外人员2565人，密切接触者576名、次密切接触者2224名，累计开展现场消毒34次，消毒面积2.1万平方米。统筹开展重点人群、重点场所"应检尽检"，检测新冠样本5万份。设立方舱接种点，优化接种流程，提高接种能力，接种新冠病毒疫苗490万余剂次，3岁及以上人群全程接种率达95%以上。科学、规范开展AEFI调查诊断，"湘潭经验"向全省推介。承接重组新冠病毒疫苗临床试验项目，加速助力疫苗研发生产。加大人才引进力度，招聘14名技术人员充实到防控一线。推进公卫机构薪酬制度及绩效评价体系改革，从职称评定、评先评优、绩效分配等方面对一线人员予以倾斜。提高防治水平和应急处置能力，选派17名技术人员参加省级培训，开展5场疫情常态化防控培训，累计培训2354人次，组织全市疫情防控应急演练。提升检验检测能力，购置移动式核酸检测车1台，调拨负压救护车2台。

【疾控标准化建设】 2021年，湘潭市疾控标准化建设列入省委、省政府重点民生实事项目。中心建筑面积12490平方米，实验室建筑面积5500平方米，占比超国家标准40%；补齐A类实验室仪器设备52台，完成A类检验检测项目所缺26项的岗位培训，达到市级疾控中心装备和检验检测项目国家标准。中心实验室5月全面投入使用，是全省第一家建成投入使用的公共卫生服务中心。

【重点传染病防控】 2021年，湘潭市连续18年无甲类传染病报告，报告乙类传染病15种5215例，死亡19例，低于全国、全省平均水平。稳步推进艾滋病防治，艾滋病疫情同比下降30.60%。加大防控力度，在全市高校全面推行"互联网+HIV尿液自检+干预"项目。结核病防治，完成结核病"十三五"规划评估和改革总结评估，市结核病报告发病率61.5/10万，同比下降23.7%。巩固提升免疫规划工作质量，保持高水平接种率，麻疹等免疫规划针对性疾病发病率保持在全省最低水平，连续30年保持无脊灰状态。

（刘　晓）

湘潭市卫生计生综合监督执法局

【概况】 2021年，湘潭市卫生计生综合监督执法局被省卫生健康委评为全省卫生健康综合监督工作表现突出单位。

监督执法。组织开展传染病防控、职业卫生监督、学校卫生综合监督、医疗卫生监督、公共场所量化分级管理等五大专项整治行动，促使被监督对象提升守法经营意识，规范依法执业行为。出动卫生监督员15314人次，检查各类单位7657户次。卫生监督机构案件查处数比上年增长96.08%，行政处罚金额比上年增长111.03%。

执法质效。探索"互联网+监管"模式，推进行政执法和执法监督平台建设应用。组织开展市县乡全覆盖行政执法和执法监督信息化建设。以科技化、信息化手段规范行政执法程序，实现对行政执法行为全程监督和公开公示。

法治宣传。通过"三进"（宣传进社区、进群众、进现场），采取分散宣传与集中宣传相结合、上门宣传与媒体宣传相结合"二结合"方法，开展普法宣传，"互联网+"普及卫生健康法律法规知识项目获评湖南省2021年度"十四五"卫生健康法治政府建设示范项目；《高等学校新冠肺炎疫情常态化防控要点及法律责任》《职业卫生用人单位法律责任》宣传入围国家卫生健康委"新时代健康科普征集大赛"、获湖南省首届"蓝盾新闻奖"十佳新闻作品。

【抗疫"专班模式"】 2021年，湘潭市在全省首创疫情防控卫生监督"专班模式"，抽调25名业务骨干组成重大活动疫情防控工作专班、集中隔离医学观察场所工作专班、信息排查和地区协防工作专班。制定各专班防控预案和监督指引，定期开展疫情形势分析，形成常态化疫情防控执法工作机制。依法查处疫情防控违法行为，推进各项疫情防控措施落地落实。

（王　蛟）

湘潭市医疗紧急救援指挥中心

【概况】 2021年，湘潭市医疗紧急救援指挥中心医疗保障工作任务38次，受理突发事件医学紧急救援125起，"2021湘江马拉松半程赛"、韶山12.26公里马拉松赛、湖南省雨雪冰灾应急演练医疗救援受到表扬。

医疗紧急救援。全年受理电话60933次，比上年同期（54447次）增长11.91%；有效派车20697次，比上年同期（17826次）增长16.11%；"110"联动4645次，比上年同期（4355次）增长6.66%，全市共出车32219趟次，比上年同期（28824次）增长11.78%，占全市急救出车的64.24%。年内做到无调度事故，无医疗质量投诉、无医疗纠纷，满意度均在98%以上。

疫情防控工作。发挥"120"哨点作用，规范全市疫情指挥调度工作流程、疫情救护车转运工作应急预案，对"120"电话涉及的所有密接、次密接者相关人员调度负压救护车进行隔离，做到零感染、零扩散、零死亡。

【"黑救护车"专项整治工作】 2021年，根据《湘潭市卫生健康委关于开展"黑救护车"专项整治行动工作方案》要求，中心成立工作领导小组，召开专项工作部署会，把"黑救护车"专项整治行动作为卫健系统扫黑除恶专项斗争重要任务。全年督查3次，每2周"黑救护车"专项行动信息报送，全年处理上报"黑救护车"线索5条。查处一台挂靠在湘乡金数骨科医院救护车在长沙涉嫌"黑救护车"行为，规范3台非急救转运车辆的运营行为。

（胡馨予）

湘潭市中心血站

【概况】 2021年，湘潭市中心血站持续保持临床用血100%来自自愿无偿。全年有28962人次参与无偿献血，同比增长3.25%；总献血量48986.20单位（980万毫升），同比增长5.21%。其中，采集全血27940人次，同比增长3.05%；全血量47366.20单位，同比增长5.12%；采集机采血小板1022人次，同比增长9.30%；机采血小板总量1620单位，同比增长8.22%，机采血小板双份采集率83.73%，同比增长2.23%。供应全市血液104885.5单位。

【献血服务】 2021年，高校无偿献血12512人次，献血量21125.25单位，占献血总人数的43.20%。县市（区）团体预约献血以“精准预约、有序献血、确保安全”为总要求，以“一进一出”叫号制、“一人一消”消毒制、“一对一”服务制、“一米以上”安全制为工作原则，做好线上预约献血工作安排，建立常态化疫情防控期间团体采血新模式。采血招募科采血一组、二组获2019—2020年度全省血站系统表现突出采血班组荣誉。结合助力乡村文化振兴，首创“无偿献血示范乡镇”，彰显“新农村、新风尚”。全年组织团体预约献血7706人次，献血量12812.45单位，占总献血人数的26.60%。持续规范和优化无偿献血者临床用血费用报销工作流程，无偿献血者及其亲属临床用血费用报销或减免“零跑腿”。全年临床用血报销403人次，报销血费385951.5元。其中医院直免277人次、251031.5元；血站和网络报销126人次、134920元。施行“一对一服务”和“100%回访”。献血者献血后5~10日内，血液检测结果以及表示感谢短信息100%发送反馈。建立良好血站—医院帮扶合作关系。接收并处理血液免疫学检测标本28例，其中疑难交叉配血18例；疑难血型鉴定2例；抗体筛查及医院退血情况处理8例。立足常规特殊血型工作，对Rh阴性血液确认及分型鉴定，做到阴性血液不漏检不误检，对阴性血液抗体筛查并统计分型，年内完成141例，包括3例RhD变异型。市红十字志愿者无偿献血服务大队被评为2021年湘潭市“我是志愿者我来帮”优秀志愿服务组织。发展并建立韶山市红十字志愿者无偿献血服务中队。全面启用智慧志愿服务手机App管理模式，实现线上志愿者管理，提供个人志愿者注册申请、培训考核、服务签到、工时记录等服务。

【血液安全】 2021年，常规筛查血液标本29055个，不合格718个，检验报废率2.47%。其中，核酸检测标本数28741个，反应性标本25个，不合格0.09%。完成嗜T淋巴细胞白血病病毒血液检测2566人份，降低因窗口期带来输血传播疾病风险。参加国家卫计委和省临检中心以及省疾控中心组织室间质评14次，送省临检中心血液样品3批次等，均取得优秀成绩。组织质量分析季度会议6次，开展日常查科115次，完成采供血关键环节、关键设备及物料的确认、抽检、监测、评审校准等。在全省血站2020年度血液安全技术核查中，获评“2020年血液安全技术核查优秀单位”。

【血站建设】 2021年，购置全自动血液成分分离机、全自动样品处理系统、电热恒温水浴箱等采供血专业设备设施31台，投入资金441.52万元。加大信息化建设力度。不断完善和应用智慧血站系统及长株潭一体化平台，完成启奥系统版本升级，PDA传输加密。引人留人力度加大。招聘专技人员5名；完善《专业技术职务晋升和聘任管理办法》。法治建设力度加大。年内血站在岗人员学法考法参与率和合格率均为100%。 （袁峥嵘）

湘潭市健康教育所

【概况】 2021年，湘潭市健康教育所获评“湘潭市创建国家卫生城市工作突出贡献单位”，所党支部获评“湘潭市先进基层党组织”；健康科普节目《糖尿病误区知多少》被评为2021年国家新时代健康科普作品征集大赛电视节目类入围作品，《常态化新冠肺炎疫情防控知识读本》被评为健康中国（湖南）行传播活动暨第四届湖南省健康科普大赛优秀作品。肖青林被评为健康中国（湖南）行传播活动暨第四届湖南省健康科普大赛十佳健康科普工作者，黄芳被评为“全省健康素养监测工作先进个人”。

构建健康科普专家库。由158名专家组成湘潭市健康科普专家库，完成专家健康讲座、节目录制等健康科普宣传活动11场。完善健康科普资源库。分类整理现有健康科普资源，定期更新健康教育科普资源，库内收集各类健康科普资源8类164种，通过QQ、微信群、微信公众平台进行线上分享。

建设健康促进县区。截至年底，岳塘区通过省级技术评估，获评“湖南省健康促进县市区”，并被推荐代表湖南省接受国家级技术评估。指导湘乡市启动湖南省第七批健康促进县（区）建设项目，参加省级项目工作培训，制订创建实施方案，筹备动员部署会和基线调查等工作。

创建健康促进医院。督查指导市五医院创建健康促进医院，该院结合实际，制订健康促进医院建设方案，成立健康促进医院组织领导机构，开展大量专业的、有特色的健康教育活动，通过创建验收。

完成健康素养监测任务。对居民健康素养水平监测三个国家级监测点和三个省级监测点绘图列表、现场调查注意事项等重点内容进行详细培训，并对监测工作进行全程指导，采取现场问询等方式进行监测复核。复核结果显示，各监测点均按质按量完成监测任务（共480份问卷）。监测数据统计分析结果显示：居民健康素养总体水平达23.95%，比上年提高3.45个百分点，完成上年度增长不少于1个百分点的目标任务，被省卫生健康委通报表扬。

指导基本公卫健康教育服务项目。对全市各县市区卫健局和基层医疗卫生机构开展基本公卫健康教育服务项目的工作情况进行督查，不定期根据基层工作需求开展有针对性的指导；对各县市区卫健局、健康教育专业机构和基层医疗卫生机构开展基本公共卫生健康教育服务项目绩效评价工作培训，对68个基层医疗卫生机构健康教育服务项目的完成情况及质量进行评分，并完成绩效评价工作总结报告。

创卫爱卫健康教育工作。设计制作健康教育宣传栏13期；对《全国爱卫办关于征求健康县区建设等8个规范意见》的健康教育相关内容提出修改意见。3人分获市创建国家卫生城市工作三等功、“嘉奖”表彰。每月在健康教育宣传栏设控烟专版，在全市各级各单位广泛宣传。“5·31”世界无烟日通过微信公众号等平台开展控烟宣传，印制控烟宣传海报免费发放。参与省级无烟党政机关建设现场评估。指导国家级监测点雨湖区开展2021年湖南省青少年烟草流行监测工作，督促各医疗机构开展戒烟门诊建设。

日常宣教工作。每周向市民推送两期以上健康教育类短信，共推送5万余条；通过“健康湘潭”微信公众号，每周推送3期以上专业健康知识科普文章，共推送513篇；在《湘潭日报》开设健康科普专栏，1篇健康教育科普文章；制作宣传栏样板12期；发放各类健康手册、折页10万余份，发放体重秤、控油控盐壶套装、纸杯等健康宣教用品共10万余份。卫生健康宣传活动有声有色。围绕健康生活方式、出生缺陷防治、慢病防治等主题，结合世界卫生日等各类健康宣传日，开展系列健康科普活动，开展健康教育“五进”活动13场，现场参与居民约1600余人。至年末，《健康湘潭》累计播出706期，节目制作总时长14120分钟，节目播出时长（含重播）84720分钟。电视覆盖长沙、株洲、湘潭3市1200余万人口，在“湘潭传媒网”点击量达60.6万余次，“大美湘潭”手机App点击量69.9万余次，“健康湘潭”微信公众号点击量108.5万余次。

【常态化科普防疫】 2021年，湘潭市健康教育所编写市级新冠疫情防控倡议书，倡导全市居民做好新冠肺炎疫情常态化防控。组织省市健康科普专家编写《新冠肺炎疫情常态化防控湘潭市民健康行为知识读本》，线上+线下结合对读本进行宣传推广。建立疫情防控健康科普资源库，在健康湘潭微信公众号和市健康科普资源库建立常态化疫情防控科普资源专版，发布疫情防控科普知识五大类41种。拍摄制作3部疫情防控科普宣传片。

（周玲婷）

湘潭市医疗保障事务中心

【深化医保支付方式改革】 2021年，湘潭市医疗保障事务中心推进改革试点落地，推进DRG试点改革。通过抓实专家团队建设、建立常态化培训机制和四级质控机制、落实医保信息业务编码标准、严格病案质量管理等，夯实改革基础。6月，湘潭市首批8家试点医院开展DRG实际付费。定点医疗机构医疗服务能力增强，运行成本降低，主要表现为CMI值（病情严重程度）从1.11增加到1.22，时间消耗指数从0.94下降到0.82，费用消耗指数从1.01下降到0.83，平均住院床日减少1.19天。医疗费用明显下降，统筹基金支出同比降低19.99%。患者就医负担减轻，同期相比次均费用降低15.89%，次均自付比上年同期减少535元，群众满意度不断增强。6月、11月，在国家局第一、二轮试点交叉评估中评定为“优秀”；12月，被确定为国家DRG付费示范点。

【保障新冠病毒疫苗及接种费用】 2021年，湘潭市认真落实国家、省、市关于医保基金和财政共同负担新冠病毒疫苗和接种费用决策部署，做好疫苗接种费用专项预算、资金划拨、费用结算等工作。安排新冠病毒疫苗及接种费用专项预算4.22亿元，上解新冠病毒疫苗及接种费用2.99亿元，其中，新冠病毒疫苗费用2.66亿，接种专项费4318万元，确保全市新冠病毒疫苗费用及时拨付和群众免费接种疫苗。

【优化医保经办服务】 2021年，湘潭市深化医保服务“一网、一门、一次”改革。推进政务服务“全流程在线办”，全面梳理湖南省政务服务一体化平台公布的74项依申请类医保服务事项，网办率100%；依托“互联网+医保服务”一体化平台，做好基层服务一门式全覆盖试点，将岳塘区宝塔街道云峰社区、雨湖区窑湾街道唐兴寺社区作为试点，开通“医保参保信息查询”“医保参保证明打印”服务事项，打通服务群众“最后一公里”；优化医药机构申报定点协议管理的办事流程，开展市内“两定”机构互认；推进异地医疗费用直接结算，国家平台定点医疗机构接入率在全省地市中排名第一，被列入首批自助开通异地就医直接结算服务国家试点。全市跨省异地就医联网结算定点医疗机构达57家，接入医保电子凭证医疗机构250家，药店828家，其中新系统上线前实现401家医药机构个人账户直接结算（较上年增加99家），等新系统功能完善后，其他医药机构均可实现省内个人账户直接结算。市中心医院等11家医疗机构开通门诊费用跨省直接联网结算业务，实现普通门诊费用跨省直接结算工作5个县（市）区全覆盖；9月，事务中心整体进驻“市民之家”，为办事群众提供更加标准化、规范化、便利化经办服务。

【协同推进长株潭医疗保障“零距离”】 2021年5月，长沙、株洲、湘潭医疗保障局共同签署《长株潭一体化医疗保障“零距离”工作方案》，共同推动三市参保人员异地看病、买药、办业务无障碍。湘潭市牵头推进个人账户“零距离”。推进“湘潭医保”电子凭证应用，年内湘潭有250家医疗机构、828家药店开通电子凭证接入，实现三市个人账户异地结算。至年末，湘潭市有异地结算记录的医药机构623家，结算34466次，结算金额69600万元。（刘　沅）

医院选介

【湘潭市中心医院】 2021年，湘潭市中心医院总诊疗148.8万人次，出院病人8.9万人次，床位使用率86.25%，平均住院日8.81天，优质护理服务病房覆盖率100%，分级护理合格率98.45%，处方合格率超95%。扎实推进党史学习教育，实施“五为一帮”为群众办实事事项36个，办结率100%，群众满意度99.8%。医院院史馆、书画展开展，《湘潭市中心医院志（2010—2019）》《何志襄传》出版。推进“清廉医院”建设，推动实施“廉声、廉卡、廉课、廉网、廉廊”。“激活主题党日，促进‘两个作用’发挥”案例获评全国“党建引领医院高质量发展优秀范例”和中国公立医院高质量发展论坛“医院创新管理典型案例”，医院公共卫生临床医疗中心获得“湖南省青年五四奖章”。

疫情防控。成功救治4名新冠肺炎患者，其中无症状感染者2名，普通型2名。在湖南科技大学、湘潭大学、湘潭经济技术开发区、雨湖区姜畲镇等地建立新冠疫苗接种方舱，创新打造公交移动方舱，为各类人群接种新冠疫苗44万余剂次。规范发热门诊、预检分诊设置，完善新冠疫情定点医院标准化建设。

深化医改。DRG付费正式实施，各职能部门督导考核工作、国家三级公立医院绩效考核和公立医院综合医改持续推进。医院紧密型医联体工作先后在国务院综合医改试点省份阶段性总结验收会、国家卫生研究发展中心专家组调研、湖南省城市医疗集团建设发展研讨会等场合受到认可和赞扬，“紧密型医联体建设深化医疗改革案例”获评2021年度湘潭市全面深化改革优秀创新案例。

医疗提质。抓好医疗质量安全，落实处方点评制度，实行“危急值”信息化、闭环管理，院本部3日病历归档率94%，抽查评审终末病历甲级率达96%。推进“五大中心”建设，探索构建湘潭区域急诊网络体系，牵头组建湘潭市创伤救治联盟，获批为“湖南省脑卒中急救临床医疗技术示范基地”。老年医学科门诊、消化内科一站式门诊、呼吸病门诊诊疗中心等开诊，海扶®微无创治疗中心开业，增设戒烟门诊、儿童神经专科门诊、PET/CT中心门诊等10余个专病门诊。做好药学服务和药事管理，抗菌药物使用比例为40.30%，开办湖南省首期抗菌药物应用临床药学指导能力提升同质化培训班，培养20名优秀临床药师。提升优质护理服务质量，获评“湖南省优质护理服务表现突出医院”，10个护理项目获国家级专利。16篇论文获评湘潭市自然科学优秀学术论文，52项新技术新项目获省、市级科研立项。全年无重大医疗纠纷和安全生产事故发生。

管理增效。人才队伍结构优化，校园招聘引进硕士研究生48人，公开招聘录取硕士研究生52人，副高职称以上13人。3人获评“湘潭市第八批优秀专家”，3人获评“湘潭市第八批专业技术骨干人才”。医院信息系统完成三级等保测评，国家医疗健康信息互联互通标准化成熟度等级“四级甲等”获国家卫生健康委员会授牌，医院获评2021年度湖南省卫生健康信息化试点工作先进单位。推进智慧医院建设，门诊患者平均预约诊疗率达80.39%，预约后平均等候时间为13.54分钟。开展公立医院经济管理年活动，在湖南省公立医院经济管理年活动评估中获优秀等次。开展院内感染防控三级巡查，加强病陪人管理，开展院内感染与传染病培训31次，接受疫情防控工作省检8次、国务院检查1次。完善法治医院建设，制定《公共资源交易管理制度》，实施《行政事务合法性审查管理制度》。全年召开4次职工代表大会，切实维护职工合法权益。

改善服务。医院成功创建为湖南省老年友善医疗机构。完成600余个药品调价，门诊、住院次均药品费用降低10%以上。优化线上预约挂号功能，推广诊间支付，开设康复“夜间门诊”，铺设40多个医生、医技支付点，开通手机预约核酸检测缴费、特殊病种缴费自助服务和医保电子凭证、湖南省健康码自助机扫码服务，推广临床一站式入出院操作。门诊平均满意度达96.5%，住院平均满意度达96.47%。全市首家省级医务社工体系建设示范点落户医院，全院注册志愿者3556人，累计志愿者存储时间33591小时。深入企业、社区等地开展义诊义治活动140余场次，服务群众6500余人次。派遣援非医疗队员1名、援疆医疗人员2名、对口支援县级医院专家40余名，选派3人参加市科技特派员工作。培训基层医生60人、骨干乡村医生103人、骨干全科医生9人。 （沈灼非）

【湘潭市第一人民医院】 2021年，湘潭市第一人民医院升格为正处级单位。

疫情防控。医院高度重视疫情防控工作，修订完善新冠肺炎常态化防控方案，实施网格化责任制管理模式，提升疫情防控能力。推进新冠病毒疫苗接种工作，建立全员免疫屏障。3月26日—10月31日，医院筹建工程学院、城建学院、万达广场、九华等8个疫苗接种和核酸采样方舱点。完成新冠病毒疫苗接种172334人次；完成核酸检测252404份。

医疗质量。开展新项目、新技术46项，如IVUS引导上肾动脉支架植入术、FFR（血流储备分数）指导下的冠脉介入治疗、膝关节单髁置换术、肩关节镜手术等技术。控制全院平均住院日，压实各级责任，进行平均住院日的月考核和年考核，全年平均住院日为10.43天，同比降低1.14天。推进DRG付费改革工作。加强病案首页及DRG入组质量控制，确保DRG付费合理效益最大化。刘群友的论文《医保支付改革思考与实践》在省医院协会学术年会上作经验交流。加强合理用药管理。调整优化医院处方目录，严控辅助用药。2021年药占比为26.8%，下降1.4%。深化优质护理服务，创新护理服务模式。打造护理服务品牌，开展以“提质、创新、共享”为主题的一科一特色优质护理服务项目比赛。继续推进专科护士能力认定项目，70人次获专科护士能力认定证。145名护理人员经考核成为平台网约护士，开展上门护理服务290余次，满意度为100%。推进健康教育与促进工作。制定“我为群众办实事”“慢病进社区”“博士团队下基层”等系列义诊讲座计划，普及健康知识。全年开展义诊80场、讲座64场，参加义诊专家274人次、护士130人次、工作人员253人次，服务居民23516人次。10月，在湘潭市现场急救科普人文路演大赛中，医院参赛节目《金山漫水憾千古，众人施救谱传奇》获第一名。

综合实力。对照省市级重点学科评审标准，申报省级（省级）重点建设专科5个：肿瘤科、神经内科、急诊科、泌尿外科、消化内科；省级（市州级）重点专科9个：骨科、肝胆外科、老年病科（全科医学科）、呼吸内科、心血管内科、内分泌科、重症医学科、耳鼻咽喉科、护理学；申报第四批市级重点建设专科10个：儿科、麻醉科、康复医学科、血液内科、病理科、临床药学、感染科、神经外科、医学检验科、医学影像科。注重特色专科发展，整合学科力量，实行心血管内科一病区与心血管内科二病区统一管理、妇科与产科统一管理、耳鼻喉头颈外科与口腔科统一管理、急诊科与院前急救科统一管理。在昭山、江南医院、韶山医院等6个网点进行布局，形成以区域救治中心为核心、医联体内上下协同统一救治网络。推进“六大中心建设”。推进卒中中心、胸痛中心、创伤中心、危重症孕产妇救治中心、危重儿童及新生儿童救治中心、医疗急救中心河东中心建设。加强中医药学科建设。发挥中医示范医院作用，推进中医药发展。加强名中医培养和宣传推介，推广中医药适宜技术。建立社区中医坐诊常态化工作机制。全年中医门诊饮片处方占比 3.38%，同比增长 0.14%。推进科研教学工作。全年向省自然科学基金、省科技厅、省医学会立项、市科技局科研申报 17 项，市医学会科研立项 9 项，申报湖南省临床医疗技术示范基地 1 个，申报市级临床医疗技术示范基地 1 个；2021 年毕业住培学员 9 人。

集团建设。加强湘潭市第一人民医院健康集团建设，全年新增韶山医院、湘潭执一堂中医医院、江麓医院、湘乡二医院 4 家成员单位。至年末，有集团成员单位 25 家，其中三级医院 1 家，二级医院 9 家，一级医院 7 家，社区卫生服务中心 8 家。建立“1+1+X”组合签约服务模式，组建医生签约团队 50 个。书院路、宝塔、下摄司、东坪 4 个街道社区卫生服务中心签约 101431 人，全人群签约率 40%；重点人群签约 59459 人，平均签约率 86%。挑选 35 名副主任医师以上专家，在基层开设名医工作室，定期门诊、查房、带教。

平安医院。全年医院处理各类投诉 20 起，处理市长热线移交各类诉求 135 件，办结率 100%。处理医疗纠纷 8 起，未发生因信访问题引发群体性事件及舆论负面炒作。继续做好依法执业工作，通过电子化医师注册系统有注册执业医师 450 名，对 857 名护士执业资格注册及变更情况进行详细核查。审核完成各类合同、协议、文书 153 份。落实“一单五制”，以主体责任考核、安全生产月等活动为抓手，开展领导带队隐患排查和专项治理活动。

规范管理。落实科室全成本核算工作，完善基础字典编制，确定分摊成本基本原则，继续优化全成本核算下绩效分配方案，利用绩效信息化系统提升精细化管理水平。推进生命急救绿色通道和急诊急救大楼项目建设。

（黄惠群）

【湘潭市第二人民医院】 2021 年，湘潭市第二人民医院总诊疗 13.36 万人次，门急诊服务 12.64 万人次。新招聘录用编制备案制人员 10 名、编外人员 20 名；安排外出进修、培训 8 人次，紧缺人才培训 1 人次，省级专科护士培训 11 人次，新增在职研究生 3 人。3 个市医学会科研项目新立项成功，2 项省卫生健康委项目和 5 个市医学会科研项目处于在研阶段。中医科《改良督灸治疗腰椎间盘突出症（寒湿型）的临床观察》获湖南省针灸学会“科学技术奖三等奖”。

疫情防控。严格落实传染病疫情和突发公共卫生事件报告责任，制定和完善就诊流程、防控方案 20 余份，完成发热门诊建筑布局改造，新增核酸检测仪、核酸快速检测仪、核酸抗体定量检测仪，开展新冠病毒核酸检测 101910 人次，抗体检测 2544 人次。检测外环境及污水 633 例样本；参与社区、高校防疫 10 余次，汽车西站核酸采集 12446 人次，街道社区服务中心新冠病毒疫苗接种 176184 剂次。8 月 4 日，开展湘潭大学方舱核酸采样。从建仓、物资调配、工作人员及公民知识培训、标本采集、运送、检测到休舱及场所消杀、环境监测，历时 10 余天，采集标本 50198 人次，做到统计数据及时上报和群众、医务人员零感染。

深化医改。与窑湾、城正、昭潭、先锋、和平、云塘 6 个社区卫生服务中心搭建心电、放射、B 超等远程会诊平台，开展远程诊疗 10089 人次。按照网格化要求开展医联体建设，启动并推进高血压、糖尿病、心脑血管疾病等慢性疾病非急性期分级诊疗工作，畅通双向转诊通道，上转 391 人次，下转 48 人次。加强对紧密型医联体及对口支援医院医疗支援工作，指导长城乡卫生院通过省级基层卫生院优质服务评审。

医院管理。推进“清廉医院”建设，创新开展党务行政查房，进行工分制绩效方案改革，完成科室二次分配系统培训及试用。6 月 30 日，开设老年医学科；11 月 9 日，开设康复医学科。新建《临床合理用药、合理检查、合理治疗制度》《检查结果互认制度》等 7 项制度，建立医疗技术风险预警机制，贯标落实 15 项医保信息业务编码，1 名医师取得国家编码证备案。新增 7 个科室申报第四批市级临床重点专科。建立健全道路交通事故伤员快速抢救机制，按照对应标识、救治流程、制度规范“三统一”要求，推进胸痛、卒中、创伤中心提质。推进智慧医院建设，新增健康码识别终端 3 个、自助机 20 台；新增床旁血液净化仪、快速生物阅读仪、乳腺旋切配套 B 超系统等设备 83 台件；引进乳腺微创旋切系统，完成手术 5 例。

（左小英）

【湘潭市妇幼保健院】 2021 年，湘潭市妇幼保健院通过三甲复评。启动发热门诊规范化建设，发挥疫情防控“哨点”作用；依托妇幼保健网络，开展全市妇幼保健机构常态化疫情防控专项督导，保障全市妇幼健康安全；8 月，建成湖南工程学院体育馆方舱核酸采样点，完成核酸采样工作。完成核酸采样 105919 人次，疫苗接种 85761 针。

妇幼保健管理。全年实现湘潭市辖区助产机构孕产妇零死亡。构筑孕产妇安全保障体系，指导并协助基层开展高危孕妇筛查 294 次，受检 3182 人次，高危发现率 57.39%。推进出生缺陷三级预防工作，阻断 51 例缺陷患儿出生，全市出生缺陷发生率下降至 90.76/万。超额完成重点民生实事工作任务，产筛完成省实事任务的 103.39%，新筛完成省实事任务的 107.59%。

妇幼保健学科建设。医院获评湖南省孕产期和更年期保健特色专科建设单位。打造湖南省妇女盆底功能防治项目诊治中心、全市首家宫内疾病防治中心建设项目示范医院。医疗美容、综合介入、放射治疗专业等 6 个新增项目通过湖南省卫生健康委现场审核。

医疗质量管理。完善医院质量管理委员会及院科两级质量管理组织，提升危重症救治综合能力建设，出院患者手术占比、微创手术占比、四级手术占比分别比 2020 年提高 3.47%、2.44%、0.21%。分别获母婴安全急救技能比武市级一等奖和省级三等奖。有效投诉同比下降 56%，医疗纠纷同比下降 35.3%。

医改工作。与九华街道社区卫生服务中心建立医疗合作共建单位，与湘乡市妇幼保健院共建妇科、不孕不育科等专科联盟，推进联合体工作，派出专家下基层指导和帮扶 2532 人次，其中开展专业技术服务 2184 人次，上转 2398 人次，下转 5652 人次，覆盖人群达 200 万人，其中半紧密型覆盖人群达 113 万人。

（陈思言）

【湘潭市第五人民医院】 2021 年，湘潭市第五人民医院获“全国先进基层党组织”，获评三级精神病医院，创建为省、市老年友善医院、健康促进医院和平安医院。完成总诊疗 129832 人次，其中，门诊 52789 人次，健康体检44379人次，美沙酮门诊32664人次；全年住院8709人次，出院8708人次；开放床位414640床·日，实际占用床位595861床·日，床位使用率143.7%。核酸检测约5万人份。设立核酸检测采样方舱和流动采样点，为1.2万名各类人员提供采样检测服务，准确率100%；做好疫苗接种医疗保障工作，共为3.6万群众提供医疗保障服务。

医疗质量安全。医院甲级病历率达90%以上，病历首页合格率95%，电子病历分级评价达四级标准；优质护理覆盖率100%，优质护理服务满意度99.5%，患者满意度为96%；感染例次率为3.1%，无大型院内感染发生。全年医院无重大医疗安全事件。

学科建设。精神科、临床心理科、老年病科被评为市级第四批临床重点专科，精神科为省级临床重点建设专科。成立儿少心理科和睡眠治疗中心，填补湘潭市临床诊疗业务空白。医院参与国家级、省级科研项目各1个，申报科研项目6项，发表论文26篇，参与《实用精神疾病诊疗学》编撰。

医改工作。医院基本药物配备金额占药物采购总金额的67%，在全市考核中排名第一。自2019年年底执行国家集中带量采购政策以来，医院药品收入（2020年同比下降16.70%、2021年同比下降4.59%）、住院患者平均每人每日药费（2020年同比下降26.03%、2021年同比下降9.98%）逐年下降。

精神卫生和心理卫生服务。湘潭市精神卫生综合管理试点工作经验获全省推广。全市严重精神障碍患者规范管理率、面访率、服药率、规律服药率、精神分裂症服药率等指标均超过省级年度目标。在重点民生实事“严重精神障碍患者救治救助工程”项目中，医院收治483名患者。完成精神、智力、残疾评定、复核、换证1219人次。对危险性评估在三级及以上严重精神障碍患者开展集中收治，摸排易肇事肇祸精神障碍患者2083人，收治654人，居家监护1429人。医院联合公安部门开展湘潭市严重精神障碍突发性危害公共安全应急演练，增强心理健康监测和应急处置能力。针对疫后重点人群开展心理危机干预16例，发挥心理援助热线作用，截至年底，累计接听电话1394次，预防和减少市民心理健康问题。（陈执天）

【湘潭市中医医院】 2021年，湘潭市中医医院药学部成功获批“省级区域中药制剂中心项目”。“杨氏小儿先天性马蹄内翻足疗法”传承项目通过现场验收，杨氏小儿先天性马蹄内翻足疗法项目纳入国家中医药传统知识项目数据库。杨韵琴湖南省名老中医药专家传承工作室成功验收并获评良好等级。第六批全国老中医药专家姜升平学术经验继承工作结业考核取得国家中医药管理局批准的出师通知。第四批湖南省老中医药专家蒲云青学术经验继承工作在年度考核中，通过考核。姜升平获评湖南省名中医，李巍、王晓晖、罗黎霞、曹谦4人获湘潭市第四批名中医（药）师称号。发表SCI论文1篇，科技核心期刊2篇。立项科研课题10项。曹谦“一种尺桡骨中段骨折固定复位培训器”获实用新型专利。中药制剂创新研发快步推进，有10个处方进入研发阶段。活血散瘀酊成为湖南省第一批调剂品种，新备案制剂“补肾强骨合剂”“益气生血合剂”投入临床使用。

中医防控疫情。组织专家制定湘潭市新冠肺炎中医药防控方案。国医大师刘志明对湘潭市新冠肺炎确诊病例和无症状感染者进行远程会诊，中医药参与率达100%。发挥中医“治未病”优势，组织院内“省市名中医”研制防疫香囊、中药熏包、膏方。

医改工作。开展“四个不合理”“床位”“清廉医保”专项整治行动以及“清廉医院”建设活动，规范医疗行为，减轻患者负担，门诊次均费用同比下降1.83%，门诊抗菌药物使用率仅为2.27%。全年吸收8家新单位加入中医集团。组织专业人员到60家基层医疗机构开展65岁以上老年人和0~36个月儿童中医健康管理服务工作督导。到云塘社区卫生服务中心、鹤岭镇卫生院、东坪镇建设路社区卫生服务中心进行“基层医疗机构服务能力提升”同质化管理指导。在医联体成员单位中开展大型巡讲、查房、会诊、交流活动，共开展9站巡讲。与24家乡镇卫生院和社区卫生服务中心签订对口支援协议，专家赴基层医疗机构坐诊938次。与云塘、万楼卫生服务中心进行X线、CT资源共享合作，开展影像检查48人次。为集团规范化建设单位——金侨医院手术室及病室开展消毒监测4次。为昭潭、窑湾、云塘、和平卫生服务中心辖区的32家幼儿园进行免费儿童体检。派驻医务人员2人次支援桂东县中医医院。免费接收桂东县中医院针灸推拿医师轮流到院进修。

迁建项目。医院整体迁建项目通过世界银行EDGE认证，项目完成将成为国内第一家绿色低碳医院。

（谭爱平）

【湘潭市口腔医院】 2021年，湘潭市口腔医院未发生技术缺陷投诉和医疗纠纷，服务类投诉处结率100%，各科护理质量合格率达90%以上、健康教育覆盖率达100%，综合满意度为98.9%。逐步完善和规范医保管理工作，将“口腔门诊实质性治疗”（简称“单病种”）惠民政策落到实处。

坚持“科教兴院”。举办市级时代天使隐形矫治、椅旁数字化解决方案等专业培训班。选派人员参加省级及以上学术交流会及短期培训班35人次，举办两次学习交流报告会。引进新设备超声骨刀、口腔数字化技术、心电监护拔牙，数字化种植技术得到推广，数字化种植临床应用率达45%以上。

公共服务职能。到12个社区免费为市民提供口腔健康知识讲座和检查。对22所公立幼儿园4080名幼儿进行涂氟，检查人数5123人。免费为1380名适龄儿童开展窝沟封闭项目。发送各类宣传微信推文48篇，《湘潭日报》刊登文章10篇，报送市卫生健康委信息稿10篇，录制各种短视频14个。体检人数11.2万余人。湖南省重点人群口腔健康监测工作湘潭监测点在韶山启动，医院牵头联合韶山市卫健局、韶山市疾控中心在11月完成500人流调工作任务。

科学管理。历时两个月对外科、正畸科、牙体牙髓科等11个科室开展行政大查房，及时发现解决科室存在的问题。解决下摄司业务开展受限问题，完成门面租赁与装修工作，11月新址正式开业。认真贯彻“安全第一、预防为主”安全生产方针，开展“大排查大管控大整治”百日行动及安全生产集中整治等活动。注重后备人才梯队建设，采用安家费形式引进高层次人才；完成17名试用期满干部转正工作。深化人事薪酬制度改革，稳定专业技术人员与业务骨干人才队伍。规范医院用人制度，修订出台专业技术职称晋升和聘任管理办法。加强医院信息化建设。立项并开发医院绩效考核系统。完善医院 HIS 系统功能模块并上线微信服务号及湘潭市口腔医院支付宝小程序，其中支付宝实现诊间支付。全部实现电子健康卡、电子医保卡使用，保证实名制就诊率。完成国家医保局十五项编码的对码工作及医保新系统对接工作。推进“6S”精益管理。加强门诊导诊服务，完善院内外标志标牌制作，引导自助机应用，及时更新一体机播放内容，开通微信、支付宝、异地刷卡（长沙市医保门诊专科）等支付功能。（林　佳）

医疗保障

【概况】　2021 年，湘潭市不断推进医疗保障治理体系和治理能力现代化建设。城镇职工参保 51.80 万人，城乡居民参保 220.40 万人，基本医疗保险参保总人数 272.20 万人，参保率达 99.85%。居民医保住院报销比例 61.82%，职工医保住院报销比例 80.16%。

【建立长护险制度湘潭模式】　2021 年 3 月，湘潭市长期护理保险正式启动。湘潭市医疗保障局从本地实际出发，从政策宣传、规范管理、提升经办服务等方面着手，建立“一主五副”的长护险制度体系。全年受理失能评估申请 1617 人，上门评估 1532 人，重度失能 1337 人，1100 余人享受待遇，基金支出 600 余万元，人均享受待遇约 1116 元/月。在国家医保局 11 月开展的长护险试点城市评估工作中评定为“优秀”。

【落实高血压和糖尿病门诊用药保障政策】　2021 年，湘潭市医保局出台《湘潭市深化城乡居民高血压、糖尿病门诊用药保障和健康管理专项行动实施方案》，将高血压、糖尿病等慢性病门诊用药纳入医疗保障范围，限额内按照 70% 比例报销，推动“两病”门诊用药保障政策落地。享受两病用药待遇保障 55.24 万人，“两病”保障药品医保基金支出约 1.59 亿元。

【落实国家集采任务】　2021 年，湘潭市医保局严格执行国家和省药品和医用耗材集采任务，通过实时监测平台数据、专项督查、建立医药机构问题反馈机制等措施，推进带量采购任务落实落地。公立医疗机构参与 5 个批次 218 个药品的国家集中带量采购，各批次均超量完成采购合同任务，共节约资金 3.1 亿元。参与省、省际联盟、市州联盟 153 个药品的集中带量采购工作，其中湖南省抗菌药物带量采购率达 240%。医疗机构采购国家集中带量采购冠脉支架 3415 个，节约医疗支出 4317 万元，冠脉支架手术病均次住院费用下降 30%。严格执行省际联盟新冠病毒核酸扩增试剂集中带量采购，均价从 14.54 元降至 8.41 元，平均降价 42.16%。3 月，开始执行新一轮普通医用耗材及检验试剂阳光挂网集中招标采购结果，此次招标入围产品较企业报价降幅为 37.96%，较上一轮招标入围产品价格降幅达 17.85%。6 月，开展半年度医用耗材及检验试剂阳光挂网产品增补工作，论证后价格与各申请单位实际采购价对比，医用耗材类产品价格平均下降 14.20%，最高降幅达 59.07%，检验试剂组产品价格平均下降 14.84%，最高降幅达 50%。执行国家集采政策成效显著，被中央电视台新闻频道、湖南卫视进行报道。

【医疗服务价格改革】　2021 年，湘潭市医保局出台《关于修订部分医疗服务价格项目的通知》，修订医疗服务价格项目共 179 项，其中 131 项涉及 6 岁以内儿童服务项目加收 30%~50% 的费用，体现儿科医生技术劳务价值。规范基层医疗卫生机构医疗服务收费行为，对湘潭市 79 项医疗服务项目三类价格予以明确。湘潭市内公立医疗机构和疾病预防控制机构开展新型冠状病毒核酸检测（检测和试剂费用总和）收费标准由 60 元/人次降至 40 元/人次，混合检测收费标准由 20 元/人次降至 10 元/人次。“新冠肺炎抗体检测”项目的检测和试剂费用总和不得超过 25 元/人次。

【强化医疗保障助力乡村振兴】　2021 年，湘潭市医保局资助困难群众参保 7.8 万人，资助金额 1800 余万元，超额完成民生实事目标任务。出台《湘潭市医疗救助实施细则》，建立健全防范和化解因病致贫返贫长效机制，协同实施大病专项救治，促进医疗救助与其他社会救助制度衔接，实现集中支持脱贫攻坚向统筹基本医保、大病保险、医疗救助三重制度常态化保障平稳过渡。

【开展医保基金集中整治】　2021 年 7 月起，湘潭市全面开展打击欺诈骗保套保挪用贪占医保基金集中整治工作，通过自查自纠、督查检查、问题整改、整章建制等环节，以问题为导向，建立健全《市本级医药机构医疗保障定点准入和退出流程》《市本级定点医疗机构年初预算及年终结算工作流程》《市本级定点医药机构稽核流程图》《湘潭市医疗保险基金支付工作制度》《特殊门诊业务经办流程》《湘潭市普通医用耗材及检验试剂集中招标采购工作流程》《湘潭市医疗保障局工号权限管理制度》等制度，从源头上堵塞制度漏洞，加强基金管控。全年湘潭市共追回定点医药机构违法违规处理资金 5769.55 万元，暂停定点医药机构医保服务资格 46 家。

【智能监控示范点建设通过终期评估】　2021 年，湘潭市智能监控示范点建设针对本市基金监管薄弱环节，重点突出智能场景监控，智能审核及进销存监控系统的建设和应用，推进定点医药机构不断规范自身诊疗服务行为，在完善制度体系、优化工作流程、提升系统功能等方面取得进展。9 月，被国家医保智能监控示范点终期评估为“优秀”等次。

【推进国家医疗保障信息平台上线工作】　2021 年 10 月 10 日，国家医疗保障信息平台在湘潭上线。及时在医保微信公众号和新闻媒体告知参保群众和参保单位发布有关注意事项，通过线上收集问题，做好群众解释工作，与省医保局沟通协调解决问题，协调信息平台公司增派人手现场解决问题，协调市民服务中心增设临时窗口，安排中心及承保公司工作人员加班加点，集中为参保群众处理零星报账积压业务，与税务协调延期办理参保缴费，增加邮寄代办等措施，保障新老系统平稳过渡。（杨　丹）

2022
湘潭年鉴
XIANGTAN NIANJIAN

社会生活

综　述

【概况】　2021年，湘潭市城乡居民人均可支配收入37170元，比上年增长8.2%。其中，城镇居民人均可支配收入44772元，比上年增长7.1%，农村居民人均可支配收入25036元，比上年增长10.6%。城乡居民收入比为1.79（以农村为1），恩格尔系数为31.0，城乡居民文化娱乐服务支出占家庭消费支出比重为6.5%。分县（市）区来看，城镇居民人均可支配收入：雨湖区45878元、岳塘区44991元、湘潭县42276元、湘乡市42810元、韶山市49140元。农村居民人均可支配收入：湘潭县23846元、湘乡市23349元、韶山市为33433元。

【城乡收入结构】　2021年，全体居民可支配收入中工资性收入20357元，占55%；经营性收入6001元，占16%；财产性收入2375元，占6%；转移性收入8437元，占23%。城镇居民人均可支配收入中工资性收入24902元，占56%；经营性收入5192元，占12%；财产性收入3395元，占8%；转移性收入11283元，占25%。农村居民人均可支配收入中工资性收入13103元，占52%；经营性收入7293元，占29%；财产性收入748元，占3%；转移性收入3893元，占16%。

【城乡消费结构】　2021年，湘潭市城乡居民家庭人均消费支出26924元，消费占收入比重为72.4%。消费结构中，食品烟酒支出8357元，占31%（恩格尔系数）；衣着支出2000元，占7%；居住支出4807元，占18%；生活用品及服务支出1781元，占7%；交通通信支出3051元，占11%；教育文化娱乐支出4332元，占16%；医疗保健支出2095元，占8%。城镇居民家庭人均消费支出30965元，其中食品烟酒支出9643元，占31%；衣着支出2574元，占8%；居住支出5137元　占17%；生活用品及服务支出2085元，占7%；交通通信支出3656元，占12%；教育文化娱乐支出5164元，占17%；医疗保健支出2101元，占7%。农村居民家庭人均消费支出20473元，其中食品烟酒支出6304元，占31%；衣着支出1084元，占5%；居住支出4279元，占21%；生活用品及服务支出1295元，占6%；交通通信支出2084元，占10%；教育文化娱乐支出3004元，占15%；医疗保健支出2086元，占10%。

（李健杰）

人力资源和社会保障

【概况】　2021年，湘潭市人力资源和社会保障局获评“全省脱贫攻坚先进集体”，市劳动保障监察局获湖南省五一劳动奖状。市劳动人事争议仲裁院、市人力资源考试院获全省先进。技能人才培育“湘潭模式”获评全国人才工作优秀案例。韶山市人社局获评全国根治拖欠农民工工资工作先进集体。岳塘区就业工作获省政府真抓实干大督查表扬。

就业工作。城镇新增就业5万人，失业人员再就业2.2万人，就业困难对象再就业8800人，新增农村劳动力转移就业人数9087人，分别完成全年任务的101%、110%、110%、113%。参加就业见习人数828人，完成任务的207%。完成职业技能培训5.4万人，完成145%。

社保工作。全市养老保险参保总人数稳定在190万人，其中城乡居民养老保险参保122万人，失业保险参保人数37.4万人，工伤保险参保43万人，分别完成省目标任务的106%、100%、102%。新开工建设项目工伤保险参保率达97%，超过省任务要求的90%。

人才人事。申报省关键人才32人，符合条件的22人，完成省任务的183%。组织各类人事职称考试20场，参考5.2万人次。

劳动关系。年内仲裁立案受理劳动人事争议案件883件，结案率达98.5%，高于90%的目标要求。调解立案2013件，调解成功率82.4%。通过仲裁和调解，为当事人挽回经济损失9871万元。处理拖欠农民工工资问题和案件453起，为6598名农民工追发工资8600多万元，欠薪人数、金额连续5年实现下降。成功争取省和谐劳动关系公共服务能力试点在湘潭开展。

【就业大局】　2021年，湘潭市人力资源和社会保障局争取上级就业补助资金1.55亿元，养老保险补助资金4.5亿元，完成任务的108%。连续第7年深入开展送政策、送岗位、送服务“三送”系列活动，实现企业、行业、重点人群“三稳”。全市成立67支“三送”小分队，面向全市400多个重点项目和企业开展“送政策、送培训、送服务”专项活动。截至年底，发放政策宣传册8500余份，发放各类奖补资金2000多万元；送培训8000余人；送服务622次，帮助企业招聘员工7856人，帮助解决困难问题208个。以湘潭市委、市人民政府名义印发《湘潭市强化企业招工服务二十条措施》，为全省探索经验，提供样本。建立政府、企业、服务机构、就业人员“四位一体”稳就业指导协调机制。年内举办线下招聘活动132场，网络招聘会12场，开展网络直播带岗活动6场，服务企业4600家次，提供岗位数9.3万个。举办湘潭市首届职业技能大赛，设置16个赛项，涉及机械加工、电子电工、汽车技术、现代服务等行业，全市50余支代表队、371名选手参赛。评选湘潭市首届杰出莲城工匠8人。湘潭钢铁集团有限公司的焊工高级技师艾爱国获党内最高荣誉“七一勋章”。全市技能人才总数15万人，其中25%是高技能人才。全面实施零就业家庭“三步四级”就业援助，开展“一对一”“311”“五个一批”和高校毕业生“五个一次”就业援助服务活动。举办高校毕业生专场招聘活动14场，应届毕业生留湘潭就业5759人。举办线上线下各类农民工专场招聘会44场，吸引5.1万余人次。组织社区专场招聘活动32场，吸引1.6万人次。

【民生保障】　2021年，湘潭市人力资源和社会保障局实现工伤保险市级统筹，按国家和省部署稳步推进工伤、失业保险省级统筹改革。连续17年对企业退休职工调整待遇，全市企业退休人员人均增加养老金121元，机关事业单位退休人员人均增加养老金168元。严格执行有关政策，提升失业金水平，最高标准达1530元/月。大幅提高一次性工亡补助金标准，提高33000多元。伤残津贴和供养亲属抚恤金分别提高130元/月、52元/月。开展社会保险基金管理防风险堵漏洞专项整治，开展养老保险待遇核查“回头看”整改，全市核查城乡居民参保和持卡人员约225万人，核查社保卡262万张。湘潭是全省唯一无涉嫌违纪违法非亲属持卡冒领养老保险基金案例市州。深化窗口单位业务技能练兵比武活动成果，市本级各大服务窗口统一进驻“市民之家”，提供人社服务事项153项。持续改进窗口作风，提升服务质量，将服务时限缩短三分之一，30多项原需2天办结事项缩短为即时办结。打造好就业社保城区15分钟服务圈和乡镇“办事不进城”服务格局。认真履行民生实事办理牵头抓总、协调调度职能，始终坚持“精心组织、科学调度、深入督查、严格考核”十六字方针，集中力量推动解决群众反映强烈痛点难点问题，全市承办省重点民生实事20件28项、市重点民生实事10件20项如期完成。

【人才人事建设】 2021年，湘潭市有各类各层次人才36万余人。市人社局对《莲城人才行动计划》及其配套细则进行修改。牵头对《湘潭市高层次人才分类认定目录》等文件进行修订。参与制定《乡村振兴人才工程实施办法》《促进青年人才就业创业实施办法》等文件。年内，帮助市重点企业引进、签约副高以上职称人才33人，博士研究生31人。在医疗保健、安家落户、配偶安置、子女入学方面为高层次人才提供便利条件，全年为56名高层次人才解决子女入学、配偶就业问题。破除人才评价“四唯”标准，对引进人才基于专业水平、引进后作用发挥和岗位贡献情况进行评价。完成首次基层中小学乡村教师和资深乡村教师评审，共评审正高级职称3人，副高级职称56人，资深乡村教师309人。评审基层卫生专业技术人才高级职称26人。打通民营企业专业技术人员职称晋升通道，全年民营企业中初级职称认定同比增长320%，达1247人。

【构建和谐劳动关系】 2021年，湘潭市对全市根治拖欠农民工工资工作先进集体和先进个人进行表彰奖励，27家机关事业单位、建筑施工企业获评先进集体，81人获评先进个人。推进“和谐同行”能力提升三年行动计划，全面落实劳动合同制度，完善政府、工会、企业共同参与协商协调机制，发挥协商劳动关系三方机制职能作用，建立协调劳动关系联席会议制度。推进劳动用工备案工作，指导督促企业落实特殊工时、带薪休假、女职工特殊劳动保护政策。 （魏海根）

劳动保障监察

【概况】 2021年，湘潭市劳动保障监察局接听咨询电话5198个，其中涉及建筑领域投诉举报咨询3395个；接待来访投诉咨询635批次6829人，其中涉及建筑领域投诉举报331批次约5810人；承办市长热线305个，信访批示件50个，受理登记投诉举报案件82个，立案查处案件22件，立案案件结案19起，待结案（未到结案时间）3起，时效范围内结案率达100%。接收国省欠薪平台交办线索756条，办结率100%，持续稳居全省前列。开展专项检查5次，日常巡查用人单位670多家次，劳动保障书面审查和诚信等级评价覆盖用人单位1240余家，评定2020年度劳动保障守法A类（优秀）企业53家，C类（失信）企业3家。在日常巡查、书面审查和专项检查中，下达询问书57份，限期改正指令书112份，行政处理、处罚告知书15份，行政处理、处罚决定书11份，为6598名农民工（含县市区、园区）追发工资8601.5万元，责令用人单位为1170多名劳动者（不含农民工）补发工资，支付经济补偿金、赔偿金及未签书面劳动合同双倍工资共计1460余万元，清退童工5人、未成年工4人。获“全省五一劳动奖状”。

【推进劳动保障书面审查和守法诚信等级评价工作】 2021年，湘潭市劳动保障监察局结合日常巡查、投诉举报检查和社会保险经办机构反馈的信息，定期对用人单位守法诚信等级进行综合评定。4月，完成对市辖1200多家用人单位2020年度的诚信等级评价，评定出劳动保障守法诚信A级（优秀）单位53家，C级（失信）单位4家，并向社会公布评定结果。针对不同等级实施分类监管，对A类单位，适当降低检查频次，对C类单位，列入日常巡查、专项检查重点检查对象，并录入企业信用信息公示网、信用湘潭等信用信息管理平台。

【两网化建设和12333电话咨询服务工作】 2021年，湘潭市劳动保障监察局建成“两网化”管理指挥中心，完成全市两网化人财物配备以及平台建设工作，建立健全全市劳动用工信息数据库和劳动保障监察网络化管理平台。截至年底，两网化系统集中到录入用人单位数量5300多家，录入劳动监察员信息82人，全市划分网格73个，每个网格配备1~2名协管员，全市所有立案查处案件，悉数录入两网化系统，办案过程在系统中流程和审批。做好劳动监察案件两网化录入工作，录入案件34个。1月1日至10月30日，全市12333来电80671个，其中IVR语音36079个（劳动投诉3923个，业务咨询29791个，社保卡办理1893个，行风投诉219个，人社考试查询253个）；人工接听42649个；放弃量1943个，综合接通率为97.6%，办结率100%。人社咨询服务台现场接待咨询30637人次。11月1日至12月26日，通过12345热线平台接听来电9811个，归并后共计通过12345平台派工单555个。制定印发“双随机、一公开”抽查工作计划。建立和完善检查对象名录库、执法检查人员名录库，重新梳理和制定随机抽查事项清单。采用“面对面”“一带一”和集中授课等培训模式，将执法检查员名录库建设纳入规范化管理。完成劳务派遣机构信息公示，工资支付和最低工资，禁止使用童工、女职工产假等权益保护，建筑企业规章制度等双随机检查任务4个，抽查各类用人单位156家次，公示检查结果178条。 （魏海根）

劳动人事争议仲裁

【概况】 2021年，劳动人事争议仲裁院处理劳动人事争议案件2896件，涉及劳动者5558人。其中仲裁立案受理883件，涉及劳动者903人，涉案金额4658万元，当期审结案件885件（含上期累计未结案件15件），劳动人事争议仲裁结案率达98.5%，高于年度目标任务8.5个百分点。当期审结案件中仲裁调解结案590件，终局裁决案件79件，仲裁终结率为75.6%，超过省人社厅目标任务5.6个百分点。调解立案受理2013件，涉及劳动者4655人，涉案金额5213万元，调解结案1812件，达成调解协议及和解案件1631件，劳动人事争议案件调解成功率为82.4%，高于省人社厅目标任务 22.4 个百分点。通过仲裁和调解，为劳动争议双方当事人挽回经济损失 9871 万元。湘潭市劳动人事争议调解仲裁院被评为全省劳动人事争议调解仲裁先进单位。姚海、胡燎原被省人社厅评为湖南省首届“最美仲裁员”。

（魏海根）

民　政

【概况】　2021 年，湘潭市民政局获评民政部“十四五”民政事业发展规划重点监测评估试点单位。开展村民小组微治理、社会救助改革经验得到中央政法委、湖南深改委专刊推介。湘潭县农村养老经验全省推广，韶山市杨林乡石屏村村规民约获评湖南省第二届“十佳”村规民约，雨湖区获评全国基层治理创新典型案例、获得省政府养老真抓实干表彰，岳塘区获评全省五化民政建设先进单位。陈平获评全国农村留守儿童关爱保护和困境儿童保障工作先进个人。

【民生保障】　2021 年，湘潭市城市低保平均标准 565 元/月、月人均救助水平 398.5 元，全市农村低保平均标准 6090 元/年、月人均救助水平 299.3 元。建立健全分层分类社会救助体系，完善事实赡养缺失困难老年人专项救助帮扶措施，市、县市区救助改革工作全部被省厅评价“A”类。低保、特困审核确认压缩到 20 个工作日。在保持 5 年过渡期间社会救助兜底保障政策总体稳定基础上，加强与乡村振兴等部门信息共享、政策协同，落实监测预警、排查走访等措施，原建档立卡户、脱贫不稳户、边缘易致贫户分别有 30%、60%、52% 纳入社会救助政策范围，实现兜底脱贫。对所有新申请和在保的低保、特困对象进行全面核对。全年救助流浪乞讨人员 5975 人次，支出救助专项资金 1022.48 万元，湘潭县救助站完成建设并投入运营使用。

【“一老一小”服务】　2021 年，湘潭市及时足额发放孤儿基本生活费、事实无人抚养儿童基本生活补贴，全面落实孤儿助学金、医疗费、特殊教育费。孤儿、事实无人抚养儿童认定申请实现“跨省通办”。全市 4156 名农村留守儿童委托照护责任书全部签订到位。建立健全全市未成年人保护工作体系和协调机制，市、县均成立未成年人保护工作领导小组。出台《湘潭市推进养老服务高质量发展三年行动计划（2021—2023 年）》，召开养老服务高质量发展会议，以三年行动计划为蓝本，以“1+9+4+N”思路推进全市养老服务发展。超额完成 300 户困难老年人家庭适老化改造任务。及时发放老年人福利补贴。协同市医保局推进长护险落实落地。城区街道养老服务综合中心实现全覆盖。打造医养结合服务品牌，成立“六颐苑”公司。重点抓好养老机构的安全管理。对 61 家敬老院开展安全生产隐患大排查大整治，对存在重大隐患及条件较差的养老机构进行提质升级、关停并转。开展养老机构等级评定，评定星级养老机构 47 家，湘潭市第六人民医院（湘潭市养老康复中心）被推荐至参加省民政厅五星级养老机构评定。组织开展“护老行动”，建立养老服务综合监管体系和联席会议制度，重点防范养老领域非法集资风险，开展打击和处置非法集资“扫楼行动”80 余次。启动《湘潭市养老服务条例》地方立法。完建立养老护理员培训、表彰、职业技能竞赛、从业补贴发放机制，实现全市养老护理员护理知识培训和竞赛全覆盖。打造县、乡、村“三级四有”养老模式，年内新建成 200 个村级养老互助点。

【社会治理】　2021 年，湘潭市 951 个村（居）民委员会在全省率先完成换届选举，选举产生新一届村（居）民委员会成员 3614 人，完善落实村规民约（居民公约），雨湖区姜畲镇青亭村等 6 个村（社区）村规民约（居民公约）获评全省第二批优秀村规民约（居民公约）。结合换届选举，推选产生“五会”自治组织。推动 162 个城市社区全部成立环境和物业管理委员会。开展社会组织“三重三评”活动，打造全市性公益服务品牌，湘潭市浙江商会荣获民政部“全国先进社会组织”。查处涉嫌非法社会组织 18 家。行业协会商会乱收费清理整治工作和“我为企业减负担”专项行动取得实效，通过减免收费减轻企业负担 392 万余元。引导 1347 家社会组织助力乡村振兴、疫情防控。77 个社会工作站、179 个常设性“帮一把公益联盟”志愿服务微窗口年均服务 8 万人次以上。全市有注册志愿者 54 万余人。募集慈善资金累计 300.38 万元。推荐 2 个单位获第四届湖南慈善奖“最具爱心捐赠企业”奖、1 人获“最具爱心捐赠个人”奖。销售福利彩票 2.81 亿元，同比增长 3.95%。

【专项行政和社会事务】　2021 年，湘潭市加强地名文化保护，不规范地名清理整治工作在全省进行典型发言；强化平安边界建设，市级界线和县级界线联检工作考核评估获评优秀。加强农村地区殡葬基础设施建设，全市新建农村公益性墓地 10 处；强化殡葬惠民服务，全年 1738 人次申请殡葬惠民奖补资金，发放补助金近 400 万元。组织开展全市殡葬价格秩序、公益性设施建设经营专项整治行动，狠抓违法违规私建硬化大墓、活人墓专项整治。市精神康复特护楼项目完成项目主体验收。全市残疾人“两项补贴”均按 70 元/人・月标准精准发放。婚姻登记服务实现结婚登记全市通办。

【湘潭市第六人民医院】　2021 年 11 月，湘潭市第六人民医院通过“四星级”养老机构评定。现有床位 1400 张，其中，用于医疗普通病床 300 张，用于养老医养结合床位 1100 张（细分为康养公寓床位 750 张、老年养护院床位 200 张、安宁疗护床位 150 张）。利用二级医院资源平台，坚持“大专科、小综合”康复专科医院以及医养结合机构发展定位，探索推进“医疗+养老”模式。

【湘潭市殡仪馆】　2021 年，湘潭市殡仪馆秉承“为民、想民、便民”服务宗旨，以“提高群众满意度”为工作目标，开展“我的岗位我负责，我的工作请放心”主题实践活动、“有困难找支部，我与支部常联系”谈心主题活动、总支成员周业务值班制活动、清明祭扫启动仪式以及业务实操、业务培训、建立殡葬实习基地等，助推“党建+优质殡葬服务”活动纵向开展。

全面推行“殡导员全程引导服务”“别墅守灵一条龙服务套餐”“个性化追思会”等业务项目；深入挖掘“遗体铺花”“棺轿送灵”“骨灰安葬”等传统孝文化项目。在河东、河西分别设立殡仪服务站。

（周立军）

2022

湘潭年鉴

XIANGTAN NIANJIAN

应急管理

综　述

【概况】　2021年，湘潭市应急管理系统围绕“两坚决两确保”工作目标，实现事故起数、死亡人数双下降，杜绝较大及以上生产安全和自然灾害事故。安全生产和应急管理工作连续两年被评为全省先进，获省政府真抓实干激励表扬和奖励。

【安全生产】　2021年，湘潭市应急管理局以道路交通、消防、建筑施工、非煤矿山、工贸、危化品、烟花爆竹等行业领域为重点，推进三年行动集中攻坚、打非治违、“四大行动”“百日大会战”等专项治理行动。紧盯直管行业领域风险隐患，制定出台加油站、烟花爆竹、粉尘涉爆企业、露天矿山等7个安全管理指导规范；建立安全生产行政执法与刑事司法衔接工作联席会议制度，联合市人民检察院在全省率先成立安全生产公益诉讼检察联络室。全年排查治理重大隐患505处、突出问题349个，查实举报163起，兑现举报奖励6.6万元，经济处罚5572万元，关闭取缔非法违法企业139家，应急管理部门共立案326起，罚款金额797万元，移送公安机关涉刑案件3件。

【自然灾害防范】　2021年，湘潭市应急管理部门在全省率先完成风险普查任务、开展农村民居抗震性能综合调查。市防汛抗旱指挥部（办公室）、市森林防灭火指挥部（办公室）、市低温雨雪冰冻灾害应急指挥部（办公室）落实自然灾害会商研判、协同处置、联合督导机制，推动落实防灾减灾救灾责任，召开灾害风险会商和视频调度会议30余次，成功应对12轮强降雨和低温雨雪冰冻过程，分别启动防汛、低温雨雪冰冻灾害3次Ⅳ级应急响应。全年未发生较大及以上自然灾害事故，年内因灾倒房户全部重建按期入住。

【基层基础应急管理】　2021年，湘潭市出台《关于加强基层应急管理能力建设的意见》，57个乡镇（街道）应急管理能力建设通过达标验收。印发生产安全事故、自然灾害救助等9个应急预案，编制实施“十四五”应急管理规划；组织开展防汛、森林防灭火、危化品管控等综合应急演练；承办全省低温雨雪冰冻灾害应急演练，受到应急管理部肯定。联合团市委成立由13支志愿者队伍加盟的安全应急救援志愿者联盟。开展应急管理（安全生产）宣教培训，开展97场次专题培训、700余场“五进”活动、14场次“百场安法”送企业公益普法行动。

（陈　赞）

卫生应急

【概况】　2021年，湘潭市卫生应急工作以加强体系建设和机制建设为主线，以突发公共卫生事件应急处置和突发事件紧急医学救援为重点，以全面提升卫生应急工作能力和水平为目的，注重平战结合，加强应急演练，快速高效处置各项突发公共卫生事件，提高全市人民健康获得感。进一步完善公共卫生应急管理体系，制定印发《卫生应急和紧急医学救援管理体系工作方案》《卫生应急预案管理办法》。健全突发公共卫生事件监测预警处置机制，突发事件处置快速精准，紧急医疗救援有力有效，信息报送及时准确。加强公共卫生应急队伍建设，组建市、县市区、社区三级卫生应急分队85支1207人，市级卫生应急（卫勤）处置分队由医疗、公共卫生、护理等42名专家组成，落实经常性、实战性培训与演练。制定《湘潭市公共卫生应急物资储备实施方案》，加强突发公共卫生应急物资储备和调配。湘潭市卫生健康委员会获全省卫生应急工作表现突出单位，湘潭市疾控中心、湘潭县人民医院各1人获全省卫生应急工作表现突出个人。

【突发公共卫生事件处置】　2021年，湘潭市全面开展重点传染病防控工作，共处理传染病预警647起，初步判断排除593起，判断疑似事件54起，经现场调查和实验室检测，排除53起，暴发/流行1起。连续18年无甲类传染病报告，报告乙类传染病15种5215例，死亡19例，低于全国、全省平均水平。报告突发公共卫生事件3起，均为未分级事件，共报告病例40例，无死亡病例，未造成疫情扩散蔓延。从快从严从实从细落实“外防输入、内防扩散”各项常态化疫情防控措施，持续织密织牢疫情防控坚强防线。8月，有力有序有效处置一起输入性新冠肺炎疫情，没有发生二代病例，没有发生疫情扩散和外溢，4名病例均痊愈出院。按照省新冠肺炎疫情防控指挥部的部署，选派3批次20人次疾控骨干支援河北省石家庄市（1人）、甘肃省天水市（2人）、省内张家界市（17人）疫情防控工作。

【卫生应急保障及紧急医学救援】　2021年，湘潭市认真做好各类大型活动医疗保障（含疫情防控）和应急演练，参与医疗保障工作和应急演练任务31次，派出救护车113车次、医务人员510人次，为11.94万人次提供了现场医疗保障，现场医疗处置伤病员379人次，转医院继续救治11人次。5月全力做好“2021湘江马拉松半程赛”医疗保障，派出救护车13台、医务人员67人，成功救治9名伤病者。参与突发事件医疗救援125起，有效救治伤病员263人。6月，成功救治湘潭县“6·13”交通事故伤员9名，均痊愈出院。7月，成功救治5名野生蘑菇中毒重症患者。全年市医疗紧急救援指挥中心受理“120”求救求助电话60933次，有效派车20697次。与“110”联动4645次。

【卫生应急能力提升】　2021年，湘潭市加强实战性卫生应急培训与演练，着力提升卫生应急能力与水平。加强重点传染病防控培训，组织开展5场新冠疫情常态化防控工作视频培训，共培训2354人次，培训覆盖基层医务人员、村（居）民委员会公共卫生委员会委员。制定下发《湘潭市现场救护第一目击者行动实施方案》，市中心医院等11家医院获批省级第一目击者培训基地，共培养导师202名，配备AED33台，开展培训200余场次，培训合格的第一目击者1.1万人。举办了首届现场救护科普人文路演大赛，联合湘潭市广播电视台制作《“救”在身边》音乐MV与《现场救护条例》公益宣传片，有力推进公众急救知识技能的普及，提高公众自救互救能力和卫生应急素养。组织参加湘潭市“莲城应急—2021•防汛”军地联合实兵演习暨防汛应急救援技能竞赛、全市新冠肺炎聚集性疫情处置应急演练、沪昆高速湘潭段危化品运输突发事件应急演练、湘潭市严重精神障碍患者突发性危害公共安全事件应急救援演练等一系列演练，提升卫生应急处置能力与水平。制定下发《关于加强卫生应急和紧急医学救援队伍装备建设的通知》，规范各级、各单位卫生应急队伍的装备配备。全年各类突发公共卫生事件均得到快速高效处置。

（龙和清）

消防救援

【概况】 2021年，湘潭市消防救援支队在全省安全和消防工作考核中获评“优秀”等次；获全市绩效考核“优秀”等次。支队机关获评省级文明单位。支队获评“模范职工之家”。11月，韶山大队获评首届“全国应急管理系统先进集体”，大队领奖代表、政治教导员刘华勤在人民大会受到习近平总书记的接见。建设北路消防站党支部被省消防救援总队评为“先进基层党组织”。

【岗位练兵】 2021年湘潭市消防救援支队组织跨区域综合演练、实战化练兵比武，组建训练教练团和灭火救援专家库，加强典型战例研讨和复盘研究，探索形成多灾种救援处置作战编成、操法战法，推动各类力量在实战中快速形成战斗力。科学优化力量编成，组建涉疫处置、地震救援、抗洪抢险、森林火灾扑救等10类专业队伍，配齐配强器材装备，制定专业科目训练操作规程。完善调派指挥体系，构建“政府主导、消防主战、部门协同”的联战联调机制，将全市5家企业消防队、建乡镇政府专职队纳入调度指挥体系，实行联勤联训联调联战，提升队伍应急响应和实战处置能力。召开全市乡镇消防力量达标创建现场会，建成37支乡镇专职消防队、747支村级志愿消防队和1337个社区重点单位微型消防站。完成各项抢险救援和灭火作战任务，处置“5·19”云通物流园和“8·19”中路铺镇厂房火灾，完成增援郴州民房坍塌、驰援河南防汛抗洪、集中隔离点抗疫执勤、庆祝中国共产党成立100周年重大安保等任务。支队获全省首届指挥中心和接警调度技能竞赛活动团体二等奖。在全省体技能比武竞赛和夏季操法挑战赛中，获2个单项第一、1个单项第二、3个单项第三。

【整治火灾隐患】 2021年，湘潭市委常委会议、市政府常务会议6次专题研究消防救援工作。市消防救援支队推动出台《深化消防执法改革的实施意见》《湘潭市居民住宅区消防安全管理办法》《湘潭市火灾调查处理规定》3部地方性法规，借助安委会、消安委平台，约谈警示火灾风险突出的地方政府、企业单位，推动文教卫等部门建立行业标准化管理规定，将消防行政处罚纳入“国家企业信用公示”“信用湘潭”管理平台，抓好政府、行业、部门和单位消防安全责任落实。组建全市火灾调查工作组、法律服务团队和火灾调查专家人才库，配备执法、火灾调查设备。以消防安全专项整治三年行动为抓手，扎实开展打非治违、冬春火灾防控等重点工作，持续推进消防车通道、高层建筑等10个消防安全专项整治行动，重点排查医疗卫生机构、养老机构等6个重要领域。连续16年未发生较大以上、连续21年未发生重大以上火灾事故。年内，支队获评全市行政执法案卷优秀单位，在全市安全生产演讲赛获一等奖。在韶山大队开展消防监督执法规范化建设，其建设经验在全省推广。

【成立消防行业委员会】 2021年，湘潭市消防救援支队建立起支队行业党委和大队行业党支部两级党组织网络，成立7个消防行业党支部，在全省率先分领域制发组织设置、队伍建设、组织生活、运行机制、基本保障等8个方面59条具体标准措施，在全市范围内构建起覆盖广泛、组织完备的架构体系。支队主动加强行业党组织建设，依托湖南科技大学、市委党校等，常态化开展党员党性教育、党建业务培训。

【打造消防宣传品牌栏目】 2021年，湘潭市消防救援支队整合全市宣传阵地、队伍、素材等资源，构建“多方联动、教育同步、融媒输出”的“云动互联”新模式，创新打造《“11：9时”话消防》宣传品牌。支队与湘潭电视台、湘潭广播电台、红网、湘潭日报4家媒体签订战略合作协议，在《晚间新闻》《湘潭日报》、FM104.2广播之声、红网时刻和湘潭在线新媒体客户端等平台开设宣传专栏。搭建移动、电信、联通短信服务平台，每日11时9分准点向全市281万手机用户发送消防安全提示短信。围绕“三年行动整治”“消防知识科普”“一线救援”题材，精心研究制定主题宣传方案，自主运营微博、微信、抖音等5个新媒体账号，打造网络热门话题，推出《万家团圆时，他们在一线坚守》《消防家属大拜年》《女友送爱心汤圆的翻车现场》等视频，阅读量突破600万人次，分获中国长安网、中国应急管理视频号、中国消防官方微博转发关注。

（张巧灵）

2022 湘潭年鉴 XIANGTAN NIANJIAN

县市区概况

湘潭县

中共湘潭县委员会

书　记　黄劲松
副书记　段伟长　刘耀奇
常　委　张清平　尹明忠
陈虹伶（女）
胡明伟　谭天瑶（女）

湘潭县人大常委会

主　任　陈卫兵（女）
副主任　唐仁光　张立忠
胡自庚　韩　云
赵龙江（女）

湘潭县人民政府

县　长　段伟长
常务副县长　张清平
副县长　崔　勇　姜　超
陈　赟　肖　睿
文香军（女）
肖小年　冯传强

政协湘潭县委员会

主　席　谭捍卫
副主席　赵迎新　周　毅
张拥军　徐姗姗（女）
蔡剑锋

【概况】　湘潭县地处湖南省中部偏东，湘江下游西岸，位于北纬27°20′00″~27°50′44″、东经112°25′30″~113°03′45″，土地总面积2134平方千米。2021年，辖3个乡14个镇，320个行政村，年末总人口95.4万人，常住人口79.1万人；男性49.25万人，女性46.15万人；其中18岁以下17.45万人，60岁以上20.17万人。年内，全县平均年降水总量1267.6毫米，较常年偏少8.8%；平均气温19.0℃，年日照时数1646.4小时；森林面积9.9万公顷，森林蓄积量501.7万立方米，森林覆盖率48.6%，省级自然保护区2个，面积5266公顷；空气质量达到优良以上标准329天，空气质量优良率90.1%。湘潭县境内公路总里程为9785千米，其中：高速公路（含辅道）4条约80千米、国道3条83千米、省道9条约342千米。红色旅游经典景区2个，分别是彭德怀纪念馆、周小舟故居；5个国家A级景区，其中AAAA级以上景区1家（彭德怀纪念馆）。省级以上非物质文化遗产保护项目2个。文明城市全省考核排名第一。荣获“湖南省第一批省级农村产业融合发展示范园”“湖南省森林城市”等荣誉。

经济综合。地区生产总值546.4亿元，比上年增长8.2%；第一、二、三产业增加值分别为70.0亿元、298.2亿元、178.1亿元，分别增长9.9%、8.8%、6.4%，三次产业结构比为12.8∶54.6∶32.6。一般公共预算收入56.0亿元，下降30.4%，一般公共预算支出51.5亿元，下降19.4%。完成财政总收入28.6亿元，增长9.0%。县域综合实力跃居全国县域经济与县域综合发展第69位，比上年提升17个名次。规模工业增加值、固定资产投资、社会消费品零售总额等主要指标增速排名湘潭第一、全省靠前，促进制造业高质量发展工作获省政府表彰，优化营商环境评价全省排名第五。

农业。农林牧渔业总产值122.5亿元，增长10.9%。其中，农业产值49.89亿元，增长2.4%；林业产值5.77亿元，增长5.6%；牧业产值52.24亿元，增长18.9%；渔业产值7.89亿元，增长6.5%。全年粮食种植面积8.37万公顷，比上年增长0.1%。粮食产量59.7万吨，比上年下降1.6%；蔬菜产量67.17万吨，增长4.3%；油料产量2.28万吨，增长3.0%；禽蛋产量3.3万吨，增长9.8%；出栏生猪129.1万头，比上年增长33%；出栏羊6.8万只，增长6%；出栏牛1.19万头，增长3.5%；猪牛羊禽肉产量9.6万吨，比上年增长32.0%。综合机械化率达到84.26%。粮食安全责任制工作荣获省政府真抓实干激励表彰，湘莲获评省级“一县一特”农产品优秀品牌，“湘潭乌石腊肉”成为国家地理标志保护产品。

工业。规模工业总产值695.5亿元，其中规模以上工业增加值248.1亿元，增长11.2%。其中天易经开区规模以上工业增加值201.1亿元，增长11.1%，占全县规模以上工业增加值的81.1%；全县规模工业企业实现主营业务收入737.3亿元，增长16.2%，利润总额23.7亿元，增长1.3%。固定资产投资284.7亿元，增长14.1%；全年引进项目104个，其中亿元以上项目18个、外向型生产企业1个、“三类500强”项目5个。湘潭天易经开区在湖南省2020、2021年度“五好”园区合并评价中位列第一方阵，被评为湖南省“五好”园区创建先进园区，湖南省商务工作先进园区，湖南省工业固体废物资源综合利用示范基地（园区）。建筑业增加值57.2亿元，增长5.2%。

教育科技。年末全县各类民办学校10所，民办学校在校学生19851人。中等职业教育学校5所，招生1692人，在校生5040人，毕业生1425人。普通高中9所，招生5784人，在校生17586人，毕业生5514人。初中61所，招生9334人，在校生27782人，毕业生9452人。普通小学130所，招生7760人，在校生49382人，毕业生7924人。幼儿园218所，在园幼儿21999人。特殊教育学校1所，招生25人，在校生74人，毕业生15人。小学适龄儿童入学率100%，高中阶段教育毛入学率为98.6%。落实义务教育保障资金9707万元，发放普通高中助学金516.1万元，资助普通高中学生4928人次；发放中职国家助学金145.7万元，资助中职学生1457人次；落实中职免学费资金1148.2万元，资助中职学生9568人次。年末全县有省级工程技术研究中心3个；签订技术合同45项，技术合同成交金额15.6亿元。全年专利授权量501件，增长5.3%。其中，发明专利授权量20件，增长66%。高新技术产业增加值179.0亿元，增长20.2%，占地区生产总值比重为32.8%，比上年提升2.8个百分点。

文化卫生体育。有群众艺术馆、文化馆1个，艺术表演团体2个，公共图书馆1个，纪念馆1个，档案馆1个。有线广播电视用户5万户，广播综合人口覆盖率100%，电视综合人口覆盖率100%。有医疗卫生机构775个，其中医院13个、妇幼保健院1个、疾病预防控制中心1个、卫生监督所1个，乡镇卫生院19个，诊所、卫生所、医务室213个，村卫生室527个。卫生技术人员4518人，其中执业医师和执业助理医师1883人，注册护士1958人。医院、乡镇卫生院共有床位4234张。有体育场地31个，其中体育馆1座，运动场13个，游泳场地7个，健身房10个。

社会生活。社会消费品零售总额126.1亿元。进出口总额26.15亿元，比上年增长35.7%，其中进口额17.13亿元，出口额9.02亿元；新引进500强企业2个。实际利用境外资金732.4万美元；实际引进境内省外资金111.65亿元。全年接待游客528.68万人次，旅游综合收入达54.03亿元。社会福利机构1个。全县居民人均可支配收入30840元，增长9.2%。城镇居民人均可支配收入42276元，增长7.2%；农村居民人均可支配收入23846元，增长10.7%。全县居民人均消费支出20739元，增长10.5%；城镇居民人均消费支出23127元，增长6.3%；农村居民人均消费支出19278元，增长13.6%。新增城镇就业6040人，获政府最低生活保障城镇居民2.46万人，累计发放城镇居民最低生活保障资金0.10亿元。获政府最低生活保障农村居民24.36万人，累计发放农村居民最低生活保障资金0.65亿元。

【花石镇、茶恩寺镇获全国特色产业十亿元镇】 2021年11月10日，农业农村部公布第十一批全国“一村一品”范村镇及2021年全国特色产业十亿元镇亿元村名单，湘潭县花石镇、茶恩寺镇上榜。湘潭县花石镇拥有全国最大的莲子贸易集散中心，占全国湘莲市场销量90%以上，湘莲产业形成生产、加工、运输、营销链条齐全的产业化体系，促进物流市场、小城镇建设、餐饮服务、印刷包装、电子商务等三产融合发展。茶恩寺镇竹木工业园现有企业24家，员工近千人，该镇三大产业总值由2016年的14.5亿元，增加到2020年的21.51亿元。其中，主导产业竹木加工业产11.97亿元。

【湘潭生活垃圾焚烧发电项目成功并网发电】 2021年9月17日，湘潭生活垃圾焚烧发电项目并网发电成功，标志着湘潭生活垃圾处理方式实现实质性转变，达到“减量化、资源化、无害化”处理目标。6月28日烘炉“点火”，9月17日垃圾焚烧及并网发电成功，运营正常。该项目可年处理生活垃圾约43.8万吨，提供绿色电力1.31亿千瓦时，每年可节省标准煤4万吨，将从根本上破解城乡垃圾围城的社会难题，极大改善湘潭人居环境。

（尹慧琴）

湘乡市

中共湘乡市委员会

书　记　　赵新文
副书记　　郭　勇　　谢岸烨
常　委　　李先金　　彭　湘
　　　　　张湘东　　侯爱萍（女）
　　　　　龚志光　　谢志宏
　　　　　贺　青　　张　明

湘乡市人大常委会

主　任　　李文亮
副书记、副主任
　　　　　王红阳
副主任　　付芬萍（女）
　　　　　罗玉高　　李卫兵
　　　　　黄志文

湘乡市人民政府

市　长　　郭　勇
副市长　　谢志宏　　贺　青
　　　　　王光武　　莫永恒
　　　　　李佳谕（女）
　　　　　董洁平　　胡建时
　　　　　傅国强　　彭景卫

政协湘乡市委员会

主　席　　谢永根
副书记、副主席
　　　　　侯爱萍（女，兼）
　　　　　赵造时
副主席　　王　平　田　彬
　　　　　杨飞平（女）
　　　　　赵　亮

【概况】 2021年，湘乡市辖3个乡、15个镇、4个街道。土地总面积1966.57平方千米。年末总人口为90.96万人，其中城镇人口27.18万人。年内最高气温38.5℃，最低气温-5.4℃，平均气温18.8℃，年降水量1180.1毫米。

全年实现地区生产总值545.6亿元，同比增长8.4%，其中，第一产业增加值68.91亿元，增长9.9%；第二产业增加值288.28亿元，增长8.4%；第三产业增加值188.41亿元，增长7.7%；三次产业结构12.6∶52.8∶34.5。完成一般公共预算收入26.89亿元，同比增长14.9%，其中，纯税收入21.79亿元，同比增长17.1%；非税收入5.1亿元，同比增长6.3%；完成地方一般公共预算收入15.76亿元，同比增长9.2%，其中税收收入10.65亿元，同比增长10.7%。获评全国主要农作物全程机械化示范县（市）、省生猪稳产保供先进县（市）、连续两年获评全省实施乡村振兴战略先进县（市）、农村人居环境整治先进县（市）；“一件事一次办”改革、河长制、自然资源、“四好农村路”等工作走在全省前列。

完成农林牧渔业总产值119.16亿元，同比增长11.0%。现代农业稳产增效。新增农民合作社69家、家庭农场58家。粮猪稳产保供。新改造油茶林2600公顷。成功创建省农产品质量安全县（市）。翻江镇获评全国“一村一品”示范村镇。巩固拓展脱贫攻坚成果，36个省级乡村振兴示范村、19个重点帮扶村建设扎实推进。农村人居环境整治项目全面展开，23个美丽乡村示范村、70个美丽屋场启动建设。改造农村无害化户厕1.2万户。建设高标准农田3706.67公顷。建设湘潭市涟水堤防1.53千米，治理石狮江西干流14.4千米、乌江河6.4千米，加固病险水库8座，实施移民项目310个。80个村完成电网改造升级，宁乡至湘潭西500千伏线路主体完工。新建农村公路150千米、安保工程173千米，建成旅游路、资源路、产业路43.7千米，改造危桥7座。国土空间总体规划编制进展顺利，“多规合一”村庄规划编制全面开展。G320绕城线加快推进，醴娄高速、湘乡至韶山城际快车道开工建设。泉塘通用机场纳入省交通规划布局。改造老旧小区10个、背街小巷2条，加装既有多层住宅电梯40台。建成安置区2个。城市供水供气全面保障，亮化节能改造有序实施。涸水湾项目建设全面启动。新增停车位400个、绿地4万平方米。新建5G基站286个。

以“工业强市”为战略契机，打造“3+4+2”产业体系，扩容工业总量，全年新增规模以上工业企业30家，达313家。全年共实施重点项目162个，累计完成投资240亿元；79个湘潭市级重点项目，累计完成投资169.4亿元；3个省级重点项目，累计完成投资27亿元。湘君电子、中臣科技、新天源电子、创普开业、奥凯机械、湖南电器检测所低压实验室、克拉小镇商贸综合体等一批重大产业项目竣工投产；维泰科技、惠亚光学、巨江电子、路盛达电子、华芯科技等完成主体建设，部分试投产；埃普特新生产基地和仓储中心、韶峰南方绿色建材产业园8000吨/天熟料水泥生产线、田园育才等项目加速推进；梅桥风电和褒忠山风电基本完成扫尾及配套建设，实现并网发电，壶天分散风电、白鹭风电项目推进建设。122家中小企业取得全国科技型中小企业入库编号，同比增长27.1%，新认定高新技术企业35家，有效高新技术企业数量达到78家，高新技术产值同比增长27.8%。工业战略性新兴产业产值占工业总产值的29%。196家企业完成上年度研发准备金备案，20家企业申报年度企业研发经费奖补资金，奖金累计227.75万元。全市规模以上工业企业中有研发活动企业占比86.6%，比上年同期增加研发企业23家。全年完成科技成果转化项目12个，成果登记12个，技术成果登记成交数47件，成交额达到12.97亿元。湖南埃普特医疗器械有限公司和湖南深思电工实业有限公司获评国家专精特新“小巨人”企业，实现湘乡市零的突破。以湖南埃普特医疗器械有限公司为研发生产基地的深圳惠泰医疗器械股份有限公司在上交所科创板挂牌上市。巨强科技有限公司入选省上市后备企业资源库。湖南埃普特医疗器械有限公司荣获第一届新湖南贡献奖。

教育质量稳步提升，高考本科上线率达61.75%。全市有各级各类学校415所。基础教育学校412所，其中，幼儿园207所，小学150所（1个教学点），初级中学28所，九年一贯制学校19所，完全中学5所，普通高中2所，特教学校1所。全市基础教育和中职教育共有学生104809人。基础教育在校学生101728人，其中，普通高中生13467人，初中生21042人，小学生47462人，在园幼儿19634（含附设幼儿班1259人），特殊教育学校学生123人。中等职业学校3所，其中职业高中学校2所，学生3081人；成人中等专业学校1所，主要开展教师短期培训。全市有教职工8691人，分别是基础教育学校教职工8472人，中职教育教职工219人。基础教育教职工中，幼儿园2477人、小学2741人、初级中学875人，九年一贯制学校826人，完全中学919人，高级中学617人，特殊教育学校17人。不断改善入园条件，新建东山中心幼儿园，改扩建金石第一幼儿园，望春门望春分园等公办幼儿园7所，完成9个小区配套幼儿园治理。新增公办学位1730个，提质改造中小学教室灯光照明181间。东台中学建设加快推进，东山中心幼儿园建成启用。

文化体育产业加快发展。全年规模以上文化产业单位32家，新增7家。全市人均公共文化设施面积达4.61平方米，全市文化场馆提供服务次数108.62万人次。完成实事项目“送戏曲进万村、送书画进万家”65场，“湖南公共文化进村入户”活动送戏下乡88场，演艺中心建设完成并投入使用，周末剧场演出22场。全市有不可移动文物点110处，文物保护单位32处（其中国家级1处——东山书院，省级8处），非遗项目46个（省级1个，湘潭市级15个，湘乡市级30个），馆藏古籍7000余册。全市公共图书总藏量39.24万册，剧场1家，体育场1家，体育馆7家。全年组织400余人的队伍参加湘潭市第十三届运动会，获体育道德风尚奖、赛会金牌奖及赛会团体总分二等奖。成功举办2021年湖南省第二届社区趣味运动会湘潭排位赛、湘乡市象棋协会湖南象棋邀请赛、湘乡市围棋协会湖南围棋邀请赛。加大健身器材投入，投入30万元用于举办体育活动、开展体育培训及健身器材采购，支持农村6个文体广场建设。

民生支出占财政支出比重保持在80%以上。全年城乡居民可支配收入30789元，同比增长9.1%。建档立卡贫困户全部脱贫，27个省定贫困村全部出列投入4.14亿元，38项各级重点民生实事任务基本完成。城乡居民人均可支配收入分别增长9%、13%。新增城镇就业5773人、农村劳动力转移就业3612人。改造农村危房309户。启动养老服务高质量发展三年行动计划，城乡社会救助体系进一步健全，城乡低保全面提标。获批省“五化”民政建设重点县（市）。医疗水平全面提升，湘乡市人民医院晋升国家三级综合医院。高标准建成297个村级服务中心。全年空气质量累计监测365天，优良天数334天，比上年增加3天，空气质量优良率为91.5%，比上年提高1.1个百分点，$PM_{2.5}$年均浓度同比上升5.71%，$PM_{2.5}$年均浓度为37微克/立方米，特护期$PM_{2.5}$平均浓度为53微克/立方米，同比上升6%，空气综合指数为3.46，同比下降5.78%，在全省综合排名82位，改善率排名第9位。重污染天数为3天，比上年增加3天。县级集中式饮用水水源地水质保持在Ⅱ类水质标准，达标率100%，涟水河各断面水质达标率均为100%。污染地块安全利用率达到100%。连续两年获评省安全生产先进县（市）。公众安全感测评保持全省第一方阵，连续三年获评省社会治安综合治理先进县（市），成功晋升全省平安县（市）。

【医卫和教育工作改革均获省政府真抓实干表扬激励】 2021年，湘乡市全面推进城乡医疗卫生机构一体化改革，以建设紧密型县域医共体为切入点，促进县级医院优质医疗资源下沉，提升基层医疗卫生机构服务能力，推动医改各项工作纵深发展，初步实现“小病不出乡，大病不出县”目标。深化教育改革，落实“双减”各项政策，

统筹推进职业教育、乡村基础教育、学前教育、民办教育等领域的改革，全面提升教育发展水平。（唐　谦）

【翻江镇获评全国“一村一品”示范镇】　2021年，湘乡市翻江镇（壶天石羊）获评农业农村部第十一批全国“一村一品”示范村镇。翻江镇壶天石羊是通过国家农产品地理标志登记的农产品，是优良地方品种，因主产于湘乡市壶天、翻江一带丘陵山区而得名。翻江镇通过养殖壶天石羊，发展“一村一品”，推动乡村产业集聚化、标准化、规模化、品牌化发展，提高农产品附加值、拓宽农民增收渠道。全镇“一村一品”壶天石羊养殖，采取“企业+合作社+农户”模式。全镇辖区主要以壶天石羊养殖为主的经营主体有12家，包括1家企业，3家专业合作社，8家家庭农场。3月8日CCTV17频道《致富经》栏目播出专题片《石壁黑精灵，跳动幸福财》，湖南卫视、湖南经视等媒体都对壶天石羊做过详细报道。目前养殖范围涵盖壶天、翻江等15个乡镇，存栏规模5万只，年产值1.2亿元。（欧阳铭）

韶山市

中共韶山市委员会

书　记　曹伟宏
副书记　付维华（挂职）
　　　　邓望军　朱毅强
常　委　刘志刚　许　文
　　　　何　浪（女）
　　　　陈　义　谢智君
　　　　兰筱村　陈雪平

韶山市人大常委会

主　任　蒋卫阳
副主任　刘　亮　邹复庚
　　　　周利人　沈旭红（女）
　　　　庞　庆

韶山市人民政府

市　长　邓望军
副市长　谢智君　贺剑鹏
　　　　易继辉
　　　　龚雨顺（挂职）
　　　　邹正光　余　磊
　　　　彭　乐（女）
　　　　彭国光

政协韶山市委员会

主　席　李长新
副主席　周建文　王双辉
　　　　韩伟军　熊　莉（女）
　　　　李正武

【概况】　2021年，韶山市蝉联“长安杯”，荣获国家生态文明建设示范区、平安中国建设示范县、“四好农村路”全国示范县、全面小康补短板推进工作优秀县市、全省安全生产和消防工作优秀单位等荣誉；质量强市、根治拖欠农民工工资、交通运输等3项工作被推荐获得省政府真抓实干表彰激励；党委信息、重大活动安保维稳、垃圾分类等3项工作获省委领导的批示肯定。常态化疫情防控有力有效，安全生产责任落实落地，经受住了散发性疫情挑战，防范住了较大及以上生产安全事故。

经济运行。地区生产总值首次突破百亿元大关，地区生产总值、规模工业增加值、固定资产投资分别增长8%、10%、13.1%；城乡居民人均可支配收入分别增长8%、9%。地方一般公共预算收入增长21.4%，财税收入质量和增速稳居湘潭第一。

文化旅游。开通“两山”铁路，“最忆韶山冲”正式开演，第二届油菜花节、全国青少年红色研学韶山行等活动成功举办，韶山干部学院建成运营，韶山学校研学基地加快升级，银田银河景区创成AAA级景区，红色文化培训学员人数增长33%。旅游接待人次和旅游综合收入同比分别增长20.71%、17.06%。

高新产业。新增规模企业11家、高新技术企业9家、“小巨人”企业6家、产值过亿元企业5家。装备制造业产值突破100亿元，碳基材料入列全省优势产业链。新增“破零倍增”企业11家。高新区获评“全省高质量发展园区”。

项目建设。引进三一产业园、重庆风渡等“三类500强”项目5个，签约亿元以上项目17个。97个实施类项目、26个湘潭市级重点项目投资完成率分别达119%、145%。雨韶智造产业园一期建成运营，钰盛科技、亿德新能源等18个项目投产。

改革创新。城发集团、韶山高新建设投资有限公司营收分别增长34%、10%。出台全省首部乡镇综合行政执法规范文件。革命文物保护利用经验在全省推广。完成研发投入6.18亿元，新增授权专利180件，高新技术产业增加值占GDP的39.6%。科技孵化能力跻身全省“优秀”序列，“双创”工作经验获省科技厅推广。

乡村振兴。粮食播种面积和产量实现双增。25%的行政村获评省级美丽乡村创建示范村。农产品加工销售增长8.15%。村级集体经济收入平均达63.5万元，经济薄弱村全面清零。入围城乡客运一体化示范县。韶山乡获评全国乡村旅游重点乡，韶阳村获评全国脱贫攻坚先进集体。

人居环境。水源工程竣工通水，厕改任务超额完成，被推荐为全国村庄清洁行动先进县，入选中国最美乡村百佳县市。空气质量优良率达95.3%，省控断面水质均达到或超过省考核标准，土壤环境质量总体稳定。创成省级森林城市，石狮江、莱石江获评省级美丽河湖，获评第五届博鳌企业论坛暨2021亚洲经济大会“2021年度宜居宜商宜游最具魅力城市”。

民生福祉。全面启动民生实事票决制，民生救助保险、青年水库清淤等50项实事落到实处。零就业家庭动态清零。韶山学校新校区建成开学，公办幼儿园实现乡镇全覆盖。村卫生室达标率100%。基本医疗保险参保率达99.3%。“志愿服务+邻里互助”养老模式在全国推广。根治拖欠农民工工资工作跻身全省先进，人社局获评全国先进集体。

社会和谐。综合债务率稳步下降。新冠病毒疫苗接种率位居湘潭第一。基层矛盾纠纷调解成功率达98.67%，公众安全感测评连续四年位居全省前列。获评全省法治政府建设示范市。市公安局被评为第20届全国青年文明号。

【嫦娥五号备份存储月壤在韶山安家】 2021年12月25日，嫦娥五号备份存储月球样品在韶山市完成交接，探月工程月球样品备份存储韶山基地正式启用，月壤在韶山市天鹅山建成的全国唯一的月球样品备份存储基地正式"安家"。

设置样品备份存储基地是国际通用做法，能够提高月球样品长期安全存储能力，避免自然灾害等极端情况对样品安全影响。2014年，国防科工局、财政部批复同意湖南大学在韶山市天鹅山建设全国唯一月球样品备份存储基地；2021年7月，该项目完成建设并通过存储条件技术评估，11月通过项目验收及批复，具备月球样品备份存储条件。

【"最忆韶山冲"在韶山开演】 2021年12月25日，在新落成的韶山"红五星"剧场，由张艺谋担任总导演的大型室内驻场演出《最忆韶山冲》举行首演。"红五星"剧场位于韶山市游客换乘中心南广场，距毛泽东同志故居等核心景区3千米左右，属于湘潭市、韶山市两级重点项目。项目占地2.93公顷，是拥有1500个观众席的室内演艺综合体。

《最忆韶山冲》采用诗词和歌曲的形式展现毛泽东同志成长经历、革命历程，从"天下兴亡、匹夫有责"初心萌发到救国救民实际行动，从个人前途命运探索到实现"中国人民站起来"梦想，演绎乡音与乡情不变、信仰与奋斗永恒的创作主题。演出通过超大规模矩阵舞台，突出光影矩阵复制延展特性，强化舞台声、光、电高科技手段，将一维画面变成三维立体空间，让观众有更丰富、更多维的观看体验。 （张雯霏）

【韶山至井冈山红色旅游铁路专线开通运营】 2021年6月18日8时，首趟韶山至井冈山红色专列从韶山火车站开出，"两山"铁路开通运营。

韶山至井冈山红色专列是湘赣两省落实习近平总书记"加强红色资源保护、开发和利用，让红色基因代代相传"重要指示精神，为加快推进湘赣边区域合作示范区建设，推动城乡区域协调发展而打造的全国首条红色专列。

红色专列经由韶山支线、沪昆线、醴茶线、吉衡线运行。首趟韶山至井冈山红色列车从韶山火车站开出后，沿途停靠醴陵、攸县、茶陵南、炎陵车站，终点站为井冈山站。从"伟人故里"到"革命圣地"，铁路全长354千米，连接24个红色景点、20个绿色景点、18个古色景点，一路红色与绿色辉映、自然与人文交融，游客既能接受红色文化洗礼，又能感受"诗和远方"。专列的开通，将拉动沿线地区文旅产业、休闲农业和富民事业发展，推动巩固拓展脱贫攻坚成果同乡村振兴有效衔接，带动沿线人民创业就业、增收致富。 （沈　乐）

雨湖区

中共雨湖区委员会

书　记　周艳希（女）
副书记　柳军辉　赵　波
常　委　朱海林　颜　炬（女）
李豪雄　罗庆坤
钟曙朝　刘亚军
周亮亮（女）　左炎辉

雨湖区人大常委会

主　任　胡亚湘
副主任　王林涛
陈　滔（女，兼）
谭　联（女）
李　斐　陈　武

雨湖区人民政府

区　长　柳军辉
副区长　颜　炬（女）
左炎辉　成学军
陈　博　侯　宇
曾铁军　曹晓娟（女）
陈荡漾

政协雨湖区委员会

主　席　刘　荃
副主席　欧阳庆（女，兼）
刘大鹏　王跃龙
王　敏（兼）
刘芷辰（女，兼）

【概况】 2021年，雨湖区辖2乡、3镇、10个街道，土地总面积451.39平方千米，域内有国家级经济技术开发区1个（湘潭经开区），省级产业园区1个（雨湖高新技术产业开发区）。年末户籍人口176473户、492046人。其中男性244744人，女性247302人，男女性别比为98.97。森林覆盖率为38.58%，全年达到或优于Ⅲ类标准的水质断面比例为92.9%，空气质量优良率为84.4%，城区生活垃圾无害化处理率为100%。

地区生产总值702.06亿元，比上年增长7.8%。其中，第一、二、三产业增加值分别为18亿元、322.01亿元、362.05亿元，同比分别增长9.3%、8.5%、7.0%。三次产业结构比为2.6∶45.9∶51.6。第一、二、三产业对经济增长的贡献率分别为0.3%、57.0%、42.7%。其中，工业对经济增长的贡献率为51.6%。全年（区级）地方一般公共预算收入10.12亿元，比上年增长19.91%。其中，税收收入8.02亿元，增长23.38%；非税收入2.1亿元，增长8.25%。上划中央收入8.05亿元，增长30.05%。上划省级收入2.17亿元，增长40%。上划市级收入1.78亿元，下降17.59%。一般公共预算支出17.32亿元，比上年下降12.17%。

农业。农林牧渔业总产值34.05亿元，比上年增长10.3%。其中，农业产值12.02亿元、林业产值0.88亿元、牧业产值17.64亿元、渔业产值1.17亿元，农林牧渔服务业产值2.34亿元，分别增长2.2%、4.8%、20.4%、6.0%、8.2%。粮食种植面积14080公顷，增长0.1%，产量9.48万吨，下降1.5%；油料种植面积2930公顷，增长3.1%，产量0.52万吨，增长2.3%；蔬菜种植面积7100公顷，增长0.2%，产量24.95万吨，增长0.3%。猪、牛、羊、禽肉类总产量3.32万吨，增长16.1%。其中，猪肉产量3.04万吨，增长17.8%；牛肉产量0.05万吨、羊肉产量0.02万吨、禽肉产量0.21万吨，分别与上年持平。年末生猪存栏25.1万头，全年生猪出栏42.89万头，分别增长13.0%、21.0%。禽蛋产量0.07万吨，与上年持平。市级及以上农业产业化龙头企业25家，增长13.6%。农民专业合作社290家，增长1.4%。其中省级以上示范社8家，增长60.0%。农机总动力22.3万千瓦，农机专业合作社12家。全年开展各类水利工程5处，投入资金4600余万元。

工业和建筑业。全年规模工业增加值增长10.4%。其中，区级规模工业增加值增长11.8%，雨湖高新区规模工业增加值增长10.7%。全年全社会建筑业总产值139.5亿元，下降2.4%。建筑业增加值52.04亿元，增长2.5%。区级房屋建筑施工面积363.78万平方米，增长240.5%。房屋建筑竣工面积87.3万平方米，增长191.2%。

商贸和服务业。社会消费品零售总额419.0亿元，比上年增长15.7%。限额以上法人消费品零售额60.61亿元，增长15.9%。主要增长点为：粮油、食品类零售额增长30.4%，汽车类增长25.0%，中西药品类增长18.7%，通信器材类增长15.7%。区级进出口总额65827万元，比上年增长6.2%。其中，出口额65243万元，增长6.3%；进口额584万元，下降7.7%。全年批发和零售业增加值104.4亿元，增长14.2%；交通运输、仓储和邮政业增加值10.66亿元，增长8.4%；住宿和餐饮业增加值9.81亿元，增长19.2%；金融业增加值26.18亿元，增长1.7%；房地产业增加值72.42亿元，下降7.1%；信息传输、软件和信息技术服务业增加值17.13亿元，增长20.5%；租赁和商务服务业增加值22.9亿元，增长8.8%。全年规模以上服务业企业营业收入增长8.0%。

固定资产投资。全年固定资产投资增长8.8%，其中区级固定资产投资增长12.5%。区级民间投资增长8.2%。从投资方向看，高技术产业投资增长51.5%、工业投资增长20.9%、基础设施投资增长19.5%、民生投资增长6.4%。全年房地产开发投资增长13.7%，商品房销售面积196.4万平方米，下降13.1%。其中，区级销售面积28.2万平方米，下降2.4%。

项目建设与产业升级。引进湖南裕能二期等亿元以上重大产业项目12个，百望科技有限公司等总部企业12家，湘潭柏屹等11个项目投产。招商引资签约项目20个，其中亿元以上项目16个，全年实际到位内资78.94亿元，增长30.4%。高新技术企业76家，增长11.8%。高新技术产业增加值242.66亿元，高新技术增加值占GDP比重34.6%，增长1.2%。年末全区研发投入完成研发总额11.5亿元，在规模以上工业企业中，有研发活动的企业占比为81.4%；27家企业通过高新技术企业认定，65家企业完成科技型中小企业自评入库。成功申报“国家级小巨人”企业1家，“省级小巨人”企业3家，2家企业挂牌科技创新专板。推进长株潭一体化，与长沙市岳麓区签订区域合作框架协议，雨湖高新区与长沙岳麓高新区、株洲金山科技工业园形成战略合作。全年铺排“三农”重点产业项目15个，总投资11.28亿元。新增蔬菜特色产业园5家、产值10亿元以上农业龙头企业1家，“一县一特”蔬菜产业面积完成1万公顷，认证“两品一标”13个，获批全省唯一的国家级农村综合性改革试点试验区，姜畲镇成功创建国家级农业产业强镇。开展重振传统核心商圈三年行动计划，推进风车坪创新创业文旅街二期、金都·58众创新经济产业园、湘潭义乌小商品城、十八总商业街等商贸项目。

城乡建设。风和路、锰望路、西二环羊牯立交、护潭西路建成通车，雨湖高新公交专线开通。唐兴桥泵站一期完成，成功创建县域节水型社会。深化市容市貌整治，完成环卫一体化移交工作。消除道路安全隐患57处。罗祖殿等3个美好社区、城正街等3个街道全域生活垃圾分类示范片区建设有序推进。改造农村危房56户。启动农村人居环境整治提升五年行动，完成“两山”铁路沿线环境整治，新（改）建农村户厕2800座，鹤岭镇龙安村获评全国第二批乡村治理示范村，长城乡和平村、姜畲镇易建河村分别获评省级美丽乡村示范村和特色精品乡村。

人民生活与社会事业。居民人均可支配收入45532元，增长7.1%。其中，城镇居民人均可支配收入45878元，农村居民人均可支配收入39236元，分别增长7.0%、10.4%。居民人均消费支出33208元，增长5.5%。其中，城镇居民人均消费支出33177元，农村居民人均消费支出33774元，分别增长5.1%、12.8%。全区中小学76所，在校学生48920人，在职教师3105人，小学适龄儿童入学率100%，区范围内初三毕业生3476人，中职招生1879人。区级公办幼儿园44所，在园幼儿6896名；普惠性民办幼儿园46所，在园幼儿4461名；公办幼儿园和普惠性民办幼儿园占比89.9%。年内压减校外培训机构，停办17所学科类培训机构，转型为非学科类机构22所，压缩比例达72.2%。投入300万元对10所乡村学校建设进行改造提质。成功创建全国劳动教育实验区。医疗机构471家，医院30家，专业公共卫生机构6家，基层医疗卫生机构91家，民营诊所295家，其他类型54家（包括非行政村卫生室、姜畲镇、鹤岭镇移交的医疗点）。卫生技术人员7716人，执业（助理）医师2673人，注册护士4000人。医疗床位7250张。其中，医院床位6983张、乡镇卫生院床位210张。全年3~11岁人群第一剂新冠病毒疫苗接种率97.3%，第二剂接种率82.2%，12岁及以上人群全程接种率94.2%，60岁以上人群接种覆盖率60.1%，加强针接种率34.9%。完成孕产妇免费产前筛查2349例，贫困孕产妇产前诊断补助33例。救治救助严重精神障碍患者110例，免费为新生儿进行遗传代谢病筛查2000例。区域内有国家级文物保护单位1处、省级文物保护单位12处、市级文物保护单位25处。非物质文化遗产保护项目有国家级1项、省级5项、市级6项、区级6项。非物质文化遗产代表性传承人有省级3人，市级6人，区级6人。有公共图书馆3个、纪念馆1个、群众艺术馆1个、文化馆1个、档案馆1个。有体育活动场地2116处，其中，体育馆13座，田径场地65个（含体育场、小运动场、田径馆），游泳场地11个（含游泳池、游泳馆），健身房262个，全民健身路径409处。有AAA级景点4处（湘潭齐白石纪念馆、湘潭万楼景区、窑湾历史文化旅游街区、九华湖·德文化园)。城镇新增就业1.46万人。年末参加城镇职工基本养老保险人数6.1万人,城乡居民基本养老保险人数7.8万人。基本医疗保险人数41.4万人,其中参加城乡居民基本医疗保险人数26.2万人。参加失业保险人数1.5万人。获得最低生活保障的城镇居民6256人、农村居民3737人。全年发放城市居民最低保障金3077万元,农村居民最低生活保障金1787万元,特困供养补助729万元,临时救助金81万元,残疾人"两项"补贴532.85万元,事实无人抚养儿童生活补助46.91万元。区级注册社会组织362家,备案养老服务机构21家,养老床位1961张,入住老人862人。

【金龙新材10万吨高导电铜杆项目一期投产】 2021年5月20日,金龙新材10万吨高导电铜杆项目一期投产暨研发中心开工仪式在雨湖高新区举行,中国工程院院士黄崇祺出席并致辞。湖南金龙集团是全省制造业50强,此次在雨湖区投资10亿元的金龙新材项目,占地11.67公顷,分三期建设,自上年11月签订正式协议后,3个月内完成1.6万余平方米高标准厂房及相关附属设施建设,3月30日试投产,5月20日正式投产,产值突破4亿元,产量突破6000吨,税收实现5200万元。

【雨湖高新区创新孵化中心项目开工】 2021年5月31日,雨湖高新技术产业开发区创新孵化中心项目开工仪式举行。该项目总投资2.25亿元,集科创孵化、商务服务、仓储管理等功能于一体。其中,创新孵化中心按照"一广场三庭院"景观结构和"人才交流中心、多功能中心、路演中心"功能布局,总占地面积9333平方米,总建筑面积1541平方米。孵化基地规划用地面积27147平方米,总建筑面积51889平方米。

【窑湾、城正街入选全省历史文化街区】 2021年10月10日,湖南省政府公布53处湖南省历史文化街区,雨湖区窑湾历史文化街区、城正街历史文化街区均名列其中。窑湾古街建于秦代,始建于313年,因水运交通方便,明清两代商业发达,成为湘潭地区重要商品集散地。古街内分布着唐兴桥、陶侃墓、何腾蛟墓、潭宝汽车站、江山胜迹石刻、望衡亭等众多文物。城正街,清代称宣化街,民国时期称民治街,从北宋元符元年(1098)至民国时期,一直是湘潭县治所在地。明清时期为两广和中原地区货物集散地,商贸和服务业十分繁盛。街区内现保存有文庙、抗日阵亡将士纪念碑、刘道一烈士祠、龚承钧故居等多处文物和历史建筑。 (管珍珍 吴 湛)

岳塘区

中共岳塘区委

书　记	曾志君	
副书记	周赏玲(女)	
	黄　珂	
常　委	陈星辉	王　玲(女)
	胡铁飞	杨欣荣(女)
	唐俊杰	李　辉
	贺树峰	蒋　砺

岳塘区人大常委会

主　任	颜　谦	
副主任	李白杨	邓明霞(女)
	匡　龙	邹　灿(女)
	蒋新跃	

岳塘区人民政府

区　长	周赏玲(女)	
副区长	陈星辉	贺树峰
	谭　力	刘中泉(挂职)
	高　蒙	陈　澄
	彭晓军	杨建伟
	宋　洋	

政协岳塘区委员会

主　席	周中秋	
副主席	黄继琼(女)	
	周亦农	丰利红(女)
	黄　铁	赵纯程

【概况】 岳塘区位于湘潭市东北部,地处北纬27°47′28″~27°5′40″,东经112°48′42″~113°5′0″,土地总面积206平方千米。辖1个镇、11个街道。有湘潭国家高新技术产业开发区。岳塘区四次入选中国工业百强区(位列全国第68位,湖南省第4位)。

经济社会。2021年岳塘区实现地区生产总值648.5亿元,同比增长7.6%,两年平均增长5.6%。其中,第一产业增加值7.5亿元,增长9.1%;第二产业增加值356.3亿元,增长8.2%;第三产业增加值284.6亿元,增长6.7%。区属地方一般公共预算收入10.9亿元,同比增长8.0%,两年平均下降0.9%;非税收入占比22.1%,同比下降1.7个百分点。全面完成第七次全国人口普查。年底,岳塘区总人口30.92万人(不含高新区),其中男性15.39万人,女性15.53万人。城镇人口28.11万人,占总人口的90.91%;农业人口2.81万人,占总人口的9.09%。

农业。农林牧渔业增加值同比增长9.0%,两年平均增长6.3%。蔬菜及食用菌产量6.3万吨,增长2.5%;园林水果产量0.0766万吨,增长3.2%。年末生猪存栏2.38万头,全年累计出栏3.28万头,其中沙子岭猪及其配套系湘沙猪出栏0.18万头;牛、羊年存栏1.24万头(只);禽类存栏8.34万羽;水产品产量2108吨。

工业科技。全区规模以上工业企业实现利润总额53.4亿元,同比增长383.9%。规模以上工业增加值同比增长7.5%。其中,制造业增加值增长8.2%,占地区生产总值比重为42.2%,电力、热力燃气及水生产和供应业增加值增长12.0%;计算机、通信和其他电子设备制造业、医药制造业分别增长5.8%、68.7%;实现高新技术产业增加值346.95亿元,同比增长25.2%;高技术产业投资增长19.9%;制造业投资增长10.4%,比工业投资高1.9个百分点;新认定高新技术企业4家,科技型中小企业入库认定企业12家。全区研发投入总量突破17.5亿元,高新技术产业增加值占GDP比重达51.9%;技术合同成交额突破10亿元,获省财政奖补资金1383.81万元。

商贸服务业。实现社会消费品零售总额144.6亿元，增长15.9%。在限额以上批发零售企业中，石油及制品、汽车类商品零售额分别增长15.1%和1.3%，日用品、文化办公用品等商品零售额分别增长21.9%、60.3%。规模以上服务业实现营业收入69.23亿元，同比增长16.09%。14个大类行业中，10个实现增长，行业增长面为71.4%，同比提高15.8个百分点。2021年，岳塘区属实现进出口总额（不含岳塘经开区）134.5亿元，同比增长33.9%。实际到位内资（含岳塘经开区）122.9亿元，同比增长30.5%。规模以上服务业企业实现利润总额2.19亿元，同比增长3.9%。对外劳务承包工程额2500万美元。累计签订项目43个，其中引进亿元以上合同项目17个，总投资额97.5亿元。完成外商直接投资1000万美元。

固定资产。固定资产投资同比增长8.7%，两年平均增长7.0%。其中，第一产业下降70.4%，第二产业、第三产业投资分别增长6.5%、10.5%。产业项目投资增长25.8%。市场信心不断恢复，民间投资增长16.8%，占固定资产投资比重比2021年提高5.3个百分点。

交通运输。纳入农村公路规划、经省级交通运输主管部门认定并纳入统计年报里程为283.176千米，其中县道51.606千米，乡道58.573千米，村道172.997千米。一级公路10.382千米，三级公路3.508千米，四级公路233.655千米，等外公路35.631千米。沥青混凝土公路34.286千米，水泥混凝土248.89千米，涉一镇三街21个村，桥梁24座。全区境内有普通铁路12.9千米，城际铁路16.467千米，高铁22.97千米。完成五里堆铁路涵洞人行便道建设，解决铁路沿线居民横跨铁路上班、上学的安全隐患问题，该项“我为群众办实事”项目，被中央电视台、湖南新闻联播、湘潭电视台宣传推介；完成公跨铁桥梁、公铁并行路段护栏移交任务；完成沪昆下行k1124+080~k1124+720等6处铁路安全环境隐患整治任务。完成民生实事团老线等7条线路生命安防建设5.8104千米，预防性养护7千米，完成农村公路隐患整治11处，完成24块农村公路桥梁公示牌的安装，完成24座农村桥梁的专业检测。

教育文化。被评为全国青少年足球改革试点县市区、国家义务教育质量监测优秀组织单位。有中小学31所，其中小学25所（含民办小学1所），初级中学4所，九年一贯制学校1所，民办高中1所（垣鑫中学）。有幼儿园88所，幼儿15035人，其中公办幼儿园45所，普惠民办幼儿园30所，营利性民办幼儿园13所。华鑫高级中学二期、湘纺中学综合楼提质改造项目全面完成，滴水湖学校二期建设稳步推进，新增优质义务教育学位2000余个、公办幼儿园学位2040个。公办园占比为56.56%，高于国家和湖南省50%的要求；普惠园占比84.2%，高于国家和湖南省80%的要求。重点打造“有声城市数字文化体验馆”“数字书法室”，每周二、周五15：00—17：00免费对外开放。区文化馆、图书馆（少儿阅览室）和9个街道、45个社区的文化服务中心，为所在地的居民提供免费服务活动。开展油纸伞、灯芯糕、油鼓舞、刘光霁黑药、龙舞等“非遗进校园”“非遗民俗活动”9场。

卫生体育。共有各类医疗卫生机构376家，每万人医疗机构数7.76家；医疗机构床位数3917张，每千人医疗机构床位数8.08张；执业（助理）医师2019名，每千名常住人口执业（助理）医师数4.17名；注册护士数3148名，每千名常住人口注册护士数6.5名。区域内公立医院医疗服务收入占医疗收入的比例增长2.08%，公立医院百元医疗收入（不含药品收入）消耗的卫生材料下降4%，公立医院门诊人次平均诊疗费用下降3.5%，基层医疗卫生机构诊疗人次数占医疗卫生机构诊疗总人次数的比重增长4.24%。在湘潭市第十三届运动会上，岳塘区代表团获体育道德风尚奖，包揽多项团体第一，夺得成年组A类赛会奖牌112枚，其中金牌54枚、银牌32枚、铜牌26枚，获金牌奖第一；成年组A类赛会团体总分1055.5分，获团体总分第一。

社会生活。区属公共服务支出为62086万元，人均公共服务支出为1590.98元/人。34项重点民生实事全面完成。开展社保基金防风险堵漏洞和医保资金专项整治。率先实施丧葬补助金制度。发放社会救助资金2197万元、退役军人优抚对象生活补助金1000万元，资助特殊人群参加城乡居民医保102.7万元。新增普惠性养老床位800张、托育机构14家，完成50户困难老人家庭居家适老化改造。劳动年龄人口平均受教育年限达12.8年以上，为湘潭市第一。常住人口城镇化率95.67%，住房承套率为100%。污水集中收集处理率97.2%，达到考核标准。完成美好社区建设10个、老旧小区改造85个、棚户区改造473户，加装电梯122台。完成470户改厕任务，实现全区农村户用无害化厕所普及率100%。滴水湖消防站全面建成。湖南惠景生殖与遗传专科医院、中西医结合医院中医大楼、疫苗冷链设施投入使用。获批全国整县（市、区）屋顶分布式光伏开发试点。通过省级县域节水型社会达标建设验收。清理卫生死角4200余处、“牛皮癣”900余处，完成油烟净化器安装1700余家，取缔小煤炉2000余个，整改燃气热水器未安装排烟管道用户1100余户。严处违法建设，累计拆除违法建设面积5万余平方米。严控渣土运输，处罚违规车辆144台。五里堆、建设路、东坪3个街道打造为湘潭市生活垃圾分类示范片区。全面推进物业全覆盖工作，处理物管纠纷150余件，1480件民生实事得到解决，满意率达到100%。完成全国文明城市复查测评，全省排名第一。社会治理成效明显，发案率连续三年下降，被评为全省平安建设先进县市区。

项目建设。争取项目资金10079万元。列入省重点建设项目1个，省三十大标志工程项目4个，年计划投资12.74亿元。完成投资23.39亿元，完成年计划投资的183.59%。市政府与区签订目标责任状的市级重点建设项目73个，年计划投资122.35亿元，完成投资217.88亿元，完成年计划投资的178.09%。岳塘区铺排实施类重点项目116个，年计划投资177.86亿元，完成投资258.94亿元，完成年计划投资的145.58%。其中：实施类产业项目75个，年计划投资156.2亿元，完成投资227.71亿元，完成年计划投资的145.78%；基础设施领域补短板项目41个，年计划投资21.66亿元，完成投资31.23亿元，完成年计划投资的144.17%。

融城发展。与长沙市天心区、雨花区、株洲市石峰区等县市区进行交流合作，106个高频事项实现“跨域通办”。跨市举办就业促进活动9场次，提供就业岗位2万余个。多区联动，开展边界地区执法巡查行动10余次。X157等融城道路通车。联合举办2021长株潭融城半程马拉松赛暨绿心乡村生态旅游节。5月12日，《人民日报》、新华社、《中国日报》、中新社、《湖南日报》、湖南卫视等中央、省、市新闻媒体到湘潭，走访长株潭绿心中央公园仰天湖、竹埠港新区创新发展服务中心等项目。

乡村振兴。全区脱贫人口、监测对象无一人致贫返贫。巩固“两不愁三保障”脱贫成果，实现“两不愁三保障”问题动态清零。在全市率先启动防止返贫保险机制。投入防贫保险基金50万元，为辖区内农村人口及相关乡村振兴项目购买精准防贫综合保险5000份。投入基金以来，为11户监测户理赔5.5万元。在与湘潭钢铁集团有限公司沟通下，达成蔬菜种植合作事项，由五星村股份经济合作社承接，种植蔬菜由湘潭钢铁集团有限公司统一收购，项目建成后，可带动80多名村民就业，项目覆盖16个行政村脱贫户。推进“美丽屋场”“美丽示范庭院”创建，如红旗村制定《农户百分制管理办法》，即“红十条”。坚持以模式创新为引领，在省级美丽乡村示范村荷塘村沈家湾片区试点推广“3+1”改厕技术新模式，改（新）建四格式化粪池30个，在农户家里建成“三格式化粪池+人工小微湿地”污水处理模式。投入责任保险经费13.6万元，为2013年以来各级财政支持改造的所有农村户厕购买农村人居环境治理工程及材料治理缺陷责任保险4538份。

【机构职能调整】　2021年，岳塘区完成扶贫机构设置调整，区农业农村局加挂的扶贫开发办公室牌子改为乡村振兴局牌子，内设的扶贫工作股改为乡村振兴股。昭山镇党政机构经济发展办公室加挂的农业农村和扶贫工作办公室牌子改为农业农村和乡村振兴工作办公室牌子。调整优化区司法局内设机构，从原岳塘经开区收回的行政编制中调整2名至区司法局机关。1月，完成原昭山示范区与原岳塘经开区的优化整合，获评“中国改革2021年度地方全面深化改革典型案例”。原昭山示范区托管的昭山镇移交到岳塘区管理，湘潭岳塘经济开发区不再管理社会事务。13个内设机构精简为6个，完成社会事务移交，妥善分流221人，工资性支出总体下降36%。园区生产总值增长9.5%。湘潭高新技术产业开发区托管的板塘街道、双马街道仍归其托管。

【党史学习教育】　2021年，岳塘区党史学习教育领导小组组织开展7次专题学习研讨，举办3期专题读书班。利用霞城书院、龙骨坡八烈士殉难处、荫梓屋场、滴水埠膏盐矿革命旧址、盘龙大观园等区内已有红色资源，创作“星星之火——岳塘党史学习教育”系列短视频，把本地革命历史融入“四史”宣传教育中，运用新媒体广泛传播，获评湘潭市党史学习教育优秀品牌（项目）优秀新媒体作品。联合中国作协诗刊社，共同举办“建党百年，伟人故里行”红色主题活动。对接湘潭大学马克思主义学院，共建“中共党史教研实践基地”，组建高校基层宣讲团深入机关基层开展宣讲。依托湘潭市新华书店阵地资源，创新打造理论学习实践品牌“正心书院”。

（肖　燕）

2022

湘潭年鉴

XIANGTAN NIANJIAN

人　物

全国五一劳动奖章

白建明　男，汉族，1981年3月出生，四川省广元市剑阁县人，现为湘乡市建设工程有限责任公司施工员。他眼勤、手勤、腿勤，不懂就问，刻苦钻研技术技能，放线、立杆、抹浆、垒砖、水平测量，每一环节，都严格按国家规范操作。他通过了土建施工员考试、土建中级工程师考试，成为工程项目管理的技术型人才。他追求完美，经手砌筑的墙垂直度和高度误差极小。他积极发扬劳模的先进性作用，耐心细致传帮带，用自己的工匠精神和精湛技艺带动更多建筑工人技术规范化、标准化。在担任项目技术负责人期间，每天都坚守工地，主动与工人交流、鼓励大家提问，提供技术指导和安全提醒，他负责的每个工程从未发生安全事故和质量问题，每月公司质量安全考评都是优良。新冠肺炎疫情防控阻击战中，他积极参与到抗击疫情的一线战斗中，在接到湘乡医学隔离观察点建设的紧急任务后，加班加点，连续作战，不到30小时即完成任务。他多次代表湘潭在湖南省职工职业技能大赛中斩获佳绩，曾先后获评湖南省五一劳动奖章、湖南省技术能手、湖南省百优工匠、湘潭市劳动模范等多项荣誉。2021年，荣获全国五一劳动奖章。

刘新新　男，汉族，湖南湘潭人，1983年12月出生，大学本科学历，享受国务院政府特殊津贴，市湘电集团有限公司焊接智能制造关键技能带头人、国家某重点项目焊接首席操作师。精通MIG焊等7种焊接方法，拥有国际焊接技士、技师等12项国际焊接资格证书，是国内采用机器人焊接国家某型号特殊高强钢产品的第一人。他自创“3秒快速热接弧法”“螺旋式焊接操作法”等一系列技法，在焊接领域全面推广运用。在某型号特殊高强钢产品的焊接技术攻关中，他带领团队“白+黑”“5+2”经历千百次试验，成功探索研制出“特殊高强钢双人同步深熔焊接操作法”等多套全新的焊接操作法，攻破了一系列最尖端的特殊高强钢焊接技术难题，打破了该项技术国外独有的现状，并成功实现超越。他个人获国家专利3项，主持的“风电机座窄间隙和窄坡口多丝埋弧焊焊接工艺研究”等6项科研成果获公司科技进步奖，2项课题获全国机械工业优秀QC成果一等奖，“MIG焊的推广与应用”等5个项目获优秀职工技术创新成果一等奖。通过开展技术创新，先后攻克国家重点项目焊接技术难题80余次，提出合理化建议和小改小革180余项，为企业累计节创价值达3000余万元。作为湘潭市职业技能培训“双师型”指导老师，他坚持义务为焊工传授技艺，利用自创的“模拟教学法”和“1+1+1”的培训模式，开展各类培训指导活动200余次，累计培养焊工人数达540人。曾荣获第九届全国技术能手、湖南省五一劳动奖章、湖南省“百优工匠”等荣誉称号。2021年，荣获全国五一劳动奖章。

彭大维　女，汉族，湖南平江人，中共党员，大学学历，1970年6月出生，1993年3月参加工作，湘潭市总工会四级调研员（工会社会保障部原部长）。参加工作以来，彭大维2次荣立市政府三等功、多次荣获市政府嘉奖。2015年全面负责全市工会系统的社会保障和困难职工帮扶工作以来，她组织对建档立卡困难职工进行入户核查精准识别，印制三级解困脱困帮扶服务手册，摸清了困难职工的底数和现状；她积极探索工会帮扶领域的“互联网+”工作，在全省范围内率先组织举办首期农民工电子商务培训班，帮助农民工开辟致富道路；她大胆创新“金秋助学”模式，组织受助学子走进工厂车间，聆听劳模讲课，接受劳动教育，将劳动精神融入助学活动；她任劳任怨、不计得失，拖着经历几次手术的身体，带病工作，在做了双腿截骨术后不能自理期间，坚持由同事把工作带去她家中共同完成，确保了全国总工会城市困难职工解困脱困电视电话会议精神在湘潭落地落实，并始终走在全省前列；她严于律己、廉洁奉公，先后接受各级各类专项资金审计20多次，没有发生一例违规、违纪、违法使用帮扶资金现象。2021年，荣获全国五一劳动奖章。

唐　伟　男，1977年1月出生，汉族，湖南湘潭人，中共党员，湘潭市电机车厂有限公司车工。他从一名普通工人逐渐成长为公司技术能手、人人尊敬的“名师”；通过制作轴承同心度定位模，改善了机加工的轴承套同心度，解决了公司生产的8T电机车在使用过程中出现传动部分发热、轴承磨损问题；他为公司主产品车制转轴和轮轴4万余根，无一次品，单件耗时和刀具消耗是其他普通车工的50%，工费、车床磨损费、电费、刀具费累计节约20万余元；2016—2020年，他带领全班人员实现产值2亿元，完成公司下达任务的189.2%；唐伟先后多次荣获公司“先进个人”、湘潭市“五一先锋”和“最美班组长”、湘潭县首届道德模范、湘潭县劳动模范、“全国优秀农民工”、湘潭县“名师高徒”、湖南省五一劳动奖章等荣誉称号。2021年，荣获全国五一劳动奖章。

（胡圣湘）

全国道德模范

艾爱国　男，汉族，中共党员，湖南攸县人。1950年出生，1969年参加工作，焊工高级技师。现任湖南华菱湘潭钢铁集团有限公司焊接技术顾问。

艾爱国集丰厚的理论基础、操作技能和实战经验于一身，在焊工岗位默默奉献50多年，先后攻克焊接技术难关400多个，改进工艺100多项，培养焊接人才600多名，是劳模精神、劳动精神和工匠精神的坚定践行者和发扬者，大国工匠精神的杰出代表。他曾获全国五一劳动奖章、全国劳动模范、全国技术能手、全国十大杰出工人等荣誉称号，获得全国职工自学成才奖、中华技能大奖，2008年成为享受国务院政府特殊津贴的技术人才，2009年被评为新中国60年湖南最具影响劳模。先后成为第七届全国人大代表、第十三、第十五次全国工会代表大会代表特邀代表、中共十五大党代表等。由艾爱国牵头成立的湘钢焊接试验室于2013年被湖南省总工会命名为“湖南劳模示范创新工作室”；2014年被中华全国总工会命名为“全国示范性劳模创新工作室”；2018年批准成为“焊接工艺技术湖南省重点实验室”。2021年，艾爱国先后荣获“七一勋章”“第八届全国道德模范”和“大国工匠年度人物”等荣誉。

（唐　梅）

全国五一巾帼标兵

莫海燕　女，汉族，1979 年 4 月出生，湖南邵东人，大专文化，现任江麓机电集团有限公司特种车辆分厂 601 车间小件焊接班班长。自 1997 年 10 月参加工作以来，她坚持脚踏实地、刻苦钻研，数十年如一日勤学苦练，由一名普通焊工学徒成长为焊接领域的行家里手。精通手工电弧焊、气体保护焊，熟练掌握了 MIG、TIG 焊接技术，是焊接工种里屈指可数的女“匠”。近年来，她完成特种车辆负重轮、主动轮、诱导轮、平衡轴、综合传动装置等高难度高强度高要求“三高”重关零部件的焊接工作；主动攻克了某型战车平衡肘焊接变形的技术难题，解决了平衡轴支耳加工不到的生产窄口；解决了负重轮生产效率低、劳动强度大、质量不稳定问题，降低综合生产成本达 100 余万元/年。她先后荣获湘潭市巾帼建功标兵、湖南省国防科技工业“芙蓉百岗明星”、湖南省“芙蓉百岗明星”等荣誉称号。2021 年，获评“全国五一巾帼标兵”荣誉称号。（胡圣湘）

英雄航天员

汤洪波　男，汉族，湖南湘潭人，中共党员，硕士学位。1975 年 10 月出生，1995 年 9 月入伍，1997 年 4 月加入中国共产党，现为中国人民解放军航天员大队二级航天员，大校军衔。曾任空军航空兵某团大队长，安全飞行 1159 小时，被评为空军一级飞行员。2010 年 5 月被选为国家第二批航天员。2016 年 5 月，入选神舟十一号飞行任务备份航天员。2019 年 12 月，入选神舟十二号飞行任务乘组。

2021 年 6 月 17 日，搭载神舟十二号载人飞船的长征二号 F 遥十二运载火箭，在酒泉卫星发射中心点火发射。北京时间 2021 年 7 月 4 日 14 时 57 分，经过约 7 小时的出舱活动，神舟十二号乘组密切协同，圆满完成出舱活动期间全部既定任务，航天员刘伯明、汤洪波安全返回天和核心舱，标志着国家空间站阶段航天员首次出舱活动取得圆满成功。9 月 17 日 13 时 30 分许，神舟十二号载人飞船返回舱反推发动机成功点火后，安全降落在东风着陆场预定区域。

2021 年 11 月 23 日，中共中央、国务院、中央军委授予汤洪波“英雄航天员”荣誉称号，并颁发“三级航天功勋奖章”。（尹慧琴）

全国脱贫攻坚先进个人

赵建成　男，汉族，湖南湘乡人。1976 年 8 月生，湖南省湘乡市委组织部“两新”工委专职副书记，湘乡市中沙镇和谐村驻村帮扶工作队队长、第一书记。2020 年获“全国脱贫攻坚先进个人”荣誉称号。驻村六年间，他用心建好了基层组织，所在村级公共服务平台及水利、交通、电力等基础设施全面完善。他立足当地特色，借鉴外地经验，摸索出“支部（村委）+公司+贫困户”的产业扶贫方式，充分利用和谐村丰富的楠竹资源，注重扶贫、扶志与扶智三结合，让有劳动能力、有意愿的贫困户参与到伞骨加工中来，让小伞骨撑起贫困户的脱贫致富梦，以“零风险、零门槛、零投入”的“三零模式”带动贫困户稳定增收。和谐村有 60 余户贫困户从事伞骨加工，实现了在家门口就业，2018 年以来累计增收 200 多万元。荆峰莉竹木加工有限公司打造成为湘乡市示范“扶贫车间”、湖南省“一户一产业工人”培养工程优秀项目、2020 年湖南省示范就业扶贫车间。他根据全村 84 户贫困户的不同情况，切实把“两不愁三保障”各项措施落实到户到人。开展 30 多场次扶贫活动，发放慰问金 40 余万元。通过危房改造和易地搬迁，48 户贫困户住进了新居。为贫困户办理残疾证 20 个。村民称赞他是“焦裕禄式”的好干部。他的事迹被创作成了花鼓戏《红手印》，搬上了当地春晚舞台。

邓述东　男，汉族，湖南湘潭县人。1973 年 10 月生，湘潭县射埠镇农业综合服务中心农艺师，射埠镇科协主席。2020 年被评为“全国脱贫攻坚先进个人”。邓述东利用自己的所学所研在田间攻克三年，通过上百次试验，收集试验数据 1070 个，于 2017 年成功创建简易高效的“一亩田脱贫”模式，推广稻菇循环生态种植法，可达到一亩一年内“春种水稻千斤粮，秋种蘑菇万元钱”的双丰收效果，适合一户一产业发展。对有劳动能力的贫困户实行包种子、包技术、包服务、包回收、包利润的“五包”措施，贫困户保底亩创收 1 万元以上，高产的可达 2 万多元，可使 1 户 2~3 人的贫困家庭稳定脱贫；对无劳动能力的采取从销售产品提取利润“集资助弱”的模式帮扶，从而实现乡村整体脱贫。该模式在湘潭市的 23 个乡镇 50 多个村推广，他个人直接帮助 1547 户贫困户脱贫，35 个贫困户发展成家庭农场或种植大户，另帮助全市 26 个企业和合作社发展产业，带动贫困人口就业 375 人，并在永州、常德等 6 市建立推广示范点，吸引国内外 100 多个团队前来考察学习，湖北、安徽等省准备推广，尼泊尔、柬埔寨等国家正在做引进推广工作。近三年他主持培训 300 多场次，培训 1.5 万人次。为帮助贫困户解决产品销售的难题，他走遍北京、广州等 10 多个城市，打开了北上广等地销售渠道，远销日本、俄罗斯等国际市场。他建设了一亩田脱贫产品孵化园，引进和选育出多种有特色、低成本、高效益、市场前景大的农产品，同时探索了操作简易、适应范围广的种植方法，成功孵化 12 个特色农产品，并研究出“黑花生+赤松茸”“黑土豆+竹荪”“虫草参+赤松茸”等适应当地环境的种植模式供贫困户选择。

王跃龙　男，汉族，湘潭市雨湖区人。1973 年 7 月生，湘潭市雨湖区农业农村局党组书记、局长、扶贫办主任。2020 年被评为“全国脱贫攻坚先进个人”。2020 年 7 月雨湖区接受了国家脱贫攻坚普查和国家普查工作领导小组督查组的实地督查，贫困户满意度 100%。2016 年，他到任扶贫办主任之后，走遍所有乡镇和村，6 个月的高强度调研形成了“明确责任，强化统筹，以重大战略、重大项目、品牌建设为抓手，推动脱贫攻坚高质量发展”的工作思路。他一手抓机制完善，制定了《雨湖区脱贫攻坚工作责任清单》等一系列文件。先后对接国家部委、省厅、市局 180 余次，落实数字农业、5G 智慧农业等国省重大项目 34 个。他围绕姜畲现代农业示范园进一步理顺园区体制，整合各类涉农资金3亿元，年撬动社会资本1.5亿元，培育国省市农业龙头企业、示范社上百家，示范园被评为“全国农村创新创业园区”“全国县域数字农业农村发展水平评价先进区”，示范带动作用充分发挥。他创新建立“四会一课”产业扶贫项目机制，赴北京、上海、山东等先进地区洽谈招商，打造产业扶贫项目55个。培育“雨・湖蔬鲜”公共区域品牌，打造国家地理标志产品3个，国家、省扶贫特色产品53个，雨湖区获评省级优质农副产品示范基地。同步推动“中央厨房”项目年加工配送各类农产品近1000吨，并开通外销直通车，与北京湘潭商会签订5000万元/年采购协议。

（江明瑶）

全国公安系统二级英雄模范

刘育红　男，汉族，湖南涟源人，中共党员，大学学历，1970年7月生，1989年3月参加工作，1999年从部队转业到湘潭市公安局，现任湘潭市公安局国保支队支队长。他长期坚守在公安隐蔽战线，工作中慎独自律、勤奋好学，探索的“新时代反恐工作12条新举措”等六项工作经验被公安部推介。牵头组织侦办了在全省乃至全国都有影响力多个专案，维护了社会的安宁稳定，得到了公安部、省公安厅的高度评价和表扬。2021年8月荣获全国“优秀军转干部”“公安部二级英雄模范”荣誉称号。

（丁育成）

优秀运动员

庞倩玉　女，中国女子摔跤运动员，效力于湖南队。1996年11月13日出生，湖南湘潭韶山人。2021年8月6日，在东京奥运会女子摔跤自由式53公斤级决赛赛场上，庞倩玉迎战日本选手向田真优，最终以4：5的比分获得银牌。庞倩玉实现了湘潭籍运动员在奥运单项奖牌上零的突破。

谭玉娇　女，中国残疾人举重运动员。1990年10月4日出生，湖南湘潭韶山人。2021年8月28日，在东京残奥会举重女子67公斤级决赛上，中国选手谭玉娇以133公斤的成绩获得金牌。在她19年运动生涯中，共获得31枚金牌，3枚银牌，19次打破世界纪录。

（张玉娴）

获个人二等功以上的现役军人

彭文熹　男，湖南湘潭县人，1981年出生，1999年入伍，中共党员，服役于中国人民解放军某部，参加了北京奥运会、上海世博会安保任务，2021年因表现突出荣立二等功。

黄　灿　男，湖南湘潭县人，1986年出生，2004年入伍，中共党员，服役于中国人民解放军某部，2021年因表现突出荣立二等功。

胡光进　男，湖南湘潭县人，2005年入伍，中共党员，在中国人民解放军空军某部服役。多次参加重大演训任务，2021年因表现突出荣立二等功。

王高大　男，湖南湘潭县人，1980年出生，1999年入伍，中共党员，在中国人民解放军空军某部服役，多年从事飞行一线机务保障工作，未发生一起人为差错，为保障部队各项任务遂行和飞行安全做出了重大贡献，2021年荣立二等功。

胡小明　男，湖南湘潭县人，1988年出生，2006年入伍，中共党员，服役于中国人民解放军某部。2021年因表现突出荣立二等功。

唐宗德　男，湖南湘潭县人，1991年出生，2014年入伍，中共党员，服役于中国人民解放军某部。2021年参加陆军比武竞赛，获个人总成绩第二名，荣立二等功。

郑　巍　男，湖南湘潭人，1982年7月出生，中共党员，服役于中国人民解放军空军某部。多次执行飞行保障重大演习、驻训、比武等任务，荣立三等功两次，2021年因安全保障飞行任务满18年荣立二等功。

叶建华　男，湖南湘潭人，1978年3月出生，1996年入伍，中共党员，研究生学历，服役于中国人民解放军空军某部，先后参与军委、战区和空军12项重大课题。2021年，组织的专业研讨课获学院教学比武竞赛二等奖，荣立二等功。

赵洪亮　男，湖南湘潭人，1985年2月出生，2004年8月入伍，中共党员，服役于中国人民解放军某部。曾荣立三等功两次，多次被表彰为优秀共产党、优秀基层干部，2021年因表现突出荣立二等功。

罗　静　男，湖南湘潭人，1976年2月生，1994年12月参加工作，中共党员，服役于中国人民解放军某部。该同志自参加飞行以来，始终坚持“地面苦练、空中精飞”，不断追求卓越，先后荣立个人“二等功”2次，“三等功”3次。

周志勇　男，湖南湘潭人，1984年9月生，2007年入伍，中共党员，服役于中国人民解放军空军某部，多次参加各项演习演练任务，长期保证飞行安全，先后荣立三等功两次，2021年因表现突出荣立二等功。

冯学辉　男，湖南湘乡人，1992年12月入伍，1995年10月入党，服役于中国人民解放军空军某部，先后多次出色完成部队演习演练、改装改型等重大任务。2021年由于飞行训练工作成绩显著荣立二等功一次。

沈　柯　男，湖南湘乡人，1989年7月出生，2007年入伍，中共党员，服役于中国人民解放军航空兵某部，因连续安全保障飞行总时间900小时，且无人为差错故障，荣立二等功一次。

（张　昕）

2021年湘潭市省级先进人物名录

（排名不分先后）

表17

姓　名	工作单位	职务或职称	获奖名称
肖公平	湘潭市恒欣实业有限公司	湘潭市恒欣实业有限公司董事长，高级工程师	2021年湖南省五一劳动奖章
齐学军	湘潭县一中	湘潭县一中校长，高级教师	2021年湖南省五一劳动奖章
颜　斌	岳塘区茗胜私房菜	湘潭市岳塘区茗胜私房菜厨师长，高级技师	2021年湖南省五一劳动奖章
张大明	湖南华银酒店管理有限公司	湖南华银酒店管理有限公司工会主席	2021年湖南省五一劳动奖章
袁海斌	湘潭市妇幼保健院	湘潭市妇幼保健院院长，主任医师	2021年湖南省五一劳动奖章
胡运庚	湖南兴宏运湘莲股份有限公司	湖南兴宏运湘莲股份有限公司董事长	2021年湖南省五一劳动奖章
杨　军	江南工业集团有限公司	江南工业集团有限公司消防队副队长	2021年湖南省五一劳动奖章
徐仲维	湘电集团有限公司	湖南湘电动力有限公司电器装配工，高级技师	2021年湖湘工匠年度人物，湖南省爱岗敬业道德模范
冯　宇	湘潭钢铁集团有限公司	湘钢宽厚板厂炼钢总炉长，高级技师	2021年湖湘工匠年度人物
唐银波	江麓机电集团有限公司	江麓机电集团有限公司铣工，高级技师	2021年湖湘工匠年度人物

逝世人物

劳　动　男，汉族，湖南益阳（原籍江苏吴县）人。1948年7月出生，1965年12月至1975年9月，在湘乡化工厂工作，任团委副书记；1972年4月加入中国共产党；1975年9月至1978年8月，在湘潭大学化学系化工设备与机械专业大学学习；1978年8月至1981年2月，在湘潭地区化工机械厂、地区经委任技术员；1981年2月至1984年9月，任湘潭地区标准处副主任（其间，1982年2月被评定为助理工程师）；1984年9月至1985年4月，任湘潭市标准局局长；1985年4月至1990年10月，任湘潭市标准计量局局长；1990年10月至1992年9月，先后任湘潭市岳塘区委副书记、副区长、代理区长、区长；1992年9月至1993年6月，任湘潭市雨湖区委副书记、区长；1993年6月至1995年8月，任湘潭市雨湖区委书记兼区人武部党委书记；1995年8月至2001年9月，任湘潭市委常委、市委秘书长（其间，1996年6月至1998年6月参加中国人民大学研究生院区域经济专业研究生课程班学习）；2001年9月至2003年4月，任湘潭市委常委、市委秘书长兼市委办公室主任；2003年4月至2006年6月，任湘潭市委副书记；2006年6月至2008年9月，任湘潭市委巡视员；2008年8月退休；2009年8月担任湘潭市关心下一代工作委员会主任。2015年获中国关工委、中央文明办联合授予的“全国关心下一代工作先进个人”荣誉称号。2021年1月逝世，享年73岁。

刘碧华　女，汉族，湖南省湘潭市人。1954年10月生，1971年6月参加工作，1975年6月加入中国共产党。1971年6月至1980年12月，先后在湘潭市三中校办工厂当工人、任团委副书记；1980年12月至1984年12月，在湘潭市一技校任团委书记，市劳动局干部；1984年12月至1986年10月，任湘潭市劳动局办公室副主任；1986年10月至1987年11月，任湘潭市劳动局计划调配科副科长；1987年11月至1991年7月，任湘潭市劳动局办公室主任；1991年7月至1994年5月，任湘潭市妇联副主任；1994年5月至1998年12月，任湘潭市劳动局党组成员、副局长；1998年12月至2001年9月，任湘潭市劳动局（劳动和社保局）党组副书记、副局长；2001年9月至2007年1月，任湘潭市劳动和社保局党组书记、局长；2007年1月至2011年12月，任湘潭市政协副主席、党组成员；2011年12月任湘潭市政协党组成员；2014年12月退休。曾被评为全国劳动和社会保障系统先进工作者。2021年4月逝世，享年67岁。

丛华滋　男，汉族，山东文登人，1926年9月出生，初中文化程度。1943年8月入伍，1949年5月入党，先后任冀东军区卫生护士、冀东军区供应部助理医生，1946年11月至1948年11月任中国人民解放军第四野军第九纵队卫生部手术组医生，1949年12月至1959年12月任某军卫生处副处长，1960年2月至1966年9月任沈阳军区后勤部卫生科科长，1966年10月至1974年8月任沈阳军区后勤部检验所所长，1974年9月至1982年4月任湖南省湘潭军分区顾问，1982年4月到湘潭韶山路离职干部休养所离休。2021年11月因病在中国人民解放军921医院逝世，享年95岁。

关志遐　男，汉族，黑龙江哈尔滨人，1930年7月出生。1947年7月入伍，1949年8月入党，先后任某军某师宣传队宣传员，中国人民解放军第某师干部部干事，1956年5月任某军某师某团干部处处长，1959年10月任某师政治部群工科副科长，1960年7月任某师政治部群工科科长，1962年11月常德县武装部副政委，1964年6月任湖南省常德市石门县人武部第二政治委员，1968年3月任湖南省郴县人武部第二政治委员，1970年7月任湖南省醴陵县人武部部长，1977年10月任湘潭市武装部部长，1979年1月任湖南省湘潭军分区副司令员，1983年6月任湖南省湘潭军分区副师职顾问。2021年12月在中国人民解放军921医院逝世，享年91岁。

（胡玖玖）

2022 湘潭年鉴 XIANGTAN NIANJIAN

文件选辑

在市委经济工作会议上的讲话

中共湖南省委常委、湘潭市委书记　张迎春

（2021年12月24日）

同志们：

这次市委经济工作会议的主要任务是，认真贯彻中央经济工作会议、省委经济工作会议精神，全面落实省第十二次党代会、市第十三次党代会精神，总结2021年经济工作，分析当前经济形势，部署2022年经济工作。为开好这次会议，市委常委会会议进行了专题研究。刚才，志雄同志代表市人民政府，对明年经济工作重点任务进行了安排，我完全赞成，大家要认真抓好落实。下面，我讲四点意见。

一、全面准确认识全市经济发展形势

坚持系统观念和辩证思维，客观分析湘潭发展基础，科学研判未来发展形势，准确把握新成绩、新机遇、新挑战，做到因势而谋、顺势而为、乘势而上。

一要坚定信心，看到成绩和进步。今年以来，我们深入学习贯彻习近平新时代中国特色社会主义思想和习近平总书记对湖南重要讲话重要指示批示精神，全面落实“三高四新”战略定位和使命任务，闯新路、破险阻，奋力推进改革发展稳定各项任务，全市经济运行难中趋稳、稳中有进、进中向好，实现了“十四五”良好开局。一是经济指标稳健运行。预计全年地区生产总值增长8%、规模工业增加值增长9.5%、固定资产投资增长9%、地方一般公共预算收入增长9%、社会消费品零售总额增长15.5%、进出口总额增长26%。二是产业发展提质增效。“四主四特”现代产业体系和“两新三电”特色产业不断壮大，13条产业链调整优化、培强做大；新增国省“小巨人”企业49家，华菱线缆成功上市；实施科技创新“揭榜挂帅”行动，研发投入强度达到2.8%以上，预计新增高新技术企业130家左右，高新技术产业增加值占GDP比重达到36%以上，居全省第一。三是改革开放纵深推进。171项改革任务全部完成，320项“一件事一次办”事项全面落地，市民之家建成运行；引进“三类500强”项目19个、亿元以上项目111个，省市重点项目、“三高四新”重大产业项目投资任务全面完成，蓝思科技、拓普、金龙铜业、湘君电子等项目竣工投产；连续6年被评为“中国外贸百强城市”。四是融城一体协同发力。湘江新区九华新片区开发全面提速，轨道交通西环线全线铺轨；策划包装14个片区开发，背街小巷整治经验全国推广；推进脱贫攻坚与乡村振兴有效衔接，农村危房改造全部竣工。五是民生福祉持续提升。城乡居民人均可支配收入增长8%，全市民生支出占地方一般公共预算支出稳定在70%左右，省市重点民生实事圆满完成，获批国家公立医院综合改革示范城市，湘大附属实验学校等一批学校投入使用。

二要辩证分析，看到差距和不足。在肯定成绩的同时，还要清醒认识到我市发展中存在的问题短板。一是部分指标增长乏力。1—11月，地方一般公共预算收入、出口总额、全体居民人均可支配收入、房地产开发投资等指标低于全省平均水平、排名靠后。规模工业、固定资产投资和消费同比增速出现下滑，比1—10月分别回落0.3、0.5和1.2个百分点。二是债务化解压力巨大。债务挤占发展空间的问题亟待解决，面临着融资环境收紧、资源资产减少、刚兑集中到期、利息难以平衡等多重压力叠加的局面。三是产业转型任务繁重。传统产业占比高、战略性新兴产业占比低，资源消耗型企业占比高、创新集聚型企业占比低，中低端产品占比高、高端品牌产品占比低的“三高三低”现状尚未扭转。同时，汽车行业面临下行压力，房地产行业整体低迷。四是要素供给偏紧。汽车、电子信息等重点产业供应链紧张，缺资金、缺电、缺芯、缺柜、缺工和原材料价格高企问题较为突出。五是能力作风有待提升。部分干部思想、作风、能力与高质量发展要求还不相适应，闯新路、破险阻的能力本领还不足。这些差距，必须在今后工作中高度重视、全力加以解决。

三要把握大势，看到机遇和挑战。当前，我国经济高质量发展的外部环境更趋复杂严峻和不确定，但实现平稳健康发展具备很多有利条件。从机遇看，我国经济恢复发展的总体态势和长期向好的基本面没有改变，要把握政策机遇，中央经济工作会议明确提出七大政策，专项债、科技型中小企业研发费用加计扣除、制造业增值税留抵退税等政策力度不断加大，将释放更多红利；要把握项目机遇，积极扩大有效投资，适度超前开展基础设施投资，将带来更多项目支持；要把握区域发展机遇，全省经济持续恢复发展的态势得到延续和巩固，“三个高地”建设加快推进，长株潭都市圈建设加速提质，为湘潭加快动能转换、扩大竞争优势、提升城市能级提供强劲支撑。我们要善于从中央、省委决策部署中明方向、定政策、争项目，争取发展主动权。从挑战看，我国经济发展面临多年未见的需求收缩、供给冲击、预期转弱三重压力，要认识到，疫情对全球生产和物流造成严重冲击，大国博弈和地缘风险加剧全球供应链紧张，供给短缺、需求拉动、成本推动的复合型通胀正在凸显；要认识到，省会虹吸效应尚未转化为共振效应，湘潭面临着前有标兵、后有追兵，不进则退、慢进亦退的激烈竞争局面；要认识到，我们还没有完全闯出一条一手抓发展、一手抓化债的高质量发展路子，前进路上还有很多艰难险阻需要破除。总之，我们要扬长补短、扬长避短，最大限度把握有利因素、控制潜在风险，准确识变、科学应变、主动求变，推动经济发展行稳致远。

二、牢牢把握明年经济工作总体要求和目标原则

明年是党的二十大召开之年，是全面落实省、市党代会精神开局之年，做好经济工作意义重大。

一要深刻领会中央、省委经济工作会议精神。深刻领会把握党中央关于国内国际经济形势的分析研判，保持战略定力，坚定发展信心，坚定不移办好自己的事；深刻领会把握“四个必须”的规律性认识，立足新发展阶段，完整准确全面贯彻新发展理念，服务和融入新发展格局，推动高质量发展；深刻领会把握明年经济工作“稳字当头、稳中求进”的总体要求和政策取向，积极抢抓发展机遇，有效应对风险挑战，着力稳定经济大盘；深刻领会把握“五个重大理论和实践问题”，心系“国之大者”，站位全局考量，坚定不移推动中央、省委各项决策部署在湘潭落地生根。

二要科学确定明年我市经济工作总体要求和主要目标。总体要求是：以习近平新时代中国特色社会主义思想为指导，全面贯彻落实党的十九大和十九届历次全会、中央经济工作会议、省委经济工作会议精神，深入落实习近平总书记对湖南重要讲话重要指示批示精神，全面落实省第十二次党代会、市第十三次党代会部署要求，弘扬伟大建党精神，坚持稳中求进工作总基调，完整准确全面贯彻新发展理念，服务和融入新发展格局，全面深化改革开放，坚持创新驱动发展，推动高质量发展，全面落实“三高四新”战略定位和使命任务，坚持以供给侧结构性改革为主线，统筹疫情防控和经济社会发展，统筹发展和安全，继续做好“六稳”“六保”工作，持续改善民生，保持经济运行在合理区间，保持社会大局稳定，全力闯新路、破险阻，奋力实现现代化新湘潭建设开好局、起好步，以优异成绩迎接党的二十大胜利召开。

市委考虑，明年经济社会发展主要预期目标是：地区生产总值增长7%左右，规模工业增加值增长8%，固定资产投资增长8%，地方一般公共预算收入增长6%，社会消费品零售总额增长8%，进出口总额增长15%。城镇新增就业4.5万人，城镇调查失业率控制在5.5%以内，居民人均可支配收入增长与经济增长基本同步。粮食产量1.2亿公斤以上。生态环境质量持续改善。

市委把明年地区生产总值增长确定为7%左右，主要考虑：一是与市党代会目标相衔接。市党代会提出，到2026年年末，地区生产总值超过3800亿元。实现这一目标，需年均增长7%左右，明年经济增长7%左右，充分考虑了这个发展目标要求。二是符合湘潭发展实际。综合考虑我市近两年平均增速、经济增长潜力和稳就业保民生等多方面因素，再加上湘潭区位、产业、创新等各方面基础优势，以及目前发展来势和明年发展趋势，这一目标是完全可以实现的。三是体现全省核心增长极的担当作为。确定7%左右的增长，高于全省0.5个百分点，既体现在稳增长基础上积极进取的导向，也体现对全省经济的贡献度。四是有利于稳信心、稳预期。7%左右的中高速增长，有利于向社会释放积极信号，调动各方面积极性，把智慧和力量凝聚到经济建设上来。

三要切实把握明年经济工作的原则要求。省委经济工作会议明确了加强党的领导、突出高质量发展、促进共同富裕、激发市场主体活力、树牢系统观念“五项要求”。我们在抓好贯彻执行的同时，要紧密结合实际，把握好以下四条：一是稳字当头、以稳为基。坚持稳是主基调、稳是大局，集中精力抓好“六稳”“六保”，统筹做好粮食安全、能源保供、生活必需品稳价保供、保障产业链供应链稳定等重点工作，全力稳住经济基本盘、稳住社会预期。二是稳中求进、以进为要。既要防止冲动蛮干、急于求成，又要杜绝消极应对、不思进取，奋力在产业项目招引落地、市场主体培育壮大、关键核心技术攻关转化等方面积极作为，以“稳”更好地求“进”，以“进”更好地固“稳”。三是精准施策、以准为本。坚决杜绝大而化之、囫囵吞枣，精准研究对接国省重大政策，聚焦高质量发展难点堵点找准路径，紧扣防范化解债务风险精准施策，努力以精准的思路方向、方法举措聚力、破难、提效。四是真抓实干，以实为重。以“钉钉子”精神抓落实，不空喊口号，不做表面文章，定一件就干一件，干一件就成一件。

三、扎实抓好明年经济工作重点任务

坚持抓重点、补短板、强弱项，全力办好发展经济这个最大实事，闯出高质量发展新路子。

第一，突出争资争项，全力对接七大政策和项目。中央经济工作会议明确了七大政策组合，释放了众多政策信号。我们要从抓项目策划入手，全力争取更多的真金白银。一要认真谋划。加强对七大政策的精准研究和把握，紧跟国家政策和投资动向，认真抓好项目库建设，拓展项目策划、包装、创造深度，做实做好可研、评估等前期准备，提升项目成熟度，为精准对接政策创造条件。比如，在产业方面，围绕军地融合、先进制造业，在科技方面，围绕核心技术攻关和自主创新产品“迭代”应用，在城市老旧管网改造方面，围绕三供一业移交、老旧小区改造，在水利方面，围绕中小河流治理、病险水库加固、二水源建设，精心打包策划一批项目。二要全力争取。精准对接中央预算内投资项目，以及专项债券在交通基础设施、能源、农林水利、生态环保、社会事业、城乡冷链等物流基础设施、市政和产业园区基础设施、国家重大战略项目、保障性安居工程等9个重点方向，最大程度把该争取的份额争取到位。三要广泛宣传。加强国省政策的汇编集成、深入宣传，让企业精准了解掌握政策支持重点，积极为企业争取政策支持提供指导和服务。四要扎实推进。加快已批资金和项目的到位落地，全力以赴推进项目建设，尽快形成实物工作量，提高资金使用效益。

第二，突出主攻方向，全力建设国家重要智能制造集聚区。习近平总书记强调，制造业是实体经济的重要基础，要把实体经济特别是制造业做实做强做优。我们必须坚定不移强园区、兴实体，狠抓“七大计划”落实落地。一要实施市

场主体培育和高质量发展计划。突出政策激励，持续优化环境，重点抓好制造业、科学研究和技术服务业、外商投资企业和农村市场主体的培育，确保明年全市市场主体达到25万户以上，新增制造业主体3000户以上。二要实施规模工业企业培育计划。抓好入规后备库建设，加强入规申报企业指导服务和业务培训，规范引导小微企业建立现代企业制度，助推企业“小升规”，确保实现在库企业1320家以上，新增规模工业企业100家以上。三要实施专精特新“小巨人”企业培育计划。推动企业上云上台、智能化改造，开展技术创新破零倍增行动和湖湘精品品牌能力提升行动，推动专精特新中小企业培育“启航”计划落实落地，力争新增国省专精特新“小巨人”企业60家以上。四要实施百亿企业培育壮大计划。“一企一策”做好重点企业培育帮扶，强化企业要素保障和政策支持，帮助企业开拓市场，努力把湘电集团、蓝思科技、桑顿新能源、裕能新能源、金杯电工、地通工业、屹丰汽车、哈电风能等培育成百亿企业，把华菱线缆、崇德科技、永达机械等培育成五十亿企业。五要实施企业上市倍增计划。实行企业上市“四个一”工作机制，加强与国省监管部门、沪深及北京交易所的协调对接，力争明年裕能新能源、崇德科技顺利实现上市。六要实施工业新兴优势产业链发展计划。加快产业链强链补链延链，推动产业链上中下游协作配套、供应链前后端对接合作，力争引进产业链项目100个以上，每条产业链至少新引进一个10亿元以上项目。七要实施园区盘活提效计划。明后两年，要力争实现园区亩均税收1万元以下企业、2万元以下企业清零的目标。根据测算，明年需争取盘活提效企业238家，清理盘活低效闲置用地1.6万余亩。要对标“五好园区”创建要求，聚焦土地节约集约利用，扎实开展入园协议清理，强化园区企业运行监测和招商引资项目评估，研究提出清理盘活的政策、方案；要深入开展立法调研，通过并购重组、司法途径等多种方式，全力推动清理盘活目标实现。

第三，突出竞争优势，全力建设中部科创发展示范区。习近平总书记强调，创新是引领发展的第一动力，是建设现代化经济体系的战略支撑。要加快推动湘潭科创资源、平台、人才、环境等多重优势转化为高质量发展动能。一要抓高新技术企业增量提质。实施科技创新企业“登高”倍增计划，建立科技企业数据库和高新技术企业后备库，构建“科技型中小企业—高新技术企业—瞪羚企业—独角兽企业—领军型企业”培育体系，力争新增高新技术企业100家以上。大力发展数字经济，加快培育大数据、云计算、物联网等战略性新兴产业。二要抓关键核心技术攻关。加强原创技术研发，努力在先进传感器件、人工智能及算法、电磁能驱动、深海钻探、碳纳米管芯片等领域形成原创技术。深耕“两新三电”技术，巩固提升航空航天电缆、先进电传动、风力发电、高强度钢材制备等关键技术。大力开展校地企联合攻关，发挥“揭榜挂帅”等制度作用，加强技术供需对接，推动校地企科技创新成果加速转化。三要抓重大科创平台建设。积极承接建设重大科研基础设施，推进湖南国家应用数学中心建设；加强与大院大所合作，推动骨干企业与高校院所共建研发机构和成果转化中心；创建高端技术研发平台，建设运营好海上风力发电技术与检测国家重点实验室。四要抓科技创新人才引育。深入实施“莲城人才行动计划”，精准引进产业紧缺人才，加快培养领军人才；深入推进产教融合，实施“金蓝领”高技能人才培训工程，完善人才跨地区、跨体制流动机制，推进人才互融共享。

第四，突出重点关键，全力建设内陆改革开放先行区。习近平总书记强调，要用足用好改革开放这个关键一招。我们要围绕重点领域关键环节，坚持为改革点题、破题、解题，以开放促发展、强动能、塑形象，激活高质量发展内生动力。一要推动重大改革落地见效。以供给侧结构性改革为主线，对标省委“四大改革行动”，推动各项改革重点任务全面落实。扎实推进国资国企改革，全面完成市属国企改革行动，对照省国资考核要求、负面清单动态调整机制等，研究提出“十四五”末市属国企净资产收益率达到国省平均水平的具体方案。持续深化能源改革，科学有序推进碳达峰、碳中和，坚持先立后破、通盘考虑，研究出台“双碳”实施意见，在保障能源安全基础上有序推进能源低碳转型；推动煤炭和新能源优化组合，多渠道增加能源供应。加快能源储备设施建设，布局推进应急储备气源项目。二要发挥平台作用。近年来，我市争取了众多国省级平台和试点。在改革方面，拥有长株潭衡中国制造2025试点示范、交房即交证改革试点等；在开放方面，拥有湘潭跨境电商综合试验区、海峡两岸产业合作区等；在创新方面，拥有国省市三级各类创新平台299个。“牌子”不能只挂在墙上，关键要把“里子”做实做强做优，充分发挥好平台的先行先试作用，转化为推动创新、集聚要素、争资争项、带动产业的实际成效。三要加强招商引资。推行专业化、精细化招商，瞄准“三类500强”、央企、行业领军企业、上市公司，推进“一企一策”精准招商；健全产业链两图两库两池，探索“资本招商+综合金融服务”模式，深入开展产业链招商、以商招商和小分队招商，力争新引进“三类500强”企业项目20个以上，亿元以上投资项目150个以上。

第五，突出共同富裕，全力创建国家城乡融合发展试验区。习近平总书记强调，共同富裕是社会主义的本质要求，是中国式现代化的重要特征。我们要坚持发展成果由人民共享，在推动城乡统筹、区域协同中增强群众获得感幸福感，朝着共同富裕目标扎实迈进。一要提升城市价值品质。突出以国土空间总体规划引领城市建设发展。实施城市更新综合片区开发计划，推进棚改、旧改、城中村改造“多改合一”，力争完成老旧小区改造1.12万户，完成保障性租赁住房建设2700套以上；深化黑臭水体治理，全力创建国家海绵城市示范城市；坚持“房住不炒”定位，因城施策、分区域施策，着力稳地价、稳房价、稳预期，保刚需、保品质、保稳定，严自律、严打击、严监管，促进房地产业良性循环和健康发展。二要推进长株潭一体化。实施北部新城与南部老城“双城驱动”，新城做实力，老城提魅力，全面对接湘江新区和长沙南部片区；健全市场化融资机制，集中力量建设湘江新区九华新片区，抓好兴隆湖、高铁北、黄家湾、竹埠港等融城片区开发，推进绿心中央公园建设，提升区域价值，打造发展新引擎，全力将省会虹吸效应转化为发展共振效应，将融城加速度转化为高质量发展加速度。三要大力推动乡村振兴。统筹抓好巩固拓展脱贫攻坚成果同乡村振兴有效衔接，健全防止返贫动态监测和帮扶机制。抓实乡村产业发展，推进“六大强农”行动和“三品一标”提升行动，集中要素支持推进30个都市农业重点项目。聚焦农业“两主两特”产业，重点培育20家骨干龙头企业。加强种质资源保护，支持沙子岭猪产业集群发展。壮大村级集体经济，全面消除129个集体经济经营性收入5万元以下的薄弱村。扎实推进乡村建设行动，抓好“多规合一”村庄规划编制，完善水、电、路、讯等公共基础设施，接续推进农村人居环境整治提升行动。四要坚决维护国家粮食安全。扛牢压实粮食安全政治责任，严格落实党政同责，建设一批万亩、千亩示范片，着力稳面积、稳产量，建立防止耕地“非粮化”巡查、监测、整改、督查和责任追究机制，确保粮食种植面积稳定在255万亩以上。五要改善民生福祉。强化就业优先导向，突出抓好重点群体就业服务。继续实施全民参保计划，做到应保尽保，兜牢困难群众基本生活底线。落实“双减”政策，规范民办义务教育发展。加强市域医疗中心建设，提升基层医疗卫生服务能力。

第六，突出红色传承，全力建设具有国际影响力的红色旅游目的地。习近平总书记强调，要用好红色资源，传承好红色基因。我们要强化品牌意识，发挥样板作用，努力把伟人故里优势转化为发展胜势，打造以韶山为龙头的红色文旅产业标杆。一要用足用好红色资源。深入挖掘毛泽东思想“宝库”，加强毛泽东思想和韶山党史的系统研究，努力争取纳入中国共产党人精神谱系；隆重简朴务实做好毛主席诞辰130周年纪念活动的筹备工作；设立红色资源保护和利用办公室，加强项目策划和向上对接，争取2022年中国红色旅游博览会和湖南红色文化旅游节在湘潭举办。二要打造红色教培品牌。创新开发一批吸引人、感动人、激励人的精品课程；加强党性教育基地、爱国主义教育基地、理想信念教育基地等阵地建设，打造红色教育培训平台矩阵；研究出台指导性意见和相关措施，促进行业规范有序发展；加强师资人才引进和培养，提升教育培训效果。三要加快文旅产业发展。重点抓好创作一批艺术作品、深挖一批文物资源、培育一批文旅消费新业态、建设一批文旅项目、创建一批文旅品牌、办好一批文旅节会活动“六个一”工作，提升湘潭文旅产业发展竞争力。推进韶山科技创新小镇、伟光汇通“千年潇湘”小镇、滨江文旅产业带等重点项目建设，运营好“最忆韶山冲”项目。

第七，突出统筹协调，全力防范化解重大风险。习近平总书记强调，要下好先手棋、打好主动仗，有效防范化解各类风险挑战。我们要统筹好发展和安全两件大事，筑牢防线、守牢底线，有力有效防范化解重大风险。一要防范化解政府性债务风险。坚决守住“三不底线”，确保刚兑不爆雷、“三保”资金不断链、系统性区域性风险不发生。坚决压减政府投资项目，强化投资制度约束，发挥投资决策委员会作用，严禁没有合规性资金来源新上项目，严禁新增隐债新上项目，严禁未经上级财政核准新上项目。坚决落实三年利息平衡方案，实行周通报、月调度、季评估工作机制，确保方案执行落地。坚决严肃财经纪律，落实过紧日子要求，强化内控管理，严把各个关口，对每一笔支出都要分清轻重缓急，精准精细算账。坚决实行改革，推动市场化运作，用好城市综合运营发展基金，组建运营好战略性新兴产业投资基金、城市开发基金，积极探索一条在不新增隐性债务基础上提升城市价值、扶持产业发展的新路。坚决压实工作责任，防止新官不理旧账，千方百计化解好存量风险，决不能“击鼓传花”，决不能新增隐性债务。坚决严查违纪违法行为，坚持主动查、全力改，积极配合省纪委监委开展违规举债、虚假化债专项监督，严肃查处债务背后的贪污腐败、失职渎职等行为。二要确保生态环境安全。落实林长制，深化国家森林城市建设。打好蓝天碧水净土保卫战，推进大气主要污染物协同减排和控制，力争空气质量优良率83%以上；落实河长制，推动“一江两水一库”重点区域生态环境治理，加大港口码头污染防治力度，巩固禁捕退捕工作成效；加快重点矿山生态修复。三要守护社会大局安定。压实安全生产属地管理责任、部门监管责任和企业主体责任，开展老旧管道、非煤矿山、道路交通等重点领域隐患排查整治，坚决防范较大以上事故发生。积极创建全国市域社会治理现代化试点城市，突出抓好信访维稳、电信诈骗、非法集资和黄赌毒打击治理等工作，常态化开展扫黑除恶斗争。四要做好常态化疫情防控。坚持“外防输入、内防反弹”，落实“六抓六精准”，抓好人、物、环境同防，继续推进疫苗接种工作，做实做细春运期间防控，坚决防止疫情反弹。

第八，突出巩固态势，全力实现一季度经济工作开门稳。实现明年全年发展目标，起步尤为重要。李克强总理指出，去年一季度受疫情严重冲击经济运行留下一个“大坑”，今年一季度GDP同比大幅增长又出现一个“大顶”，明年一季度是一个“大关”。要强化全局思维，科学统筹、提前谋划，确保经济运行平稳开局。一要用明确的目标促稳。确保一季度主要经济指标平稳增长，地方一般公共预算收入均衡入库，即要实现GDP增长7%左右、规模工业增加值增长8%、固定资产投资增长8%、地方一般公共预算收入增长7.3%以上。二要用精准的核算促稳。加强对重点核算指标的研究：第一个，规模工业增加值，占GDP的41.6%，这个指标非常重要，必须为稳增长做贡献。要通过抓产业链建设、抓要素保障等方式，确保规模工业增加值增长8%。第二个，商品房销售收入，占GDP的5.7%，是用商品房销售面积来核算的。销售面积增长10%，就可以拉动GDP增长0.57个百分点。要组织好“网上房交会”，抓住春节等重要节点，紧盯企业职工、返乡务工人员等重点人群精准促销，瞄准周边城市开展省域营销，吸引外地人群来湘潭“组团式”购房，有效缩短房地产去化周期，确保一季度商品房销售面积增长5%以上。第三个，营利性服务业增加值，占GDP的8.2%，用营利性服务业营业收入来核算。要聚焦红色教育培训、文化旅游、养老、人力资源等领域，重点抓好“四下”标准企业培育入库，争取营业收入增长15%以上。第四个，批发和零售业、住宿和餐饮业增加值，占GDP的10.4%，要制定出台刺激消费具体措施，开展汽车等大宗商品展销促销活动，拓展培育消费新场景，争取批发和零售业销售额、住宿和餐饮业营业额增长10%。三要用项目的竞赛促稳。各条战线要聚焦目标任务，全面开展竞赛活动，比达效、比攻坚、比推进、比突破，扎实组织一季度项目集中开工，开展银企对接、购销对接，利用元旦、春节积极组织专场招聘活动，推动返乡务工人员和企业用工需求精准对接。四要用高效的服务促稳。实施工业企业“纾困增效”专项帮扶计划，市级领导要带头联系服务重点企业，各联点单位每月到企业开展一次走访帮扶，帮助解决实际困难；严格落实企业减税降费和税收缓交政策，强化企业原材料、融资、用工、用能等要素保障，助力企业降低成本、拓宽销路。

四、坚持和加强党对经济工作的领导

党的领导是做好经济工作的根本保证。各级党委（党组）要管大事、议大事，更好发挥把方向、管大局、保落实作用，引领带动广大党员、干部拼搏竞进、苦干实干，奋力闯新路、破险阻。

一要坚定不移把方向。不折不扣地学习好、贯彻好、执行好中央、省委、市委经济工作会议精神，把坚决捍卫“两个确立”、做到“两个维护”落实到经济社会发展各领域各环节，确保党中央、省委的决策部署和市委的工作要求落实到位。要树牢正确政绩观发展观，尊重客观实际和群众需求，慎重决策、慎重用权，坚决防止简单化、乱作为，坚决反对不担当、不作为，坚决避免穿新鞋走老路，牢牢把握经济工作正确方向。

二要坚定不移管大局。充分发挥各级党委（党组）统揽全局、协调各方的领导核心作用，突出“牵头”和“抓总”，当好“一线指挥部”，统筹抓好重点政策、重点规划、重点工作、重点工程、重点项目的实施推进，及时协调解决经济发展中的痛点、难点、风险点。加强对全局工作的通盘考虑，合理划分工作层次、工作重点、工作职责，构建各方负责、分类实施的推进机制。人大、政府、政协、法院、检察院以及各民主党派、工商联、无党派等社会各界人士和工会、妇联、共青团等群团组织，都要围绕明年经济工作总体要求和安排部署，充分履行职能，密切协作配合，更好发挥作用，充分调动全市上下的积极性、主动性、创造性，形成凝心聚力抓发展的生动局面。

三要坚定不移保落实。把抓落实作为做好经济工作的生命线。提振精神保落实，议定的事情不等不拖，安排的工作实干快干，以马上就办、办就办好的精神状态推动各项工作。强化调度保落实，研究分解中央、省委、市委经济工作会议部署的主要任务，健全责任落实机制，以项目化、清单化举措，实行一周一通报、一月一调度，推动工作落地。提升能力保落实，抓好抓实干部能力培训，充分发挥党校的主阵地作用，逐级分层组织好经济领域理论、知识和技能培训，加强政治、科学、历史、文化、生态环境等各方面知识学习。严格督考保落实，充分发挥督查考核“指挥棒”的作用，整合市委督查室、市政府督查室、市落地办、市遗留办等各方力量，更好发挥督促落实作用。

时值岁末年初，元旦、春节将至，北京冬奥会、冬残奥会即将举办，全国以及省市“两会”也将召开，必须统筹抓好当前各项工作。要决战决胜今年各项目标任务，科学谋划好明年工作，全力争取“今年最好结果、明年稳步开局”。要抓好主要农副产品保供稳价工作。要用心用情、依法依规化解矛盾纠纷，切实维护农民工合法权益，做好节日慰问和困难群众生活救助。

同志们，做好明年经济工作任务艰巨、责任重大。让我们更加紧密地团结在以习近平同志为核心的党中央周围，在省委的坚强领导下，团结带领全市干部群众，提振精神、苦干实干，闯新路、破险阻，加快高质量发展步伐，奋力建设社会主义现代化新湘潭，以优异成绩迎接党的二十大胜利召开！

政府工作报告

——2021年12月30日在湘潭市第十六届人民代表大会第一次会议上

湘潭市人民政府市长　胡贺波

各位代表：现在，我代表市人民政府向大会报告工作，请予审议，并请各位政协委员提出意见。

一、本届政府工作回顾

过去五年，市人民政府高举习近平新时代中国特色社会主义思想伟大旗帜，深入贯彻落实习近平总书记对湖南重要讲话重要指示批示精神，攻坚克难，砥砺奋进，各项事业取得长足进步，高质量发展迈出坚实步伐。

综合实力显著增强。全市地区生产总值（以下简称GDP）由2016年的1762.02亿元增加到2580亿元（2021年数据均为预计数，下同），年均增长7.1%。人均GDP从6.43万元增加到9.46万元，稳居全省第二。三次产业结构比由6.9∶54.6∶38.5调整为6.8∶51∶42.2。一般公共预算收入、规模工业增加值、社会消费品零售总额、固定资产投资年均分别增长3%、7.2%、8.6%、10.4%。成功获得全国文明城市、国家卫生城市、国家森林城市、全国绿化模范城市、国家综合运输服务示范城市、全国禁毒示范城市、国家低碳试点城市等国家级荣誉。第四次蝉联全国双拥模范市。韶山市、湘潭县创成全国文明城市。湘潭县、岳塘区跻身全国百强县（区），湘乡市进入全省十强，岳塘区、雨湖区获评全省高质量发展县（区）。

发展动能加快转换。坚持产业立市、工业强市，实施重点产业项目1269个，蓝思科技、屹丰、舍弗勒、宝德计算机等建成投产。新增规模工业企业739家。创新实施“四长联动”机制，13条优势产业链稳步做强。汽车及零部件产业产值从235亿元增长到350亿元，新一代信息技术产业产值从210亿元增长到350亿元，新材料产业产值从420亿元增长到720亿元，食品医药产业产值突破800亿元。获评国家产业转型升级示范区建设优秀城市。军工城建设纳入国防科技工业创新示范基地建设计划。智能装备制造产业集群入选首批国家战略性新兴产业集群。国家现代农业示范区建设取得积极进展。粮食生产稳定，建设高标准农田58.5万亩。抓好非洲猪瘟防控和生猪生产。沙子岭猪、湘莲进入国家农业优势产业集群，新获批九华红菜薹、壶天石羊等4个国家地理标志农产品。东郊、花石、姜畬获批国家农业产业强镇，青山桥皮鞋小镇创建为省级特色产业小镇。韶山市入选首批国家全域旅游示范区，岳塘经开区获批国家级文化产业示范园区，昭山旅游度假区获批省级旅游度假区。

创新开放有力有效。实施创新驱动发展战略，全社会研发投入占GDP比重由1.79%提升到2.8%，高新技术企业由147家增加到640家，万人发明专利拥有量位居全省第三。建设了国家（湖南）应用数学中心等重点创新平台。打造“智造莲城”创新成果项目路演品牌。湘潭高新区获批全国“双创”示范基地，雨湖工业集中区升格为省级高新区。电磁技术、舰船综合电力系统等研发成果全球领先，“海牛”深海探采设备、超高强钢等产品填补国内空白。湘潭籍航天员汤洪波出征太空，月壤异地灾备点落户韶山。推进供给侧结构性改革，“三去一降一补”取得积极进展。8家市属国企完成整合重组，驻潭国企“三供一业”分离成为全省样本。组织开展了“港洽周”“沪洽周”“潭商大会”等招商引资活动，引进华为、京东、三一重工等“三类500强”项目146个，签约亿元以上项目480个。进出口总额年均增长16.4%。连续六年获评全国外贸百强城市。获批全国跨境电商综合试验区。湘潭综合保税区开放平台功能大幅提升。各县市均获评全国电子商务进农村综合示范县。

三大攻坚战果丰硕。打赢脱贫攻坚战，省定贫困村全部“摘帽”，建档立卡贫困人口全部脱贫，“两不愁三保障”全面实现，绝对贫困问题得到历史性解决，“一亩田”脱贫模式编入全国优秀产业扶贫案例。对口帮扶永顺县、高昌区成效显著。坚持不懈打好污染防治攻坚战，国省生态环保督察反馈问题整改到位。与2016年年末相比，空气质量优良率提高3.9个百分点，PM2.5浓度下降13.3%，万元GDP能耗下降18.5%。地表水、饮用水水质总体优良，湘江干流水质稳定提升到Ⅱ类，水府庙生态综合治理经验全国推介，“河长制”工作获水利部表彰，获评全国黑臭水体治理示范城市。竹埠港化工企业关停搬迁全面完成，湘锰、谭家山等重大生态修复工程完工，煤矿、石膏矿等地下采矿全面退出。耕地保护全面加强，完成“大棚房”整治、受污染耕地安全利用、湘江流域禁捕退捕等工作。建立四级“林长制”工作体系，森林覆盖率稳定在46.8%以上。全力以赴防范化解重大风险，政府性债务综合债务率持续下降，债务结构明显改善。抗疫斗争取得重大战略成果，实现了疫情零外溢、病例零死亡、医护零感染。成功战胜洪涝等自然灾害。四次获评全省安全生产和消防工作优秀市州。

城乡面貌焕然一新。实施“湘潭向北、西拓南延、双城驱动、多点支撑”城市发展战略，全市城镇化率达65%。芙蓉大道、潭州大道完成快速化改造，长株潭轨道交通西环线全线铺轨，城际铁路实现公交化运营，滨江路与长沙潇湘大道贯通，益娄高速湘潭段、昭华大桥、南二环、韶乌线一期、白云路、姜道线等建成通车，湘潭经开区纳入湘江新区统筹规划建设。完成老旧小区改造450个，完成棚户区改造4.2万户。碧泉湖、百亩湖、仰天湖等多个城市公园和窑湾、万楼、九华湖等景区建成开放。坚持“房住不炒”，房地产市场总体保持平稳。完成农村危房改造1.24万户、改厕8.4万户，建成乡镇垃圾中转站58座，建成农村饮水安全工程76处，农村自来水普及率达89.75%。创建美丽乡村示范村135个。湘潭县和湘乡市垃圾焚烧发电项目投入运营。累计完成主要支流治理99.45公里、中小河流治理182.7公里，除险加固中小型病险水库61座。更新改造向家坝等11处防洪排涝骨干工程，城市防洪工程体系初步建成。新修农村公路1866公里、提质改造1028公里。全面完成第三次国土调查、农村宅基地房地一体土地确权登记和集体产权制度改革。

民生福祉稳步提升。财政支出中民生支出占比稳定在70%以上。居民人均可支配收入年均增长7.9%，达到3.7万元。新增城镇就业28万人、农村劳动力转移就业6万人，城镇登记失业率控制在4.5%以内。城乡养老保险、城乡低保等全线提标，实现应保尽保。落实药品集中带量采购，稳步推进长期护理保险和DRG付费改革国家试点。新建改扩建公办幼儿园174所；新建义务教育阶段学校25所，新增学位5.4万个；新增本科院校2所。获批国家产教融合试点城市。市公共卫生服务中心投入使用，基层医疗卫生机构标准化建设全面铺开。新建改扩建公办养老机构32所、床位1.2万张，实现村（居）老年日间照料服务设施全覆盖，“医养结合”养老模式形成样板，入选全国首批居家和社区养老服务改革试点。成功举办齐白石国际文化艺术节、红色文化博览会等节会活动。建成村级综合性文化服务中心957个，送戏下乡演艺惠民1600余场。宽裕粮行、毛福昌号等毛泽东青年时期湘潭活动旧址纳入省文保单位。“月秀越开心”等文化活动深受群众喜爱。深化平安湘潭建设，深入开展扫黑除恶专项斗争，韶山市两度荣获全国社会治安综合治理最高奖“长安杯”。信访形势稳定向好。组建市县乡村四级退役军人服务保障体系。

政府效能不断优化。扎实开展“两学一做”学习教育、“不忘初心、牢记使命”主题教育和党史学习教育。坚决贯彻省委省政府和市委决策部署，认真执行市人大及其常委会的决议和决定，自觉接受人大监督和政协民主监督，主动接受监察监督和社会舆论监督，不断强化审计监督和统计监督。办理人大代表建议2484件、政协提案1392件，办复率均达100%。严格落实重大行政决策合法性审查，全面推行行政执法“三项制度”和综合执法体制改革。提请市人大出台地方法规7部，出台政府规章4部，办理行政复议案件88件、行政应诉案件62件。出台《湘潭市优化营商环境28条措施》，获评“最具投资营商价值城市”。“放管服”改革深入推进，全市统一公共资源交易平台，多图联审速度全省第一，产权及抵押登记压缩到5个工作日以内，数据共享交换平台投入使用。坚决落实各项惠企政策，三年来累计为企业新增减税降费42.3亿元。办结房地产办证遗留问题6万余户。完成第七次人口普查。全面抓好省委巡视反馈意见整改。严格贯彻落实中央八项规定精神，党风廉政建设和反腐败斗争深入推进。深化机构改革和公务用车改革全面完成。坚持过“紧日子”，市直“三公”经费较2016年下降37%。在近三年国省真抓实干督查激励中，获表彰次数均稳居全省前列。工会、青少年、妇女儿童、残疾人、民族、宗教、外事、侨务、人防、档案、气象、通讯、烟草、电力、海关等各项事业全面发展。注重经济建设和国防建设协调发展，军政军民更加团结，军地融合深入推进。

各位代表，2021年，我们以庆祝建党100周年为契机，扎实做好“六稳”工作，全面落实“六保”任务，取得了“迈好第一步，见到新气象”的显著成效。全年GDP同比增长7.8%，规模工业增加值增长9.6%，固定资产投资增长9.1%，地方一般公共预算收入增长9.1%，社会消费品零售总额增长15.9%，进出口总额增长33.7%，城乡居民人均可支配收入增长8.2%。

一是突出优势产业链振兴实体经济。狠抓“迈好第一步，项目论英雄”竞赛活动，48个省重点项目投资任务提前完成，497个市重点项目、11个“三高四新”重大产业项目投资完成率分别为125.9%和129.6%。金龙新材料、中南高科智能制造等项目正式投产，宏达湘君电子、湘乡电子信息产业园一期、金荣智能制造产业园一期等项目竣工，吉利新能源SUV、金杯电工、山河智能、伟光汇通、雨润食品等项目签约落地，湘潭大数据中心、竹埠港新区等项目加速推进。风电装备产业入选国家级创新产业集群。湘电风能重组为哈电风能。华菱线缆成功上市，裕能新能源、崇德科技进入上市审核阶段。步步高上榜中国民营企业500强。制定实施关于创建“五好”园区振兴实体经济的系列政策。

二是围绕培育新动能扩大创新开放。38项成果获省科学技术奖励，创历史新高。深入实施科技创新“揭榜挂帅”行动，48个重大技术难题攻关实现对接。大型永磁电机整体充磁技术取得突破。湘潭经开区获批国家级绿色园区，吉利汽车、五洲通等8家企业获批国家级绿色工厂和绿色设计产品。湘潭高新区获批国家级低碳示范园区，韶山市获批国家生态文明建设示范区。“大国工匠”艾爱国获得“七一勋章”和第八届全国道德模范称号。“两山”红色旅游铁路开通运营。入选国家文化和旅游消费试点城市。引进亿元以上产业项目133个，其中“三类500强”26个。湘潭综保区跨境电商综合服务中心、“1210”保税仓和监管平台建成运营。

三是聚焦长株潭都市圈建设推进城乡融合发展。成功举办长株潭第三届市委书记联席会议，发布“1+3+10”合作协议，“十同”任务和“三十大标志工程”加速推进。启动15个美好社区建设。打造11条重点样本小巷，背街小巷整治经验全国推介。开工黑臭水体治理项目55个，新建污水管道33.1公里。新建5G基站1800个、新能源充电场（站）22个。湘潭二大桥、谈爱桥完成修缮，荷塘综合客运枢纽主体完工。启动厨余垃圾资源化利用等项目，改造垃圾分类收集点200个。燃气管道改造、照明盲点消除等任务超额完成。推进脱贫攻坚与乡村振兴有效衔接，健全防返贫监测和帮扶机制，完成23个重点移民村建设和310个产业扶持等移民后扶项目。启动乡镇污水处理设施建设13处，农村危房改造全部竣工，“厕所革命”稳步推进，乡村生活垃圾处理付费制等经验获全国推广。雨湖区获批国家级农村综合性改革试点试验区。中路铺镇柳桥村、鹤岭镇龙安村入选全国第二批乡村治理示范村。

四是把“放管服”改革向纵深推进。落地“一件事一次办”改革事项320项，申请材料精简46%，办事环节压缩75%，审批时限压缩32%，企业开办时间压缩至0.5个工作日，免费刻制首套印章实现全覆盖。“市民之家”建成运行，进驻政务服务事项1852项，设立“办不成事”反映窗口。12345政务服务便民热线归并优化。在全省率先设立中小微企业首贷中心、续贷中心和银行“微税厅”。向园区赋权市级经济社会管理权限197项。推进国企改革三年行动，平台公司“四清四核”全面完成。岳塘经开区和昭山示范区整合管理、改革体制。在省属国企的鼎力支持下，创造性地组建城市综合运营发展基金，首批项目顺利实施。

五是紧盯安全底线防范化解各类风险。扎实推进长江经济带警示片披露问题等各类问题整改，港口码头环保问题率先完成整改销号。完成41个废弃露天矿山治理，关闭注销57个“僵尸矿山”。更换241台新能源纯电动出租车。化解政府性债务工作克难攻坚、成效突出，稳妥处理到期债务，持续推动债务结构改善。创新“六抓六精准”举措，严密推进疫情常态化防控。深入开展安全生产专项整治三年行动集中攻坚，没有发生较大以上生产安全事故。成功举办全省首次低温冰冻雨雪灾害应急演练。政法队伍教育整顿、交通问题顽瘴痼疾集中整治、涉众型经营风险防控等工作成效显著。

六是扎实办好人民群众热切盼望的民生实事。圆满完成省市重点民生实事。获批国家公立医院综合改革示范城市。湘大附属实验学校、九华雅礼中学、湘潭县芙蓉学校、韶山学校高新校区等投入使用。普通高中大班额全面清零，职普分流达到省定标准。“双减”政策落地见效，中小学课后服务实现全覆盖，校外培训机构专项治理取得阶段性成果。成功举办“湘赣红”文化旅游产业发展城市论坛。高水平办好第十三届市运会。湘潭籍健儿在奥运会、残奥会、全运会上取得优异成绩。巫家拳入选国家级非遗名录，龙牌酱油酿造技艺等7个项目入选省级非遗名录。

各位代表，过去五年的灿烂篇章让我们倍感荣耀！面对复杂严峻的发展环境，我们守住了重大风险底线，取得了决胜脱贫攻坚、实现全面小康的历史性成就，开创了深化改革开放、促进创新发展的新局面。成绩的取得，得益于省委省政府的正确领导，得益于历届市委市政府打下的坚实基础，得益于市人大市政协的积极支持、有效监督，得益于全市人民团结奋斗、顽强拼搏和社会各界广泛参与、热切支持。在此，我代表市人民政府，向全体人大代表、政协委员，向各民主党派、工商联、无党派人士、新社会阶层人士和各人民团体，向离退休老同志，向驻潭部队、武警官兵、政法干警和消防指战员，向所有关心支持湘潭改革发展的各级领导、各界朋友，表示衷心的感谢并致以崇高的敬意！

五年来的奋斗历程表明，战胜前进道路上的困难和挑战，必须坚持党的集中统一领导，始终在思想上政治上行动上同以习近平同志为核心的党中央保持高度一致；必须把人民放在心中最高位置，始终与人民心心相印，坚持不懈为群众办实事办好事；必须尊重实际、遵循规律，以永不停步的发展来解决发展中遇到的问题；必须精诚团结、苦干实干，赓续红色血脉，发扬光荣传统，凝聚起不畏艰险、昂扬进取的强大力量！

我们也要清醒地看到，经济社会发展仍然存在不少困难、短板和弱项。主要是：经济总量不大、结构不优、质量不高的问题一直困扰，产业基础高级化和产业链现代化任重道远；城乡之间、区域之间、社会群体之间发展不平衡的问题还较为突出；重点领域、关键环节改革还要啃“硬骨头”，优化营商环境还有大量工作要做；安全生产压力不小，社会不稳定因素不容忽视；干部作风需要进一步磨炼，服务意识需要进一步加强，运用科学态度、专业精神、创新思维、法治手段、市场机制解决复杂问题的综合能力还要提升，等等。我们一定直面问题、改善作风、改进方法、提高水平，决不辜负人民群众的信任和期待！

二、未来五年工作谋划和2022年工作安排

刚刚结束的省第十二次党代会吹响了“坚定不移沿着习近平总书记指引的方向前进，在推动高质量发展上闯出新路子”的嘹亮号角，“闯新路、破险阻，奋力建设社会主义现代化新湘潭”是新一届市委登高望远，团结带领全市人民向未来昂扬进发的集结令。站在“两个一百年”历史交汇的新起点上，我们上下一心，精神振奋，信心满怀，干劲勃发。

在党中央擘画的发展大局中，长株潭都市圈建设上升为国家战略，热烈鼓舞着我们只争朝夕、奋勇前进。千载难逢的历史性发展机遇将大大地提升、拓开湘潭未来发展的层次、空间和格局，湘潭也从此肩负起打造国家重要增长极的宏伟使命。坚实产业基础和丰厚科教资源，赋予了湘潭转型发展的巨大潜力。作为新中国首批重点建设的工业城市，湘潭以制造业为主体的完备工业体系优势突出，制造业增加值占GDP比重多年位居全省第一，科教资源在同类型城市中遥遥领先。强大红色基因和敢于胜利的奋斗精神，滋养着湘潭最独特的精神特质和竞争优势。在波澜壮阔的历史长河中，英雄的湘潭人民锤炼了“吃得苦、霸得蛮、扎硬寨、打硬仗”的坚韧意志，形成了“为有牺牲多壮志，敢教日月换新天”的豪迈精神，毛主席家乡的红色基因、革命传统，是我们战胜一切艰难险阻的力量源泉。

现阶段，我国经济发展的要素条件、组合方式、配置效率正在发生深刻改变，面临的硬性约束加剧，外部环境更趋复杂严峻和不确定，碳达峰、碳中和成为中长期发展的重要框架，高质量发展成为多重约束下最优解决方案。我们要清醒认识到，湘潭经济正处在破除大险阻、加快大转型的攻坚关键期。进入新阶段，统筹发展和安全是政府工作必须牢牢抓住的生命线。我们更要深刻认识到，推进高质量发展是解决一切问题的基础和关键，只有创新驱动才能推动经济从外延式扩张上升为内涵式发展。坚持质量第一、效益优先，在质的大幅提升中实现量的持续增长，是高质量发展的核心要义。坚持“两条线三回归”，聚焦、激活、变革、优化，是从湘潭实际出发、推进高质量发展的策略铺排和实践路径。聚焦，就是要把经济发展的重点更加聚焦到产业转型升级上来，把产业转型升级的重点更加聚焦到集约集群、专精特新上来；要把社会建设的重点更加聚焦到民生改善上来，把民生改善的重点更加聚焦到补齐服务短板、促进居民增收上来。激活，就是要推进有为政府和有效市场有机结合，既要做大做好“蛋糕”，又要切好分好“蛋糕”，激活人力、知识、技术、管理、资本、数据等一切积极因素，营造一流营商环境，让一切活力竞相迸发，让一切创造财富的源泉充分涌流，不断夯实共同富裕的基础。变革，就是要解放思想，

大刀阔斧地打破思维惯性、路径依赖和旧有模式，以开拓精神和专业态度，推动质量变革、效率变革、动力变革，首先在经济建设的重点领域、关键环节取得重大突破。优化，就是要优化发展的总体环境，构建以乡村振兴为重点的城乡一体化融合发展体系，增强农村发展内生动力，推进以人为核心的新型城镇化，促进基本公共服务均等化；构建实体经济与科技创新、现代金融、人力资源协同发展的现代产业体系，实现“科技—产业—金融”的良性循环。这既是跨越关口的迫切需要，也是我们长期发展的战略目标，更是在推动高质量发展上闯出新路子的必然要求。

未来五年，我们要坚持以习近平新时代中国特色社会主义思想为指导，认真落实省第十二次党代会精神，围绕市第十三次党代会确定的“六新”目标和高质量发展“八大体系”，紧扣“十四五”规划提出的“四区一地”“六个湘潭”战略定位，永葆“闯”的精神、“创”的劲头、“干”的作风，把握大势、遵循规律、改进方法、管好预期，在落实“三高四新”战略定位和使命任务中彰显新担当，在推进长株潭一体化上展现新作为，在推动城乡融合发展上取得新成效，在传承红色基因上探索新经验，奋力建设社会主义现代化新湘潭。

力争到2026年年末，全市GDP超过3800亿元，人均GDP突破2万美元，城乡居民人均可支配收入达到4.8万元。湘潭发展的综合实力、整体水平跨上一个崭新的大台阶，发展步伐更加矫健，发展动能更加充沛，发展格局更加优化，发展成果更加惠民，创新创业、宜居宜业、活力喷涌、朝气蓬勃成为现代化新湘潭的显著标志，湘潭人民一路向前，昂首奔跑在迈向共同富裕的康庄大道上！

2022年是新一届政府履职的第一年，要坚持稳中求进总基调，统筹发展和安全，继续做好“六稳”“六保”工作，持续改善民生，保持经济运行在合理区间，保持社会大局稳定，迎接党的二十大胜利召开。全年主要预期目标是：GDP增长7%左右，规模工业增加值增长8%，固定资产投资增长8%，社会消费品零售总额增长8%，地方一般公共预算收入增长6%，城乡居民人均可支配收入增长与经济增长基本同步。

为实现上述目标，重点抓好以下九个方面的工作：（一）稳字当头、稳中求进，确保在稳增长中化解风险、提质增效。2022年，我国经济在“三重压力”下面临不少风险挑战，但韧性强、长期向好的基本面坚实稳固。我们要把发展经济这个最大的实事办好，坚持“一手抓发展，一手抓化债”。抓发展，就是要全面贯彻中央和省委、市委经济工作会议精神，切实担负起稳定宏观经济的责任，抢抓“保障支出强度、加快支出进度”，保持流动性合理充裕的政策窗口期，下好先手棋、打好主动仗，尽力争取上级转移支付、政府债券、重大项目和政策试点等各个方面的支持，在落实各项调控政策措施上主动发力、适当靠前，在基础设施建设投资上加快节奏、适度超前。打好财政、税收、金融等政策工具协同联动的组合拳，坚定落实减税降费政策，加大对实体经济融资支持力度，更加有针对性地实施企业纾困增效专项行动，切实帮助各类市场主体减负纾困、恢复发展，切实帮助遇到阶段性困难的实体企业渡过难关。通过精准调控、精细施工，促进经济实现稳定增长、合理增长，在持续增长中不断地优化结构、提高质量、增进效益。抓化债，就是要按照“三步走三确保”的具体步骤和底线要求，扎实落实化债工作“新十条”，千方百计防止发生区域性系统性风险。政府继续过“紧日子”，预算实施“紧平衡”，腾出资金加大支持保就业保民生保市场主体和统筹优先用于化债。大力实施债务平滑，稳步扩大在公开市场发行债券规模，有效增加标准化金融产品供给，尽最大可能加大政府性债务置换力度，实现债务成本高变低、期限短变长、非标产品标准化。新组建城市开发基金，管好用好城市综合运营发展基金，跨周期调节土地供应市场，逆周期稳定房地产市场，通过紧政府、活市场，稳定大局、统筹协调、综合施策、精准拆弹。

（二）抓住要素、系统优化，下大力气推进产业转型升级。抓住龙头企业牵引、链条集群带动、基础资源支撑、公共服务配套等关键性关联性的要素条件，优化组合，扬长避短，推进产业朝着更优更强转型升级。踊跃争创“五好”园区。加快补齐园区“教育医疗、生活配套、发展平台”三个短板，推动“三生融合”“三态协同”。推进园区土地集约节约利用，建立“标准地+承诺制”机制，坚决清理闲置土地，落实园区产业用地储备和周转制度。突出各园区主特产业，办好湖南（湘潭）医疗器械产业园、中部电力产业园、先进金属材料精深加工产业园等一批特色鲜明的“园中园”。全市园区都要努力达到“五好”园区基本标准，争创先进园区，以亩产论英雄。支持天易经开区、湘乡经开区创建国家级园区。集中围绕优势产业链打造优势产业集群。采取更加精细精准的强链延链补链措施，对产业链上的重点企业量身定制与产业、企业发展阶段相适配的综合金融服务，促进产业链创新链资金链深度融合。围绕产业链谱系，成体系地招引、培育、壮大一批优势龙头企业、新兴成长企业，形成集约集聚、协同配套的优势产业集群。力争2022年新增规模以上工业企业和高新技术企业各100家以上，通过3~5年的努力，规模以上工业企业、高新技术企业数量翻一番，分别达到2000家、1200家，形成精品钢材、汽车及零部件制造、军工3个千亿级和新能源、电子信息、医疗器械及生物医药等若干个百亿级产业集群，打造“四主四特”产业体系和“两新三电”特色品牌。培育壮大蓝思科技、裕能新能源、地通控股、威胜电气等一批“百亿级企业”和“五十亿级企业”。启动实施产业基础再造工程，推动龙头企业数字化网络化智能化，运用互联网技术进行改造、裂变和拓展，第一批智能化改造企业超过50家。加强绿色低碳技术创新应用，推动工业企业绿色化改造，着力构建绿色低碳工业体系。支持湘钢打造智能高效、绿色低碳的全球化钢铁示范企业，延伸产业链；支持吉利汽车建设现代一流的新能源整车制造工厂，招引更多的智慧出行产业龙头集聚九华；支持蓝思科技打造国内重要高端电子消费产品主机制造基地；支持江南、江麓、江滨、湘电等骨干企业领衔建设高水平军工城；帮助桑顿新能源纾解困难、恢复生产；支持裕能新能源扩大产能、优化布局；推进山河江麓建筑机械设备生产基地、三一风电装备制造产业园、永达机械储能装备智造园等一批重点智能制造项目建设。激发涌现一大批“专精特新”小巨人企业。实施“启航计划”，构建“科创企业—高新企业—小巨人企业—科创专板挂牌企业—主板上市企业”梯度培养体系；深化“千百扶培”行动，推动中小企业“入规”“登高”“智造”“上市”。2022年，新增国省专精特新“小巨人”企业60家，未来3~5年达到300家以上；抢抓全面推行注册制机遇，新增上市公司2家，3~5年内实现倍增，达到10家以上，跻身全省第一方阵。

（三）激励创新、扩大开放，全方位培育驱动增长的新引擎新模式。坚持以创新激活新动能，以开放融入新发展格局。积极布局湘江西岸科创走廊。统筹推进长株潭自创区湘潭智造谷和长株潭区域科技创新中心建设。深化校地校企融合，支持高校依托湘潭产业开办特色学院、特色专业。采取"揭榜挂帅"、竞争立项和领军企业业主制等方式，引导高校、企业参与"工业四基"技术攻关。落实升级版《莲城人才行动计划》，以人才能量裂变推动科创发展蝶变。弘扬工匠精神，壮大卓越工程师和高技能人才队伍。扎实推动科技成果应用和转化。继续组织关键核心技术攻关、科技成果转化等科技创新项目。提质建设海上风电技术与检测国家重点实验室、湖南先进传感与信息技术创新研究院、华研实验室、力合长株潭科技创新领航基地等技术创新平台。支持华菱湘钢、时变通讯、宏大真空等创新领军企业加强研发，在精品特钢、真空镀膜装备、5G毫米波宽带芯片等方面突破一批"卡脖子"技术。积极布局引进国省重点实验室、工业设计中心、企业技术中心、工程研究中心、检测检验服务中心。持续扩大对外开放。瞄准"三类500强"、湘商潭商、产业链细分领域龙头企业，推行专业化招商、产业链招商，联合财信金控等机构探索"资本招商+综合金融服务"模式，积极有效地承接粤港澳大湾区、长三角等先进地区优质产业转移。力争2022年引进"三类500强"企业项目20个，引进外向型实体企业20家，签约亿元以上产业项目150个。加快海峡两岸合作区、跨境电商综合试验区建设，支持湘潭综保区建设"湖南自贸区联动创新区"和对非经贸深度合作先行区。

（四）守正创新、精品示范，有效促进消费持续恢复和提档升级。发展消费新业态新模式新场景，发挥消费对经济增长的基础性作用。着力打造红色文旅精品。全力支持韶山打造世界知名红色旅游目的地，高水平建设运营好"最忆韶山冲"、科技创新小镇等拳头项目，积极挖掘推出毛泽东成长之路、湖南农民运动考察之路等新线路、新产品，大力发展红色体验、研学拓展、文化创意等新业态，推进红色教育培训高质量发展。加强革命遗址遗迹保护利用和爱国主义教育基地标准化建设管理，推动韶山、乌石、东山书院等景区串点连线成片、提质升级。不断丰富传统文旅内涵。梳理湖湘文化发展脉络，保护修缮文庙、名人故居等文化遗存，完善提升窑湾、万楼等景区景点，推进"千年潇湘"等文旅项目建设，办好齐白石国际文化艺术节、湘莲文化节等节会，开展"当红不让新青年"新潮品牌活动。创建昭山国家级旅游度假区，做强昭山国家级文化产业示范园区。深化国家文化和旅游消费试点城市建设。积极申报国家体育消费试点城市。大力发展现代服务业。促进生产性服务业向专业化和价值链高端延伸，着力增强研发设计、创业孵化、检验检测等专业服务能力，支持湘潭工业软件产业园、湘潭金融商务区发展，支持岳塘经开区建设商贸服务型国家物流枢纽、国家骨干冷链物流基地。推动生活性服务业向多样化和高品质升级，支持十八总商业街、步步高新天地、湘潭环球港等新型商业综合体建设运营，优化建设路口、东方红广场、河西老城区等传统商圈。实现"快递进村"全覆盖。

（五）打开空间、布局未来，在建设长株潭都市圈过程中塑造竞争新优势。国家"十四五"规划把长株潭都市圈定位为全国重要增长极，于湘潭而言既是重大历史性机遇，更是未来大发展的战略方向，要从战略上判断准确、谋划科学、赢得主动，对标先进、奋勇争先。按照"十同"要求补齐短板、锻造特色。加快推进兴隆湖、高铁北、黄家湾、竹埠港、湘大附属学校等片区建设，聚力打造湘江新区九华新片区，稳步发展昭华新城。加快长株潭轨道交通西环线、醴娄高速湘潭段等项目建设，推动白云路东延线等城际交通连线启动建设，分期稳步推进杨梅洲大桥、下摄司大桥和G320后续建设。发挥湘江岸线资源优势，启动湘潭港高水平规划编制。配合绿心中央公园规划，打造千里湘江滨水走廊。更大力度争取省会优质教育、医疗资源在湘潭布局扩容，持续推动长株潭户籍、就业、社保、医疗等公共服务同城化。坚持"以人为核心"推动城市精心规划、精细管理、精明增长。聚焦"衣食住行、生老病死、安居乐业"，坚持先进性与阶段性结合，把功能实效放在首要位置，科学规划、稳步推进城市更新和生活提质，争创全国文明典范城市。推进国土空间总体规划和控规"一张图"编制。提升"多元投入、共同缔造"的老旧小区改造经验，探索市场化模式，推进既有住宅加装电梯，改造老旧燃气管网，力争完成老旧小区改造1.12万户。有序实施城市体检，启动窨井盖普查，提高城乡防洪工程标准，提升城市安全韧性。持续推进生活垃圾分类。实施污水处理"厂网一体化"，加强管网建设与改造，巩固黑臭水体治理成效，积极申报国家海绵城市示范城市。

（六）干在实处、走在前列，全面实施乡村振兴战略。加快农业农村现代化，推动城乡融合发展。围绕现代农业推进产业兴旺。严格落实粮食安全党政同责，坚决实行最严格的耕地保护制度。确保粮食生产面积稳定在255万亩以上、生猪存栏稳定在180万头左右、蔬菜种植面积稳定在85万亩以上。按照全市发展"两主两特"、县级聚焦"一县一特"的原则，做强农业优势特色产业，实施地标产品产业化行动。大力发展设施农业、休闲农业、综合种养业，壮大新型农业经营主体和产业化联合体，做强农业产业化龙头企业。实施新农民素质提升行动，建设一批人才下乡、企业兴乡、乡贤返乡创新创业基地。推动农村改革试点取得实质性进展。深化农村承包地"三权分置"改革，农村土地流转率提高到63%以上。在县乡国土空间规划中预留不少于10%的建设用地指标，重点支持乡村一、二、三产业融合发展需求。推进花石镇、青山桥镇和白田镇集体经营性建设用地入市试点。抓好农村闲置宅基地和闲置农房盘活利用试点，用好"增减挂钩""增存挂钩"和"空心房"整治等政策，挖掘农村存量建设用地资源。推进供销合作社培育壮大工程，全面实施粮食生产"十代"服务。全面消除集体经济薄弱村，新增集体经济年收入超50万元的村10个以上。健全农村低收入人口常态化帮扶和防止返贫动态监测机制。高水平规划建设美丽乡村。实施农村人居环境整治提升五年行动。推广乡村生活垃圾处理付费制经验。城乡生活垃圾全量焚烧、无害化处理率达到65%以上。建设一批农村污水集中处理设施，推进涟水河口段幸福河湖工程、跃进水库应急水源地、生态清洁小流域等河湖生态保护项目，有序实施山洪灾害防治、湘江堤防加固、小型水库除险加固、主要支流治理、山塘清淤等项目。抓好韶山灌区续建配套与现代化改造项目。大力推动农村资源路、产业路、旅游路建设。发展壮大县域经济。支持湘潭县挺进"全国县域经济"50强、湘乡市跻身"全国县域经济"百强，支持韶山市建设共同富裕先行区。推进扩权强镇改革，稳步推动县级审批权限按法定程序赋予经济发达镇。持续推进区域中心镇和特色小镇建设，构建紧密型县域新型城镇体系。支持湘潭县开展国家新型城镇化补短板强弱项试点。推动乡村振兴“一县百村”示范创建，支持韶山市创建全省乡村振兴示范县。积极探索调动社会资本在县域推动共同富裕的试验。

（七）尊崇法治、变革治理，打造一流营商环境。坚持有为政府与有效市场相结合，围绕建设区域领先的高水平营商环境，推进治理体系和治理能力现代化。“放管服”改革要落地落实、落小落细。完善政府权责清单。推动公共资源交易全领域、全流程电子化。加快建设数字政府、智慧城市，上线“云上湘潭”App。全面推广新建商品房“交房即交证”改革和工程项目“拿地即开工”分类改革试点。高效率运营好“市民之家”，擦亮“亲商管家”营商服务通品牌。探索“首违不罚”清单制度，建立“有求必应、无事不扰”服务企业机制。经济领域关键性制度变革要向前推进一大步。统筹财政资源，整肃财经秩序。扎实推进财源建设工程，精细优化产业扶持政策，稳步提高财政收入质量和税收占比。将预算改革引向深入，遵守“先预算后支出、无预算不支出”的铁律，强化“预算—执行—调整—决算”的闭环，实现财政与审计联动。严格执行财政开工核准制，切实发挥好预算审核与投资决策委员会作用，挤掉水分、堵住漏洞。积极推进“小管委会+大公司”管理体制改革试点，剥离园区行政职能，强化经济功能，优化投资决策机制。承担政府隐性债务的平台公司要进一步整合归并、严格治理、补充资本、裁撤冗员、降本增效，在严格预算约束的基础上，提高收支平衡和持续经营能力；不承担隐性债务的公司要加快转型，彻底去平台化，做优做强核心主业，加快资产证券化，在严格资产负债率、营收利润率、劳动生产率考核的基础上，增强发展的自主性内生性。深化投融资体制改革，吸引社会资本依法合规地参与片区开发和市政、交通、生态环境、社会事业等补短板领域建设，探索在化债背景下扩大有效投资的新模式、新路径。千方百计提振市场信心，解决市场运行中的堵点难点问题。坚决落实减税降费政策，坚决兑现招商引资、争资争项激励政策，坚决清理“三角债”。帮助企业纾解暂时性财务困难，合理扩大资本市场直接融资，健全支农支小融资担保体系，促进中小微企业融资增量、扩面、降价。保障好煤电油气运供应，争创长株潭国家要素市场化配置改革试点。实施市场主体高质量培育行动计划，力争新增市场主体3万户以上，其中制造业市场主体3000户以上。关心支持非公有制经济发展，营造尊重企业和企业家的浓厚氛围，让企业家有地位、有尊严、有荣誉，构建清清爽爽、清清白白的“亲清”政商关系。

（八）见微知著、守住底线，筑牢高质量发展的安全基石。牢固树立总体国家安全观，推动高质量发展和高水平安全动态平衡。推动生态环境质量稳步向好。坚决打好污染防治攻坚战，确保全年空气优良率达83%以上，饮用水水质稳定达标。推动双马垃圾填埋场等重点污染问题治理。全面完成绿色矿山建设任务，推进湘乡东郊全域土地综合整治。加强农业面源污染综合治理，抓好化肥农药减量和受污染耕地安全利用，持续巩固禁捕成果。推进实施自然资源资产“委托代理制”，认真落实“河长制”“林长制”和“三线一单”分区管控。争创全国水生态文明城市。积极推进能耗“双控”向碳排放总量和强度“双控”转变，推动整县分布式光伏样板工程和光储资源一体化开发利用。支持湘潭高新区、湘潭经开区申报全国低碳试点平台，支持雨湖区、岳塘区创建省级生态文明建设示范区。维护和谐安定的社会大局。严格落实安全生产责任制，加强基层应急管理能力建设，提升防灾减灾救灾水平，完成应急管理综合行政执法改革，创建国家安全发展示范城市。完善多元共治信访工作机制，推进全国信访工作示范县和省市信访工作“三无”创建。常态化开展扫黑除恶斗争，打好新时代禁毒人民战争，重拳打击电信网络诈骗、非法集资等人民群众反映强烈的违法犯罪行为，进一步完善风险防控型县域警务模式，争创全国社会治安防控体系建设示范城市。落实“八五”普法规划。争创“全国法治政府建设示范市”。做好粮油肉蛋奶果蔬等保供稳价。扎实做好民族宗教工作。确保意识形态、网络、食品药品等各领域安全。支持国防建设。完善军地对接机制，加强退役军人服务、管理和保障工作，维护军人军属合法权益，深化双拥共建。依令完成国防动员体制改革任务，加强全民国防教育，做好民兵预备役、优质征兵、军事设施保护和人民防空等工作。

（九）以人为本、尽心竭力，稳步提高人民群众收入水平和生活品质。聚焦短板弱项，着力提升公共服务水平，多渠道增加居民收入，加快推动共同富裕。优先扶持就业创业。深化“三送三稳”稳就业工作，落实强化企业招工服务20条措施，确保城镇调查失业率控制在5.5%以内。完善“校企合作”人才培养，稳步提升在潭大中专院校毕业生留潭率。实施“五个促增收”行动，稳定农民增收势头。积极推进教育大改革大发展。围绕“双减”政策提供更精准、更普惠的义务教育服务，推进义务教育优质均衡发展。实施乡村教师支持计划。切实提高农村高中办学质量和水平。加快益智建元中学、九华砂子塘小学、岳塘和平完小等学校建设。增加公办义务教育学位，严格控制民办义务教育在校生占比，规范校外培训机构。更加重视劳动教育和学生心理健康教育。扩大普惠性学前教育资源。支持和帮助在潭高校扩大规模、改善条件、提升层次、加快发展，阔步走在创建“双一流”的最前列。完善职业教育产教融合、校企一体化办学机制，建设职业教育创新发展新高地。大力建设健康湘潭。推进医药卫生体制改革，深化国家公立医院综合改革示范城市建设，提升基层医疗卫生服务能力，促进医防融合发展。推动中医药事业高质量发展。加强妇幼、老年人健康服务。加快市一医院急救通道、市二医院提质改造、市中医院整体迁建、医废处置中心等项目建设。抓实常态化疫情防控，坚决防止疫情输入反弹，增强重大传染病和突发公共卫生事件应急处置能力。深入实施《湘潭市爱国卫生条例》。兜牢兜住社会保障底线。认真落实好三孩生育政策及配套措施。实施全民参保计划，稳步提升退休人员基本养老待遇，确保基金安全完整、待遇足额发放。深化DRG付费改革试点。落实重大疾病医疗救助和临时救助制度。完善分层分类社会救助体系和社会福利体系。积极应对人口老龄化，推进养老服务高质量发展三年行动计划，加快建设居家和社区相协调、医养康养相结合的养老服务体系。加大对未成年人和妇女合法权益的保护力度。持续做好残疾人、孤儿、留守儿童等特殊群体关爱工作。稳步推进保障性租赁住房供给。贴心办好民生实事。新增城镇就业4.5万人，新增退役军人就业2000人；资助贫困人口6万人参加城乡居民基本医疗保险；对500户困难老人家庭进行适老化改造；救治救助严重精神障碍患者660名，实现免费新生儿疾病筛查全覆盖；完成省定新（改）建农村公路任务；完成600间中小学教室灯光照明提质改造；完成省定0~6岁残疾儿童康复救助和残疾家庭无障碍改造任务；完成71个行政村10千伏及以下配电网改造；完成城区健身设施配送5处；消除城区公园基础设施安全隐患，新建垃圾分类亭40个，消除750个城区小街小巷路灯盲点；完成12公里老旧小区燃气隐患改造。

三、加强政府自身建设

以党的十九届六中全会精神为指引，增强“四个意识”，坚定“四个自信”，忠诚捍卫“两个确立”，坚决做到“两个维护”，牢记“国之大者”，不断提高政治判断力、政治领悟力、政治执行力，自觉在省委省政府和市委的统一领导下开展工作。

政如农工，日夜思之，思其始而成其终。我们将矢志建设为民政府，坚持党的群众路线，大兴调查研究之风，努力做到身到、心到、真调研、察真情，多同干部群众交心谈心，多到困难矛盾集中、群众意见多的地方去，解剖麻雀，扎根群众。一枝一叶总关情，政府将着力解决人民群众的“急难愁盼”，始终把群众的冷暖忧乐放在心头。矢志建设担当政府，悟透以人民为中心的发展思想，坚持正确政绩观，把实干担当作为最鲜明的特质，敢于驾驭复杂局面，统筹协调、知难不难、落地落细、守信践诺，一张蓝图绘到底，一锤接着一锤敲。矢志建设高效政府，不断锤炼政治能力、战略眼光、专业水平，特别是切实提高领导经济工作的专业能力，增强工作的系统性、预见性、整体性、协同性，形成有部署有落实、有检查有成效的工作闭环。矢志建设法治政府，提高依法行政水平，严格执行市人大及其常委会的决议决定，依法接受人大监督，自觉接受政协民主监督，高质量办理人大代表建议和政协提案。坚持“为政者须率先奉法”，领导干部要带头尊崇法治、敬畏法律，真正成为尊法学法守法用法的模范。矢志建设清廉政府，勤俭办一切事业，全面加强政府系统重点领域、重要部门和关键岗位廉政风险管控，像爱护眼睛一样爱护风清气正的政府形象。

春江浩荡暂徘徊，又踏层峰望眼开。各位代表，让我们更加紧密团结在以习近平同志为核心的党中央周围，高举习近平新时代中国特色社会主义思想伟大旗帜，在省委、省政府和市委的坚强领导下，舍我其谁，只争朝夕，朝着建设社会主义现代化新湘潭的宏伟目标奋勇前进！

2022
湘潭年鉴
XIANGTAN NIANJIAN

统计资料

湘潭市2021年国民经济和社会发展统计公报[1]

2021年是党和国家历史上具有里程碑意义的一年。面对错综复杂的发展形势和多重困难挑战叠加的经济发展环境，在市委、市政府坚强领导下，全市上下坚持以习近平新时代中国特色社会主义思想为指导，坚决贯彻落实党中央、国务院和省委、省政府重大决策部署，坚持稳中求进工作总基调，完整、准确、全面贯彻新发展理念，全面落实“三高四新”战略定位和使命任务，着力打造“四区一地”，科学统筹疫情防控和经济社会发展，扎实做好“六稳”“六保”工作，有力有效应对经济下行压力和各种困难挑战，全市经济运行稳中有进、稳中向好，取得了“迈好第一步，见到新气象”的显著成效，实现了“十四五”高质量发展良好开局。

一、综　合

初步核算，全年地区生产总值[2]2548.3亿元，比上年增长7.8%，两年平均增长[3]5.8%，均高于全国、全省平均水平。其中，第一产业增加值172.1亿元，增长9.8%；第二产业增加值1313.8亿元，增长8.1%；第三产业增加值1062.4亿元，增长7.0%。按常住人口计算，人均地区生产总值93793元，增长8.2%。

全市三次产业结构为6.7∶51.6∶41.7。第二产业增加值占地区生产总值的比重比上年提升1.5个百分点；第三产业增加值占地区生产总值的比重比上年下降1.1个百分点。工业增加值占地区生产总值的比重为42.7%，比上年提升1.3个百分点；高新技术产业增加值占地区生产总值的比重为38.3%，比上年提升1.7个百分点。第一、二、三产业增加值对经济增长的贡献率分别为9.2%、52.5%、38.3%。其中，工业对经济增长的贡献率为48.2%。

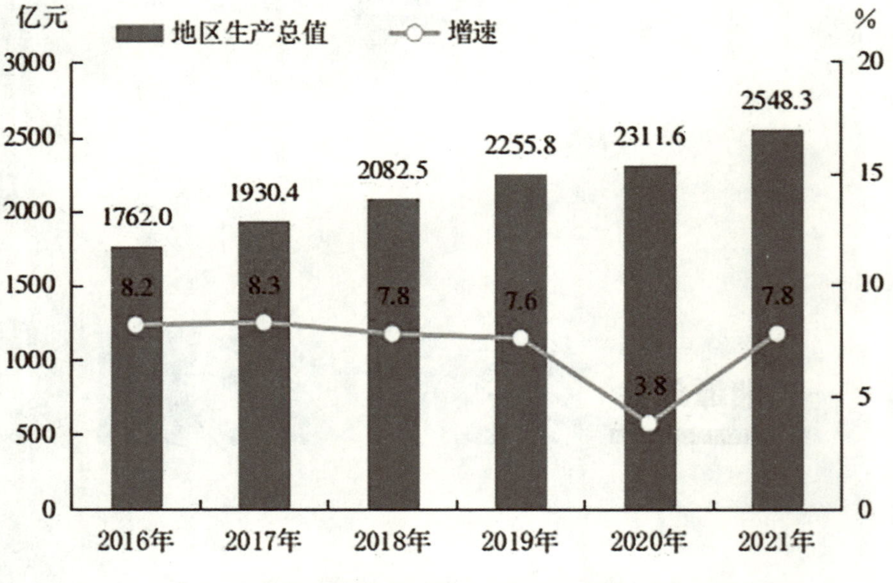

图1　2016-2021年地区生产总值及其增长速度

全年农林牧渔业总产值303.9亿元，比上年增长10.9%。其中，农业产值121.8亿元，增长2.5%；林业产值14.6亿元，增长5.3%；牧业产值132.8亿元，增长19.1%；渔业产值17.8亿元，增长5.9%。

全年粮食种植面积17.04万公顷，比上年增长0.2%。粮食产量121.8万吨，增长0.4%。

全年油料种植面积3.4万公顷，比上年增长9.7%；蔬菜种植面积5.79万公顷，增长1.8%。油料产量5.7万吨，增长8.6%；蔬菜产量174.2万吨，增长3.2%。

全年猪、牛、羊肉类总产量23.1万吨，比上年增长31.8%。其中猪肉产量22.4万吨，增长32.6%；牛肉产量0.4万吨，增长12.5%；羊肉产量0.3万吨，增长3.7%。年末生猪存栏195.2万头，比上年末增长16.0%。全年生猪出栏309.5万头，增长31.6%；牛出栏2.9万头，增长7.1%；羊出栏17.9万只，增长6.0%；家禽出笼1251.1万羽，增长2.5%。禽蛋产量4.6万吨，增长7.1%；牛奶产量0.1万吨，与上年持平；水产品产量10.0万吨，增长

4.7%。

全年新增农田有效灌溉面积 1270 公顷；开工各类水利工程 73 处，投入资金 10.29 亿元，完成水利工程土石方 780 万立方米。

三、工业和建筑业

全年规模以上工业增加值比上年增长 9.6%。其中，民营企业增加值增长 11.4%，占规模以上工业的比重为 72.7%，比上年上升 1.1 个百分点。装备制造业[4]增加值增长 4.6%，占规模以上工业的比重为 45.4%，比上年下降 3.6 个百分点。高技术制造业[5]增加值增长 31.2%，占规模以上工业的比重为 8.5%，比上年提高 1.9 个百分点。省级及以上产业园区工业增加值增长 10.1%，占规模以上工业的比重为 78.9%，比上年提高 0.8 个百分点。六大高耗能行业增加值增长 4.6%，占规模以上工业的比重为 22.9%，比上年提高 2.2 个百分点。

图2　2016-2021年规模以上工业增加值增长速度

全年规模以上工业统计的主要产品产量中，钢材 1041.0 万吨，比上年增长 0.9%；汽车 13.4 万辆，下降 21.5%；交流电动机 655.9 万千瓦，增长 47.9%；直流电动机 5.3 万千瓦，增长 51.2%；发电量 123.1 亿千瓦时，增长 13.3%；水泥 530.5 万吨，下降 10.2%；家用燃气灶具 101.8 万台，下降 19.0%。

全年规模以上工业企业实现利润总额[6]116.4 亿元，比上年增长 50.7%。分经济类型看，集体企业 0.8 亿元，下降 9.7%；股份制企业 109.1 亿元，增长 67.9%；外商及港澳台商投资企业 12.5 亿元，下降 26.6%；国有企业亏损 6.3 亿元。利润总额居前五位的工业行业大类是黑色金属冶炼和压延加工业、食品制造业、非金属矿物制品业、汽车制造业、专用设备制造业，分别实现利润 49.1 亿元、13.7 亿元、7.2 亿元、6.9 亿元、6.9 亿元。规模以上工业企业每百元主营业务收入中的成本为 89.6 元，比上年增加 0.4 元。年末规模以上工业企业资产负债率为 55.9%。

全年建筑业增加值 226.4 亿元，比上年增长 4.1%。具有资质等级的总承包和专业承包建筑业企业实现利润总额 9.4 亿元。房屋建筑施工面积 2334.1 万平方米，增长 12.9%。房屋建筑竣工面积 624.9 万平方米，增长 16.4%。

四、服务业

全年批发和零售业增加值 239.5 亿元，比上年增长 11.1%；交通运输、仓储和邮政业增加值 55.7 亿元，增长 7.6%；住宿和餐饮业增加值 36.2 亿元，增长 15.7%；金融业增加值 94.8 亿元，增长 2.6%；房地产业增加值 192.3 亿元，下降 3.6%；信息传输、软件和信息技术服务业增加值 28.5 亿元，增长 18.3%；租赁和商务服务业增加值 52.4 亿元，增长 8.0%。规模以上服务业企业营业收入增长 13.2%。

全年旅客运输总量 462.8 万人次，比上年下降 21.4%。其中，公路运输量 455.0 万人次，下降 22.0%；水路运输量 7.8 万人次，增长 38.3%。旅客周转量 26433.5 万人公里，下降 15.9%。其中，公路周转量 26371.1 万人公里，下降 16.0%；水路周转量 62.4 万人公里，增长 38.4%。

年末全市公路通车里程 7964.7 公里，比上年末增长 0.2%。其中，高速公路通车里程达 285.0 公里。民用汽车保有量 44.8 万辆，比上年末增长 7.2%。其中，私人汽车保有量 42.0 万辆，增长 7.3%。民用轿车保有量 28.3 万辆，增长 6.6%。

全年邮政业务总量[7]7.9 亿元，比上年增长 12.4%；快递业务量 4265.8 万件，业务收入 4.2 亿元，分别增长 12.4% 和 24.3%。电信业务总量[8]172.3 亿元，增长 26.1%。年末全市固定电话用户 22.5 万户，下降 3.4%；移动电话用户 311.8 万户，增长 2.1%。年末互联网宽带用户 126.5 万户，增长 9.1%。

五、固定资产投资

全年固定资产投资（不含农户）比上年增长 9.1%。其中，民间投资增长 12.2%。分经济类型看，国有投资下降 14.2%；非国有投资增长 15.3%。分投资方向看，民生工程投资下降 3.2%，基础设施投资增长 7.2%，高技术产业投资[9]增长 29.4%，工业投资增长 17.8%。

全年房地产开发投资比上年下降

0.2%。其中，住宅投资增长 1.2%。商品房销售面积 426.3 万平方米，下降 12.4%。其中，住宅销售面积 397.7 万平方米，下降 11.7%。商品房销售额 236.0 亿元，下降 12.1%。其中，住宅销售额 220.5 亿元，下降 11.3%。年末商品房待售面积 34.8 万平方米，下降 32.3%。

六、国内贸易和物价

全年社会消费品零售总额 869.9 亿元，比上年增长 15.9%。分经营地看，城镇消费品零售总额 714.9 亿元，增长 16.4%；乡村消费品零售总额 155.0 亿元，增长 13.6%。分消费类型看，商品零售额 746.3 亿元，增长 16.9%；餐饮消费额 123.6 亿元，增长 10.0%。

全年限额以上法人批发和零售业商品零售额 488.8 亿元，比上年增长 15.0%。其中，粮油、食品类零售额增长 30.6%，服装、鞋帽、针纺织品类增长 17.4%，金银珠宝类增长 12.5%，日用品类增长 13.4%，中西药品类增长 14.8%，通信器材类增长 15.9%，汽车类增长 8.5%。

2021 年社会消费品零售总额及其增长速度

表 18

指标名称	零售额(亿元)	比上年增长(%)
社会消费品零售总额	869.9	15.9
其中：城镇	714.9	16.4
乡村	155.0	13.6
限额以上法人批发和零售业商品零售额	488.8	15.0
其中：粮油、食品类	91.8	30.6
饮料类	7.5	24.5
烟酒类	9.9	15.6
服装、鞋帽、针纺织品类	67.4	17.4
化妆品类	4.8	12.1
金银珠宝类	20.4	12.5
日用品类	20.6	13.4
五金、电料类	4.1	21.1
体育、娱乐用品类	1.5	7.1
书报杂志类	0.03	-21.0
电子出版物及音像制品类	0.02	13.8
家用电器和音像器材类	39.4	2.1
中西药品类	15.4	14.8
文化办公用品类	14.6	24.7
家具类	1.6	-11.0
通信器材类	14.0	15.9
石油及制品类	51.9	14.0
建筑及装潢材料类	2.0	54.5
机电产品及设备类	3.4	38.8
汽车类	95.4	8.5

全年居民消费价格比上年上涨 0.7%。商品零售价格上涨 1.5%。

2021年居民消费价格比上年涨跌幅度

表19

指　　标	涨跌幅度（%）
居民消费价格	0.7
其中：食品烟酒	-1.1
衣着	0.7
居住	0.7
生活用品及服务	0.1
交通和通信	4.9
教育娱乐和文化	1.5
医疗保健	1.3
其他用品和服务	-6.2

七、对外经济

全年进出口总额[10]354.4亿元，比上年增长33.7%。其中，出口216.2亿元，增长25.0%；进口138.2亿元，增长50.2%。从贸易方式看，一般贸易出口210.4亿元，增长27.3%；加工贸易出口2.5亿元，下降12.6%。从出口商品看，机电产品出口76.5亿元，增长4.9%；高新技术产品出口12.3亿元，增长55.2%。

全年实际利用外资5085万美元，比上年增长36.3%。其中，第二产业3205万美元，增长134%；第三产业1880万美元，下降20.4%。实际到位内资747.1亿元，增长23.3%。其中，第一产业21.9亿元，第二产业349.8亿元，第三产业375.4亿元。

八、财政、金融和保险

全年地方一般公共预算收入126.8亿元，比上年增长9.1%。其中，税收收入84.4亿元，增长11.0%；非税收入42.4亿元，增长5.6%。上划中央收入74.1亿元，增长11.4%。上划省级收入19.0亿元，增长19.4%。全市一般公共预算支出273.7亿元，下降6.7%。其中，教育、社会保障和就业、农林水、卫生健康和住房保障分别支出38.0亿元、35.5亿元、30.3亿元、24.7亿元和7.3亿元。

年末全市金融机构本外币各项存款余额2525.6亿元，比年初新增161.9亿元。其中，住户存款余额1818.1亿元，比年初新增176.2亿元；非金融企业存款余额440.2亿元，比年初减少30.6亿元。本外币各项贷款余额2685.7亿元，比年初新增277.6亿元。其中，住户贷款余额769.4亿元，比年初新增74.0亿元；非金融企业及机关团体贷款余额1915.2亿元，比年初新增202.6亿元。

2021年年末金融机构本外币存贷款余额及其新增额

表20

指　　标	年末余额（亿元）	比年初新增额（亿元）
各项存款	2525.6	161.9
其中：境内存款	2524.8	161.8
# 住户存款	1818.1	176.2
活期存款	408.8	9.9
定期及其他存款	1409.3	166.3
非金融企业存款	440.2	-30.6
活期存款	189.7	-35.1
定期及其他存款	250.5	4.4

续表20

指　　标	年末余额(亿元)	比年初新增额(亿元)
非银行业金融机构存款	10.2	-0.1
境外存款	0.8	0.0
各项贷款	2685.7	277.6
其中：境内贷款	2685.6	277.7
# 住户贷款	769.4	74.0
短期贷款	176.1	19.3
中长期贷款	593.3	54.8
非金融企业及机关团体贷款	1915.2	202.6
短期贷款	633.8	22.8
中长期贷款	1189.6	182.2
境外贷款	0.04	-0.01

年末全市上市公司5家，全国中小企业股份转让系统挂牌企业6家，湖南股权交易所标准板和特色专板挂牌企业72家，湖南股权交易所科技创新专板挂牌企业9家。年末证券公司营业部19家。

全年保险公司原保险保费收入71.8亿元，比上年增长2.5%。其中，人身险保费收入51.2亿元，增长1.7%；财产险保费收入20.6亿元，增长4.7%。各项赔款及给付支出23.2亿元，增长9.1%。

九、教育和科学技术

年末全市有普通高校11所。普通高等教育研究生招生5307人，在校研究生14558人，毕业生3428人。普通本专科招生47706人，在校生159153人，毕业生39444人。中等职业教育招生7711人，在校生20171人，毕业生5792人。普通高中招生14981人，在校生44570人，毕业生14001人。初中招生24913人，在校生70136人，毕业生23937人。普通小学招生28051人，在校生169937人，毕业生25045人。在园幼儿81370人。小学适龄儿童入学率[11] 100%，高中阶段教育毛入学率[12] 99.0%。发放高校国家奖学金、助学金（本专科生）2722.2万元，资助高校学生（本专科生）13593人。发放中职国家助学金736.9万元，资助中职学生7483人次；落实中职免学费资金4213.7万元，资助中职学生35165人次。落实义务教育保障资金27282万元，发放普通高中国家助学金1325.4万元。

年末全市有国家级重点实验室1个，省级重点实验室31个；国家地方联合工程研究中心（工程实验室）6个，省级工程研究中心（工程实验室）21个；国家级企业技术中心8个，省级企业技术中心25个；省级工程技术研究中心27个；国家级双创示范基地1个，省级双创示范基地13个；国家级专精特新“小巨人”企业21个，省级专精特新“小巨人”企业82个。全年获得省级以上科技成果登记数173项，省级科学技术奖38项。签订技术合同937项，技术合同成交金额160.2亿元。全年专利授权量5434件，增长29.2%。其中，发明专利授权量956件，增长17.2%。工矿企业、大专院校专利授权量分别为3272件和1494件，分别增长51.3%和4.4%。全年高新技术产业增加值977.2亿元，增长20.0%。

年末全市有检验检测机构80家。其中，国家产品质量监督检验中心1家。法定计量检定机构10家。特种设备生产单位50家，特种设备22441台。重点工业产品定期抽查合格率96%。参与制定国省标准257项，组织制定地方标准65项。公开出版地图2000幅，提供地理空间数据成果1843.2GB。

十、文化、卫生和体育

年末全市有艺术表演团体3个，公共图书馆7个，博物馆、纪念馆8个，群众艺术馆、文化馆6个。有线广播电视用户60.1万户。广播综合人口覆盖率为100%，电视综合人口覆盖率为100%。全市非物质文化遗产保护体系中，国家级2项、省级16项、市级33项、区县级56项。

年末全市有医疗卫生机构2359个。其中，医院80个，妇幼保健院6个，乡镇卫生院47个，社区卫生服务中心（站）27个，诊所（卫生所、医务室）881个，村卫生室1295个，疾病预防控制中心6个、卫生监督所6个。卫生技术人员22962人，比上年增长1.1%。其中，执业（助理）医师8608人，增长2.9%；注册护士11150人，增长1.9%。医疗卫生机构拥有床位21464张，增长1.1%。其中，医院拥有床位17168张，增长1.6%；乡镇卫生院拥有床位3108张，减少0.6%。

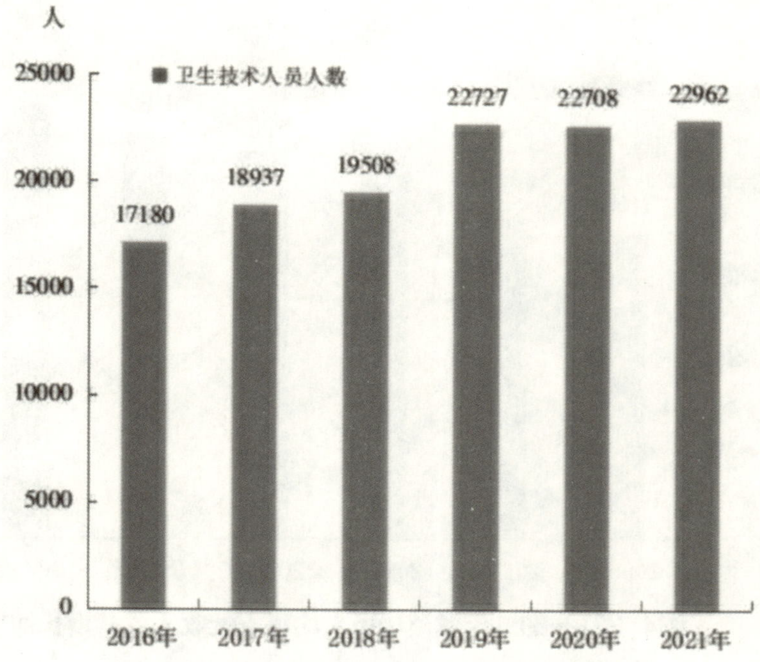

图3 2016-2021年年末卫生技术人员人数

年末全市有体育场地7754个。其中，体育馆1座，运动场426个（含体育场、小运动场、田径馆），游泳场地52个（含游泳跳水场馆），各种训练房402个（含综合房及专项训练房）。开展全民健身项目58项次。新建农民体育健身工程的行政村12个。

十一、人口、居民收入消费和社会保障

年末全市常住人口270.85万人。其中，城镇人口176.48万人，城镇化率65.2%，比上年年末提高0.79个百分点。0~5岁（含不满16周岁）人口占常住人口的比重为16.5%，与上年持平；16~59岁（含不满60周岁）人口比重为61.74%，提高0.1个百分点；60岁及以上人口比重为21.79%，下降0.1个百分点。

2021年年末常住人口数及构成

表21

指　　标	年末数(万人)	比重(%)
常住人口	270.85	100.0
其中：城镇	176.48	65.2
乡村	94.37	34.8
其中：0~15岁（含不满16周岁）	44.62	16.5
16~59岁（含不满60周岁）	167.22	61.7
60岁及以上	59.01	21.8

全年全市居民人均可支配收入37170元，比上年增长8.2%。按常住地分，城镇居民人均可支配收入44772元，增长7.1%；农村居民人均可支配收入25036元，增长10.6%。城乡居民收入比值由上年的1.85缩小为1.79。

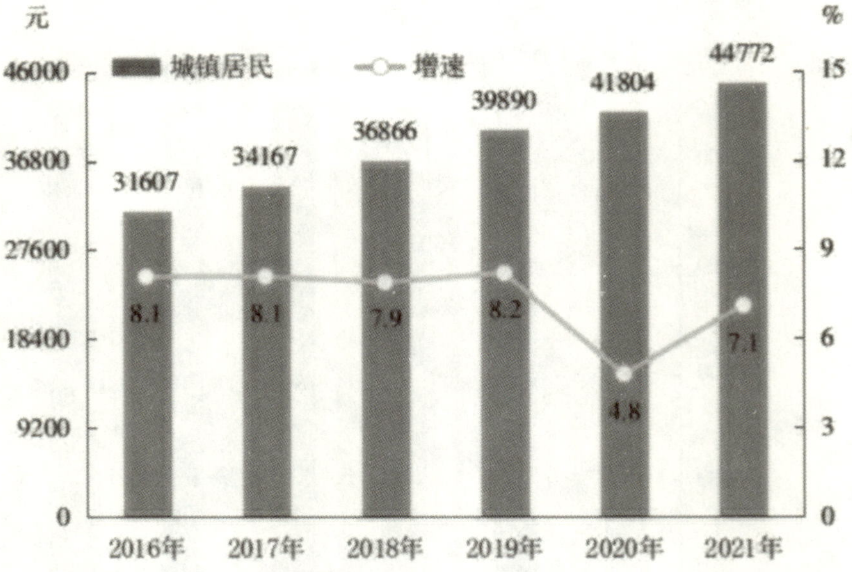

图4 2016-2021年城镇居民人均可支配收入及其增长速度

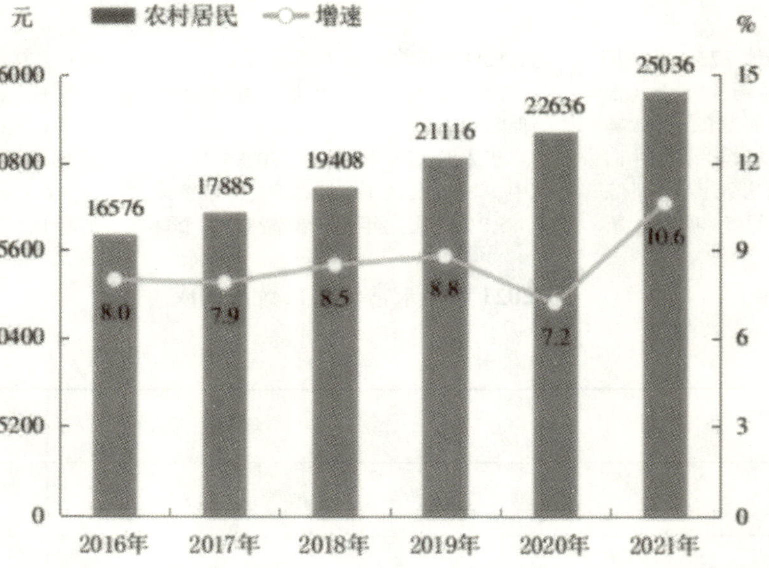

图5 2016-2021年农村居民人均可支配收入及其增长速度

全年全市居民人均消费支出26924元，增长7.8%。按常住地分，城镇居民人均消费支出30965元，增长5.5%；农村居民人均消费支出20473元，增长13.4%。

全年新增城镇就业人员5.0万人。年末城镇职工基本养老保险参保人数66.1万人，其中在职职工41.1万人，离退休人员25.0万人。城乡居民基本养老保险参保人数121.9万人。基本医疗保险参保人数271.9万人。其中，城乡居民基本医疗保险参保人数220.1万人，城镇职工基本医疗保险参保人数51.8万人。参加失业保险职工人数37.6万人，参加工伤保险职工人数43.4万人，参加生育保险职工人数28.5万人。年末领取失业保险金职工人数5338人。

全年全市获得政府最低生活保障的城镇居民1.61万人，发放最低生活保障经费0.86亿元；获得政府最低生活保障的农村居民4.16万人，发放最低生活保障经费1.54亿元。年末各类养老机构床位1.27万张。全年销售社会福利彩票2.8亿元，累计为国家筹集福彩公益金8931万元，其中为市本级筹集福彩公益金1448万元。接受现金捐赠和物资捐赠金额300.4万元。

十二、资源、环境和安全生产

全市发现矿种45种，探明资源储

量矿种19种。

全年达到或优于Ⅲ类标准的水质断面比例为92.9%。全年空气质量优良率为84.4%。全市城镇生活污水处理率98.1%，城市生活垃圾无害化处理率100%。城市人均公园绿地面积12.23平方米。全年完成造林面积1.52万公顷，年末森林面积20.42万公顷，森林蓄积量1163万立方米。

初步核算，全市规模以上工业综合能源消费量[13]805.1万吨标准煤，比上年增长6.9%。其中，六大高耗能行业综合能源消费量774.0万吨标准煤，增长6.9%。万元规模工业增加值能耗下降2.5%。

全年全市共发生各类生产经营性安全事故100起，生产经营性安全事故死亡人数101人。亿元地区生产总值安全事故死亡人数0.04人。

注释：

[1]本公报数据均为初步统计数，部分数据因四舍五入的原因，存在与分项合计不等情况。

[2]地区生产总值、三次产业及相关行业增加值绝对数按现价计算，增长速度按不变价格计算。

[3]两年平均增速是指以2019年同期数为基数，采用几何平均的方法计算的增速。

[4]装备制造业主要包括金属制品业，通用设备制造业，专用设备制造业，汽车制造业，铁路、船舶、航空航天和其他运输设备制造业，电气机械和器材制造业，计算机、通信和其他电子设备制造业，仪器仪表制造业。

[5]高技术制造业包括医药制造业，航空、航天器及设备制造业，电子及通信设备制造业，计算机及办公设备制造业，医疗仪器设备及仪器仪表制造业，信息化学品制造业。

[6]由于统计调查制度规定的口径调整、统计执法、剔除重复数据等因素，2021年规模以上工业企业财务指标增速及变化按可比口径计算。

[7]邮政行业业务总量按2020年价格计算。

[8]电信业务总量按2020年价格计算。

[9]高技术产业投资包括医药制造，航空、航天器及设备制造，电子及通信设备制造，计算机及办公设备制造，医疗仪器设备及仪器仪表制造，信息化学品制造等六大类高技术制造业投资和信息服务、电子商务服务、检验检测服务、专业技术服务业中的高技术服务、研发设计服务、科技成果转化服务、知识产权及相关法律服务、环境监测及治理服务和其他高技术服务等九大类高技术服务业投资。

[10]根据有关规定，对外贸易采用人民币计价。

[11]小学适龄儿童入学率指调查范围内已入小学学习的学龄儿童占校内外学龄儿童总数的百分比。

[12]高中阶段教育毛入学率主要反映高中阶段教育覆盖面，是指高中阶段在校生总数占15~17岁学龄人口数的百分比。

[13]能耗数据为湖南省统计局初步审核数据。

附　录

组织机构及负责人名录

（任职时间截至2021年12月31日）

市、市直单位

中国共产党湘潭市委员会

书　记　张迎春（女）
副书记　胡贺波　刘　扬
常　委　李激扬　吴志雄
周　晖（挂职）
贺　建　刘永珍（女）
向　敏　董　巍
刘　俊
秘书长
副秘书长　周长林　陈利文（女）
彭瑞林　贺竞文
成小林　余　娟（女）
李　兵　姜　伟

湘潭市人民代表大会常务委员会

代理主任、党组书记
李江南
党组副书记　周晓理
副主任（驻会）
颜集成
副主任、党组副书记
彭子玉
副主任、党组成员
阳建民　徐亚健（女）
肖树人　蒋立军
党组成员、秘书长
韩　晓
副秘书长　张　岱　何红玲（女）

湘潭市人民政府

市长、党组书记
胡贺波
党组副书记　吴志雄
副市长、党组成员
周　晖（挂职）
陈小山
副市长　傅　军
副市长、党组成员
刘永珍（女）
向　敏　董　巍
党组成员　丁　诚　吴劲松
陈爱民　颜晓媚（女）
副秘书长　刘光明　黄　勇
王建军　杨晓军
王　利　杨卫国

中国人民政治协商会议湖南省湘潭市委员会

主席、党组书记
周放良（女）
党组副书记　杨真平
副主席、党组副书记
副主席　曾建平　郭源君
曾虹燕（女）
副主席、党组成员
胡振湘
副主席（驻会）
刘良廷
副主席、党组成员
周佩珞
副主席　熊兆伟
副主席、党组成员
毛先林
党组成员　唐　杰
党组成员、秘书长
成秋兴
副秘书长　刘湘娟（女）
楚碧江（女）

市纪律检查委员会市监察委员会

纪委书记、监委主任
李激扬
纪委常务副书记、监委副主任
陈启国
纪委副书记、监委副主任
曾洪良　周裕阳
纪委常委、监委委员
黄革跃
纪委常委　陈　实（女）
纪委常委、监委委员
袁钢赤
纪委常委、监委委员、秘书长
刘卫东
纪委常委　陈李理
监委委员　陈志奇　王杨威
纪委监委办公室主任
黄　灿
纪委监委组织部部长
刘湘辉（女）
纪委监委宣传部部长
易新姣（女）
纪委监委党风政风监督室
主　任　王　沛
纪委监委信访室
主　任　陈智纯（女）
纪委监委案件监督管理室
主　任　冯建湘
纪委监委第一监督检查室
主　任　曾　斌
纪委监委第三监督检查室
主　任　史　蓓（女）
纪委监委第五审查调查室
主　任　胡　佩
纪委监委第六审查调查室
主　任　陈　达
纪委监委第七审查调查室
（问责工作办公室）
主　任　谢小毅（女）
纪委、监委第八审查调查室
（市反腐败协调小组国际追逃工作办公室）
主　任　罗文武
纪委监委纪检监察干部监督室
主　任　童　丹（女）
纪委监委信息技术保障室
主　任　唐成胜
纪委监委机关党委
专职副书记　杨　芳（女）
纪委监委机关纪委
书　记　张培均
党风廉政建设教育基地
办公室主任　杨　格

市中级人民法院

党组书记、院长
廖迪文
党组副书记　罗重海
党组副书记、副院长
贺卫平
副院长　米朝晖
党组成员、副院长
郑　红
党组成员，市纪委监委派驻纪检监察组组长
胡　辉
党组成员、政治部主任
徐晓峰
党组成员、副院长
陈立兵

市人民检察院

党组书记、检察长
刘建军
党组副书记　罗　青
党组副书记、副检察长
陈文忠
党组成员、副检察长
江　山

副检察长　　钟　晋
党组成员、副检察长
　　刘书勤（女）
党组成员、政治部主任
　　龚铮宏
党组成员，市纪委监委派驻纪检监察组组长
　　方永红（女）

市委办公室
常务副主任　周长林
市档案局局长（兼）
　　贺竞文
市委台湾工作办公室、市政府台湾事务办公室主任（兼）
　　余　娟（女）
市政府外事办公室、市政府港澳事务办公室主任（兼）
　　李　兵
市纪委监委派驻纪检监察组
组　长　　章　兵（女）
副主任　　严　励（女）

市委全面深化改革委员会办公室
专职副主任　赵文彬　李　广

市专用通信局
局　长　　李亚斌

市委组织部
部　长　　刘　俊
常务副部长　钟建荣
副部长　　鲁建春　苏和平
市纪委监委派驻纪检监察组
组　长　　黎　军
部务委员　　郭　兰（女）
　　杨依儒

市委非公有制经济组织和社会组织工作委员会
书　记（兼）鲁建春
专职副书记　胡立忠

市公务员局
局　长（兼）郭　兰（女）

市党政领导班子和领导干部绩效考核委员会办公室
主　任　　唐安波

市委党员教育中心（市委党员干部现代远程教育管理办公室）
主　任　　曾文辉

市委宣传部
部　长　　刘永珍（女）
常务副部长　李　勇
副部长　　张文红（女）
　　罗玲玲（女）
　　薛　峰
市纪委监委派驻纪检监察组
组　长　　王持恒

市精神文明建设指导委员会办公室
主　任　　罗玲玲（女）

市新闻出版局（市版权局）
局长（兼）　李　勇

市政府新闻办公室
主　任（兼）薛　峰

市委统战部
部　长　　刘　扬
副部长　　周纪青　肖定安
　　秦曙光
市纪委监委派驻纪检监察组
组　长　　魏　昆

市委政法委
书　记　　向　敏
常务副书记　张伯文
副书记　　钟立新　刘铁坚
　　成万里
委　员　　戴　愈
委员，市纪委监委派驻纪检监察组
组　长　　肖红湘（女）
委　员　　陈青松

市委政策研究室
主　任　　曾洪良
副主任　　陈交云　赵飞黄

市委机构编制委员会办公室
主　任　　赵　欢（女）
副主任　　罗铁军　郭　霞（女）
　　彭勋篪
市机构编制事务中心
主　任　　谭艳花（女）

市委网络安全和信息化委员会办公室（市互联网信息办公室）
主　任　　陈　敏

副主任　　彭琼篪　王　觉

市直属机关工作委员会
书　记
常务副书记　肖太湘
副书记　　曾德林　胡亚彪
委　员　　彭晓龙（女）
委员、纪检监察工委
书　记　　刘向军

市委巡察工作领导小组办公室
主　任　　周再开
副主任　　孙晓红（女）

市委巡察组
组　长　　宾如光　文会龙
　　刘建明
副组长　　朱艳璋　胡建华
　　杨　剑

市委老干部局
局　长　　郭晓春
副局长　　熊志成

市老干部活动管理服务中心
主　任　　王秋香（女）

市委保密委员会办公室(市国家保密局)
主　任（局长）
　　肖均其
副主任（副局长）
　　杨　灿（女）
　　张金波

市委党校(湘潭行政学院、市社会主义学院)
校（院）长　刘　扬
常务副校（院）长
　　张茂丰
校务委员、工会主席
　　胡劲松
校务委员、教育长
　　李　娟（女）

市委党史研究室（市地方志编纂室）
副主任　　刘奖红
　　赵永华（女）

市接待服务中心
党组书记、主任
　　袁　绚（女）

党组成员、副主任
易晓武　周　果（女）

湘潭日报社
党组书记、社长、总编辑
喻名乐
党组副书记、副社长、副总编辑
龙香玖
党组副书记、副社长
李新华（女）
党组成员、社委、副总编辑
张实践　冯友君
王　芮　龙卫国

市档案馆
党组书记、馆长
陈育松
党组副书记、副馆长
张　智
党组成员、副馆长
欧阳俊（女）

市人大常委会办公室
机关党组书记、主任
成秋兴
机关党组成员、副主任
张　岱
机关党组成员，市纪委监委派驻纪检监察组组长
冯　坚
副主任　何红玲（女）
机关党组成员、专职副主任
黄　薇（女）

市人大常委会选举任免联络工作委员会
主　任　伍庆盛
副主任　唐自力

市人大常委会研究室
主　任　张学军
副主任　黄　征

市人大民族华侨外事委员会
主任委员　梁永丽（女）

市人大监察和司法委员会
主任委员　曹海平
副主任委员　王　斌

市人大法制委员会
（市人大常委会法制工作委员会）
主任委员（主任）
罗　伟
副主任委员（副主任）
刘和莲　胡书华（女）

市人大财政经济委员会
（市人大常委会预算工作委员会）
主任委员　王一农
主　任　谢述忠
副主任委员（副主任）
李劲青（女）
王超利（女）

市人大教育科学文化卫生委员会
主任委员　陈志高
副主任委员　张　岱
委　员　王永新

市人大环境与资源保护委员会
主任委员　谢述忠
副主任委员　张　辉

市人大农业与农村委员会
主任委员　石　涛
副主任委员　丁淑萍（女）

市人大社会建设委员会
主任委员　陈金亮
副主任委员　涂　婧（女）

市政协办公室
机关党组书记
李劲帆
主　任　成秋兴
副主任　刘湘娟（女）
楚碧江（女）
机关党组成员，市纪委监委派驻纪检监察组组长
凌　线（女）
机关党组成员、副主任
吴庆伟

市政协研究室
主　任　张作奇
机关党组成员
肖超亚

市政协委员学习联络委员会
主　任　宋小玲（女）
副主任　沈　颖（女）

市政协提案委员会
主　任　江思民
副主任　叶新良

市政协经济科技和外事委员会
主　任　吴新琼
副主任　李迎霞（女）

市政协农业和农村委员会
主　任　王成林
机关党组成员
杨　贵
副主任　黄小平

市政协人口资源环境委员会
主　任　谭建洪
副主任　廖立君（女）

市政协文教卫体和文史委员会
主　任　罗　菡（女）
副主任　王方芳（女）

市政协社会法制和民族宗教委员会
主　任　谢咸禹
副主任　谭志良

市人民政府办公室
党组成员　刘光明　黄　勇
王建军　杨晓军
王　利　杨卫国
党组成员、副主任
周卫平
党组成员　彭文发
党组成员，市纪委监委派驻纪检监察组组长
苏志标

市人民政府驻北京办事处
党组书记、主任
徐　鹏
党组成员、副主任
任志强

市人民政府驻上海联络处
主　任　彭湘波

市人民政府驻广州办事处
主　任　谢一湘

市发展和改革委员会
党组书记、主任
吴纯杰

党组副书记、副主任
李劲松
党组成员、副主任
谭旭贵　文亦良
党组成员　杨小年
党组成员、副主任
刘瑞峰（女）
严湘波
党组成员　罗学文
党组成员、副主任
邓永洪

市人民政府重点工程管理办公室
主　任　　王文山

市工程咨询公司
总经理　　徐海峰

市第三产业发展办公室
主　任　　刘朝晖

市粮油购销总公司
总经理　　耿晋明

市教育局
党委书记、局长
唐正武
党委副书记、副局长
胡湘南
党委委员、副局长
曾玲芝（女）
党委委员　吴三成
党委委员、副局长
文新斌　彭奋强

湘潭教育学院
党委书记　夏建波
党委副书记、院长
刘志坚
党委委员、纪委书记
阳华才
党委委员、副院长
王建平　谌铁稳
党委委员、工会主席
刘文军
党委委员、副院长
林向荣

市教育考试院
院　长　　颜宏旭
党总支书记　邹翠红（女）

市教育科学研究院
院　长　　周大明

市科学技术局
党组书记、局长
潘永其
党组副书记、副局长
金　彪
党组成员、副局长
肖加其　赵红波（女）
周德光

市工业和信息化局
党委书记、局长
李伟清
党委委员、副局长
徐德英（女）
高强辉
党委委员、总工程师
黄建红
党委委员、总经济师
郭　晖
党委委员，市纪委监委派驻
纪检监察组组长
贺岳文
党委委员、副局长
李新华
副局长　　肖　燎

市公安局
党委书记、局长
吴劲松
党委副书记、常务副局长
彭德清
党委副书记、副局长
杨笠新
党委委员、副局长
韩　伟
党委委员，市纪委
监委派驻纪检监察组组长
杨志海
党委委员、副局长
彭世辉
党委委员、政治部主任
谢衡湘
工会主席　　谢湘伶（女）

市公安局治安管理支队
支队长　　易正良
政　委　　许　川

市公安局刑事侦查支队
支队长　　王　梁
政　委　　宋文旭

市公安局交通管理支队
支队长　　蔡升涛
政　委　　宋新平

市公安局警官培训中心
主　任　　曾浩桓
政　委　　曾正新

市公安局经济犯罪侦查支队
支队长　　单　戈
政　委　　周　岚

市公安局网监与行动技术支队
支队长　　曾爱民
政　委　　谢康绵

市公安局警令部
主　任　　陈红艺
政　委　　陈　曦（女）

市公安局禁毒支队
支队长　　廖　俊
政　委　　钟　剑

市公安局人口与出入境管理支队
支队长　　刘　勇
政　委　　曹培林

市公安局警务保障处
主　任　　娄向阳

市森林公安局
局　长　　李红勇
政　委　　陈桂良

市公安局警务督察支队
支队长　　邓文红（女）
政　委　　陈学群

市公安局监所管理支队
支队长　　徐长根
政　委　　张　奕（女）

市公安局国内安全保卫支队
支队长　　刘育红
政　委　　赵建军

市公安局法制支队
支队长　　谭锦绣（女）

市公安局巡特警支队

支队长　　肖培根

政　委　　李佑兰（女）

市民政局

党委书记、局长

禹尚良

党委副书记、副局长

周海球

副局长　　戚红亮（女）

党委委员、副局长

刘家梁

党委委员，市纪委监委派驻纪检监察组组长

莫　修（女）

党委委员、副局长

吴学俊　韩贤海

市殡仪馆

党总支书记、馆长

谭　力

市司法局

党组书记、副局长

彭小英（女）

局　长　　黄铁华

党组成员、政治部主任

王大力

党组成员、副局长

王剑平（女）

彭自力

市强制隔离戒毒所

所　长　　李　晟

政　委　　周　牛

市财政局

党组书记、局长

蒋文龙

党组成员、总会计师

秦国钦

副局长　　刘汉云

党组成员、副局长

张　璧

党组成员　　康　进

党组成员、副局长

杨胜辉

党组成员　　张应交

市国库集中支付核算中心

主　任　　朱　昀

市财政事务中心

主　任　　周晓燕（女）

市投融资债务管理中心

主　任　　罗　政

市财政投资评审中心

主　任　　张集慧（女）

市人力资源和社会保障局

党组书记、局长

陈铁平

党组成员、副局长

李　伟　易湘宁

党组成员、总会计师

肖清满

党组成员、副局长

杨　智　曹志坚

市社会保险服务中心

党总支书记　　成建良

主　任　　龙革锋

市就业服务中心

主　任　　冯　征

市工伤保险服务中心

主　任　　盛　正

市人力资源服务中心

主　任　　马立雄

市人力资源和社会保障培训中心

主　任　　龙国良

市劳动保障监察局

局　长　　傅　强

市劳动人事争议仲裁院

院　长　　颜靖宇

市自然资源和规划局

党委书记、副局长

胡建凯

党委副书记、局长

王　峰

党委副书记、总工程师

谭　向

党委委员、副局长、工会主席

王先锋

副局长　　陈剑儒（女）

党委委员、副局长

王义谋　陈建良

党委委员　　程建湘

党委委员、副局长

杨志明

党委委员，市纪委监委派驻纪检监察组组长

赵　俊

市自然资源和规划行政执法支队

支队长　　章文星

市土地开发整理中心

主　任　　王鹏杰

市国土资源储备中心

主　任　　粟　先

市不动产登记中心

主　任　　肖尽红

市自然资源和规划事务中心

主　任　　胡　健

市规划信息技术研究中心

主　任　　肖俭新

市生态环境局

党组书记、局长

李汉军

党组副书记、副局长

贺丰炎

党组成员，市纪委监委派驻纪检监察组组长

欧大桥

党组成员、副局长

李　莉（女）

副局长　　胡自树

党组成员　　魏　伟

党组成员、总工程师

王蔚知

党组成员、副局长

吴志刚

党组成员　　管　晟

市生态环境保护综合行政执法支队

支队长　　李山红

市住房和城乡建设局

党委书记、局长

陈　荣

党委副书记、副局长

戴建辉

党委委员、副局长
黄　琼（女）
党委委员，市纪委
监委派驻纪检监察组组长
马伟龙
党委委员、副局长
唐向前　颜　星
刘新平
党委委员、总工程师
陈赤嗣
党委委员、副局长
谢　平

市保障性住房服务中心
主　任　　谢　毓

市市政设施维护管理处
党总支书记　王先跃
主　任　　方正湘

市桥梁维护管理处
主　任　　李德学

市建设工程质量安全监督站
站　长　　周　围

市交通运输局
党委书记、局长
李梦林
党委副书记、副局长
向　前
党委委员、副局长
刘义军　周宋泉
谢志宇　刘　勇
王国清
副局长（兼）
金迪辉

市交通建设质量安全监督站
（市交通建设造价站）
站　长　　沈海清

市交通运输综合行政执法支队
支队长　　吕治国

市水运事务中心（市船舶检验中心）
主　任　　刘光友

市水利局
党组书记、局长
刘大平
党组副书记、副局长
刘杰义
党组成员、副局长
文求辉
党组成员　　廖迪辉
党组成员、副局长
顾　华

市水旱灾害防御中心
主　任　　兰巧巧（女）

市水务综合执法支队
支队长　　龚金发

市农业农村局
（市委农村工作领导小组办公室）
党委书记、局长
刘良丰
党委委员、市委农办
专职副主任　胡洪江
党委委员、副局长
刘兰桂（女）
党委委员，市纪委
监委派驻纪检监察组组长
甘拥军
党委委员、副局长
曾文彬（女）
总农艺师　　陈志勇

市农民素质教育管理办公室
主　任　　丁启曦（女）

市农业综合行政执法支队
支队长　　黄金波

市畜牧水产技术研究和推广中心
主　任　　粟泽雄

市商务局
党委书记、局长
唐　煜
党委委员、副局长
唐　亮　潘文伟
副局长　　庹　为
党委委员、副局长
喻　晖

市政府口岸办公室
主　任　　罗　罡

市生猪定点屠宰工作领导小组办公室
主　任　　赵立军

市投资促进事务中心
主　任　　武森洪（女）

市市场服务中心
党委书记　　陈武军
主　任　　贺伟年

市文化旅游广电体育局
党委书记、局长
张湘汉
党委委员、副局长
罗跃国　王　霓（女）
李中华　娄向前
喻卫中（女）
赵　毅　李　伟

市文化市场综合执法支队
支队长　　彭灿辉（女）

市体育运动学校
（市莲城学校、市少年儿童业余体校）
校　长　　陈国良

市全民健身服务中心
主　任　　王昊志

市卫生健康委员会
党委书记、主任
唐文静
党委副书记、副主任
赵文著
副主任　　杨　孜（女）
党委委员、副主任
罗铁辉　卢可佳（女）
赵新平
党委委员，市纪委
监委派驻纪检监察组组长
侯　琦
副主任　　马金辉（女）

市中心血站
站　长　　谭曼虹（女）
党总支书记　刘晋强

市疾病预防控制中心
党委书记　　艾伟宏
主　任　　曹　峰

市卫生计生综合监督执法局
局　长　　段　超

市计划生育科教管理中心
主　任　　贺小虎

市审计局

党组书记、局长
彭建平
党组副书记　谭海洋
党组成员、副局长
刘凤舞
党组成员、工会主席
石志刚
总审计师　康海湘
党组成员、副局长
王跃华（女）

市领导干部任期经济责任审计工作领导小组办公室

专职副主任　朱凯兰（女）

市退役军人事务局

党组书记、局长
黄建平
党组副书记、副局长
唐建军
党组成员、副局长
肖毅杰

市军队离退休干部休养所

党委书记　刘智辉（女）
所　长　文又武

市应急管理局

党委书记、副局长
陈术贤
党委副书记、局长
席晓刚
党委委员、副局长
张诺曦（女）
党委委员、总工程师
刘　兴
党委委员、副局长
董雀勇　邓小明
党委委员、政治部主任
彭智仁
党委委员、副局长
沈云辉

市防汛抗旱指挥部办公室

主任（兼）　陈术贤

市地震局

局　长　周　福

市政府国有资产监督管理委员会

党委书记、主任
章礼华
党委副书记　胡勇航
党委委员、副主任
谢　英（女）
傅志彪
党委委员，市纪委监委派驻纪检监察组组长
马冬泉

市林业局

党组书记、局长
朱又红
党组成员、总工程师
龚群龙
党组成员、副局长
胡高辉　贺汉明

市林业综合服务中心

主　任　陈　宇

市市场监督管理局

党组书记、副局长
熊日平
局　长　莫秋华
党组副书记、副局长
李　健
党组成员，市纪委监委派驻纪检监察组组长
陈　强
党组成员、副局长
王新平
党组成员　江新宇
党组成员、副局长
邬亮言　黄菊秀（女）
党组成员、总工程师
肖河泓
党组成员、副局长
周　艳（女）
曾正红

市工矿电传动车辆质量监督检验中心

主　任　苏邦伟

市食品药品检验所

所　长　郭响明

市市场监督管理综合行政执法支队

支队长　刘红宇

市统计局

党组书记、局长
陈景泉
党组成员、副局长
江南屏　黄日新
谭　强
党组成员、总统计师
贺　令（女）

市普查中心

主　任　林嘉馨

市农村社会经济综合调查队

队　长　刘　敏（女）

市城市社会经济调查队

队　长　谢湘年

市城市管理和综合执法局

党委书记、局长
赵雯纬
党委委员、副局长
陈伟华
党委委员，市纪委监委派驻纪检监察组组长
冯　瑛（女）
党委委员、副局长
刘志坚　阳四军

市环境卫生管理处

主　任　戴建鑫（女）

市风景园林中心

党委书记、主任
周　劲

市城市管理综合行政执法支队

支队长　李　波

市机关事务管理局

党组书记、局长
李海深
党组副书记　阳　涛
党组成员、副局长
刘聚丰
副局长　陈飞舟

市政府经济研究和金融工作办公室

党组书记、主任
刘　科
党组成员、副主任
黎　杰　刘　平
刘大可

市人民防空办公室

党组书记、主任
朱红兵
党组副书记、副主任
冯　俊（女）
党组成员、副主任
熊勇军
副主任（兼）
向富生

市信访局

党组书记、局长
王　利
党组成员、副局长
郭宪钧　廖建军
彭积春　王　学

市乡村振兴局

党组书记、局长
伍石元
党组成员、副局长
成　武　冯　波

市医疗保障局

党组书记、局长
周复明
党组成员、副局长
方欣文　黄艳艳（女）

市医疗保障事务中心

党总支书记　陈晓样（女）

市行政审批服务局

党组书记、局长
张　驰
党组成员、副局长
周海云　冯利军（女）

市广播电视台

党组书记、台长
赵丹阳
党组副书记、副台长
李思军
党组成员、副台长
李　冰

湘潭电视中心、湘潭电视台

主任、台长　易高吾

市广播电视网络中心

主　任　　肖文强

市供销合作总社

党组书记、理事会主任
刘　巍
党组副书记、监事会主任
钟兴旺
党组成员、工会主席
喻　薇（女）
党组成员、理事会副主任
郑志武　胡建佳

市公共资源交易中心

党组书记、主任
袁建明
党组成员、副主任
张纯健　刘电波

市住房公积金管理中心

党组书记、主任
颜　军
党组成员、副主任
刘　嘉　郑　凯
王立新

市优化营商环境协调事务中心

党组书记、主任
李冬平
党组副书记、副主任
谢文洪
党组成员、副主任
易晓双（女）

市优化经济发展环境领导小组办公室

主任（兼）　易晓双（女）

市优化人居环境事务中心

党组成员、副主任
蒋伟光　郭小玲（女）
党组成员　　谷建凡

市国有土地上房屋征收管理处

主　任　　谷建凡

市大数据和产业创新发展中心

党组书记、主任
蒋文武
党组成员、副主任
罗　利　江　恒（女）
李　毅

市两型社会建设服务中心

党组成员、副主任
赵　波　贺华军

湖南省韶山灌区工程管理局

党组书记、局长
谢四清
党组成员、总工程师
陈胜方
党组成员、副局长
方　毅　王凌云
肖　军
党组成员、工会主席
李　众（女）

民革湘潭市委会

主任委员　　章光明
专职副主任委员
龚铁刚

民盟湘潭市委会

主任委员　　傅　军
专职副主任委员
蒋　瑛（女）

民建湘潭市委会

主任委员　　杨　锋
专职副主任委员
林亚科

民进湘潭市委会

主任委员　　黄铁华
专职副主任委员　郭　玲（女）

农工民主党湘潭市委会

主任委员　　王　军
专职副主任委员
姚　宏（女）

九三学社湘潭市委会

主任委员　　肖冬梅（女）
专职副主任委员
王琴华（女）

致公党湘潭市委会

主任委员　　刘良廷
专职副主任委员
王玉芬（女）

市工商联（市总商会）

主　席（会长）
伍　浩
党组书记　　黄建文
党组成员、副主席
章顺新　文丽辉（女）

副主席（兼）
易晓双（女）

市总工会
主　席　徐亚健（女，兼）
党组书记、副主席
刘定良
党组副书记、副主席
刘岸鸿
党组成员、副主席
方　华（女）
罗　军
党组成员、经费审查委员会主任
王　璞
党组成员、副主席
易献平

市工人文化宫
主　任　曹秋庚

市妇女联合会
党组书记、主席
涂敬阳（女）
党组成员、副主席
李　闻（女）

共青团湘潭市委
书　记　何　滔
副书记　谢　晖　李　灿（女）

市科学技术协会
党组书记、主席
谢兰焰（女）
党组成员、副主席
蒋长湘　易　波（女）

市归国华侨联合会
党组书记、主席
刘　慧（女）
党组成员、副主席
彭念国　胡晓艺（女）

市文学艺术界联合会
党组书记、主席
陈志光
党组成员、副主席
张　平

市社会科学界联合会
党组书记、副主席
李　锋
党组成员、副主席
陈　青

市残疾人联合会
党组书记、理事长
文　雯（女）
党组成员、副理事长
刘晏宏（女）易德军

中国国际贸易促进委员会湘潭支会（中国国际商会湘潭商会）
党组书记、会长
赵延仁
党组成员、副会长
张明建　洪万安

市计生协会
常务副会长　杨　孜（女）
副会长兼秘书长
陈小剑

市红十字会
会　长　傅　军（兼）
专职副会长　颜曼琳（女）

湘潭高新技术产业开发区
党工委副书记、管委会主任
游志华
党工委副书记
张束林
党工委委员、管委会副主任
谭何龙
党工委委员、纪工委书记
王迎旭
工会主席　李　奇

湘潭经济技术开发区
党工委书记
党工委副书记、管委会主任
黄　韧
党工委副书记
蒋　谦
党工委委员、管委会副主任
史　坚
党工委委员、纪工委书记
谭作权
党工委委员、管委会副主任
肖均平
原湘潭九华项目建设协调委员会
副主任　蔡德强
党工委委员　刘　华

湘潭岳塘经济开发区
党工委第一书记（兼）
曾志君
党工委书记　李宏钰
党工委副书记、管委会主任
崔　旺
党工委副书记兼纪工委书记
杨　剑
党工委委员、管委会副主任
刘小伟
党工委委员　戴　理
党工委委员、管委会副主任
王湘雷

湘潭天易示范区
党工委副书记（兼）、管委会主任
段伟长
党工委副书记、管委会副主任
武　强（主持日常工作）
党工委委员、管委会副主任
蒋中军　罗义彬
党工委委员、总工程师
贺玉良
党工委委员、纪工委书记
陈群量
党工委委员、管委会副主任
楚荣光　欧阳钧

湘潭综合保税区
党工委书记（兼）、管委会主任（兼）
肖均平
管委会副主任（聘）
包胥琪（女）
党工委委员、管委会副主任
周文兵
党工委委员、纪工委书记
陈　柱
党工委委员、管委会副主任
张　文

市中心医院
党委书记　夏　红
党委副书记、院长（聘）
袁海斌
党委副书记、纪委书记
方　明
副院长（聘）唐新桥
党委委员、工会主席
刘灿英（女）
党委委员、副院长（聘）
谭建中　成沛玉
吴名星

市中医医院（市骨伤科医院）
党委书记　罗文轩

院长（聘）　赵忠辉

市第一人民医院

党委书记　刘群友
党委副书记、院长（聘）
　李绍杰
党委副书记、副院长（聘）
　杨　杰
副院长（聘）　欧阳庆（女）
党委委员、纪委书记
　万岚（女）
党委委员、副院长（聘）
　李云青　吴勇军

市第二人民医院

党委书记　朱继武
院长（聘）　许　剑

市第三人民医院（市红十字医院）

党委书记　刘　晖
院长（聘）　唐杰荣

市精神卫生中心（市第五人民医院）

党委书记　黄学杰
主任（院长，聘）
　肖青林（女）

市第六人民医院（市优抚医院）

院　长　向明凯
党委书记　刘　琼（女）

市妇幼保健计划生育服务中心
（市妇幼保健院、市妇女儿童医院）

主任（院长）曾建武

市口腔医院

党委书记　邓胜林
院长（聘）　胡晓洲

韶山医院

党委书记　杨海芸（女）
院　长　王长青

湘潭医卫职业技术学院

党委书记　刘建强
党委副书记、院长
　廖晓燕（女）
党委副书记　左泽文
党委委员、副院长
　李建光　杨卫东
　何文波（女）
　何建新
党委委员、纪委书记
　阳荣初
党委委员、副院长
　吴元清

湘潭技师学院

党委书记　罗爱民
党委副书记、院长
　易理中
党委副书记　唐文清
党委委员、副院长
　韩维丰　周光辉
党委委员、纪委书记
　周群强
党委委员、副院长、工会主席
　曹旅宁

湘潭广播电视大学

党委书记　谭剑林
校　长　王　军
党委副书记、纪委书记
　唐　俭（女）
党委委员、副校长
　龙　翔　钱焕新（女）
党委委员、工会主席
　鄢小平
党委委员、副校长
　曾建国

湘潭生物机电学校

党委书记　周祥林
党委副书记、校长
　尚军辉
党委委员、副校长
　陈　华　刘　钢
　左　蔚
党委委员、纪委书记
　谭建员

市第一中学

校　长　唐新建

湘潭大学附属实验学校

党委书记　贺泽文

市第二中学

党委书记　成　芳（女）
校　长　唐新球

市第三中学

党委书记　彭元芳
校　长　陈宗政

市第十一中学（市第二职业中学）

党委书记　朱　艺
校　长　肖志华

市工业贸易中等专科学校

党委书记　刘泽强
校　长　黄继锋

湘潭钢铁集团有限公司第一子弟中学

党委书记　卢学农
校　长　王　敏

湘潭电机子弟中学

党委书记　康锦舟
校　长　谭　丹

湘潭电化集团有限公司

党委书记、董事长
　刘干江
党委副书记、副董事长、总经理
　张迎春
党委副书记、董事、工会主席
　钟　宏
党委委员、董事、副总经理
　王　炯
党委委员、副总经理
　彭　勇
党委委员、董事
　柳全丰
党委委员、副总经理
　丁建奇

湘潭城乡建设发展集团有限公司

党委书记、董事长
　周俊文
党委副书记、总经理
　程　献
党委副书记、监事会主席
　唐世荣（女）
党委委员、副总经理
　梁　真　胡继军
副总经理　李　利
党委委员、副总经理
　周双庆　谢大江
党委委员、纪委书记
　周金龙
党委委员、副总经理
　王　维（女）
　阳志雄

湘潭城建集团
党委书记、总经理
杨向阳

湘潭投资集团
党委书记、总经理
黄立新

湘潭产业投资发展集团有限公司
党委书记、董事长
刘干江
总经理 杨 锋
党委副书记、监事会主席
胡兴亮
党委副书记 谢国宏（女）
党委委员、副总经理
谢晋根
副总经理 钟少文
党委委员、纪委书记
赵 晶（女）
党委委员、副总经理
陈正阳 彭连阳
刘红军

湘潭交通发展集团有限公司
党委书记、董事长
李宁湘
党委副书记、总经理
叶仕良
党委副书记、监事会主席
裴道明
党委委员、副总经理
王文明 龙友发
副总经理 吴海青
党委委员、副总经理
孙桂英（女）
邓鸿君
党委委员、纪委书记
钟学工

湖南湘盾投资控股集团有限公司
党委书记、董事长
王建军
总经理 马 礼

九华投资控股集团有限公司
党委书记、董事长
陈海南

湘潭城市综合运营有限公司
党委书记、董事长
李建光
总经理（聘）杨鹏宇
（市委组织部）

中央、省驻潭单位(部分)

湘潭钢铁集团有限公司
党委书记、执行董事（法人代表）
李建宇
党委副书记、总经理
张志钢
常务副总经理
喻维纲
党委副书记、纪委书记、工会主席
汤 伟
副总经理、总会计师
张 明
副总经理 左都伟 刘吉文
刘建兵 杜 江

湘电集团有限公司
党委书记、董事长
周健君
党委副书记、副董事长、总经理
敖 琢
党委副书记 陈鸿鹏
党委委员 汤鸿辉
党委委员、副总经理
舒 源
党委委员、副总经理
杨 达

江南工业集团有限公司
党委书记、董事长
王 英
总经理、党委副书记
王 玮
监事会主席 黄怀德
副总经理 王朝晖
党委副书记、纪委书记、工会主席
余中华
副总经理 伍 勇 昌铁强
汤京军
总会计师 王涌波

江麓机电集团有限公司
党委书记、董事长
黄帅丹
董事、总经理、党委副书记
白 炜
党委委员、副总经理
张文辉
党委委员、副总经理
廖 群
党委委员、副总经理
刘稳兵
党委委员、总会计师
邱 沛
党委副书记、纪委书记、工会主席
崔哲辉

湖南江滨机器（集团）有限责任公司
党委书记、董事长
金 铭
总经理、党委副书记
邹晓丽（女）
副总经理 肖锋
总会计师 龚振宇
副总经理 姚学伟
副总经理 叶芬（女）

国网湘潭供电公司
党委副书记、总经理
王建雄
党委书记、副总经理
刘光良
党委委员、副总经理、工会主席
吴海波
总会计师、党委委员
赵 婧（女）
党委委员、纪委书记
周金明
党委委员、副总经理
彭 奕 梁九龄

大唐湘潭发电有限责任公司
总经理、党委副书记
郑丙文
副总经理、总工程师
向勇林
副总经理 杨宏业
副总经理 杨 田
纪委书记 谭 翀
工会主席 王艳辉（女）
总会计师 黄光黎

湖南省水府庙水力发电有限公司
执行董事、党总支书记、总经理
胡立新
党总支委员、副总经理
沈 军
党总支委员、副总经理
叶 盛（女）

湖南韶峰南方水泥有限公司

党委书记、总经理
杨林平
党委副书记、纪委书记
焦　斌
党委委员、副总经理
张松平

湘潭大学

校党委书记　黄云清
校党委副书记、校长
李伯超
校党委副书记
廖永安
校党委委员、纪委书记
董康明
校党委委员、副校长
罗定提　刘建平
刘长青　肖志伟
盛明科　喻祖国
副校长　葛　飞
校党委委员、党委宣传部部长
齐绍平
校党委委员、党委统战部部长
陈　旭
校党委委员、党委组织部部长
邓国军

湖南科技大学

党委书记　唐亚阳
党委副书记、校长
朱川曲
党委副书记　刘友金
党委委员、纪委书记
郭时印
党委委员、副校长
施式亮　李　琳（女）
廖湘岳　王卫军
赵前程　谢　慧（女）
副校长　贺泽龙
党委委员　周智华

湖南工程学院

党委书记　陈岳堂
党委副书记、校长
易　兵
党委副书记兼宣传部、统战部部长
彭立威
党委委员、副校长
罗毅平
党委委员、纪委书记
齐路良
党委委员、副校长
张小刚
副校长　陈赤平
党委委员、副校长
向　前
党委委员　张华玲
（女，委派至民办高校担任党委书记）
组织部部长　李永坚

湖南城建职业技术学院

党委书记　朱向军
党委副书记、院长
王运政
党委副书记兼组织人事处处长
肖继军
党委委员、纪委书记
阳继豪
党委委员、副院长
邓宗国　黄　晔
胡六星　刘　霁
党委委员、工会主席
刘正武
党委委员、技校党委书记
刘　清
党委委员、宣传统战部部长
任永辉

湖南理工职业技术学院

党委书记　叶星成
党委副书记、院长
陈静彬（女）
党委副书记　、工会主席
朱奇卫
党委委员、纪委书记
刘　洋
党委委员、副院长
洪丕庆　黄霞春（女）
周金玉
党委委员、组织人事处处长
宋乃冰
党委委员、宣传统战部部长
刘清麟

税务总局湘潭分局

党委书记、局长
何　玮
党委委员、副局长
符应军（女）
张　宏
陈湘涛　彭建明
唐益民
党委委员、纪检组长
陈小伟
党委委员、总会计师
胡国平
党委委员、总经济师
李罗生　李　炜

中华人民共和国韶山海关

党委书记、关长
徐承军
党委成员、副关长
毛　捷　邓中秋

国家统计局湘潭调查队

党组书记、队长
汤正球
党组成员、副队长
楚　锂（女）
党组成员、副队长
彭晓明
党组成员、纪检组长
李树人

中国石化湖南湘潭石油分公司

党委副书记、经理
贺梓恒
党委书记、纪委书记、副经理
高劲松
副经理　尹　红　周　毅

雪天盐业集团股份有限公司湘潭分公司

总经理　江利民
副总经理　肖蓉海　张　维

湘潭市烟草专卖局（湘潭市烟草公司）

党组书记、局长、经理
马　谊（女）
党组成员、副局长
罗远正
党组成员、纪检组长
易政琦
党组成员、副经理
刘吉球　谢献球

湘潭市邮政管理局

党组书记、局长
金迪辉
党组成员、纪检组长、副局长
朱文武
党组成员、行业管理科科长
陈　懿（女）

湖南电信公司湘潭电信分公司
党委书记、总经理
朱建强
党委委员、纪委书记
记易葱
党委委员、副总经理
邓海滨　夏　维
易高峰

湖南移动通信有限责任公司湘潭分公司
党委书记、总经理
唐　勇
党委委员、副总经理
汪　达　陈晓蕾
罗虎懿　周　刚

中国联合网络通信有限公司湘潭市分公司
党委书记、总经理
刘　永
党委委员、副总经理
周胜文
党委委员、纪检组长
张　弛
党委委员、副总经理
潘风英（女）
副总经理　周湘衡

湘潭市气象局
党组书记、局长
柏　峰
党组成员、纪检组长
张　翼
党组成员、副局长
莫良丰
党组成员、副局长
罗忠科

湘潭水文局
党委书记、局长
刘金军
副局长　彭文胜
副局长、总工程师
李海年
纪委书记　曾太平
副局长　王　珊（女）

湘潭市消防救援支队
党委副书记、支队长
刘红军
党委书记、政委
毕良之
党委委员、副支队长
杨　鑫　徐海斌
朱永超
党委委员、副政委
彭虎军
党委委员、政治部主任
李　振

中国人民银行湘潭市中心支行
党委书记、行长
陈翊高
党委委员、副行长
李　毅（女）
党委委员、纪委书记
陈克林
党委委员、工会主任
谭小敏

中国银行保险监督管理委员会湘潭监管分局
党委书记、局长
杜伟宏
党委委员、副局长
贺永红　朱立新
刘建华
党委委员、纪委书记
吴　谦（女）

中国农业发展银行湘潭市分行
党委书记、行长
卢　丽（女）
党委委员、纪委书记、副行长
熊　征
党委委员副行长
吴文志
党委委员　谭崇武

中国工商银行湘潭市分行
党委书记、行长
朱炎生
党委委员、纪委书记
许　波
党委委员、副行长
李有成　晏岳斌

中国农业银行股份有限公司湘潭分行
党委书记、行长
刘宗毅
党委委员、副行长
周凯歌
党委委员、副行长
石晓云（女）
党委委员、纪委书记
蒋　伟
党委委员、副行长
王纯钢

中国银行湘潭分行
党委书记、行长
毛　鹏
党委委员、纪委书记
蔡　旭
党委委员、副行长
李　虎　贺　杏（女）
叶　子

中国建设银行股份有限公司湘潭市分行
党委书记、行长
周栋兵
三级高级风险经理
李　易
党委委员、副行长
艾　翔
党委委员、驻行纪检组长
卜艳明（女）
党委委员、副行长
李　彬
党委委员、副行长
王　双（女）
党委委员、副行长
戴　鸿

交通银行股份有限公司湘潭支行
党委书记、行长
胡　昕（女）
党委委员，副行长
胡　琼（女）
党委委员、副行长
刘中燕（女）
党委委员、行长助理
李文峰

华融湘江银行湘潭分行
党委书记、行长
阳建国
党委委员、副行长
韩志农　陶贤磊
党委委员、纪委书记、副行长
唐　杰
党委委员、行长助理、工会主席
范　桅

湘潭农村商业银行股份有限公司

党委书记、董事长
张　锴
党委副书记、副董事长、行长
叶　波
党委委员、监事长
陈卫平
党委委员、副行长
雷九胜
党委委员、纪委书记
马湘杰
党委委员、副行长
方侦骅　曹　勇

中国人民财产保险股份有限公司湘潭市分公司

党委书记、总经理
李先良
党委委员、纪委书记、副总经理
聂　征
党委委员、副总经理
黄建鹏　何　丹（女）

中国人寿保险股份有限公司湘潭分公司

党委书记、总经理
李　翔
党委委员、纪委书记、副总经理
邓春芳（女）
党委委员、总经理助理
赵　微（女）
欧阳旭

中国平安财产保险股份有限公司湘潭中心支公司

总经理　　袁慧敏
副总经理　　彭灿宇　吴朝晖

湘潭市区县（市）党政机关驻地

单　　位	地　　址	电　　话	邮　　编
中共湘潭市委	双拥中路1号	58583020	411104
湘潭市人大常委会	双拥中路3号	58261350	411104
湘潭市人民政府	湘潭大道1号	58570000	411104
政协湘潭市委员会	湖湘中路	58263922	411104
中共湘潭市纪委市监委	双拥中路1号	58583303	411104
中共湘潭市雨湖区委	雨湖路292号	58205715	411100
雨湖区人大常委会	湖园路15号	58205932	411100
雨湖区人民政府	雨湖路292号	58205732	411100
政协湘潭市雨湖区委	雨湖路292号	58205743	411100
中共湘潭市岳塘区委	芙蓉大道81号	55568100	411102
岳塘区人大常委会	芙蓉大道81号	55568022	411102
岳塘区人民政府	芙蓉大道81号	55568030	411102
政协湘潭市岳塘区委	芙蓉大道81号	55568045	411102
中共湘潭县委	易俗河大鹏路	57880661	411228
湘潭县人大常委会	易俗河大鹏路	57880800	411228
湘潭县人民政府	易俗河大鹏路	57880702	411228
政协湘潭县委	易俗河大鹏路	57880819	411228
中共湘乡市委	东山街道人民路行政中心	56771022	410400
湘乡市人大常委会	东山街道人民路行政中心	56771651	410400
湘乡市人民政府	东山街道人民路行政中心	56771085	410400
政协湘乡市委	东山街道人民路行政中心	56771054	410400
中共韶山市委	英雄路3号	55682591	411300
韶山市人大常委会	英雄路3号	55682325	411300
韶山市人民政府	英雄路3号	55682532	411300
政协韶山市委	英雄路3号	55682313	411300

湘潭市服务热线电话

公益热线	电话	公益热线	电话	政务热线	电　话	票务热线	电　话
报警服务	110	天气咨询	96121	市民服务热线	12345	长途汽车问讯	58208789 58208799
火　警	119	邮政热线	12305	市纪委监委信访举报电话	12388	湘潭汽车西站	58208832
医疗急救	120	中国电信电话号码查询	114	组织系统举报电话	12380	航运货运问讯	58641198
交通事故	122	中国电信客户服务热线	10000	城市管理行政执法投诉	58239110	中国南方航空公司湘潭售票处	58525222
新奥燃气客户服务	95158	中国移动客户服务热线	10086	市场监管投诉举报	12315	铁路问讯	12306
电力客户服务	95598 58585858	中国联通客户服务热线	10010 52879999	旅游咨询	58570321		
中环水务服务热线	58520111						

湘潭市内主要公园、广场

名　称	地　址	可乘公交线路
东方红广场	湘潭大道	16路、23路、25路、47路、3路
锦源广场	芙蓉路(市委、市政府大楼旁)	16路、3路、24路、104路、56路、3路、21路
湖湘公园	湖湘路	12路、32路、68路
昭山风景区	芙蓉大道	42路、115路、31路、36路
南期公园	雨湖路	旅游2线、6路、21路、58路
和平公园	建设北路270路	25路、2路、14路、45路、48路、57路、37路
菊花塘公园	东泗路	1路、12路、57路
杨梅洲水上公园	杨梅洲西端	18路
白石公园	白马湖路	21路、29路、3路
木鱼湖公园	岳塘区宝塔北路附近	22路、39路
滴水湖公园	岳塘区火炬北路与福星东路交会处	10路、旅游5线、7路
生态公园	该点无公交车,可在双拥北路,在盘龙名府站下车步行四百米左右到达	19路、21路、24路、25路、47路、56路、66路、104路、115路、综保河东专线

湘潭市出租车公司情况一览表

公司名称	联系电话	公司名称	联系电话
湘潭市希望出租车服务有限公司	58282886	湘潭市莲城客运有限公司	58550999
湘潭市鸿鑫出租车服务有限公司	58377588	湘潭盈泰出租汽车有限公司	58527666
湘潭市红叶发达出租车服务有限公司	52326786	湘潭远泰出租车有限公司	55577533
湘潭市宏运出租车服务有限公司	55555557	湘潭莲城出租车有限公司	55571799
湘潭市斑马快跑出租车有限公司	58391088	湘潭市迅捷出租车有限公司	55577999

索 引

说明:

一、本索引采用内容分析法编制,按索引款目首字汉语拼音字母音序(同音序近声调)排列;同音同调,按第二字字母音序排列,依此类推。

二、类目、分目、专稿标题和人名索引款目用黑体字排印。

三、索引款目后的阿拉伯数字表示内容所在的页码,数字后的拉丁字母(a、b、c)分别表示该内容在页码的左、中、右栏。

数字、首字母

A

B

K

L

M

N

P

Q

R

S

T

Y

Z